高等院校经济学管理学系列教材

国际市场营销学

International Marketing

戴万稳◎编著

图书在版编目(CIP)数据

国际市场营销学/戴万稳编著. —北京：北京大学出版社，2015.1
（高等院校经济学管理学系列教材）
ISBN 978-7-301-25409-7

Ⅰ. ①国…　Ⅱ. ①戴…　Ⅲ. ①国际营销—高等学校—教材　Ⅳ. ①F740.2

中国版本图书馆 CIP 数据核字（2015）第 018130 号

书　　　名	国际市场营销学
著作责任者	戴万稳　编著
责 任 编 辑	黄　蔚　杨丽明
标 准 书 号	ISBN 978-7-301-25409-7
出 版 发 行	北京大学出版社
地　　　址	北京市海淀区成府路 205 号　100871
网　　　址	http://www.pup.cn
电 子 信 箱	sdyy_2005@126.com
新 浪 微 博	@北京大学出版社
电　　　话	邮购部 62752015　发行部 62750672　编辑部 021-62071998
印 刷 者	北京溢漾印刷有限公司
经 销 者	新华书店
	787 毫米×1092 毫米　16 开本　27.25 印张　646 千字
	2015 年 1 月第 1 版　2015 年 1 月第 1 次印刷
定　　　价	56.00 元

未经许可，不得以任何方式复制或抄袭本书之部分或全部内容。
版权所有，侵权必究
举报电话：010-62752024　电子信箱：fd@pup.pku.edu.cn
图书如有印装质量问题，请与出版部联系，电话：010-62756370

前　言

　　值此执教南京大学市场营销专业国际市场营销课程十周年之际，我翻开多次更新、几近面目全非的国际市场营销学讲稿，关于跨国公司在国际市场上可持续发展的一系列问题似乎正变得越来越清晰。一方面，跨国公司应该如何深切理解各国市场之间的共同性和差异性，求同存异以在国际市场上能够适应、生存和可持续发展？全球第一个跨国公司——荷兰东印度公司迄今四百多年的跨国公司海外拓展历史充分证明，跨国公司如果不了解国际市场环境，不能因应环境的差异而主动制订和调整国际市场营销策略，不能知己知彼以有效地发挥所长和避己所短，那么，在国际市场上折戟沉沙将是一种必然；另一方面，国际市场营销理论与实践在中国社会文化背景下的特色体系和结构是什么？中国特色的社会主义现代化建设和改革开放不但为海外跨国公司带来了巨大的国际市场营销机会，也为中国本土跨国公司提供了史无前例的国际市场发展机遇，如何把握这样的历史性机会和机遇，提升中国管理情境下的国际市场拓展能力，是当前所有志在国际市场的跨国公司所必须面对的问题。正是基于近年来对这些问题的思考和探索，本版《国际市场营销学》教材在内容设计、结构和体系安排等方面都实现了不同程度的创新。

　　改革开放三十多年间，海外跨国公司在中国市场上经历了合作、合资和独资三个阶段：其一，自改革开放之初至1992年邓小平同志的南方讲话，是跨国公司在中国市场上的合作阶段。在这个阶段，受中国巨大的市场存量所吸引，许多跨国公司纷纷试水中国市场，但是，由于对市场不熟悉，该阶段的跨国公司在中国市场上的存在主要体现为以落后的或即将过时的技术与中国本土企业合作。其二，自1992年至2001年中国加入WTO，是跨国公司在中国市场上的合资阶段。在这个阶段，中国改革开放政策的稳定性使得许多跨国公司纷纷开始了在中国市场上的实质性投资，但投资的规模普遍较小。其三，自2001年至今，是跨国公司在中国市场上的独资阶段。中国加入WTO之后，海外跨国公司对中国市场的前景普遍看好，为了实现在华投资利益的最大化，许多跨国公司的在华投资都完成了从合资向独资的过渡。和海外跨国公司在中国市场上的发展同步，中国本土企业在与海外跨国公司的竞争、交流与合作中，也纷纷开始试水国际市场，特别是2008年全球金融危机之后，中国企业的对外投资高速增长，涌现出了一批优秀的中国本土跨国公司。

　　实践的需要催生理论的发展和完善。随着基于中国社会文化背景和中国管理情境的国际市场营销实践探索的不断深入，国内外许多学者围绕海外跨国公司在中国市场上的营销实践以及中国本土企业的国际市场拓展实践展开了一系列研究和探索。为了满足指导营销实践的需要，使中国市场真正融入全球市场，构建适合于海外跨国公司在中国市场上适应、生存和发展的环境，提升中国本土企业在国际市场上的竞争和可持续发展能力，本书基于对国际市场，特别是中国本土市场的历史与自然、经济与贸易、社会与文化、法律与政治环境的分析，以大量海外跨国公司在华实践和中国本土跨国公司的海外拓展实践为案例，在国际市场营销战略体系、结构和内容等方面均取得了一定的创新和突破。

在基于中国管理情境创新国际市场营销策略体系、结构和内容的过程中,我将一系列前沿问题糅合进最新案例分析之中,带入这些年来我所执教的本科生、研究生和博士生课堂,鼓励同学们就相关问题进行思考和讨论。在教学过程中,我想方设法与同学们进行双向参与式沟通和讨论,通过与同学们的共同学习和交流,提高大家,包括我自己对这门课程的认识。可喜的是,这个办法是行之有效的,也是可供拟采用本书作为教材的同仁们借鉴的。这本书中的很多有趣的小贴士都是由同学们收集提供,在课堂上进行过分析和讨论,然后经过整理而得来的。

作为市场营销专业的一门高端课程,国际市场营销学在西方高等教育体系中已经有了三十多年的发展历史,相关的研究和成果越来越丰富,相关的教材也渐成体系。但是,在中国,国际市场营销学却是一门尚处于探索和发展中的新兴课程。我自2005年开始在南京大学执教市场营销专业的国际市场营销学课程,当时的教材和参考资料主要源于两个方面:一是基于西方原版教材的翻译版本;二是基于西方教材的改写版本。无论是翻译版本,还是改写版本,其基本的体系和内容都带有浓厚的西方市场背景,对相关问题的分析大都是基于西方社会文化背景,基于西方跨国公司海外拓展的需要的视角而进行的。他山之石,虽然可以借鉴,但其对于跨国公司在中国市场和中国本土跨国公司的海外市场拓展实践的指导和应用意义实在是极为有限,这也是我着手编著国际市场营销学教材的初衷。

就本书的特色而言,主要体现在三个方面:

首先,本书在趣味性和可读性的基础上,着力于从国内市场营销到国际市场营销的理念的转变,提高国际市场营销理论层次和学术水平。随着改革开放向纵深发展,特别是跨国公司在中国市场上规模的扩大,中国本土企业与国外跨国公司在全球市场上的角逐日益频繁,国人对国际市场营销活动的感性认识越来越多,对国际市场营销理论和知识已不再陌生。在这种情况下,对国际市场营销的理论和知识做浮光掠影或隔靴搔痒式的介绍和评论,已不能满足现在和未来的国际市场营销者的求知欲望以及指导中国企业国际市场营销实践的需求,更不能改变中国国际市场营销研究水平较低的局面。因此,为了提高这本《国际市场营销学》教材的理论层次和学术水平,我在本书中并没有花太多的篇幅去阐述基本的市场营销理论,而是着力于从国际和全球市场的视角对市场营销环境、市场营销机会、市场营销战略和可持续发展进行了全面的分析,力求使读者能够站得高些、看得远些和理解得透些,更加敏锐地观察跨国公司在全球范围内的市场运作,把握其决策与发展的规律和本质。对于国际市场营销的可持续发展问题,在国内外其他教材和专著中显然是被忽视的,但我认为这是国际市场营销战略之所以能够获得成功的最根本的基石,本书将这个部分作为一个特色内容,对其进行了详细的阐述。

其次,本书在博采众长的基础上,着力于系统思考和创新。国际市场营销学是一门实践性非常强的课程,离开实践空谈理论,或者学习了基本理论与方法而不应用到实践中去,那么这门课程也就失去了存在的意义和价值。所以,如何更好地把国际市场营销理念、理论、方法与实践结合,是我在编写这本书的过程中煞费苦心的一个问题。由于国际市场营销学涉及的内容非常庞杂,而且在中国管理情境下尚无成熟的理论体系,许多已有论著和教材的结构安排都比较凌乱,各章内容之间往往缺乏承上启下、逐步推进的有机联系。为了避免这样的问题,加强全书的逻辑性,本书在进行市场营销和国际贸易等相关基础知识的简单介绍之后便分析了国际市场区别于国内市场的营销机会所在,接着用大量的篇幅从自然与历史、经济与贸易、社会与文化、政治与法律四个方面对国际市场营销的环境进行了重点分析,讨论了国际市场营销的调研以及市场细分和策略定位,从产品与品牌、出口与渠道、定价、沟通、人力资源管理五个方面详细阐述了如何在国际市场上进行国际市场营销战略实践运作,从可持续发展的视角探讨了国际市场营销组织学习和学习型组织的构建,从全球营销伦理的角度分析了如何做一个受欢迎的国际企业公民。另外,本书从理念到理论再到实践,都是基于中国市场的特点来进行讨论的:在每一章的开篇紧扣本章的内容设计了引例并提出相关的热身思考问题;在章节之中设计了若干小贴士以说明和帮助读者更好地理解相关内容;在每一章之后设计了针对性案例分析,还对各章进行了小结,并且列出了各章的重点概念和复习思考题。希望大家在阅读和学习这本书的过程中,能够系统思考,真正实现学用结合。

最后,本书在国际化和全球化的框架基础上,着力于中国本土市场的发展和探索。本书收集了较多的第一手中国本土市场和中国本土企业国际化案例,这些案例绝大部分是发生在我们身边的事,是我们在国际市场活动中面临或将来可能面临的。我们研究和学习国际市场营销学,归根结底是要用正确的理论指导国际市场营销实践,为中国的社会主义现代化建设服务。目前,以全球化为特征的世界经济发展如火如荼,企业发展的国际化和全球化趋势日益明显,各种国际市场业务相关问题层出不穷,这一方面为国际市场营销的理论与实践注入了新的内容,另一方面也提出了大量急需研究和解决的问题。在本书写作过程中,我们注意联系中国企业国际化实践,特别是对其中的一些重大问题,如国际市场机会的分析、国际市场营销策略的制订和实施、国际市场上的可持续发展等,进行了专门的探讨和分析。

纵览三十多年来跨国公司在华的市场营销实践以及中国本土跨国公司的海外市场拓展实践,可见,任何国际市场营销活动都不能忽视国际市场营销环境的特殊性,任何国际市场营销策略都必须服从于国际企业公民准则;任何在国际市场上支撑可持续发展的核心竞争力都植根于强烈的危机意识和组织学习能力。本书的形成,正是遵循了从实践到理论、从理论到实践、再从实践到理论的循环递进,实现了国际市场营销活动中组织学习过程的螺旋式上升和发展。如果没有国际市场营销的组织学习和发展理念,国际市场营销理论将是缺乏灵魂的、零散的,难以形成系统的对国际市场营销活动进行指导的理论体系,国际市场营销实践及其经验成果也将止步于朴素的探索性学习,学习活动只能停留在个人和团队层次,学习成果难以为整个国际市场营销组织所分享。课堂上的教学时间和空间毕竟是有限的,教师不可能穷极一切可能的国际市场营销知识点,教给学生所有的具体的国际市场营销技能,但是,如果在国际市场营销教学过程中,教师能够帮助学生有效转变和建立国际市场营销理念,学生也就能够在未来国际市场营销情境下学会如何分析问题并自己找到解决问题的方案。

本书在编写过程中,参阅了大量国内外市场营销、国际市场营销、全球营销以及国际贸易等相关领域的教材、著作和学术论文,引用了大量教学和研究案例、新闻资料、企业内部资料,当然,也包括大量因应教学需要而自编的案例和小贴士材料。这些年来,每一轮次的国际市场营销教学过程都是一个思索和创新的过程,我的讲稿也在这个过程中经历了多次基于课堂教学过程的修订。近年来,我主持完成国家自然科学基金面上项目"基于社会文化差异的跨国公司海外子公司组织学习研究"(No.70772032)和教育部青年基金项目"跨国公司海外子公司组织学习能力研究"(No.09YJC630115),主持国家自然科学基金面上项目"文化距离、组织间经验学习与跨国经营绩效:基于复杂性视角的研究"(No.71272105)。在这些项目的研究过程中,我对跨国公司在海外市场上的国际市场营销活动也有了更深层次的认识。2008年,我在美国康奈尔大学访学,与约翰逊商学院的多位营销学者就本书的体系进行了探讨,对相关教学内容的安排作了大量调整和修改,整理和增加了许多中国情境下的国际市场营销案例。2009—2010年访问韩国首尔大学及2012—2013年访问挪威奥斯陆大学期间,我就本书的整体内容和架构与首尔大学管理学院、挪威商学院的多位营销学教授进行了研讨,在总结教学经验的基础上,对结构和内容再次进行了修订,尤其是结合我的研究成果而首次提出的关于国际市场营销的可持续发展问题。依照以前的经验,在历次教学之后,我都会基于教学总结而对之前的内容和体系进行持续的修订,可能再过几年,随着中国本土跨国公司在全球市场上的成长,以及海外跨国公司在中国市场上的新发展,我对这本书又会和对待2012年出版的第一版一样变得"不满意",到时又得折腾一番。所幸的是,从效果来看,相信每一次折腾都是值得的。

  目前,国内外学者和跨国公司管理者对国际市场营销学的理论研究和实践探索正如火如荼,本书的成稿付梓,是我近年来在这些方面尽自己的微薄之力所作的一些努力,书中的内容和观点谬误之处在所难免,对此我当全责,恳请各位读者不吝指正!我期待着越来越多的学人加入国际市场营销理论研究和实践探索的队伍中来,为提高中国的国际市场营销理论研究水平和培养更多优秀的国际市场营销人才共同努力。

戴万稳

2015年1月于南京大学安中楼

目 录

第一编 国际市场营销基础

第一章 国际市场营销缘起 ……………………………………………… （3）
第一节 对外贸易的缘起与中国对外贸易的发展 ……………………… （4）
第二节 国际贸易与国际市场营销 ……………………………………… （11）
第三节 国际市场营销的演变和发展 …………………………………… （14）

第二章 公司发展的国际化与全球化 …………………………………… （32）
第一节 公司发展的国际化进程 ………………………………………… （33）
第二节 企业国际化和全球化战略整合 ………………………………… （44）

第三章 国际市场营销机会 ……………………………………………… （53）
第一节 国际新兴大市场 ………………………………………………… （54）
第二节 跨国市场区域 …………………………………………………… （63）
第三节 跨国市场协定对国际市场营销的影响 ………………………… （77）

第二编 国际市场营销环境

第四章 国际市场营销的历史与自然环境 ……………………………… （85）
第一节 国际市场营销的历史环境考察 ………………………………… （86）
第二节 国际市场营销的地理环境 ……………………………………… （87）
第三节 国际市场营销的人口环境 ……………………………………… （93）

第五章 国际市场营销经济与贸易环境 ………………………………… （100）
第一节 经济全球化 ……………………………………………………… （101）
第二节 跨国公司的发展和国际贸易 …………………………………… （106）
第三节 贸易保护主义与国际贸易壁垒 ………………………………… （111）
第四节 国际贸易自由与公平：关贸总协定与世界贸易组织 ………… （118）
第五节 国际货币基金组织和世界银行集团 …………………………… （120）

第六章 国际市场营销社会文化环境 …………………………………… （125）
第一节 国际市场营销的全球社会文化环境考察 ……………………… （126）
第二节 社会文化价值观研究和消费者行为 …………………………… （128）
第三节 社会文化特征与国际市场营销活动 …………………………… （131）
第四节 跨文化适应与国际市场营销沟通 ……………………………… （138）

第七章　国际市场营销的政治与法律环境 (146)
- 第一节　政治和法律：一个敏感而关键的话题 (147)
- 第二节　国际市场的政治风险及规避 (151)
- 第三节　国际法律体系与国际市场营销争端司法管辖权 (154)
- 第四节　国际市场营销法律概览 (157)
- 第五节　中国企业跨国经营策略与政策分析 (160)

第三编　国际市场营销管理

第八章　国际市场细分与战略定位 (167)
- 第一节　国际市场细分 (168)
- 第二节　国际市场定位 (173)
- 第三节　进入国际市场 (176)

第九章　国际市场营销调研 (192)
- 第一节　国际市场调研与国内市场调研的比较 (193)
- 第二节　国际市场调研资料收集的方式 (195)
- 第三节　国际市场调研的程序 (199)
- 第四节　国际市场调研的方法 (203)

第十章　国际市场营销计划、组织与控制 (209)
- 第一节　国际市场营销计划 (210)
- 第二节　国际市场营销组织结构分析 (212)
- 第三节　国际市场营销组织结构设计 (214)
- 第四节　国际市场预测与营销活动控制 (220)
- 第五节　国际市场营销审计 (222)

第四编　国际市场营销战略

第十一章　国际市场营销产品与品牌战略 (231)
- 第一节　国际市场营销产品与服务 (232)
- 第二节　国际市场营销产品的标准化与差异化 (242)
- 第三节　国际市场营销品牌 (246)

第十二章　国际市场营销进出口与渠道策略 (258)
- 第一节　国际市场营销进出口相关问题 (259)
- 第二节　国际市场分销体系与物流管理 (266)
- 第三节　国际市场分销渠道结构 (268)
- 第四节　基于互联网的国际市场营销渠道 (276)

第十三章　国际市场营销定价战略 (285)
- 第一节　国际市场定价的影响因素 (286)

第二节　国际市场营销定价方法 ………………………………………… (292)
　　第三节　国际市场定价的管理 …………………………………………… (294)

第十四章　国际市场营销沟通战略 ……………………………………… (310)
　　第一节　国际市场促销及其影响因素 …………………………………… (310)
　　第二节　国际市场公共关系与危机管理 ………………………………… (313)
　　第三节　国际市场直销与传销 …………………………………………… (318)
　　第四节　国际市场营销广告 ……………………………………………… (321)
　　第五节　国际商务谈判 …………………………………………………… (329)
　　第六节　国际市场展会营销 ……………………………………………… (332)

第十五章　国际市场营销人力资源管理策略 …………………………… (340)
　　第一节　国际市场营销人力资源战略规划 ……………………………… (341)
　　第二节　国际市场营销人力资源招聘与甄选 …………………………… (345)
　　第三节　国际市场营销人力资源培训与开发 …………………………… (351)
　　第四节　国际市场营销人力资源考核与薪酬 …………………………… (355)
　　第五节　国际市场营销人力资源维持 …………………………………… (359)

第五编　国际市场营销可持续发展

第十六章　国际市场营销组织学习与学习型组织构建 ………………… (375)
　　第一节　国际市场导向的相关理论 ……………………………………… (376)
　　第二节　国际市场导向的组织学习过程 ………………………………… (380)
　　第三节　提升国际市场营销的跨文化组织学习能力 …………………… (383)
　　第四节　建设国际市场营销学习型组织 ………………………………… (388)

第十七章　国际市场营销伦理 …………………………………………… (400)
　　第一节　国际市场营销道德与伦理问题 ………………………………… (401)
　　第二节　各国营销伦理差异的挑战 ……………………………………… (408)
　　第三节　跨国公司在华营销的伦理道德缺失与防范 …………………… (413)

后记 ………………………………………………………………………… (425)

第一编　国际市场营销基础

随着国际化和全球化浪潮的兴起,没有哪一个国家和地区,没有哪一个企业和个人能够置身于国际化和全球化的影响之外。走出国门而进入国际和全球市场,是绝大多数企业不得不面对的一个发展趋势。在国际化营销的过程中,企业的营销环境、战略和营销活动与其在国内进行营销是有着天壤之别的。本部分将通过对国际贸易和市场营销缘起的介绍,帮助读者了解国际市场营销发展的变迁,认识国际市场营销区别于国内市场营销的特征,以分析和把握国际市场营销机会,为分析国际市场营销环境、制定国际市场营销战略和融入全球市场体系奠定坚实的基础。

第一章 国际市场营销缘起

本章学习内容

- 对外贸易的起源
- 中国对外贸易的发展与现状
- 国际贸易与国际市场营销
- 企业发展的国际化进程
- 企业国际化和全球化战略整合
- 国际市场营销的演变与发展

引例

从国际市场营销的视角看郑和下西洋①

1405年7月11日,在世界十大航海家中排名第一的郑和受明成祖朱棣之命出使西洋,率领当时世界上最大的、严整有序的宝船编队从江苏太仓出发,乘风破浪,开始了其七下西洋的征程。随后的28年间,郑和所率船队从西太平洋穿越印度洋,到达东南亚、南亚、伊朗、阿拉伯等地,最远到达非洲东海岸和红海沿岸共30多个国家和地区。郑和下西洋的航行比哥伦布远洋发现美洲大陆早87年,比葡萄牙达伽马(Vasco da Gama)船队绕过风暴角进入印度洋最后抵达中国的珠江口早92年,比麦哲伦环球航行早114年。郑和及其船队依靠集体的力量和智慧在惊涛骇浪中与海洋搏斗,他们勇于战胜困难,甚至不惜生命代价的开拓进取精神,表现了中国人大无畏的英雄气概。他们所到之处进行的政治、经济、文化活动谱写了中外邦交和人民世代友好的篇章。

郑和七下西洋不但为明朝时代的中国带来了来自30多个国家和地区的上百个经济贸易和政治使团,输入新物种多达160多种,而且使东西方交通实现了划时代的变革,促进了世界各国之间的往来,为国际市场营销实践的探索和国际市场营销理论的诞生提供了可能。

放眼今天的中国,几乎每一个角落都可以看到国际知名品牌的影子:通用电气(General Electric)、壳牌(Shell)、摩托罗拉(Motorola)、菲利普(Philips)、联合利华(Unilever)、肯德基(KFC)、本田(Honda)、科达(Kodak)等等。这些在20多年前对大多数中国人来说还闻所未闻的品牌和商品现在已经遍布华夏大地的每一个角落。这一切,正是基于郑和下西洋所带来的国际市场营销的魅力所在。

---

① 资料来源:杨槱:《郑和下西洋史探》,上海交通大学出版社2007年版。

> **热身思考**
>
> 郑和下西洋的国际市场营销价值是什么?

第一节　对外贸易的缘起与中国对外贸易的发展

一、社会分工、私有制和对外贸易的起源

在原始社会初期,处于自然分工状态的人类生产力极度低下,人们只能依靠集体劳动获得有限的生活资料,并按照平均的原则在公社成员之间进行分配。在这种社会条件下,没有剩余产品,没有私有制,没有阶级和国家,自然不会出现营销的现象,更谈不上国际市场营销活动了。

人类历史上第一次大分工以后,社会生产力得到快速发展,某些部落的公共产品逐渐开始有了少许剩余,于是不同部落之间便出现剩余产品的交换需求和行为。当然,当时部落之间就剩余产品所进行的交换相对于今天的国际贸易和国际市场营销来说是极为有限的。但是,在当时历史条件下,相对于部落内部交换而言,这种产品交换带有质的变化,即出现了对外交换。马克思曾经指出,"实际上,商品交换过程最初不是在原始公社内部出现的","它最初先发生在不同公社的相互关系中,而不是在同一公社内部的成员之间"①。如果我们探求国际市场营销起源的话,那么原始社会不同公社之间的产品交换,实为这个源头的水珠。

在人类社会发生了第二次社会大分工之后,社会生产力得到了进一步的提高,社会剩余产品也逐渐增加,私有制随之产生。这时候,不仅公社之间的商品交换日益成为经常的现象,而且还出现了海外贸易。正如恩格斯指出的那样,"随着生产分为农业和手工业这两大主要部门,便出现了直接以交换为目的的生产,即商品生产,随之而来的是贸易,不仅有部落内部和边界的贸易,而且还有海外贸易"②。恩格斯所说的"海外贸易"正是人类社会对外贸易的初级形式,亦即人类社会对外贸易的起源。

可见,社会分工和私有制促进了商品的出现和商品的交换,而商品交换反过来又推动了社会分工和私有制的发展,这对原始社会向奴隶社会过渡起着明显的催化作用。人类社会的第二次大分工就发生在原始社会向奴隶社会的过渡时期,因此也可以说对外贸易产生于奴隶社会。在奴隶社会发生了人类第三次社会大分工,出现了专门从事贸易的商人,又推动了对外贸易的进一步发展。

二、中国对外贸易的发展与现状

中国是人类历史上最早进入奴隶社会的文明国家之一。如果以从夏代进入奴隶社会算起,中国社会的发展经过了商代、西周,到春秋战国之后开始向封建社会过渡,迄今历时达四千多年。马克思主义关于对外贸易起源的学说完全符合中国历史上对外贸易的产生和发展状况。

---

① 转引自陈俊明:《政治经济型批判——从〈资本论〉到〈帝国主义〉》,中央编译出版社2006年版。
② 恩格斯:《家庭、私有制和国家的起源》,天津人民出版社2009年版。

1. 中国对外贸易起源

在距今大约170万年以前，中国人的祖先就在华夏大地上劳动、生息和繁衍。经历了几次社会大分工之后，产品的生产和交换也得到了不断的发展。根据对发掘出土的大量古文物的研究，许多学者认为在距今二三万年的远古时代，中国原始社会的物物交换便已出现。例如在发掘周口店"山顶洞人"的遗址过程中，发现了海蛸、厚壳蚌及鱼卵状储石等并非产于周口店的异乡之物。经过研究和分析，海蛸产于海中，厚壳蚌产于黄河以南，储石则产于宜龙地区。这些东西的产地距离周口店都比较远，其之所以能够到达"山顶洞人"之手，很可能便是当时周口店的"山顶洞人"与其他部落之间进行交换的结果。此外，中国历史上还有一些关于部落之间进行交换的传说。例如在撷顼时"祝融作市"，尧舜时"北用禹氏之玉，南贵江汉之珠"；对战败的部落则"散其邑粟与其财物，以市虎豹之皮"；许多地方的古老传说中也常常提到当时交换的物品有畜类、蚕丝、兽皮、渔猎工具、农产品种子，等等。

在奴隶社会，大量的奴隶被驱使从事繁重的农业、手工业和其他劳役，极大地推动了农业和手工业的不断发展，特别是铜器铸造、陶器制造、纺织等手工业的发展尤为迅速。这些都可以从中国出土的大量古代文物资料中得到印证。奴隶社会的奴隶们所创造的物质财富为商品交换的不断扩大提供了直接前提。根据考古研究发现，在中国的奴隶社会里，交换的初期形式是奴隶主之间的"以物易物"，到后来才发展到使用作为等价形态的"贝"。在出土的甲骨文中，"贝"字经常出现。据考证，中国商代就开始出现并使用"货币"了。货币的出现，极大地推动了贸易的发展。

到了周朝时期，商品交换出现了一些新的发展。其一，周王室先后封了70多个诸侯国，这些诸侯国都要按期向周王室"纳贡朝觐"，而周王室也给以一定的"酬谢"。这本质上就是一种王室与诸侯之间的商品交换。其二，周王室在公元前11世纪时，与西域各国以"贡礼""酬谢"的方式开始了商品交换，这种交换可称为"朝贡贸易"，它属于对外贸易的初级形式。其三，各诸侯国之间也在此期间开始发生贸易往来，各诸侯国的都城均成为相应的贸易中心。都城的城门由相关人员把守，贸易货物通过需要纳税。其四，周王室规定，通商贸易要有"玺节"为证明，经"司关"核验后才能进行。在诸侯国中也出现了专管贸易的"贾正"，这是中国历史上由国家对贸易进行管制的创始之举。

在春秋战国时期，不仅诸侯割据的各国之间的贸易往来频繁，而且他们还与海外国家建立了相对稳定的贸易关系。根据历史记载，公元前四五世纪，中国的丝织品便远销到希腊。在希腊古书中提到的"塞勒斯"，意为丝国，指的就是中国。公元前425年至公元前375年间，从巴比伦人所占之爱瑟洛到达南中国海一带，也有贸易往来。由此可见，中国的海外贸易在春秋战国时期就开始了。

综上所述，中国对外贸易起源于奴隶社会，其中陆路贸易始于西周，海外国际贸易则始于春秋战国时期远远早于封建社会西汉时期的张骞通西域和明朝的郑和下西洋。

从国际市场营销的视角而言，张骞通西域和郑和下西洋对近代国际市场营销活动均有着极为重要的意义，真正开创了国际市场营销的先河。就郑和下西洋而言，由于明朝的开国皇帝朱元璋实行海禁，使得商业交流近乎停顿，永乐之前的丝绸之路几被破坏殆尽。在经过几十年的休养生息后，恢复了繁荣的大明王朝需要将富余的物资向外输出以换取所需，这就产生了拓展海外国际市场的需求。基于此，明朝永乐皇帝朱棣决定开展"请进来,走出去"的国际贸易政策,慧眼选中郑和为下西洋之领军人物。之所以由郑和率领远洋船队,一方面是朱棣对他的信任,另一方面是因为郑和长期负责宫廷采购事务,练就了一副对货物,尤其是稀缺之物的特有的敏锐眼光。凭借中国上乘的货物和庞大豪华的商贸船舰,郑和所到之处无不大受欢迎。

郑和下西洋使得中国的瓷器、丝绸、漆器、水银、药材、锄犁、铁锅、书画,甚至妇女用的脂粉、针线等产品都成为国际贸易中的抢手货,中国的钱币如同今天的美元一样成为当时各国的流通货币,郑和的船舶也成为外国人经由海上到达中国的唯一交通工具。中国人奉行的公平交易、互利互惠的贸易原则,使得中外贸易成为各国文明经商的典范。郑和船队所到之处的贸易几乎都在中国人的掌控之中。可以说,中国的海上丝绸之路借助于郑和下西洋而达到了巅峰。如本章引例所述,郑和下西洋不仅拓展了中国有别于陆上"丝绸之路"的新的贸易途径,而且开拓了近代中国对外贸易和国际市场营销的先河,弘扬了中华民族的文明及和平外交、公平贸易的政策。

2. 近代中国的对外贸易

考察全球外贸历史,迄今没有哪一个国家单纯选择自由贸易战略。18 世纪 60 年代以来,欧美国家实现工业化的进程不一,导致其对外贸易战略也各有其特点。英国是最早实现工业化的国家,其外贸实行的是自由贸易战略,但到 20 世纪初,随着英国经济在全球的相对衰落,英国在对外贸易战略上也随之向贸易保护倾斜。[1] 其他实现工业化较迟的西方国家,为了保护本国的幼稚产业和市场,也都采用了保护贸易战略,如美国在 1865—1913 年期间实现工业化过程中,保护贸易是其外贸战略的显著特点,1890 年时其关税税率竟高达 49%。[2] 由此可见,落后国家在工业化未完成之前,实行保护贸易战略有利于其形成合理的产业结构和加速工业化的进程,体现了处于低发展阶段国家的一种经济要求,也是一种理性的选择。

逐步提高对外贸易的自由度是大势所趋,因此近代中国有关自由贸易战略的主张具有一定积极的理论意义,但是,具体适用哪种战略,还要根据中国的经济发展水平以及中国在国际经济中所处的地位而定。采用自由贸易战略或保护贸易战略的前提是,必须有一个享有独立主权的强有力的中央政府。晚清政府及随后的北洋军阀政府和国民政府逐步完全沦为"洋人的朝廷",在这种状态下,无论是自由贸易战略还是保护贸易战略都根本无法真正实现。[3]

古代中国虽然外贸曾一度发达如唐、宋、元之盛况,但是,绝大部分经济活动还仅限于自然经济。自明朝禁海后,沉浸于天朝大国物产丰饶幻觉的中国人视外国人为化外民族,视外来商品为贡品,而允许对外贸易则是给予蛮夷的浩荡皇恩。近代则不同,中国不再先进于欧美国家,列强的坚船利炮打破了闭关锁国的政策,清政府被迫开放门户。中国只能在身不由己地滑向世界资本主义体系的过程中求生存谋发展,所有的问题都必须置于对外开放的环境中解决。

鸦片战争前夕至第二次鸦片战争时期的对外贸易思想,主要围绕是否应该开放对外

---

[1] 欧阳萍:《从关税改革看英国经济发展战略的转变》,载《学海》2011 年第 5 期。
[2] 王书丽:《19 世纪末 20 世纪初美国的关税保护主义及其终结》,载《史学月刊》2006 年第 3 期。
[3] 翁爱云:《近代中国对外贸易战略回顾与反思》,载《人民论坛》2012 年第 12 期。

贸易的问题而展开。《南京条约》等签订后,讨论这个问题对于清政府似乎已经没有实际意义。但是,被迫开放的消极情绪会左右清政府的外贸政策,影响到政府和商民在外贸实践中的绩效。中国传统的消费观念崇尚默善,土地的原生物加上盐、铁等少数手工业品,即可保证自给自足的生产生活。满足最基本的生产生活之外的大部分物品的消费皆被视作奢侈而遭贬斥。欧美输入的工业制成品恰好属于如此定义的奢侈品之列。这样,交换"奇技淫巧"的洋货的外贸势必与传统观念相冲突。所以,是否开放外贸取决于能否认识到对方的先进,能否改变传统观念,承认洋货为正常物品。从理论上说,这是中国经济思想的重要转折点,传统的反映封闭经济的观点第一次遇到强劲的冲击。

晚清时期赞成对外贸易的学者包括魏源、洪仁玕等,认为西洋以商立国,中国应该通过引进、仿制洋货以求自修自强,使"西洋之长技,尽成中国之长技"①,而不必仰赖于西洋。同时,他们清醒地指出,开放的是正常贸易而非贻害中华民族的鸦片贸易,主张充分发挥商民自由经营工商业的积极性,同外商订立商贸协议,制定奖惩措施,,规范对外贸易,使其健康地发展。这可以说是中国国际市场营销理念的原初形态。然而,比照欧美历史的正常逻辑,中国的自由贸易思想出现于近代实属早产。中国市场对外全面开放完全是迫于列强的枪炮胁迫,彼时的中国,连国内自由贸易都远未实现,民族资本才刚出现,羽翼未丰,脆弱得根本无法直面欧美资本的竞争。②

赶超欧美、救亡图存的民族意识始终支配着中国近代的思想家。近代中国出现的自由贸易思想是从欧美"拿来"的,中国的部分思想家通过学习西方超前地接受了自由贸易思想。既然是"拿来"的理论工具,运用时当然要针对中国的现状作出修改。孙中山认识并克服了拿来主义所潜在的缺陷,基于其对中国和欧美的历史和现状有深刻把握,国内经济的充分商权、自由竞争与对外贸易的适度保护,在孙中山的理想中比较完美地结合起来。遗憾的是,孙中山的理想在当时并没有能够实现。

3. 改革开放之后的中国对外贸易

1978年改革开放以来,对外贸易已日渐成为中国经济持续、快速增长的重要原动力。经过短短的30余年,中国便从生产力水平相对落后的短缺经济、闭关锁国、计划主导的对外贸易低起点上,迅速跃升为当之无愧的世界贸易大国,成功再现昔日的辉煌,创造了世界贸易史上举世瞩目的奇迹,实现了中国经济与世界经济的互动及中国经济的和平崛起。

迄今为止,中国的对外开放经历了三个阶段:第一阶段始于1978年中国共产党的十一届三中全会,为试点探索阶段。"三中全会"确定了中国对外开放的基本方针和国策,开启了由"点"到"面",从沿海向内地不断推进的经济发展新长征。经过"摸着石头过河"的第一阶段的艰难探索,中国的对外开放在20世纪90年代进入第二个阶段,即在更高层次、更宽领域对外开放,充分利用"两个市场、两种资源",大力实施外向型经济发展战略。进入21世纪后,特别是自2001年12月11日加入世界贸易组织(WTO)以来,中国的改革开放又跨上了一个新的台阶,进入第三个阶段的对外开放——"体制性开放",即与国际规则接轨,融入经济全球化。

30多年来中国实现了全方位的开放。在区域方面,形成从经济特区到沿海开放城

---

① 魏源:《道光洋舰征抚记》,载《魏源集》上册。
② 袁明照、郭丙合:《论近代中国对外贸易思想》,载《对外经济贸易大学学报》2001年第3期。

市,再到沿海经济开放区、所有内陆地区全面大开放的格局;在产业方面,开放领域超过98%,中国加入WTO的降税承诺已全部履行完毕,关税总水平从2001年的15.3%降到了2010年的9.8%,其中,农产品平均税率为15.1%,工业品平均税率为8.9%,[1]成为世界第二大进口国,货物贸易进口总量超过14000亿美元,占世界总贸易量的10%;[2]在市场方面,30多年前整个国内市场均受制于短缺经济,如今开放国内市场,放宽市场准入,货物贸易、服务贸易的自由化程度空前提高,不仅优质的国外产品、品牌和服务在国内市场随处可见,标示着"MADE IN CHINA"的产品在国际市场上也是随处可见。中国对外开放的30多年历程,从最初的"点"的开放到"面"的开放,再到"体制"的开放,历经了三个阶段,铸就了中国对外贸易的复兴,也成就了中国国际市场营销的辉煌。

中国对外贸易30多年的发展,可以概括为以下五大变化。

第一,对外贸易理念的变化。历史上的所谓重商主义、自由贸易等国际贸易理论无不倡导对外贸易、对外交流和对外开放。在中国,也早有"无商不富、无农不稳"的格言。"商是国家之重事",长期以来根植于民心。但是,1978年之前由于种种原因,中国在相当长一段时间里奉行的是封闭、半封闭国策,在理论上把对外贸易定位为"互通有无,调节余缺",视对外贸易为国民经济发展的"配角"。改革开放30多年来,"配角"的理念被彻底颠覆,对外贸易成为拉动国民经济增长的"火车头",全国各地开始纷纷实施外向型经济发展战略,理念上发生了重大变化。

第二,对外贸易地位的变化。1978年中国对外贸易进出口总值仅为206.4亿美元,外贸依存度为9.7%。但自改革开放以来,中国对外贸易持续高速增长,特别是2001年中国加入WTO以来,以每年增加约3000亿美元的速度发展,表1-1为2001年至2013年中国进出口情况。2013年,中国以4.16万亿美元出口总额超越美国的3.91万亿美元而列全球第一位,成为全球最大的贸易体及120多个国家的第一大贸易伙伴。中国在全球贸易和经济发展中的地位在改革开放之后,特别是加入WTO之后得到了显著的提升,为全球经济的良性发展做出了重大贡献。

表1-1 2001年至2013年中国进出口情况[3]

年份	进出口 总额（亿美元）	进出口 增速（%）	出口 总额（亿美元）	出口 增速（%）	进口 总额（亿美元）	进口 增速（%）	差额
2001	5097	7.5	2661	6.8	2436	8.2	225
2002	6208	21.8	3256	22.4	2952	21.2	304
2003	8510	37.1	4382	34.6	4128	39.8	255
2004	1546	35.7	5933	35.4	5612	36.0	321
2005	14219	23.2	7620	28.4	6600	17.6	1020
2006	17604	23.8	9690	27.2	7915	19.9	1775

---

[1] 参见《财政部宣布我国2014年关税调整重点内容》,http://www.cinic.org.cn,2013年11月25日访问。
[2] 参见《十年来中国平均关税降到9.8%,未来10年将更开放》,http://www.china.com.cn,2011年1月30日访问。
[3] 资料来源:中国商务部综合司历年来所发布的中国对外贸易形势报告。

（续表）

年份	进出口		出口		进口		差额
	总额（亿美元）	增速（%）	总额（亿美元）	增速（%）	总额（亿美元）	增速（%）	
2007	21766	23.6	12205	26.0	9561	20.8	2643
2008	25633	17.8	14307	17.3	11326	18.5	2981
2009	22075	-13.9	12016	-16.0	10059	-11.2	1957
2010	29735	34.7	15778	31.3	13957	38.7	1821
2011	36421	22.5	18986	20.3	17435	24.9	1551
2012	38668	6.2	20489	7.9	18178	4.3	2311
2013	41600	7.9	22096	7.9	19504	7.3	2592

第三，外贸经营主体的变化。1978年前，中国的对外贸易公司只有总公司设在北京的13家公司，省一级的外贸公司都是这些公司的分公司，没有独立的法律地位。改革开放后逐步松绑直至彻底放开外贸经营权，解放了中国的出口企业，极大地促进了外向型经济的发展。根据2004年新修订的《中华人民共和国对外贸易法》，自2004年7月起，中国政府对企业的外贸经营权由审批制改为备案登记制，所有对外贸易经营者均可以依法从事对外贸易。取消外贸经营权审批促进了国有企业、外商投资企业和民营企业多元化外贸经营格局的形成。在国有企业和外商投资企业进出口持续增长的同时，民营企业对外贸易发展迅速，进出口市场份额持续扩大，成为对外贸易的重要经营主体。[①] 如今，外贸业务的经营主体发生了质的飞跃，从建国之初的13家发展到2009年的75.5万多家。外贸，作为一个曾经高度垄断的行业已成为历史。2013年，国有企业、外商投资企业和民营企业进出口分别占中国进出口总额的33.3%、46.1%和18%。

第四，对外贸易对经济和社会发展贡献的变化。据统计，中国外贸、外资和劳务输出涉及直接就业人口达到1亿人，2007年海关税收为7585亿元，外商投资企业缴纳税收超过9900亿元，分别占全国税收收入的15%和20%。2011年海关税收超过1.6万亿元。

第五，对外贸易发展战略的变化。中国新时期的"开放型经济"发展战略强调，对外贸易对内要充分利用国际资源，支持国内经济又好又快发展；对外要坚持和平发展，营造一种良好的对外贸易国际环境。

国际市场营销活动涵盖的范围十分广泛，调整对外贸易法律关系的法律规范本身就成为一个庞大的法律体系。在中国，对外贸易法律体系包括国家立法机关、国务院及其主管部门制定并颁布的对各种对外贸易活动进行管理的法律、法规和部门规章。

从改革开放到1994年之前，中国的国际贸易立法仍然大量沿袭过去的做法，主要通过修改或制定新的条例和部门规章的方式进行。1994年5月12日，第八届全国人大常委会第七次会议通过了中国第一部《对外贸易法》（1994年7月1日正式生效），对促进对外贸易发展、维护对外贸易秩序、保护对外贸易经营者的权益等起到了重大作用。首部《对外贸易法》的颁布与实施，标志着中国对外国际贸易的法制建设上了一个新的台阶，标志着中国的国际贸易管理有了基本法，它为保证中国的国际市场营销活动的持续、稳定

---

① 参见《中国的对外贸易》，http://www.gov.cn/，2011年12月访问。

和健康发展确立了基本的法律框架,具有划时代的意义,也是中国对外贸易的管理向国际规则靠拢并与国际接轨的重要标志。在《对外贸易法》颁布实施之后,中国又依据《对外贸易法》制定、修改和发布了一系列重要的调整国际贸易活动的法律法规,构建并逐步完善了对外贸易法律体系。

2001年中国加入世界贸易组织(WTO)之后,按照入世承诺,中国政府忠实、全面履行国际法律义务。为使中国对外贸易管理法律制度与WTO规则保持一致,在入世两年内全国人大常委会和国务院总共清理了2300件与WTO相关的法律和行政法规,商务部(原外经贸部)对1413份对外经贸领域内的部门规章进行了清理。从1999年底到2006年10月,全国人大及其常委会制定、修改与贸易有关的法律21件,国务院制定、修改、停止执行有关行政法规约100件,国务院有关部门制定、修改、废止部门规章和其他政策措施1000多件,全国31个省、自治区、直辖市和49个较大的市修改、废止地方性法规和其他政策性措施约20万件。特别应该指出的是,中国入世不久,就《对外贸易法》从以下三个方面进行了修改:(1)对现行《对外贸易法》与中国入世承诺和WTO规则不相符的内容进行修改;(2)根据中国入世承诺和WTO规则,对中国享受WTO成员权利的实施机制和程序进行修改;(3)根据原《对外贸易法》实施以来出现的新情况和为促进对外贸易健康发展的要求进行修改。上述全面修订是中国遵守WTO规则,履行相关国际承诺,并将其转化为国内法原则的表现。

新修订的《对外贸易法》于2004年4月6日十届全国人大常委会第八次会议顺利通过,并于同年7月1日起正式实施。之后,根据新《对外贸易法》的相关规定和WTO的有关规则,国务院还适时制定和修订了包括《反倾销条例》《反补贴条例》《保障措施条例》《货物进出口管理条例》《技术进出口管理条例》等若干相关配套法规。至此,中国已经基本建立了符合WTO国际多边贸易规则,同时适应中国社会主义市场经济国情和对外开放需要的对外贸易法律体系。[①]

目前中国新型的对外贸易法律体系是在《宪法》的基础上,以新修订的《对外贸易法》为中心,由包括"三级法"和"五个层次"的法律规范所共同构建的。这一体系从性质上划分包括:法律(一级法)、行政法规(二级法)、部门规章等(三级法),从形式上考察则涵盖以下五个层次:

(1)宪法。宪法为中华人民共和国的根本大法,具有最高效力,由全国人民代表大会制定。

(2)法律。这里的法律指《对外贸易法》以及与对外贸易管理相关的法律,如《海关法》《进出口商品检验法》等,由全国人大及其常委会制定。

(3)行政法规。行政法规以法律为立法基础,是对法律的进一步细化,以保证法律的有效实施,由国务院制定,包括条例、决定、命令等。

(4)部门规章。部门规章是根据国家法律和国务院颁布的条例等规定,由国务院各主管部门制定发布,以保证法律条例的具体实施,包括管理办法、实施细则等。

(5)地方性法规和地方性规章。这一类规范分别由省、自治区、直辖市以及省级人民政府所在地的市和国务院批准的较大的市的人民代表大会及其常委会和人民政府制定。

---

① 参见余敏友、王追林:《改革开放30年来中国对外贸易法制的建设与发展》,载《国际贸易》2008年第11期。

在上述"三级法"和"五个层次"的对外贸易法律体系中,其法律适用必须遵循的原则是:所有的法律法规都不得与《宪法》相抵触,下位法不得与上位法相抵触,《对外贸易法》的法律效力属于仅次于宪法的外贸基本法层次的法律,构成中国对外贸易法律体系的核心。

第二节 国际贸易与国际市场营销

人类进行国际贸易和国际市场营销活动比有记载的人类历史还要古老。许多考古发现也为此提供了大量远古贸易的证据。在那个古老的世界里,人们发明了用贵重和稀有物品交换一般产品的支付方式,即现代货币系统的起源。千百年来,随着人类文明的进步和需求的不断变化,贸易范围、对象、方式等各个方面均发生了巨大的变化,贸易手段也变得越来越有效。例如,古代漂洋过海式的国际贸易相对于今天的全球电子化贸易显然是低效率的。

国际贸易满足了在全球各国之间进行互惠合作的需求。一个国家当然愿意与那些与之友好相处的国家进行贸易,但是贸易也常常会在政治关系并不那么融洽的国家之间展开。例如,近几十年来中国和美国之间在许多政治问题上一直处于分歧甚至是对立的态势,但双方之间显然很难就此而断绝彼此的国际贸易需求,因此贸易活动中产生的共同利益(包括经济利益)往往会超过政治分歧。本节将就国际市场营销和国际贸易活动背后的比较优势理论进行介绍,并以中日贸易为例,进行比较优势分析,探讨国际贸易与国际市场营销之间的关系。

一、比较优势理论

古典经济学家大卫·李嘉图(David Ricardo)在其代表作《政治经济学及赋税原理》中提出了比较成本贸易理论,即比较优势贸易理论。比较优势理论(Theory of Comparative Advantage)认为,国际贸易的基础是生产技术的相对差别(而非绝对差别),以及由此产生的相对成本的差别。每个国家都应根据"两利相权取其重,两弊相权取其轻"的原则,集中生产并出口其具有"比较优势"的产品,进口其具有"比较劣势"的产品。比较优势贸易理论在更普遍的基础上解释了国际贸易产生的基础,大大发展了绝对优势贸易理论。

简单而言,当代国际贸易的发生源于国外市场能够提供比本国市场更加质优价廉的商品。例如,如果中国制造的玩具之于美国市场的到岸成本比美国本土制造的玩具成本还低,那么从中国进口玩具就是具有经济意义的,对美国国内市场的消费者来说就是极具诱惑力的。同样,如果美国的大豆在中国的销售价格低于中国本土生产的大豆,那么中国的消费者就会发现购买美国进口大豆是很合算的。

李嘉图就国际贸易的动因提出比较成本的概念。按照李嘉图的观点,土地和资源在国际经营成本中总是占有着一个相对固定的比重,而诸如劳动力等方面的成本则往往表现为变动成本。比较优势理论指出,即使一个国家能够以比其他国家更低的成本生产所有产品,根据比较成本而不是绝对成本,贸易仍然会在两个国家之间进行,使得双方均受益。换句话说,两国之间劳动生产率的差距并不是在任何商品上都相等。处于绝对优势的国家,应集中力量生产优势较大的商品;处于绝对劣势的国家,应集中力量生产劣势较小的商品,然后通过国际贸易,互相交换,彼此都节省了成本,得到了益处,使自身有限的资源得到最高效率的利用。因此,就理论上而言,各国应该集中精力生产比其他国家具有比较优势的产品,然后出口这些产品以换取别国占有优势的产品,如明朝借助于郑和的远洋船队以中国的瓷器和丝绸换取西洋各国的香料和珍稀药材一样。

每个国家都在寻求提高国民的生活水平,而生活水平的提高与生产力的提升密切相关。生产力水平越高,同样数量的劳动力就能产出更多的产品和服务。随着生产力水平的提高,资源得到更高效的开发和利用,更多的社会物质财富就会产生。当然,不同国家不同阶层的民众会用不同的方式享受生产力带来的好处,如大多数瑞士人选择的可能是更长的假期,美国人偏爱的可能是运动和休闲,中国人则多数可能选择的是家庭的温馨。一个国家或地区要拥有较高的生活水准,就必须出口足够多的产品,以平衡自身所不能有效或高效生产的产品的进口。对一个资源有限、总体上进口相对较高的国家来说,出口对于维持生活水准尤其重要,如日本、韩国、巴西和中国台湾等国家和地区,均属于此类。

比较优势的经济规律说明,当专业分工和国际贸易发生的时候,每个国家都将受益。即使一个国家不能比另外一个国家更有效地生产任何一种产品,但为了经济利益,这两个国家之间还是应该进行专业化分工。不考虑相对于其他供应商的生产力水平,每个国家都有着一定的比较优势,即生产某些产品要比生产另外一些产品具有更大的优势。古典经济学家认为劳动力是决定两个贸易国家比较优势的主要因素。但是在当今时代,要在一个国家实现专业化分工,劳动力以外的其他因素会更加重要,事实上,许多发达国家中员工的工资成本在社会成本中的比重正在逐渐降低。

随着政治、社会、文化和经济环境的变化,一个国家的比较优势也会有所改变。如日本在钢铁制造上相对于美国具有比较优势,这一优势是建立在管理能力和技术上的。尽管日本必须进口铁矿石等原材料,但其他因素为日本的钢铁业提供了持续保持比较优势的条件。当然,这并不意味着日本在钢铁业上的比较优势会永远存在,日本的铁矿石供应商可能会由于政治原因而停止对日的铁矿石供应,或者如果另外一个国家开发了超过日本的炼钢技术,就会取代日本的优势。

虽然只有商业和贸易的国际化和全球化才能使得世界范围内的繁荣得以延续,但没有哪一个国家会允许国际市场营销和国际贸易自由进行。几乎所有的国家都会不同程度地设置一系列障碍以控制和限制国际贸易,形形色色的国际贸易壁垒比比皆是。当然,贸易壁垒的存在是有其原因的,关于国际市场营销和国际贸易的壁垒将在后续章节中陆续探讨,接下来以中日国际贸易为例就国际贸易中的比较优势进行分析。

二、国际贸易中的比较优势分析

以中日国际贸易为例。自中日邦交正常化以后,中日双边贸易取得了长足的发展,贸易额连年攀升,双方已互为重要的贸易伙伴。尽管由于一些众所周知的原因而使得中日之间的双边贸易额出现了一些波动,但其仍由1972年的1014亿美元增长到了2013年的3125.5亿美元,[①]而且日本从1993年至2003年连续11年是中国的第一大贸易伙伴。从

---

① 参见《2013年中日双边贸易额下降5.1%》,载《北京晨报》2014年1月11日。

2004年起，日本被欧盟和美国超过，退居中国的第三大贸易伙伴。而中国则从2001年起成为日本的第二大贸易伙伴，仅次于美国。但从进口来看，双方仍互为最大的进口来源地。现代比较优势理论认为，比较成本优势和资源禀赋差异是决定贸易结构和贸易模式的主要因素。从中日贸易结构的演变来看，基本相符。

首先，中国对日出口商品中工业制成品的比重渐渐超过初级产品的比重而成为主流。长期以来，中日贸易是典型的垂直型分工模式，中国主要是以初级产品换取日本的工业制成品的。

其次，中国对日本出口的工业制成品中资本密集型产品与劳动密集型产品的比重变化。中国是劳动力丰裕的国家，资本相对缺乏，而日本是资本丰裕的国家，劳动力相对匮乏。因此，根据比较优势理论，中国应该出口劳动密集型产品，进口资本密集型产品，而日本正相反。长期以来，中日贸易结构与传统理论完全吻合。但从新世纪开始，中国对日本出口的工业制成品中资本密集型产品与劳动密集型产品的比重正在发生变化。从2002年开始，劳动密集型产品的出口比重不断下降，资本密集型产品的出口比重不断上升。同时，日本对中国的出口则一直以资本密集型产品为主，这一趋势不仅占主导地位，并且还在逐年增大。

虽然中国对日本出口中的资本密集型产品比重不断上升，但出口此类商品的数额仍远远低于中国从日本进口的该类商品数额。在劳动密集型产品方面，中国在附加值较高的按原料分类的制成品方面，其出口额也低于进口额，而只在附加值很低的杂项制品的出口方面远远大于进口。总体上讲，中国资本密集型产品对日本贸易始终为逆差。因此，中日贸易结构虽然发生了较大的变化，但从根本上讲基本符合比较优势理论在静态角度的贸易模式。

三、国际市场营销与国际贸易

如前所述，国与国之间的贸易已有数千年的历史，应该说，国际市场营销是伴随着国际贸易的产生而发展的，国际市场营销和国际贸易两者相得益彰，共同促进世界经济的发展。但两者之间的区别也是显而易见的，具体表现在：

1. 活动主体不同

国际贸易是国与国之间的商品与劳务的交换，这种交换活动的主体一般而言是国家，而国际市场营销作为跨越国界的企业营销活动，执行这个职能的主体是企业，是站在企业这个角度，研究如何生产适合国外目标市场需求的产品，制定合适的价格，选择对企业最为有利的分销渠道与促销手段。

2. 活动范围不同

就国际贸易而言，意味着跨越国界的产品和劳务的交换，即参加交换的产品和劳务必须从一国转移到另一国。而国际市场营销活动而言，则不见得一定要有产品和劳务从一国转移到另一国，有些营销活动如组装业务、合同制造、许可证贸易、海外投资生产等都没有产品和劳务从一国到另一国的转移。国际营销也不同于进出口业务，进出口业务讲述的是进出口中的具体业务规范，如信用证的种类、如何开具信用证、信用证如何议付、如何报关、如何投保、如何制造单证等，这些对于开展国际市场营销活动都是不可或缺的程序性业务操作知识。国际市场营销是从国际化战略高度出发，主要研究如何运用企业自己的各种优势在复杂的国际市场中获得对外经营的成功。

第三节 国际市场营销的演变和发展

国际市场营销(international marketing)与国内市场营销的唯一差别在于,国际市场营销的活动是在一个以上的国家间进行的,这一差别导致国际市场营销相对于国内市场营销活动的复杂性和多样性。国际市场营销是指对商品和服务流入一个以上国家的消费者手中的过程进行计划、定价、促销和引导以获取利润的活动。国际市场营销学是市场营销学科的高端课程,国际市场营销学所涉及的相关理论均是由市场营销学基础理论发展而来。因此,本节通过对市场营销学理论基础的回顾,探讨国际市场营销学的演变与发展历程。

一、市场营销学基础

市场营销学是国际市场营销的基础,为了能够顺利学习国际市场营销,本书在此概述市场营销学相关基础知识,包括市场营销学的定义、理论、观念、职能、策略等。

1. 何谓市场营销

市场营销(marketing),简称"营销",在中国的香港、澳门、台湾地区常称为"行销"。

近几十年来,学术界对市场营销的定义比较多。美国市场营销协会认为,市场营销是创造、沟通与传递价值给顾客,及经营顾客关系以便让组织与其利益关系人受益的一种组织功能与程序。麦卡锡(E. J. McCarthy)于1960年从微观层面上对市场营销进行了定义,认为市场营销是企业经营活动的职责,是将产品及劳务从生产者直接引向消费者或使用者,以满足顾客需求及实现公司利润的一种社会经济活动过程。这一定义虽比美国市场营销协会的定义前进了一步,指出了满足顾客需求及实现企业盈利等企业经营目标,但这两种定义都说明,市场营销活动始于产品生产活动结束时,中间经过一系列经营活动,而终于商品或服务到达用户手中之后。因而,这两种定义均把企业营销活动仅仅局限于流通领域的狭窄范围,而不是将之视为企业的整个经营全过程,即包括市场营销调研、产品开发、定价、分销广告、宣传报道、销售促进、人员推销、售后服务等。美国著名市场营销学者菲利普·科特勒(Philip Kotler)认为,市场营销是个人和集体通过创造并同他人交换产品和价值以满足需求和欲望的一种社会和管理过程,包括认识目前尚未得到满足的需要和欲望、估量和确定需求量大小、选择和决定企业能最好地为其服务的目标市场,并决定适当的计划或方案,以便为目标市场服务等一系列功能。科特勒关于市场营销的定义强调了营销的价值导向。2004年8月,在美国波士顿举行的美国市场营销协会(American Marketing Association,AMA)夏季营销教学研讨会上,许多学者基于近年来市场营销理论的研究和相关实践,揭开了关于市场营销新定义的面纱,更新了近20年来AMA对营销的官方定义:市场营销既是一种组织职能,也是为了组织自身及利益相关者的利益而创造、传播、传递客户价值,管理客户关系的一系列过程。

2. 市场营销理论的发展

迄今以来,市场营销理论的发展经历了四个阶段:

(1) 初创阶段(19世纪末到20世纪20年代)。市场营销学科在美国因应工业发展的需求而产生,这个时期的市场营销所研究的范围很窄,其特点是着重推销术和广告术,而与现代市场营销相关的一系列理论、概念、原则等均还未出现,也没有得到社会和企业界的重视。

(2)应用阶段(20世纪20年代至二战结束)。1929年,资本主义世界爆发了空前的经济危机,经济出现大萧条、大萎缩,社会购买力急剧下降,市场问题空前尖锐。美国国内企业开始大规模运用市场营销学理论来运营企业,拓展海外市场。如小贴士1-1所示,1937年成立的"美国市场营销协会",广泛吸收学术界与企业界人士参加,市场营销学开始从大学讲台走向社会并指导企业的市场营销行为。市场营销学在这个阶段的特点是基于产品推销这一狭窄的概念,研究有利于推销的企业组织机构设置,市场营销理论的研究开始得到社会和企业界的重视。

小贴士 1-1

美国市场营销协会[①]

1915年,美国全国广告协会成立;1926年,美国广告协会改组为市场营销学和广告学教师协会;1931年,成立了由经济学家和企业家参加的专门讲授和研究市场营销学的组织——美国市场营销社;1937年,上述两个组织合并为美国市场营销协会(American Marketing Association,AMA)。

美国市场营销协会是由致力于营销实践和教学的人士组成的非营利专业组织,为参与市场营销实践、研究和教学的人士提供了一个信息发布、知识共享的平台。它在世界范围内拥有38000名会员。捕捉最新市场营销动态,发布最新市场营销研究成果是协会的宗旨,协会陆续出版了《营销学杂志》《营销研究杂志》以及一份每月两期的新闻快报,主要是为营销人员提供一个开放、自由的平台,为他们提供最新、最全的市场营销信息、知识等,帮助营销人员掌握最新的营销学知识,帮助他们解决实际中遇到的问题,除此之外,还会不定期地举办营销人员培训,教授营销人员关于市场营销的专业知识、基本技能等。美国市场营销协会在美国营销界占有举足轻重的地位,无论是营销思想的革新,还是营销人员的培训方面,它都走在营销学界或业界的前列。而协会为营销行业所树立的道德规范,更是成为美国营销从业人员约定俗成的行业行为准则。

(3)发展阶段(20世纪50年代至80年代)。美国军工经济开始转向民众经济,社会商品急剧增加,社会生产力大幅度提升,而与此相对应的居民消费水平的提升却非常有限,市场开始出现供过于求的状态。此时美国市场营销学学者安德森(W. Aderson)与考克斯(R. Cox)提出"市场营销学是促进生产者与消费者进行潜在商品或劳务交易的任何活动"[②],此观点使市场营销开始步入全新的发展阶段。在这个阶段,市场不再是生产过程的终点而成为生产过程的起点,市场营销不再是推销产品,而成为通过调查了解消费者的需求和欲望,以生产符合消费者需求和欲望的商品或服务,进而满足消费者的需求和欲

[①] 资料来源:http://www.marketingpower.com,2014年2月访问。
[②] See Boone, Louis E., and David L. Kurtz, Contemporary Marketing, Fort Worth, TX: Dryden Press, 1992.

望。至此,市场营销开始进入社会视野,并带有明显的管理导向。

(4) 成熟阶段(20世纪80年代至今)。此阶段为市场营销学的成熟阶段,主要表现为市场营销学科与其他如经济学、数学、统计学、心理学等学科开始关联,形成自身的理论体系,并成为整个企业管理科学中的核心组成部分。

3. 市场营销观念的演变和发展

市场营销观念的演变与发展,可归纳为生产观念、产品观念、推销观念、市场营销观念和社会市场营销观念五种。

市场营销的生产观念是指导销售者行为最古老的观念之一,是一种重生产、轻市场营销的商业哲学。这种观念产生于20世纪20年代之前,在卖方市场条件下企业的经营哲学不是从消费者的需求出发,而是从企业的生产出发。在资本主义工业化初期,由于物资短缺,市场产品供不应求,生产观念在企业经营管理中颇为流行,其主要表现是"我生产什么,就卖什么"。美国汽车大王亨利.福特曾傲慢地宣称:"不管顾客需要什么颜色的汽车,我只有一种黑色的"。生产观念认为,企业应致力于提高生产效率和分销效率。改革开放前,处于计划经济旧体制下的中国企业,在经营管理活动中奉行的正是生产观念。

市场营销的产品观念认为,消费者偏爱的是高质量、多功能和具有某种特色的产品,企业应致力于生产高品质的产品,并且不断加以改进和创新。企业在发明一项新产品时最容易过度地把注意力放在产品上,而看不到市场需求的变化,致使企业经营陷入困境。

市场营销的推销观念产生于20世纪20年代末至50年代,当时资本主义国家正处于"卖方市场"向"买方市场"过渡的阶段,该观念是为许多企业所普遍采用的一种市场营销观念,其表现为"我卖什么,顾客就买什么"。推销理念认为消费者通常表现出一种购买惰性或抗衡心理,企业必须积极推销和大力促销,以刺激消费者大量购买本企业产品。这种观念虽然比前两种观念前进了一步,开始重视广告术及推销术,但其实质仍然是以生产为中心的。

真正的市场营销观念是作为对上述诸观念的挑战而出现的一种新型的企业经营哲学。这种观念以满足顾客需求为出发点,即"顾客需要什么,就生产什么"。尽管这种思想由来已久,但其核心原则直到20世纪50年代中期才基本定型,当时社会生产力迅速发展,市场趋势表现为供过于求的买方市场,许多企业开始认识到,必须转变经营观念,才能求得生存和发展。市场营销观念认为,实现企业各项目标的关键,在于正确确定目标市场的需要和欲望,并且比竞争者更有效地传送目标市场所期望的物品或服务,进而比竞争者更有效地满足目标市场的需要和欲望。市场营销观念的出现,使企业经营观念发生了根本性变化,也使市场营销学发生了一次革命。市场营销观念同推销观念相比具有重大的差别:推销观念注重卖方需要,而市场营销观念则注重买方需要。可见,市场营销观念的四个支柱是市场、顾客、营销和利润,而推销观念的四个支柱是工厂、产品、推销和盈利。从本质上说,市场营销观念是一种以顾客需要和欲望为导向的哲学,是消费者主权论在企业市场营销管理中的体现。

社会市场营销观念是对市场营销观念的修改和补充。因应20世纪70年代在西方资本主义国家出现的诸如能源短缺、通货膨胀、失业增加、环境污染严重、消费者保护运动盛行等一系列社会问题,社会市场营销观念认为,企业的任务是确定各个目标市场的需要、欲望和利益,并以保护消费者和提高社会福利的方式,比竞争者更有效地向目标市场提供能够满足其需要、欲望和利益的物品或服务。社会市场营销观念要求营销者在制定市场营销政策时必须统筹兼顾三方面的利益,即企业利润、消费者需要的满足和社会利益。

4. 市场营销的功能

现代市场营销的功能包括商品销售、市场调查研究、生产与供应、创造市场要求和协调平衡公共关系等五个部分。

通过商品销售,企业将生产的商品推向市场,从消费者那里获取货币,以对商品生产过程中形成的一系列成本予以补偿。通过商品销售,社会可以为企业补充和追加投入生产要素,让商品变为货币,企业也因此而获得了生存和发展的条件。具体的商品销售活动包括:寻找和识别潜在顾客、接触与传递商品交换意向信息、谈判、签订合同、交货和收款、提供销售服务,等等。

市场调查研究,简称市场调研,是指企业因应市场营销决策的需要而系统客观地收集和分析有关营销活动信息的过程。企业销售商品的必要外部条件之一是该商品存在着市场需求。只有存在市场需求,商品才能销售出去。某种商品的市场需求,是指一定范围的所有潜在顾客在一定时间内对于该商品有购买力的欲购数量。如果某种商品的市场需求确实存在,而且企业知道需要的顾客是谁,在哪里,就可以顺利地进行商品销售。理智的生产者和经营者当然会选择生产那些有市场需求的商品,然而问题在于,一定范围的市场对于某种商品的需求量是经常变动的,这种变动会受到许多因素的影响。例如,居民收入的增长会使人们逐步放弃对低档、过时商品的消费,随之将购买力转向档次较高的新的商品;一种商品价格过高会使许多人认为消费它不合算而很少购买它,但当它的价格下降时,人们可能就会改变主意而愿意多购买、多消费。为了有效地实现商品销售,企业营销决策者需要经常地研究市场需求,弄清楚谁是潜在顾客,他们需要什么样的商品,为什么需要,需要多少,何时何地需要,本企业在满足顾客需要方面的可行性及可能存在的销售困难和困难来源等,从而相应制定满足每一个顾客需要的市场营销策略。可见,市场调查和研究并不仅仅是组织商品销售的先导职能,而且是整个企业市场营销的基础职能。

如何把握市场调研发现的市场机会并将其充分有效地加以利用?如何灵活应对即将来临的市场需求变化?企业作为生产经营者,需要适应市场需求的变化,经常调整产品生产方向,借以保证生产经营的产品和服务与市场需求的契合度。在市场需求经常变动的条件下,企业的适应性来自于企业对市场的严密监测、对内部的严格管理、对变化的严阵以待、对机会的充分把握和运用。所有这些职能在企业经营管理上被笼统地称为生产与供应职能,在现代市场营销理论中,这种职能被称作整体营销。整体营销是由企业内部的多项经营职能综合来体现的:要让销售部门在每个时期都能向市场提供适销对路的产品,市场调研部门就要提供准确的市场需求信息;经营管理部门就要把市场需求预测资料转变成生产指令以指挥生产部门生产和与其他部门的协作;生产部门就要在顾客需要来临之前将相应的产品生产出来;技术开发部门就要在更早的时候完成产品设计和技术准备工作以能够向生产部门提供生产技术;财务部门就要在更早的时候筹集到资金以进行生产线或机器设备的调整和原料、材料、零部件的采购;人事部门就要在更早的时候储备管理人才并对员工进行相应的技能培训;公共关系部门就要在此之前在顾客心目中建立高尚的企业形象和企业产品形象以扩大声誉传播范围;广告宣传部门就要在此之前有效地展开广告宣传攻势,促销部门要组织对潜在顾客有吸引力的促销活动;销售渠道和网络管理部门要在此之前争取尽可能多的中间商经销或代销企业的商品;等等。各个部门围绕市场需要的满足而相互之间协同运作,即整体营销。

一般而言,消费者普遍存在着"潜在需求",即由于某些原因,消费者在短期内不打算满足的需求。潜在需求的客观存在是由消费者生活需要的广泛性和可扩张性决定的。潜在需求实质上就是尚未满足的顾客需求,是企业可开拓的市场中的"新大陆"。企业既要满足顾客已经在市场上出现的显性需求,让每一个愿意购买商品的顾客能够买到称心如意的商品,也要争取那些有潜在需求的顾客,提供他们所需要的商品和服务,让他们产生合理的消费信念,将其潜在需求转变为显性需求。这就是"创造市场需求"。例如,通过适当降价,可以让那些过去买不起这种商品的消费者能够购买和消费这种商品,让那些过去觉得多消费不合算的消费者愿意多购买、多消费,真正满足其需要;通过广告宣传,让那些因对某种商品不了解而没有购买和消费的消费者了解这种商品,产生购买和消费的欲望;通过推出新产品,让那些难以从过去的某种商品获得需要满足的消费者有机会购买到适合其需要的商品;通过提供销售服务,让那些觉得消费某种商品不方便、不如意、不安全因而很少购买的消费者也能尽可能多地购买和消费。创造市场需求可以使市场的现实需求不断扩大,提高顾客需求的满足程度,增强企业对市场需求变化的适应性。

20世纪60年代保护消费者权益运动之后,市场营销的公共关系功能才得到广泛的重视。1981年葛郎儒(Christian Gronroos)提出的"内部营销"理论和1985年杰克森(Barbara B. Jackson)提出的"关系营销"理论都认为需要将协调平衡各种公共关系纳入市场营销职能体系。[①] 企业作为一个社会成员,与顾客和社会其他各个方面都存在着千丝万缕的联系,按照杰克森的观点,商品销售只是企业与顾客之间营销关系的一部分。事实上,企业与顾客之间还可以发展经济、技术和社会等层面的联系和交往,通过这些非商品交换型的联系,双方之间可以增进相互信任和了解,发展为相互依赖、相互帮助、同甘共苦的伙伴关系,让企业获得一个忠实的顾客群,还可以将过去交易中的繁琐谈判改变为惯例型交易,节省交易费用。这种"关系营销"的思想同样适合于发展和改善企业与分销商、供应商、运输和仓储商、金融机构、宣传媒体以及内部职工的关系,使企业在整个市场营销过程中,都可以找到可以依赖和可予以帮助的战略伙伴。协调平衡公共关系需要正确处理三个关系,即商品生产经营与企业"社会化"的关系,获取利润与满足顾客需要的关系,以及满足个别顾客需要与增进社会福利的关系。

5. 市场营销战略

传统的市场营销理论认为,市场营销战略是企业以顾客需要为出发点,有计划地组织各项经营活动,通过相互协调一致的产品战略、价格战略、渠道战略和促销战略,为顾客提供满意的商品和服务而实现企业目标的过程。

市场营销战略包括四个方面,即产品(product)、价格(price)、促销(promotion)和渠道(place),简称营销"4Ps"战略:(1)产品战略主要研究的是新产品开发、产品生命周期、品牌战略等,是价格战略、促销战略和分销战略的基础。(2)价格战略又称定价战略,主要研究的是产品的定价、调价等市场营销工具。(3)促销战略研究的是如何将组织与产品

---

① 参见〔美〕菲利普·R.凯特奥拉(Philip R. Cateora)、约翰·L.格雷厄姆(John L. Graham):《国际市场营销学》(第12版),周祖城等译,北京,机械工业出版社2005年版。

信息传递给目标市场和消费者的有计划性的活动。通过促销,消费者可以知道产品能够提供何种利益、价格多少、可以到什么地方购买及如何购买等。(4)渠道战略研究的是为了达到产品分销目的而配置的销售通路。1981年,布姆斯(Booms)和比特纳(Bitner)建议在此基础上增加三个"服务性的P",即人员(people)、流程(process)以及物证(physical evidence),形成"7Ps"营销组合。(5)人员(people)指所有的人都需要直接或间接地参与到某种服务的消费过程之中,这是7Ps营销组合很重要的一个观点。(6)流程(process)则是指服务通过一定的程序、机制以及活动得以实现的过程,亦即消费者管理流程。(7)物证(physical evidence)包括使服务供给得以顺利传送的服务环境,有形商品承载和表达服务的能力,当前消费者的无形消费体验,以及向潜在顾客传递消费满足感的能力。

相比较而言,传统的市场营销4Ps战略组合是以有形产品为导向的,而7Ps策略更适用于服务业和知识密集型产业。随着市场竞争日趋激烈,以4Ps理论来指导企业营销实践受到了越来越多的挑战。20世纪80年代,美国学者劳特朋(Robert Lauteerborn)针对4Ps存在的问题提出了4Cs营销理论:

(1)瞄准消费者需求(consumer's need),即要了解、研究、分析消费者的需要与欲求,而不是先考虑企业能生产什么产品;

(2)消费者所愿意支付的成本(cost),即了解消费者为满足需要与欲求愿意付出多少成本,而不是先给产品定价;

(3)消费者的便利性(convenience),即考虑在顾客购物等交易过程中如何给顾客方便,而不是先考虑销售渠道的选择和战略;

(4)与消费者沟通(communication),即以消费者为中心实施营销沟通,将企业内外营销不断进行整合,把顾客和企业双方的利益无形地整合在一起。

总体来看,基于零售业的国际化发展而提出的4Cs营销理论注重以消费者需求为导向,与市场导向的4Ps相比,4Cs营销理论有了很大的进步和发展。但从企业的营销实践和发展趋势来看,4Cs营销理论依然存在被动适应顾客需求、未能体现既赢得客户又长期地拥有客户的关系营销思想等方面的不足。

美国学者唐·舒尔茨(Don E. Schuhz)在4Cs营销理论的基础上提出4Rs新营销策略。4Rs分别指relevance(关联)、reaction(反应)、relationship(关系)和reward(回报)。该营销策略理论认为,随着市场的发展,企业需要从更高层次上以更有效的方式在企业与顾客之间建立起有别于传统的新型的主动性关系。与4Cs营销理论所不同的是,4Rs营销以竞争为导向,体现并落实了关系营销的思想,在新的层次上提出了营销新思路。当然,4Rs营销同任何理论一样,也有其不足和缺陷。如与顾客建立关系,需要实力基础或某些特殊条件,并不是任何企业都可以轻易做到的。

6. 市场营销的种类

整合营销传播(integrated marketing communications),即以整合企业内外部所有资源为手段,再造企业的生产行为与市场行为,充分调动一切积极因素以实现企业统一的传播目标。

数据库营销(database marketing),即通过收集和积累消费者的大量信息,经过处理后预测消费者有多大可能去购买某种产品,以及利用这些信息给产品以精确定位,有针对性地制作营销信息,以达到说服消费者去购买产品的目的。

网络营销(internet marketing),即以互联网为基础,利用数字化的信息和网络媒体的交互性来辅助营销目标实现的一种新型的市场营销方式。

直复营销(direct marketing),即营销者运用一定的信息传递工具使顾客或潜在顾客了解产品和服务,发生订货行为,再通过恰当的方式将产品或服务送达顾客手中,收取款项的营销行为和系统。

关系营销(relational marketing),即把营销活动看成一个企业与消费者、供应商、分销商、竞争者、政府机构及其他公众发生互动作用的过程,其核心是建立和发展与这些公众的良好关系。

绿色营销,即指企业在生产经营过程中,将企业自身利益、消费者利益和环境保护利益三者统一起来,以环境保护为经营指导思想,以绿色文化为价值观念,以消费者的绿色消费为中心和出发点,对产品和服务进行构思、设计、销售和制造。

社会营销,即基于人具有"经济人"和"社会人"的双重特性,运用商业营销手段达到社会公益目的或者运用社会公益价值推广商业服务的一种手段。

病毒营销,即通过公众对市场营销信息的廉价复制和传播,从而迅速扩大产品或服务的影响。

危机营销,即未雨绸缪,时时关注产品和市场的动态,树立危机意识,为危机作好规划,增强对危机的判断和反应能力,在危机降临时,化危为机。

二、国际市场营销相关概念

"国际市场营销"术语出现的时间并不长,但国际市场营销的实践由来已久。作为一种跨越国界的市场策划活动,它的历史同国际贸易一样悠久,因为它是伴随着国际贸易的出现而产生的。这也正是本书以国际贸易的起源与发展开篇而进入国际市场营销学理论体系的原因。但是,真正意义的国际市场营销,即现代国际市场营销,则是出现在第二次世界大战后,产业资本以现代企业的形式直接登上国际市场的舞台,国际市场营销才获得了蓬勃发展。例如,用世界贸易总额反映产品国际营销的发展,从1950年到2012年,世界贸易总额从600亿美元增加到22.5万亿美元,增加了375倍;用世界对外直接投资总额反映资本要素国际营销的发展,从1945年到2011年,世界对外直接投资存量从200亿美元增加到21万亿美元,增加了1050倍。

战后国际市场营销蓬勃发展的原因,正如美国营销学者沃伦·基根(Warren J. Keegan)所指出的,有世界贸易体系的改善、国际货币体系的创立、世界局势的主流转向和平、通信和交通等技术的发展、国内经济的增长和跨国公司的发展等,其中跨国公司的兴起和发展是最直接、最主要的原因。[①] 跨国公司是一个国际化的生产体系,它与外界的交换以及内部子公司与子公司、子公司与母公司之间的交换均具有跨越国界的性质。也就是说,跨国公司不仅最深入、最广泛地进入了国际市场,而且把本来是外部的国际市场转变为公司的内部市场。这样,跨国公司内外一切产销活动完全同国际市场紧紧联系在一起。跨国公司的市场营销是一种最典型的国际营销。战后,正是跨国公司的兴起直接推动了现代国际市场营销的蓬勃发展。企业现代跨国营销的发展同世界经济一体化及小国市场经

---

① 参见〔美〕沃伦·J.基根:《全球营销管理》(英文版)(第7版),清华大学出版社2004年版。

济的发展也是紧密相连的,其发展演变经历了一个过程,即国内营销→出口营销→国际营销→多国营销→全球营销。从现实看,企业跨国营销的演变同世界经济一体化的发展进程紧密相连。目前而言,大多数跨国公司的营销仍处在国际市场营销阶段,只有少数跨国公司进入真正的全球营销阶段。

(1)国内营销。国内营销是指以国内市场为企业唯一的经营范围,企业的经营活动集中于国内消费者、国内供应商和国内竞争者。在这个阶段,国际市场只是作为国内市场的补充,企业经营的市场导向是以国内消费者为对象的,偶尔会在国际市场上销售在国内市场上的剩余产品。

(2)出口营销。第二次世界大战后,为了恢复遭到战时破坏的经济,国际市场需求激增,产业发达国家的企业开始把注意力由国内市场转向国际市场,根据不同国家的消费者需求,组织市场营销活动,出口营销企业逐渐增多。但是,此阶段仍以出口产品为主,组织国际市场营销活动,对国际市场调研、产品开发的自觉性还不够。这是企业进入国际市场的第一阶段,其目标市场是国外市场,企业在国内生产产品到国外销售,满足国外市场需求。

(3)国际市场营销。这是企业进入国际市场的第二阶段,国际市场营销把国内营销策略和计划扩大到全球范围。处于国际市场营销阶段的企业往往将重点集中于国内市场,实行种族中心主义或本国导向,即公司不自觉地把本国国内市场营销的方法、途径、人员、实践和价值套用于国际市场,大多数的营销计划制定权集中于国内总公司,国外经营所采取的政策和程序与国内相同。

(4)多国营销。这是企业进入国际市场的第三阶段。企业进入国际市场营销后,逐渐发现世界市场的需求差异性很大,为了适应各国市场不同的需求而开始实施多国市场营销战略,即企业为每一个国家的市场制定一整套与其最适合的营销战略,以适应不同情况的国家市场的需要。在这一阶段,企业的战略导向呈现多中心主义,即假设世界各国的市场是彼此不同且独特的,企业要获得国际市场营销的成功,必须对差异化和独特化市场实行相应最适宜的战略。

(5)全球营销。20世纪80年代以后,越来越快速的科技革命使得产业结构发生了深刻变化:传统社会的规模经济效益竞争,被科技、信息、人才的全球竞争代替;世界各国消费者需求的同质化倾向加强,生活方式全球化与传统文化民族化并存;世界各国对外投资急剧增加。此时,企业的国际市场营销进入全球营销的新阶段。这是企业跨国经营的最高阶段。它以全球为目标市场,将公司的资产、产品及所有的资源集中于全球市场。全球营销是以全球文化的共性及差异性为前提的,在侧重于共性而实施全球统一的营销战略的同时,也会注意到各国需求的差异性而辅之以地方化营销策略的实施。

必须注意的是,国际市场营销和全球营销并不意味着进入世界上的每一个国家,进入世界上的哪些国家主要取决于公司资源、目标国际市场上的机会及威胁的性质。例如,美国迪士尼作为一个全球知名的主题公园品牌,其在全球范围内的布局迄今也只有五家,其中,两家在美国本土,分别位于佛罗里达州和加利福尼亚州,海外的有三家,分别位于日本东京、法国巴黎和中国香港。就海外的三家迪士尼的经营状况而言,东京迪士尼的成功业已成为迪士尼全球,甚至是全世界主题公园产业的典范,如小贴士1-2所示,但是,另外两家海外迪士尼的业绩表现则是差强人意。不论成败,跨国公司海外经营的状况都在很大程度上取决于对公司资源的战略性运用,取决于对海外市场上机会和威胁的把握。而今,基于中国经济的快速成长所带来的市场机会，迪士尼上海主题公园正在筹备之中。

小贴士 1-2

东京迪士尼：声名卓著的国际经营典范①

1983年4月15日，日本东京以东10公里左右的千叶县浦安市舞滨，建成全球瞩目的东京迪士尼陆地乐园。2001年9月4日，经过三年的建设，日本又在毗邻迪士尼乐园的东京湾建成拥有7个港口的大型主题公园——东京迪士尼海洋乐园，双园合璧。被誉为亚洲第一游乐园的东京迪士尼乐园前后共耗资7000亿日元，占地150公顷，面积比美国本土的两个迪士尼乐园还要大。现在，它已成为日本男女老少各享其乐的旅游胜地。2007年东京迪士尼乐园的游客人数达到2500多万人次。来日本旅游，迪士尼乐园已经成为和富士山一样必去的景点。

1983年开园迎客后，迪士尼陆地乐园首年就创下1036万人次的客流神话。后来，日本曾一度出现"迪士尼热"。迪士尼人物、迪士尼服装甚至迪士尼食品都成为人们热情追捧的对象。在1984年到2000年，迪士尼陆地乐园始终保持着年1500万—1700万人次的客流量，成为日本20世纪八九十年代独树一帜的经营典范。

2001年迪士尼海洋乐园建成后，更是带动了整个浦安市的发展，让浦安市一举成为日本最负盛名的旅游胜地。乐园内有家MiraCosta饭店，其标准间收费每天高达2.8万日元至4.8万日元，不低于东京市中心的一流宾馆，但仍经常客满为患，一房难求，迪士尼乐园人气之高可见一斑。据估算，现在东京迪士尼乐园每年仅门票收入就有上万亿日元，加之园内的餐饮和购物，其总收入非常惊人。

无论是20世纪八九十年代的泡沫期，还是在当前的金融危机面前，迪士尼这个梦幻世界都被人们注入了极大的热情。在日本这个弹丸之地，迪士尼乐园除了是人们的休闲娱乐场所外，也是许多人逃避现实压力、寻求梦幻童话的一种渠道。

三、国内市场营销与国际市场营销的区别和联系

国际营销专家菲利浦·科特勒指出，相对于国内营销，国际营销将面临更加艰难的任务。国际市场营销与国内市场营销在营销的基本观念、思路、程序、要点等方面是相同的，最主要的区别是企业开展营销活动的市场环境不同。国际市场营销活动的对象不再是企业所熟悉的本国消费者或用户，其消费需要和购买行为由于其所属国家或地区的不同而不同。国内市场营销的活动范围是国内市场，国际市场营销则是在一个国家以上的国际市场中展开活动，这一根本的区别导致实施营销活动的环境不同。国际市场营销所面临的市场环境比国内市场营销环境更为复杂多变，当企业的国际市场营销活动涉及多个国家和地区时，其营销环境会表现为多层次的不确定性和不可控因素，包括竞争、法律限制、政府管制、地理、历史、文化、气候以及多变的消费者等。一般来说，国际市场营销者不能控制或影响国际市场上的不可控因素，而只能通过自我调整去适应这些因素。从迪士尼

---

① 资料摘编自：《世界各地迪斯尼乐园面面观》，http://news/xinhuanet.com，2013年2月18日访问。

在欧洲的曲折经历和艰难成长即可见国际市场营销所面对的不确定性,而东京迪士尼的成功也正是因为其良好的自我调整和适应能力。

国际市场营销者必须不断地研究国际关系,从国际关系的变化中寻找发展的机会和迎接各种挑战,使企业的营销战略和策略顺应国际环境的变化。比如,有的国家尽管有市场,有良好的营销环境,但如果与本国外交关系趋于紧张,企业就很难将这样的国家选为目标市场。相反,国际关系的解冻、缓和和新的双边或多边关系的建立,有助于为本国企业提供新的目标市场。此外,国际市场营销的"国际性",还集中表现在国际市场营销的渠道策划上。国际市场营销者必须策划国际营销渠道,即选择什么渠道跨越国境或进入东道国,这是国内市场营销者所不需要考虑的。

国际市场营销的资源要在一个以上的国家进行配置,这就要求国际市场营销者学会对多国的市场活动进行调控的技巧,以谋求多国性甚至全球性的最优营销效益,要求企业学会"比较营销",即比较不同国家市场和营销方式、手段的不同:一方面,尽可能地"求同",推广普遍适用的、有共性的营销方式和手段,以降低营销的成本;另一方面,注意"存异",重视各国市场的特殊性或个性,策划适合市场个性的营销方式和手段。如表1-2对国际营销与国内营销所作的比较,就是比较营销的一种运用。

表1-2 国际营销与国内营销的比较

比较内容	国内营销	国际营销
市场选择	国内经济环境	他国经济、政治、文化等多种因素
营销环境	本国环境	他国、本国、国际环境
分销渠道	国内经销商渠道	他国市场进入渠道、经销商渠道
产品策略	国内市场生命周期	国内、国际市场生命周期
价格策略	考虑需求因素、成本因素等	考虑需求、成本因素、汇率因素等
促销重点	广告、人员推销、成本因素	考虑需求、成本因素、汇率因素等
营销管理	国内市场的计划、组织、控制	多国甚至全球范围的营销
营销经验	纵向比较、历史经验	横向比较、注重比较营销

总之,国内市场营销与国际市场营销之间既有区别又有联系。两者的基本体系是相同的,两者之间是相互影响和相互促进的:一方面,国际市场营销大多是国内市场营销的延伸或发展,成功的国际市场营销者一般都有着良好的国内市场营销根基。也就是说,要在国际市场取得成功,首先要在国内市场取得成功。另一方面,国际市场营销反过来也能影响和促进国内市场营销。因此,国际市场营销者在激烈的国际市场竞争中,要更快更多地积累经验和提高产品或企业的国际知名度,并把这些经验和声誉不断地反馈到国内市场营销中来,促进国内市场的发展。

四、国际市场营销理念的发展

国际市场营销理念是指导企业开展国际营销活动的观念、态度、思维方式和商业哲学,关注于企业以何种观念和态度来处理国际市场营销活动中所涉及的国外顾客、企业本身及社会各方面的利益问题。

国际市场营销理念的演变与发展主要经历了国内市场延伸理念、国别市场营销观念以及全球营销观念等几个阶段。

1. 国内市场延伸观念

这一理念是指企业力图把国内产品销售到国外市场去。它把国际业务看作是第二位的,是国内市场营销业务的延伸,其主要动机是解决生产力和国内产能过剩的问题。国内市场营销在持国内市场延伸理念的企业中一直是被优先考虑的,国外市场营销被视为国内市场营销的一种可有可无的补充,企业的主要战略导向是国内市场营销导向。持国内市场延伸观念的企业对国际市场的典型看法是,如果产品在本国市场畅销,在世界上其他任何国家也会一样地畅销。这种观念使得企业很少甚至根本就没有针对国外市场调整营销战略组合方案,而是以与国内销售同样的方式将产品销售给国外消费者,甚至从事国际市场营销业务的人员在公司里也只是配角而不被重视。这种传统的营销观念至今仍广泛地影响着许多企业的国际市场营销活动。如美国的甘贝尔罐头公司便推行此营销理念。该公司是美国罐头市场的领导者,占国内罐头市场销售总额的80%,20世纪60年代,其产品打入英国市场,由于未针对英国居民的需求特点做广告,而采用与国内相同的广告主题,结果在英国市场损失了数千万美元。

2. 国别市场营销观念

公司一旦意识到海外市场差异的重要性以及海外业务的重要性,传统的国内市场营销延伸的理念可能就会转变为国别市场营销观念。以这一观念为导向的公司,强烈意识到各国市场大不相同,只有对每一个国家制订几乎独立的计划,才能取得销售成功。以此为导向的企业会以国别为基础开展国际市场营销,对于每一个国家,分别采取不同的市场营销策略。

3. 全球营销观念

以此观念为指导的企业通常称为全球企业,其营销活动的策划、组织和执行都是全球性的,它的市场范围是全球市场。对于实施全球营销策略的企业而言,国家或地区只是其考虑全球市场细分的因素之一,其他因素则可能包括消费者特点(年龄、收入、语言)、社会文化和法律限制等。全球营销观念将一组国家市场视为一个单位,把具有相似需求的潜在购买者群体归入一个全球细分市场。公司所有的营销计划和营销组合方案均是从全球视角制定的,共性之中充满了个性特色。例如,麦当劳对其工艺、标识、大部分广告、店面装潢和布局等进行了标准化,但在法国的麦当劳菜单上仍然会看到葡萄酒,在德国的麦当劳菜单上会有啤酒,在泰国的麦当劳菜单上会有猪肉汉堡,在马尼拉的麦当劳菜单上会有菲律宾风格的香辣汉堡,等等,所有这些,都是在全球营销观念下为了迎合当地市场上消费者的口味和习俗而作出的努力。

一个时代造就一种经营模式。在以VT(vanderpool technology,虚拟化技术)和IT(information technology,信息技术)为依托的知识经济时代,以外部借力与契约经营为特征的全球虚拟营销最大限度地利用了外部资源以满足全球顾客的动态需求,其基本精神在于突破了传统意义上营销的有形界限,延伸了营销功能界面。例如,上海春宇供应链有限责任公司所实施的全球营销组织虚拟化战略在当代全球企业管理领域即是一项极具挑战的创新。① 虚拟化团队的创立和运作将使得企业的战略型功能概念被完全改写,不但

---

① 资料来源:http://www.sunivo.com,2014年1月2日访问。

给企业运营管理、人力资源管理、信息流管理等战略层次的管理带来全新的内容,而且对企业管理实践带来了全新的变革,是对传统企业营销管理模式的一种颠覆。

本章案例

谷歌在中国[①]

2010年1月13日,华尔街日报刊登头条新闻《谷歌借口黑客威胁欲退出中国》。前一天,谷歌发布公告,公司监测到来自中国的对其计算机系统的攻击。证据显示黑客的主要目标是试图侵入中国人权运动的邮件账户,但其对谷歌邮件账户的攻击没有成功。公告还宣称,自进入中国市场以来,公司一直在权衡来自中国人的信息增长与对检索结果的审查和其他的法律限制。因为黑客攻击,加上中国2009年进一步限制网络上的言论自由,谷歌决定不再接受对检索结果的审查,并将就Google.cn在中国的免审查而启动与中国政府的谈判,如果其条件不能满足的话,将退出中国市场。

西方媒体对谷歌发布这样一个公开的威胁有着多种不同的观点。有的赞扬谷歌起来挑战专制的政府,有些则认为谷歌的公告只是一种有勇无谋的表现,对其员工、股东以及中国的忠诚用户而言,并非最佳选择。

中国媒体对谷歌的公告则很少报道。最初的报道非常简短且删除了关于自由言论和信息审查的内容。中国官方媒体新华社仅有一个简短的声明,说政府正在搜集相关的信息。同时,有些谷歌的用户在谷歌北京公司外面点亮蜡烛和摆放花束。

一、公司背景

谷歌是由斯坦福大学的两个本科生Larry Page和Sergey Brin于1998年创立的,他们开发了一种超级引擎技术以发现和整合网络上的信息。他们有一个极具野心的使命,"整合全世界的信息,并使之一般化、可接触和有用"。公司很快因其使网络搜索变得简单、快速、高效和公正而吸引了大批用户。伴随着其"不作恶"的核心价值观,谷歌的搜索结果排名是基于使用量的计算,而不是像某些竞争对手那样基于广告费用的付出。谷歌对所有的付费广告以赞助商的形式将其与普通搜索结果进行了明晰的区分,通过简单的文本广告限制其与搜索结果的关系,谷歌不允许有弹出式广告。

2000年因与雅虎合作而成为其默认的搜索引擎,谷歌迅速在全球搜索引擎世界处于领先地位。同样在2000年,公司开始提供中文、日本和韩文的搜索业务。在2001年,公司在东京开设第一个驻外办公室。谷歌在2004年达到了全球在线搜索市场份额的85%。至2009年,谷歌提供超过110种语言的搜索选择,在数十个国家设有办公室。

2004年8月,谷歌首次公开募集资金16亿美元。至2008年,谷歌的营收达到了218亿美元。几乎所有的谷歌收入均来自于两个广告产品,即"赞助商链接"和"内容广告"。

---

① 本案例在编写过程中参阅了美国哈佛大学商学院John Quelch和Katherine E. Jocz编写的教学案例"Google in China"、斯坦福大学商学院David P. Baron撰写的教学案例"Google in China"、San Jose州立大学Anne T. Lawrence撰写的教学案例"Google, Inc.: Figuring out How to Deal with China"、Diane Coutu于2007年6月于《哈佛商业评论》组稿的系列评论文章"We Googled You"、Kllogg管理学院Christopher Grogan和Jeanne Brett撰写的教学案例"Google and the Government of China: A Case Study in Cross-cultural Negotiations"、加拿大毅伟商学院Prahar Shah撰写的教学案例"Google in China"以及大量刊载发表于期刊、博客的新闻和评论文章。

赞助商链接的顾客就关键词进行竞拍,那样可以使其广告得以显示在搜索特定关键词结果边上的"赞助商链接"中。广告商可以指定将其广告显示在特定的地理位置和一天中的特定时段的搜索结果中。内容广告产品将相关的关键词广告提供给第三方出版商,包括许多小的网站和一些主流网站,如美国在线。出版商在用户点击广告的时候会与之分享广告收入。在 2008 年,"赞助商链接"收入为 144 亿美元,"内容广告"收入为 67 亿美元,授权以及其他服务收入为 6.67 亿美元。

谷歌在搜索市场处于绝对的领先地位,同时谷歌也提供其他多种产品,其中有些是赚钱的,有些则不赚钱。顾客导向的互联网工具包括一些应用产品,如 Gmail(基于网页的电子邮件)、Picasa(照片分享)、谷歌日历、微博、谷歌文件、谷歌浏览器等,在线搜索和内容服务包括谷歌图片、YouTube、谷歌新闻、谷歌财经、谷歌学术、谷歌地图、谷歌地球和谷歌产品搜索。随着越来越多的人采用手机登录互联网,谷歌开始致力于移动市场,在 2005 年推出安卓(Android)这样一种专门为手机打造的开源平台。2010 年,谷歌推出第一个硬件产品,即智能手机 Nexus One,以图与苹果的 Iphone、RIM 的黑莓、Palm 公司的 Palm Pre 进行竞争。商业方面,谷歌在 2006 年收购了广播广告的中介业务,但在两年后又退出了。谷歌还开展了销售报纸广告的业务。2008 年,谷歌开始承接电视广告业务。2009 年,并购了在移动设备上销售广告的 AdMob 网络。

谷歌的一个广为人知的目标就是在线提供全世界的书籍。2004 年 12 月,谷歌宣布了一项与几所大学合作的计划,其合作伙伴包括密歇根、哈佛、斯坦福和牛津大学,以及纽约公共图书馆,拟于 10 年内数字化并在网上提供约 1500 万本书。美国、法国和德国出版商和作者们提起诉讼,声称这项允许对处于版权保护下的书进行数字化和存储的计划侵犯了他们的知识产权。经过长期的谈判,终于在 2009 年末达成协议,谷歌承诺对美国的出版商和作者进行赔偿。截至那时候,谷歌已经扫描了约 1000 万本书。2009 年 12 月,法国的一个法庭裁决禁止扫描在法国出版的书籍。2009 年 10 月,中国著作权协会控告谷歌在未通知作者或支付作者报酬的情况下将书籍进行数字化。2009 年 11 月 4 日,中国作者绵绵控诉谷歌侵权。2010 年 1 月 12 日,谷歌亚洲书籍的负责人向中国作协的 8000 名作家致歉,承认其疏于和作者联络,并承诺不再在网上提供书籍的内容。谷歌也同意向协会提供其扫描的书籍目录。

二、谷歌在中国

直至 2000 年,谷歌只是通过 Google.com 提供中文页面,并未在中国本土设立办公室,也没有雇员。Google.com 上的内容受到中国互联网服务商的过滤,网站登陆起来较慢,约 10% 的时间里中国用户登陆不了网站。2005 年,谷歌在中国设立研发中心,招募了一批高水平的薪酬丰厚的软件工程师,"努力吸引和发展中国人才,与本土大学和研究机构合作",谷歌计划于 2006 年在中国设立网站 Google.cn。2007 年 1 月 2 日,谷歌宣称与全球最大的移动服务商中国移动达成合作协议,为之提供高质量的移动搜索产品和服务。

2009 年,谷歌在中国的员工增加至 700 人左右,营收约 3 亿美元,约占全公司营收的 1%。其中 1/3 来自于中国公司在中文版 Google.com 上投放的广告,而不是 Google.cn。2009 年第三季度,谷歌获得约 31% 的搜索引擎市场份额,加上占 64% 市场份额的百度,其余竞争者的市场份额极为有限。百度是一家成立于 2000 年的中国本土搜索引擎公司,与谷歌一样,收入主要来源于关键词的广告。据说谷歌曾投资于该公司,但在并购百度的时候遭到拒绝,然后谷歌就卖掉了其持有的股份。百度的收入在2008年达到4.68亿美元,与上一年度相比接近翻番。在2007年12月,公司被列入纳斯达克100指数。百度与中国政府关系较好,在屏蔽网页和对敏感词汇的搜索结果进行审查方面紧密合作。与谷歌不同的是,百度为用户提供链接以从中文网站自由下载盗版音乐和娱乐产品。

截至2009年6月,中国约有3.38亿网络用户,其中约8000万,占24%的是谷歌用户。中国网络用户的总体数量在上升,2005年的时候还仅仅1.05亿,现在,3/4的中国网络用户会每天都上网。

中国是全球第二大零售市场。尽管在2009年还只有1%的零售是在网上实现的,这个部分的成长却非常迅速,网络商店数量目前已超过1亿家。在全部13亿人口中,移动电话用户超过7.3亿。2010年,每个月诞生新的网络用户数量约为7百万,其中大多数是基于移动设备上网的。

谷歌在2010年1月12日关于不再愿意忍受审查的声明,直接威胁到了其在中国的业务。分析家推测谷歌将推迟或取消其通过中国联通而达成的与两款由摩托罗拉和三星生产的手机的合作。这些手机原本会搭载谷歌的Andriod系统,以更方便地使用Google搜索引擎和Gmail。危及的另外一个合作据说将是谷歌入股Orca数字,这是一家在网上免费提供音乐,并与华纳音乐和EMI公司等主要的音乐提供商分享广告收入的中国公司。这些音乐提供商长期以来一直在抱怨百度所提供的盗版音乐的免费下载。

三、谷歌原则:不作恶?

这是谷歌自进入中国以来一直在考虑的问题。中国政府决定对网络上的信息流进行控制,坚持要过滤掉那些搜索结果中被认为有政治目的的内容。例如,搜索"天安门"一词,将不会有关于1989年风波的相关信息。谷歌高层一直就是否接受这样的审查而激烈争论。例如,Sergey Brin在这个问题上就要比谷歌CEO Eric Schmidt强硬得多。

谷歌一直试图控制,试图使这样的困难合作化。在设立Google.cn之前,公司在2004年称:"谷歌致力于提供尽可能多的信息。谷歌将是唯一一个不对任何网页信息进行过滤的搜索引擎。然而,很显然,在中国因政治原因被视为敏感信息的搜索结果是不能被接受的,谷歌对此无能为力。"两年之后的2006年,谷歌称:"通过在中国设立Google.cn,以及在人才、基础设施和创新方面的持续不断的投入,我们愿意为尽可能多的中国用户提供获取最多信息的最大可能。"

早在2007年,Eric Schmidt就说过:"我们没有优先予以考虑的一件事就是利润,因为我们并没有打算在中国赚钱……如大家可以想象的,我们在谷歌对此有较大的争议,这可能是公司有史以来最激烈的争论和最难的决策了,我们最终决定把宝押在中国老百姓身上。我们觉得合约要好于疏远。我们做了一件很重要的事。如果我们忽略结果,我们说的是忽略结果……你可以发现中文中那些被禁止的信息,谷歌用户其实是可以在别的地方找到的。"

在中国的外资互联网公司中,谷歌所遇到的困难并不是唯一的。2004年,无国界医生组织声称雅虎向政府提供了中国某些持不同政见者的电子邮件。雅虎后来以10亿美元获得中国网络公司阿里巴巴40%的股份以开展雅虎的业务。雅虎在2007年阿里巴巴的IPO过程中获益,如同谷歌在百度的IPO过程中获益一样。

在其他美国的互联网企业中,eBay在2006年退出中国,将网络拍卖市场拱手让给阿里巴巴的淘宝。社交网站Myspace被中国社交网站如腾讯公司的QQ.com超越。同时,

Facebook 和 Twitter 的登陆被中国政府所禁止。

四、反响

2007 年 12 月,谷歌的股价从其 IPO 的 85 美元飙升至 714.87 美元。2010 年 1 月 12 日,收盘于 590.48 美元,1 月 13 日为 587.09 美元,后来跌至 576.46 美元。百度的纳斯达克股价则在 1 月 13 日上升 11%,从 386.49 美元升至 428.19 美元。

谷歌在 1 月 12 日的声明普遍被媒体和博客视为一种鲁莽行为,关于谷歌这样做的动机众说纷纭,认为该举动会对谷歌未来经营绩效和股东回报产生一种长期的影响。这里是一些典型的观点:

> 如果谷歌南迁香港,而中国政府拒绝妥协的话,那么他们就是自绝于世界上成长最快的一个经济体市场。
>
> ——Rob Enderle,Enderle Group

> 划清界限既是正确的,也是明智的。这样帮助谷歌在其精神下进行业务重组,在很大程度上置公司于一种更加自在的境地:支持自由,开放信息传播,而不是基于政府的标准进行信息过滤。
>
> ——Jonathan Zittrain,哈佛大学 Berkman 网络与社会中心

> 失去中国市场对谷歌的全球战略将是一个巨大的打击,对其未来的战略布局也会产生影响⋯⋯,长期而言,其移动手机 Nexus One,移动操作系统 Android,以及其他相关的服务将会面临大问题的。
>
> ——Xiang Ligang,新浪博客

> 为了支持网络自由这种基本人权,谷歌采取了一种大胆而又极为困难的策略。即便没有来自某些政府对其核心价值观的冲击,没有直接威胁公司客户的隐私和安全等方面的压力,在全球市场上开展业务也已经是很复杂的了。谷歌这是给自己在沙滩上画了一条线,并心甘情愿地执著于这种极为艰难的过程。
>
> ——Leslie Harris,民主与科技中心

> 如果谷歌占据了中国搜索引擎市场份额的 80%,谷歌高层还会宣称将遵循"不作恶"的价值观而离开中国吗?
>
> ——Sun Yunfeng,百度高管

美国公司的高管对谷歌持谨慎支持的态度。尽管其他 30 多个如谷歌一样的美国公司据说也在遭受同样的计算机黑客的攻击,却很少愿意公开确认这样的攻击。例如,一个摩托罗拉发言人说:"摩托罗拉致力于在中国提供最具创新性的移动产品和经验。"微软 CEO Steve Ballmer 就此"谷歌问题"说道:"每个大的机构都会受到黑客的攻击。我不认为这是互联网安全环境的根本变化。"他拒绝就微软是否会终止过滤其在中国的 Bing 搜索服务进行评论,但他认为微软在中国发现了一个巨大的商机,试图说服更多使用其盗版软件的人付账。

其他公司高管也显得一样的不温不火:

> 网络攻击不是问题,我们是不会优先考虑这个问题的。我们了解中国的规则,我们一直在努力理解这些规则,以便与政府保持比其他公司更良好的关系。
>
> ——Kevin Wale,GM 中华区总裁

中国是如此巨大的一个成长机会,很少有美国公司会在盈利的时候完全关上中国之门。关于中国的负面宣传已经很多了。过滤也是众所周知的。这些事情中没有一个是保密的。这就是这个世界运行的规则——中国的态度非常强硬。

——Hal Sirkin,波斯顿咨询集团

政治评论员们认为谷歌和中国政府的争议是基于整个中美关系而进行的:

谷歌的决定也让中国有了更多的感触,特别是在哥本哈根全球气候大会之后,中国至少会更加自信。我相信在接下来的六个月中美关系将步入一个非常波折的时期。

——Adam Segal,对外关系委员会

时代在变化,这可能是北京针对这些变化的反应。在过去的十年来,中国自身内部的市场成长迅速:向西方国家的出口是尤其显著的,这给其带来极大的剩余价值。所有这些可能使得中国不再愿意附和西方的想法,包括公司和政府的。西方的企业领导者报告说现在的中国政府显然是打算培养本土的企业,而不会让西方企业自由自在地进入中国市场了。

——Fareed Zakaria,美国世界邮报,作家

可能是考虑到美中关系的脆弱性和重要性,美国国务卿希拉里·克林顿发表了以下声明:

我们已经通过谷歌了解到这些引发深切关注和问题的主张。我们期盼着中国政府能对此进行解释。当代经济社会中,在网络空间中的信心能力是很重要的。我将在下周的一个关于21世纪网络自由论坛上就此进行讨论,我们将随着事实越来越清晰而就此事进行进一步的评论。

同时,中国外交部发言人发表评论:

外国公司在中国需要遵守中国的法律法规,尊重中国公众的传统习惯,承担相应的社会责任,谷歌也当然不会例外。

在这场信心之战中谁输谁赢尚属难料:

我并不认为今天的中国政府,作为一个最有力的专权政府,会在其认为的政治安全问题上与谷歌这样的一个公司妥协。但是,长期而言,我认为谷歌代表着网络的力量和网络的未来。中国政府可以在中国运营今天我们所看到的所谓的中国网络。中国网络相较于互联网,我认为,中国网络最终会输掉。

——Xia Qiang,中国时报主编

实际上,现在有两个中国经济。一个是共产党和其管理者,我们可以称之为中国当局,包括那些非常传统的国有企业。与此并存的,第二个中国……,这是一个极富进取心的群体,他们开发尖端技术以及多样性的高附加值的商业知识。我称之为网络中国……中国当局想要对谷歌进行审查,这与意图基于谷歌成长的网络中国是相冲突的。现在来看,好像中国当局是占了上风。如果情形相反,我认为会加速共产党的终结。

——Thomas L. Friedman,纽约时报

案例思考题

1. 为什么谷歌会在2010年1月12日发布这样的声明？
2. 谷歌能从利益相关者的反应中得到一些安慰吗？
3. 谷歌在中国失败了吗？接下来会发生什么？

本章小结

社会分工和私有制促进了商品的出现和商品的交换，而商品的出现和交换反过来又推动了社会的进步和发展。在全球范围内而言，中国是最早开展对外贸易活动的国家和地区之一。

伴随着人类社会的发展和进步，国际市场营销活动得以兴起，并在全球化日盛的今天引起越来越多的组织和个人的深切关注。国际市场营销学也成为一门市场营销学专业的高端必修课程。国际市场营销与国际贸易活动之间，与国内市场营销活动之间均有着密切的联系与区别，对国际市场营销的学习，必须以国际贸易和国内市场营销相关知识为基础。

本章重点概念

国际贸易	比较优势	市场营销	4Ps	7Ps	4Rs	4Cs
整合营销传播	数据库营销	网络营销	直复营销	关系营销
绿色营销	社会营销	病毒营销	危机营销

本章复习思考题

1. 社会分工、私有制对国际贸易起源的影响和意义是什么？
2. 简述中国对外贸易的发展。
3. 简述郑和下西洋对中国近代国际贸易的影响和意义。
4. 简述中国改革开放之后国际贸易的五大变化。
5. 基于比较优势理论，论述国际贸易和国际市场营销之间的联系和区别。
6. 简述国际市场营销的演变和发展。
7. 简述国际市场营销和国内市场营销的区别和联系。
8. 简述市场营销理论的发展。
9. 简述市场营销观念的演变和发展。
10. 市场营销的功能有哪些？
11. 简述市场营销战略体系的发展与构成。
12. 简述4Ps、7Ps、4Rs、4Cs等市场营销理论产生的背景及其相互之间的关系。
13. 简述国际市场营销理念的发展。

参考文献及进一步阅读材料

1. 〔美〕菲利普等:《国际市场营销学》,周祖城等译,机械工业出版社2005年版。
2. 〔美〕基根等:《全球营销学》,中国人民大学出版社2009年版。
3. 〔美〕加里等:《科特勒市场营销教程》,俞利军译,华夏出版社2004年版。
4. 〔美〕凯特奥拉等:《国际市场营销学》(第12版),赵银德等译,机械工业出版社2010年版。
5. 〔美〕科特勒等:《市场营销原理》,郭国庆等译,清华大学出版社2007年版。
6. 〔美〕科特勒等:《市场营销原理》(亚洲版),何志毅等译,机械工业出版社2006年版。
7. 〔美〕科特勒:《现代营销学之父菲利普科特勒经典译丛:市场营销》,俞利军译,华夏出版社2003年版。
8. 〔美〕昆奇等:《市场营销管理:教程和案例》,吕一林等译,北京大学出版社2004年版。
9. 〔美〕拉斯库:《国际市场营销学》,马连福等译,机械工业出版社2010年版。
10. 〔美〕普格尔、赵曙光、沈艳枝:《国际贸易》,南京大学出版社2010年版。
11. 〔美〕托马斯·弗里德曼:《世界是平的——21世纪简史》,何帆等译,湖南科学技术出版社2006年版。
12. 艾德华主编:《营销道德与营销文化》,北京大学出版社2011年版。
13. 陈春花等编著:《组织行为学》,机械工业出版社2009年版。
14. 陈春花:《超越竞争微利时代的经营模式》,机械工业出版社2007年版。
15. 陈春花:《回归基本层面:中国营销问题的思考》,机械工业出版社2006年版。
16. 〔德〕恩格斯原著、刘澄导读:《〈家庭、私有制和国家的起源〉导读》,天津人民出版社2009年版。
17. 甘碧群主编:《国际市场营销学》,高等教育出版社2006年版。
18. 甘碧群主编:《市场营销学》(第三版),武汉大学出版社2011年版。
19. 郭国庆主编:《现代市场营销学》,清华大学出版社2008年版。
20. 栾港、马清梅主编:《市场营销学》,清华大学出版社2010年版。
21. 荣晓华编著:《消费者行为学》,东北财经大学出版社2009年版。
22. 汤定娜主编:《国际市场营销学》,华中科技大学出版社2010年版。
23. 吴健安主编:《市场营销学》(第四版),清华大学出版社2010年版。
24. 薛荣久等:《国际贸易竞争学:世界贸易新体制下的国际贸易竞争》,外经贸大学出版社2005年版。
25. 薛荣久:《国际贸易》,对外经济贸易大学出版社2008年版。
26. 闫国庆主编:《国际市场营销学》,清华大学出版社2007年版。
27. 袁晓莉、雷银生主编:《国际市场营销学》,清华大学出版社2007年版。
28. 张二震等:《贸易投资一体化与中国的战略》,人民出版社2004年版。
29. 张二震、马野青:《国际贸易学》(第三版),人民出版社2007年版。

第二章 公司发展的国际化与全球化

本章学习内容

- 公司发展的国际化进程
- 美国、日本和中国企业国际化比较
- 国际市场营销的演进与发展
- 国内营销、出口营销、国际营销、跨国营销和全球营销
- 中国企业的国际化发展现状及影响因素
- 企业国际化与全球战略整合
- 打造全球产业链
- 通过跨国并购和外包整合全球资源

引例

穿唐装的肯德基上校[①]

如今在中国,肯德基不再只是穿着西装打着领结的美国山德士上校形象,更成为国外品牌在中国推进本土化战略的一面旗帜。很难想象,从油条到烧饼,这些看似不靠谱甚至有些"挂羊头卖狗肉"的平民小吃,却一次次让肯德基在中国实现本土化的战略得以不断深入人心。本土化是肯德基在中国的战略创新,也是必走的战略之路。如果在中国市场上,本土化无所作为,那么肯德基就不得不与"死敌"麦当劳在核心产品"汉堡包与炸鸡腿"上死磕,这正是洋快餐在中国发展的"死穴"所在。所以,今后肯德基餐厅里卖饺子、冰糖葫芦、花卷,都不会令人感到意外。

2000年8月5日,肯德基上海连锁店推出"海鲜蛋花粥""香菇鸡肉粥"两款花式早餐粥,开始进军中式早餐市场。为了方便上班族和学生吃到可口、满意的早餐,肯德基上海连锁店将开门时间提前至早上7:00。为配合早餐粥,肯德基还增加了芝士蛋堡、薯棒、港式奶茶、鲜橙汁和鲜牛奶等中西合璧的早餐系列。

快餐业在中国已步入了快车道,年营业额近2000亿元。从"盐酥半翅"到配有中式口味调料的"薯条摇摇乐",再到"榨菜肉丝汤"以及"寒稻香蘑饭"和上海连锁店的早餐系列,肯德基频频在中餐上亮招。据相关资料显示,肯德基将在中国开出更多的连锁店,与中国快餐业本地同行们并驾齐驱,为中国消费者提供更便利、优质的服务。

热身思考

肯德基在中国的本土化策略意味着什么?

---

① 资料来源:孙健、吕国先:《穿起唐装做营销的上校:肯德基中国市场的成功之道》,载《现代营销》2005年第4期。

第一节　公司发展的国际化进程

随着世界经济由过去的为贸易、时空及文化壁垒所阻隔的旧模式向全球经济一体化新模式的演变,今天人们对世界的认识已经由当初郑和和哥伦布们所发现的地球是圆的而悄然发生了变化。曾三度荣获普利策奖的当今极具影响力的美国记者托马斯·弗里德曼(Thomas L. Friedman)揭开了笼罩在这个世界上的神秘面纱,他在2005年4月出版的《世界是平的——21世纪简史》一书中介绍了诸多令人瞩目的市场和炙手可热的行业,开放源代码、外包、离岸生产、供应链和搜索技术等被描述为铲平世界的10大动力,中国、印度等国家以及一些全球顶级公司和机构,则被描述成变平的世界中举足轻重的角色。

一、企业国际市场营销的演变和发展

托马斯所说的全球化趋势无疑将对现有的商业模式、组织结构和业务流程产生巨大影响,给企业带来新的机遇和挑战。许多企业都在体会置身于变平的世界中的成长过程:从一个国内公司,到一个国际化公司,到一个跨国公司,再到一个全球整合的公司。在国内发展阶段,公司面对国内单一市场,完成原始积累;在国际化阶段,公司立足本土,以在国际竞争市场中获利为首要目标;到了跨国公司阶段,公司的成功由一个机构完整、业务独立,但位于不同国家和地区的分支机构实现;而当进入全球化公司阶段时,各地区的优势得到充分发挥,公司成为全球统一架构的实体,不同国家和地区将承担整个工作的某一部分,以最适合的成本,将最适合的工作放到最适合的地方去完成。如本章引例所述,肯德基在中国市场上的本土化,充分说明了一旦公司进入全球化阶段之后,就需要因地制宜,不断拓展基于海外市场的特殊需求的产品及其营销渠道。

国际竞争和全球市场一体化对公司发展的影响越来越深刻,因而越来越多的公司开始将他们的营销活动推向海外市场。然而,各个公司对待国际市场营销的方式是有很大差异的。例如,在本土获得快速成长的戴尔公司一旦意识到未来的发展机会在于国际市场时,就开始向欧洲和日本出口戴尔电脑。在某种程度上说,这是一种可预测的海外扩张模式。但并不是所有的公司都通过这样的可预测的模式进行国际化扩张。一般情况下,公司会根据自身的经验水平和在国际市场运营的性质来制定不同的营销战略。随着时间的推移,公司逐渐积累国际经营的经验,并逐渐认识到与复杂的国际市场营销相关的优势与劣势。因此,就像物种随着时间而进化一样,公司国际市场营销的演变也包括国内营销、出口营销、国际营销、跨国营销和全球营销五个阶段,如图2-1所示。当然,也不是所有的公司都按部就班地经历从国内营销到全球营销完成这一演化过程的。实际的国际化演变过程不仅取决于公司经营的性质,而且还取决于公司所处的不同国家市场的自然、经济、文化、政治和法律环境。在这个过程中,重要的一点是,在持续的竞争压力之下,在国际化的进程中,许多公司时而被动应付(回应市场和竞争环境的变化),时而主动出击(预测变化)。

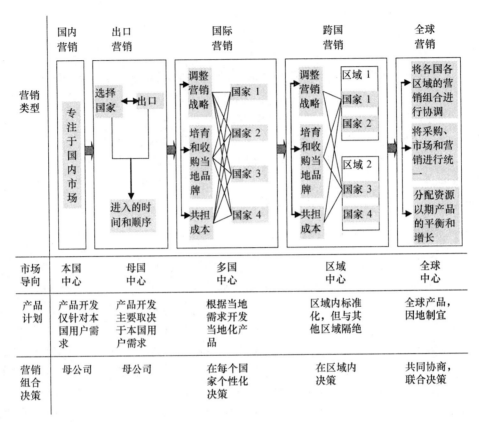

图 2-1　国际市场营销的演进与发展①

1. 国内营销

进入国际市场之前,很多公司专注于它们的国内市场,其营销策略是根据国内消费者的需要和需求,行业趋势,经济、技术和政治环境的信息而确定的。国内营销者倾向于"本国中心论"而很少关注全球市场上发生的变化,公司在市场导向上持本国中心论的价值取向,即仅以其母国的观点来判断其国际化的可行性和合法性。也就是说,公司的一切战略行动都是围绕与本国相似的环境而设计的。因而,一旦国外竞争对手重拳出击,这些公司很可能猝不及防。美国的汽车和家用电器制造商就因为忽视了来自日本公司的大举竞争,在 20 世纪 60 年代和 70 年代饱尝了本国中心论的苦果。

2. 出口营销

在出口营销的早期,公司国际化的过程是公司针对自身的条件以及环境的变化不断调整的结果,而不是出于精心策划的战略。之所以如此,是因为国际市场存在着巨大的不确定性,信息成本也十分高昂,而且公司缺乏国际营销活动的技能和知识。在这种出口营销的早期阶段,出口商倾向于采用间接出口的方式,即依靠出口管理公司或贸易公司代为处理它们的出口业务。一旦具备了三个内部条件,一些公司就开始迈向国际化的更高阶

---

① 资料来源:Susan P. Douglas and C. Samuel Craig, Evolution of Global Marketing Strategy: Scale, Scope and Synergy, Columbia Journal of World Business 24 (Fall 1985): 50; Balai S. Chakravarthy and Howard V. Perlmutter, Strategic Planning for a Global Business, Columbia Journal of World Business 20 (Summer 1985): 6.

段,即直接出口:第一,公司的管理者通过积累经验,对出口的吸引力采取了更为积极的态度;第二,公司具备了必需的资源,能够更多地投入与出口相关的业务;第三,管理者愿意将足够的资源投入出口业务当中。

外部压力也会促使公司开展出口营销活动。饱和的国内市场会使公司在持续竞争的国内市场上很难维持既有的销量,尤其是当国外竞争者在国内市场上营销其产品时,局势会变得更加严峻。出口营销者开始注意国内营销者所忽视的全球市场上的技术和其他变化。然而,出口营销者仍持有一种本国中心论的观点,涉足国外市场仅是将其作为国内市场的延伸,出口的产品仍主要是为本国消费者设计的,为适应国外消费者的需要所作的调整非常有限。

3. 国际营销

国际营销具有鲜明的不同于出口营销的特点,强调必要的情况下应在国外市场上对产品和促销进行调整,即多国中心论市场导向。多国中心论导向把在各个国家的经营活动看成是彼此独立的,所有的战略决策都要适应目标市场国家的社会文化特征。当公司在某些国家的市场份额达到一定的比例时,在当地开展竞争来捍卫市场地位就变成公司的一项重要任务。因为当地的竞争者接近并熟知当地消费者,与外国竞争者相比,他们有一种"当地人"的与生俱来的优势。为了加强竞争地位,国际营销者会根据需要调整产品和促销,主要采用两种方法满足当地消费者的需求:第一,公司可以分配一定的制造能力,专门支持出口业务;第二,为了降低运输成本,规避关税和其他规制,并利用国外市场的人力和自然资源,公司甚至可以选择在当地生产。

在国际营销阶段,公司可能需要在多个国外市场建立独立的国外子公司,并让每一个子公司独立经营,而无需由总部施加过多的控制。产品的开发、制造和营销都由各个子公司根据当地市场情况进行决策。如果不同国家市场上的消费者有着截然不同的需求,以致无法设计相同的产品、制定相同的促销战略,那么这种多国营销的方式将是非常适宜的。

4. 跨国营销

随着区域经济一体化的发展趋势,国际市场营销者逐渐会认识到,通过在区域的基础上对产品的设计、制造和营销等活动进行整合,可以取得规模经济效益。这种区域中心论观点建议,产品计划可以在一个区域,如欧盟或北美自由贸易区内实行标准化。产品同样可以分区域生产,广告、促销活动和分销成本也可以由区域内的子公司共同承担。为了使公司在市场上建立起区域形象,它可以培育或者购买区域性的品牌以支持其在该区域内的经营。

5. 全球营销

无论是采取国际(国家对国家)还是跨国(区域对区域)导向,这两种观念虽然都能够稳固在各国或各区域的经营活动,但很容易造成世界范围内市场的支离破碎的局面。全球营销是指公司着重业务标准化、市场间协调和全球一体化三个方面的活动。业务标准化是将不同国家的营销业务标准化,特别是在产品特点、促销组合、价格和渠道架构方面,这样有利于推动产品、品牌和其他理念在子公司间的转移。市场间协调是在各国和各区域子公司间减少重复劳动。全球一体化是在诸多重大国际市场上齐头并进,利用在其他市场上取得的资源资助某些市场的运营,这并不是强调在全球范围内产品、促销、定价和分销都要整体划一,而是一种经营理念,其中心思想是在制定营销战略时自觉地采用全球化的视野。

二、美国、日本和中国企业的国际化比较

随着世界市场需求特征的变化,企业在全球范围内面临的国际竞争结构也在逐渐发生变化。对于企业来说,要避开国际化市场的影响,已经是越来越不可能了。中国自1978年改革开放以来,随着企业相互间拓展全球生存空间和争夺海外市场的竞争日益加剧,仅在国内经营的企业数量已越来越少。制订在竞争日益激烈的国际市场上具有竞争力的战略计划将成为企业开展国际市场营销所面临的挑战之一。对于越来越多的企业而言,国际化已不再是可有可无的问题,而是事关兴衰存亡的不得不面对的战略性问题。本节将基于美国、日本和中国企业的国际化进程及其比较,就中国企业的国际化现状和存在的问题进行分析,探讨中国企业的国际化市场发展策略。

1. 美国企业的国际化

南北战争后,美国经济进入迅猛发展时期,美国对外直接投资也进入极速扩张期。1897年,美国对外直接投资累计为6亿美元;1908年增至16亿美元;1914年进一步增至26亿美元,占当时发达资本主义国家对外直接投资的一半以上。在第一次世界大战之前,美国对外直接投资的特点主要为:在地区分布上,以美洲为主;在行业分布上,以矿业、石油和农业为主,对制造业和零售业的投资则相对较少。1914年至1945年,是全球动荡不安的30年,相继发生了第一次世界大战、经济萧条和第二次世界大战,但是,在这30年中,美国对外直接投资仍继续增长;1945年,美国对外直接投资累计达84亿美元,在地区分布上,仍然以美洲为主,但在行业分布上,制造业的地位明显上升,石油、采矿和农业三大行业的比重则显著下降。在第二次世界大战之后,美国企业的对外直接投资规模不断扩大,并一直雄踞全球第一;在地区分布上,美国对外直接投资由以发展中国为主转向以发达国家为主,1975年之后,发达国家在美国对外直接投资中的比重基本稳定在69%—75%之间;在行业分布上,制造业在美国对外直接投资中的地位先升后降,而服务业的地位则大幅度上升,成为美国对外直接投资的主要行业,目前在美国对外直接投资中占73%左右的份额。

越来越多的美国企业发现,即使在本土,也不可避免地与国外客户、竞争对手和供应商纠缠在一起。他们面临来自美国国内企业和国外企业的各个方面的竞争。在美国市场出售的相当数量的CD机、电脑、玩具、成衣和餐具都是外国制造的。索尼、三星、丰田在美国都是人们熟知的品牌,来自中国的海尔在各地的沃尔玛超市中随处可见。对于美国企业来说,在争夺美国和世界市场的竞争中,这些企业都是它们难以制胜的对手。

今天,许多曾经让美国人引以为豪的几乎为所有美国人所熟知的知名品牌已不再为美国公司所控制,如克莱斯勒(Chrysler)汽车品牌已经属于德国,火石(Firestone)轮胎已经属于日本,征服美国西部的泛美斯密斯(Smith)和韦森(Wesson)手枪、环球电影公司(Universal Studio)以及其他许多公司目前都归外国跨国公司所有或控制,如表2-1所示:

表 2-1　外国公司并购美国公司情况①

美国公司	行业	外国拥有者
Ben & Jerry's	冰淇淋	英国
Seagram	酒	法国
Arco	汽油	英国
Alpo	宠物食品	瑞士
Pillsbury	食品	英国
Burger King	快餐	英国
Random House	出版	德国
Firestone	轮胎	日本
Oroweat	面包	墨西哥
CompUSA	零售	墨西哥
Chysler	汽车	德国
TV Guide	杂志	澳大利亚
New York Post	报纸	澳大利亚
LA Dodgers	体育用品	澳大利亚

　　除了国际并购和整合,许多公司通过产品出口进入美国市场,在产品占有的市场份额越来越大之后再在美国投资设立子公司,如本田、丰田、宝马和奔驰等都在美国从事生产,日本的富士胶卷在一家美国工厂投资 3 亿美元,为其占有的 12% 的美国胶卷市场服务。外国投资者在美国投资超过 1.5 万亿美元,其中,英国公司在美投资居领先地位,其次是荷兰、日本、德国和瑞士。自 1999 年 4 月 30 日海尔在美国南卡来罗纳州建立美国海尔工业园以来,中国制造实现了向海外制造的变革。2004 年 12 月 8 日,联想成功并购 IBM,将这一全球著名个人 PC 品牌纳入旗下。当然,美国公司在海外的投资更是司空见惯,自第二次世界大战结束以来,美国跨国公司一直活跃在世界各地,购买公司、投资办厂,如福特购买了美洲豹,太平洋公司兼并了英国最大的电力供应商以及第二大燃气分销商能源集团。

　　对美国公司来说,巨大的美国市场曾经是他们的领地,而今,这块领地却不得不和来自全球的竞争者进行分享。那些仅仅拥有国内市场的企业将越来越觉得难以为继而不得不在国外市场范围内谋求发展。在美国公司的总利润中,境外收入占有越来越重要的份额。一项对美国 1250 家制造企业的研究表明,所有行业的跨国公司,不论大小,经营业绩都超过只在国内经营的同行,它们的销售额增长速度是只在国内经营的公司的两倍,而且国外市场的投资回报率也明显高于国内市场。表 2-2 说明了海外投资所形成的利润对美国公司的重要性。企业以逐利为主要诉求,在国外市场利润要高于美国国内市场,境外资产收益比境内收益好的时候,许多美国企业都开始了国际化征程。

---

① See Name Game, Forbes, July 24, 2000; Denise M. Bonilla, Latino Market Arrives with Giant Aspirations, Los Angeles Times, May 7, 2003, B6.

表 2-2 全球竞争中的十强美国公司海外收入及资产状况①

公司	境外收入 （百万美元）	境外收入 （占总量%）	境外利润 （占总量%）	境外资产 （占总量%）
埃克森石油	115464	71.8	62.7	63.9
IBM	50377	57.5	49.6	63.9
福特汽车	50138	30.8	—	44.2
通用汽车	46485	26.3	55.3	38.0
沃尔玛	40794	16.7	14.7	32.4
通用电气	35350	31.7	22.8	47.4
得克萨斯公司	32700	77.1	54.1	45.2
城市集团	28749	35.1	—	41.0
惠普	23398	55.2	58.0	51.5
康柏电脑	21174	55.0	101.4	28.2

2. 日本企业的国际化

作为一个岛国，日本的国内资源极为贫乏，其经济发展几乎完全依赖于国际市场。日本长期实行"国际贸易立国"的发展战略，日本企业的国际化一直是以发展和扩大对外贸易为中心而展开的。

日本企业的国际化是从 20 世纪 60 年代开始的，按从销售活动到生产活动再到研究开发活动的顺序渐进式发展，是一个循序渐进的、缓慢的发展过程。日本企业在各个国际化阶段的发展除受国际投资环境等外部因素影响外，还与企业经济和管理水平的发展密切相关，因此日本企业国际化各阶段的目的、选择地区、手段以及投资特点也有所不同。

（1）20 世纪 60 年代，出口导向阶段。日本企业真正开始海外投资是在 20 世纪 60 年代后半期，1969 年其海外直接投资额为 6.65 亿美元。60 年代初日本企业的产品出口主要面向东南亚、拉丁美洲等比日本技术落后、劳动力低廉的发展中国家。60 年代后期，这些国家为了发展本国产业，解决外汇不足问题，开始实行进口替代政策。进口关税提高后，日本产品出口受到大幅度限制，日本企业为了维护既有产品的出口市场，决定把"最后一道生产工序转移到当地生产"，即建立组装（knocked down, KD）工厂，从日本进口零部件，在当地进行最后的工序组装。在出口导向阶段，日本企业的海外投资主要是汽车组装和纤维、电子产品等劳动密集型产业②，投资形式以合资为主，平均每项投资额只有 100 万美元左右。

（2）20 世纪 70 年代，海外生产阶段。1971 年尼克松"水门事件"后，日元迅速升值，同年日本政府取消了对海外投资额限制，日本对外直接投资额迅猛上升，1973 年达到 35 亿美元，成为历史上的一个高峰，之后受第一次石油危机的影响开始下降，5 年后再次攀升，1978 年达到 46 亿美元。除受外部投资环境和政策的影响之外，日本企业国际竞争力和国际经营能力的提升也是其贸易额和海外投资额增加的重要原因。海外生产阶段，日本企业海外投资的方向发生了质变，从经济落后地区转向发达地区，开始在美国、欧洲等

---

① See Global Giants, Forbes, July 24, 2000; Wal-Mart Stores Annual Report 2003.
② 汽车组装行业以丰田汽车公司为代表，纤维行业以东丽为代表，电子行业以松下电器为代表。

发达国家建厂生产电器、机械等产品。其原因一是日美间贸易摩擦加剧;二是日本政府对本国出口采取限制,1977年对美彩电出口实行"自主"限制;三是日本国内工资与欧美差距缩小;四是70年代日本的生产管理方式已在世界舞台上初露端倪,部分企业已具备整合世界经营资源的能力,但由于在发达国家投资经验不足,因此投资额度不大,基本以组装工厂为主。另外,日本企业在中国台湾、中国香港、新加坡、韩国等亚洲新兴工业化国家和地区(Newly Industrialized Countries,NICs)建立工厂,其产品反向出口欧美国家或日本国内市场,投资行业多为劳动密集型。在这些地区投资的原因在于三个方面:一是亚洲NICs地区实行出口导向工业化政策;二是日本经济的高速发展使得国内劳动力成本大幅提高;三是通过第三国的反向出口减少与先进国家的贸易摩擦。

(3) 20世纪80年代,全球化战略初级阶段。70年代日本年均海外直接投资在20亿—40亿美元左右,80年代后日本海外投资速度成倍增长。1981年达到89亿美元,1984年突破101亿美元,1989年创历史最高水平,达到675亿美元。单就制造业的海外投资而言,日本70年代平均每年投资11亿美元,80年代约22亿美元,正好是其两倍。特别是1985年至1989年为日本企业海外投资的快速发展阶段。日本企业海外投资激增的原因在于日本的国际贸易摩擦持续激化、日元的急剧升值加剧了日本对外出口的困境以及日本企业国际化经营战略的全面展开。全球化战略初级阶段,日本企业海外投资的特点有四个方面:首先,投资规模大型化,即在先进国家投资大型工厂,在为日本企业积累在先进国家投资生产经验的同时,从一定程度上消除贸易摩擦。其次,投资行业领域、内容基本覆盖了所有方面,特别是半导体、新材料、新型化学制品等高科技领域以及金融、房地产等服务业投资增加显著,不仅在海外投资建厂,还设立研究所,积极开展技术交流,推进适合于当地市场需要的研究开发,把海外多个生产据点有机结合起来,按照生产流程对企业内部进行合理化国际分工,如在墨西哥进行劳动集约型生产,在美国进行半成品组装。再次,海外投资的出资形式变得多样化。到70年代末,日本企业海外投资以在发展中国家合作或合资、发达国家独资的形式为主;进入80年代后,出资形式多元化,与当地企业成立新合资公司的企业增加,例如丰田公司与美国通用汽车公司(General Motor Corporation,GM)成立新合资工厂,既有利于减少贸易摩擦,又有利于立足和开发当地美国市场。另外,收购当地公司的例子也不少,这种方式适合市场比较成熟的领域,以便快速占领当地市场,避免直接投资摩擦,例如日本油墨化学工业公司(Dainippon Ink & Chemicals Incorporated,DIC)收购了美国的Sunkemikaru公司。最后,投资地区扩大。中南美地区墨西哥、巴西两国政府分别实行保税加工制度和自由贸易地区等优惠政策,吸引了日立、本田、日产、松下等大企业投资。亚洲地区新兴工业国家急速工业化的发展造成劳动力成本上升,使得日本企业开始把第三国出口加工基地的职能转移到泰国、马来西亚等东盟(Association of South East Asian Nations,ASEAN)国家。

(4) 20世纪90年代,全球化发展阶段。从1993年到1999年,日本企业的海外投资继续扩大,1999年为75293亿日元,达到历史最高纪录。1990年日本企业开始向中国全面发展。其原因是中国明确了改革开放政策,居民收入提高带来巨大的消费市场,人工成本低廉,有丰富的优秀劳动力等。日本企业在中国华南地区对服装、电子产品等行业,通过提供技术、设备和资金,进行委托加工生产。

(5) 21世纪初,全球化阶段。2000年日本企业海外投资开始有所下降,2004年的海外直接投资额为 38210 亿日元,其中制造业投资额为 14780 亿日元,呈现明显的下降趋势。近年来,虽然日元贬值不利于其海外投资,但从 2011 年开始,日本企业的海外投资不降反升:2011 年突破 1000 亿美元,2012 年达 1200 亿美元,2013 年为 1350 亿美元。就 2013 年而言,其对北美投资猛增 30%,总金额达到 465 亿美元;对欧洲投资为 322 亿美元;对东南亚投资增长两倍以上,创 236 亿美元的最高纪录。[①] 从行业看,投资规模大的化学、电机行业减少,运输机械行业呈增加趋势;从地域看,北美地区的投资增长幅度略小于亚洲地区。

日本企业的全球化发展进程如表 2-3 所示。日本企业的国际化经历了"出口→出口替代→国际化分工→全球化"的战略过程,其国际化地区的选择思路为"发展中国家→发达国家→全球",国际化手段的变迁则是"合资建厂→散件组装→一体化生产→收购兼并、委托加工→设立研发中心",投资规模由小到大,技术由劳动密集型低技术到资本密集型高科技,行业由合成纤维、家电、汽车、半导体等制造业到服务业。总之,日本企业的国际化发展是一个循序渐进的缓慢过程。

表 2-3 日本企业的国际化发展特点[②]

年代	目的	选择地区	主要手段	投资特点		
				规模	技术	行业
20 世纪 60 年代	保证产品出口	东南亚 拉丁美洲	合资建厂 散件组装	小	劳动密集型	纤维 电子 汽车
20 世纪 70 年代	出口导向 占领欧美市场	欧美	在欧美建组装厂 专门出口工厂	小	劳动密集型	彩电 半导体 机械
20 世纪 80 年代	国际化分工	欧美 东盟	一体化生产 收购兼并 专门出口工厂	大	高科技	汽车 半导体 家电 制造业
20 世纪 90 年代	全球化战略	欧美 中国 东欧	战略联盟 委托加工 设立研发中心	多元化	高科技	制造业 服务业
21 世纪初	全球化战略	欧洲 中国 印度 越南	多元化	多元化	高科技	制造业 服务业

日本中小企业国际化进程的速度很快。日本许多大型国际企业的生产体制已经从单纯组装,发展到包括零部件生产在内的一体化模式,这种生产体制的变化使得与大型国际企业配套的中小企业和关联公司也随之国际化。另外,日本企业的国际化不仅是生产体系,而且还包括研究开发体系和管理体系;不仅在世界各地设立生产基地,还在美国、欧洲

---

① 参见《日本企业继续扩大海外投资》,载《经济日报》2014 年 8 月 12 日。
② 资料来源:马健美:《比较优势理论在中日贸易中的体现》,载《经济问题探索》2008 年第 3 期。

和亚洲等地设立研究开发中心和地域总部,这意味着日本企业开始建立三极化或四极化的全球化管理体制。

3. 中国企业的国际化

中国企业的对外投资伴随着改革开放走过了30多年的历程。近年来,特别是加入世贸组织以来,中国企业国际化经营取得了快速发展。中国对外投资遍布全球近八成的国家和地区,投资存量高度集中。截至2012年底,中国1.6万家境内投资者在国(境)外设立对外直接投资企业近2.2万家,分布在全球179个国家(地区),覆盖率达76.8%;前20位的国家和地区存量累计达到4750.93亿美元,占总量的89.3%。2012年,中国对美国投资40.48亿美元,美国成为继中国香港之后的中国第二大直接投资目的地。不过,中国投资存量与发达国家相比仍有较大差距,截至2012年底,中国对外直接投资累计净额(存量)达5319.4亿美元,仅相当于美国对外投资存量的10.2%、英国的29.4%、德国的34.4%、法国的35.5%、日本的50.4%。[①]

目前,中国境外中资企业的经营领域已从贸易、航运和餐饮等,逐步拓展到生产加工、资源开发、农业合作、研究开发和咨询服务等众多领域。对外投资方式也由早期的建点办"窗口",发展到投资办厂带动跨国并购、股权置换、境外上市、设立研发中心、创办工业园区、科技园区等多种形式。30多年来,中国企业国际化经营对于提高中国的对外开放水平,增强经济发展的动力和后劲,弥补国内市场的不足,推动经济结构的调整,起到了十分重要而积极的作用。

迄今为止,中国企业国际化经营大致经历了以下三个发展阶段:

(1) 1979—1983年,国际化经营的尝试性阶段。在这一阶段,中国对外投资的数量很少。由于外汇非常短缺,在1982年以前每一宗对外投资项目都要经过国务院审批。从1982年起,国务院授权原外贸部对对外投资个案进行审批,并对经营型企业加以管理。

(2) 1984—2000年,国际化经营管理框架形成并强化阶段。政府部门的相关政策开始逐步出台,对外投资的管理由投资个案审批向规范性审批转变,形成基本管理政策框架,为日后对外投资的管理工作积累了经验。1993年后,对外投资的管理得到加强,单一部门的审批和管理发展为各部门在审批、管理和监督等方面的全面分工,管理程序走向规范,分工趋于明确,体制逐步完善,政策开始配套。

(3) 2001年至今,是国际化经营迅速发展阶段。"引进来"与"走出去"相结合的战略被纳入中国经济发展的总体战略之中,成为中国国家发展战略的重要组成部分,标志着国家发展战略在全球的延伸和体现。在这一阶段,中央和地方有关部门也不失时机地采取相应措施,积极支持企业国际化经营。国务院各相关部门制定了相关的管理法规和配套措施,涉及简化审批程序、提供资金支持、扩大进出口经营权范围、财税管理、外汇管理、外派人员审批、海外经营保险等,为全面实施"走出去"战略奠定了基础。

在这三个发展阶段中,随着中国企业国际化战略的不断演变,有关政策和措施也日趋丰富和完善。如小贴士2-1所显示的中国海洋石油总公司的国际化成长,即是在这样的框架中形成的。

---

① 参见中国商务部、国家统计局、国家外汇管理局联合发布:《2012年度中国对外直接投资战略公报》。

小贴士 2-1

中国海洋石油总公司国际化过程的三个阶段[①]

中国海洋石油总公司(简称中海油)是中国最大的国家石油公司之一,负责在中国海域对外合作开采海洋石油及天然气资源,是中国最大的海上油气生产商。自 1982 年成立以来,中海油由一家单纯从事油气开采的上游公司,发展成为主业突出、产业链完整的综合型能源集团,形成了上游(油气勘探开发生产及销售)、中下游(天然气及发电、化工、炼化、化肥)、专业技术服务(油田服务、海油工程、综合服务)、金融服务以及新能源等产业板块。近年来,通过改革重组、资本运营、海外并购、上下游一体化等重大举措的成功实施,企业实现了跨越式发展。2007 年,中海油入选《福布斯》全球 2000 大排行榜第 395 位。

中海油的国际化过程经历了三个阶段:

第一阶段是国际化经营起步阶段。1982—1998 年,以在中国海域开展国际合作为主,主要是引进资金、技术和管理,探索到海外购买油田区块。

第二阶段是国际化经营发展阶段。1999—2003 年,实施"走出去"战略,建立国际石油公司管理体制,通过境外上市使资本国际化,开拓海外油气勘探开发业务。

第三阶段是向全球公司转型的探索阶段。从 2004 年至今,全面建立现代企业制度,以海外并购为标志,以主业带动辅业共同"走出去"。

目前,中海油的海外业务继续高速成长,海外战略布局初步形成。截至 2006 年底,在东南亚、中亚、澳洲、里海、北美、非洲等地区的 10 个国家拥有 45 个勘探区块(中海油是作业者的有 15 个区块),可勘探面积超过 40 万平方公里,海外总投资累计达到 48 亿美元(2006 年投资 33 亿美元),海外权益可采储量 17.3 亿桶油当量。

值得关注的是,中海油在推进全球化过程中,资本国际化十分成功。中海油上市 3 个月即以较大比重进入摩根斯坦利国际资本指数,上市仅 5 个月就被破格纳入恒生指数成分股。上市前公司资产净值为 160 亿港元,上市当天市值达到 480 亿港元,目前已超过 4000 亿港元,成为中国境外上市增值最快、最多的股票。2003 年 5 月 15 日,中海油成功发行了 5 亿美元的债券,成为第一个在美国发行 30 年期债券的中国公司,也是在美发售债券期限最长的中国公司。2004 年 11 月 29 日,中海油成功发售总值为 8.5 亿美元,2009 年到期的零息可换股债券,这是迄今为止中国公司在国外发行的最大规模的可转换债券。2006 年 3 月,中海油发行了 5 亿美元的 10 年期债券,发行时获得了 8 倍的超额认购。中海油 2006 年还成功闪电配售新股,融资 17.84 亿美元。中海油已成为中国唯一一家在国际股票市场、债券市场和可转换债券市场均具备融资能力的公司。

从 30 多年来中国企业国际化现状及存在的问题来看,主要表现在以下几个方面:

(1) 投资总额少,企业规模小。中国大多数海外企业投资总额较小,难以形成规模经营,很难适应竞争激烈的国际市场变化,难以与外国跨国公司相抗衡。

(2) 投资结构不合理,投资效益不高。集中表现在地区结构、产业结构、币种结构不

[①] 资料来源:《中国海洋石油总公司走有特色国际化发展之路》,载新华网,2013 年 10 月访问。

合理。从地区结构上看,中国企业跨国经营的地理选择主要以周边发展中国家和地区为主;从产业结构上看,中国的跨国投资偏重初级产品而忽视高科技,偏重消费资料而忽视生产资料,偏重生产性而忽视服务性。从币种结构上看,币种过于单一,美元的比重过大,这在当前的国际金融市场风云变幻的情况下,加大了企业投资的外汇风险。

(3) 宏观政策上还不能很好地适应中国企业跨国经营和发展的需要。这主要体现在企业跨国经营项目审批程序、融资条件、企业负担等方面。

(4) 企业核心竞争力不足。中国多数对外投资企业通常拥有的是在国际化经营中受反倾销等制约而难以发挥作用的价格优势和廉价的劳动力优势,严重缺乏技术、管理、品牌及市场等方面的优势,核心竞争力不足。

(5) 进入国际市场的方式单一。中国企业进入国际市场,存在着"出口贸易多,三角贸易少;商品贸易多,许可证贸易少;海外分公司(销售办事处)多,海外公司少;海外销售多,海外投资、生产少"的"四多四少"现象,极大地限制了中国企业国际化水平的提高。

(6) 缺乏高水平的跨国经营人才,经营决策和管理水平不高。中国海外企业人员队伍总体素质和水平与开展跨国经营的需要相比尚有较大差距。有些外派人员缺乏国际贸易知识和财会知识、不懂当地的法律和语言,有些项目缺乏可行性研究和对合作伙伴的了解,因而造成投资的失误,带来经济损失。

就制约中国企业国际化发展水平的因素而言,主要在于以下几个方面:

(1) 传统观念的束缚和认识上的误差。由于传统体制惯性的影响,一些企业管理者很少着力去了解企业赖以生存的外部环境,不重视市场供求变化,忽视产品质量与经济效益。

(2) 国家宏观管理体制、政策的不适应。这种不适应严重影响和制约了中国企业跨国经营的发展和企业国际化水平的提高。

(3) 企业微观经营体制存在缺陷。海外企业直接面向国际市场,却要按国内现行体制予以管理,从而难以对市场的变化作出及时有效的反应,导致企业生产与市场的脱节,阻碍企业的可持续发展。

(4) 缺乏对国际市场应有的了解。多年来的内向型经营方式,使中国企业难以立即和国际市场接轨,大部分企业因此无法准确把握瞬息万变的国际市场行情,在市场竞争中处于被动的地位。

(5) 缺乏参与国际市场竞争的条件。首先,缺乏精通国际营销学理论、会外语、熟知各国关税制度,了解国际商法,具有财会、统计、保险及国际运输等方面综合知识,能从事国际市场营销业务的专业人才和复合型人才;其次,产品缺乏国际标准,水平低;最后,通往国际市场的渠道贫乏。

(6) 动力机制疲软。中国企业长期以来习惯于在政府行政干预下进行经营,缺乏必要的竞争意识。首先,企业决定是否开拓国际市场,往往是为了与国家政策保持一致,而不是从自身经济利益出发;其次,广阔的国内市场,为企业滋生惰性生产经营观念提供了温室条件,使得企业在竞争激烈的国际经济环境中冒险寻求市场机遇的原动力不足;最后,经理人的职业化落后,相关激励体系不健全。

(7) 国际政治经济形势的变化,加大了中国企业国际化的难度。进入21世纪以来,国际政治形势朝向多极化发展,恐怖主义、分裂势力及新贸易保护主义有所抬头,这些都一定程度上加大了中国企业进入国际市场的难度。

通过美国、日本和中国企业的国际化发展比较,我们可以发现,中国企业的国际化发展势在必行,但又任重而道远。第一,必须加快经济体制改革,打造加速企业国际化进程的宏观环境;第二,要转换企业经营机制,奠定实现企业国际化的微观基础;第三,要合理确定企业国际经营的目的,科学选择跨国投资区位;第四,要采取适合中国国情的企业国际经营策略;第五,要积极培养跨国经营人才,建立畅通的国际经营信息系统。

第二节 企业国际化和全球化战略整合

国际化是全球化的基础。任何一个企业,不论大小,如今在国际商务中的参与程度以及受其影响的程度都是前所未有的。随着追求效率、寻求开放而无管制市场的运动席卷世界,现代经济史上空前的全球经济繁荣正在出现。强劲的经济、技术、信息、政治等各种力量协同作用,为建立全球经济新秩序奠定了基础。在此基础上,将形成一个统一的全球经济和国际市场体系。不管企业组织是否愿意,在本国市场上经营的外国公司将会越来越多,参与国际贸易的机会将会越来越多,来自全球市场的竞争者也将不断出现……几乎所有的企业都不可能无视这一变化的存在,都在不同程度地参与到全球市场的运作之中,都在影响着全球市场体系的运行并受其影响。国际化和全球化不但给本土企业带来了更大发展空间和更广阔的发展前景,而且使本土市场及许多本土消费者得以有机会实现更多的收益。如小贴士 2-2 所示,迪士尼的全球化,业已成为美国洛杉矶的一张闪亮的名片。

小贴士 2-2

洛杉矶迪士尼:收入丰厚,融入文化①

美国第二大城市洛杉矶在其全球营销活动中有两张闪亮的名片,一张是环球影城,另一张就是迪士尼乐园。

1955 年 7 月 17 日,洛杉矶迪士尼乐园正式开幕。作为全球第一家主题公园,洛杉矶迪士尼一问世便引起巨大轰动,开张一年多,游客就突破 1000 万人次。当 1965 年迪士尼乐园 10 岁生日时,游客总数达到 5000 万人次;10 年里,迪士尼乐园的收入高达 1.95 亿美元之多。据统计,50 多年来,乐园已接待游客达 10 多亿人次,平均每天的门票就近百万美元。再加上园内各项服务行业,其收入更为客观。

更为重要的是,迪士尼乐园的意义超出了经济范畴,它已经成为美国人生活的一部分,与美国文化密不可分,一些美国人甚至把其称为"软实力"的象征。

一位在洛杉矶生活了 70 多年的老人史蒂文至今仍然记得当年迪士尼乐园建造时的情景。他说,50 多年前,洛杉矶就像一个大村落,地广人稀,大片土地等待开发,而且提地价钱很便宜。为了推动经济发展,市政府对迪士尼的建设大开绿灯。当地的大多数市民并不知道什么是主题公园,他们对迪士尼乐园的建设谈不上热情,但也不反对。"现在当

---

① 改编自《世界各地迪士尼乐园面面观》,载 http://news.163.com/,2012 年 2 月 18 日访问。

地居民都分享到了迪士尼乐园带来的好处",史蒂文说。

事实证明,迪士尼乐园给洛杉矶带来了深刻的变化,极大地促进了该市旅游业和经济的发展。今天许多游客到洛杉矶,就是冲着迪士尼乐园去的。洛杉矶市民说,因为有了迪士尼乐园,洛杉矶更加充满活力,人们的生活更加精彩。

经济全球化潮流改变了全球范围内企业竞争的环境和竞争规则。面对迅速形成全球市场且发展迅猛的全球化潮流,被认为是推动全球化发展首要动力的跨国公司的传统发展战略、管理结构和经营理念均面临严峻的挑战。通过"国际化"及"全球化"战略的不断演变,跨国公司正在悄然地呈现出新的形式。新兴的全球整合企业——全球公司在组织结构、经营方式和企业文化方式等方面都已发生彻底革命,在全球范围内整合资源、生产和价值。而今,全球整合企业的变化使人们认识到,全球性深层次创新的新时代已经到来。最近 15 年,在经济全球化潮流推动下,全球范围内企业界发生了巨大的变化,其中最引人注目的是国际公司(International Corporations)、跨国公司(Transnational Corporations)广泛向全球公司(Global Corporations)的转型。经济全球化潮流改变了企业经营环境和竞争规则。在新的全球经济一体化格局下,国际公司和跨国公司原有的发展战略、管理结构以及经营理念均面临严峻挑战。面对迅速形成的全球市场,一批国际公司和跨国公司开始调整企业发展战略,向全球公司迈进。

全球市场出现以来,许多跨国公司进行全球战略整合,按照企业经营系统的功能重新配置资源,以适应全球市场的出现。1993 年 3 月,IBM 新任总裁郭士纳(Louis V. Gerstner)对公司的经营战略和管理结构实行大幅度调整和改革,把经营重点从制造向服务、从硬件产品向附加值更高的软件和系统产品转移。经过郭士纳大刀阔斧的改革,IBM 公司很快扭转经营亏损的局面。1995 年,公司利润达到 42 亿美元,1996 年进一步增加到 54 亿美元。公司的业务结构也发生了重要转变,1996 年,其软件产品销售额达到 130 亿美元,IBM 公司成为全球最大的软件王国。

显然,全球市场给国际公司和跨国公司带来了两个方面的挑战:一方面是企业如何布局全球市场而与其他企业进行竞争;另一方面则是如何应对先于自己在全球市场展开竞争的其他企业的挑战。无论是主动发起还是被动应对,国际公司和跨国公司都不得不拓展自身的战略基准而根据全球市场制定全球战略,保持现有的竞争优势并努力拓展新的竞争优势。越来越多的跨国公司把过去的多国发展战略调整为全球发展战略。全球经营已经成为企业经营的常态:它们或者在全球最适宜的地点设置采购中心、制造组装中心、研究开发中心、财务结算中心以及营销服务中心,以完善全球产业链;或者把价值链的若干环节进行外包,充分利用其他企业、其他国家的资源;或者通过与其他企业建立战略联盟或并购其他企业,吸纳整合全球最优资源,打造全球产业链和完善全球产业系统。

跨国公司的全球化战略整合包括这样几个方面:

一、打造全球产业链

跨国公司通过在全球最适宜的地点设置营销服务、制造组装、研发设计等中心,形成了全球产业链。营销服务全球化往往是跨国公司最先开展的全球化行动。它们从过去的多国经营转向全球经营,迅速进入和占领正在形成的全球市场,特别是进入全球新兴市场。积极地把营销网络覆盖到全球市场的新兴市场,如中国、越南、东欧等国家和地区,吸纳新的市场资源。

研发设计是产业链中跨国公司最不愿意和最难以全球化的部分。为了增强企业竞争力,跨国公司必须在全球重要市场就近开展研发设计。在全球范围设立研发中心,可以贴近市场开发产品,更重要的是可以吸纳整合本土及全球各地的创新人才和其他创新资源。

资本运作全球化是跨国公司打造全球产业链的关键环节。20世纪70年代初的第三次经济全球化的启动标志就是以美元为代表的全球货币的自由流动。货币、债券和股票的全球买卖和流动推动了经济全球化的发展。值得注意的是,近年来私募股权基金投资越来越活跃。这些基金从世界各地吸纳投资资金,由专业投资管理人员管理运作,投向收益最高的地区和项目,私募股权基金也是跨国公司打造全球产业链的资金纽带之一。

显然,跨国公司的现代市场竞争已经从单一企业间点对点的竞争上升到产业链和产业系统的竞争。如经过十几年的变革和战略整合之后,IBM已经实现65%的员工来自美国以外、60%的收入产生于美国以外。目前,IBM的采购中心总部在深圳,全球支付中心在上海,全球财务中心在吉隆坡,全球人力资源中心在马尼拉,全球援助中心和客户服务中心在澳大利亚布里斯班。同时,IBM的研发也实现了全球化。IBM研究部门是世界上拥有最先进技术和最完善设备的研究机构之一,在6个国家的8个实验室拥有大约3000名研究人员。

二、通过外包整合全球资源

跨国公司为迅速占领全球市场,必然要从外部获得资源,特别是人力资源的支持。技术的更新加快和教育水平的提高,使得发展中国家的人力资源也有可能进入跨国公司全球产业链,在这样的背景下,外包(outsourcing)应运而生。初期是制造外包,后来则是服务外包,现在,许多跨国公司的财务管理、产品设计等服务业务也都开始了外包。如小贴士2-3所示,IBM将按其与宝洁的协议,为宝洁提供在全球范围内的包括工资管理、津贴管理等多种外包服务。

小贴士 2-3

宝洁和 IBM 的开放式创新:从公司外部寻找创意[①]

从传统的"封闭式创新"转向互联网时代的"开放式创新",越来越多的跨国企业在寻找新的发展模式。2003年9月9日,宝洁公司和IBM宣布签署了一项为期10年、价值4亿美元的全球协议。根据该协议,IBM将为近80个国家的近9.8万名宝洁员工提供支持。IBM提供的服务包括:工资管理、津贴管理、补偿计划、移居国外和相关的安置服务、差旅和相关费用的管理以及人力资源数据管理。IBM还将利用宝洁公司现有的全球SAP系统和员工门户网站,为宝洁公司的人力资源系统提供应用开发和管理服务。此外,大约800名宝洁员工将加入IBM这个人力资源业务转型外包团队,他们将与IBM业务咨询服务事业部的人力资源小组一起,构成世界领先的人力资源专业服务组织。通过这一计划,

---

① 资料来源:吴晓燕:《开放式创新:从公司外部寻找创意》,载《中国经营报》2010年1月10日。

将有机会在两家公司以及 IBM 人力资源业务转型外包运营的未来客户员工之中,运用人力资源管理方面的各种最佳实践经验。

中国的改革开放,使要素投入方面的比较优势得以充分发挥,全球制造业大量向中国转移,中国制造的产品迅速占领国际市场。从家具到电子产品,从服装、玩具到网络设备,中国制造的产品大量进入国际市场。据美国商业周刊的报道和有关统计,中国个人电脑产量超过全球总产量的 40%,联想收购 IBM 之后这个比例更是大幅度上升;中国生产的家具占美国卧室家具市场总市值的一半。许多跨国公司已经将电信设备、石油化工制造中心转移到中国,全球制造业 500 强几乎都已经进入了中国,微软、摩托罗拉、通用汽车、通用电气、杜邦、宝洁和西门子等跨国公司品牌在改革开放前对于绝大多数中国人来说还很陌生,但现在却变得非常熟悉了。

因应整合全球外包资源战略的需要,跨国公司正在采取控制两端、中间环节全部外包的战略。所谓控制两端,主要是控制技术和市场,中间的生产环节则全部外包。耐克运动品公司就是一个早期的例子。在珠江三角洲,几乎汇集了中国大多数低端劳动力,生产着大多数的世界品牌的产品。

三、通过跨国并购快速成长

为加强企业核心竞争力,跨国公司往往放弃或退出某些业务领域,通过与其他企业建立战略联盟或者收购兼并来强化那些需要加强的业务领域。过去,企业比较注重"有机增长"(Organic Growth),即主要依靠自身业务增长和扩大而取得发展,传统方式已经难以适应迅速变化和扩大的市场。从 20 世纪 90 年代中期起,全球企业间的并购规模越来越大。根据联合国贸发会议的资料,1987 年全球并购数量是 1174 件,并购交易额为 973.1 亿美元;2001 年全球并购数量增加到 8098 件,交易额达到 7304.4 亿美元;2007 年全球并购数量达到创纪录的 10145 件,交易额达到 1.64 万亿美元。并购已经成为跨国公司迅速扩大全球经营规模和增强全球竞争力的最有效的途径之一。如小贴士 2-4 所示,思科公司在过去的 20 年中,通过 100 多次的跨国并购获得了极为快速的成长。

小贴士 2-4

思科公司的全球并购[①]

1984 年斯坦福大学一对教师夫妇桑迪·勒纳和莱恩·博萨科因发明路由器而创办了思科公司,1986 年做出第一个产品,营业收入 150 万美元,2000 年,思科股票的市值达到 5550 亿美元,比微软多 10 亿美元而成为当时全球市值最高的公司。短短 10 余年时间,思科由一家名不见经传的夫妻店竟然发展成为世界第一大公司,的确是全球企业发展史上的一个奇迹。

从企业运营战略方面而言,思科缔造这一奇迹的一个主要利器就是并购,其并购的成

---

① 资料来源:思科公司网站及 1998—2000 年报,www.cisco.com。

功基于五个方面的法则:第一,以客户需求为导向;第二,只并购中小公司,坚持短期见效;第三,通过重组整合,追求长期双赢;第四,企业文化相近;第五,地理位置相近。

从1993年起,思科开始并购拥有先进技术的小企业,主要以两种方式收购:第一种是进入新的技术领域。通过这种方式拓展公司的产品链,提供更好的解决方案,使公司的业务或者活动延伸到新兴的市场。另一种类型是对那些技术已比较发达、比较完善的领域,通过兼并的方式来增强自身的技术能力。经过110次并购,思科最终成为年销售收入近300亿美元,净利润近60亿美元的世界最大的网络设备和服务公司。值得人们借鉴的是思科收购企业的原则:进入有吸引力的市场,获取新的、大规模的收入来源;扩展思科产品线,提供"端到端"解决方案;延伸到新兴国家;加强思科现有的先进技术;获取技术和人才,加强现有业务单元的领导力;进入相邻市场;整合先进技术。所有的收购都为了加强企业的核心业务和产品。

就中国吸引和利用外商直接投资的主要方式而言,跨国并购在中国吸引的外商直接投资中占非常低的比例。2004年跨国并购交易额3.3亿美元,占当年中国吸引外资总额的0.5%;2007年跨国并购交易额20.8亿美元,占当年中国吸引外资总额的2.8%;2010年并购额32.5亿美元,占当年中国吸引外资总额的3.1%。总体趋势看,跨国并购在中国利用外资中虽处于相对较低的水平,但呈现逐年稳定增长态势。

但就中国对外直接投资的方式而言,跨国并购却是企业进军国际市场的一种主要策略。特别是在2008年全球金融危机之后,中国经济的快速复苏使得由中国企业发起的跨国并购活动屡见报端。2013年,中国企业并购案例数量为1232起,比2012年增长24.3%;并购额度达到384.95亿美元,比2012年增长30%。其中,中海油以151亿美元的价格收购了加拿大石油企业尼克森,双汇国际控股有限公司则收购了全球规模最大的生猪生产商及猪肉供应商史密斯菲尔德。

最近十几年来,面对经济全球化发展,跨国公司通过营销服务全球化、制造组装全球化、研发设计全球化以及资金运作全球化,进行了深刻的全球战略调整,打造了全球产业链或者全球产业系统;它们通过制造外包和服务外包,成功地吸纳整合全球资金、市场原料、技术和人才等资源;聚集全球资源参与全球市场竞争。

本章案例

雅戈尔的国际市场营销之路[①]

2002年,雅戈尔的战略目标由原来的"创世界名牌,建跨国集团"改为"创国际品牌,铸百年企业"。这是雅戈尔经营思想逐步走出自我特色与成熟的一种表现。它不仅把握住了作为一个世界性品牌存在的基础必须是这个品牌有良好而持久的生命力,而且梳理清了本土企业与跨国企业、品牌与名牌、本土品牌与世界性品牌之间的多重内在关系和市场运行的客观游戏规则。雅戈尔"拿来主义"的色彩在逐渐淡化,"走自己的路"已开始真

---

① 本案例编撰参考了朱丽:《雅戈尔的国际思维》,载《东方企业文化》2008年第5期,雅戈尔公司网站信息及相关新闻报道。

正浮出水面。

雅戈尔集团创建于1979年,经过20多年的发展,逐步确立了自己在中国服装行业的龙头地位,以及生产衬衫1000万件、西服200万套和其他服饰2000余万件的年生产能力。

一、细分海外市场,打造雅戈尔品牌的国际知名度

雅戈尔开拓国外市场相对较晚,在开拓国外市场时,在地区选择上也有所偏重。雅戈尔首先选择的是日本。2007年之前,雅戈尔的出口中有70%销往日本市场。把日本作为一个销售市场,除了日本与中国都同处于亚洲,与中国的人文背景等有相通之处外,还因为日本的服装80%靠进口,同时日本的资本比较充足,跟日本企业进行一些资本合作,技术交流方面也比较容易沟通。其次主要是欧美市场。欧洲主要以引进面料、技术为基础,因为欧洲是最好的服装发源地,现在全世界都崇尚欧风,其面料的开发、产品的设计与创新等方面都代表世界潮流,所以雅戈尔在合作过程中也消化、学习了它们的一些理念。至于美洲市场,包括美国市场,主要是以开拓消费市场为基础,对服装的创新不是很多。

通过伊藤忠贸易公司,雅戈尔代工生产的西服踏入美国市场。2004年12月,雅戈尔美国分公司开始运行。"纺织品配额取消意味着我们终于得到了平等参与(国际)竞争的机会",雅戈尔董事长李如成如释重负,"我们需要让美国消费者接受'雅戈尔'品牌"。李如成的设想是通过美国分公司做前期的铺垫,最终实现在美国市场销售雅戈尔品牌西服,而不仅仅是雅戈尔通过贴牌制造的产品。

这是中国国内服装企业的突破,在锻造"MADE IN CHINA"的制造能力知名度后,中国服装企业试图走上在国际市场上营销自己品牌的道路。

二、充分利用国际资源

雅戈尔把"三高"(高起点、高投入、高科技)作为提升产品品质和实施品牌战略的重要内容之一,为此,不断投入巨资引进世界上最先进的设备和技术,仅在"九五"期间,用于引进设备和技术的资金投入就超过4亿元。1990年,雅戈尔一次性投入几百万美元从德、日、美等国引进300多套国际先进水平的技术设备。1994年,在雅戈尔衬衫获得"中国十大名牌衬衫"称号后,公司又投入巨资从德、意、日等国引进西服生产线,同时为确保西服的选料、裁剪的精度和速度,引进国际一流的全自动预缩定型和CAD系统,建立了当时世界上最先进的西服样板中心,由此使新产品的开发周期从一个月缩短到一个星期,成为整个亚洲规模最大、应用针对软件发挥最成功的基地。同时还率先从日本引进HP衬衫免烫工艺,使"HP免烫衬衫"成为中国服装行业有史以来第一个国家级新产品。1999年,还独家引进世界上最先进的美国专利技术VP免烫衬衫工艺。此后,又独家引进了德国全电脑控制吊挂工作站、自动对号仓储系统及后整烫吊挂输送系统,一改服装行业传统的捆扎式作业模式,有效解决了生产过程中搬运时间比例大、生产周期长和质量难以有序控制等问题,形成了快速反应能力。

目前,雅戈尔拥有世界一流的生产设备,是中国国内同行中引进设备和技术的先行者和集大成者,为雅戈尔产品的高品质、高产量提供了有力保证。在引进先进硬件的同时,雅戈尔还注重对"软件"的提升即对技术及管理人员的培养、深造。雅戈尔一方面高薪聘请中外服装制造专家进行面对面的传技授艺;另一方面,在企业内部选派技术人员到国外进行培训学艺,并且吸纳大量机械、电子、纺织等相关专业人员加盟以不断扩大技术队伍。

三、国际一体化质量管理体系

雅戈尔在采用国际标准的基础上，执行了高于国家标准的内控质量标准，有着一套严密的生产管理程序及完善的质量手册，将从服装的选料、预缩、剪裁、配料到缝制、整烫、搬运、检测等一整套制造序列细分为数百道工序，仅标准化管理条例就制定了88项，规范操作重点180个，形成四级质量监督网络的标准化质量管理体系，保证影响产品质量和外观效果的每一个细节都得到严格控制。

创国际品牌是雅戈尔的发展目标，为了使产品质量再上新台阶，1997年和2001年，雅戈尔先后两次通过当时最新版的国际质量管理体系，全面按照国际质量标准进行全方位的产品质量管理，使质量观念深入每位员工的心中。

四、雅戈尔的国际化战略步骤

雅戈尔国际化的战略步骤是：以OEM贴牌加工为基础，先熟悉国际市场，寻求海外合作伙伴，在一定的经验积累之后，寻找进入国际市场的契机。以市场为导向，生产国际市场所需要的产品，根据世界流行趋势进行商品策划，强化国际贸易知识，包括强化关于出口目标国家的市场、流通系统相关知识，培养能够相互沟通的外语能力和对不同文化的了解等。

2004年2月，雅戈尔与美国服装销售巨头Kellwood签约，合资组建雅新衬衫有限公司，主要从事衬衫生产并全部出口海外市场。12月，雅戈尔美国分公司开始运行。雅戈尔美国分公司设在达拉斯。雅戈尔美国分公司建立之初，短时间内，仍将进行贴牌产品的销售，与此同时，建立更多的销售渠道，培养销售队伍，逐步实现在美国市场引入雅戈尔品牌的西服。

雅戈尔的美国市场拓展计划是通过收购、参股形式在美国获得营销渠道、占据市场。李如成说过："不一定完全要靠自己去建立国际销售通道，公司完全可以借助海外的销售力量去打响雅戈尔的品牌。"2007年11月6日，雅戈尔与以满足顾客需求和超越顾客期望为目标，专注于从事品牌服装设计和推广的美国Kellwood Company及其全资子公司Kellwood Asia Limited签订三方《股权购买协议》，收购KWD ASIA持有的Smart 100%股权和KWD持有的Xin Ma 100%股权。雅戈尔希望通过跨国并购带动公司现有产业的发展，促进公司衬衫、色织布业务的快速增长，提高公司的国际竞争力，开拓国际市场，为其国际化进程奠定基础。

五、国际化人才是关键

参与全球竞争，李如成再三强调国际化思维问题："不是说在海外设个工厂就是国际化了，这涉及一系列运作体系和制度的建立，涉及思维方式的变革，是一个很长的过程。"

国际化变革中海外经营人才是关键。李如成认为，"目前雅戈尔最需要的不仅是国际营销人才，还有技术、研发人才，特别是具备国际思维、熟悉国际市场的人才"。

> **案例讨论题**
>
> 1. 分析雅戈尔的国际市场营销及国际化发展历程。
> 2. 评析"创世界名牌，建跨国集团"与"创国际品牌，铸百年企业"的差异。
> 3. 雅戈尔参与国际市场竞争的最大障碍是什么？

本章小结

国际市场营销是建立在市场营销一般性理论基础上的高端知识体系。随着中国对外贸易理念、国际地位、经营主体以及战略的变化和法律法规体系的完善,尤其是在 2001 年加入 WTO 之后,中国市场和中国产品在全球贸易和国际市场营销中的比较优势日益显著。无论哪一个国家,美国也好,日本也好,其企业的国际化进程从历史的角度来看都是循序渐进的,中国企业的国际化发展也是势在必行但任重而道远,必须逐步完善企业国际化进程的宏观环境,转换企业经营机制,合理确定企业国际经营的目的,培养和储备跨国经营人才,采取适合中国国情的企业国际经营策略。

当今世界各国企业的国际化步伐都在逐渐加快,市场和竞争的全球化要求所有的国际市场营销者都必须关注全球环境。由于不同国家的经济、法律、文化环境各不相同,使得国际市场营销的任务越发艰巨而复杂。

重点概念

国际化　全球化　国内营销　出口营销　国际市场营销
多国营销　全球营销　资源外包　全球产业链

本章复习思考题

1. 全球化趋势对现有商业模式、组织结构和业务流程的影响是什么?
2. 全球化趋势给企业带来了哪些新的机遇和挑战?
2. 简述国际市场营销的阶段性演变与发展。
3. 美国企业的国际化进程对中国企业的国际化有什么启示?
4. 简述日本企业的国际化进程,并说明其对中国企业的国际化有什么启示。
5. 中国企业国际化经营可以分为哪些阶段,各有什么特点?
6. 与美国和日本企业的国际化过程相比较,中国企业的国际化发展可以采取哪些策略?
7. 全球市场给国际企业带来了哪些挑战?
8. 跨国公司的全球战略整合包括哪些方面?
9. 跨国公司如何通过外包整合全球资源?
10. 简评中国企业的国际化现状。
11. 制约中国企业国际化发展水平的因素有哪些?

参考文献及进一步阅读材料

1. Barney J., Firm Resources and Sustained Competitive Advantage, Journal of Management, Vol. 17 Issue 1, March 1991, pp.99—120.

2. Bartlett C. A. and S. Ghoshal, Managing Across Borders, The Transnational Solutions, Boston: Harvard Business School Press, 2002.

3. Dunning J., International Production and Multinational Enterprise, London: Allen & Unwin, 1981.

4. 〔美〕巴格列特、戈夏尔:《跨边界管理》,赵曙明译,东北财经大学出版社2000年版。

5. 〔美〕德雷斯凯:《国际管理》(原书第5版),赵曙明译,机械工业出版社2008年版。

6. 〔美〕加里等:《科特勒市场营销教程》,俞利军译,华夏出版社2004年版。

7. 〔美〕科特勒:《现代营销学之父菲利普科特勒经典译丛:市场营销》,俞利军译,华夏出版社2003年版。

8. 〔美〕托马斯·弗里德曼:《世界是平的——21世纪简史》,何帆等译,湖南科学技术出版社2006年版。

9. 艾德华主编:《营销道德与营销文化》,北京大学出版社2011年版。

10. 戴万稳:《跨文化组织学习能力研究》,南京大学出版社2007年版。

11. 甘碧群主编:《国际市场营销学》,高等教育出版社2006年版。

12. 李业、何倩茵:《广州标致不同文化的融合与冲突》,载《中外企业文化》2002年第1期。

13. 卢泰宏主编:《营销在中国》,企业管理出版社2003年版。

14. 任文举:《企业社会责任》,西南交通大学出版社2011年版。

15. 荣晓华编著:《消费者行为学》,东北财经大学出版社2009年版。

16. 宋林飞:《"中国经济奇迹"未来与政策选择——国际市场的挑战》,南京大学出版社1995年版。

17. 王志乐编著:《著名跨国公司在中国的投资》,中国经济出版社1997年版。

18. 王志乐主编:《2009跨国公司中国报告》,中国经济出版社2009年版。

19. 王志乐主编:《2010跨国公司中国报告》,中国经济出版社2010年版。

20. 王志乐主编:《2011跨国公司中国报告》,中国经济出版社2011年版。

21. 王志乐主编:《静悄悄的革命:从跨国公司走向全球公司》,中国经济出版社2008年版。

22. 王志乐主编:《美国企业在中国的投资》,中国经济出版社1999年版。

23. 王志乐主编:《软竞争力——跨国公司的公司责任理念》,中国经济出版社2005年版。

24. 文风:《从广州标致公司的解体看跨文化冲突与整合》,载《科技进步与对策》2002年4月。

25. 赵曙明:《国际企业:人力资源管理》(第四版),南京大学出版社2010年版。

26. 赵曙明:《跨国公司在华面临的挑战:文化差异与跨文化管理》,载《管理世界》1997年第3期。

第三章 国际市场营销机会

本章学习内容

- 国际新兴大市场的形成及其对传统经济发展理论的挑战
- 国际新兴大市场的市场营销机会分析
- 跨国市场区域及其形成的基础
- 跨国市场集团的合作模式
- 国际经济一体化的不同层次
- 全球各大区域的主要经济合作组织及其形成的背景
- 跨国市场协定对国际市场营销的影响

引例

TCL 掘金新兴市场[①]

TCL 集团股份有限公司创立于 1981 年,是目前中国最大的、全球性规模经营的消费类电子企业集团之一。1999 年,公司开始了国际化经营的探索,在新兴市场开拓推广自主品牌,在欧美市场并购成熟品牌,成为中国企业国际化进程中的先锋之一。在进军海外市场的产品策略上,不同的国家,TCL 会推出不同的产品。液晶、背投两大新型高端系列彩电,是 TCL 集团为泰国、新加坡等市场准备的产品,这些东南亚的富裕小国,购买力十足;而越南,TCL 集团为其准备的是物美价廉的 CRT 彩电(传统显像管彩电)。

在新兴市场上,由于日本品牌的定价与品质都走高端路线,与 TCL 还未构成直接竞争关系,因此与 TCL 打得最狠的主要对手,是韩国的三星和 LG。在新兴市场上,三星、LG 这些品牌的产品线非常完整,品牌影响力也在不断提升中,与它们相比,TCL 的竞争优势就体现在对渠道及终端的快速反应上。

TCL 初到越南时,市场的消费能力极其低迷,日韩品牌拥有强大的市场号召力,而中国货则声誉不佳。在政府公关、亲善经销商、强调售后服务的三板斧后,TCL 逐渐开始树立在越南市场的知名度和名誉度,市场人气逐步聚拢。越南彩电市场年销量约在 80 万至 100 万台之间,而当地家电经销商希望与生产厂商高层多沟通的愿望常被日韩厂商所拒绝,于是 TCL 海外市场营销团队就主动与经销商联系、聚会,借此增进彼此的感情。许多越南人都是超级足球迷,赛季遇到电视机坏了,TCL 集团不仅第一时间为用户修好电视,还在修好前提供代用电视,这为 TCL 赢得了极高的美誉度。

和越南市场相比较,俄罗斯是一个更加庞大的市场,而这个市场 70% 的销售份额由俄罗斯家电专业连锁控制。为了进入俄罗斯市场,2004 年 10 月,TCL 把 70 多位俄罗斯

[①] 资料来源:林思勉:《TCL:掘金新兴市场》,载《成功营销》2005 年第 2 期。

家电经销商请到TCL惠州总部,带他们参观TCL集团总部、研发大楼、产能强大的生产线,让他们真正认识TCL,并由此对"全球第一大彩电供应商"给予足够的信任。

TCL在海外一直是强调现款现货,但在泰国,TCL对经销商的放款周期明显较其他国家的经销商要长,这是由当地市场的特点所决定的,也体现了TCL灵活的营销策略。泰国是个佛教国家,经销商大多非常注重诚信。在电子产品的消费方面,许多商家为消费者提供了分期付款,有些高端产品甚至是零首付,由此形成了整体经营环境的变化,几乎所有商家都要求供应商提供较长的信用账期。由此,TCL泰国分公司根据实际情况调整了其销售政策。

TCL总裁李东生认为,实现国际化,要做到三点:一是要有屡败屡战、百折不挠的勇气和决心;二是建立很好的沟通机制,实现跨文化的整合,建立共同的目标和行为准则;三是发挥协同效益。TCL海外事业部对这三句话的理解和实践,体现了对中国文化的智慧运用,也带给中国企业国际化有益的启示。

热身思考

TCL进军海外市场过程中,新兴市场的角色是什么？TCL在这些新兴市场上的策略有什么异同？

第一节 国际新兴大市场

国际市场风云变幻,挑战与机会并存。跨国公司要在海外国际市场寻找到适合于自己的生存和发展机会,就必须具备对全球市场进行分析的能力,而这其中尤其要关注国际新兴大市场和各国之间因应政治和经济目的而构建的种种形式的区域经济体。由于国际新兴大市场和区域经济体内的国家和地区在国际贸易政策方面有着一定的相似性,为企业开展国际市场营销带来契机和机会。

据美国商务部估计,今后20年内,将有75%的世界贸易增长额发生在130多个发展中国家或地区以及新兴工业化国家或地区。苏联的解体和中国的改革开放,社会主义经济向市场经济过渡,发展中国家贸易及投资环境的改善,各国国有企业的私有化改革,以及区域性市场和经济联盟的迅猛发展,正改变着国际市场营销的大环境。一些国家和地区在经济方面正发生着深刻的变化并正在成为新兴的市场,如中国、韩国、波兰、阿根廷、巴西、墨西哥和印度等国家,随着国家经济的不断繁荣,这些国家或地区的人们通过全球通信网络对新的思想和行为方式了解更多,对商品和服务的需求正在不断增加和变化,那些旧传统和旧习惯或被摒弃,或被扬弃,新的消费行为模式正在不断出现。在韩国的雅芳化妆品,在阿根廷、巴西、墨西哥、中国和泰国的沃尔玛折扣商店,在印度的麦当劳,在捷克的安利产品,以及如本章引例所示的在越南和泰国的TCL……这一切现象,均表明国际新兴大市场,特别是以发展中国家市场为基础的发展中国家和地区新兴大市场的商机正在不断增加。

相对于由发达国家形成的区域经济体而言,由发展中国家形成的新兴大市场对国际企业来说,拓展国际市场营销的机会更多。这些新兴大市场国家和地区在世界贸易中所占的份额正迅速提高,新兴大市场国家向发达国家提供它们所需的原材料、能源和价廉物美的各种制成品,又从这些国家大量进口所需的生产资料和消费品,在这种商品贸易中,双方都获益匪浅。

按公认的新兴大市场的判别标准,新兴大市场国家和地区普遍具有以下特征:

(1) 人口众多,市场规模较大;
(2) 能为数量众多的产品提供具有代表性的市场;
(3) 具有较快的发展速度或快速增长的潜力;
(4) 已经实施了重要的经济改革方案;
(5) 对所在区域具有重要的政治影响,也是各个区域经济发展的推动者;
(6) 对周边区域的经济带动作用不断强化。

依据上述标准,全球范围内主要的新兴大市场国家和地区,包括亚洲的东南亚国家联盟、中国和印度,非洲的南非,东欧的波兰、捷克和匈牙利,拉丁美洲的墨西哥、阿根廷和巴西。2002年被美国商务部列入新兴大市场名单的国家和地区如表3-1所示,当然,新兴大市场的国家和地区名单并不是固定的,随着经济发展状况的变化,有些国家和地区会被剔除,而有些则会被添加。

表3-1 符合美国商务部新兴大市场标准的国家和地区

	人口 (百万)	国内生产总值 (10亿美元)	人均国内生产总值 (美元)	出口 (10亿美元)	进口 (10亿美元)
亚洲					
中国	1271.8	1117.2	878	371.4	457.4
印度	1032.4	492.5	477	80.4	78.0
韩国	47.3	639.2	13502	213.8	320.9
拉丁美洲					
阿根廷	37.5	280.0	7468	32.0	34.7
巴西	172.4	798.8	4633	79.9	86.0
哥伦比亚	43.0	98.0	2277	18.4	18.8
墨西哥	99.4	372.7	3739	188.0	258.5
委内瑞拉	24.6	81.9	3326	23.7	24.8
欧洲					
波兰	38.6	143.6	3716	56.5	54.1
土耳其	68.5	190.3	2873	56.5	65.2
非洲					
南非	43.2	175.9	4068	42.0	46.2

一、国际新兴大市场现象对经济发展阶段性理论的挑战

国际市场营销一直面临着为满足日新月异的消费需求所带来的挑战。目标市场国家和地区的经济水平对国际市场营销人员来说,是最重要的环境因素之一。各国经济发展所处的阶段影响着人们对来自跨国经营活动的认知和态度,以及对海外商品的需求,影响着分销体系的建立和运作,甚至影响着整个国际市场营销过程,国际市场营销人员必须据此来调整营销策略和任务。

许多学者对人类历史发展的不同阶段模型有着不同的认识,并提出了不同阶段经济发展的主要动力和竞争优势的来源。这些阶段模型学派的学者中,亚当·斯密(Adam Smith)、卡尔·马克思(Karl Marx)、沃尔特·罗斯托(Walt Rostow),阿尔温·托夫勒(Alvin Toffler)和迈克尔·波特(Michael Porter)是最突出的代表。其中,沃尔特·罗斯托所提出的国家经济发展的五阶段模型和迈克尔·波特的国家竞争力发展的四阶段理论是最有名的按照经济发展阶段(stage of economic development)来对各个国家进行分类的理论。

罗斯托的成长阶段理论认为,[①]主权国家是影响国家经济增长的主要因素。根据他的观点,每个社会都要经过五个阶段:传统社会阶段、准备阶段、起飞阶段、趋向成熟阶段和大众消费阶段。

1. 传统社会阶段(traditional society)

国家缺乏对现代科学技术的系统应用,生产率水平和支出水平都比较低下,人们宁愿依靠传统的生产方式而不是开拓新领域或研究新科学。

2. 准备阶段(preconditions for take-off)

在准备阶段,有了科学文明,出现了中央集权统治,先进的现代科学技术开始在工农业生产中得以应用并转化为新的生产力,运输、通信、能源、教育、卫生及公共事业开始得到发展。

3. 起飞阶段(take-off)

整个社会正朝着工业化和经济增长大步迈进,城市进一步扩大了,国家的产业结构向高附加值产业转移,社会和政治结构的改变同时也带来了国家经济的进一步增长,人力资源得到开发,公共支出得到增加以维持稳定的发展,农业及工业现代化带来区域经济的飞速发展。

4. 趋向成熟阶段(drive to maturity)

传统产业的迅速转变遍及所有经济部门,总体上生产力迅速发展,新兴产业和新技术层出不穷,新兴产业不断升级,老工业被淘汰,经济结构不断改进,现代技术应用于经济活动的所有领域并开始积极投身于国际化经营。

5. 大众消费阶段(age of high mass consumption)

人们体会到了社会经济发达所带来的好处,居民拥有大量的实际可支配收入,琳琅满目的商品和高质量的服务比比皆是,耐用消费制造业和服务业成为主要经济部门,社会更加关注的是福利待遇和经济安全,而不是简单的经济增长。

虽然这五个阶段难以严格区分,但是罗斯托的成长阶段理论为国际市场营销者指出了经济发展与一个国家所需产品类型及其工业基础设施先进程度之间的关系。

迈克尔·波特基于国家竞争力因素的四阶段(要素驱动阶段、投资驱动阶段、改革驱动阶段和财富驱动阶段)发展理论[②],为国际市场营销者提供了一些如何在竞争中发展的

---

① See Rostow W. W. (1960), The Five Stages of Growth—A Summary, The Stages of Economic Growth: A Non-Communist Manifesto, Cambridge: Cambridge University Press, 1960; Rostow W. W., The Stages of Economic Growth, London: Cambridge University Press, 1962.

② See Porter M. E. (1985), Competitive Advantage, Free Press, New York, 1985; Michael E. Porter, The Competitive Advantage of Nations, Free Press, New York, 1990, 1998。

方法。每个阶段都包括一些不同的产业、产业组织部门和公司战略。

1. 要素驱动阶段

在要素驱动阶段，一个国家的国际竞争优势主要来源于生产的基本因素，例如自然资源，适宜特定农作物生长的有利条件，或大量的廉价劳动力。大多数发展中国家和一些拥有丰富资源的发达国家，如加拿大和澳大利亚，都处于这个阶段。

2. 投资驱动阶段

在投资驱动阶段，主要优势是投资能力和意愿，而不是提供独特产品的能力。在这个阶段，要素条件、需求条件和公司战略、结构以及竞争都逐步得到了改善。要素也从基础阶段升级到具有现代基础设施的阶段。国内需求虽然处于增长状态，但在很大程度上还不成熟，相关产业和支持性产业的发展远远滞后。

3. 创新驱动阶段

在创新驱动阶段，由于人们收入的增加，教育水平的提高以及国内市场竞争的白热化，消费者需求变得越来越多样化。企业在外向型国际投资战略指引下参与全球竞争，在引进、借鉴和使用别国先进技术的同时也会不断进行创造和发明新的技术。

4. 财富驱动阶段

在财富驱动阶段，要素优势不再源于创新，而是源于像品牌忠诚度等一些静态的因素，人们更关注的是如何保持现状，而不是进一步发展，从而使得相关产业渐渐失去了创新的动力，产业集群也逐渐萎缩。波特认为，财富驱动阶段是最终带来衰落的阶段。

联合国按国家的工业化程度来划分全球各国所处的经济发展阶段。这一方法把国家划分为三大类：较发达国家(More-Developed Countries,MDCs)，指人均收入高的工业化国家，主要集中在北欧地区。在2007年的世界人均GDP最高的国家中，亚洲只有日本的排名进入前10位，美洲只有美国进入前10位，其余都是欧洲国家，如英国、法国、德国等；欠发达国家(Less-Developed Countries,LDCs)，指人均收入较低的刚开始参与世界贸易的发展中工业化国家；最不发达国家(Least-Developed Countries,LDCs)，指工业不发达、以农业为主、拥有大量农业人口的国家，其人均收入水平极低，几乎不参与世界贸易。在工业化迅猛发展的今天，随着新兴大市场国家和地区现象的出现，类似于联合国国家分类标准的一系列市场划分标准正在受到越来越多的挑战，很多被划分为LDCs的国家，正以超越传统的经济增长速度向前发展。这些国家或地区拥有迅速工业化的主导工业，人均收入快速增长，不再实施贸易限制，既吸引了贸易又吸引了外国的直接投资，迅速变身为新兴工业化国家(Newly Industrialized Countries, NICs)或地区，如智利、巴西、墨西哥、韩国、新加坡和中国台湾地区等就是这种类型的国家或地区。

在新兴工业化国家或地区中，韩国、中国台湾地区、中国香港特别行政区及新加坡被称为东南亚的"四小龙"。就人均国内生产总值而言，它们几乎可以加入发达国家或地区之列。这些国家或地区通过解除对内经济的管制和对外开放，其生活水平已相当于工业化国家的水平。就人均国内生产总值而言，中国香港特别行政区和新加坡即便与西方最富有的国家相比也已不相上下。

另外,就全球主要新兴市场而言,巴西、俄罗斯、印度、中国和南非并称为"金砖五国"①。这些国家的人口和国土面积在全球占有重要份额,并且是直接经济增长的主要动力之一,其 GDP 占世界 GDP 总量的比重近年来逐年上升,如表 3-2 所示:

表 3-2 "金砖五国"主要年份 GDP 占世界的比重　　　　（单位:10 亿美元）

地区	2000 年		2005 年		2010 年	
	GDP	比重(%)	GDP	比重(%)	GDP	比重(%)
世界	32,244	100	45,719	100	63,049	100
金砖五国	2697.95	8.37	5036.85	11.02	11539.05	18.3
巴西	644.73	2.00	882.04	1.93	2,087.89	3.31
俄罗斯	259.72	0.81	764.57	1.67	1479.82	2.35
印度	467.79	1.45	840.47	1.84	1729.01	2.74
中国	1192.84	3.7	2302.72	5.04	5878.63	9.32
南非	132.88	0.41	247.05	0.54	363.70	0.58

近年来,金砖五国之间的经济发展日益紧密。2014 年 7 月 15 日,金砖峰会在巴西福塔莱萨举行,并发表了《福塔莱萨宣言》,宣布成立金砖国家开发银行,初始资本为 1000 亿美元,由 5 个创始成员平均出资,总部设在中国上海。

二、新兴大市场国家的市场营销机会分析

大多数符合新兴大市场条件而被称为新兴大市场的发展中国家和地区,均不同程度地存在传统经济与现代经济并存的现象,一方面,经济发展速度较快或具有快速增长的潜力,另一方面,国家基础设施相对落后。如印度,在大都市孟买既有可供喷气式飞机起降的现代化机场、高档酒店和先富起来的中产人群,也有多达 100 万的赤贫人口,印度的牛车货运量甚至远远超过铁路系统的运量而成为这个国家的既经济又实用的交通和运输工具。国际市场营销者绝不能把一个针对发达国家市场设计的营销计划照搬照抄而强加于一个经济欠发达的发展中新兴国家市场。在新兴大市场国家和地区,面对巨大的国际市场机会和诱惑,国际市场营销者必须为目标市场量身定做、专门设计营销计划,努力使之与当地的具体条件及具体习俗尽可能保持一致。

在拉丁美洲,其 4.6 亿人口相当于美国人口的 1.5 倍以上,40% 以上的货物均从美国进口。拉丁美洲巨大的市场规模和丰富的自然资源使其一直被认为具有巨大的贸易和市场潜力。现在的拉丁美洲各国,通过民主选举而产生的政府正在逐渐取代军事独裁政府,

---

① 2001 年,美国高盛公司首席经济师吉姆·奥尼尔(Jim O'Neill)首次提出"金砖四国"这一概念,来自四个国家英文名首字母的组合 BRIC,即巴西(Brazil)、俄罗斯(Russia)、印度(India)、中国(China),其发音类似于英文的"砖块(Brick)"。2003 年,奥尼尔在一份题为《与"金砖四国"一起梦想》的研究报告中预测,到 2050 年,世界经济格局将重新洗牌,"金砖四国"将超越包括英国、法国、意大利、德国在内的西方发达国家,与美国、日本一起跻身全球新的六大经济体。高盛这份报告出台后,中国、印度、俄罗斯和巴西作为新兴市场国家的领头羊,受到世界广泛关注,"金砖四国"这一概念由此风靡全球。金砖四国的概念被广泛地用来定义这四个国家所组成的一个市场,甚至更一般的用来定义所有新兴的工业国家。2010 年 12 月 23 日,时任中国外交部长杨洁篪和南非国际关系与合作部长迈特·恩科阿纳-马沙巴内通电话时表示,中国与俄罗斯、印度、巴西一致商定,吸收南非作为正式成员加入该合作机制,合称"金砖五国"。

经济和贸易自由化也正在逐渐取代遵循了数十年的旧的经济模式，地区间的贸易联盟如北美自由贸易联盟的出现，标志着大多数美洲国家将携手共进以寻求共同的繁荣。然而，国有企业私有化程度与经济增长的速度在拉丁美洲国家各不相同，阿根廷、智利、墨西哥和巴西属于快速实施改革的国家。为了创造一种吸引外资的环境，智利、墨西哥和玻利维亚等国家率先大幅度削减关税，取消了作为非关税贸易壁垒征收的税收和对利润返还的限制，一系列的变革使这些国家和地区的政府、人民及外国投资者充满活力。

自20世纪90年代市场改革以来，许多东欧和波罗的海国家取得了稳步的经济增长，捷克、匈牙利和波兰加入经济合作与发展（OECD）组织；2004年和2007年，波兰、捷克、斯洛伐克、匈牙利、立陶宛、斯洛文尼亚、罗马尼亚、保加利亚等国家陆续加入欧盟。西方和亚洲国家在东欧和波罗的海地区跨国投资的增多，使得一些中东欧国家发展迅速，例如爱沙尼亚、拉脱维亚和立陶宛等国近年来连年以两位数的GDP增速，成为欧洲经济发展最快的地区，这三个国家也因此被经济学界称为"波罗的海之虎"。多数东欧和波罗的海国家居民的生活水准有所提高，社会中产阶级阶层得到稳固，中产阶级的收入足以购买高档商品，国内市场日趋繁荣。但2008年的全球金融危机，使这些生气十足的"小虎"仿佛染上了严重的流感，同样遭受严重打击的还有匈牙利、乌克兰、罗马尼亚等国。在对经济实行彻底改革方面，波兰和匈牙利要比保加利亚、阿尔巴尼亚、罗马尼亚和南斯拉夫进展快。这些国家在结构改革、私有化及银行结构调整方面的拖延严重影响了经济的持续增长。

亚洲在过去的30年里一直是全球经济增长最快的地区。从长期来看，亚洲地区的经济增长前景也是非常美好的。尽管1997年的亚洲金融危机使得多数经济体如日本、中国香港、韩国、新加坡和中国台湾等均遭受重创，但其复兴的速度之快、势头之猛同样令全球瞩目，不但诞生了震撼全球经济的亚洲"四小龙"，而且出现了经济高速发展的印尼、泰国、马来西亚和菲律宾亚洲"四小虎"。2007年全球金融危机前夕，亚洲四小龙和四小虎的经济数据如表3-3所示：

表3-3 亚洲"四小龙"和"四小虎"经济数据（2007年）

亚洲"四小龙"					
排序	国家/地区	GDP（美元）	排序	国家/地区	人均GDP（美元）
1	韩国	7142	1	新加坡	25176
2	中国台湾	3234	2	中国香港	24581
3	中国香港	1726	3	韩国	14649
4	新加坡	1106	4	中国台湾	13926
亚洲"四小虎"					
排序	国家/地区	GDP（美元）	排序	国家/地区	人均GDP（美元）
1	印尼	2451	1	马来西亚	4701
2	泰国	1839	2	泰国	2807
3	马来西亚	1220	3	印尼	1093
4	菲律宾	914	4	菲律宾	1084

中国在过去的30多年里，国民生产总值（GNP）以平均年增长率几乎为10个百分点的速度增长。2001年12月11日，中国加入WTO，标志着中国市场与世界全球市场的融

合,也预示着中国市场给予全球企业平等和透明的市场机会。中国市场已经成为今天任何一个国际企业都不能不予以足够重视的市场。迄今全球排名前100位的大型工业公司,几乎无一不在试水或享受中国市场,如德国大众汽车集团2004年全球利润的85%左右来自于中国市场。[①]

向世界开放市场之前的印度禁止进口并对来自国外市场的竞争课以重税,跨国公司被看成推行新殖民主义的先锋而被拒之门外。近年来的全球化改革浪潮,使印度开始放弃贸易限制、计划经济、封闭市场以及对外国投资的排斥。在重要的发展中新兴大市场国家中,印度几乎是最迟抛弃传统保守政策的国家之一。过去,由于实行进口替代政策以及排斥自由市场,使得印度的经济增长长期受到制约,而今,印度已经开始了意义极为深远的、旨在彻底改变过去那种自给自足状况,向世界开放印度市场的市场化改革。作为世界第二大人口国,印度和中国一样,有着大量的廉价劳动力,为数众多的中产阶级,种类多样的工业基础和世界软件中心地位,是一个有着巨大市场拓展潜力的任何一个跨国公司都必须重视的新兴大市场。但来自经济、政治、心理以及文化上的一系列问题将使印度的发展之路充满不确定性,印度官僚反对与外国人做生意的态度,普遍蔓延的、系统的、结构性的腐败和根深蒂固的贿赂使得每一笔交易都变得复杂且费用很高。当然,只要能充分发挥其潜力,印度还是有能力成为亚洲最有前途的国家之一的。

在许多新兴大市场国家群体中,有许多具有相似消费模式的细分市场。当一个国家的人均国民生产总值超过5000美元时,消费者会变得具有品牌意识,会放弃许多地方品牌而去追求他们所知道的国际名牌;当人均国民生产总值达到10000美元时,他们就会加入同等收入水平的、了解相同全球消费信息的消费圈,加入"一万美元俱乐部"[②]而成为全球消费者。新兴大市场国家或地区的进口量是高于具有类似经济发展规模的国家或地区的。随着新兴大市场经济的发展,对资本货物的需求就会增加,以用来建设制造业基地和发展基础设施。经济活动的增加意味着更多的就业机会,以及有更多的收入用于消费当地尚不能生产的产品。因此,随着新兴大市场的发展,对商品与服务的需求就会迅速增加,而其中大部分需求必须依赖进口。

因为许多新兴大市场国家或地区缺乏现代化的基础设施,所以预期的经济成长将主要来自工业部门的增长,诸如信息、环境、运输、能源、医疗保健等技术以及金融服务部门的发展。新兴大市场国家和地区的市场情形类似于第二次世界大战后的欧洲,当时由于战后重建而引发巨大的市场需求,尤其是重建基础设施及工业基础时,对资本货物的需求陡增。在战后10多年的时间里,欧洲各国本身难以满足其日益增长的对工业及消费品的需求,而那时候世界上大多数国家也都处于重建或经济还比较落后的状态,所以美国成了这一新兴市场的主要供应者,也正是这一市场需求,给美国带来了空前的经济繁荣。目前,新兴大市场国家和地区的消费市场和细分市场已日趋兴旺。不过,与第二次世界大战后的市场情形相比,竞争将更为激烈,因为日本、欧洲、新兴的工业化国家或地区和美国都

---

① 资料来源:2004年大众集团年度财报。
② 如果一个公司不理解"一万美元俱乐部"的战略意义,那么该公司就可能失去加入世界上增长最快的全球消费领域的机会。现在世界上有10亿多人的收入达到10000美元或更多。在亚洲,新加坡的人均收入超过27000美元,中国香港特别行政区是25000美元,中国台湾地区则在12000美元以上。那些在这10亿多人口中寻找共同消费群体的公司将会找到一个不断增长的全球市场。

在为争夺这些新兴大市场而一争高低。在新兴大市场国家和地区,每一个市场或许都是有利可图的,但每个市场都需要适合本市场特征的营销计划及产品。

市场瞬息万变,机会与风险并存。在新兴大市场从事国际市场营销,除了要面对来自全球同业的竞争之外,还会受到来自新兴大市场本身的威胁。2009年2月28日出版的英国《经济学家》杂志对17个新兴市场的经济风险情况进行了最新评估并发布报告,如表3-4所示,该杂志根据17个新兴市场的经常性账户余额对比国内生产总值(GDP)、短期债务对比外汇储备额、银行贷款对比存款,列出了国家和地区风险与安全状况的排名。中国大陆、印度、中国台湾地区等多数亚洲新兴大市场均处于安全状态,蕴藏着较好的国际市场营销机会。

表3-4　全球新兴大市场国家经济安全排名

排名	国家或地区	经常性账户余额/GDP (%)	短期债务/外汇储备额 (%)	银行贷款/存款 (%)
1	中国大陆	5.2	7	0.68
2	马来西亚	11.3	15	0.72
3	中国台湾	7.9	26	0.87
4	印度	-2.4	9	0.74
5	泰国	0.3	9	0.74
6	印尼	1.2	88	0.62
7	委内瑞拉	0.8	58	0.75
8	阿根廷	0.2	63	0.74
9	俄罗斯	1.5	28	1.51
10	土耳其	-2.3	70	0.83
10	巴西	-1.5	22	1.36
12	巴基斯坦	-7.8	27	0.99
12	墨西哥	-2.5	22	1.36
14	韩国	1.3	102	1.30
15	波兰	-8.0	38	1.03
16	匈牙利	-4.3	79	1.30
17	南非	-10.4	81	1.09

在特定情况下,只有能够实现最佳效益的营销计划才是有效的营销计划,国际市场营销者所作出的市场营销努力必须与具体的市场环境和条件一致。如在一个文盲人口占90%的国家和文盲人口占10%的国家所作的促销计划可能会有着巨大的差异,而在一个仅能维持生计的国别市场的定价往往不同于在一个富裕市场的定价。

在新兴大市场国家和地区从事国际市场营销,首先需要关注所在国家和地区的经济和市场发展水平。由于市场营销与经济发展之间的逻辑关系和相互依赖性,经济越发达,就越是要求多样化的营销活动,这使得实现营销功能的组织机构也需要更加复杂和专业化。营销结构的演变表明了营销发展与一个国家经济发展阶段之间的关系。但在许多新兴大市场国家,营销结构也可能同时处于多个发展阶段,如传统的零售营销方式与先进的现代市场分销模式并存的现象并不鲜见,食品零售业尤其如此,大部分消费者在从农产品小货摊购买食品的同时也会到现代化的超级市场购物。国际市场营销者需要注意的是,新兴市场人口众多,他们日益增长的收入使他们成为不只是购买生活必需品的消费者。随着一个国家经济的发展,收入会变化,人口集中度也会发生改变,对更好的生活的期望会引起更高的生活标准。当收入增加,各种收入水平的人都会产生从肥皂到汽车的各种新需求。在墨西哥,有彩电的家庭比有自来水的家庭还要多。人均收入低是否意味着低消费呢?不一定,在中国,人均收入不到600美元的时候,雷达公司却能在中国市场售出数千块价值1000美元以上的手表。吃一顿肯德基,要花费相当于一般中国人一天的工资,然而肯德基经营规模最大的餐馆却在中国。

评估不发达国家的市场潜力会遇到巨大的挑战,主要缘于这些国家存在前述的传统经济和现代经济同时并存的双重经济。在双重经济模式并存的国家里,每一类别的市场都需要与该市场特征相符合的营销计划及产品。比如在中国市场,一方面在北京、上海、广州等大都市,国际市场营销者需要根据发达经济体来设计市场营销策略;另一方面又绝对不能忽视广袤的中国农村和中小城市市场,中国巨大的农村人口基数,使得中国农村市场的消费能力也是惊人的高,而其消费习惯与大都市相比,则几乎完全是两个极端。印度市场与中国的表现比较相似,最大的市场增长潜力存在于传统经济部分,开辟这样的市场,不仅需要灵活调整营销战略和策略,而且必须有耐心,乐于为了长远的市场成果而投入必要的时间和精力,这就意味着更高的市场营销成本和与已经驾轻就熟的营销习惯完全不同的方法,有时甚至需要对产品和整个营销方案进行重新设计。如小贴士3-1所示,宝洁公司、高露洁公司和联合利华公司为了拓展中国市场,一直在积极地推行牙齿保健教育计划,从学校的巡诊到在牙科院校设立奖学金,再到对口腔保健研究的赞助。

小贴士 3-1

高露洁中国的"甜美的微笑,光明的未来"[①]

2006年7月24日,中国教育发展基金会、教育部体育卫生与艺术教育司以及广州高露洁棕榄有限公司于北京共同签署了"甜美的微笑,光明的未来"全国口腔健康教育项目在中国的第三个五年合作计划(2006—2010)。广州高露洁棕榄有限公司在这五年中将继续免费提供用于口腔健康教育的教学材料及免费派发儿童口腔护理用品(牙膏、牙刷)等用于支持该项目,其价值累计折合人民币一亿元。

"甜美的微笑,光明的未来"高露洁全球口腔健康教育计划由美国高露洁棕榄公司设计,于1994年4月7日(即当年的世界卫生日)同世界卫生组织(WHO)联合向世界推出。此项活动以6至7岁的少年儿童为教育对象,旨在增长儿童的口腔健康知识,改变儿童不良的口腔行为和提高儿童自我口腔保健意识。该项目至今已经在超过80个国家推广,在中国开展迄今已是10年多,有31个省的500多个城市的5万多所小学,累计近亿人次的儿童参与到该计划中。

进入中国10多年来,广州高露洁棕榄有限公司已成功开展了多个大型口腔健康宣传

[①] 资料来源:www.colgate.com.cn,2013年2月3日访问。

活动,如 2003 年在深圳赞助举办了刷新吉尼斯世界纪录的"万人齐刷牙"活动,2004 年与全国五大城市的教育局体卫艺处合作举办的"让世界没有蛀牙"口腔健康主题绘画比赛等。而影响广泛的"甜美的微笑,光明的未来"全国口腔健康教育活动更是伴随了一代代中国少年儿童的成长。高露洁希望有更多学生能参与并从中受益,同时让正确的口腔健康知识得到更广泛的传播。

无疑,将来能够在诸如中国、印度、东欧、拉丁美洲等新兴大市场中获益的往往是那些极具耐心、乐意向起步时无利可图的市场进行投资的公司。在早期开发阶段,开拓市场的代价可能就是初始投资收益率较低,但是如果等到该市场变得有利可图时再行动的话,那么所付出的代价可能是要面临一个已经被别的公司垄断了的难以进入的市场。如雀巢公司刚进入中国奶业市场的时候,面临着奶源不足以及过重的一系列基础设施负担问题。雀巢公司开办的第一家奶粉和婴儿谷类食物加工厂所在地的火车和公路设施几乎不可能有效地承担起收集牛奶和运送奶制品的任务。雀巢就白手起家开始编织遍布 27 个村庄的"牛奶之路",中国的奶农们推着手推车、踏着自行车或步行到雀巢的牛奶收集站送牛奶,并当场得到报酬。为了让中国的农民在饲养方面掌握基本的牲口健康卫生知识,雀巢还提供专门的培训服务,在农民养奶牛的积极性得到提高之后,雀巢中国公司终于结束了长达 17 年之久的微利时代而进入雀巢中国市场快速发展期。

第二节 跨国市场区域

跨国市场区域(multinational market region)是指那些通过减少区域内贸易壁垒和关税壁垒来寻求经济互利的国家集团。跨国市场区域的形成和发展是当今社会最重要的发展趋势,也为跨国公司的全球化提供了更大的市场和更多的便利性,为国际市场营销的拓展提供了具有潜在重大意义的机遇。

自二战结束以来,全球范围内的区域性经济合作协议不断出现,各国纷纷对跨国经济合作表现出浓厚的新的兴趣。迄今以来最成功的跨国市场区域组织是欧洲共同体,这个由欧盟(EU)和欧洲自由贸易区(EFTA)组成的欧洲经济区(European Economic Area)是世界上最大的统一市场,是全球跨国市场区域组织的典范,为世界经济合作开了先河。另外,北美自由贸易区(NAFTA)和亚太经合组织(APEC),在全球的跨国市场区域组织中也具有重要的地位和影响力。

一、跨国市场区域的形成基础

一般而言,跨国市场区域形成的基础在于如下几个方面:

1. 经济因素

各类经济联盟都是基于发展和扩大市场而建立的,其手段一般是给予成员国之间优惠关税待遇或对非成员国设置共同的关税壁垒。通过为关税同盟内部成员的产品提供固定的销路或给予优惠待遇来扩大受保护的市场,从而刺激内部经济的发展,同时,成员国的消费者也能从较低的内部关税中得到实惠,赋予同盟内生产者更大的安全感。

2. 政治因素

各国政治间的和谐是跨国市场区域得以形成和发展的另一个基本要求。在放弃部分的国家主权之前,成员国之间必须存在相同的要求并相处融洽。国家主权对任何一个国家来说都是最值得珍惜的,只有当通过合作使国家地位得到提高时,政府才会在主权方面作出让步。对欧洲共同体来说,欧洲委员会是解决争端和起诉违反欧共体规则成员国的机构。

3. 地理因素

如果国家间相互毗邻,那么作为市场体制基础的运输网络就有可能相互联通并得到有效发展。运输网络是欧共体形成的主要促进因素之一,英法之间海底隧道的开通更是进一步加强了共同市场成员国之间的联系。不过,随着通信和运输效率的不断提高,地理邻近因素的重要性日益下降。

4. 文化因素

文化的相似性会缓和一国与他国结成经济联盟所带来的冲击。如果彼此的社会文化相似,那么各成员国之间都能够比较容易理解彼此的立场和观点,对于建立的共同市场而言就更有可能取得成功。

二、跨国市场集团的合作模式

跨国市场集团有多种合作模式,这些模式因合作程度、合作基础以及成员国间内部关系的不同而呈现明显的差异性。一般而言,区域性经济一体化可分为五种基本形式,从一体化程度最低的区域开发与合作到高度一体化的政治联盟,如表3-4所示:

表3-4 国际经济一体化的不同层次

一体化阶段	合作开发	取消关税和配额	一致的关税和配额体系	取消对要素的限制	经济、社会和法律政策的综合协调
区域开发合作	√	×	×	×	×
自由贸易区	√	√	×	×	×
关税同盟	√	√	√	×	×
共同市场	√	√	√	√	×
经济与政治联盟	√	√	√	√	√

1. 区域开发合作(regional cooperation for development)

区域开发合作是最基本的经济一体化和合作模式。按照区域开发合作协议,各国政府共同参与开发对各国经济均为有利的基础工业。每个国家都事先承诺为合作开发提供融资,并承诺购买合作开发项目生产的一定数量的产品。

随着中国—东盟自由贸易区建设进程的加快,环北部湾地区沟通中国与东盟经济合作的地位日益突出,此区域合作发展的巨大潜力和广阔前景日益突显,在区域经济一体化背景下,推动此区域合作与开发的要求也日益迫切。2006年7月,以搭建一个长期性、开放式的,集研究、交流和宣传等功能于一体的平台为目标的环北部湾经济合作论坛应运而生,来自中国、越南、新加坡、马来西亚、菲律宾、文莱、印度尼西亚的政府官员和专业人士就促进环北部湾周边区域的国家和地区在合作机制、资源开发、基础设施、产业协作等领域进行交流,形成在"中国——东盟自由贸易区"框架下的环北部湾次区域合作机制,为中国—东盟自由贸易区建设注入了新的元素。

2. 自由贸易区(free trade area, FTA)

自由贸易区又称对外贸易区、自由区、工商业自由贸易区等,是指两个或两个以上的国家通过某种取消相互之间关税的协定或条约而形成的国际经济一体化组织,成员国之间废除一切内部贸易阻碍,维持一种相对于协议各国之外的国家和地区的独立贸易政策,如包括美国、加拿大和墨西哥的北美自由贸易区(North America Free Trade Agreement)。

从本质上讲,自由贸易区为成员国提供了一个大市场,在这个市场中,不存在阻碍商品和服务在区域内自由流动的壁垒。自由贸易区除了具有自由港的大部分特点外,还可以吸引外资设厂,发展出口加工企业,允许和鼓励外资设立商业企业和金融机构,以促进区域内各国的经济发展。自由贸易区的局限在于其可能会导致商品流向的扭曲和避税,即如果没有其他措施作为补充,协议各国之外的国家和地区很可能会将货物先运进一体化组织中实行较低关税或贸易壁垒的成员国,然后再将货物转运到实行高贸易壁垒的成员国。为了避免出现这种商品流向的扭曲,自由贸易区组织均制定"原产地原则",原产地原则表明了自由贸易区对非成员国的某种排他性,规定只有自由贸易区成员国的"原产地产品"才享受成员国之间给予的自由贸易待遇。理论上,凡是制成品在成员国境内生产的价值额占到产品价值总额的50%以上时,该产品就被视为原产地产品。自由贸易区只是一个国家在某个时期实现经济和贸易快速增长的工具,不能指望自由贸易区可以一揽子地解决诸如就业问题、贫富差距问题、环境问题、地区发展不平衡问题、产业发展不平衡问题等一系列社会和经济问题,尤其是发展中国家面临着的一系列严峻挑战。

3. 关税同盟(customs union)

关税同盟是指两个或两个以上国家缔结协定,建立统一的关境,在统一关境内,缔约国相互之间减让或取消关税,对从关境以外的国家或地区的商品进口则实行共同的关税税率和外贸政策。

关税同盟是自由贸易区的进一步演化,是更进一步的经济合作方式。关税同盟的成员国不仅能享受自由贸易区的内部关税减免或免税待遇,而且对同盟外进口的产品采取统一的对外关税,还对非成员国实现统一的外部壁垒。关税同盟大体可分为两类:一类是发达国家间建立的,如欧洲经济共同体的关税同盟,其目的在于确保西欧国家的市场,抵制美国产品的竞争,促进内部贸易的发展,积极推进欧洲经济一体化的进程;另一类是由发展中国家建立的关税同盟,其目的主要是维护本地区各国的民族利益,促进区内的经济合作和共同发展。如中非关税同盟与经济联盟、安第斯条约组织(Andean Group)、加勒比共同体和共同市场、西非国家经济共同体、中非国家经济共同体等。

关税同盟除了具有静态福利效应外,还会带来不少动态效应。一方面,建立关税同盟能够形成广大的市场,从而更容易实现规模经济,加强同盟内成员国对外的竞争;另一方面,在更大范围内自由流动的劳动力和资本可以使关税同盟内各国的经济资源得到更有效的利用,刺激非成员国到关税同盟内设厂(即所谓的关税工厂),就地销售,以避免关税同盟对非成员国产品继续保持歧视性贸易壁垒。如《北美自由贸易协定》签订之后,美国、加拿大和墨西哥三国之间的贸易额剧增,而向区域外国家出口的贸易增长则较少。另外,流入北美自由贸易区的外国直接投资,也比《北美自由贸易协定》生效前多。

4. 共同市场(common market)

共同市场的各国之间的合作相对于关税同盟要更进一步,不仅要求成员国之间消除内部壁垒,设立共同外部壁垒,还要求各国之间取消对要素市场的限制,消除各国之间劳动力和资本流动的壁垒,为服务和资本创造了开放的市场。共同市场是一个经济统一体,如中美洲共同市场、安第斯共同市场等。

5. 经济与政治联盟(economic and political union)

经济与政治联盟不但是一个经济统一体,而且是一个政治统一体,是迄今以来一体化程度最高的区域性合作形式。经济与政治联盟包括完全的政治与经济一体化,这种一体化可能是自愿的,也可能是强制要求的。第二次世界大战结束以后,美国凭借其雄厚实力提出"马歇尔计划"(The Marshall Plan),即"欧洲复兴计划"(European Recovery Program),帮助其欧洲盟国恢复因第二次世界大战而濒临崩溃的经济体系,以抗衡苏联和共产主义势力在欧洲的渗透和扩张。时任苏联领导人斯大林认为该计划会严重威胁到苏联对于东欧的控制,就针锋相对地出台了著名的"莫洛托夫计划"(Molotov Plan),该计划包括苏联对东欧社会主义国家的经济援助以及发展东欧国家对苏联的贸易。1949年1月5日至8日,苏联、保加利亚、匈牙利、波兰、罗马尼亚、捷克斯洛伐克等六国政府代表在莫斯科通过会议磋商后,宣布成立经济互助委员会,即形成莫洛托夫计划的实体。后来,民主德国、中国、蒙古、南斯拉夫、朝鲜、老挝、安哥拉、埃塞俄比亚、阿富汗、也门民主人民共和国、莫桑比克、古巴、越南等国家或正式加入该经济互助委员会,或以观察员的身份列席经济互助委员会的例行会议。随着苏联的解体,1991年6月28日在布达佩斯举行的经济互助委员会第46次会议上,经济互助委员会正式宣布解散。20世纪90年代,形成了两个新的经济与政治联盟,即独联体和欧盟。欧盟的成立,包括中央银行的创立,单一货币的使用,以及各个方面的共同政策,将各个独立政治区域连成一个单一的政治架构。

三、全球主要区域经济合作组织

国际市场营销者需要清晰把握全球主要的区域经济合作组织的相关情况,以进行国际市场营销机会分析。

1. 欧共体与欧盟

自第二次世界大战结束以来,区域性经济合作协议不断出现,其中最成功的典范是开创了世界经济合作先河的全球最大的跨国市场区域组织——欧洲共同体(European Communities,EC)及后来在此基础上形成的欧盟(European Union,EU)。欧盟是目前最强大的地区性国际组织。其成员国已将部分国家主权交给组织(如货币、金融政策、内部市场、外贸),令欧盟越来越像联邦制国家。然而欧盟还不是真正的国家,成员国依然是欧盟条约的最终裁决人,欧盟本身也无权行使各成员国的主权。

从历史上来说,欧洲统一的思想,在20世纪以前就已经出现。中世纪时期的法兰西帝国和神圣罗马帝国等都曾将欧洲许多地区统一在其疆域之内。1776年,美国独立战争爆发,当时就有欧洲人设想欧洲仿效美利坚合众国,建立欧洲合众国。19世纪初,拿破仑曾在欧洲大陆实行关税同盟。欧洲统一思潮在第二次世界大战后进入高潮,1946年9月,时任英国首相的丘吉尔曾再次提议建立欧洲合众国。1948年荷兰、比利时、卢森堡三国组成关税联盟,其主要目的是相互免除关税,开放各国彼此之间原材料和商品的自由贸易。1951年4月18日,法、意、联邦德国、荷、比、卢六国签订了为期50年的《欧洲煤钢共同体条约》,合作推动各国之间煤与钢铁的生产和销售。1955年6月1日,参加欧洲煤钢共同体的六国外长在意大利举行会议,建议将煤钢共同体的原则推广到其他经济领域,并建立共同市场。1957年3月25日,六国外长在罗马签订《罗马条约》,并于1958年1月1日正式生效,成立欧洲经济共同体(EEC)和欧洲原子能共同体,旨在创造共同市场,取消会员国之间的关税,促进会员国之间劳动力、商品、资金和服务的自由流通。1965年4月8日,六国签订《布鲁塞尔条约》,决定将欧洲煤钢共同体、欧洲原子能共同体和欧洲经济共同体统一起来,统称欧洲共同体(EC)。欧共体总部设在比利时布鲁塞尔。1972年后,爱尔兰、英国、丹麦、希腊、葡萄牙及西班牙等国家先后加入欧洲共同体。

1991年12月11日,欧共体各国在荷兰马斯特里赫特通过了建立"欧洲经济货币联盟"和"欧洲政治联盟"的《欧洲联盟条约》(即《马斯特里赫特条约》,简称《马约》)。1992年2月1日,各国外长正式签署《马约》,设立了欧盟理事会、委员会、议会,逐步由区域性经济共同开发转型为区域政治和经济的整合。经欧共体各成员国批准,《马约》于1993年11月1日正式生效,欧共体更名为欧洲联盟(EU)并开始正式向欧洲联盟过渡。这标志着欧共体从经济实体向经济政治实体进行过渡,共同发展外交及安全政策,加强司法及内政事务上的合作。1995年1月1日,奥地利、瑞典和芬兰加入欧盟,使欧盟成员国扩大到15个。欧盟成立后,经济快速发展,1995年至2000年间经济增速达3%,人均国内生产总值由1997年的1.9万美元上升到1999年的2.06万美元。欧盟的经济总量从1993年的约6.7万亿美元增长到2002年的近10万亿美元,并于1999年推出共同货币"欧元",于2002年1月1日正式启用。

2002年11月18日,欧盟15国外长会议决定邀请塞浦路斯、匈牙利、捷克、爱沙尼亚、拉脱维亚、立陶宛、马耳他、波兰、斯洛伐克和斯洛文尼亚10个中东欧国家入盟。2003年4月16日,在希腊首都雅典举行的欧盟首脑会议上,上述10国正式签署入盟协议。2004年5月1日,这10个国家正式成为欧盟的成员国。这是欧盟历史上的第五次扩大,也是规模最大的一次扩大。2007年1月,罗马尼亚和保加利亚两国加入欧盟。迄今以来,欧盟经历了6次扩张,成为一个涵盖27个国家,总面积约432.2万平方公里,总人口超过4.8亿的当今世界上经济实力最强、一体化程度最高的国家联合体。若按单一地区计算,其人口数仅次于中国和印度而位居世界第三位。根据《马斯特里赫特条约》,所有欧盟成员国的公民都是欧盟的公民。2003年7月,欧盟制宪筹备委员会全体会议就欧盟的盟旗、盟歌、铭言与庆典日等问题达成一致。根据欧盟宪法规定,欧盟的盟旗仍由现行的蓝底和12颗黄星图案组成,盟歌为贝多芬第九交响曲中的《欢乐颂》,铭言为"多元一体",5月9日被确定为"欧洲日"。欧盟的宗旨是"通过建立无内部边界的空间,加强经济、社会的协调发展和建立最终实行统一货币的经济货币联盟,促进成员国经济和社会的均衡发展","通过实行共同外交和安全政策,在国际舞台上弘扬联盟的个性"。2006年欧盟成为世界上第一大经济实体,其国内生产总值超过美国(13.0万亿美元)而达到13.3万亿美元,预计接下来的几个10年内,将随着更多国家的加入而有较快增长——虽然新加入国家的国内生产总值都低于欧盟的平均水平,并将使得欧盟在短期内平均总数有一定的下降。

为了适应单一欧洲市场所带来的预期市场差异,许多公司都对针对欧盟地区的营销组合策略进行了调整。过去,跨国公司通常在不同的欧洲市场上实行不同的定价。各成员国间的非关税壁垒不仅助长了价格差异,而且阻碍了商品从低价市场向高价市场的流动。如高露洁公司已对其高露洁牙膏采用了统一配方,并在欧盟按统一价格销售。但在调整定价策略之前,高露洁公司在不同市场是按不同价格出售其牙膏的。除了实行统一定价政策之外,各公司也在减少商品的品牌数量,以便集中力量做好广告宣传和促销。如雀巢公司在欧共体市场所拥有的三个酸酪品牌变身为单一品牌,联合利华公司也计划将其品牌数从 1600 个减少到 400 个核心品牌。

如小贴士 3-2 所示,欧元的出现,大大促进了在欧盟境内基于互联网的营销。相应地,单一货币使欧洲市场的竞争变得更为公平,也更加激烈。从欧洲一体化中主要得利的是零售业,欧洲缺乏支撑中小型零售店的一体化的竞争性分销体系,欧盟各国之间边界的消亡将加剧零售商之间的竞争,从而形成跨欧洲的分销渠道。

欧盟在中国企业对外直接投资中的地位正变得越来越重要。随着中国企业对外投资的迅速发展,投资范围不断扩大,欧盟日益成为中国企业对外直接投资的焦点。从早期的海尔收购意大利盖普冰箱厂,TCL 收购汤姆逊彩电,蓝星集团并购法国罗地亚公司有机硅业务,到 2010 年吉利收购沃尔沃,2011 年卧龙控股集团并购欧洲第三大电机生产商 ATB 驱动技术股份集团,到 2012 年三一重工收购德国普茨迈斯特等等这些并购事件都说明了中国企业对投资欧盟的重视。

小贴士 3-2

欧　　元[①]

2002 年 1 月 1 日,经过 3 年的过渡,欧洲单一货币——欧元正式进入流通。欧元是自罗马帝国以来欧洲货币改革最为重大的结果。欧元不仅仅使欧洲单一市场得以完善,欧元区国家间的自由贸易更加方便,而且更是欧盟一体化进程的重要组成部分。

尽管摩纳哥、圣马力诺和梵蒂冈并不是欧盟国家,但是由于他们以前使用法国法郎或者意大利里拉作为货币,也使用欧元并授权铸造少量的他们自己的欧元硬币。一些非欧盟国家和地区,比如黑山、科索沃和安道尔,也使用欧元作为支付工具。

欧元由欧洲中央银行和各欧元区国家的中央银行组成的欧洲中央银行系统负责管理。总部坐落于德国法兰克福的欧洲中央银行有独立制定货币政策的权力,欧元区国家的中央银行参与欧元纸币和欧元硬币的印刷、铸造与发行,并负责欧元区支付系统的运作。

1999 年 1 月 1 日,欧元在欧盟各成员国范围内正式发行,它是一种具有独立性和法定货币地位的超国家性质的货币,根据《马斯特里赫条约》规定,欧元于 2002 年 1 月 1 日起正式流通。

欧洲货币局发布的欧元草样有 7 张,面值分别为 5 欧元(灰色)、10 欧元(红色)、20

---

① See Bartram, Söhnke M., Taylor, Stephen J., Wang, Yaw-Huei (May 2007), The Euro and European Financial Market Dependence, Journal of Banking and Finance 51 (5): 1461—1481.; Baldwin, Richard, Wyplosz, Charles (2004), The Economics of European Integration, New York: McGraw Hill; Simonazzi A. and Vianello F., Financial Liberalization, the European Single Currency and the Problem of Unemployment, Franzini R. and Pizzuti R. F. (eds.), Globalization, Institutions and Social Cohesion, Springer Verlag, Heidelberg, 2001.

欧元(蓝色)、50 欧元(橘黄色)、100 欧元(绿色)、200 欧元(黄色)和 500 欧元(紫红色)。票面由窗户、大门和桥梁三个基本建筑要素构成,分别代表欧盟的开放、合作与沟通精神。

第一套欧元纸币于 2002 年 1 月 1 日至 2013 年 5 月 1 日期间发行,随后在 2013 年 5 月 2 日起被第二套纸币所取代。欧元对区域经济整合有着良好的示范作用。欧洲一体化开世界经济区域化之先河。半个世纪以来,在欧洲一体化的鼓舞下,世界经济区域化蔚然成风、欣欣向荣。欧元的启动与使用,为区域整合提供了新的思路,使得现有的区域经济整合方式向前又迈进了一大步。从长远来看,欧元的诞生,也为国际经济一体化绘出了新的蓝图。

2. 独联体

1991 年 12 月 8 日,俄罗斯总统叶利钦、乌克兰总统克拉夫丘克和白俄罗斯最高苏维埃主席舒什克维奇在白俄罗斯的别洛韦日会晤,签署了一项关于建立独立国家联合体的协定,宣布"苏联作为国际法主体和地缘政治现实将停止其存在",提议建立独立国家联合体(Commonwealth of Independent States,CIS),简称独联体。独联体的协调机构设在白俄罗斯首都明斯克,原苏联的加盟共和国和其他赞同独联体宗旨的国家均可参加独联体。同年 12 月 12 日,原苏联的哈萨克斯坦等五个中亚加盟共和国的领导人在土库曼斯坦首都阿什哈巴德会晤并发表声明,表示愿意作为"平等的创始国"参加独联体。12 月 21 日,原苏联的阿塞拜疆、亚美尼亚、白俄罗斯、吉尔吉斯斯坦、摩尔多瓦、哈萨克斯坦、俄罗斯、乌兹别克斯坦、乌克兰、塔吉克斯坦、土库曼斯坦 11 国领导人在阿拉木图会晤,通过了《阿拉木图宣言》和《关于武装力量的议定书》等文件,正式宣告成立独立国家联合体,格鲁吉亚派代表以观察员身份与会。

独联体是一个松散型经济与政治联盟,有着开放的边界但不存在中央政府。独联体协议的主要规定有:

(1) 废除苏联的所有法律,取代旧政府的权力;

(2) 实行激进的经济改革,包括放开绝大多数商品的价格;

(3) 保留卢布,但允许新货币流通;

(4) 建立欧共体式的自由贸易组织;

(5) 对核武器实行联合控制;

(6) 履行前苏联所有的对外条约和债务责任。

《独联体章程》规定:独联体以所有成员国的主权平等为基础。独联体不是国家,也不拥有凌驾于成员国之上的权力,它为各成员国的进一步发展和加强友好、睦邻、族际和谐、信任、谅解和互利合作关系服务。各成员国在国际安全、裁军、军备监督和军队建设方面实行协调的政策,采用包括观察员小组和集体维持和平部队等手段保证独联体内部安全。当成员国的主权、安全和领土完整以及国际和平与安全受到威胁时,各成员国应立即进行协商,协调立场,采取相应措施。

独联体成立时,除波罗的海三国外,原苏联其他 12 个加盟共和国即阿塞拜疆、亚美尼亚、白俄罗斯、格鲁吉亚(1993 年 12 月起)、吉尔吉斯斯坦、摩尔多瓦(1994 年 4 月起)、哈萨克斯坦、俄罗斯、乌兹别克斯坦、乌克兰、塔吉克斯坦和土库曼斯坦均为独联体正式成员国。独联体现在的成员国有:俄罗斯联邦、白俄罗斯共和国、乌克兰、摩尔多瓦共和国、亚美尼亚共和国、阿塞拜疆共和国、塔吉克共和国、吉尔吉斯共和国、哈萨克斯坦共和国、乌兹别克共和国。独联体的各个成员国都有过中央计划经济的历史,成员国之间的密切合作也许会减轻从计划经济向市场经济转变所带来的痛苦。不过,经济政策、货币改革和军事控制等方面的分歧又可能使成员国之间的关系变得不稳定,甚而会危及独联体。谁也无法预料独联体将成为一个什么样的组织及其最终的重要性如何。2005年8月,土库曼斯坦宣布退出独联体,2008年8月14日,格鲁吉亚宣布退出独联体。

在独联体各国中,俄罗斯、乌克兰和白俄罗斯三个斯拉夫共和国有着共同的利益和历史,五个中亚共和国亦是如此,这就形成了两个独联体核心国家集团。不过,这两个独联体核心集团之间的联系却不密切。在所有原苏联共和国中,阿塞拜疆、格鲁吉亚和亚美尼亚的经济发展得最好。苏联解体后,尽管俄罗斯经济遭遇一些困难,但独联体全部成员国的整体经济有了增长,通货膨胀率也得到一定程度的控制。总之,在现代条件下独联体各国相互之间的合作不仅是稳定独联体财政经济的重要因素,而且对世界经济的稳定也发挥着重要的作用。独联体将成为有着巨大潜能的共同市场。

独联体市场之大,以及独联体内各国、各地区之间发展的不平衡和需求层次的不同,要求国际市场营销者必须针对具体的市场特征制定专门的市场拓展策略。一方面,可以在各大型城市采取化零为整策略,即建立区域性的贸易集散地;另一方面,积极拓展广袤的中小城市和农村市场,如物资和商品奇缺的西伯利亚市场。

近年来,市场体量巨大的独联体渐渐成为中国企业海外拓展的重要目的地。如小贴士3-3所示,中国的众多LED企业长期以来都将欧美等发达地区视为产品出口的主要市场,但是,受全球经济环境的影响,发达国家近年来对LED照明的需求有所放缓,出口门槛却在不断提高。这种状况,促成了越来越多的中国企业从对欧美市场的"一见钟情",转而向包括独联体在内的世界新兴市场的"移情别恋"。

小贴士3-3

中国LED下一个征占地:俄罗斯和独联体[①]

位列传统"金砖四国"之一的俄罗斯,拥有着世界最大的国土面积。作为"新丝绸之路经济带"的一个重要节点,俄罗斯连同身边的其他独联体国家,正以一个幅员辽阔的新兴市场姿态,展现一股勃勃朝气,似乎在向那些曾经对它"不待见"的所有海外LED照明厂商证实,它同样遍地"黄金"。

自从欧债危机之后,以外销为主的中国LED照明产业,已陆续将目光投放于欧美之外的其他新兴国家市场。2013年底,于莫斯科举办的第19届俄罗斯国际照明及照明技术展览会,涌现了300多家中国企业的面孔,占总体参展企业数的1/3以上。中国企业当下对俄罗斯和独联体这个巨大市场的重视程度,从中可窥一斑。

近年来,俄罗斯当局也主动从国家层面积极推广节能照明。俄罗斯LED照明市场的增长速度每年将达到28%—48%。以俄罗斯为首的东欧独联体LED照明市场,已然成为

---

① 资料来源:《LED企业下一个征战地:俄罗斯和独联体国家》,http://www.machine.com,2014年7月23日访问。

LED出口的新亮点。2012年的8月,俄罗斯正式加入WTO,总体关税由10%降至7.8%。根据俄罗斯加入世贸组织的条件,LED灯具的关税将逐年减少,到了2015年将减至零关税。有评估指出,这不仅降低了进口LED灯具的平均价格,而且会导致进口量的增加,意味着将更有利于中国开拓LED海外市场,扩大出海口,增加双方的贸易量,使中国LED的出口不再受制于欧美市场。

俄罗斯和独联体是个规模庞大而有着许多未知因素的新兴市场,它孕育的市场机遇和投资机会,释放出诱惑,也充满挑战。"当全新而庞大的市场来临,你在做什么?"发掘及开拓任何一个具备潜质的新兴市场,都将是一次有益的探索过程。回顾2012年,对俄罗斯的出口额占中国LED照明出口比重就已经达到2.8%了。

3. 北美自由贸易协定

像欧洲一样,美洲国家也达成各种经济合作协议,其中以北美自由贸易区最为重要。

在北美自由贸易协定(North American Free Trade Agreement, NAFTA)形成之前,美国和加拿大已缔结了全球最大的双边贸易协定,彼此都是对方最大的贸易伙伴。尽管有着这种独特的商业关系,关税和贸易壁垒还是阻碍了双方更重要的商务活动。为了进一步发展贸易,两国签署了美加自由贸易协议,计划消除两国间所有的贸易壁垒。美加自由贸易协议(United States—Canada Free Trade Agreement, CFTA)为两国之间的所有商品和绝大多数服务贸易创造了一个单一市场环境。美加自由贸易协议并不是像欧共体那样的关税同盟,两国之间没有任何经济政治联盟,其目的只是消除关税和其他贸易壁垒。

尽管墨西哥与美国和加拿大经济实力悬殊,但是仍然有充足的理由来结成联盟。加拿大工业经济发达,资源丰富,但人口少,国内市场小。墨西哥则与之相反,迫切需要投资、技术、出口和其他经济援助来推动其经济的突飞猛进。虽然墨西哥石油充裕,但是由于人口增长迅速,所以劳动力的增长速度超过了经济增长所创造的新的就业机会。美国需要资源,特别是石油,当然还有市场。这三个国家之间彼此都需要进行合作以在世界市场上进行更有效的竞争,也需要相互保证各自在对方市场上业已确立的贸易主导地位免受贸易保护主义的影响。1994年,当北美自由贸易协议被批准并生效时,一个人口为3.6亿、国民生产总值达10万亿美元的单一市场就诞生了。

北美自由贸易协议是一项综合性贸易协议,它涉及北美内部商务往来的各个方面并在绝大多数情况下促进了这种往来。由于消除了加拿大、墨西哥和美国之间的贸易和投资壁垒,从而形成了这一世界上最大、最富有的市场。在北美自由贸易区进行国际市场营销,需要在国际市场细分战略的前提下,契合细分产品的市场需要进行国际市场营销策略组合。根据墨西哥外贸银行的统计,2002年至2006年中国企业家在墨西哥的投资超过60亿美元,主要领域有:汽车制造、电子、电力、机械等,而他们出口的目标主要是美国市场。[①]

4. 东南亚国家联盟

东南亚国家联盟(Association of South-East Asian Nations, ASEAN)是亚洲首要的跨国

---

① 资料来源:《中国企业家比墨西哥企业家更善于利用"北美自由贸易协定"》,http://ccn.mofcom.gov.cn/,2013年1月5日访问。

贸易集团,是一个旨在加快东南亚地区的经济增长以及社会和人文发展的区域性国际组织,其前身是马来亚(现马来西亚)、菲律宾和泰国于1961年7月31日在曼谷成立的东南亚联盟。

1967年8月7日,印度尼西亚、泰国、新加坡、菲律宾四国外长和马来西亚副总理在曼谷举行会议,发表了《曼谷宣言》,正式宣告东南亚国家联盟成立。1976年8月28日,马、泰、菲三国在吉隆坡举行部长级会议,决定由东南亚国家联盟取代东南亚联盟。

东盟的经济目标是致力于经济一体化建设,构建稳定、繁荣和统一的东盟市场和生产基地,实现商品、服务和投资自由流动,促进商界人士、技术人才和劳动力的自由往来,增强各成员国之间的合作互助,在本地区消除贫困,缩小贫富差距。

东盟通过互补性工业项目、优惠贸易(包括降低关税和非关税壁垒)、整个区域市场对成员的开放以及和谐的投资激励来实现经济一体化与合作。就像所有跨国市场集团一样,东盟在努力使其成员经济一体化的过程中,也经历了种种困难,在成立之初还遭遇过失败。东盟虽无意仿效欧盟来形成超国家权力,但其成员国间的关系变得逐年密切。截至2007年,东盟包括印度尼西亚、马来西亚、菲律宾、新加坡、泰国五个创始成员国和后来加入的文莱、越南、老挝、缅甸、柬埔寨,共计十个成员国,另外还有一个候选成员国东帝汶和一个观察员国巴布亚新几内亚。随着东盟各国之间经济互动活动的正常化,东盟对全球经济的影响日盛。

东盟区域范围内关税和贸易壁垒的解除,对跨国公司在东盟各个国家开展国际市场营销将是一个挑战,这将影响到跨国公司进行国际市场营销战略组合的许多方面。例如,针对东盟各国市场的国际市场分销,可集中考虑在成本最低的地点进行。

中国与东盟经贸互补性强、交通便利、文化相近。自中国—东盟自贸区建成以来,越来越多的中国企业走进东盟。目前,东盟已成为中国企业对外投资的第一大市场。中国企业投资东盟十国中的任何一国,其生产的产品都可按"零关税"销往其他九国,还可利用东盟与日本、韩国、印度等国签署的自由贸易协议,将产品销往更广阔的国际市场。

5. 亚太经济合作组织

亚太经济合作组织(Asia-Pacific Economic Cooperation, APEC)是亚太地区层级最高、领域最广、最具影响力的经济合作机制。1989年11月5日至7日,澳大利亚、美国、日本、韩国、新西兰、加拿大及当时的东盟六国在澳大利亚首都堪培拉举行APEC首届部长级会议,1993年6月,在该会议的基础上成立亚太经济合作组织,简称亚太经合组织。APEC的宗旨是通过推动自由开放的贸易投资,深化区域经济一体化,加强经济技术合作,改善商业环境,以建立一个充满活力、和谐共赢的亚太大家庭。

APEC主要讨论与全球和区域经济有关的议题,如贸易和投资自由化和便利化、区域经济一体化、全球多边贸易体系、经济技术合作和能力建设、经济结构改革等。APEC采取自主自愿、协商一致的合作方式,所作决定须经各成员国一致同意,会议成果文件不具法律约束力,但各成员在政治上和道义上有责任尽力予以实施。

APEC共有以下五个层次的运作机制:[①]

(1) 领导人非正式会议。1993年11月,首次APEC领导人非正式会议在美国西雅图

---

① 资料来源:http://www.apec-china.org.cn/,2013年3月12日访问。

召开,之后每年召开一次。自1993年以来,APEC共举行了22次领导人非正式会议,分别在美国西雅图、印尼茂物、日本大阪、菲律宾苏比克、加拿大温哥华、马来西亚吉隆坡、新西兰奥克兰、文莱斯里巴加湾、中国上海、墨西哥洛斯卡沃斯、泰国曼谷、智利圣地亚哥、韩国釜山、越南河内、澳大利亚悉尼、秘鲁利马、新加坡、日本横滨、美国夏威夷、俄罗斯符拉迪沃斯托克、印尼巴厘岛、中国北京举行。

(2) 部长级会议。包括双部长会议以及专业部长会议。双部长会议每年在领导人会议前举行一次。专业部长会议定期或不定期举行,包括贸易部长会、财长会、中小企业部长会、能源部长会、海洋部长会、矿业部长会、电信部长会、旅游部长会、粮食安全部长会、林业部长会等。

(3) 高官会。每年举行三至四次会议,由各成员国指定的高官(一般为副部级或司局级官员)组成。高官会的主要任务是负责执行领导人和部长会议的决定,审议各委员会、工作组和秘书处的活动,筹备部长级会议、领导人非正式会议及协调实施会议后续行动等事宜。

(4) 委员会和工作组。高官会下设四个委员会,即:贸易和投资委员会(CTI),经济委员会(EC),经济技术合作高官指导委员会(SCE)和预算管理委员会(BMC)。CTI负责贸易和投资自由化方面高官会交办的工作;EC负责研究本地区经济发展趋势和问题,并协调经济结构改革工作;SCE负责指导和协调经济技术合作;BMC负责预算和行政管理等方面的问题。各委员会下设多个工作组、专家小组和分委会等机制,从事专业活动和合作。

(5) 秘书处。1993年1月在新加坡设立,为APEC各层次的活动提供支持与服务。秘书处负责人为执行主任,2010年起设固定任期,任期三年。

自成立以来,特别是在领导人非正式会议成为固定机制之后,亚太经合组织在促进区域贸易和投资自由化便利化方面不断取得进展,在推动全球和地区经济增长方面发挥了积极作用。亚太经济合作组织对跨国公司国际市场营销活动的影响极为深远,主要体现在战略层面,如对于目标市场的选择等。

中国在加入APEC之后,一直积极参与APEC组织的各种活动,在促进本国经济发展的同时,也为APEC的发展作出了重要贡献。一方面,对于中国及中国企业而言,参与APEC进程,不但有利于把握全球经济合作的最新发展形势,因势利导地对中国的改革开放进程做出规划,促进中国产品的出口,为中国企业创造一个更好、更加稳定和开放的外部环境,而且有利于中国学习其他成员经济管理体制中的先进经验,完善自身的市场体制建设,帮助中国企业及时把握和了解世界科技发展动态,提高自身的技术发展水平;另一方面,对于APEC其他成员国及其企业而言,中国是APEC成员中最大的发展中国家,也是亚太地区最具潜力的大市场。中国经济30多年来的持续增长,对于稳定亚太地区经济发挥了至关重要的作用,这也是推进APEC进程所必需的宏观经济基础。[①]

6. 非洲市场

在非洲,各国之间进行的经济合作活动虽然比较频繁,但大多进展非常有限。据估计,包括双边协议在内,非洲各国之间目前已签订约200个国际经济合作协议,但这些协

---

① 20世纪90年代以来,中国从APEC成员的进口年增幅保持在11%左右,为各成员的资金提供了安全的、可预见的、具有巨大盈利潜力的投资环境。

议大多数有名无实,几乎从未形成过真正的经济一体化,其主要原因在于近几十年来非洲各国的政局动荡不安,经济基础也极不稳定。在这些经济合作组织中,西非国家经济共同体(Economic Community of West African States,ECOWAS)和南部非洲发展共同体(Southern African Development Community,SADC)是两个最活跃的,也是在非洲影响最大的经济合作组织。

1975年5月28日,在尼日利亚和多哥两国元首的倡议下,西非15国(佛得角1977年加入)在尼日利亚的拉各斯召开首脑会议,签署《西非国家经济共同体条约》,正式成立西非国家经济共同体(简称西共体)。这是目前非洲最大的区域性经济合作组织,成员国总面积527万平方公里,占非洲总面积1/6多,人口2.25亿,占非洲总人口近1/3。

西共体的宗旨是促进各成员国在经济、社会和文化等方面的发展与合作,提高人民生活水平,加强相互关系,为非洲的进步与发展做出贡献,西共体成员国的国内生产总值之和超过579亿美元,其最终目标是实现西非地区经济一体化。国家元首和政府首脑会议是西共体最高权力机构,每年召开一次,必要时可召开特别首脑会议。执行秘书处设在尼日利亚首都阿布贾。

为加快西非地区经济一体化进程,从2004年1月起,西共体开始实行统一护照。各成员国公民持统一护照将不需事先获得签证便可前往西共体任何国家旅行、工作和定居,完全实现了成员国间人员的自由流动。这一举措使得西非地区成为非洲大陆目前唯一的公民可自由流动的地区。

在注重经济目标的同时,西共体也为维护本地区的和平与安全作出了不懈努力,近年来,西共体先后参加了塞拉利昂、利比里亚、科特迪瓦等国的维和行动,并积极参与斡旋以缓解地区冲突。但遗憾的是,受到诸如财政问题、组织内部矛盾以及某些成员国不配合等问题的困扰,西非国家经济共同体虽然成立至今已历经30余年,但自由贸易在西非依然还是一个很遥远的梦想。除布基纳法索、冈比亚、利比里亚和塞内加尔外,中国与西共体其他12个成员国均保持着良好的合作关系,并通过双边途径为这些国家提供了力所能及的经济援助。

相比较而言,南部非洲发展共同体(SADC)是非洲区域性组织中最先进、最具有可行性的组织,其宗旨为在平等、互利和均衡的基础上建立开放型经济,打破关税壁垒,促进相互贸易和投资,实行人员、货物和劳务的自由往来,逐步统一关税和货币,最终实现地区经济一体化。南非发展共同体的前身是1980年成立的南部非洲发展协调会议。1992年8月17日,南部非洲发展协调会议成员国首脑在纳米比亚首都温得和克举行会议,签署了有关建立南部非洲发展共同体(简称南共体)的条约、宣言和议定书,决定改南部非洲发展协调会议为南部非洲发展共同体,朝着地区经济一体化方向前进。南部非洲发展共同体14个成员国的领土合计为926万平方公里,约占非洲的28%,人口约为2亿,占非洲总人口的24.7%,自然资源丰富。在南部非洲发展共同体中,南非共和国(简称南非)在经济上占主导地位,国内生产总值达1760亿美元,占南部非洲发展共同体市场份额的76.8%。经过多年的谈判,南部非洲发展共同体中的11个成员国签订了自由贸易协议,其目标是分阶段地逐步撤销各成员国之间的全部关税。

伴随着南非种族隔离政策的寿终正寝,联合国解除了把南非与许多工业化国家隔离多年的贸易禁令,南非经济得到了迅速增长。南非有着可以推动其经济快速增长的工业基础,包括发达的基础设施,如机场、铁路、高速公路、电信等。这些设施使南非成了一个为邻近非洲国家市场提供服务的重要基地。乐观的经济预期,稳定的社会政治环境,私有化和放松管制政策的实施以及长期利用外资这一目标的确立,为在南非寻求贸易和投资的跨国公司提供了机会并将促进南非经济活力的增强。作为一个中等规模、增长潜力明显、市场化程度不断提高的市场,南非有着巨大的发展潜力。

总体而言,非洲市场对于国际市场营销者而言,挑战与机遇并存。一方面,非洲的政策环境和市场规律都不稳定,政府对经济的干预能力过强,偶然的政策变动可能会让企业措手不及,给出口企业的稳定经营造成障碍;另一方面,非洲大陆地形广袤、基础设施薄弱,不少国家缺少最基本的公路、铁路、港口等基础的保证贸易投资的经济网络。跨国公司要想在非洲取得预期投资效益,必须对非洲国家的有关政策和国情进行深入调研,以有效规避投资经营风险。如小贴士3-4所示,中国医药出口非洲多数还是通过代理或中间商实现的,真正扎根非洲设厂与拓展营销网络的中国药企寥寥无几,中国药企要充分开拓非洲市场并实现本土化经营还有很长一段路要走。

小贴士 3-4

中国药企进军非洲市场[①]

非洲有近10亿人口,但药品年消费仅为全球的1%。非洲国家医药产品生产能力较弱,大部分药品依赖进口。随着非洲经济的发展,非洲医药市场规模在日益扩大。据非盟统计,到2050年,非洲人口数量会翻一番,对医药产品需求将与日俱增。中非贸易额2011年达到1663亿美元,但其中对非医药产品出口额不足20亿美元,中非医药领域合作潜力巨大。

长期以来,中国对非洲医药支援以及医疗基础设施援建成绩斐然,更得到了当地民众的广泛认可。由于非洲大部分国家都有传统草药,因此非洲民众比较容易接受中医与中药。许多消费者由于不满西药的副作用而选择服用中药,认为成分全天然的中药标本兼治,服用起来很放心。

20世纪末,不少中国药企走进并落户非洲,它们当中包括1997年在科特迪瓦注册成立、2003年投产的科中制药股份有限公司,该公司总经理助理耿叶青表示:"出口贸易操作简单,效益回收期短,但企业本地化经营投资大,资本回收期长,非洲政局不稳,造成投资风险相对较大。"科特迪瓦1999年的政变与2011年大选后的政治危机都曾一度影响企业的正常经营。

对于中国药企,在进入非洲市场之前,必须获得正确的信息,充分研究当地的市场与消费习惯,为企业与产品准确定位,制定长期发展规划,规范自身经营,尽量避免短期的投机行为。

7. 中东市场

在成立跨国市场组织并使之成功运作方面,中东各国都表现得不太积极。

---

① 资料来源:《中国药企以产品和文化争取非洲市场》,载《人民日报》2012年11月19日。

为了加强阿拉伯国家议会之间的往来和交流,协调、统一这些议会在国际上和其他各方面的活动,加强同其他地区议会联盟和国家议会组织的交往,协调、统一阿拉伯国家立法,研讨阿拉伯世界的共同性问题,在国际上促进阿拉伯民族事业,阿拉伯议会联盟于1974年6月21日成立,包括阿尔及利亚、阿联酋、埃及、巴勒斯坦、吉布提、科威特、黎巴嫩、利比亚、毛里塔尼亚、摩洛哥、苏丹、突尼斯、叙利亚、也门、伊拉克、约旦、索马里、阿曼、巴林、沙特阿拉伯、卡塔尔、科摩罗22个成员国。阿拉伯议会联盟同各国议会和议会组织进行接触,该联盟按计划每年与欧洲议会联盟轮流在一个阿拉伯国家或西欧国家首都举行一次对话,主要讨论加强阿拉伯国家和西欧国家在政治、经济和文化等方面的合作,会上通过的决议或建议均提交有关国家政府考虑。阿拉伯议会联盟确立了实现内部自由贸易的目标,但迄今未能达成。现在,其目标是实现22个阿拉伯国家的经济一体化。不过,要想做到这一点,必须先克服长期的边界争端和持久的意识形态分歧等障碍。

中东地区的另外一个有较大影响的经济合作组织即为海湾共同市场。由海湾阿拉伯国家合作委员会六个成员国(沙特阿拉伯、科威特、阿拉伯联合酋长国、卡塔尔、阿曼和巴林)组成的海湾共同市场于2008年1月1日起正式启动。海湾共同市场六个成员国的总人口约为3500万,国内生产总值约为7150亿美元(2006年)。海湾共同市场的启动,标志着以石油为主要收入来源的海湾国家朝着经济一体化目标迈出了重要一步。海湾共同市场正式启动后,六国公民在其中任何一国就业、居住和投资时都将享受与所在国公民同等的待遇。海湾共同市场有助于促进海湾国家的一体化进程,并增强海湾国家在世界经济中的竞争力。

近年来,中东地区国家正成为中国对外直接投资中的一颗新星,伊朗、阿联酋等中东国家正成为中国企业"走出去"的重要目的地。然而,对中国企业来说,中东还是一朵"带刺的玫瑰",其不同于其他地区市场的一些特点则成了中国企业前往发展的主要障碍。如小贴士3-5所示,中国载货汽车进入中东市场的前景光明,但道路依然坎坷。

小贴士 3-5

中国载货汽车该如何"驶入"中东市场[①]

中东地区包括17个国家,人口近4.9亿。中东地区汽车制造业比较落后,而中东地区唯一的交通工具又是汽车,因此,中东地区各国每年都需要从国外大量进口各类汽车。目前,中东地区进口汽车主要来自日本(48%)、欧洲(26%)、美国(17%)、德国、韩国以及其他地区。

中东地区汽车人均拥有量居世界首位,中东地区需求量比较大的载货汽车是中型和轻型载货汽车。苏丹、叙利亚、也门、伊朗、埃及和黎巴嫩的农业占GDP比重都在12%以上,其中苏丹占43%,叙利亚占27%。这些国家对农用载货汽车的需求量较大。卡塔尔、科威特、阿曼、沙特、阿联酋和利比亚的工业占GDP的比重都在45%以上,其中卡塔尔占68%、科威特占60%,这些国家工业用载货汽车需求量较大。伊拉克、约旦、以色列、黎巴嫩、巴勒斯坦、巴林、伊朗、阿联酋和叙利亚的服务业占GDP的比重都超过50%,其中伊拉

---

① 资料来源:刘姝威、徐殿刚:《中国汽车该如何"驶入"中东市场》,载《中国证券报》2004年1月15日。

克占81%、约旦占70%、以色列占67%。目前,占领中东地区载货汽车市场的主要是来自日本和韩国的汽车,包括丰田、五十铃、三菱、现代和起亚等,其中又以韩国现代和日本丰田为主。

韩国载货汽车是继日本之后进入中东地区市场的。韩国汽车刚进入中东地区时,正如目前中国汽车进入中东汽车市场所面临的局面一样,中东人认为韩国汽车"不行"。为了打入中东汽车市场,韩国汽车厂商频繁拜访中东地区各界重要人物,在广告宣传、产品促销上的资金投入要比日本汽车厂商多得多。许多中东国家规定,国外商品进入本国市场必须有该国的代理商。有实力的中东代理商能够通过低成本和高效率的销售渠道和促销活动,增加产品的销售量。有实力的中东代理商在当地的信用都比较好,当地人都愿意找大的代理商购买商品。韩国和日本的汽车厂商都比较重视代理商的选择。

对于中国汽车厂商而言,需要借鉴日韩厂商在中东市场拓展的经验,通过产品差异化和替代策略,渐渐打入和占领中东市场。在此过程中,中国出口中东市场的汽车需要能够适应中东地区的气候和地理条件,中国汽车厂商需要不断加强其品牌在中东地区的宣传,把握进入中东市场的时机,与当地有实力的代理商进行合作,建立起中东市场的汽车营销网络和售后服务体系。目前,中国生产的载货汽车,如一汽解放牌载货汽车、福田汽车、东风汽车等,已经出口中东地区。

第三节　跨国市场协定对国际市场营销的影响

跨国市场协定对国际市场营销的影响主要表现在拓展了市场领域、改变了竞争特点、区域内的并购与整合,以及区域组织的共同决策等四个方面。

一、市场领域的拓展

国际企业所面对的市场领域借助于跨国市场协定的形成而被有效拓宽了。例如,在形成欧洲共同市场之后,法国市场不再仅仅是一个法国国内的市场,德国市场也不再仅仅是一个德国国内的市场,它们已经成为更大的整个欧洲共同市场的一部分,因此,国际企业原来针对法国、德国等国别市场设计的国际市场营销策略可以在进行部分调整和修正后应用于整个欧洲共同市场。

跨国市场为国际企业提供了单个国家所无法提供的灵活性。在"自由贸易区协定"的市场架构下,各个成员国彼此之间的国际贸易壁垒被弱化或渐渐废除,企业可以自由地从一个国家向另一个国家销售产品。这不仅在生产上,而且在产品促销、分销和商业的其他方面都利于形成规模经济。如美国的福特汽车公司,在欧洲共同市场建立之后,可以有效整合其在德国和英国的业务,像《福布斯》杂志所描述的那样,"一个新的管理组织被创建起来,为英国和德国的公司制定所有的重要决策。这种安排有着明显的操作上的集约优势——可以削减在第三方市场重复设置的经销商组织,并将责任分配与技能优势相结合:车身的开发集中在德国,传动装置的开发则集中在英国。这样的做法使公司的工程成本大幅削减,而采购量却有效增加,企业获得规模经济并以一个真正实惠的价格为一个好的产品计划提供财务资源"。再如,隶属于联合利华,主营化妆品和香水的伊丽莎白雅顿(Elizabeth Arden)国际公司,它在20世纪90年代早期就认识到了泛欧洲融合的需要,把公司打造成一个泛欧洲企业,一方面可以把公司业务融合在一起,另一方面则可以对抗零售贸易的兼并,优化了企业的税收地位,使国际市场运作的间接费用最小化。

二、竞争特点的改变

跨国市场协定改变了国际竞争的特点。在欧洲共同市场形成之前,许多美国的跨国公司在西欧根本感觉不到来自当地的竞争压力。但随着欧洲共同市场的建立,许多当地公司受到鼓励并迅速扩张,在共同市场各成员国政府的支持下,通过合作,成为在欧洲市场上极具影响力的企业。例如,在计算机领域,西门子(德国)、康柏国际公司注资L'Informatique公司(法国),飞利浦(荷兰)也借助于与其他欧洲企业的合作,与IBM进行了有效的竞争。1985年欧洲共同市场启动了旨在弥补欧洲与美国和日本技术差距的基础研究计划,启动了以基础信息技术为核心的投资高达10亿美元的Esprit计划,鼓励英国的ICL、法国的布尔(Bull)、意大利的奥利维蒂(Olivetti)、原联邦德国的利多富(Nixdorf)和荷兰的飞利浦进行合作,与像IBM这样的跨国巨型企业展开竞争。

三、区域内的并购和整合

跨国市场协定区域内的公司通过合并和兼并进行扩张,从而在跨国市场协定区域之外也变得非常有竞争力。例如,在欧洲共同市场形成之后,法国和德国的公司与美国和日本的跨国公司在全世界范围内展开了强有力的竞争,以空中客车公司为例,这是一个由法国、德国、英国和西班牙的公司在1970年组成的泛欧企业集团,在很短时间内就因为获得全球飞行器订单的40%而一举成为美国波音公司强有力的竞争对手。

四、区域组织的共同决策

参与跨国市场协定的各个国家能共同作出对所有成员国企业都有利的决策,一个单独的国家则可能永远无法实施对整个群体有益的某些举措。

当然,全球范围内形形色色的经济与政治合作,在带来各种好处的同时,也会产生一些问题。比如,随着相对贫困的国家如希腊和葡萄牙加入这个联盟,欧盟国家,尤其是德国,就出现了对外籍劳动力的争议,从而危及欧盟内部劳动力的自由移动。另外,西班牙和葡萄牙农产品的自由进入,也使得欧洲的农业问题进一步恶化,给欧盟的预算带来了更大的压力,现在欧盟预算的2/3已经被迫用在了农业补贴上。

另外,当一个国家加入一个新的市场群体,就有可能危及先前加入的其他协定所涵盖的市场群体的利益。如英国加入欧盟,导致英国对英联邦承担的义务相对减小,由此而引发了一系列的潜在麻烦,因为没有一个国家主观上愿意将自己本国的产品让位给相对廉价的进口产品。农业出口一直是美国和欧盟之间主要的矛盾和问题所在,WTO乌拉圭回合的僵局迟迟不能突破,其很大程度上也是由这个问题造成的。

很多国际市场营销人员错误地认为,随着经济与政治合作的进行,如欧洲共同市场的建立,目标市场如西欧将表现为一个单一的同质市场。实际上,市场只不过是简单地扩大了而已。在这个扩大了的、本质上并非同质的市场中,国际市场营销者应该着力识别出同质的细分市场,并以此为基础制定出有效的国际市场营销战略,即针对每个细分市场制定一套独特的市场营销组合策略。这种我们必须加以识别并作为目标市场的细分市场,在多种国际经济与合作组织并存的今天,可能是在一个国家范围内,但更可能是涵盖几个国家和地区。

案例分析

马丁纺织公司的困境

对于马丁纺织公司的首席执行官约翰·马丁(John Martin)来说,1992年8月12日是真正不幸的一天。就在那一天,加拿大、墨西哥和美国宣布在原则上同意签署《北美自由贸易协定》。根据这一协定,这三个国家之间所有的关税将在今后的10年到15年内取消,其中大部分关税将在5年内削减。该协定中最让约翰困扰的一项条款就是,将允许墨西哥和加拿大每年在零关税的情况下向美国出口一定数量的由外国原料制作的纺织品。

"我的上帝!"约翰暗想:"看来我现在不得不决定是否把我的工厂迁到墨西哥了。"

马丁纺织公司的总部设在纽约。这家公司在马丁家族手中已经延续了4代,由约翰的曾祖父在1910年创建。今天这家公司已经在纽约拥有3个工厂和1500名员工,主要生产内衣。所有的一线员工都是工会会员,公司长久以来都有着良好的劳资关系,从未有过劳资纠纷,约翰和在他之前的父亲、祖父、曾祖父一样,把员工看作"马丁家族"的一部分。约翰引以为豪的是他不仅知道许多员工的名字,而且知道许多工龄较长的员工的家庭情况。

在过去的20年里,马丁公司经历了日益严峻的竞争,包括来自海外和国内的竞争。尤以80年代中期最为困难,在那段时期,伴随着外汇市场中美元的走强,使得许多亚洲的生产商能以很低的价位将产品打入美国市场。那以后,尽管美元相对许多亚洲国家货币渐渐处于弱势,但亚洲的生产商却没有提高价格以对逐渐贬值的美元作出反应。在诸如服装制造业这样的低技能劳动密集型行业里,成本会受到工资水平和劳动生产率的较大的影响。地处劳动力成本居高不下的美国东北部的约翰的大多数竞争者,对激烈的成本竞争作出的反应是将工厂转移到南方,首先是如南卡罗来纳和密西西比等州,那里没有加入工会的劳动力比起工会化的东北部来说,成本要低得多,也有的转移到了墨西哥,因为那里的纺织工人的劳动力成本也较为低廉。

过去的3年,对马丁纺织公司来说,形势尤为严峻。公司每年都有小规模的亏损,约翰明白公司不能再这样下去了。他的主要客户,尽管赞赏公司的质量,也警告他说产品的价格太高,可能不会再与他继续业务往来。长期合作的银行曾告诉他必须将劳动力的成本降下来。约翰同意这一点,但是他也知道只有一条成功之路,就是将生产移到南方去,甚至更南边,移到墨西哥。他一直不愿意这么做,但是现在他似乎已经没有别的选择。他担心5年以后美国市场将充斥着从亚洲和墨西哥进口的便宜货。看来马丁公司的唯一生存之路就是关闭在纽约的工厂,将其迁移到墨西哥,可能留在美国的将只有销售人员。

约翰的脑子里一团乱麻。抛弃忠诚的员工,使其失业,怎么能说是对国家有好处呢?政治人物声称这将对贸易有好处,对经济增长有好处,对三个国家都有好处。而约翰却不这么看。已经为马丁公司工作了30年的玛丽·摩根怎么办?她现在已经54岁了。她和像她这样的其他人怎样找到工作?他对他的工人的道义责任呢?他的工人多年来对他家族的忠诚又怎么办?难道这就是回报吗?他怎样向那些为公司工作了10年、20年的雇员宣布这个消息呢？还有,墨西哥的工人能否像现在的美国工人这样忠诚和高效？从在墨西哥建立生产厂的其他美国纺织公司那里,他也听到了低下的劳动生产率、拙劣的技能、频繁的跳槽以及大量的旷工等实情,这对于他和马丁公司来说,将可能是一场噩梦。如果这一切是真的,那时的他又将如何对付？约翰一直认为马丁纺织公司成功的部分原因是家庭般的氛围,这有利于激发工人的忠诚、高效、注重质量,而这种氛围是历经马丁家族4代人的努力才建立起来的。在墨西哥的一群语言不通的外国工人中间,他又怎样才能复制这种气氛呢？

案例思考题

1. 对于马丁纺织公司来说,将工厂迁移到墨西哥的基于经济和社会视角的成本、收益各是什么？工厂迁移后经济和社会的成本和收益是否是相互独立的？
2. 如果你是约翰·马丁,你会怎么做？

本章小结

本章分析了自20世纪第二次世界大战后发展起来的全球各主要新兴大市场和跨国经济与政治合作市场集团的形成过程和现状,这些经济区域对国际市场营销者而言,既是新的机遇,也是新的挑战。在这些市场上进行国际市场营销活动,既可能取得成功,也更可能会遭遇挫折。实践证明,经济一体化有助于促进参与国在政治上的和谐,而政治和社会和谐又能带来有利于国际市场营销者的稳定的经营环境。我们既从区域市场内企业的视角,也从意欲进入这些区域市场的外部企业的视角,着手研究了跨国区域市场对国际市场营销的意义。无论从哪个角度进行研究,不管营销者来自何地,所面临的挑战和机遇都不尽相同。机遇和挑战也好,成功和失败也罢,这一切充满无穷变化的机会,已激起了国际市场营销者的巨大兴趣。给那些富有创造精神而又想扩大市场的国际市场营销者提供了巨大的国际市场营销机会,使他们可以走出国门,在全球范围内一展所长。

全球区域市场的形成使得国际企业进入新市场成为可能,且变得越来越便捷。但是,与此同时,由于区域市场内部形成的保护主义有可能会加剧竞争,这又可能引起区域性市场之间更强的保护主义。未来的全球市场毫无疑问会围绕区域性国际市场来发展,所以国际市场营销者必须关注自己的目标市场以及目标市场所在的区域性国际市场的发展,以发掘和把握国际市场的机会,使得国际市场营销活动得以高效且集约化。这一切,都是建立在理性且充分的国际市场调研基础之上的,本书将在下一部分系统介绍如何针对这些国际市场进行调研,以发现全球范围内的目标市场,为目标市场制定合适的营销战略提供基础。

重点概念

国际新兴大市场	要素驱动阶段	投资驱动阶段	改革驱动阶段
财富驱动阶段	较发达国家	欠发达国家	最不发达国家

亚洲"四小龙"	金砖五国	波罗的海之虎	亚洲"四小虎"
跨国市场区域	欧共体	欧盟	欧洲经济区
欧洲自由贸易区	北美自由贸易区	亚太经合组织	区域开发合作
自由贸易区	关税同盟	原产地原则	共同市场
经济与政治联盟	独联体	北美自由贸易协定	东南亚国家联盟
非洲市场	西非国家经济共同体	南非发展共同体	海湾共同市场

复习思考题

1. 新兴大市场现象对经济发展阶段性理论的挑战是什么？
2. 举例说明新兴大市场国家具有什么样的特征。
3. 简述罗斯托的成长阶段理论。
4. 简述迈克尔·波特基于国家竞争力因素的四阶段发展理论。
5. 简述联合国按国家的工业化程度来划分的全球各国所处的经济发展阶段的体系。
6. 试分析新兴大市场国家的市场营销机会。
7. 在新兴大市场国家和地区从事国际市场营销需要注意哪些方面？
8. 评估发达国家、欠发达国家和不发达国家的市场潜力。
9. 跨国市场区域形成的基础是什么？
10. 跨国市场集团的合作模式有哪些？
11. 试述欧盟的成立过程及其对国际市场营销的影响。
12. 欧元的出现对于欧盟的发展意味着什么？
13. 跨国市场协定对国际市场营销的影响主要表现在哪些方面？
14. 自由贸易区和共同市场有何区别？试解释其差异对国际市场营销的影响。
15. 关税同盟和政治联盟有什么区别？
16. 试分析欧盟决定接纳东欧国家加入的经济和政治意义。
17. 试用影响经济联盟成功的基本因素（政治、经济、社会、文化和地理）来评价欧共体、北美自由贸易区、东盟自由贸易区的潜力。

参考文献及进一步阅读材料

1. 〔美〕贝瑞等：《数据挖掘技术：市场营销、销售与客户关系管理领域应用（原书第二版）》，别荣芳等译，机械工业出版社2006年版。
2. 〔美〕基根等：《全球营销学》，中国人民大学出版社2009年版。
3. 〔美〕科特勒等：《营销管理》（第13版·中国版），卢泰宏等译，中国人民大学出版社2009年版。
4. 〔美〕科特勒：《现代营销学之父菲利普科特勒经典译丛：市场营销》，俞利军译，华夏出版社2003年版。
5. 〔美〕所罗门、〔中〕卢泰宏：《消费者行为学》（第6版：中国版），电子工业出版社2006年版。

6. 〔美〕托马斯·弗里德曼:《世界是平的——21世纪简史》,何帆等译,湖南科学技术出版社2006年版。

7. 〔日〕今村英明:《BCG视野:市场营销的新逻辑》,李成慧译,电子工业出版社2008年版。

8. 戴万稳:《跨文化组织学习能力研究》,南京大学出版社2007年版。

9. 卢泰宏主编:《营销在中国》,企业管理出版社2003年版。

10. 任文举:《企业社会责任》,西南交通大学出版社2011年版。

11. 宋林飞:《"中国经济奇迹"未来与政策选择——国际市场的挑战》,南京大学出版社1995年版。

12. 汤定娜主编:《国际市场营销学》,华中科技大学出版社2010年版。

第二编　国际市场营销环境

　　国际市场营销环境包括国际市场营销宏观环境和微观环境。宏观环境是指企业在从事国际营销活动中难以控制也较难影响的营销大环境,而微观环境则是指企业针对不同目标市场进行营销活动时所构建的处于不同国家或地区的分支机构,及其与当地社会文化特征相结合的企业文化氛围环境。国际市场营销环境相对于国内市场营销环境而言,具有较大的复杂性和差异性,是国际市场营销区别于国内市场营销的根本原因所在。本部分将主要介绍宏观环境,包括历史与自然环境、经济与贸易环境、社会与文化环境、政治与法律环境四个方面。

第四章　国际市场营销的历史与自然环境

本章学习内容

- 历史的主观性对国际市场营销活动的影响
- 气候与地形因素对国际市场营销活动的影响
- 资源、环境保护与可持续发展因素对国际市场营销活动的影响
- 国际贸易沟通与联络因素对国际市场营销活动的影响
- 地理环境对国际市场营销活动的影响
- 人口总量、人口增长率、人口分布和人口控制因素对国际市场营销活动的影响
- 世界人口的地区分布状况及趋势

引例

鸦片战争与中国的对外贸易态度根源

19世纪初,英国人对茶的热衷导致英国对中国贸易的巨大逆差,白花花的银子迅速流向了中国。虽然英国与中国之间的其他商品贸易也在进行,如从中国进口丝、瓷器、明矾等商品,并向中国出口铁、铅、胡椒、钟表等,但是,以茶换银的贸易还是占据了这一段时期英国与中国之间国际贸易的主导地位。

英国很快就找到了鸦片这样一种新的商品用于与中国的贸易。鸦片具有易于运输、价值高、消费者易于上瘾等特点,主要产地为英属印度。英国的鸦片对华贸易使得因为茶叶贸易而引起的贸易逆差迅速消失。这一状况引起了当时清政府的极大不满,但关于鸦片的贸易却仍然呈现高速增长的态势。随着清政府及中国民间对中英之间鸦片贸易的反对声浪越来越高,到1839年中英之间的鸦片贸易基本停滞。恼羞成怒的英国因此于1842年悍然发动第一次鸦片战争,炮指南京,积弱已久的清政府被迫谈判,割地赔款,中国的主权遭到侵犯,领土完整遭到了巨大破坏,中国近代史上第一个丧权辱国的不平等条约《南京条约》成为中国人记忆中的重大伤痕。

鸦片战争的根本原因在于,工业革命后的英国为了推行殖民扩张政策,要夺取原料产地和消费市场。鸦片战争使中国第一次感受到了来自强权政治背景下的国际市场的压力,基于随后近一个世纪的动荡和一系列国际纷争事件,就不难理解中国对外国干涉内政,对本土市场施以影响的谨慎态度了。

热身思考

基于历史的视角,第一次鸦片战争使中国对国际贸易的态度发生了哪些转变?为什么?

第一节 国际市场营销的历史环境考察

历史有助于一个国家明确其"使命",即如何看待邻邦,如何看待自己,以及如何找到和定位自己在世界上的地位。洞悉一个国家的历史对于理解一个国家或地区的政府和企业的角色、劳资关系、管理权力的来源以及对待外企的态度有着重要的作用。

一个民族的自我形象和对待外来者或自大或卑微的心理都会在其国际市场营销过程中得到体现,要想弄明白并解释清楚,就不仅要研究这种心理行为的现在表现,还要研究其过去的演变历程,即历史。如本章引例所示,鸦片战争使中国首次感受到来自国际强权政治的压力和苦难,这样的历史,使得中国人和中国企业在国际市场上一方面发愤图强,避免重蹈覆辙;另一方面谦让平和,公平交易而不恃强凌弱。

一、历史的主观性

历史对于理解一个国家的行为是非常重要的。但是,历史是从谁的角度来记录的呢?研究和编撰记载历史的历史学家们也免不了会按照自我文化参照的标准来看待历史事件。虽然历史学家向来力图客观,但是真正能够超越自身文化偏见记录历史事件者寥寥无几。因此,不可避免就会带有历史学家本身的偏见,不同文化背景的历史学家尤其如此。

历史的主观性不仅会影响历史,而且会影响人们对其他事物的看法。如在中国销售的世界地图会把中国绘制在地图的中心位置,在美国销售的世界地图则会将美国置于地图的中央,同样,在其他国家销售的世界地图无不具有这样的倾向。世界是同一个世界,为什么世界地图的绘制会有如此之大的差异呢?这就是主观性影响人们观察问题的结果。

二、历史对国际市场营销行为的影响

在国际市场营销过程中,使产品符合和适应不同国家和地区的历史文化是一项重要策略。而了解各个国家的历史会有助于实现这一目标,历史是国际市场营销环境中需要予以足够关注的要素之一。

国际市场营销的产品在特定的市场上会受到历史的影响。例如,微软为了使自己的光盘版多媒体百科全书不至于冒犯其他文化,先后一共出了多达九种彼此不同的版本,每一个版本都充分反映目标市场当地的"历史"。其结果是,对于相同的历史事件却出现了不同的有时甚至是互相矛盾的理解。比如,是谁发明了电话?在美国版、英国版和德国版微软多媒体百科全书中,发明电话的是亚历山大·格雷厄姆·贝尔,但是如果从意大利版微软多媒体百科全书中寻找答案的话,你会发现发明电话的那个发明家名字叫做安东尼奥·穆齐,是一个从事蜡烛制造生意的美籍意大利人,因为意大利人坚持认为此人比贝尔早五年发明了电话。在美国版多媒体百科全书中,发明电灯的是托马斯·爱迪生,但在英国版多媒体百科全书中,却是英国发明家约瑟夫·斯万……为了与当地历史和文化保持一致,微软的光盘版多媒体百科全书适当加工的类似于此的历史事件则更多。比如在美国版中,苏伊士运河的国有化被描述成超级大国干预的结果,但是在法国和英国版百科全

书中,这一事件却被概括为英法两国"被迫放弃,颜面丢尽",这一说法在美国版中是找不到的。在诸如此类的事件上,微软于国际市场营销的策略上做到了顺应当地的历史环境,使其在全球各个国家和地区的市场发行过程中左右逢源,风光无限。[1]

国际市场营销的广告效果在特定的市场上会受到特定历史事件的影响。如日本丰田霸道汽车 2004 年在中国市场上因广告而陷入公共危机,该广告不光让"卢沟桥的狮子"向丰田车敬礼,连可可西里的"中国解放牌"军车也需要丰田来牵引和救援。卢沟桥自"七七事变"后已经成为中国人心中永远的伤疤,而今丰田在 60 多年后又一次把这块伤疤揭开了。事件发生后丰田动作迅速,通过撤换广告、高层道歉、媒体座谈等措施,及时化解了危机。从危机公关的角度来看,丰田的策略或许是成功的,从一定程度上化解了该广告事件给丰田带来的负面影响,但其教训是深刻的,值得每一个跨国公司市场营销广告设计者引以为鉴。

第二节 国际市场营销的地理环境

地理也是国际市场营销活动中每一个营销者都必须面对的不能控制却又往往容易被忽视的重要环境因素。一个国家的自然条件,包括土地面积、地貌、地形、气候、资源以及交通条件等。一般而言,人们对地理的各种因素常常进行孤立的研究,而不是将其视作构成营销环境的重要因素。一个国家的地理环境大体上决定了该国的社会特征及社会用以满足其需要的财富,决定了一个国家的经济和购买力状况及其指向。如哥伦比亚种植咖啡占其总耕地的 1/3,玻利维亚的锡占国民生产总值的 30%,委内瑞拉和伊朗的石油分别占国民生产总值的 93% 和 85%,这些国家和地区的经济结构,消费者的生活水平和购买力等无不受到这些地理要素的影响。研究地理对于国际市场及其环境评估是非常重要的。

一、气候与地形因素对国际市场营销活动的影响

气候与地形是评价一国市场的重要的地理环境因素。地理特征对营销的影响包括从显而易见的对产品适应性的影响直至更深层次的对营销系统开发的影响。

孙子曰:兵者,国之大事,生死之地,存亡之道,不可不察也。故经之以五事,校之以计,而索其情。一曰道、二曰天、三曰地、四曰将、五曰法。[2] 这段话的意思是:战争是国家的头等大事,是关系民众生死的所在,事关国家的存亡,因此在发动战争前,要特别审慎,不能不认真加以考察研究。在计划战争前,要与对手比较"道、天、地、将、法"五个方面的条件对谁更为有利。其中,天即指气候,地即指地形。"市场如战场",企业要想在激烈的国际市场营销竞争中取胜,在营销活动的准备阶段,就必须密切关注目标市场的气候与地理环境对营销活动可能带来的影响。

---

[1] See Kevin J. Delaney, Microsoft's Encarta Has Different Facts for Different Folks, Wall Street Journal, June 25, 1999。

[2] 参见《孙子兵法·始计篇》。

1. 气候环境因素

气候对国内市场营销活动的影响,最常见的诸如雨天卖伞,冬天卖大衣,夏天卖冰等。但是对于国际市场营销活动而言,如果能够熟悉并掌握气候的影响规律,不仅能够晴天卖伞,而且还能够实现冬天卖冰,夏天卖大衣的奇迹,因为从全球市场的视角而言,不可能各个国家都一起下雨,同时是冬天或者夏天。因此,企业在国际市场营销的过程中,应该根据气候的变化,适时地调整相应的营销策略。

纬度、温度和湿度等是影响产品与设备用途和性能的气候特征。在温带地区使用良好的产品,在热带地区可能就会变质,或需要冷藏,或需要加润滑油才能适当发挥其作用。例如,台湾台南的一家专门生产汽车车灯的公司,其产品的研发部门划分就包括北美部、欧洲部、非洲部和西伯利亚部等,因为在不同的温度和湿度、不同的沙尘条件下,车灯的光线会偏离标准而发生变化,需经过专门的针对性的实验和研发才能够满足全球各个细分市场的需要。

即使在同一个国家的市场上进行营销,气候也会有很大差别,从而需要对产品进行调整才能适应市场的需要。例如,如果要使产品能适应整个加纳市场,那么这种产品必须既能适应沙漠地带的极端炎热和干燥,又能适应热带丛林地区的连绵阴雨和潮湿。即便同样在欧洲市场,各个国家和地区之间的气候差异也迫使西门子公司对其洗衣机产品设计进行了相应的调整:在天气晴朗的日子为数不多的德国和斯堪的纳维亚地区,洗衣机设计的转速不得低于 1000 转/分钟,最高甚至需要达到 1600 转/分钟才能满足其甩干衣服的要求。但是在阳光充足的意大利和西班牙,洗衣机转速设计达到 500 转/分钟就足够了。

2. 地形因素

地形因素在一定程度上决定了一个国家的经济特征。如沙漠、山川、海洋、丛林以及其他地理表征会对一个国家的经济增长与贸易发展造成严重的障碍,影响到一个国家的经济与社会发展,影响到消费者的文化和消费习惯,也直接影响到与沟通和传播有关的市场营销活动。如沙特,既是一个年降雨量极少、沙漠面积较多、自然环境极为恶劣的国家,也是一个在世界上石油储量最大的国家。这种特殊的地理条件,决定了沙特的经济是以石油为主的拥有雄厚资金的单一经济,工农业生产比较落后,人们的吃、穿、用在很大程度上都要依赖于进口,世界各国的商人都竭力想打入沙特市场,致使沙特的市场竞争十分激烈。

阿尔卑斯山脉一直以来就担当着欧洲各国抵御外来侵犯的天然屏障,但是随着欧盟的扩张,它已经成了欧洲经济联盟内自由贸易的主要障碍和壁垒。德国南部和意大利北部的卡车运输会在瑞士高速公路段内最危险、最原始的区域形成堵塞,这不但是所有旅行者的负担,而且也是欧盟经济发展难以忍受的。2007 年开凿的全长达 21 英里的勒奇山隧道(Loetschberg Tunnel)穿过阿尔卑斯山脉,将德意之间的行车时间从过去的 3.5 小时缩短到了 2 小时以内,解决了这一难题。

英国人一直都不太赞成建设与欧洲大陆之间的海底隧道,因为长期以来,英国人对法国及其他欧洲国家不信任,将英吉利海峡视为一种天然保护屏障。但是,在英国成为欧共体成员后,为了方便与欧盟其他成员国的贸易,迫于经济现实,英国同意修建隧道。如今,横穿海峡的交通工具不再只是轮船和快艇了,子弹头列车也成了一种绝佳的选择。

日本作为一个岛国经济特征的国家,长期以来形成一种特殊和脆弱的感觉,这种感觉使许多日本人产生了对外国人的畏惧和莫名的憎恨感,日本人认为自己受自然条件所限比别国脆弱,市场的自我保护意识就非常强,尽管日本政府有时候迫于来自世界各国的各方面的压力而勉强作出让步,但日本仍然是很难打进去的、非贸易壁垒最多的国家和地区市场之一。

国际市场营销者如能研究和针对某个国家的地形特征,营销活动就能做到有的放矢。例如,加拿大地域辽阔,冬天酷寒,大雪会在一定时期内阻断交通,把像蒙特利尔这样的大城市完全与外部的交通隔绝,所以,在那里从事国际市场营销的话,对进货期及安全存货量作估计时就必须考虑这一因素。此外,还必须考虑到自然障碍对市场开发的影响。海岸城市或靠近航道的城市,可以充分利用相对便利和便宜的海上运输,比内地城市更加易于成为国际经济和贸易中心,如中国的上海、美国的纽约等。因此,在计划国际市场营销,设立海外分销渠道,进行海外工厂位置、销售网点或运输产品等规划时,就需要考虑交通是否便利,与原料或劳工供应地之距离远近,建厂的地形是否合适等。美国新兴的电子工业重镇硅谷,是世界驰名的高科技工业区。硅谷处于加州旧金山与圣荷西间一块长约 30 英里、宽约 10 英里的地方,长年在加州温暖阳光的照耀下,气候温和,依山傍水,来自史丹佛大学等高校的技术资源丰富,南端的圣荷西市则供应着充裕的劳工,加上旧金山港口及附近铁路和公路的四通八达,使硅谷一直在蓬勃发展中。

因此,国际市场营销者不仅应考虑世界各国的气候、纬度、温度和湿度等环境因素对产品的影响,还要研究这些因素对消费者行为、消费文化和习惯、市场特征、分销渠道和经济发展状况的影响。

二、资源、环境保护与可持续发展因素对国际市场营销活动的影响

近年来,对国际市场营销活动形成主要影响的因素包括资源、环境保护与可持续发展等方面。

1. 资源:国际市场营销的原动力

资源在国际市场营销过程中是必不可少的重要条件,资源的位置、质量及可供量将影响到世界经济发展与贸易的结构。因为地球上资源的位置以及可用的能源并不是在各个国家和地区之间均匀分布的。不同的资源,在各个国家和地区市场上的重要性因为其自身的稀缺和丰富而变得不同,如水在大多数国家比石油便宜,但是在沙特,水的价值和重要性就要远远高于石油。正是因为资源在各个国家和地区之间的分布差异,国际贸易的发生才有了可能。国际市场营销活动使得资源得以在全球范围内进行调整和分配,因而,资源也就成了引发和影响国际市场营销活动的原动力因素。

大多数资源进口国都是工业发达国家,因为其国内工业的快速发展往往会导致对资源的需求大于供给。如铝就是一个很好的例子,澳大利亚、几内亚与巴西三个国家拥有全球资源的 65%,而美国一个国家的工业消耗就占到全球铝的总产量的 35%。对于稀土这样一种尖端武器制造和航天工业发展的必备基础材料,中国拥有全球资源存量的 53.5%,而稀土消耗最多的还是在欧美等发达国家和地区。就有着"现代工业血液"之称的石油资源而言,在过去几十年中,一些国家在经济发展初期尚能实现石油自给,如今却已成为石油净进口国,而且随着经济发展的加速,对国外石油的依赖性越来越高。美国在 1950 年成为石油净进口国,中国则在 1993 年成为石油净进口国。就全球而言,虽然北美地区是目前主要的能源消耗区域,但亚洲发展中国家或地区对石油的需求量持续快速增长,中国迄今已成为仅次于美国的第二大石油进口国。①

除了绝大多数资源在地理分布上不平衡以外,资源供应的持续可供量也是个重大问题。随着储量减少,成本比率会有所上升。某些战略物资,如钴、钽、钨和稀土的可用时间更是不多,政治动荡使其更珍贵。由于世界局势的动荡不定,政治危机可打断战略物资的供应,目前许多国家、地区和跨国公司都已经非常关注并采取手段储备物资以防供应突然中断。可见,无论是无限资源还是有限资源,都是国际营销活动中必须考虑的重要环境因素。

2. 环境:国际市场营销活动可持续性的保障

一般而言,在那些相对缺乏自然恩典的国家和地区,恶劣的自然环境往往伴随着因为自然资源贫乏而引起的连绵不断的内战、糟糕的环境政策和天灾,整体经济发展徘徊不前或后劲不足。由于缺乏灌溉设施和水资源管理,旱灾和洪涝交替,水土流失不断加重,常常使得土地变成令人望而生畏的沙漠。人口增加,森林毁坏,放牧过度,这一切又都加重了干旱的程度,从而削弱了这些国家解决问题的能力。人们无法阻止龙卷风发生,也无法改变降雨量偏低的状况,但人们可以采取一些措施来控制它们所带来的影响。遗憾的是,由于遭受自然灾害最严重的国家往往也是世界上最贫穷的国家,所以每次自然灾害似乎只是使得这些国家雪上加霜,却难以采取有效的预防措施。

在全球范围内,随着国家的发展和经济的繁荣,自然障碍正在被逐渐铲除。人们开挖隧道,修筑桥梁,拦筑大坝,以便控制或适应气候、地形和自然灾害的发生。人类在克服和减小地理障碍和自然灾害的影响方面已经取得了一定的成功,但与此同时,人类也不得不与自己所造成的问题斗争。如拦筑大坝被许多发展中国家视为解决许多基础问题的经济而有效的手段,既可发电、控制洪涝、解决干旱时期的灌溉水源问题,又可以提供丰富的鱼类资源。但大坝也会带来一系列的副作用,如移民问题、泥沙淤积问题、地震问题等。

世界工业化进程及经济增长步伐的加快,将使得资源和环境问题变得更为突出。工业化国家及追求经济发展的国家必须解决生态环境遭破坏、人们被迫迁移以及垃圾处置不当等问题,这些问题大都是经济发展和生活方式改善过程中所带来的副产品。20世纪末,世界各国的政府、企业和人民都有了这样一个共识,即环境保护。环境问题是一个全球性问题,而不只是个别国家或地区的问题,因为环境问题对人类构成了共同的威胁,所以单靠一个国家是无法解决的。

跨国公司本着逐利的特性而试图在全球范围内寻找环境保护限制较本国要宽松的国家或地区以建立工厂,规避环境保护成本。但是,这些公司发现,无论哪个国家,环境保护条款都越来越严格,许多政府都在强化已有规定的基础上不断出台新的条例。如电子产品垃圾因含有很多有毒物质而成为全球垃圾处理的主要问题,如果处理不彻底会导致有毒物质渗入地下水而贻害千百年。一项对中国河流、湖泊和水库的检测显示:21%的水体被有毒物质污染,其中16%的河道被粪便严重污染。② 全世界20个污染最严重的城市中,中国就有16个。控制工业废料的过程也引发另一个同样棘手的问题,那就是如何处

---

① See Energy Information Administration, International Energy Outlook, 2002, www.eia.doe.gov/oiaf/ieo.
② See China Faces Worsening Water Woes, Chicago Sun-times, March 24, 2005。

理污染控制的副产品——有害废料。据估计,每年产生和收集的有害废物多达3亿吨,如小贴士4-1所示。如何处理这些有害废物,而不是简单地转移到他处是解决问题的关键所在。

各国政府、组织及企业开始愈来愈关注维持经济增长与保护环境从而造福子孙后代这一关乎社会责任及道德的问题。经济合作与发展组织、联合国、欧盟及其他国际性行动组织正在制订一系列计划以强化全球性或区域性的环境保护政策。其中共同关注的一个问题是,经济发展与环境保护能并行不悖吗?政府、公司和环境保护主义者所追求的可持续发展(sustainable development),即在经济发展的同时,实现"资源的合理利用,利益得以均摊,在经济发展过程中减少对任何环境的危害",目前已成为许多政府和跨国公司的指导方针。可持续发展并不只是有关环境、经济或社会的某一方面,而是要取得它们之间的长期平衡。保护环境不仅是政府、公司及环境活动组织的责任,每一位公民都应有社会道德义务将环境保护作为最高目标。

小贴士 4-1

倒进大洋的无国籍垃圾[①]

橘皮、啤酒瓶、报纸、鸡骨头——就像所有垃圾一样,这些垃圾被运往费城去焚烧。约瑟夫·保利诺父子公司签订了600万美元的合同,要将灰烬运到某个地方进行填埋,但是却处处吃闭门羹。

保利诺父子公司雇用巴哈马的综合船运公司将灰烬运往巴哈马。综合船运公司是奇安海号的船主,而奇安海号则是一艘在利比亚注册的锈迹斑斑的铁壳船,船龄为17年,长142米。巴哈马政府拒绝接受这些灰烬,于是奇安海号满载着垃圾,开始了长达14年之久的旅程。

先到波多黎各,再到百慕大、多米尼加、洪都拉斯、几内亚比绍、荷属安第斯群岛,奇安海号吃了一个又一个闭门羹。为了使货物更具有吸引力,灰烬被描述成"表土肥料"。当绿色和平组织和海地的活动家进行抗议时,4000吨的灰烬已经被卸到海地的海滩上。海地政府被迫出面干预,下令把卸下了的灰烬重新装船运走。

奇安海号再次开始漂泊,它驶向塞内加尔和佛得角、斯里兰卡、印度尼西亚和菲律宾。最后,当船只来到新加坡的时候,船舱已经空了。多年之后,船长在法庭终于承认,灰烬被倒进大西洋和印度洋里了。

国际市场营销活动如果忽视了地理环境因素的影响,则可能面临一系列不可逾越的国际市场进入和发展障碍,只有从正面积极影响环境,高度重视环境问题,才能使得国际市场营销具有可持续发展能力。

三、国际贸易沟通因素对国际市场营销活动的影响

国际贸易将世界各个国家和地区连成一体,缩短了各国之间的距离,消除了彼此之间

---

① See Wandering Waste's 14-year Journey, Toronto Star, May 3, 2000。

在自然屏障及资源配置上的不平衡,使各个经济体之间的差异得以减少。只要世界上某一群体需要另一群体所具有的商品并且两者之间有贸易通道,那么就会形成贸易,引发国际市场营销活动。早先的贸易通道都是陆上的,后来才出现了海上通道和空中通道,以及今天人们所习惯使用的将世界各国联系在一起的互联网通道。

1. 运输

16世纪,欧洲、亚洲和美洲之间已建立起发达的贸易通道。西班牙帝国在菲律宾群岛建立了马尼拉市,供装满银子的驶往中国的大帆船进行中转。返程时,则将满船的丝绸及其他中国产品在墨西哥港卸下,再从陆路运输到大西洋一侧,在那儿再装上西班牙船只运回西班牙。有时人们会忽视这样的事实,即这些贸易通道至今仍然很重要。早在16世纪之前,许多拉美国家已与欧洲、亚洲和世界其他地方建立起牢固的关系。五个世纪来,贸易商品发生了变化,但贸易及贸易通道的重要性并未发生变化。如今,货物不在墨西哥下港,然后用骡车从陆路将货物运送到大西洋一侧了,相反,货船直接从太平洋穿过巴拿马运河,到达大西洋。如果货船太大无法通过巴拿马运河,那么就将集装箱卸到陆地,用火车将货物运输通过巴拿马海峡,装到另外的集装箱运输船只上。

社会与经济失衡的部分原因是由地理因素引起的。贸易通道的建立恰恰反映了一些国家为克服这种不平衡而作出的努力。大多数世界贸易之所以发生在欧洲、亚洲和北美洲的发达工业国家和新兴工业国家之间,毫无疑问是贸易通道将这些主要贸易区连接在一起。

2. 通信

有效的通信联系是一切国际市场营销活动的基础,即产品和服务的供需双方能够进行即时有效沟通的能力。首先出现的是电报,接下来是电话、电视、卫星和电脑,最后发展到互联网,通信技术的不断改进大大促进了国际贸易和国际市场营销的发展。每一次技术革命都对人类的生活条件、经济增长和营销方式产生了深刻的影响,每一种新的通信技术出现之后,新的商业模式也随之诞生,已有的商业模式有的需要重新改造以适应新技术,有的则因不能适应而被最终淘汰。

四、地理环境对国际市场营销的影响

概言之,地形、气候等地理环境对国际市场营销活动的影响主要体现在如下三个方面:

1. 对国际营销产品选择的影响

不同的国家由于其资源种类和数量差异较大,其生产的产品也呈现出很大差异性,特别是与资源密切相关的产品。如加拿大森林资源丰富,生产的纸张原料好,质量高,价格廉,具有很强的竞争力,对加拿大进行国际营销时就应选择其薄弱方面,如以棉花作为原料的产品。因此,在开展国际营销时,选择的产品应是销售目标国所缺乏的或缺乏竞争力的,以提高产品国际市场营销的成功率。

2. 对国际营销产品改进的影响

一个国家的地形、地势和气候地理等因素是企业进入该国市场必须考虑的重要因素。如一个国家的海拔高度、湿度和温度变化可能影响产品和设备的使用以及对性能的要求,在温带地区运转良好的产品到了热带有可能性能急剧恶化。即使是同一国家内,各地气候也可能有很大的差异,需要对产品或设备进行重大改造。

3. 对国际营销时机选择的影响

由于地理位置不同,不同国家在同一时期气候会表现出很大的差异性,甚至相反,特别是南北半球,季节变化截然相反。因此在开展国际营销活动时,对于时令产品的国际营销要特别注意销售国的气候情况。如在中国很畅销的冬天服装,如果同时在澳大利亚销售,恐怕会被认为是神经不正常的表现。

第三节 国际市场营销的人口环境

人口是构成市场的基本要素之一。哪里有人存在,哪里就有需求存在;哪里的人越多,人口构成越复杂,市场需求的差异性就越大。国际市场营销者必须对特定区域的人口总量、人口增长率、年龄结构、分布状况等影响市场需求的因素进行分析。

一、人口总量、人口增长率和人口控制

人口总量虽不是唯一的决定因素,但却是评估潜在消费市场的重要因素。

从全世界范围来看,人口发展的趋势是增长率过快。最新数据显示目前世界人口已经超过60亿,到2050年将达到94亿。而且,如表4-1所示,所增加人口的98%都生活在欠发达地区。人口不断增长对国际市场营销活动会带来两方面影响:一方面,如果增长的人口是在发达地区,有充分的购买力,就意味着市场需求的增长;另一方面,如果人口的增长是在欠发达地区,势必会引起对食物、能源、交通等方面的压力,造成物价上涨,企业破产。

表4-1 世界人口的地区分布①

地区	人口总数(单位:百万人)			平均寿命(岁) 2005—2010
	2005年	2025年	2050年	
全世界	6465	7905	9076	67.2
较发达地区②	1211	1249	1236	76.5
欠发达地区③	5253	6656	7840	65.4
最不发达地区④	759	1167	1735	54.6
非洲	906	1344	1937	52.8
亚洲	3905	4728	5217	69.0
欧洲	728	707	653	74.6
拉丁美洲	561	697	783	73.3
北美洲	331	388	438	78.5
大洋洲	33	41	48	75.2

① See World Population Prospects: 2002 Revision, United Nations Population Division, Department of Economic and Social Information and Policy Analysis, 2003, http://www.un.org/popin/。
② 较发达地区包括欧洲、北美洲、澳大利亚、新西兰和日本。
③ 欠发达地区包括非洲、亚洲(日本除外)、拉丁美洲及美拉尼西亚、密克罗尼西亚与波利尼西亚。
④ 最不发达国家包括联合国大会所定义的48个国家,其中非洲33个,亚洲9个,拉丁美洲1个,大洋洲5个。这些国家包括在欠发达国家中。

现代西方国家人口发展趋势的一个重要特点是出生率低和老年化程度高,由此而对一些企业的产品销售产生了深刻影响。例如,美国吉伯公司面对美国出生率降低的状况,不得不改变过去以婴儿为唯一服务对象的经营理念,开始经营老年人人寿保险等业务。

国际企业一旦掌握了一个国家或地区的人口总数及人口增长率等资料,就可结合人均国民收入等数据判断市场容量大小和购买力水平。因为在收入一定的情况下,人口总数决定着市场容量的大小,收入水平高但人口总数较少与人口多但收入却过低的地区一样,其市场的消费能力都是有限的。

生育问题是一个最具有文化敏感性的不可控因素之一。面对人口爆炸所带来的一系列不良后果,世界各国似乎都应当采取适当措施,将人口增长率控制在一定的范围内。然而,人口控制的先决条件包括充足的收入、低文盲率、妇女受教育、全民医疗保健等多个方面。妨碍人口控制的最大绊脚石是文化态度,也就是根深蒂固的多子多福的传统思想和鼓励大家庭的宗教理念。也有人认为出生率的降低是经济繁荣的结果,只有经济发展了,出生率才会下降。例如,20世纪80年代,西班牙经济快速增长之前,一个家庭往往会有6个甚至更多的孩子,可是如今西班牙已经成为欧洲出生率最低的国家,每一育龄妇女平均只生1.24个孩子。

二、人口分布及构成

世界各国的人口分布及构成的变化将对其未来的市场需求产生深远的影响。这种人口的分布包括城乡人口迁移、年龄、区域等方面。

1. 人口迁移

农村人口向城市地区迁移主要是想获得更好的教育资源和医疗保健。相对于农村来说,无论在东方国家还是在西方国家,大城市都意味着有更多的机会。19世纪初叶,只有不到3.5%的人口居住在人口数量达两万以上的城市里,只有不足2%的人口生活在人口数量为10万及以上的大都市里。而今,超过40%的人口生活在城市,并且这一比例还在提高。在中国,2009年的城镇化率为46.6%,城镇人口达到6.2亿。① 据估计,到2025年,60%以上的地界人口将生活在城市,至少有27座城市的人口数将超过1000万,其中有23座千万级人口城市都是在欠发达国家或地区。

2. 人口老龄化

国际上通常把60岁以上的人口占总人口比例达到10%,或65岁以上人口占总人口的比重达到7%作为国家或地区进入老龄化社会的标准。今天,发展中国家及地区人口数量迅速增加的同时,发达国家和地区的人口数量却在减少并迅速老龄化。自20世纪60年代初以来,西欧及日本的人口出生率一直下降,许多发达国家的人口增长率已经低于维持现有人口水平所必需的人口出生率。一个国家如不想使人口减少,那么每一位妇女平均大约需要生育2.1个孩子。如果目前的下降趋势持续到2015年,那么欧洲人口数量会下降8800万,即从3.75亿减少到2.87亿。

发达国家和地区在人口总量减少的同时,老龄人口的比例却在激增。究其原因,一方面是因为生活水平的提高和生命的延长,另一方面则是出生率的降低。目前,全世界60

---

① 资料来源:中国社科院2010年发布的《中国城市发展报告》。

岁以上老年人口总数已达 6 亿,有 60 多个国家和地区的老年人口达到或超过人口总数的 10%,进入人口老龄化社会行列。据联合国预测,到 2030 年,大约有 30 个国家的 65 岁以上人口将达到 25%,年龄在 65 岁至 84 岁之间的老人将从现在的 4 亿猛增到 13 亿,85 岁以上的老人将从 2600 万激增到 1.75 亿,而百岁老人将从 13.5 万增加到 220 万。中国的最新人口普查信息也显示,随着中国经济的快速发展,生育率持续保持较低水平,人口老龄化进程逐步加快。截至 2010 年 11 月,中国 0—14 岁人口占 16.60%,呈现严重少子化现象,比 2000 年人口普查时下降 6.29 个百分点;60 岁及以上人口占 13.26%,比 2000 年人口普查时上升 2.93 个百分点,其中 65 岁及以上人口占 8.87%,比 2000 年人口普查时上升 1.91 个百分点。[①] 中国在 2001 年就已经进入老龄化社会。从老龄化社会进入老龄社会,法国用了 115 年,英国用了 47 年,德国经过了 40 年,而日本只用了 24 年,速度之快非常惊人。根据联合国的人口统计数据估计,中国将在 2024 年至 2026 年前后进入老龄社会,其速度与日本大致相当。

人口老龄化现象给国际市场营销活动带来了一系列机遇与挑战。首先,针对老年消费者的银发产业的营销将得到发展,如小贴士 4-2 所示;其次,工作人口将不断减少,国际市场营销活动的成本将会增加。

小贴士 4-2

进军银发市场[②]

在未来的几十年里,由 60 岁以上的老年人构成的所谓银发市场在大多数发达国家有望出现大幅增长。许多发达国家 60 岁以上的人口已经达到 20%,这一比例到 2050 年甚至会超过 30%。此外,银发市场的购买力也在不断上升。在发达国家,50 岁以上的人拥有和支配着约 75% 的社会财富,占全部社会购买力的 50%。然而,尽管这一数字和财富能力一直在不断增长,多数公司却忽略了银发市场。

近来,有公司开始觉察到人口构成格局的变化带来的这一市场机遇并获得了巨大的成功。如联合利华的低脂肪"活力牌"人造奶油,它针对老年人关心心脏负担的需求,在广告宣传中突出老年消费者——多数在 50 岁以上,证明这种奶油有助于降低胆固醇。

对于银发市场,除了成长前景良好之外,产品的需求也非常大。许多老年人因为适宜的保健食品短缺而花费大笔资金去自行购买一些天然药物来添加到食品当中。

3. 人口区域分布

人口的区域分布与消费需求有着密切的联系。研究各国人口分布的地域差异和变化,对于考虑不同国家和地区的消费习惯和消费支出构成有重要的参考作用。如在地处水陆要道的上海,其历史上就是一个经济、政治、文化较发达的地方,人口密度大,市民的文化程度和平均收入较高,消费习惯及与此相应的消费支出构成比较复杂,对企业的营销能力要求较高。

---

① 资料来源:第六次中国人口普查数据。
② See Over 60 and Overlooked, The Economist, August 10, 2002, http://www.unileverbrands/.

不同地域的人们在消费习惯、消费支出构成、消费的着重点方面都会有所差别,企业在国际市场营销的过程中,若不考察人口分布的差异而只是分析需求的地域差异,抱定以不变应万变的宗旨,其国际市场营销活动必败无疑。

本章案例

到非洲卖大眼蚊帐①

江西省鹰潭市67岁的王仁德老人,为了推销"大眼蚊帐",只身来到遥远的非洲苏丹国。他一次次地深入战乱连年、动荡不安的苏丹达尔富尔地区,以他过人的胆识和善行,与联合国机构、苏丹政府与反政府武装官员以及当地老百姓"打成一片",成功叩开了非洲庞大的蚊帐市场的大门,成为在当地置地12公顷、建造超级大花园、购买两架豪华直升机的亿万富翁。那么,他是怎样在这一幕幕惊险事件之中成就自己的传奇的呢?

一、六旬老人带着"大眼蚊帐"闯苏丹

王仁德从鹰潭市东风农机厂退休后,于1998年开始经营床上用品,做小本买卖,生活并无多少波折,更没有什么传奇。2000年5月上旬,他在南昌进货,发现有一商户的蚊帐特别便宜,就进了2000顶,并很快就销售一空。然而,时隔不久,有人要求退货。原来,这批蚊帐的洞眼偏大,蚊子很容易钻进去,根本起不到防蚊的作用。后来,卖出去的蚊帐都被退了回来。这一单,他亏了1万多元钱。

2000年9月,他来到南昌要求退货,生产厂家此时已经倒闭,留守人员说:"你现在退货可以,但我们没有钱,只能折合货物给你。不过,还是这样的蚊帐。"王仁德听了哭笑不得,只得又拖回了2500顶"大眼蚊帐"。

换别人,这样的生意亏了也就认了,转行做别的,以期东山再起,但王仁德没有。2001年3月,他在一张报纸上看到一篇文章说非洲的苏丹伊蚊特别多也特别厉害,这种蚊子体态庞大,嘴巴奇长,吸人血多且刺入深,传染包括艾滋病在内的恶性疾病的几率很高。他当即就琢磨开了:既然非洲伊蚊大,"大眼蚊帐"岂不是正合适?如果把南昌那个厂家积压了多年的300多万顶蚊帐全部卖到苏丹,不就一下发大财了吗?他算了一下,一顶蚊帐加上运费仅合8.16元,很有竞争力。于是,王仁德与这些"大眼蚊帐"较上了劲儿,将300多万顶蚊帐全部买了回来。

一个人,一旦执著起来,就有一种可怕的能量,就能在无望甚至绝望的境地看到希望。王仁德就这样执著上了。2002年3月12日,王仁德携带30顶"大眼蚊帐",乘飞机到了苏丹首府喀土穆。一下飞机,他顿感滚滚热浪迎面扑来,几乎使人窒息,此时此地的温度竟然高达55度!热得他差点昏死过去。稍事休息,他马不停蹄地去考察市场。结果迎接他的是又一个冷酷的绝望,王仁德很快得知,市场上根本不卖蚊帐,很多苏丹当地人根本不知道蚊帐为何物,而且由于该地区极度贫困,普通消费者也根本无力购买蚊帐!

没有市场,就回国吧,可王仁德偏不,那执著的个性让他觉得在这个不知道蚊帐为何物的苏丹,市场无可限量。他选择去危险的达尔富尔,因为那里每年都有9万多人死于伊

---

① 资料来源:陈志宏:《到非洲卖大眼蚊帐》,载《商业故事》2011年第2期;《卖蚊帐老人闯荡非洲成亿万富翁》,http://www.chinagcd.com。

蚊传播的登革热。只可惜当地连年战乱，生活贫困，哪怕这10元左右的蚊帐，对老百姓来说，也是天价的奢侈品。

王仁德不甘心地询问当地一个华人："他们那么穷，连卫生纸也不用吗？"对方告诉他："苏丹的这类卫生用品是通过国际组织无偿提供的。"王仁德顿时眼前一亮，心想：自己如果能把那300多万顶蚊帐卖给这些国际组织，不就成功了吗？

二、推销途中的惊险经历

王仁德通过当地华人，找到了联合国世界卫生组织（WHO）非洲机构秘书处驻苏丹援助事务干事黄民华先生，黄先生说："联合国援助物资的采购，是总部设在哥本哈根的机构间采购办公室统一安排的，我爱莫能助。"

王仁德还是没有气馁，经过多方打探，他得知苏丹当地政府有一定额度的联合国援助资金可以自主支配。于是，他托人引见了达尔富尔地区布拉姆市负责援助事务的副市长贾巴津。贾巴津说："达尔富尔是一个相当危险的地方！如果您要做这件事，需要有足够的勇气与耐心！"王仁德当然明白贾巴津的忠告一点不虚，但他还是不想放弃。

如何让从未见过蚊帐的老百姓接受这样"先进"的产品呢？2002年3月25日，王仁德雇了一名翻译兼司机，租了一辆越野车，带着10顶蚊帐去达尔富尔腹地，去"启蒙"那里的人们使用蚊帐，宣传蚊帐的好处。越野车刚刚出城大约三四十公里，就遇到了极其恐怖的非洲撒哈拉沙尘暴！天空瞬间完全黑暗，伸手不见五指了！沙尘暴卷起沙尘与碎石，疯狂地袭击着越野车，发出骇人的噼噼啪啪的乱响声。心惊胆战地在车内呆了5个小时之后，沙尘暴才渐渐停息，打开车门一看，强悍的沙尘暴竟然把越野车推离公路130米！驱车继续前行，天黑了下来，他俩准备在车内过夜时，却遇到了反政府武装人员。当他们看清王仁德是中国人时，表现得极为友好，原来，中国人援建的水井帮他们解决了缺水之苦，还有很多项目，让他们感受到了中国人的真诚与友好。所以王仁德穿越交火区，双方甚至还主动停火，让其安全通行。

王仁德来到一个名叫皮巴韦的小村寨，王仁德发现，此处驱蚊的方式是种植一种非洲特有的植物，但效果一般。他就给村民赠送专门对付伊蚊的大眼蚊帐，但村民们却硬是不接受并拒绝使用王仁德的"大眼蚊帐"，害怕这个把自己"囚禁起来"的笼子会给自己带来厄运，就是白给也没有人敢要。没办法，王仁德只好亲自钻进"大眼蚊帐"里，用自己的实际行动证明，睡在蚊帐里不但不会带来厄运，还可以避免伊蚊的骚扰，舒适地睡觉。终于有大胆的村民迈进了他的蚊帐好奇地试了试，兴奋地大叫："感谢真主！为我们送来这样好的宝贝！"剩下的9顶蚊帐一下子被一抢而空。

此后不到一年的时间里，王仁德先后免费发放了15000顶蚊帐。渐渐地，达尔富尔的人民彻底接受了这种新东西，使用蚊帐成为达尔富尔部分居民的一种新的生活方式。在"红""黑"两道中行走的王仁德虽然还没有通过蚊帐赚钱，但他却尝到了免费送蚊帐行善的甜头！他多次冒着生命危险给达尔富尔地区腹地的人民送去蚊帐，使得他们免受伊蚊叮咬，避免传染疾病的发生，所以他成了当地居民眼里的"及时雨"，只要提起"王仁德"，他们都会竖起大拇指，王仁德的善行当然也受到官方的赞赏与肯定。布拉姆市副市长贾巴津、尼亚拉市市长德瑞巴卜都多次接见他。由于他在达尔富尔地区"红""黑"两道中建立了特殊地位，当两种势力需要进行谈判之类的事宜时，竟把他当成了特别的沟通渠道。

2003年1月，回报终于来了！达尔富尔地区政府在可支配的联合国援助资金额度内,以 8 美元的均价先后 4 批次购买了王仁德的"大眼蚊帐"20 万顶!王仁德因此掘得第一桶金——130 万美元!然而,当王仁德准备趁热打铁大干一场时,2003 年 5 月,反政府武装为了制造国际影响,竟然一反常态开始绑架关系友好的中国人。5 月 12 日傍晚,王仁德和司机驱车到达一个叫尼亚拉的村庄时,3 名反政府武装分子突然将他俩绑架了!幸运的是,当晚 9 时许,他俩逃脱了,在荒野上提心吊胆地捱了一个晚上,次日上午又紧张地赶路,直到下午 3 点,才终于看见一个村庄。王仁德忽然看见村里有个似曾相识的男子走来,连忙用不大熟练的苏丹语向他大喊:"蚊帐、蚊帐!王仁德、王仁德!"那男子仔细打量蓬头垢面、面目全非的王仁德,终于认出了王仁德。消息传开后,全村人都跑了过来,把王仁德和司机围成一圈,一边跳一边不停地喊:"王仁德,蚊帐!王仁德,蚊帐!"当天晚上,他们为王仁德开起了篝火晚会,1000 多个苏丹人一起举着火把载歌载舞。

三、联合国机构和当地政府大力举荐"大眼蚊帐"

经过这次惊心动魄的遭遇后,王仁德不仅没有被吓倒,反而以更大的热情,奔波于苏丹达尔富尔地区政府和反政府武装之间,做了大量有益于苏丹和平事业的工作,赢得了苏丹人民的尊重,同时也为他的事业带来了前所未有的机遇。2004 年 9 月至 2006 年 3 月,联合国世界卫生组织(WHO)非洲机构秘书处、国际红十字会苏丹分会和苏丹达尔富尔地区政府援助事务委员会、苏丹布拉姆市政府、苏丹尼亚拉市政府先后致函联合国机构间采购办公室,要求在同等条件下优先采购王仁德先生的产品。由于有上述组织和政府机构的大力举荐以及王仁德"大眼蚊帐"无可比拟的价格优势,联合国机构间采购办公室于 2005 年 1 月至 2007 年 3 月,先后 6 批次采购王仁德的"大眼蚊帐"达 290 万顶,援助了非洲不少国家,对遏制当地肆虐多年的疟疾、登革热等多种疾病的蔓延,作出了积极的贡献,而王仁德则一举成为亿万富翁。

原来亏本的生意,硬是被王仁德扭亏为盈。不过这些"大眼蚊帐",对非洲的历史意义显然更大,当地的《苏丹之声报》对王仁德评价说:"来自中国的王仁德先生,对苏丹和平事业的贡献,对苏丹乃至非洲卫生事业的贡献,将永载非洲的史册。"

讨论题

1. 王仁德老人的大眼蚊帐在中国市场上滞销,但为什么在非洲市场上会畅销呢?
2. 非洲的苏丹市场与亚洲的中国市场有什么区别?消费者行为有哪些不同?
3. 基于本案例的情境,试分析国际市场营销机会。

本章小结

本章主要讨论了国际市场营销活动的人口与自然环境,从历史、地理和人口等视角对国际市场营销环境进行了分析。源于自我文化参照标准的历史的主观性无疑会对世界各国人们的意识和消费行为产生影响。人口是构成市场的基本要素之一,国际市场营销者必须对特定区域的人口总量、人口增长率、年龄结构、分布状况等影响市场需求的因素进行分析。气候与地理环境因素、国际贸易沟通因素均成为决定国际市场营销活动成败的决定因素。

重点概念

历史的主观性	气候环境	地形	资源
环境保护	可持续发展	国际贸易沟通	人口老龄化
人口迁移	银发市场	人口总量	人口增长率
人口控制	气候环境因素	地形因素	国际贸易沟通因素

复习思考题

1. 历史的主观性与国际市场营销行为的关系是什么？
2. 试述历史主观性的原因，举例说明历史主观性对国际市场营销活动的影响。
3. 举例说明气候和地形因素对国际市场营销活动的影响。
4. 简述资源、环境保护与可持续发展因素对国际市场营销活动的影响。
5. 简述国际贸易沟通因素对国际市场营销活动的影响。
6. 简述地理环境对国际市场营销活动的影响。
7. 简述影响国际市场营销活动的人口环境因素。
8. 全球人口的发展趋势有哪些？分别对国际市场营销活动有哪些可能的影响？

参考文献及进一步阅读材料

1. 〔美〕科特勒：《现代营销学之父菲利普科特勒经典译丛：市场营销》，俞利军译，华夏出版社2003年版。
2. 〔美〕托马斯·弗里德曼：《世界是平的——21世纪简史》，何帆、肖莹莹、郝正非译，湖南科学技术出版社2006年版。
3. 〔日〕今村英明：《BCG视野：市场营销的新逻辑》，李成慧译，电子工业出版社2008年版。
4. 艾德华主编：《营销道德与营销文化》，北京大学出版社2011年版。
5. 甘碧群主编：《市场营销学》（第三版），武汉大学出版社2011年版。
6. 任文举：《企业社会责任》，西南交通大学出版社2011年版。

第五章 国际市场营销经济与贸易环境

本章学习内容

- 经济全球化的特点及其推动因素
- 经济全球化对国际市场营销的挑战
- 国际贸易与跨国公司的发展
- 贸易保护主义与国际贸易壁垒
- 国际贸易自由与公平
- 国际货币基金组织和世界银行集团

引例

绿色贸易壁垒,国际市场营销者的新问题[①]

自20世纪80年代以来,环境问题开始在国际贸易体系的谈判和建立中成为一个重要的议题。1992年里约热内卢世界环境和发展大会召开以后,世界范围内的环境保护热潮对国际贸易产生了深刻的影响。国际贸易和环境保护之间互相制约、互相协调的关系也日渐突出。一些国家开始着手考虑把环境因素作为贸易保护的一种措施,以环境保护法规和标准为原则,设置贸易壁垒,以保护本国在国际贸易中的相对利益。这种非关税的贸易保护策略被称为"绿色贸易壁垒"。

随着用传统的关税措施来限制进口正在逐渐被新的绿色贸易壁垒所取代,全球范围内因为环境保护而引起的贸易摩擦或纠纷此起彼伏。如:由于欧洲严禁进口含氟利昂冰箱,使得中国对欧盟国家的冰箱出口下降过半,美国因为委内瑞拉的汽油含铅量超过了美国的规定而拒绝进口·委内瑞拉的汽油,欧盟因为加拿大猎人使用的捕猎器捕获了大量的野生动物而禁止进口加拿大的皮革制品等。1988年,美国根据新修改的《海洋哺乳动物法案》宣布禁止进口墨西哥金枪鱼,理由是美国认为在东太平洋海域,海豚处于濒危状态,应停止在该地带用大型渔网进行捕鱼活动,因为这些大型渔网在捕捞金枪鱼的同时也捕捞了海豚。这项限制对墨西哥影响极大,墨西哥提出上诉,认为美国的这项措施是保护主义行为,因为多年来美国船队捕杀的海豚远多于墨西哥。从此,墨西哥与美国展开了一场贸易之争,这就是著名的以保护环境为名,设置贸易壁垒的"金枪鱼贸易案"。这一切,都是"绿色贸易壁垒"所起的作用。

虽然国际上对"绿色贸易壁垒"仍有争议,发展中国家和发达国家由于经济地位的不同,在贸易和环境问题上存在着尖锐的矛盾,但绿色贸易毕竟推动了各国绿色消费的兴起,环境标志产品、ISO14000环境管理系列的出现等都标志着绿色产品将成为国际贸易

---

① 资料来源:邓竟成《咄咄逼人的国际"绿色"营销》,载《国际贸易》1996年第6期;戴星翼:《走向绿色的发展》,复旦大学出版社1998年版。

的主导产品,绿色产品——绿色食品、绿色织物、绿色纸张、绿色冰箱、绿色包装等必将成为国家贸易竞争的新热点,谁拥有"绿色产品",谁就会拥有市场。正如专家们所断言的:"让贸易披上绿装"已是大势所趋,今后的国际贸易谈判必将是"绿色回合"。

热身思考

基于国际贸易谈判中出现的越来越多的"绿色回合",找出近来中国产品出口遭遇的绿色贸易壁垒问题,思考相关的应对策略。

第一节 经济全球化

在宏观经济学中,评估一个国家所处的经济发展阶段最常用的标准是国内生产总值(Gross Domestic Product,GDP),即该国一年所生产产品和服务的总值。[①]

通常情况下,根据一个国家的人均GDP等相关指标就可以看出该国所处的经济发展阶段,从而推断出这个国家的市场可能会需要哪些产品。在全球约190个独立国家或地区中,大约有115个国家或地区的人均国内生产总值低于1700美元,这些国家被称为欠发达国家(Less Developed Countries),如柬埔寨、苏丹、阿富汗、缅甸、海地和孟加拉等,欠发达国家严重缺乏经济增长所需的资源,在经济上高度依赖国外的援助,政局不稳定,基础设施较差,人口问题如教育、健康等方面也比较严重。对大部分消费性产品或高科技产品而言,欠发达国家市场并没有什么太大的吸引力。而人均国内生产总值介于1700美元到5500美元之间的国家或地区在全球大约有40个,这些国家被称为新兴工业化国家(Newly Industrialized Countries),如智利、泰国、马来西亚和墨西哥等。在新兴工业化国家,劳动力成本较低且人们的工作意愿普遍较高,政局比较稳定,经济增长率也较高。一般而言,新兴工业化国家倾向于出口工业产品,进口高科技产品和消费性产品。对拥有高科技优势的跨国公司而言,这些国家会是非常具有吸引力的市场。人均国内生产总值超过5500美元的国家被称为高度工业化国家(Highly Industrialized Countries),这类国家或地区大约有35个,如美国、加拿大、日本、德国、法国与英国等。高度工业化国家属于富裕国家,有着良好的基础设施,人们的教育与识字水平高,政局稳定,科技发展迅速,在这些国家的市场上外国企业可能会面临激烈的市场竞争。

当然,基于一国所处的经济发展阶段对国际市场区域的分类方式也并非绝对化,有时也可能会有误导之嫌。例如,沙特阿拉伯石油出口收入大,人口又少,被划为高度工业化国家,但是其经济发展程度却与日本和瑞士差异很大;另一方面,中国人均国内生产总值接近1000美元,但却吸引了很多跨国公司,全球500强跨国公司迄今已有400多家实现了在中国市场的直接投资,这些跨国公司看中的是中国庞大的经济发展潜力和越来越得到改善的市场环境。因此,在就国际市场营销环境进行分析时,国际市场营销者需要同时

---

① GDP是指一个国家(或地区)在一定时期内所有常住单位生产经营活动的全部最终成果。GDP是按国土原则核算的生产经营的最终成果。与GDP相关联的另外一个指标是GNP(Gross National Product),指一个国家(或地区)所有国民在一定时期内新生产的产品和服务价值的总和。GNP是按国民原则核算的,只要是本国(或地区)居民,无论是否在本国境内(或地区内)居住,其生产和经营活动新创造的增加值都应该计算在内。

综合考虑全球范围内的经济与贸易环境因素。

全球畅销书《世界是平的——21世纪简史》一书的作者托马斯·弗里德曼(Thomas L. Friedman)以其独特的视角讲述了世界正在变平的过程,如小贴士5-1所示。弗里德曼认为,全球化不只是一种现象,也不只是一种短暂的趋势,它是一种取代冷战体系的国际体系。全球化是资本、技术和信息超越国界的结合,这种结合创造了一个单一的全球市场,在某种程度上也可以说是一个全球村。

小贴士 5-1

托马斯·弗里德曼关于全球化的三个版本[①]

全球化趋势无疑将会对现有的商业模式、组织结构和业务流程产生巨大影响。在《世界是平的——21世纪简史》(The World Is Flat: A Brief History of the Twenty-first Century)一书中,弗里德曼将全球化划分为三个阶段。"全球化1.0"主要是国家间融合和全球化,开始于1492年哥伦布发现"新大陆"之时,持续到1800年前后,是劳动力推动着这一阶段的全球化进程,这期间世界从大变为中等。"全球化2.0"是公司之间的融合,从1800年一直到2000年,各种硬件的发明和革新成为这次全球化的主要推动力——从蒸汽船、铁路到电话和计算机的普及,后因大萧条和两次世界大战而被迫中断,这期间世界从中等变小。而在"全球化3.0"中,个人成为主角,肤色或东西方的文化差异不再是合作或竞争的障碍。软件的不断创新,网络的普及,让世界各地包括中国和印度的人们可以通过因特网轻松实现自己的社会分工。新一波的全球化,正在抹平一切疆界,世界变平了,从小缩成了微小。

弗里德曼在书中列举出了十股造成世界平坦化的重要力量,启发人们思考当前的全球化潮流对国家、公司、团体或个人而言,到底意味着什么。这十股力量中就包括了中国加入WTO这个重要因素。他认为,在世界变得更平坦的未来30年之内,世界将从"卖给中国"变成"中国制造",再到"中国设计"甚至"中国所梦想出来的"。

一、什么是经济全球化

所谓经济全球化,是指世界各国经济在生产、交换、分配及消费等各个环节上的全球一体化,是资源与生产要素在全球范围进行优化配置的过程。它使各国经济彼此之间的联系及相互依赖日益加强,任何一个国家或地区都不能与世界经济脱节而独立存在和发展。

从生产力运动和发展的角度来分析,经济全球化是一个历史过程:一方面是在世界范围内各国、各地区的经济相互交织、相互影响、相互融合成统一整体,即形成"全球统一市场";另一方面则是在世界范围内建立了规范经济行为的全球规则,并以此为基础建立了经济运行的全球机制。在经济全球化过程中,生产要素在全球范围内自由流动和优化

---

① 资料来源:〔美〕托马斯·弗里德曼,《世界是平的——21世纪简史》,何帆等译,湖南科学技术出版社2006年版。

配置。

20世纪90年代,经济全球化形成新高潮具有其必然性:第一,冷战结束,计划经济逐步在全球退出历史舞台,市场经济一统天下,为经济全球化创造了经济管理体制上的前提条件。第二,美国等发达国家为进一步控制和垄断世界市场,鼓吹自由主义经济思想,推行经济、贸易自由化政策,为经济全球化扫清了各种障碍。第三,WTO的建立推动了全球统一市场及机制的形成,为经济全球化提供了制度保证。第四,作为经济全球化主体的跨国公司大发展,加速了经济全球化的历史进程。第五,20世纪90年代以信息技术革命为中心的高新技术迅猛发展,不仅冲破了国界,而且缩小了各国和各地区的距离,使世界经济越来越融为整体。

经济全球化是一把"双刃剑"。全球化在推动全球生产力大发展,加速世界经济增长,为少数发展中国家追赶发达国家提供了一个难得的历史机遇的同时,也加剧了国际竞争,增多了国际投机,增加了国际风险,并对国家主权和发展中国家的民族工业造成一定程度的冲击。更为严重的是,在经济全球化过程中,由于经济实力的不同,发达国家和跨国公司的获益可能相对较多,而发展中国家所得甚少。因此,发展中国家与发达国家的差距势将进一步拉大,一些最不发达国家可能会越来越被"边缘化",进而逐渐被排除在经济全球化之外,甚至成为发达国家和跨国公司的新的"技术殖民地"。

但是,经济全球化已显示出其强大的生命力,这场深刻的革命,对世界各国经济、政治、军事、社会、文化等所有方面,甚至包括思维方式等,都造成巨大的冲击。任何一个国家既无法反对,也无法回避,唯一能做的就是想办法去适应和积极参与,根据自己的实际情况,实行正确得当的政策,采取有力的措施,扬长避短,迎接挑战,如此才能变不利为有利,变负面影响为正面影响,在参与经济全球化中求得本国利益最大化,从而实现现代化。

二、经济全球化的推动要素

经济全球化的根本动力是社会生产力的发展,各国社会生产力的发展引起并加剧了各国国内市场的供求矛盾,企业间争夺国内市场的竞争日益激烈,并逐渐从国内扩展至全球领域。推动经济全球化的具体因素包括:

1. 国际贸易的迅速发展成为经济全球化的源泉

众所周知,各个国家和地区之间的经济交往主要是通过商品与服务的交换活动而实现的国际贸易,可见,国际贸易是各国经济联系日益紧密的主要形式。国际贸易在某种程度上又带动了资本与生产的国际化,推动着经济全球化的快速发展。

国际贸易增长率相对于全球各国GDP的增长率,在20世纪,90年代远高于70年代和80年代。世界贸易组织首任总干事雷纳托·鲁杰罗(Renato Ruggiero)曾指出:"经济全球化是被贸易发展推动着的一列高速火车"。

2. 国际金融一体化成为经济全球化的动力

国际金融是在国际贸易的基础上发展起来的,反过来国际金融也推动了各国之间的国际贸易,进而促进经济全球化的演进。金融要素的国际流动是比商品的国际流动更高级的形式,它是资源在全球范围内优化配置的先导,国际金融一体化的迅速发展推动着经济全球化的进程。

20世纪80年代以来,西方同家相继放宽了对金融的管制,大大消除了金融业国际一体化的障碍,使金融业与保险业的市场准入条件得以进一步拓宽,从而更充分地发挥了金融在世界范围内优化资源配置的先导作用。资本要素在全球范围内的流动,必然带动有形与无形商品全球化的发展,使得各国的国际金融依存度不断提高。

在金融国际化的各个方面,发达国家,尤其是美国、日本和欧盟等发达国家和地区发挥着主要的作用,全球资本市场85%的融资流动集中在发达国家。然而,随着亚太地区新兴国际金融中心的崛起,金融国际化集中于发达国家的传统格局开始发生变化。20世纪90年代以来,一些新崛起的发展中国家不断通过改革金融体制,投身于金融国际化的潮流。尤其是作为亚太地区国际金融中心的新加坡和中国香港的崛起,使亚太地区各个国家和地区的金融国际化获得了全球范围的发展依托。

根据世界银行《2003年全球发展融资》报告,外国直接投资以及在国外工作的本国工人汇回国内的资金,已经成为发展中国家的重要资金来源。这一变化与经济全球化进程,即资本和人员跨国流动的加快密切相关,将对发展中国家产生深远影响。

3. 跨国公司的跨国界生产与经营成为推动经济全球化的主角

经济全球化的基础是企业经营的全球化,而跨国公司是企业经营全球化的主角。跨国公司通过跨国界直接投资,使多种生产要素诸如资金、技术、信息、管理等在国际流动,使生产与销售活动得以在全球范围内进行。

跨国公司海外投资方式的多样化及投资范围的广泛性,极大地推动和促进了经济的全球化。就投资方式而言,一方面,通过直接投资,带动了资金在全球范围内的优化配置;另一方面,通过间接投资,诸如股票和债券以及发展跨国银行,为全球范围内的国家和企业进行融资,促进了全球经济的发展。就投资范围而言,近30多年来全球跨国公司海外投资的实践发生了较明显的变化,从原来主要集中于发达国家逐渐向新兴工业化国家及新崛起的发展中国家扩展。跨国公司还通过其数量和规模的发展来推动经济的全球化。

由此可见,贸易自由化从产品交换阶段作用于经济的全球化发展,金融国际化是从要素配置阶段促进经济的全球化发展,跨国公司的兴起是从生产阶段推动着经济全球化的发展。而经济全球化的根本动力来源于以信息技术革命为核心的现代科学技术革命。从20世纪70年代起在全球兴起、于90年代全面展开的信息技术革命将世界带入一个信息时代,信息产业经济一开始便成为全球化的基础产业经济。如今,包括集成电路、微电子计算机、个人电脑、软件、光导纤维等在内的高科技信息产业正在改造或取代传统产业,在更深层次上推动着经济的全球化发展。互联网的建立和发展,使全球经济的联系更加广泛和快捷,使各国贸易里的国际投资获得更多的机会,使经济信息的传播与应用无国界,从而使全球经济更加联成一体。

三、经济全球化的特征

近20年来,世界经济环境发生了深刻的变化,产业、市场、顾客、竞争的全球化趋势,作为外因促进了国际市场营销的产生与发展。与此同时,大型跨国公司为了主动适应和利用环境的变化,加强竞争力以主宰全球市场,在观念、行为上也一步步走向国际化和全球化。

1. 产业的全球化

世界经济正在从工业经济时代走向知识经济时代,所谓知识经济,即以智力资源的占有、配置,以知识的生产、分配和使用为最重要因素的经济。知识经济在生产中以高技术产业为第一支柱产业,以智力资源为首要依托,因此是可持续发展的经济。

高技术产业与传统工业产业相比的一个重大区别在于:高新技术产业生产出的第一份产品或服务具有极高的成本,包含全部研究开发费用,而从第二份起边际成本和平均成本迅速下降。同时,因为边际成本不易反弹,不会出现规模不经济的现象,因此没有明显的边际收益递减倾向。关于这一点最明显的例子莫过于软件开发,第一份视窗软件(WINDOWS)的研制成本是相当高的,而再拷贝一份的成本则极低。因此,知识产品生产者从一开始就以全世界市场为目标,开发出能够满足世界各国人们普遍需求的标准化产品,希望通过在最广泛的市场,即国际市场上的大批量销售来回收研发成本并获取高额利润。所以,知识产业从一开始就定位于全球产业,知识经济必然是全球经济,知识产业的营销必将是着眼于国际的国际市场营销。

2. 市场的全球化

随着苏联的解体、东欧的剧变以及中国经济体制的改革,市场经济体制已为世界上绝大多数国家和地区所接受,各国之间的市场开放程度不断加大,各国政府对外国产品进口及外国跨国公司在本国进行直接投资的限制也逐渐放宽,甚至于有些国家为了更好地融合于全球市场而出台了一系列政策以鼓励国际资本的流动和国际贸易的发展。

国际金融市场的全球化使得各国货币实现了自由兑换,欧盟、北美自由贸易区、亚太经合组织等区域性跨国经济组织的出现及发展在经济上淡化了国界。此外,随着世界贸易组织及其他国际组织成员的不断增加,越来越多的国家和地区的经济政策将受到国际法规与条约的约束。这一切都使得世界经济、政治、法律环境的差异性逐步减少,使得国际企业在开展营销活动时,逐渐模糊了国界的概念。

3. 顾客的全球化

一方面,世界各国消费者的需求日益趋同。今天,许多国家青少年一代的消费具有惊人的相似性,他们都喝着可口可乐,吃着麦当劳,穿着牛仔裤,听着摇滚乐……。卫星电视和 Internet 使得各国消费者不出国门也能了解到异域风情,各种流行时尚迅速风靡全球。另一方面,国际商务旅行和旅游度假也日益增多,旅行者希望在世界各地都能买到他们熟悉的值得信赖的品牌的产品,享受到全球标准化服务。

顾客的全球化使得国际市场营销人员能够更多地考虑世界各国消费者需求的异同,更加注重全球产品、价格、广告、服务的标准化。当然,国际市场营销者绝对不能忽视顾客需求的差异性。

4. 竞争和合作的全球化

目前,跨国公司之间的竞争已经从过去的"你死我活"的竞争形式演进为既竞争又合作的形式。20 世纪 90 年代开始,全球各个行业大企业之间的联盟开始出现,跨国公司之间的战略伙伴关系得到了进一步发展,如 1998 年 5 月德国戴姆勒—奔驰公司与美国克莱斯勒汽车公司的合并和与日本日产公司的合作,拉开了新一轮全球汽车企业合并重组的序幕;美国波音公司与麦道公司的合并,成就了当今航空业界的"巨无霸";美国国民银行公司与美洲银行公司合并成为资产规模达 5700 亿美元的美国最大的商业银行。这一系列企业的合并或结成战略联盟的目的在于,在全球竞争形势日趋激化的格局下,提高企业自身的资本及规模经济效益,实现优势互补以达到资金、技术、信息和市场共享,分散经营与投资风险,避免过度竞争,在市场上形成相对的垄断地位,增强自身竞争实力。因此,全球竞争战略已从以往封闭型的竞争战略转变为开放型的既竞争又合作的国际竞争战略。

四、经济全球化对国际市场营销的挑战

随着经济全球化的兴起,国际市场竞争的新特点要求从事国际营销的企业改变传统的竞争观念,调整旧的竞争战略,基于新的竞争观念来制定新的竞争战略,建立国内及国际战略联盟以获取市场、资源和技术等方面的优势互补。

经济全球化对企业的国际市场营销提出了如下要求:

首先,企业要转变经营哲学,树立全球竞争意识,改变传统的经营观念和战略,从只重视国内营销转为重视国际营销乃至全球营销。在经济全球化格局下,任何企业,无论是否进入国际市场,都会面临国际竞争的挑战。成功的国际市场营销建立在"以国际消费者需求为中心"的营销观念和科学的营销战略基础之上。"以国际消费者为中心"意指企业的产品和服务应该紧随国际市场的需求变化,全面整合企业价值链的各个环节,全方位多层次地满足各个国家和地区的消费者的需求。在全球化趋势下,国际市场营销战略必须突破企业内部、国家或地区内部的界限,更多地关注国内和国际经济、技术、社会、政治和文化等各个方面的重要变化和发展趋势,因为这些因素都将反映到国际市场之中,并引导诸多的市场变化。

其次,要开拓国际市场,必须先对国际市场进行调研,学会根据国际目标市场特点来制定国际营销组合策略,通过国际市场营销培育企业持续的全球竞争优势。了解并熟悉各国及各地区的营销环境,如自然环境、经济环境、社会文化环境和政治法律环境等,以便针对性地制定国际市场营销战略规划,依靠整个营销系统来发挥企业在国际市场中的优势。

最后,经济全球化要求企业调整国际市场营销组织结构,重视企业组织结构的再造。经济全球化的趋势要求企业在全球化的过程中整合国际市场各个方面的资源,以便加强参与国际竞争的能力。组织结构是保证国际企业的国际市场营销战略决策和计划得以实现的基础,也是进行国际市场营销活动控制和激励的依托。

第二节 跨国公司的发展和国际贸易

环顾当今世界,经济全球化的进程明显加快,世界范围内的经济技术交流与合作日益深化,经济全球化趋势给世界各国都带来了深刻而广泛的影响。在经济全球化竞争中,具有强大竞争力的跨国公司居于十分重要的地位。跨国公司是经济全球化和世界贸易的重要推动力量。

一、跨国公司的全球经营战略

企业竞争力是产业竞争力乃至国家竞争力的重要体现。跨国公司是现代企业的主力军,是世界各国综合国力和竞争力的重要组成部分。跨国公司实行的全球经营战略是加快经济全球化进程和促进全球贸易的重要基础。当前国与国之间的经济竞争,正在通过跨国公司实行的全球经营战略,以前所未有的规模和激烈程度在全球范围内展开。为了实现其全球经营战略,许多跨国公司在全球范围内设置生产基地和销售机构,建立国际商务信息网络,构建全球研究开发体系,积极参与国际经济合作与竞争。在实施全球经营战略过程中,跨国公司积极推进海外公司本地化以赢得所在国政府和公众的认可和支持,推进经营资源国际化以促进经营管理知识、技术专利、营销方法、融资渠道、信息网络和管理组织等经营性资源向所在国转移,提高当地管理人员掌握和运用本公司经营资源的能力。

对于跨国公司全球经营的跨国化程度问题,学术界一般采用跨国公司的跨国化指数来表示,如小贴士 5-2 所示。据联合国世界投资报告显示,从 1980 年到 2002 年,全球跨国公司从 15000 家发展到了 35000 家,跨国公司在海外设立的机构也从 35000 家发展到了 70 万家。跨国公司的生产总值已超过工业世界总产值的 30%,跨国公司平均跨国化指数[①](Transnationality Index,TNI)达到了 37%,其中最大的 100 家跨国公司的跨国化指数则高达 54%。根据联合国贸发会议的资料,2005 年全球 100 大跨国公司中,跨国化指数超过 50% 的有 70 家,超过 70% 的有 31 家,而在 1994 年,跨国化指数超过 50% 的只有 43 家,超过 70% 的只有 16 家。事实表明,跨国公司充当了推行和实施经济全球化战略的重要角色。

小贴士 5-2

什么是跨国公司的跨国化指数?

跨国公司的跨国化指数反映了跨国公司海外经营活动的经济强度,从经济角度衡量企业海外市场的卷入程度,是衡量海外业务在公司整体业务中地位的重要指标。自 1990 年起,联合国贸易与发展委员会(United Nations Conference on Trade and Development, UNCTAD)每年要对全球 100 家最大跨国公司(Transnational Corporations, TNCs)进行国外总资产与跨国化指数排序。据有关统计数据显示,TNCs 跨国化指数与海外资产总额(即规模)没有直接关系,而与其所经营的行业领域密切相关,不同行业的 TNCs 平均跨国化指数有明显差异。

在评价传统的跨国公司国际化水平时,使用的最为普遍的标准由两个指标体系构成:一是海外经营指标体系,包括海外营业额指数(海外营业额占总营业额的比例)、海外采购与生产指数(海外采购额与生产额占总采购额与生产额的比例)、海外直接投资指数(海外投资额占总投资额的比例)、海外技术转让指数(海外技术贸易额占总技术贸易额的比例)等主要定量评价指标;二是管理职能的国际化发展指标体系,包括跨国公司战略与决策的协调力、当地市场的适应力、聘用外籍管理人员的状况、财务管理上的控制力等主要定性评价指标。据此,联合国跨国公司与投资部门确定了跨国化指数的计算方法,跨国化指数 =(国外资产/总资产 + 国外销售额/总销售额 + 国外雇员数/总雇员数)/ 3 × 100%,并用跨国化指数来综合评价企业国际化程度,即跨国化指数越高,企业的国际化程度就越高。

---

① 即跨国公司的国外资产/总资产、国外销售额/总销售额、国外雇员/雇员总数三个比率的平均数。

二、跨国公司的国际性投资

国际性投资是开展国际经济技术合作的基础。随着世界经济发展的加速,跨国公司已成为国际性投资的主要载体。跨国公司进行的国际性投资,是加快经济全球化进程和国际贸易的有利条件。跨国公司的国际性投资一方面是向全球扩张金融资本、垄断世界市场的实际需要,另一方面是生产国际化、社会化的必然要求。

跨国公司对外直接投资具有明显的连锁竞争效应,只要有一个跨国公司向外投资扩张,同行的跨国公司为了保住自己国内外的资源和市场份额,也会竞相向国外投资扩张。所以,近些年来,跨国公司以长远发展为目标,应对市场变化和竞争对手而实行对外投资的战略性意图非常明显,投资势头日益强劲。

跨国公司增加对外投资的主要目的,是通过对外投资为自己更便捷地获取当地的资源和市场。跨国公司对外投资一般主要集中在发达国家和地区。但是,近年来,随着全球新兴经济体的经济发展,越来越多的跨国公司将海外投资从发达国家和地区转向了发展中国家和地区,据联合国《世界投资报告》(2013)的数据显示,发展中国家在2012年首次超越发达国家,吸收的FDI达到全球总量的52%。中国企业在2012年实现直接投资840亿美元,排在美国和日本之后,位列全球第三。

跨国公司的对外投资主要集中在制造业、金融保险、房地产业和石油业等领域,这不仅给跨国公司带来了高额利润,而且使各国的经济联系更密切,促进了经济全球化的发展。跨国公司的大规模投资,大大促进了国际资本流动,为各国吸引外资创造了条件,把各国经济越来越紧密地联系起来。目前,中国仍是外资流入量最大的发展中国家,吸收外资保持在1210亿美元的高水平,在全球范围内仅次于美国,排名第二。从中期看,中国仍是跨国公司首选的投资目的地。有关调查显示,在跨国公司看好的前五大投资东道国中,中国排名第一,美国紧随其后。

以中国企业对外投资而言,近年来所涉足的行业领域越发广泛,投资方式也越来越倾向于跨国并购等快捷高效的方式。无论在传统的资源领域,还是在制造业、农业和服务业等各个经济领域,中国企业在全球的表现都可圈可点。制造业是中国经济的优势领域,也在中国企业国际化进程中占有较为重要的地位。但是制造业的投资由于涉及领域较为敏感,且受到东道国保护本国经济发展、国家安全和就业岗位的考量影响,较大的投资成功案例并不常见。传统的资源领域长期以来也是中国企业对外投资的重点,相关能力的提升和经验的积累,也使得中国企业有能力完成大规模的跨国并购,如2013年2月,中海油即以151亿美元成功并购加拿大尼克森公司(NEXEN)。农业是各国相对敏感的行业,也是发达国家政府给予较大补贴进行支持的领域。尽管中国人口众多,对粮食安全的需求强烈,但相关领域的对外投资却一直表现平平,直到2013年5月29日,中国双汇集团以71亿美元收购了美国食品巨头史密斯菲尔德。

三、跨国公司的跨国兼并和收购

跨国公司之间的兼并、收购以及形成战略联盟,是20世纪后期经济全球化的重要特征,是国际经济激烈竞争的产物和结果,是加快经济全球化进程和促进国际贸易的有效手段。

为了在全球市场谋求发展壮大,跨国公司利用自身的优势,采取整体收购、重组控股收购、增资控股收购以及股票认购收购等多种并购方式,在国外大力开展兼并、收购业务,不断实行产业整合,扩大经营规模。兼并、收购和战略联盟,不是企业间的单纯业务交易,而是一项有关企业战略、文化、人员以及数据信息等资源的全方位整合。通过兼并、收购,使被兼并、收购的企业的法人地位、治理结构、文化理念和管理机制、业务方向等都发生了根本性变化。跨国兼并、收购是跨国公司获得别国有形和无形资产及竞争战略优势的最迅速、最有效的手段。

国际生产的扩张和格局,在很大程度上是由跨国公司的兼并、收购推动的。据联合国世界投资报告统计显示,从1980年至1999年,在世界范围内,国内企业之间以及国内企业与国外企业之间达成的并购协议总额以年均42%的速度增长。随着跨国公司经济实力的不断增强,以及全球经济竞争的加剧,跨国公司间合并、收购及战略联盟的交易规模不断扩大,如1995年迪士尼公司以190亿美元的成功收购使其成为全球最大的娱乐业公司,1998年5月,戴姆勒奔驰公司和克莱斯勒公司合并,涉及的市场金额高达920亿美元。20世纪80年代后期和1995年以来,世界上出现两次并购高潮,跨国并购交易额从1987年的750亿美元增加到1999年的7200亿美元。1999年出现了109起巨额并购交易;2000年全球兼并和收购交易总额达到1.1万亿美元;2001年虽然受世界经济发展趋缓和美国"9·11"事件的影响,全球跨国并购规模有所减少,但仍保持较强的发展势头,尤其是2008年暴发的世界金融危机使得跨国公司的全球并购又开始了新一波的高潮。

日益发展的跨国兼并和收购,扩大了跨国公司的经营规模,推动了全球经济结构的调整和重组,提高了相关产业和产品的关联度,加快了各国经济参与经济全球化的进程。

四、跨国公司的国际贸易

跨国公司开展的国际贸易,是加快经济全球化进程的强大动力。目前,跨国公司已成为国际贸易的主体。跨国公司开展的国际贸易,不仅使货物和资源跨国界流动日益增强,而且也使不同国家的市场和生产日益变得更加相互依存,经济资源如商品、资本、劳动力、信息、技术等通过国际贸易超越国界被重新配置的范围越来越广。实际上全球最重要的工业和第三产业都已纳入跨国公司的一体化国际生产和流通服务之中。近些年跨国公司的国际性贸易迅速发展,贸易规模和领域不断扩大,促进了全球和一些地区生产、消费的发展。

跨国公司实行的全球贸易策略,既拓展了自己的发展空间,又有力地促进了全球市场体系的形成,推动了经济全球化发展。

随着世界经济发展和科学技术的进步,各国的跨国公司不断生成、发展和壮大,越来越成为各国乃至世界经济发展的核心和主导。跨国公司之间的竞争已成为经济全球化竞争的重要方面。实力强大的跨国公司及其开展的日益激烈的竞争,一方面是经济全球化进程的最活跃、最直接、最重要的推动力量,另一方面也是对于处于弱势地位的国家经济发展的威胁。1968年出版的畅销书《美国的挑战》,充分描述了欧洲人所感受到的这种威胁。在该书中,法籍作者赛万·施赖伯(J. S. Servan Schreiber)做了这样的描述:"从现在起,再过15年,世界上仅次于美国和俄罗斯的第三大工业经济体很可能不是欧洲,而是在欧洲的美国工业。在共同市场成立后的第9个年头,欧洲市场从组织形式上讲几乎就是美国企业了"。

基于种种原因,施赖伯的预言并没有成为现实,其中较重要的原因就是世界范围内的快速的经济增长和第二次世界大战后各国的经济重建使得竞争在全球范围内变得越来越激烈,特别是20世纪80年代和90年代日本跨国公司的崛起以及苏联解体后世界经济和政治格局的改变,使得美国跨国公司的至高无上的地位受到了一系列挑战。这种挑战来自各个方面:首先,英国、荷兰、日本和德国等大多数发达国家的跨国公司在争夺国内市场需求的同时,也在参与和左右着全球市场的角逐。原先的欠发达国家和地区被重新列为新兴工业化国家和地区,如巴西、墨西哥、韩国、中国台湾、新加坡和中国香港特别行政区等,他们在特定的区域迅速实现了工业化,在钢铁、船舶、消费电子产品、汽车、轻型飞行器、鞋、纺织品、服装等领域成为强劲的世界市场竞争者。与施赖伯警告欧洲防止美国跨国公司主宰的预言相比,当今世界经济力量和潜力的国别分布更趋平衡。例如,1950年,美国占世界国民生产总值(GNP)的39%,到2000年则下降为23%。

跨国公司在其他国家的崛起也使得更多的国家一起来分享全球GNP这一越来越大的"经济蛋糕"。表5-1显示了1963—2011年间发生的这种剧烈变化。1963年,世界最大的100家工业公司中,有67家美国公司;1996年,美国公司只占24家了,而日本公司从3家增加到了29家,韩国从零发展到4家,中国也在2000年和2003年从零发展到了2家和3家。伴随着20世纪90年代末和21世纪全球化的兴起,美国经济虽然持续繁荣,但其发展速度显然有所下降。2011年,美国拥有30家世界最大工业公司,日本降为11家,而中国则发展到了6家。

表5-1 世界最大100家工业公司的国籍分布(按年度经营收入统计)

国家\年份	1963	1979	1984	1990	1993	1995	1996	2000	2003	2011
美国	67	47	47	33	32	24	24	36	42	30
德国	13	13	8	12	14	14	13	12	11	11
英国	7	7	5	6	4	1	2	5	3	8
法国	4	11	5	10	6	12	13	13	11	10
日本	3	7	12	18	23	37	29	22	20	11
意大利	2	3	3	4	4	3	4	3	3	4
韩国	0	0	4	2	4	2	4	4	0	3
中国	0	0	0	0	0	0	0	2	3	6

在20世纪80年代和90年代,美国企业所面临的来自全球跨国公司的激烈竞争,对美国提出了20年前在欧洲所听到的类似问题:如何保持美国企业的竞争力?如何避免外国跨国公司主宰美国市场?如何防止他们把美国给买走?[①] 在20世纪80年代,美国计算机和机械等资本货物的竞争优势急剧下降。1983年至1987年,商品贸易逆差增长的70%源于资本货物和汽车。在当时,这些行业都是美国的高工资、高技能行业。这种形势

---

① 20世纪80年代,日本经济高速发展,日本企业大举投资美国,大量购买美国企业如美国音乐公司或购买大量如洛克菲勒中心等标志性企业或建筑,形成一种高调的"购买美国"的印象。

给美国工业敲响了警钟,美国开始重组其产业,即进行组织瘦身。到20世纪90年代末,美国在资本货物行业重新取得了竞争力,尤其是在高技术类产品的出口方面还实现了贸易顺差。

世纪交替,世界贸易方式发生了深刻的变化。欧盟国家的最终一体化、北美自由贸易区(NAFTA)和东盟自由贸易区(AFTA)的创立以及亚太经济合作组织(APEC)的迅速发展都标志着全球区域贸易集团这一未来贸易的主导形式的开端。

第三节 贸易保护主义与国际贸易壁垒

国际企业在进行国际市场营销的过程中,必须面对贸易保护主义,面对充满着关税壁垒(tariff barriers)如关税(tariffs)、配额(quotas)等和非关税壁垒(non-tariff barriers)的现实世界。这些贸易壁垒旨在保护一国市场,防止国外公司的入侵。尽管关税与贸易总协定有效地降低了关税,但是有些国家仍然采用一些保护主义措施,采用法律壁垒、汇率壁垒和心理壁垒来阻止不想要的商品进入本国市场。

一、贸易保护主义

贸易保护主义(trade protectionism)是指通过各种关税和非关税壁垒限制进口,以保护国内产业免受外国商品竞争的国际贸易理论或政策。关税、进口配额、外汇管制、烦琐的进出口手续、歧视性的政府采购政策等都是国际贸易保护的重要手段。在复杂的金融环境之下,如小贴士5-3所示,伴随着全球金融危机,各国的贸易保护主义会越演越烈。

小贴士 5-3

金融危机下各国贸易保护主义[①]

2008年的冬天,对于全球各国经济来说,都是一个特别寒冷的季节。始发于美国次贷危机的"百年一遇"的金融危机迅速席卷全球,引发全球金融海啸。金融危机或许并没有传说的那么可怕,可怕的是金融危机当中孕育的其他危机。比如在国际市场中频繁出现的国际贸易保护现象,让平时各国高声呼吁的"国际贸易自由化"和公平原则变成真正的空谈。

金融危机之下,各国都会首先保护自己的民族工商业,价格战可能会比以往更为激烈,各国之间的贸易壁垒也就在无形中建立起来了。受国际金融危机加深的影响,一些国家出台了形形色色的贸易保护措施,主要分为两类:一是滥用WTO规则允许的贸易救济措施,主要是指反倾销、反补贴、保障措施、特殊保障措施;二是使用传统的关税和非关税壁垒,如有的国家提高了进口关税,采取禁止或者限制进口、技术性贸易壁垒等。据世贸组织统计显示,近一年来,反倾销案件总数上升40%。

随着美国关于基础设施建设用的原材料必须使用美国本土产品的规定出台以及欧美众多国家(包括德国、法国等)调高进口产品关税,一系列的贸易保护风暴席卷整个国际

---

① 资料来源:《各国贸易保护愈演愈烈》,载《中国市场》2009年第11期。

市场,平时本就对进口产品严重反感的印度也对包括中国在内的众多国家的钢材、瓷砖等加大了反倾销力度。2009年1月23日,印度发布公告,宣布自即日起禁止进口三个海关税号项下的中国玩具,禁期为6个月。据印媒体报道,印政府此次禁止进口中国玩具的主要原因是中国廉价玩具对印出口数量激增使印玩具业受到冲击。这一决定立刻引起了中国政府的严正抗议,中国政府表示印度的做法严重触犯WTO协议,违反其加入WTO时作出的承诺。

在欧洲,也出现了"裁员裁外国人"的说法。在西班牙,房地产业泡沫在金融危机爆发后破灭,当地政府急于遣返外籍建筑工人。在瑞典,政府出台计划救援绅宝和沃尔沃汽车厂及其供应商,尽管这两个汽车品牌已经分别为美国通用汽车公司和福特汽车公司收购。瑞典政府的救援计划规定,这笔总计3.5亿美元的贷款和信贷担保只能用于瑞典产品。在德国,经济和技术部长说,希望已经接受政府180亿欧元现金援助的德国商业银行能够支持德国企业,优先考虑它们的贷款需要。在英国,林赛炼油公司的工人在苏格兰、威尔士和英格兰等8个地点自发罢工,抗议公司与意大利企业签订2.8亿美元的建筑合同,后者计划雇用外籍工人。一名英国工人游行时张开标语,上面写着"英国工作给英国工人"。

与此同时,美国政府新倡导的"买国货即爱国"的经济刺激政策也打破了现有贸易规则,引起全球各国政府包括欧美等组织的一片声讨和抗议。

国际贸易保护所得利益一般无法弥补闭关锁国所带来的巨大损失。出于对外国报复或国际协定破裂引起的不良后果的顾忌,国际贸易保护一般不会采取极端的形式。关于自由贸易和贸易保护的争论,在很长时间内都是国际贸易政策争论的主题之一。

在国际贸易中,贸易壁垒是现代国际贸易保护主义的一种主要形式,近几年更呈现出几个新特点:(1)贸易壁垒相关事件大幅增加,20世纪90年代以来平均每年都达到260件左右;(2)贸易壁垒成为全球性的普遍现象,不仅发达国家,发展中国家和地区也频频使用反倾销措施来保护本国的企业;(3)贸易壁垒的门槛越来越高,各国不断提高进口产品的质量指标和要求;(4)贸易壁垒被一些国家肆意滥用,案件的复杂性增加。

为支持政府对贸易实施限制,国际贸易保护主义者提出了许多理由,归纳起来,无非是以下几条:(1)保护幼稚工业;(2)保护国内市场;(3)以防货币外流;(4)鼓励资本积累;(5)维持生活水平和实际工资;(6)保护自然资源;(7)实现低工资水平国家的工业化;(8)维持就业机会,减少失业;(9)国防;(10)扩大企业规模;(11)报复和讨价还价。这其中,一般人们都能够认可和接受的只有保护幼稚工业、国防和欠发达国家工业化这三条理由。今天,由于人们环境保护意识的提高和世界范围内原材料及农产品的短缺,资源保护理由也越来越为人们所接受。当一国的生产能力或劳动力出现过剩时,该国会实施临时性的市场保护,以利于这些过剩资源的顺利转移。不幸的是,这种临时性保护措施往往会变成长期行为,也同时造成了工业效益低下,不利于进行适应国际市场客观形势的调整。

贸易保护主义可能会给本国消费者带来高额的成本。据对美国21个受保护行业的最新研究结果显示,由于关税和其他保护性限制措施,美国消费者在价格上每年多支付了约700亿美元。为保护这些受保护行业中的每一个就业机会,平均每一个就业机会给消费者带来的成本为每年17万美元,相当于一个制造业工人平均薪水(工资和津贴)的6倍。这些只是被研究的21个受保护行业的平均数据而已,某些特定行业的代价还更高一些。例如,在钢铁行业,自1992年以来,通过对进口钢铁征收反补贴税和反倾销罚款保住了1239名钢铁工人的就业机会,这每一个就业机会的代价高达835351美元。不幸的是,尽管贸易保护主义有效迎合了政治的需要,但几乎不可能使衰退行业重新振兴起来。

贸易保护主义背后的真正目的均是保护国家的利益,表5-2列出了各国贸易保护主义所常用的理由和所采取的相关措施,以及这些理由和措施背后的主要原因和目的。

表5-2 贸易保护主义的一般理由及目的

理由和措施	原因与目的
把钱留在本国	防止在与其他国家进行贸易的过程中本国的财富被转移
本国市场的发展	使得本国工业得以可持续发展
生产成本平等化	使进口产品不能基于比较优势而在本国市场以比较低的价格销售
生产人员低工资	保护本国产品免受来自低工资国家进口产品的竞争
就业安全	维持本国就业水平和社会的稳定
反倾销	防止外国产品的恶意低价倾销
报复	为了寻求其他国家的关税减让而对其他国家进行贸易报复
国家安全	为了国家安全的理由,如在战争或全国性的灾难中保持独立性
幼稚工业	拓展本国新兴工业的发展空间
多样化	使本国保有一个广泛的产业基础
最适宜关税	当进口产品需求的价格弹性系数大于零的时候,补偿国家的税收损失
次优理论	国际自由贸易会由于各种障碍的存在不可能进行,作为一种替代方案,关税可以被用来调和或降低这些障碍的副作用

二、贸易壁垒

贸易壁垒是指在国际贸易中影响和制约着商品自由流通的各种手段和措施。这种壁垒一般可分为关税壁垒和非关税壁垒两种。

1. 关税壁垒

关税是指国家授权海关对出入关境的货物和物品征收的一种税。关税在各国一般属于国家最高行政单位指定税率的高级税种,对于对外贸易发达的国家而言,关税往往是国家税收乃至国家财政的主要收入。依照征收关税的方式,一般分为三种:进口关税、出口关税、特别关税。依照征收关税的目的,一般也可分为三种:一是以增加国家财政收入为主的财政关税;二是为了保护国内经济行业而征收的保护性关税[①];三是既增加国家收入,又以保护本国经济为主的关税的混合关税。此外,依照过关货物的流向可以将关税分为进口税、出口税、过境税和各种形式的优惠关税与差别关税。征收关税是一国政府增加其财政收入的方式之一,但随着世界贸易的不断发展,关税占国家财政收入的比重在不断下降。

---

① 保护性关税包括随着经济全球化的发展,一国政府在其国内市场受到某种外国商品的倾销时,为保护本国相关行业而临时征收的反倾销税。

所谓关税壁垒,是指进出口商品经过一国关境时,由政府所设置的海关向进出口商征收关税所形成的一种贸易障碍。按征收关税的目的来划分,关税有两种:一是财政关税,其主要目的是增加国家财政收入;二是保护关税,是为保护本国经济发展而对外国商品的进口征收高额关税。保护关税愈高,保护的作用就愈大,甚至实际上等于禁止进口。如小贴士5-4所示,2002年至2003年间,世界钢铁界曾掀起一场轩然大波,起因就在于美国于2002年3月20日开始实施一项钢铁贸易保障措施"201条款"。

一般而言,关税一方面能够增加经济事务中的政府控制力和政治因素,另一方面也会弱化全球范围内的供求关系和国际关系,甚至可能引发国际贸易战,限制国际竞争和本国消费者的市场选择范围。

小贴士 5-4

臭名昭著的"201 条款"[①]

美国时间2002年3月5日,美国总统布什公布了进口钢铁201保障措施调查案最终救济方案(简称"201条款")。根据该方案,从3月20日起,美国将对板坯、板材、长材等12种进口的主要钢铁品实施为期3年的关税配额限制或加征8%到30%不等的关税。此举激怒了本国的钢铁消费者,同时更激怒了相关国家,欧盟、日本、韩国向世界贸易组织(WTO)提起了诉讼。WTO中20余个成员国甚至称将对美实施贸易报复。欧盟、俄罗斯、日本、韩国和巴西等国家已经明确表态,将采取行动予以回击。全球钢材市场硝烟四起。

"201条款"出台的背景有三:(一)美国传统钢铁业陷入困境。过去4年里,就有28家美国钢铁企业向政府申请破产,占美国钢铁业的一半多,因此而失业的钢铁工人总数高达7万。(二)传统钢铁业祭起保护主义大旗。以美国钢铁业内的龙头老大美国钢铁公司为首的多家传统钢铁企业,向政府递交书面建议,要求政府采取多方面拯救措施。(三)布什政府的政治考虑。共和党要在2002年中期选举中夺回国会的主导权,关键是要赢得产钢州(如西弗吉尼亚、俄亥俄和宾夕法尼亚)选民的支持。

"201条款"的主要影响包括:(一)对美国自身的影响:加征钢材关税损人不利己。布什政府大幅提高关税势必会造成国内钢铁价格的上涨,相关产品如冰箱、汽车、机械工具等的价格也会相应增加。因此虽然这一举措受到了国内钢铁生产行业和钢铁工人的欢迎,但对美国经济和就业整体来说"失"远大于"得"。此外,布什政府的这一决定会激怒俄罗斯等主要盟友,有可能影响美国的反恐大业。(二)对世界主要钢铁制造商影响巨大。巴西、韩国、日本、俄罗斯、德国、土耳其、法国、中国、澳大利亚、荷兰等地的制造商将受到美国钢材进口的限制。加拿大、墨西哥、以色列和约旦四国由于同美国之间有自由贸易协定,他们对美钢材出口将不受影响。阿根廷、泰国和土耳其等一些发展中国家由于在美国钢材市场上占有的份额不到3%,其产品也将不受限制。

201案可以说是全球钢铁业遭遇的最大一宗贸易壁垒案,此次美国的所作所为是典型的贸易保护主义,表面上动用的是WTO框架下的保障措施,但实质上是自说自话,抛

[①] 资料来源:张文波、陈选举:《论美国"201条款"与贸易保护主义》,载《湖南商学院学报》2005年第3期。

开了 WTO 正常程序。并且,美国这次挥动大棒的对象是欧盟、日本、韩国、中国、俄罗斯等,却"豁免"了对美钢铁出口大户加拿大和墨西哥,完全不符合 WTO 的非歧视原则。世贸组织裁定美国政府一年前对来自欧盟、日本、韩国、中国等国的进口钢铁征收高额保护性关税的措施(即"201 条款")违反了国际贸易法,要求美国政府立即取消贸易保护主义措施。

2. 非关税壁垒

所谓非关税壁垒,是指除关税以外的一切限制进口措施所形成的贸易障碍。非关税壁垒的作用可分为直接限制和间接限制两类。直接限制是指进口国采取某些措施,直接限制进口商品的数量或金额,如实行进口配额制、进口许可证制、外汇管制、进口最低限价等。间接限制是通过对进口商品制定严格的条例、法规等间接地限制商品进口,如歧视性的政府采购政策、苛刻的技术标准、卫生安全法规、检查和包装、标签规定以及其他各种强制性的技术法规。本书在此简单介绍几种常见的非关税壁垒。

(1) 配额

配额是对特定种类的商品所实施的一定进口数量或进口金额的限制。中国在改革开放前曾经对几乎所有进口商品均实施配额限制。与关税一样,配额往往会使进口商品的价格上升。据估计,美国对纺织品的配额使报装的批发价格增加了 50%,20 世纪 90 年代中国对进口豪华轿车的配额使其价格增加了 200%—500%。

(2) 自愿出口限制

自愿出口限制(voluntary export restraints, VERs)或有秩序销售协定(orderly marketing agreements, OMAs)与配额具有类似的属性。自愿出口限制是进口国和出口国就限制出口量而达成的协议,常见于纺织、服装、钢材、农产品和汽车等行业。之所以称自愿出口配额为"自愿的",是因为该限额由出口国设定。不过,出口国的这种"自愿"出口配额,往往是因为受到进口国更严厉的配额和关税措施威胁不得已而为之。如在美国还生产电视机的时候,日本就和美国签署了一个有秩序销售协定,即把日本每年对美国的彩色电视机的出口数量限定为 156 万台。

(3) 抵制和禁运

抵制是指限制购买从特定国家进口的某种商品,禁运是指禁止向特定国家出口某种商品。抵制可以是正式的也可以是非正式的,既可能是政府或某个行业发起的,也可能是消费者自主发起的,如近年来因为日本政府对 20 世纪对华所犯下的战争罪行的态度极为暧昧,导致许多华人团体的不满,在中国市场常常可以见到一些社会团体组织发起对日货的抵制。与抵制所不同的,禁运一般都是由政府发起的针对与之有争议的国家的一种制裁,如出于对中国国防力量发展的控制,美国、日本和欧洲一些国家的政府基于政治上的考虑,一再阻挠欧盟对华出售武器。

(4) 货币壁垒

一国政府可以通过各种形式的外汇管制措施对该国的国际贸易状况进行有效管理。为了维护国际收支状况或特定行业的利益,政府可能会利用货币壁垒而实施相关的限制措施。货币壁垒有三种形式:货币封锁、差别汇率以及取得外汇需经政府审批的规定。货币封锁常被用作一种政治武器,或者作为对付国际收支困难的手段。差别汇率的目的是鼓励进口那些政府认可的商品,限制进口那些政府不认可的商品。如小贴士 5-5 所示,在外汇严重短缺的国家,如委内瑞拉,购买外国货物的进口商必须申请外汇许可证,即获准以一定数量的当地货币兑换成外汇。外汇许可证也可能规定了汇率,该汇率对进口商是否有利,取决于政府的意愿。

小贴士 5-5

委内瑞拉外汇管制波及浙江外贸企业[①]

陈先生是宁波一家外贸企业的老板,主要经营对南美国家的机电设备出口。2010 年 1 月初,他的一个委内瑞拉老客户向他订了一批机电产品,在得到部分订金后,陈先生按时发货。

一个多月过去了,客户的货款迟迟不到账,陈先生打电话到该客户公司询问后才知道,委内瑞拉最近自贬货币(贬值率超过 30%)并实施外汇管制,所有进口企业对外付汇需首先向外汇管理部门申请;若无法申请到外汇,将无法向外支付货款,将形成对出口方的拖欠。

在陈先生为了货款之事焦头烂额之际,中国出口信用保险公司浙江分公司(下面简称"浙江信保")也接到了省内多家外贸企业的报损,其中专门从事委内瑞拉、印尼两国的浙江外贸企业损失比较严重。从整体情况看,全球信用风险水平在 2008 年末普遍迅速升高,之后风险升高的步伐开始呈逐步缓慢下降态势,但局部地区仍在恶化或反复,且出现了一些新的风险类型。从浙江信保受理的报损案例看,新兴市场面临的新型风险主要集中于外汇管制风险、汇率波动风险、制度风险和政策风险。南美和拉美一些国家外汇紧缺,特别是经济结构单一、以资源和农产品为支柱产业的国家,受出口收入不足和债务负担沉重的影响,外汇资源严重供不应求,纷纷采取外汇管制措施。

(5) 标准

此类非关税壁垒包括健康标准、安全标准和产品质量标准。有时,出于限制贸易的目的,政府会采用过于严格甚至带有歧视性的标准。此类规定数量繁多,其本身即成为限制贸易的壁垒。如北美自由贸易协定规定来自成员国的汽车必须至少达到 62.5% 的北美含量,以防止外国汽车商把一个成员国作为进入另一成员国的跳板。

(6) 反倾销惩罚

反倾销是一种旨在将外国产品赶出某一市场的新的非贸易壁垒。制定反倾销法是为了防止外国生产商采用掠夺性定价(predatory pricing)手段,即通过故意以低于生产成本的价格在进口国销售其产品,来削弱对手的竞争力,从而控制市场。20 世纪初,反倾销法萌芽于加拿大,发展于北美和欧洲,是 WTO 体系中最古老的制度,被称作国际贸易中的反托拉斯法。外国生产商以低于生产成本的价格销售其产品,将被课以反倾销税或反补

[①] 资料来源:《委内瑞拉外汇管制波及浙江外贸企业》,http://www.finance.sina.com.cn,2013 年 1 月 19 日访问。

贴税,从而防止出口国利用政府补贴侵害进口国产业。许多国家都制定了类似的法律,这种法律是符合 WTO 规则的。

近年来,全球范围内的反倾销案件逐年增加,反倾销也正在成为一种事实上的贸易保护主义的工具。反倾销诉讼不仅调查费用昂贵,耗时较多,而且在诉讼得以解决之前实质上对贸易形成了一种限制。一旦遭到反倾销指控的威胁,对于一个公司而言,足以使其被迫退出市场。中国企业产品的出口将在相当长时期内面临国外的反倾销困扰,由于许多世贸组织成员尚不承认中国的市场经济地位,中国企业在应对反倾销诉讼时将面临更多的困难。

三、欧美新贸易保护主义滥用技术性贸易壁垒

从历史上看,关税与非关税壁垒阻碍了自由贸易,但经过关税与贸易总协定和世界贸易组织的多年努力,这些壁垒正在或被取消,或被减少。虽然传统的关税壁垒的作用正在逐渐削弱,但新的贸易保护主义手段仍在不断出现,如某些发达国家滥用技术性贸易壁垒(Technical Barriers to Trade, TBT)就是其中的新手法之一。所谓中国出口的牙膏被污染、宠物食品含毒、轮胎存在缺陷等,在美国几乎是一夜之间被炒热的,然后这种说法迅速蔓延到欧洲和日本。同时,由点及面,在有的国家市场上甚至由此波及整个"中国制造",乃至出现了警惕"中国制造"的论调。

技术性贸易壁垒体系主要由技术规章和规范、包装和标签要求、商品检疫和检验规定、绿色壁垒和信息技术壁垒五个体系构成。技术性贸易壁垒是非关税壁垒中最隐蔽、最难对付的一种贸易壁垒,具有广泛性和隐蔽性等特点。

1. 广泛性

从产品角度看,技术性贸易壁垒不仅可能包括初级产品,而且可能会涉及所有的中间产品和工业制成品;从过程角度看,技术性贸易壁垒涵盖了研究开发、生产、加工、包装、运输、销售和消费等整个产品的生命周期;从领域角度看,技术性贸易壁垒已从有形商品扩展到了金融、信息等服务贸易及环境保护等各个领域;从表现形式看,技术性贸易壁垒可能会涉及法律、法令、规定、要求、程序等各个方面。

2. 隐蔽性

与其他非关税壁垒相比,实行技术性贸易壁垒有其合法的一面,尤其是其中的绿色壁垒,如本章引例所示,有一系列的国际公约、协定和国内法律、法规作为其制定和实施的依据和基础,往往以冠冕堂皇的面目出现,如保护生态环境、保护人类健康或安全、保护动植物的生命或健康等。

这些涉及面广且隐蔽性强的技术性贸易壁垒,其主要目的是规避多边贸易制度的约束,保护本国经济和就业增长,维持在国际竞争中的支配地位,为贸易保护主义披上合法的"外衣"。

随着对外贸易的快速发展,中国成了全球范围内技术性贸易壁垒的最大受害者之一。根据某些国家几近苛刻的标准,中国出口的玩具被认为有"损伤、漏电、起火"等安全隐患;电动产品和照明设备则有"严重的设计和生产缺陷",遭到"严重安全警告",被禁止在市场上销售。技术性贸易壁垒已超过"反倾销"而成为中国产品进入国际市场的最大障碍。仅 2006 年,中国出口行业因技术性贸易壁垒遭受直接损失金额高达 758

亿美元,影响到15%以上的出口企业,纷繁的技术壁垒让中国企业支付了高昂的出口成本。

技术性贸易壁垒等贸易保护手段是一柄双刃剑。它一方面损害了出口国的出口贸易,另一方面也损害了进口国消费者的利益。从长远看,滥用技术壁垒只会保护落后,无益于世界经济和贸易的健康发展。

随着市场全球化的发展,许多国家的政府出于本国或区域性经济发展的考虑,或者出于长期经济发展战略布局的考虑,一直在推动国际传统贸易壁垒的解除。一些全球性政治和经济组织也在努力致力于消除关税、配额和其他贸易壁垒,如关税与贸易总协定、世界贸易组织、国际货币基金组织和世界银行集团等组织就一直在为推动国际贸易于自由和公平基础上的增长而努力。

第四节　国际贸易自由与公平:关贸总协定与世界贸易组织

国际贸易从自由贸易理念到公平贸易理念的转换是具有一定的历史和经济背景的。以美国为例,从1934年的《互惠贸易协定法》到1962年的《贸易扩张法》,美国的贸易政策均带有明显的自由贸易精神。但20世纪70年代之后,欧洲各国经济能力恢复,国际竞争力猛增,美国逐渐丧失在国际贸易领域的相对优势,霸权地位日渐衰弱,至此,美国开始要求按照"对等"的原则,而不是普遍优惠的原则处理世界各国的贸易问题。

一、关税与贸易总协定

在历史上,贸易条约的谈判一般都是在双边的基础上进行的。二战后不久,美国和其他22个国家签署了关税与贸易总协定(General Agreement on Tariffs and Trade, GATT)。尽管并非所有的国家都参加了该协定,但是它为建立世界范围内第一个有效的关税协定铺平了道路,为降低关税提供了一种途径,并且设立了一个监督世界贸易的机构。到1995年,包括美国、欧盟(及其成员国)、日本和加拿大等在内的80个国家和地区接受了该协定,成为关税与贸易总协定的成员国。

自关税与贸易总协定缔结以来,一共进行了八个"回合"的政府间关税谈判。其中,东京回合(1974)是当时关税与贸易总协定所进行的内容最多、影响最深远的一个回合。在这个回合中,不但削减了关税,而且新制定了针对补贴和反补贴措施、反倾销、政府采购、贸易的技术壁垒(标准)、海关估价和进口许可证等领域的国际规则。

最后的乌拉圭回合(1994)是建立在成功的东京回合基础上的,几乎消除了主要贸易伙伴的10个重要工业部门的所有关税。乌拉圭回合进一步完善了包括反倾销、标准、保障、海关估价、原产地和进口许可证等一系列的规则,使得这些规则和程序都变得更公开、更公平和更具预见性,从而也使贸易竞争变得更为平等。其中达成的《服务贸易总协定》(General Agreement on Trade in Services, GATS)是第一个涉及服务部门的贸易和投资、具有法律效力的多边协定,为将来旨在消除歧视外国服务、对外国服务拒绝给予市场准入的壁垒的谈判提供了法律基础。当然,乌拉圭回合最显著的成就是创立了作为关税与贸易总协定继任者的世界贸易组织。

二、世界贸易组织

1994年4月,在摩洛哥的马拉喀什市签署乌拉圭回合贸易协定的时候,贸易问题的定义范围得以大大扩展并创立了世界贸易组织。世界贸易组织(WTO)不仅包含原来的关税与贸易总协定体制,而且将它扩展到了过去并未明确包含的新领域。

关税与贸易总协定只是一个协定,而世界贸易组织则是一个机构。世界贸易组织负责制定众多用来指导各个成员国之间贸易的规则,为解决成员国之间的贸易争端成立专家小组。与关税与贸易总协定不同的是,该专家小组作出的裁决具有约束力。

在世界贸易组织的部长级会议上,所有成员国拥有平等的代表权力。部长级会议每两年至少举行一次,投票选举总干事,再由总干事任命其他官员。对于贸易争端,世界贸易组织会从成员国提供的贸易专家清单中选定一个专家小组来进行调解。该小组将听取双方的意见并作出裁决;如果败诉方不改变其做法,那么胜诉方有权以贸易制裁的方式实施报复。尽管世界贸易组织没有实际的执法手段,但来自其他成员国的国际压力将迫使其服从裁决。世界贸易组织要求成员国接受所有协定项下的义务,而不仅仅是他们所喜欢的那些内容。这样,包括发展中国家在内的所有成员国将履行义务,开放市场,并且受到多边贸易体制的约束,这堪称整个人类有史以来的第一次。

前关税与贸易总协定的117个成员国全部都支持乌拉圭协定。自1995年1月1日成立以来,世界贸易组织的议事日程就一直是满负荷的。虽然不乏诋毁世界贸易组织的人士,但大量迹象表明,世界贸易组织已经或正在得到大多数国家的认可。业已加入的国家和想要加入的国家的数目足以表明世界贸易组织的重要性。

三、中国加入世界贸易组织议定书主要内容解读

2001年12月11日,中国正式加入世界贸易组织,成为其第143个成员。《中国加入世贸组织议定书》的主要内容涵盖工业、农业、服务业、关税、行政和法制等方面。

1. 工业

汽车工业2006年关税削减至25%。IT业外资股份3年后提高到49%。在2005年前逐步取消高科技产品的关税。IT企业要加入《信息技术产品协议》,最迟不超过2004年,相关涉及产品的关税将降为零。纺织业被动配额于2005年取消。

中国入世3年后开放油品零售市场。中国同意向私营贸易商开放原油和加工油市场,并同意打破石油贸易的垄断地位。

中国承诺完善保护知识产权法律体系,提高执法透明度。长期以来困扰市场的假冒、仿造、侵权、盗版问题可望借入世整顿有明显好转。

2. 农业

中国同意对农产品补贴率不超过8.5%。将菜子油、黄油、柑橘、葡萄酒等农产品的关税下调至9%—18%。

中国将在入世3年内取消多数产品的分销服务限制,同意取消对大型百货公司和所有连锁店的外资比例限制以及对外资商店的地域限制。外资公司目前只能通过中国国内的分销和物流公司销售其在国内生产的产品。中国加入WTO意味着外资企业将可削减分销过程中的中间环节,自行设立分销网络,缩短产品进入市场的时间。

3. 服务业

外资银行将在加入 WTO 两年后获准向中国企业提供人民币业务,一年后向个人提供人民币业务,并取消地域限制。在证券业方面,将允许中外合作基金与国内基金平等地参与基金管理。

在保险业方面,外资将获准对合资人寿保险公司进行有效的管理控制,但其持股最高比例为 50%。在服务领域,外资公司可自由选择其中方合资伙伴。中国入世后 3 年内取消地域限制,5 年内外国保险商可从事团体、健康和退休保险业务,2 年内可建立全资非人寿保险子公司。

4. 关税

到 2005 年,中国把 15% 的平均关税水平降至 10%。到 2005 年,世贸组织成员都将取消进口配额许可证。

5. 行政和法制

中国入世后需要改革外贸管理,提高行政透明度和公开性,减少行政干预,逐步取消企业歧视,提高法律的透明度、统一性和一致性。

从上述议定书主要内容可见,中国加入世贸组织为中国的农业、汽车业、石化业、信息技术产业、纺织业、金融业、电信业等各个产业均带来了机遇、挑战和考验。在农业方面,中国的农业长期以来生产不稳定,粮多要出口,粮少要进口,中国对一些重要产品保留关税配额制度和贸易限制,即这些产品在一定量以下的进口是低关税,超过限量就提高关税;在汽车业方面,长期以来中国的汽车业一直受到保护,却没有真正发展起来,降低汽车业的关税保护水平或许是刺激发展和进步的可选之策;在信息技术产业方面,中国的信息技术产业一直以来担心的并不是市场开放与国际同行竞争,而是与走私货的竞争;在纺织业方面,这是一个明显受益的行业,其出口空间将大大增加;在金融业方面,中国将按照审慎原则有限放开;在电信业方面,凡是建立网络、建立基础设施的"基础电信",中国仍不允许外资控股,只在提供附加服务的"增值电信"方面可以让外资控股,但为了信息安全,所有信息流均须通过中国的"关口局"由中方把关。

第五节 国际货币基金组织和世界银行集团

1944 年 7 月,世界各国领袖在新罕布什尔州的布雷顿森林集会,成立了两家全球性机构,即国际货币基金组织(International Monetary Fund,IMF)和世界银行集团。其创建目的是帮助各国实现经济发展并维持经济活力,帮助各国维持金融市场的稳定,对寻求经济发展和重整的国家提供援助。

货币储备不足和币值不稳定是全球贸易中特别棘手的问题。只要这些问题存在,世界市场的发展就会受到影响。国际货币基金组织就是为了克服这些障碍而成立的。最初有 29 个国家签署了该协议,如今,成员国已达 185 个。国际货币基金组织的目标是稳定外汇汇率,建立可自由兑换的货币以便国际贸易的扩展和平衡增长。其成员国自愿参加、相互磋商,以维持一种买卖各国货币的稳定体制,使国家间的外币支付能够顺利地、无延迟地进行。对那些难以履行对其他成员国金融义务的成员国,国际货币基金组织还会提供贷款。

为了应付全球浮动汇率,国际货币基金组织设立了特别提款权(Special Drawing Right, SDR)①,这是国际货币基金组织的一项较为有用的发明之一。因为黄金和美元已失去了货币兑换中的基本媒介作用,所以绝大多数的货币统计数据都采用特别提款权联系,而不是美元。特别提款权实际上就是"纸黄金",它所代表的平均基值是根据一组主要货币的价值所得来的。因为特别提款权不易受到汇率波动的影响,所以贸易合同常常以特别提款权计价,而不是以某一国家的货币计价。自国际货币基金组织建立以来,尽管世界货币体系已经发生了许多变化,但是,在向支付经常项目债务面临困难的政府提供短期融资等方面,国际货币基金组织仍然发挥着重要的作用。

尽管有人严厉批评国际货币基金组织,但是大多数人都承认,国际货币基金组织提供了有价值的服务,并且至少部分地实现了其许多预定目标。在1997年亚洲金融危机期间,国际货币基金组织向一些国家提供了贷款,包括泰国、印度尼西亚和韩国,从而大大地减轻了金融危机的冲击。如果这些国家没有得到援助(仅提供给韩国一个国家的援助就达600亿美元),那么经济动荡可能会引发全球经济衰退。

有时,人们会把世界银行集团和国际货币基金组织混为一谈,其实不然。世界银行集团是一个独立的机构,旨在通过促进持续增长和投资,来减少贫困,提高人们的生活水平。世界银行通过向发展中国家成员国提供贷款、技术援助和政策引导来实现其目标。世界银行集团下设五家机构,每家机构都提供以下服务:(1) 向发展中国家政府发放贷款,资助教育、卫生和基础设施等工程项目的开发;(2) 向那些帮助最贫穷国家实施开发项目的政府提供援助;(3) 直接向私人部门提供贷款,通过短期贷款、直接投资和其他金融援助促进发展中国家私人部门的发展;(4) 向投资者提供诸如没收和战争等"非经营风险"的投资担保,以便在发展中国家建立起吸引外国资本的环境;(5) 通过为政府和投资者争端的调解和仲裁提供便利,来促进国际投资的增加和流动。

自从世界银行集团和国际货币基金组织诞生以来,其对全世界的经济发展便起着举足轻重的作用,尤其是对第二次世界大战以后的国际贸易发展做出了较大贡献。当然,在这些援助政策的背后,也许隐藏了一些苛刻的条件,许多接受援助的发展中国家和不发达国家,在接受援助后,从国际贸易到各行业和产业都可能会受到一些负面的影响,如对发达国家渐渐形成一种市场依赖,这种依赖会在一定程度上影响和制约受援国的经济发展。这是对世界银行集团和国际货币基金组织正面作用进行肯定后不能不考虑的可能存在的负面因素。

本章案例

金融危机中的东南亚电脑市场②

自1997年7月起,一场始于泰国,并迅速扩散到整个东南亚甚至波及全世界的金融

---

① 特别提款权是国际货币基金组织创设的一种储备资产和记账单位,亦称"纸黄金"(Paper Gold)。它是基金组织分配给会员国的一种使用资金的权利。会员国在发生国际收支逆差时,可用它向基金组织指定的其他会员国换取外汇,以偿付国际收支逆差或偿还基金组织的贷款,还可与黄金、自由兑换货币一样充当国际储备。但由于只是一种记账单位,不是真正的货币,使用时必须先换成其他货币,不能直接用于贸易或非贸易的支付。因为它是国际货币基金组织原有的普通提款权以外的一种补充,所以称为特别提款权。

② 资料来源:www.samsung.com/cn/,2013年2月3日访问。

危机，使许多东南亚国家和地区的汇市、股市轮番暴跌，金融系统乃至整个社会经济受到严重创伤。东南亚许多国家和地区出现了严重的经济衰退。

1997年，东南亚五国（新加坡、马来西亚、泰国、印尼和菲律宾）的个人电脑市场规模达170万台，约占除日本之外整个亚太地区市场的17%左右。东南亚的电脑用户主要是企业和政府机关，并非私人用户。就企业而言，电脑需求量主要取决于对信息技术的需求程度。对政府机构来说，电脑需求则取决于国家的政治稳定和政府是否支持信息技术的基础设施发展。在价格方面，由于多媒体电脑的增加，电脑生产企业转向以生产低价电脑为主，减轻顾客负担，同时不断增加功能和特色，改善服务路线。和1996年相比，虽然在1997年第三季度市场开始趋软，但总体而言1997年仍然不错。这主要是东南亚诸国在第一、第二季度保持了以往几年高速发展的结果。但从第三季度起，经济危机影响初现，个人电脑销量急剧下降。

一、新加坡

金融危机对新加坡的影响主要是地区性的，因为当地人民的生活用品主要来自邻国。就新加坡的信息技术市场而言，最引人注目的是"新加坡大联网"，该项目的目的是发展高速高量的网络系统，使每家每户、每个企业和每个学校都能从网上获取信息。新加坡政府相信通过这一规划将普及推广信息技术，从而使家庭购买电脑的数量大幅增加。1997年新加坡个人电脑市场销售比1996年上涨28%，1997年第二季度结束前销售增幅近40%，但自第三季度开始，市场逐步趋软。1997年，台式电脑占新加坡市场的70%，笔记本电脑占27%。

二、泰国

泰国在此次风暴中首当其冲，是受影响最大的国家之一。泰国政府在此危机中关闭了58家金融企业、大幅削减政府预算。泰国的信息技术市场离预期目标相差甚远。货币贬值、通货膨胀、政府预算价格大幅上扬以及经济动荡等因素限制了信息市场的发展，同时也使其对外技术产品的需求减少。1997年泰国的个人电脑市场销售量达31万台，比1996年增长2%，而1998年销售量则下降了5%。

三、印度尼西亚

印尼在此次危机中虽然采取了不少措施，诸如金融体制改革、冻结公共设施项目、控制通货膨胀等，但由于国内政局动荡，收效甚微。在危机中受影响最大的是印尼的信息技术市场。由于经济形势不稳，不少中小型企业只能放弃原先预定购买信息技术产品的计划。家庭收入的减少和个人电脑价格的上扬也使人们无法购买信息产品。印尼的个人电脑出货量1997年同比上涨2%，1998年则减少10.5%。

四、菲律宾

尽管菲律宾货币在此次风暴中亦难逃厄运，但菲律宾经济在1997年仍有4.7%的小幅增长。菲律宾政府对信息技术市场持坚决支持态度。菲律宾个人电脑市场于1997年第四季度价格开始上扬，使消费者购买欲望减弱，1998年个人电脑市场有较大幅度的滑落。菲律宾1997年个人电脑市场上涨了10%，但从季度分析来看，从1997年第三季度开始销售量下降了6%，第四季度下降了7.5%。根据对零售商的调查，在1997年11月到12月短短两个月中，奔腾166MMX和200MMX型的价格分别上涨了30%和37%。

五、马来西亚

1997 年对马来西亚个人电脑市场而言是动荡的一年。年初预期乐观,中期市场强劲,然而突如其来的金融危机使本来生机勃勃的市场顿然失色。1997 年前三个季度,马来西亚个人电脑产量比 1996 年同期增长了许多,其中第一季度上涨 40%,第二季度上涨 40%,第三季度上涨 22%。1998 年个人电脑市场中,台式电脑占 90%,笔记本电脑占 10%,外商投资者和商务客户的增加使笔记本电脑销量有所增加。在马来西亚电脑市场中,外国品牌占 60%,其中包括 IBM、康柏、惠普;本国品牌占 20%;其余 20% 为个人或推销商自己组装的。金融风暴对外国品牌的电脑冲击最大,因为当地货币的贬值使进口电脑的价格骤升。

讨论题

1. 在国际市场营销对国际市场的考察过程中,可以通过哪些指标对别国市场中隐含的危机进行评价?

2. 假如你是一个国际知名品牌计算机公司的国际市场营销部门负责人,你将如何对金融危机之后的东南亚计算机市场进行评估及采取哪些市场行动?

本章小结

一个国家的基础设施水平和所处的经济发展阶段是该国市场吸引力的主要经济影响因素,这两大经济因素将直接影响跨国公司在该国的国际市场营销策略的选择。国际营销人员需要明确知道国际营销需要哪些基础设施,以及目前可依仗的基础设施有哪些。如果一个国际市场营销人员想当然地认为国内营销所采用的模式在国际市场营销活动中一样可用,这是非常危险的。

二战之后,各国之间的关税和非关税壁垒层出不穷,花样繁多。近年来,随着国际贸易的流行,世界贸易的趋势总是朝着更自由的方向发展,世界贸易组织已经得到了大多数国家和地区的承认和加入,在不久的未来,相信会有一个更加广阔的开放的国际市场。

重点概念

欠发达国家	新兴工业化国家	高度工业化国家	国际金融一体化
知识经济	产业的全球化	市场的全球化	顾客的全球化
竞争和合作的全球化	跨国化指数	贸易保护主义	国际贸易壁垒
关税壁垒	关税	配额	非关税壁垒
201 条款	财政关税	保护关税	自愿出口限制
抵制	禁运	货币壁垒	标准壁垒
反倾销	技术性贸易壁垒	关税与贸易总协定	世界贸易组织
国际货币基金组织	世界银行集团	特别提款权	

复习思考题

1. 简述20世纪90年代经济全球化形成新高潮的必然性。
2. 为什么说经济全球化是一把"双刃剑"？
3. 经济全球化的推动要素有哪些？
4. 贸易自由化、金融国际化和跨国公司的兴起在哪些方面促进了经济全球化的发展？
5. 经济全球化有哪些特征？
6. 简述经济全球化对国际市场营销的挑战。
7. 简述跨国公司的发展和国际贸易之间的关系。
8. 为什么赛万·施赖伯描述的20世纪80年代"欧洲的美国工业"状况没有出现？
9. 国际贸易保护的重要手段有哪些？
10. 近年来贸易壁垒的新特点有哪些？
11. 国际贸易保护主义者对贸易实施限制的理由一般有哪些？其目的何在？
12. 为什么随着世界贸易的不断发展，关税占国家财政收入的比重在不断下降？
13. 反倾销对国际市场营销有哪些影响？
14. 什么是技术性壁垒，有哪些特征？
15. 如何解读中国加入世界贸易组织议定书主要内容？
16. 世界银行集团和国际货币基金组织的诞生对国际市场营销有哪些意义？
17. 采访几位身边的工商界人士，看看他们对国际贸易的态度，综述他们的观点并进行分析，写一份采访报告。

参考文献及进一步阅读材料

1. Dunning J., International Production and Multinational Enterprise, London: Allen & Unwin, 1981.
2. 〔美〕菲利普等：《国际市场营销学》，周祖城等译，机械工业出版社2005年版。
3. 〔美〕基根等：《全球营销学》，傅慧芬等译，中国人民大学出版社2009年版。
4. 〔美〕科特勒：《现代营销学之父菲利普科特勒经典译丛：市场营销》，俞利军译，华夏出版社2003年版。
5. 〔美〕托马斯·弗里德曼：《世界是平的——21世纪简史》，何帆、肖莹莹、郝正非译，湖南科学技术出版社2006年版。
6. 甘碧群主编：《国际市场营销学》，高等教育出版社2006年版。
7. 薛荣久等：《国际贸易竞争学：世界贸易新体制下的国际贸易竞争》，外经贸大学出版社2005年版。
8. 薛荣久：《国际贸易》，对外经济贸易大学出版社2008年版。
9. 闫国庆主编：《国际市场营销学》，清华大学出版社2007年版。
10. 张二震等：《贸易投资一体化与中国的战略》，人民出版社2004年版。
11. 张二震、马野青：《国际贸易学》（第三版），人民出版社2007年版。

第六章 国际市场营销社会文化环境

本章学习内容

- 社会文化的定义与起源
- 影响社会文化的社会机构
- 社会文化价值观相关研究的融合和消费者行为
- 与国际市场营销活动相关的社会文化特征
- 社会文化的构成要素
- 社会文化的共同性和差异性
- 跨文化适应与跨文化营销沟通
- 低语境文化和高语境文化

引例

世纪之交的中国企业直面跨文化冲突[①]

2000年11月30日,乐百氏(广东)有限公司传出一个令人震惊的消息:由于与大股东达能的分歧,包括乐百氏集团总裁何伯权在内的5位创业元老被迫集体辞职。使得广东乐百氏先于多数中国企业体验到了国际化带来的冲击。用乐百氏创始人何伯权自己的话说:"以前对于国际上通行的企业游戏规则讲得多,但现在发生在自己身上,感触更深,这是中国入世后我上的第一课"。何伯权的第一课,显然不是中国企业家的最后一课。

就乐百氏事件而言,站出来说话的虽然是"资本",而实际在幕后操纵的却是"文化"!资本的力量很容易使你走遍天下,而文化的隔阂却常常导致举步维艰,就连杰克·韦尔奇也惊呼:"轻易不要去碰那些你不了解的文化!"

随着世纪之交中国加入世贸组织,外资进入中国的速度在加快,外资的总量在增加,外资对各个领域的进入方式由渗透变成蚕食乃至鲸吞。面对势头凶猛的全球化浪潮,每个企业、每个人都将不可避免地需要与不同社会文化背景的企业和人相接触,直面跨文化冲突。在这场跨文化冲突的过程中,我们对对方的文化了解多少?我们对自己的文化又了解多少?我们能不能接受与自己不同的价值观和行为规范?我们能不能包容不同的文化?

遗憾的是,大多数中国企业都没有意识到这些。我们会为技术而自卑,我们会为资本而惭愧,文化,却似乎永远都是我们的尊严之源,殊不知,历史越悠久,文化越深厚,其实包袱也就越重,冲突也就越尖锐!

---

① 资料来源:陈墨:《乐百氏惊爆权变:总裁何伯权等五位创业者集体辞职》,载《中国经济时报》2001年12月1日。

> **热身思考**
>
> 中国企业国际化进程中遇到的来自社会和文化方面的挑战有哪些？如何才能够面对和有效克服社会文化障碍？

第一节 国际市场营销的全球社会文化环境考察

社会文化可以被定义为某一社会对内部和外部事件作出响应的公认原则。学习市场营销学，特别是国际市场营销学，就必须了解各个国家和地区社会文化的差异。社会文化贯穿于一切国际市场营销活动，包括定价、促销、分销渠道、产品、包装及产品式样等，无论是认可、抵制还是拒绝，对国际市场营销活动所作所为的评判都是在一定的社会文化背景下进行的，这些营销活动与社会文化之间的相互作用决定了国际市场营销的成败。

人们的消费方式、需求或欲望的优先次序，以及满足需求或欲望的方式都属于文化范畴，社会文化影响、形成和决定了人们的生活方式。文化是社会成员所掌握的知识、信仰、艺术、道德、法律、风俗以及其他能力或习惯的总和。

市场是动态而非静态的，会随着营销活动、经济条件及其他文化因素的变化而形成、扩张或缩小。市场及市场行为是一国文化的组成部分。如果不明白市场是文化的产物，就很难真正理解市场的演变过程及其对营销活动的反应过程。

一、社会文化的定义与起源

对于每一个人而言，从出生到死亡的每一天及人生中所经历的每一件事，源自于社会文化的影响均清晰可见。如中国在1976年和1988年，特别是千禧2000年出现的生育高峰，和新加坡等地区的出生率波动数据有着相同的模式，这些"额外"出生的人员并不是随机波动的结果，而是因为华人认为出生于龙年代表着好运，由此而引发的出生率小高峰，对后续几年在华人国家和地区销售尿布、玩具及办学等市场均会有极大的影响。不过，在日本，这种几近于迷信的想法对出生率的影响力更为强大，由于日本人相信在每60年一轮的"火马年"出生的女孩会很不幸，有可能会害死自己的丈夫，使得1966年这个火马年的生育率下跌了20%。日本历史上的出生记录显示，这种突如其来的下降每60年就会发生一次，2026年将是下一个火马年。

一方水土养一方人，不同地方不同社会氛围环境下成长的人因为其所处的地域不同，其内涵的文化也会相差甚多。文化，有社会文化、组织文化、团队文化之说，是区分一群人和另外一群人的DNA，是使日本人具有日本特征、德国人具有德国特征、巴西人具有巴西特征，使微软、通用电气、索尼、飞利浦、三星从根本上各不相同的东西。文化渗透于国际市场营销活动的各个方面，作为国际市场营销者，必须了解文化的共性和差异性，尤其是差异性，否则，就可能导致营销活动的失败。

人类学家爱德华·霍尔的社会文化定义或许更加适合于国际市场营销管理者，他认为，"我们的客户一而再再而三地撞到无形的墙上……我们心里明白他们撞上的是截然不同的生活和思维方式，以及对家庭、国家、经济制度甚至人本身的不同看法"。在霍尔的定义中，最突出的一点就是文化差异是无形的，国际市场营销者若是忽视这些差异，将不仅伤及公司,而且也将伤及营销者个人的事业。

最好的国际营销者不仅认识到与其业务有关联的文化差异,而且还对这些差异产生的原因有着深入的了解,这将帮助国际市场营销者注意到新市场的文化差异并预见到当前市场的可能变化。

二、影响社会文化的社会机构

影响社会文化的社会机构包括家庭、教会、学校、媒体、政府和企业。社会机构对人与人之间的关系、如何组织活动、如何把行为准则传授给下一代以及如何管理人类自身等方面均有一定程度的影响,不同文化对于男女社会地位、家庭、社会阶层、群体行为、年龄组及社会如何定义体面和礼仪等问题存在着不同的解释。

1. 家庭

有些社会文化倾向于家庭成员之间具有比较密切的关系,那么面向家庭的促销就比面向单个家庭成员的促销要更为有效。如在欧美一些崇尚个人主义的国家,面向消费者的旅行广告仅仅描绘一个人,而在中国,则大多会描绘家庭或团队。

2. 教会

宗教对人们的生活习惯有着显著的影响。国际市场营销者如若对宗教知之甚少或是一窍不通,就很容易在国际市场营销活动的过程中冒犯了别人而不自知。如法国的香奈儿时装公司非常不明智地将《古兰经》中的诗文绣在夏季时装展览会展出的裙子上,设计师说该设计取材自一本关于印度泰姬陵的书,他觉得很美,但并不晓得它的含义。这一行为让穆斯林组织觉得亵渎了《古兰经》,为了平息他们的怒火,香奈儿公司只好销毁所有的带有这些图案的裙子以及相关的照片底片。毫无疑问,香奈儿公司并不想冒犯穆斯林,因为它的一些大客户本身就是伊斯兰教信徒。

3. 学校

教育作为重要的社会制度,对文化的各个方面都产生影响,从经济发展直到消费者行为。如识字率对国际市场营销就有着深远的影响。与仅靠符号和图画进行交流的市场相比,和能够"识文断字"的市场进行交流显然要容易和简单得多。

4. 媒体

随着电视、网络等新技术的普及,媒体在人们生活中的重要性越来越大,人们花费在媒体上的时间也越来越多。营销中间手段的变革使得人们的市场选择越来越多,对于企业来说,同样也是如此,自1995年中国中央电视台广告黄金时段开始招标以来,许多国内的企业和企业家为之狂热,2004年宝洁登上标王宝座后,标志着跨国公司开始关注和介入这一在中国极为有效的媒体形式。

5. 政府

政府可能会通过宣传来影响公众观点,或者通过宗教来影响公众的思维方式,或者通过制定相关法律来调控某些商品的消费,如许多政府对烟草的消费和市场营销行为均有着严格的法律限制。

6. 企业

大多数革新都是由企业导入社会的。在历史上,无论是过去的丝绸之路还是今天的空运或互联网,商人和企业都是创新成果传播的主要渠道。

第二节　社会文化价值观研究和消费者行为

各国文化千姿百态,各不相同,其根本原因就在于文化价值观(cultural values)的差异。荷兰学者霍夫斯特德(Greet Hofstede)将文化定义为"在同一环境中的人们所具有的共同的心理",认为社会文化是具有相同生活经验和背景的许多人所共有的心理程序,是使一个社会群体有效区别于别的群体的 DNA。

一、霍夫斯特德的社会文化价值观研究

霍夫斯特德在 20 世纪 70 年代末,进行了一次迄今以来最大规模的文化价值观调查研究,调查了 66 个国家 11.7 万位 IBM 员工,析出社会文化价值观的四个维度,即权力距离(power distance)、不确定性风险规避(uncertainty avoidance)、个人主义和集体主义(individualism vs. collectivism),以及刚性主义与柔性主义(masculine vs. femininity)等。

(1) 权力距离,指一个国家或社会中的人们感受到的上级和下属之间的权力或其影响力的大小,用来表示人们对组织中权力分配不平等情况的接受程度。相比较而言,东方文化影响下的权力距离指数较高,人们对不平等现象通常的反应是漠然视之或忍受。而西方文化影响下产生的权力距离指数较低,"权力意识"深入人心,使得他们对权力分配的不平等现象具有强烈的反抗精神。

(2) 不确定性风险规避,指一个社会感受到的不确定性和模糊情景的威胁程度。在任何一个社会中,人们对于不确定的、含糊的、前途未卜的情境,都会感到是一种威胁,从而总是试图加以防止。相对而言,在不确定性风险规避程度低的社会当中,人们普遍有一种安全感,倾向于放松的生活态度和鼓励冒险的倾向;在不确定性风险规避程度高的社会当中,人们则普遍有一种高度的紧迫感和进取心,因而易形成一种努力工作的内心冲动。诸如希腊、葡萄牙和比利时等国的社会文化中具有高度不确定性规避特征,员工偏好结构、稳定、规则和明确的指令,而较低不确定性规避的国家包括中国、爱尔兰和美国。

(3) 个人主义和集体主义,指社会中个人与群体的关系。个人主义指的是一种松散的社会结构,而集体主义则是一种紧密的社会结构。个人主义倾向于结构松散的社会组织,强调个人权利与自由,重视个人自身的价值与需求,鼓励依靠个人努力来谋取利益。集体主义则推崇成员之间的和谐,强调"群体之内"和"群体之外"的身份识别,保全面子在集体主义文化中至关重要,组织成员希望得到来自组织和团队的照顾,并对组织保持较高的忠诚。

(4) 刚性主义与柔性主义,即指社会中两性的社会性别角色差别清楚。刚性主义常常表现为自信、坚强和注重物质成就,而柔性主义则表现为谦逊、温柔和关注生活质量。一般可以从对性别角色定位的传统和保守程度、对获取财富的推崇程度、对人际关系和家庭生活的重视程度等方面去考虑刚性主义和柔性主义的区别。倾向于刚性主义的社会文化以更加传统和保守的方式定义性别角色,而柔性主义文化主导的社会对于男女双性在工作场所和家庭中扮演的角色持较为开明的观点。根据霍夫斯特德等学者的研究,斯堪的纳维亚国家具有最富柔性主义的文化,而日本则存在显著的刚性主义文化。

(5) 长期和短期考虑。在霍夫斯特德的研究中,此维度刚开始并没有纳入中国样本,

后来他与迈克·邦德(M. Bond)及一些中国学者合作,基于儒家价值观提出了新的研究方法,并进行了新的研究,补充了他的学说,提出了第五个社会价值观维度,即长期和短期考虑。长期考虑取向的社会文化倾向于关注未来,重视节俭,习惯于丰裕的储蓄和为将来投资,对社会关系和等级关系敏感。中国在所有的研究社会样本中长期考虑的指数最高。在短期考虑倾向的社会文化中,关注社会责任的履行,关注当期的利润成果,管理者在逐年或逐季对员工进行的绩效评估中偏重于利润指标体系。

二、克拉克洪和斯托德伯克的社会文化研究

相对于霍夫斯特德的跨文化理论分析体系,美国人类学家克拉克洪(Florence Kluckhohn)和斯托德伯克(Fred Strodtbeck)提出的六维跨文化价值导向分析架构更为直观。

1. 与环境的关系

人们应该服从环境,与环境保持和谐的关系,还是应该去努力控制和改变环境?根据对此问题的不同态度,可以将文化区分为宿命的文化和进取的文化两种。如西方文化历来相信人类能够控制和改变环境,以儒家文化为主导的中国传统文化则更希望和环境之间保持一种和谐的关系,顺其自然,天命不可违。

2. 时间取向

不同的社会对时间的价值观是不一样的,一般而言,可以分为过去、现在和未来三种取向。如西方文化往往将时间看成一种紧缺的资源,比较关注现在;而中国文化在传统上则倾向于以一种长远的观点看待时间,明日复明日,时间是唯一取之不竭的资源。

3. 人的本性

人的本性究竟是善,是恶,还是两者的混合?中国儒家学派的"圣经"《三字经》的开篇之言就是"人之初,性本善",中国文化认为一个人在本质上应该是诚实、善良且可信的。

4. 行为取向

西方文化崇尚的是人人都负起其应负的责任,重视成就;而中国文化在行为取向上则偏重于内省和控制。

5. 责任聚焦

文化还可以按照责任中心导向来区分。如很多西方文化的属性是高度个人主义的,他们相信一个人在社会上的责任首先就是做好分内之事;而中国文化更倾向于注重集体。

6. 空间观念

如中国社会组织中的授权严格按照等级进行,而西方社会里的组织特性则倾向于授权的有效性。在大多数欧美职业经理人眼中,组织的目的并不在于显示"谁比谁有权",而是"协调"。

三、爱德华·霍尔的社会文化研究

系统地研究跨文化传播活动的第一人、美国人类学家爱德华·霍尔(Edward Twitchell Hall Jr.)在他的《隐藏的维度》(The Hidden Dimension)一书中首创了空间关系学和私人空间的概念,他认为对空间关系的运用可以和语言一样能传达信息,注意观察对方的脸或其他肢体动作语言,有时甚至能够比语言获得更多的信息。通过研究北美印第安人的历

史,霍尔创立了一种独特的文化交流模式,用来强调非语言信号传递和交流的重要性,这种模式对于研究不同文化人群之间的互动、探寻他们不能互相理解的原因有着极为重要的意义。

霍尔对于社会文化价值观的研究贡献主要在于其确立了"高语境文化"与"低语境文化"的概念。

近年来,不断有研究发现霍尔的"高语境文化"与"低语境文化"体系和霍夫斯坦德的社会文化价值观五维体系之间有着很强的联系。例如,低语境的美国文化在权力距离上得分相对低而在个人主义上得分高;而高语境的中国和日本文化在权力距离上得分高而在个人主义上得分低。基于一些跨文化市场营销的研究,我们可以给出主要的社会文化维度及其分别在"高语境文化"与"低语境文化"情境下的表现,如表6-1所示:

表6-1 社会文化维度比较

社会文化维度	低语境文化	高语境文化
社会文化导向	信息导向	关系导向
集体主义/个人主义倾向	个人主义	集体主义
权力距离	低	高
贿赂	不普遍	较普遍
与英语的距离	小	大
时间观念	单一	多种
沟通方式	互联网	面对面
关注点	前景	背景
提高效率的路径	竞争	减少交易成本

四、社会文化价值观研究的融合

尽管克拉克洪和斯托德伯克与霍夫斯特德就社会文化差异的研究所采用的指标体系和强调的重点有所差别,但它们之间还是存在很多相似之处,如克拉克洪和斯托德伯克的"时间取向""责任聚焦""空间观念"等指标与霍夫斯特德的"长期和短期考虑倾向""个人主义与集体主义倾向""权力距离"指标之间就甚为接近。

虽然不一定每一种文化都能够显著地用每一个分析体系进行甄别,但这一种对社会文化进行比较分析的模式在国际市场营销活动的很多方面还是非常有用的。首先,社会文化价值观体系为我们提供了一个简单的、符合逻辑的推理方式,用以识别社会文化的差异。比如,美国文化是低语境、个人主义、低权力距离而且所用语言明显为英语、贿赂不普遍、单一时间利用方式、语言直接、关注前景而且通过竞争以达到效率,是一种典型的信息导向的低语境文化。相应地,中国文化则是高语境、集体主义、高权力距离、中文与英语相差甚远、贿赂比较普遍、多种时间利用方式、语言含蓄、关注背景、习惯于通过降低交易成本来达成效率的提高,所以,中国文化基本上可以归结为典型的关系导向的高语境文化。

社会文化价值观体系的分析模型对国际市场营销活动最有用的方面,在于其可以帮助我们对不熟悉的文化作出预测。比如你可以推测特立尼达是信息导向的文化,而俄罗斯是关系导向文化,诸如此类。此外,语言距离的衡量对每一个国家或个人都是可行的。

所以,我们可以认为一个将中文作为母语和第一语言的营销者的文化价值观会更多地倾向于关系导向的高语境文化。

每一个国家和地区的人们都对其自身的文化充满感情,都倾向于认为自己的文化最好。对各个国家和地区之间社会文化差异的敏感性必须精心培养才能够达成,其中最重要的就是要认识到,在各种社会文化之间仅仅是差异和不同,而没有对错和好坏之分。如果不了解某一国家的文化,不了解其审美价值观,就难免会遇到许多问题。如日本人崇拜仙鹤,认为仙鹤能带来好运;反之,因为在日语中"4"与"死"同音,所以应尽量避免数字"4",在日本出售的茶杯一般都是五件套而不是四件套。养成对文化的敏感性会有助于在国际市场营销活动中消除误解,增进交流,从而增加国际市场营销的成功率。

第三节 社会文化特征与国际市场营销活动

一、社会文化特征

就社会文化而言,主要存在六个方面的特征:

1. 文化源自后天的学习,不是天生的

文化的传承是通过后天习得的,而不是通过遗传。如对于食品和饮料的口味偏好对消费就有重要影响,并且在不同的文化中有着巨大差异的表现,这些差异都是后天形成的。人对食物的需要不属于文化的范畴,但吃什么,何时吃,以及怎么吃却是后天习得的,不同的民族和群体就形成了不同的饮食文化,如中国人吃饭大多用筷子,西方人一般用刀叉,阿拉伯人喜欢用手抓饭吃;韩国人吃狗肉,而欧美人认为"狗是人类最好的朋友",吃狗肉是不可思议的事情。

2. 文化具有强制性

同一种营销行为,在一些社会文化背景下应该极力回避,而在另外一些社会文化背景下却必须照办,这就是社会文化复杂性的体现。例如,日本人认为长时间盯着别人是不礼貌的,必须避免。但是对阿拉伯和拉丁美洲的商人来说,眼神交流非常重要,否则将被认为是躲躲闪闪而缺乏诚意。

3. 文化具有选择性

文化的选择性是指某些文化习俗和惯例,对于来自不同文化的人可以选择愿意遵守或者参与,也可以选择不遵守或者不参与,但是必须允许遵守和参与。例如在打招呼时,你不必亲吻对方(尽管这是一些国家的习俗),不必食用与自己饮食习惯不符的东西(只要你的拒绝是有礼貌的),也不必喝酒精饮料(因为健康、个人喜好或宗教原因)。而另一方面,象征性地学习对方的习俗也是必要的,有利于建立友好关系。日本人不期待西方人像他们一样鞠躬,也不期望西方人能理解他们的这一礼节,但象征性地点头,可以表示你对日本文化的兴趣和敏感,被认为是友好的姿态,这也就可能为国际市场营销活动中建立良好的信任关系铺平道路。

4. 文化具有排他性

世界上每个民族都有自我民族优越感,也就是排他性。法国人费雷德里克·尼厄兹什说:"我只相信法国文化,至于所有其他在欧洲自称为'文化'的东西我都认为是一种误解"。每个国家的人民都从心底里认为自己的民族是最优秀最聪明的。美国人认为美国最大、最好、最新、最富;西班牙人认为自己最勇敢;日本人认为自己最彬彬有礼;中国人认为自己的历史最悠久、最灿烂;德国人认为自己办事最严谨;意大利人虽然很谦虚,经常在外人面前做自我批评,但是如果你问他们哪个国家的行为最规范,他们会毫不犹豫地告诉你是意大利。对于一种不一样的文化,完全了解和接受几乎是不可能的。正如一个古老的故事所描述的那样:一对80来岁的夫妇坐在火炉边,回忆自己的生活往事。妻子对丈夫说:"约翰,除了你我之外,人人都有点怪,甚至你有时也有点怪"。

5. 文化具有适用性

任何民族的文化都必须适应自然和社会环境。随着经济全球化进程的加快,各国相互之间的交流日益增多。如果一个民族的文化与其他文化格格不入,或有损于其他民族的文化,这种文化就很难持续存在,如果人们固守这种文化习俗,最终就可能要与这种文化习俗同归于尽。一个民族要想世世代代在这个"地球村"生存下去,那些非适应性的社会文化习俗可能会被逐渐放弃,而适用性的文化习俗则可能会长期持续下去。

6. 文化是不断变迁的

公元前6世纪时,希腊哲学家赫拉克利特(Heraclitus)在他每日去洗澡的河边发现了这样一件事实:即"人不能两次踏进同一条河流",因为水是一刻不停地在流动的。如同流动的水一样,一个社会的文化也是在不断变化的。在20世纪初期,欧洲出现了一种不信任和强调民族优越感的文化氛围,这是造成灾难性的第一次世界大战的根本原因。进入21世纪,西欧文化逐渐接纳了新的欧洲联盟。可以说,世界上没有一成不变的文化模式。在一个社会,10年前被禁止的行为现在可能已被接受,并变成一种规范的行为。文化变迁是一种永恒的社会现象,文化只能在不断变迁中获得发展和进步。

二、社会文化的构成要素

要了解一种文化,就必须从文化的构成因素入手。一般而言,社会文化要素主要包括物质文化、语言、宗教信仰、教育和审美观等内容。

1. 物质文化

物质文化的差异能够在一定程度上解释许多消费品需求水平和种类上的差异。为了适应物质文化环境的差异,国际市场营销者常常必须调整其产品。如在中国的饮料市场,因为作为主要零售渠道的连锁零售商店的货架空间十分有限,冰箱市场也主要是以中小型为主,在中国生产和销售饮料就不能像在欧美市场上那样采用大包装为主,单体容量应该以1升至1.5升较为适宜。

物质文化可以从技术和经济两个方面综合来看待。技术是指一个社会的人们所拥有的技能,将其作用于一定的生产要素,就可以形成特定形式的产品和劳务。技术成果的实现常常会受到经济条件的制约。这里的经济条件有两方面的含义:一是指企业的经济条件,若企业的经济条件有限,技术物化成产品的过程就会受到限制;二是指消费者的购买力水平,若消费者的收入水平低,产品就会卖不出去,进而限制技术的发展或使技术根本发挥不了作用。物质文化影响着一个社会的生产、销售、消费和交换的手段,影响着劳动者获得收入的方式,同时,也决定着社会的需求水平、所需产品的品种、质量和使用特点。

如在一个电力基础设施不发达的国家,收入水平连基本的温饱问题都得不到解决,要想销售电器或者电子产品则会是非常难的。

2. 语言

语言被认为是人类区别于动物的最重要的特征。人们使用语言交流思想,解读环境。对国际市场营销者而言,语言的两个方面至关重要,即作为文化交流的工具和国际市场上语言的高度多样性。如果不注意外语使用过程中的准确和精炼,就可能导致国际市场营销活动的意外失败,如2012年底,中国南车株机的海外营销团队在一个北欧项目上经过两年多的艰苦努力,离竞标成功只有一步之遥,最终却因方案翻译中的一个黑色幽默式的错误,将"雨刮器(Wiper)"翻译成了"抹布(Wipe)",最终导致整个方案被对方技术专家否定。[①]

作为沟通的媒介,语言包括表述语言和无声语言两个部分。表述语言是指人们相互交流时所发出的声音或所书写的文字符号,无声语言指人们用来传递信息的用肢体等表达的非言语沟通机制。不难理解,某个特定的手势在不同的文化背景下经常会传递出截然不同的信息。在日本,在对方的名片上写写画画,试图记下认识对方的线索,这是在礼仪上极不尊重的表现。无声语言在某些社会甚至很可能会涉及一些文化禁忌。

国家之间,甚至是一个国家之内的多种语言的差异是国际市场营销活动遇到的最大最直接的挑战。语言常常被认为是映射文化的一面镜子,无论在国内还是国外都存在着差异。如在幅员辽阔的中国,虽然文字基本统一,但是各个地方的地方口音千差万别,虽然中国有要求统一普通话标准发音,但是地方的方言依然存在。在欧洲,很多国家都是多种官方语言并存的,如荷兰,官方语言就包括荷兰语和英语;在意大利,官方语言则包括意大利语、德语、法语和罗曼什语四种语言。

同一种语言在意思和表达上也存在着巨大的差异,英语便是一个很好的例子。在一个英语国家听起来毫无恶意的英语词,在另一个国家却常常可能带有愚蠢或险恶的意味。国际市场营销者必须学习的文化因素中,语言也许是最难的要素之一。因此,绝不可过高估计自己运用别国语言的能力。一般来说,要充分理解一种语言的真实含义,必须在那种语言环境中生活和体验过相当长的一段时间。因为字典的释义与习惯语意不尽相同,没有哪本字典能穷尽一种语言的习惯用语,而且随着社会的变迁,这些习惯用语也在不断地更新和发展。那些对商标和广告语言的粗心翻译不仅会词不达意,而且可能表达相反的意思。

对广告语或产品标注的误译常常会引发错误或曲解。小贴士6-1所示为国内某五星级宾馆以洋泾浜英语标示的宾客须知,这种在国内许多场所都可以看到的误译无疑会给客人留下不良印象。跨国公司在中国的境况也是类似的,许多跨国公司在中国确定品牌或名称的时候试图既结合中文的积极意义,又要听起来富有全球化的味道,结果常常会出现类似于这家五星级宾馆的洋泾浜词汇而贻笑大方。当然,也有十分成功的例子,例如Oracle在中国被定名为"甲骨文"这一极具中国文化内涵的名字,其直译的意思是记录数据与信息,与公司的核心业务也正好吻合。

---

① 资料来源:《高铁出海因翻译错误丢订单:把雨刮器译成抹布》,载《中国经济周刊》2014年第12期。

一个成功的国际营销者,必须能灵活运用当地的语言。其重要性不仅体现在表达意思,更重要的是体现一种亲切感。若不能克服语言上的障碍,纵有良好的营销策略,亦是枉然。如小贴士6-1所示,作为一家涉外酒店,如果连顾客须知都不能用规范的英语来表达,无论其硬件多么豪华和舒适,内在软件的拙劣也会让国际旅行者望而却步。

小贴士 6-1

中国某五星级宾馆的顾客须知[①]

1. Show the valid ID card as stated when registering with the Front Office.

2. Please don't make over or put up your guest or your relatives or your friends for the night without registering.

3. Please don't damage and take away the furniture and equipment in the hotel or something borrowed from the Main Tower and change their usages. If happened, We will claim for damage and loss.

4. Please don't take the things which are subject to burning, explosion, rolling into the Main Tower. Please throw the cigarette and march into the ashtray when smoking in the room. Please don't smoking when lying in the bed.

5. Please don't commit illegal behaviors like gambling, smuggling, whoring, selling drugs. Please don't pick fruit and flower and vomit anywhere. Please don't take the animal and usual smell things into the hotel.

6. Keep quiet in the hotel, please don't fight and get truck and create a disturbance in the hotel. The security department will handle the person who damage severely, the order endanger others' rest, even body safety, according to public security clauses.

7. Guest are advised to deposit their valuables in the Front Office safe. In case of burglary or theft, the hotel haven't responsibility for it.

8. Please don't use dangerous electrical equipment except hair drier, shaver.

9. The service hour of the hotel is 8:00 am to 10:00 pm the visitor should Leave the hotel before 11:00 pm.

10. Please pay attention to and observe all regulations of the hotel. The hotel have access to depriving the quantity of staying of the people who transgress the rules above and neglect the dissuading.

3. 宗教

宗教是对超自然力量的一种信仰,是人类社会发展到一定历史阶段出现的一种文化现象,属于社会意识形态。其主要特点是相信现实世界之外存在着超自然的拥有绝对权威的神秘力量或实体,使人们对该力量产生敬畏及崇拜,从而引申出信仰认知及仪式活动。每个已知的文化中都包含或多或少的宗教信仰,它们或明了或令人疑惑地试图完美

---

① 资料来源:中国某五星级宾馆的顾客须知。

解释这个世界。当某些行为典范在特定的一个文化中得到确立时，它就将在这个文化中打下深深的历史烙印。即便宗教在形式、完整度、可信度等方面都因不同文化而不同，但人在社会中还是不可避免要受到宗教影响。

世界上主要的三大宗教为基督教、佛教和伊斯兰教。基督教发源于犹太教。全球约有15亿至21亿的人信仰基督教，占世界总人口的25%—30%。基督教在发展进程中分化成许多派别，包括天主教（中文也可译为公教、罗马公教）、东正教、新教三大派别以及其他一些影响较小的派别。佛教是三大宗教中最早的宗教，发源于约公元前600多年的古印度。佛教是唯一不参与政治、军事的纷争，不与其他宗教信仰的地区和国家发生冲突和战争，主张平等慈悲和最早提出因果报应，主张一切众生皆有佛性、皆可以修行成佛的宗教。佛教主要盛行于亚洲的一些国家和地区，在西汉末年经丝绸之路传入中国。伊斯兰教主要分为逊尼派和什叶派两大派系[①]，以及一些小派系，逊尼派被认为是主流派别，又被称为正统派，分布在大多数伊斯兰国家。中国穆斯林也大多是逊尼派。截止到2009年底，穆斯林总人数约15.7亿，分布在全球各个国家和地区，约占全世界总人口数的23%。

在生产力发展水平低下的社会里，人们对于事实关系的认识是零散的、模糊的、直观的、反逻辑的和主观的，此时的科学缺乏理论性、精确性、抽象性、逻辑性和客观性。科学与宗教是相互促进、平行发展的。在人类发展的早期，科学是从宗教理论中分化出来的：首先，从宗教学中分离出哲学，再从哲学中分离出物理和化学，然后再分离出众多的社会科学和自然科学；语言、文字、绘画、舞蹈、诗歌、音乐等，往往通过宗教的形式进行广泛的传播，有力地促进了科学的发展；许多宗教人员同时也是文学艺术与科学技术的发明者和创造者。在人类的早期，宗教孕育和哺育着科学的发展，是科学的母亲。到了现代社会，宗教在一定程度上成了科学的对立力量，又反过来阻碍着科学的发展。

宗教对社会体系及营销成果的影响不可低估，它对教徒的人生价值观、生活方式、风俗、消费目的和习惯等方面都会产生巨大影响。在许多国家，来自宗教的影响力远远超出个人或家庭的影响力，如在阿拉伯国家，人们对食品、服装和行为的接受与否往往受宗教影响。在一些社会的信仰体系中，迷信的作用不可忽视。本国人认为迷信的东西可能是另一种文化体系的重要部分，对其他文化中的迷信掉以轻心可能会使企业付出巨大的代价。如算命、看手相、占卦等是亚洲许多地区文化中不可缺少的组成部分；西方人的迷信则另有一套，如忌讳13，尽量避免从梯子底下通过等。有鉴于宗教的禁忌，许多跨国公司常常不得不调整其营销组合计划。如为了迎合印度教信仰者，印度的麦当劳店不出售牛肉汉堡，甚至如小贴士6-2所示，连炸薯条也不得使用牛油；出于对当地穆斯林的尊重，菜单上不能出现猪肉类食物等。

[①] 两派的区别主要在于对于穆圣继承人的合法性的承认上。按什叶派的观点，只有穆圣的女婿兼堂弟阿里及其直系后裔（即穆罕默德·哈希姆家族）才是合法的继承人，而逊尼派则认为哈里发只是信徒的领袖，因此穆圣宗教领导人身份的继承者，无论是谁，只要信仰虔诚，都可以担任哈里发，也就是承认阿布·伯克尔、欧麦尔、奥斯曼前三任哈里发的合法性。不管是逊尼派、还是什叶派，都是穆斯林兄弟。他们都信仰同一部《古兰经》，遵圣训，诚信真主独一，承认穆圣是真主派给人类的最后一位使者，并认同真主的独一、全知、全能、本然自立、无始无终、无重量、无动静、无匹敌、不占据时空、无形无相、公正，是宇宙最高的完美存在。

小贴士 6-2

用牛油炸薯条?麦当劳在印度的宗教危机[①]

麦当劳是在1996年10月进入印度的。出于对当地印度教徒的尊重,麦当劳第一次从食谱中放弃了牛肉;为了迎合印度的穆斯林教徒,继而又放弃了与猪肉有关的食品;最终改用羊肉作汉堡。"巨无霸"里常常夹的是鸡肉和当地的辣酱。

麦当劳的素食品是在厨房里另辟的专区内制作的,所有的配料都从当地供应商那里采购。尽管处处小心谨慎,但仍出现了"麦当劳用牛油炸薯条"的谣言,在几小时内便掀起轩然大波。当地媒体在此事件上大做文章,致使孟买的麦当劳分店遭到愤怒的暴民围攻。印度的麦当劳意识到必须要对此作出迅速的回应。他们制作了宣传单,张贴在各个分店里,上面写着"印度的麦当劳出售的是100%素炸薯条"。公司还会晤了当地的媒体和政府官员,向他们提供样品和信息。此外,麦当劳立即将样品送往先进的实验室,以取得不含牛油的科学证明。

谣言爆发两天后,麦当劳在孟买和新德里召开了记者招待会,薯条供应商现场再次出示证据,证明其素炸食品中不含动物油脂。

在亚洲的许多国家,古代中国的风水观在公司建筑和零售店设计和布局上仍然有着重要的影响。风水观认为,建筑结构及室内物品的正确布局能给居住者和来访者带来好运。好的风水能够使天地的灵气贯通于建筑之内,并能祛邪避祸。

在许多国家,宗教还决定了节假日的时间表。在像斯里兰卡这样有好几个官方认可的宗教(印度教、佛教和伊斯兰教)的国家,安排国际市场营销活动的时候一定要仔细地查看日历表,以免与宗教节日发生冲突。另一方面,宗教节日经常诱发广告大战,或带来意外的市场机会。在西欧的许多国家,主显日(12月6日)是玩具公司和糖果生产商的重要日子。斋戒月(伊斯兰日历第九个月)也正越来越成为一个商业化的日子,在开罗和安曼等中东地区的大城市里,如今的斋戒月充满了圣诞节一般的节日气氛。

妇女在社会中的地位在很大程度上受到当地宗教的制约。在大多数伊斯兰国家和地区,涉及妇女的市场调查步履维艰,宝洁洗发水面向中东国家和地区消费者的电视广告中,女演员只能甩给观众一头飘逸的长发而绝对不能出现面容。

4. 教育

教育是文化得以代代相传的最主要的载体。对于国际市场营销者而言,教育的两个方面的属性最为重要,即教育的水平和质量。就教育的水平而言,各个国家和地区彼此存在着很大的差异。在大多数发达国家或地区,都会通过法律规定平等给予所有国民一定年龄的义务教育,而在另外一些国家和地区,因为经济不发达或者宗教信仰等问题,如部分穆斯林国家,教育甚至还只是男性的专权。因此,在这样的社会里,男性的社会地位高于女性,其受教育的状况也远远胜过女性。在中国的传统文化中,类似于这样的状况也一直被社会统治强权维系着而存在了很多年。总人口中文盲的比重是说明一个国家教育水

[①] See Food for Politics, Far Eastern Economic Review, October 24, 1996, p. 72; McDonald's Averts a Crisis, Ad. Age Global, July 2001: 4.

平的重要指标,随着技术的进步和经济的发展,关于文盲的定义也在不断更新之中。根据联合国最新的关于文盲的定义标准[①],如果一个人不会看地图或者不会使用计算机,那么这个人就会被列入信息时代的"新文盲"之列。某些技术领域人才的短缺迫使跨国公司不得不相互竞争以寻求稀缺人才的加盟,甚至到境外招募人才。

除了教育水平,国际市场营销者还需要对教育质量格外留意。教育能满足企业的需要吗？那些有着光鲜学位的年轻人,真的具备企业所需要的才能、是企业渴求的人才吗？例如,在中国,尽管有大量技能高超的软件工程师,但中国软件公司的产量却仅相当于全球软件业总产量的1%。中国软件产业发展缓慢的原因便在于文化,在于有能力监督和管理大型项目的管理人才的短缺。

5. 审美观

审美观是指一种文化对于美感和好感所特有的观点和看法。不同文化的审美偏好之间有着极大的差异,但是这种差异在多数情况下是属于地区性的,而非民族性的。在亚太地区,审美观受到三个方面的驱动,即复杂性和装饰性(多种式样、形状和色彩),和谐性,以及自然展现(如山川、花卉和树木等)。

颜色同样有着不同的含义和美感。不同的颜色在不同的社会文化背景下所激发的情感是不一样的。例如,黑色在香港和美国被看作"阳刚",而在巴西则被视为"庄重"。在中国文化里,红色被认为是喜庆的色彩,而黄色则代表欢乐和权力。在日本,浅淡的色彩要比亮丽的色彩更受钟爱,因为它表现了温柔与和谐。既然颜色可以激发不同的联想,在国际市场营销活动中弄清目标国家市场上的消费者如何看待某种特定的包装、产品或品牌的颜色是至关重要的。

三、国际市场营销活动中的跨文化体现

由社会文化的特点可见,文化存在于国际市场营销活动的各个方面,如产品包装要符合目标国的文化消费品位,价格制定要根据各国消费者的不同价值观念和支付能力,广告促销要适合当地的风俗习惯等。

从某种程度上来讲,国际市场营销本身就是一种跨文化营销。社会文化在国际市场营销活动中的体现主要是文化的共同性和文化的差异性。

1. 社会文化的共同性

共性是所有文化中一致存在的行为模式。文化人类学家乔治·默多克(G. P. Murdock)在其经典研究《我们同时代的原始民族》中列出了文化共性的部分清单,包括音乐、体育运动、教育、舞蹈、装饰艺术、礼仪、食品禁忌、婚姻和贸易等。在国际市场营销中,文化的共同性是指同一文化在不同国家的商务活动中有相同的意义,如微笑表示友好,脸红表示尴尬,挥手表示再见。卓别林在无声电影中的精彩表演,受到了世界各国人民的广泛欢迎,说明他的人体语言得到了全球各种文化背景的受众的共同理解,人体语言在不同的

[①] 联合国最新定义的新世纪文盲标准分为三类:第一类,不能读书识字的人,这是传统意义上的老文盲;第二类,不能识别现代社会符号(即地图、曲线图等)的人;第三类,不能使用计算机进行学习、交流和管理的人。后两类被认为是"功能型文盲",他们虽然受过教育,但在现代科技常识方面,却往往如文盲般贫乏,在现代信息社会生活相当困难。专家估计,如果按照联合国上述三类文盲的划分标准,即使像北京这样的经济文化发达的地区,文盲数量也会超过百万人。

社会文化中有着一定程度的共同性。

文化全球化的趋势,使得许多关于衣服、颜色、音乐以及食品饮料的风格的民族性观点正在变得越来越相近。可口可乐、百事可乐、麦当劳、肯德基就是利用文化共性在全球市场中的商机成功进行国际市场营销的典范。对于国际市场营销者来说,必须要了解文化的共性,从而在其营销方案中实行部分标准化,降低成本,成功营销。

2. 社会文化的差异性

社会文化差异是指不同国家、不同地区、不同民族在历史、政治、经济、文化传统及风俗习惯等方面的差异。同一种行为对一种文化的成员是可以接受的,而对另一种文化的成员来说,却可能会不被理解和接受。文化差异在国际市场营销中主要表现为言语差异、非言语差异、风俗习惯差异和宗教差异。

(1) 语言差异。语言和文字是社会文化中最具特征、区别最明显的一个要素。国际营销者只有熟悉东道国的语言,才能搞好当地的营销工作。一家美国公司发现,他们在英国市场上推出的软而湿的 Otis Spunk Meyer 松饼不受欢迎,原因在于"Spunk"在英国和其他很多英联邦国家的俚语中是"精液"的意思。除了口头表达的语言,还有一种更为重要的更具隐蔽性的语言,就是肢体语言。有研究显示,世界上85%的沟通都属于肢体语言的沟通,但肢体沟通在不同国家也有着较多的不同理解,如用食指和拇指形成的圈状手势,在美国表示"好",在法国表示没有价值,在巴西则意味着下流。阿拉伯人和拉丁美洲人与他人交谈时喜欢彼此离得很近,他们习惯的社会交流距离不到0.5米,而让美国人感觉比较舒服的社交距离则要远得多。

(2) 风俗习惯差异。生意约会迟到,在日本、美国和德国会被认为是无礼、没有教养和缺乏诚意,但是在意大利、巴西、印度和埃塞俄比亚等国家则属正常。跟美国人做生意,他们喜欢和习惯的是开门见山,讲究效率,希望在最短的时间内把所有的工作都完成,今天飞来,明天就飞走,但是对其他许多国家的谈判者来说,慢慢来、商量商量的习惯则非常流行,甚至是必须的。如与阿拉伯人的谈判,一开始就涉及业务问题会被认为是非常不礼貌的,他们喜欢先与你聊聊一些不痛不痒的其他无关问题,有时甚至一聊就是几个小时,如果你不能忍受这种方式,或者表现出不耐烦,你之前的所有努力都算是白费了。

(3) 宗教差异。宗教对人们的生活方式、价值观念、购买商品的选择和购买行为模式等方面都有着很大的影响。不了解宗教要求和禁忌,就无法开展营销活动。比如,去阿拉伯国家谈生意,最好避开斋月期;去欧美国家拜访,则应避开圣诞节。作为小礼品,赠送酒给俄罗斯人,会大受欢迎,而给阿拉伯人则是禁忌。

第四节 跨文化适应与国际市场营销沟通

一、国际市场营销者的跨文化适应

任何一个企业,任何一个国际市场营销者,都不可能完全摆脱其成长过程中所受到的社会文化因素的影响。文化不仅为日常的商业行为建立了标准,也形成了价值观和激励体系的一般模式。

在国际市场营销活动中,了解他国的商业文化、管理理念和消费者行为,并能够接受和适应这些方面的诸多差异是很重要的。在国际商务谈判中,常常会仅仅因为"那个人理解我们"而接受那个谈判者的建议。

跨文化适应是国际市场营销活动中的一种至关重要的态度,要能毫无保留地容忍、认同和接受"不同但却平等"的跨文化观念。要是能尊重他人的观念,自然就能处理好彼此之间社会文化方面的差异。跨文化适应的指导原则包括宽容、灵活性、谦逊、公平与公正、能适应不同的工作节奏、好奇心与兴趣、对他国的了解、喜欢他人、能赢得别人尊重和能入乡随俗。基于这些跨文化适应和应变能力,才有可能成为一个成功的国际市场营销者。

跨文化适应并不是让国际市场营销者抛弃自我去接受当地的习俗,而是要求他们对当地的习俗必须有所了解,并对那些可能引起误会的差异保持足够的警惕。因此,跨文化适应的关键在于先了解自己的文化,意识到自己的文化与其他文化之间所存在的差异,既保持自己的特点,又能够理解并且乐意接受和适应文化差异。如在中国,即便有时候对方会出于礼节性地欢迎"不吝赐教",但真的"赐教"在很多时候会使对方觉得"很没面子"。在德国,直呼其名被认为是一种不礼貌的行为,除非被要求那样做,通常德国人会用 Herr(先生)、Frau(女士)、Fraulein(小姐)加上姓氏来称呼对方。在巴西,如果对方在交谈中轻轻碰一碰你,请别介意,这并非是对你的个人空间的冒犯,而是巴西人表示友好和良好祝愿的方式。当不同文化相遇时,人们需要彼此宽容,并且乐意相互适应。

社会文化差异对于国际市场营销活动的影响既可能是障碍,也可能是促进,如邓宁(John Dunning)认为,国际企业在跨国经营过程中会存在一种潜在优势,即跨文化优势。在不同文化背景下,不同的社会文化习俗、信仰、市场状况、技术水平、人力资源和自然资源,往往可能会给国际企业创造丰富的市场机会和丰厚的利润回报。

二、国际市场营销活动中的跨文化沟通

跨文化沟通对于国际市场营销者而言,是一种最基本的能力。不能进行跨文化沟通的国际营销者是不可能成功的。沟通的方式有很多种,跨文化沟通主要包括面对面的语言沟通以及基于网络技术进行的沟通。

1. 语言沟通

如前所述,人与人之间的语言沟通包括发声语言沟通和无声的肢体语言沟通。在各种语言中,字词的意思相去甚远,所以大概没有哪一种语言能够毫不费力地翻译成另外一种语言。比如"marriage"一词,在一种语言中可能意味着爱,而在另一种语言中则意味着约束。国际市场营销者常常很难搞懂对方话语的内在含义,更难洞悉对方与发声语言同步或不同步的肢体等无声语言的言外之意。爱德华·霍尔在其早期的专著《无声的语言》(The Silent Language)中说,在有些文化中,信息是明确传达的,词语本身包含了要传达的大部分信息,而在另一些文化环境下,通过语言传达的信息不多,更多的是依赖于语境传达。霍尔将文化分为高语境文化和低语境文化,高语境文化下的沟通主要依靠语境(即谁说的,什么时候说的和怎么说的)以及非语言沟通,而在低语境文化中则更多地依赖于明晰的语言沟通。霍尔的研究结果将 11 种不同的语言按语境由高到低地排列为:日语、阿拉伯语、拉丁语、西班牙语、意大利语、英国英语、法语、美国英语、斯堪的那维亚语、德语和瑞士语。相比较而言,中文属于一种高语境文化的语言。

因为语境的差异，就同一个问题的同一个答案，日本人和瑞士人的表达可能相差很多甚至完全相反。低语境文化的人常常会因此而认为高语境文化的人的回答不够真实，但是从高语境文化的角度来看，他们其实是在力图维持一种和谐的关系。如在与日本人谈判的时候，你总是会听到对方不断地在说"哈伊"，而在与中国人谈判的时候，你也许总是会听到对方不断地在说"嗯"，甚至是"是的"，这个时候对于低语境文化的谈判者来说并不能因此而窃喜，因为对方可能只是礼节性地表示他听到或者理解了你说的而已，并不一定表示接受，更不表示赞同。在不同语境的社会文化环境中处理国际市场营销问题，显然是极具挑战性的。

近年来，随着全球化和全球经济的一体化，国际市场营销沟通活动遍及世界的每一个角落，尽管各个国家的人们都在不同程度地呈现出对社会文化差异的认同和接受，但千万不能忽视社会文化中根深蒂固的影响，如欧洲人在多年来的经济交往中似乎接受了美国的一些观念，但是千万不要指望他们会"美国化"。法国人一直以来都不喜欢美国人直呼其名的"恶习"，那些并肩工作了好几年的法国同事仍固执地习惯于用全名称呼美国的同事。法国人把权力距离的价值取向放在相当高的地位，而美国人则不然，这种差异在国际市场营销活动中极易导致文化上的误解。对于那些与中东有贸易往来的北美人来说，急于求成和缺乏耐心是他们最常犯的错误。一般情况下，只有在与对方有两三次私下接触后，阿拉伯人才会把谈话转入正题，因此，会见时间很可能要被延长。阿拉伯人一旦准备作出决定，就会变得非常干脆，但是他们不喜欢被催促，也不希望有最后期限的限制。

2. 网络沟通

因为网络不可能改变人们用自己的语言和文化来认识事物的程度，因此，在考察公司网站的可行性时，语言是首先需要考虑的因素。目前全球超过八成的网站所用语言均是英语，虽然随着英美等使用英语的国家和地区在全球经济领域重要地位的突显，英语俨然成为一种国际市场营销的通用语言，但是我们也不能不重视的现实是，多达35%的互联网用户根本看不懂英文信息。

如果一个公司想真正成为全球企业，就没有理由不让每一位浏览公司网站的人用他们自己的语言进行沟通。例如，戴尔电脑公司的网站就使用了多达12种语言。在国际市场营销的沟通过程中，理想的情形是代表公司的每个信息源，包括营销者和网站，都能够流利地使用外国客户的语言，并理解他们的文化，但对于大多数企业而言，这无疑是可望而不可即的理想状况。

在国际市场营销沟通过程中，除了语言要友好之外，还要注意审核符号及其他非语言表达方式，看其是否传递了错误的信息。即便是网站上常用的图标，在不同的社会文化情境下也可能会引起误解，比如，在希腊的文化中，举手击掌的图标意味着一种侮辱；在巴西的文化中，由拇指及食指表示的OK手势会激怒访问者；由两个手指构成的和平标志，如果转过来，对英国人来说则是很粗鲁的含义。另外，颜色在国际市场营销的跨文化沟通中，也可能造成意想不到的问题，如在一些中东文化中，绿色是一种神圣的颜色，不应该用来作为轻浮的网页背景色或产品包装的颜色。国际市场营销者是否使用电子邮件及使用率也会受到文化的影响。在高语境文化中的商务人士使用这种媒介的可能性明显没有低语境文化下的人多，因为高语境文化中的很多情景信息是很难简单地通过电脑和电子邮件来传递的。

三、社会文化差异与国际市场营销策略组合

文化是市场的基石,国际市场营销活动成功与否在很大程度上会受到当地文化的影响。社会文化差异因素之于国际市场营销活动,既可能是障碍,也可能成为机遇。

1. 文化与产品

在国际市场营销过程中,必须针对目标市场的社会文化需要对产品进行适应性的调整。通用汽车公司向中国市场投放某一款别克轿车时进行了一些针对中国市场的改动和调整,如在美国,该款轿车的主要市场对象是家庭用车,后排座位一般是孩子坐得比较多,但在中国市场上该车定位却是企业或政府用车,坐在后排的往往是公司老板和政府官员,因此,别克轿车不但对后排座位做了改善,加装了专门的空调和音响控制系统按钮,而且还加大了放腿的空间。为了适应中国的路况,该款轿车调高了底盘,排量从 3.0 降低到了 2.8,因为中国政府规定,只有部长级以上的官员才能坐 3.0 以上排量的汽车,而这个市场显然有点小了。

社会文化不但会影响市场上适销对路的产品的细节,而且会决定市场上消费者的购买动机。如在西方国家,钻石具有强烈的情感色彩,购买钻石的目的通常是表达爱情与浪漫,但是,在中国,消费者对钻石的诉求却并不一定具有同样的意义,而是与豪华轿车和房产一起被视为身份和地位的象征。从而,与西方人相比,中国人更偏爱于巨大而昂贵的钻石。

社会文化有时候可能会给新产品的研发创造机会。例如,在亚洲国家,许多文化认为白皙的皮肤与美丽、高贵和上流社会的生活方式相关联,而黑色皮肤则会使人联想到艰苦的劳动和困顿的生活。因此,在印度,皮肤美白市场以每年 20% 的速度递增,联合利华、雅芳等跨国公司在印度市场上利用这一机会开发和销售了大量肌肤美白产品。

2. 文化与定价

国际市场上的定价政策会受到顾客、企业本身、竞争和合作伙伴等多方面因素的影响。如顾客对于产品的购买偏好会随着社会文化背景的不同而有所差异。在一种文化下价值极高的产品放到另一种文化下可能会价值低微甚至一文不值。在发达国家市场上,许多产品的高价常常被视为质量上乘的标志,但是在新兴市场,高价则有可能会被消费者认为是一种欺诈和蒙骗。

价格尾数为 9(或 5)的奇数定价,如定价为 19.99 元而不是 20 元,是定价与文化相互作用的一个极好的例证。以 9 为价格尾数的方法被证明能够相对于 0 而大幅度提高销量。之所以会产生这样的销售效果,是因为这些"神奇的定价"让顾客认为物有所值。而在中国、新加坡等汉语文化社会,价格尾数经常是 8,而不是 9,因为在汉语中,8 的发音听起来很像发财的"发"字,代表着发财的意思。

3. 文化与分销

文化差异会对国际市场的分销策略形成影响。如美国化妆品生产商雅芳面对生活方式的变化,不得不对其直销模式在许多国际市场上进行微调。在中国,雅芳正在试图使用几种备选分销模式来销售产品,包括使用销售亭、在百货商店使用小型柜台、通过互联网销售、通过电视购物销售等。

文化差异所形成的障碍有时是可以被掌控的,如戴尔在中国的经验便是一个很好的例证。当戴尔首次在中国市场上采用直销以及按订单生产的模式时,许多人都对此持怀疑的态度,他们认为,在中国,不通过分销商而直接将电脑销售给公司客户会导致灾难性的后果,因为中国的许多交易合约都是在酒桌上达成的。然而,戴尔的商业模式在中国受到了普遍欢迎,公司的销售额实现了大幅增长。

4. 文化与促销

在营销组合的4个要素中,促销最容易受到文化差异的影响。如文化对企业在异国市场上的沟通战略有着重大的影响,在一种文化下非常奏效的广告风格在另一种文化下则可能会丧失效力,甚至引发轩然大波乃至演变成负面影响极为严重的危机事件。如2005年6月,麦当劳中国公司推出一种店堂内宣传电视广告,因其中有一位消费者拉着老板的裤管"求折扣"的画面,引起了中国消费者的极大反感,该事件迅速发酵,演变成了一个促销危机事件。尽管麦当劳在公开道歉后表示,这则广告的创意并没有任何的潜台词,但是其表现手法让一些顾客产生了一些基于自身社会文化的联想和误解,只能说麦当劳对中国的文化还是了解得太少了。

本章案例

家乐福在日本遭遇"水土不服"

一、家乐福兵败日本

2005年3月10日,世界第二大零售商法国家乐福公司宣布,以8000万欧元(约合1.07亿美元)的价格(约为这些超市2004年营业额的25%)将其设在日本的8家大卖场卖给自己的对手日本零售商永旺集团(Aeon),并从日本这个全球第二大零售市场全线撤退。尽管之前就有传闻家乐福可能会被迫撤出日本市场,并且还引发了进入日本没多久的美国零售商沃尔玛、日本零售商永旺以及掌控7—11便利店的伊藤洋华堂等巨头之间的收购战,但是这次退出行动步伐如此彻底和迅速,还是令各界人士大跌眼镜。

2000年,当家乐福杀入日本零售市场,在日本千叶县开设第一家大型超市时,曾经使得日本本土零售企业颇感压力,甚至有日本媒体惊呼,家乐福的进入意味着"毁灭日本流通业的巨大外资超市正式登陆"。这是一件具有象征性意义的大事,对业界的冲击非常强烈。

家乐福第一家店开业时,几乎所有日本大型零售商的高级管理者们都亲自前去考察。开业初期的日本家乐福店可谓是盛况空前,一群一群的消费者蜂拥而至,收银台前排起了长长的队伍,可惜好景不长,日本消费者对外资零售商的新鲜感减退之后,来家乐福的人数就明显地减少了。没多久,家乐福超市就变得门庭冷落。

家乐福登陆日本时决意要做日本零售市场的龙头老大的勃勃雄心被日本市场严峻的现实一点点击碎,最终只能选择黯然离开。

二、家乐福的成功基因

成立于1959年的家乐福集团是大卖场业态的首创者,是欧洲第一大零售商,世界第二大国际化零售连锁集团。现拥有11000多家营运零售单位,业务范围遍及世界30个国家和地区。家乐福集团以三种主要经营业态引领市场:大型超市、超市以及折扣店。此外,家乐福还在一些国家发展了便利店和会员制量贩店。

家乐福的成功在于精细、科学的管理,主要表现在4个方面:即选址的科学化;强大的商品管理机构;强大的电脑支持功能;简洁的组织结构、先进的经营理念和高效的现场管理。第一,家乐福在全球的选址一般遵循开在十字路口、3—5公里商圈半径等原则;第二,基于强大的商品管理机构的全球商品采购;第三,以电脑为主的、强大的完整的信息系统管理;第四,一次购足、超低售价、免费停车、自助服务、新鲜品质等特有的家乐福超市经营理念。另外,家乐福的成功还有一个重要因素,那就是控制成本:一方面是先进的管理方式,将家乐福的销售、常规的管理费用平均保持在销售额的15%左右,比其他超级零售商的22%—25%都要低;另一方面是家乐福直接从厂家进货的原则,通过对供应商的强势政策,面对众多厂家的代理商大范围采购和代理商之间的竞争来确保获得低价。

三、日本人眼中的家乐福

这里有两段来自日本消费者的原话:

1. "开业之前,我就对这家超市充满了期待,毕竟是法国资本的超市。香甜可口的法国点心、造型新颖的日用品、时髦的时装、鞋子、提包等,这些都是我想购买的东西。但是我也想过,它只是一家普通超市而已,不会像百货店一样卖名牌商品,应该是以便宜的价格销售法国产的日用商品吧。"这位顾客到家乐福后,"第一印象就是面积非常大","我期待中的造型新颖的法式日用品一样也没有,立刻感到非常失望。而且这里的商品价格并不便宜。可能大家也有同感,所以以后每次去店里,都发现买东西的人数在不断减少。我就想,这家店一定不赚钱。但是它的食品还是很好的,比如法式面包、葡萄酒、奶酪,品种丰富,价格也不错。特别是葡萄酒,既便宜又好喝,只要用400日元(约27元人民币)就可以买到很好喝的葡萄酒了。但它有吸引力的商品也仅是这3种而已……"

2. "在日本,贵重商品的销售旺季就在奖金发放的季节,而在这个季节,家乐福却把重点推销商品定为68日元一盒的纳豆(日本传统营养食品)、400日元一件的衬衫;在橘子销售旺季的年底时(日本年俗有吃橘子一项),却把推销重点放在了香槟酒上;在挂面最畅销的时候,它的货架上却摆放着大量的意大利通心粉……"

家乐福于2000年在日本千叶开设第一家大卖场时,是以"丰富的商品,优良的品质,富有吸引力的价格,亲切的服务,有如巴黎市场一样的氛围"为主题来推广自己的。日本大多数消费者之前也都把家乐福大卖场想象成充满法国味道的高级店铺,毕竟日本人对巴黎有强烈的向往,因此想买到大量真正的法国进口商品。但逐渐地,顾客发现这个超市与其他本土超市没有太大差别(尤其在商品结构上),而少量的进口商品也让他们很快就厌倦了。这样,来店人数不断减少。

案例思考题

1. 家乐福在欧洲国家与在日本的遭遇有什么异同?其在跨文化营销策略上是如何处理的?

2. 试从社会文化差异的角度讨论家乐福在日本应该如何调整其营销战略。

3. 结合家乐福在日本、中国、韩国等亚洲国家和地区的经营状况,找出家乐福在亚洲社会文化环境里经营的失败基因。

本章小结

国际市场营销是跨国界的商务活动，不可避免地要与不同文化背景的外国商人打交道，文化背景不同，对同一营销商务活动就很少有相同的看法，大多数都是有不同的看法，不了解这一特点，常常会导致营销活动失败。一个成功的国际市场营销者，必须重视文化的影响。在经济日趋全球化，文化日益交融的今天，企业在国际营销过程中应重视分析文化环境，识别不同价值观之间的差异，制定相应的跨国营销策略。

经营行为很大程度上源于所在国的基本文化环境，由于受到各种文化和亚文化的影响，变得极为多样化。对社会文化环境因素的认识显著地影响着国际商务人员的态度、行为和观念。他们的动机模式一定程度上取决于其个人的社会文化背景、在企业中的地位、权力来源以及个性。各种各样的动机模式不可避免地会影响在不同国家的经营方式。在有些国家营销者通过竞争谋取发展，而在另一些国家营销者却不遗余力地通过消除竞争取得优势和利润。接触程度、伦理取向、对谈判的看法以及经营活动的几乎各个方面都会因国而异，因文化背景而异。国际市场营销者对其中的任何一个方面都不能想当然。

近年来，国际市场营销者对不同文化间的差异似乎越来越敏感，但社会文化之于国际市场营销活动而言，仅有敏感是远远不够的，他们还应刻意保持警觉，并能够在必要时作出调整。要知道，一个外国人无论在这个国家呆多久，也成不了当地人，不要以为自己了解了一种文化，那种文化就一定会接受自己。

重点概念

社会文化	文化	文化的敏感性	文化的选择性
文化的排他性	权力距离	不确定性风险规避	个人主义和集体主义
刚性主义与柔性主义	长期和短期考虑	高语境文化	低语境文化
新世纪文盲标准	跨文化适应	跨文化沟通	语言差异
风俗习惯差异	宗教差异	社会文化的共同性	社会文化的差异性
基督教	佛教	伊斯兰教	物质文化
教育	审美观		

复习思考题

1. 为什么国际市场营销者必须认真研究文化？社会文化是如何影响国际市场营销活动的？
2. 对社会文化形成影响的社会机构有哪些？作用分别如何？
3. 简述霍夫斯特德的社会文化价值观体系及其研究背景。
4. 简述克拉克洪和斯托德伯克的社会文化价值观体系。
5. 简述爱德华·霍尔的社会文化价值观体系。
6. 试比较霍夫斯特德、爱德华·霍尔以及克拉克洪和斯托德伯克的社会文化价值观体系的内在关系。

7. 社会文化都有哪些特征?
8. 社会文化的构成要素包括哪些?
9. 如何认识"国际市场营销本身就是一种跨文化营销"?
10. 试分析"社会文化差异对于国际市场营销活动的影响既有可能是障碍,也有可能是促进"。
11. 简述社会文化差异与国际市场营销策略的组合。
12. 简述世界上主要的三大宗教。
13. 试讨论"文化渗透在一切国际市场营销活动中"。
14. 语言方面的差异会给国际市场营销者带来哪些问题?
15. 假如你要提供一份关于某个国家的潜在市场的文化分析报告,你将如何做?列出你的工作步骤并予以简要说明。
16. 试谈谈对"对待社会文化之间的差异既要认识到不同,又要平等处置的观念"的认识。
17. 与高语境文化背景和低语境文化背景的人打交道的时候分别应注意什么?

参考文献及进一步阅读材料

1. Hofstede G., Culture's Consequences: International Differences in Work-Related Values, Beverly Hills CA: Sage Pubications, 1980a.
2. Hofstede G., M. Bond, "The Confucius Connection: From Cultural Roots to Economic Growth, Organizational Dynamics, Spring 1988, Vol. 16(4): pp.5—22.
3. 〔美〕加里等:《科特勒市场营销教程》,俞利军译,华夏出版社2004年版。
4. 〔美〕拉斯库:《国际市场营销学》,马连福等译,机械工业出版社2010年版。
5. 艾德华主编:《营销道德与营销文化》,北京大学出版社2011年版。
6. 戴万稳:《跨文化组织学习能力研究》,南京大学出版社2007年版。
7. 恩格斯:《家庭、私有制和国家的起源》,天津人民出版社2009年版。
8. 哈佛商学院出版公司编:《营销者百宝箱:成功营销者的十大策略》,商务印书馆2008年版。
9. 李穗豫等编著:《中国本土市场营销精选案例与分析》,广东经济出版社2006年版。
10. 李业、何倩茵:《广州标致不同文化的融合与冲突》,载《中外企业文化》2002年第1期。
11. 卢泰宏主编:《营销在中国》,企业管理出版社2003年版。
12. 文风:《从广州标致公司的解体看跨文化冲突与整合》,载《科技进步与对策》2002年4月。
13. 闫国庆主编:《国际市场营销学》,清华大学出版社2007年版。
14. 叶生洪等主编:《市场营销经典案例与解读》,暨南大学出版社2006年版。
15. 赵曙明:《跨国公司在华面临的挑战:文化差异与跨文化管理》,载《管理世界》1997年第3期。

第七章 国际市场营销的政治与法律环境

本章学习内容

- 政治和法律环境
- 国际市场的政治风险
- 国际法律体系及国际商务争端司法管辖权
- 国际市场营销法律概览
- 中国企业跨国经营战略与政策分析

引例

枪林弹雨中的麦当劳南斯拉夫餐厅①

以美国为首的北约集团从1999年3月24日起,以维护南联盟阿尔巴尼亚族人的人权为理由,对南联盟开始轰炸,历时78天。在南斯拉夫受到空袭的时候,南斯拉夫国家媒体一再声明"北约是罪犯,是侵略者……"于是,在经过某夜的空袭之后,一些年轻人将南斯拉夫境内的麦当劳分店作为反美目标,捣毁窗户。麦当劳总部被迫下令临时关闭在南斯拉夫境内的15家分店。

面对此一严峻的形势,南斯拉夫的麦当劳经理使用了一个不寻常的营销策略,迅速扭转局势,使得麦当劳南斯拉夫餐厅得以在枪林弹雨中东山再起。这个策略就是把麦当劳的美国身份暂时弱化并搁置一边。

南斯拉夫的麦当劳经理们发动了一场宣传运动,把这家生产汉堡包的合资企业与普通塞尔维亚人的命运和生活疾苦恰到好处地联系起来。"麦当劳与全国人民共命运……"南斯拉夫麦当劳分店挂出了这样的标语,"这家饭店就像我们大家一样,也是北约的轰炸目标。要是它必须被炸掉,就让北约炸吧"。这场运动的一个重要特点就是把麦当劳视同一家南斯拉夫公司。为了迎合和炫耀塞尔维亚人的历史,得到塞尔维亚人认同,让塞尔维亚感到自豪,南斯拉夫麦当劳甚至重新设计了当地麦当劳的标志,让其金色的拱形门带上了传统的塞尔维亚帽子"夏卡卡",这是一个独特而强烈的塞尔维亚象征符号。"通过加上这一标志着我们的文化遗产的象征符号,我们希望能够传达我们作为当地企业的骄傲"。47岁的南斯拉夫麦当劳执行董事德拉戈留布·贾吉奇说,南斯拉夫麦当劳需要塞族人把它看成自己的公司。

4月17日,贝尔格莱德麦当劳分店重新开张,3000多只汉堡包被免费分发给参加以反对北约为主题的贝尔格莱德马拉松长跑的人们。与此同时,南斯拉夫麦当劳宣布,每售出一个汉堡包,就向南斯拉夫红十字会捐款一个第纳尔(相当于5美分),用以帮助北约

---

① 资料来源:林少文:《赞助汉堡包声援反战示威,麦当劳誓与南联盟共存亡》,载《天津日报》1999年4月19日;Philip R. Cateora, John L. Graham, International Marketing, Irwin McGraw-Hill, 2002, p.694.

空袭的受害者。

南斯拉夫麦当劳的宣传运动的确给人留下了深刻印象。一家麦当劳分店的绿色意见簿上记录下了贝尔格莱德人的喜悦。"我们非常高兴地看到这项运动帮助受到战争伤害的人们。这样做非常人道,是美国餐馆在南斯拉夫赖以存在的唯一理由"。在同一天,另外一位顾客写道:"塞族人的麦当劳"。

热身思考

跨国公司在国际市场营销过程中,会遇到什么样的政治危机?

第一节 政治和法律:一个敏感而关键的话题

不论是大型企业,还是小型企业,也不论是在一个国家经营,还是在多个国家经营,任何一个企业在经营过程中都无一例外地必须考虑其经营所在国的政治和法律环境的影响。在国际经营中,一个不可忽视的敏感而又十分关键的现实问题就是,东道国政府与母国政府都是构成国际经营整体环境的合作伙伴。一个政府对其所处的国际环境所作出的反应通常是制定并执行该政府认为必要的政策,以解决特定环境所引发的问题。政府可以根据自己的意愿,基于至高无上的国家主权,通过对企业经营活动的鼓励、支持或打击、禁止、限制等方式,来控制和限制企业的经营活动。

国际法赋予每一个国家平等的主权,国家可以允许或禁止企业或个人在其境内从事经营活动,控制其经营的地域范围。因此,一个国家的政治环境是国际营销者必须关心的重要问题。如同一场没有一套标准的比赛规则的比赛,不管何时,只要有新的参赛者进入,规则就可能会改变,而发生争执时,裁判通常会以其他参赛者熟悉甚至参与制定的规则来裁决谁对谁错。如果是这样,你会如何参加这场比赛?这就是国际企业在国际化经营过程中所处的国际法律环境。由于并不存在一套适用于国际经营业务的统一的国际商法,所以国际市场营销者必须特别关注经营所在国的政治和法律环境。

一、国家主权与世界贸易组织

事物存在的表征在于它与其他事物的联系,全球化背景下的国家主权同样也由它与国际组织的相互关系来彰显。

在国际法中,主权国家是独立的,不受任何外来力量的控制。主权国家与其他国家享有完全平等的地位。主权国家管辖自己的领土,选择自己的政治、经济与社会制度。主权国家有权与其他国家签订条约。

主权(sovereignty)包括两方面的内容:一是指在对外关系中行使的权力,二是指对其国民所行使的至高无上的权力。国际组织因国家主权而生,国家主权反过来又受国际组织的影响,两者是作用与反作用的关系。主权是一个国家之所以能够成为国家的固有属性。而"国际法上的国际组织,是由两个以上的国家组成的一种国家联盟或国家联合体,是由其成员国通过符合国际法的协议而创立的,并且具有常设体系或机构,其宗旨是依靠成员国间的合作来谋求符合共同利益的目标"。

国家主权并不是抽象存在的。国家主权作为单独的词语并没有特殊的意义,就像任何词语都有它特定的语境一样,国家主权的概念也以特定的语境为依托。在论证国家主权与国际组织的关系时,主权是国家的主权。"主权的概念是在国家统治者的权力在国内高于一切的情况下介绍到政治理论中并发展起来的。换句话说,主权主要是国内宪法权力和权威的问题,这种权力和权威被认为是国内最高的、原始的权力,具有国家内的排他性职权的性质"。在这个意义上,主权常常被定义为特定领土内最高的合法性权威。

然而,国家并不是单独存在的。如果世界上有且仅有一个国家,那不仅不需要主权,就连国家的称谓也是多余的了。因此,在1648年《威斯特伐利亚条约》建立所谓的威斯特伐里亚体系(Westphalian System)时,它的核心不是要创造一个个相互独立、毫不相干的国家个体,而是要创建一个由事实上相互依存的国家组成并以某些基本原则处理他们之间相互关系的国际社会。在这个意义上,主权权力的侧重点实际上是随着时间的推移和国际社会不同力量的较量与对比而不断变化的。换句话说,主权是一个历史的概念。17世纪时,维护国家主权主要是为了反对在宗教问题上的外来干预。到了19世纪,国家主权的重心就转到了对殖民地国民国籍的确认上。而20世纪后期,国家主权就演变为反抗外国统治和非殖民化的正当理由。然而,"主权作为最高法律权利和权威是不适用于各国在国际社会中的地位的:一般地说,没有一个国家对其他国家拥有最高的法律权利和权威,而各国一般地也不从属于其他国家的法律权利和权威。因此,国际上国家间关系的特征是平等和独立,而且事实上是他们之间的相互依赖。虽然国家往往被称为'主权'国家,但是,这只是说明它们的国内宪法地位,而不是说明它们在国际法上的法律地位"。

因此,由相互依赖的国家组成的国际社会,事实上构成了国家主权存在的外部条件,而主权则是"树立绝对权威,使权利行使合法化的一种言语行为(speech act)"。在现代国际体系中,对国家主权的宣示必须得到国内民众和国际社会的承认。所以,为建立国际组织而受到限制或转移的主权权利也必须得到国内权威机关和民众的认同,而这种对主权的限制或转移是以国家的承诺以及其他国家对此承诺的信任和尊重为前提的。尽管国际组织作为主权国家的创造物是以成员国家对自己主权行使的特定克制、自我约束和其他成员国的集体监督为基础并在成员国家转移的特定权利范围内活动的,国际组织的活动通常还是会对成员国的主权产生影响,从而引发成员国国内对国家主权的忧虑和重申。

世界贸易组织(WTO)在这方面有一定的特殊性。尽管国际组织通常都由国家组成,但以消除贸易壁垒,促进贸易自由化为目标的WTO却对其成员国的资格采取了一种"功能性的概念"(functional membership)。这种成员资格强调附属的领土与主权国家在功能上的平等性。《建立世界贸易组织协定》在其解释性说明(explanatory notes)中明确规定,本协议和多边贸易协议中所称"国家"或"若干国家",应理解为包括任何WTO单独关税区成员,比如作为中国领土的一部分的香港和澳门。欧盟作为一个超国家组织成为WTO的成员则是一个特例。在WTO中,欧盟是一个有着独立贸易和关税政策的单独关税区,而其各成员国也是WTO的成员,但欧盟委员会要在WTO的几乎所有会议上代表其成员国发言。

在WTO建立之初,美国和印度等国家曾就WTO对国家主权的影响进行过全国性的讨论,其中尤以美国的"1994年主权大辩论"为甚。1994年4月15日,美国谈判代表在世界贸易组织的一揽子协议上签字后,政府主管部门将它呈交美国国会审议批准。美国国会参众两院就此举行了一系列的听证会。许多议员对乌拉圭回合的谈判成果横加指责,认为批准乌拉圭回合最终文件是违宪行为,担心它会侵蚀美国国家主权,特别是新的争端解决机制,会损毁、剥夺美国的国家主权。而另一些议员则认为接受乌拉圭回合谈判最终文件,包括其中的争端解决机制,完全无损于美国的国家主权。曾就 WTO 与国家主权的关系两度前往美国参议院财政委员会、外交委员会的听证会发表证词的美国著名世界贸易组织法学者约翰·杰克逊教授一针见血地指出:参加或接受一项条约,在一定意义上就是缩小了国家政府行为自由的范围。至少,某些行动如不符合条约规定的准则,就会导致触犯国际法。1994 年美国这场有关维护本国主权的全国性大辩论,其实质和关键就在于权力分配问题,即决策权力如何在国际机构与美国政府之间恰如其分地分配的问题。

如果说国家主权向国际组织的移转是对国际组织的正作用力的话,那么国际组织依照成员国订立的条约在其权限范围内进行的活动对成员国国内秩序产生的影响,就是国家主权移转对成员国的反作用力。部长级会议是 WTO 的最高决策机构,由 WTO 所有成员组成,每两年至少举行一次会议。在部长级会议之下,有四个理事会。总理事会由 WTO 全体成员的代表组成,负责 WTO 的日常事务,并在部长级会议闭会期间行使其职能。总理事会应当在适当的时候召开会议,履行争端解决机构和贸易政策审议机构的职责。总理事会下设货物贸易、服务贸易和与贸易有关的知识产权三个理事会,分别负责监督相应协议的实施,三个理事会的成员从所有成员方的代表中选出。

对于 WTO 侵蚀国家主权的担心主要还是来自于它的争端解决机制。成员国对争端解决机制侵犯国家主权的担心受到了学者的质疑:如果一个国家接受了条约及其所包含的条款,为什么它要反对由外部程序来对它的行为是否符合条约规定的问题进行裁决呢?有人会说这种反对说明它缺乏遵守规定的诚意,表面接受条约,背后又做手脚。但是这种情况也可以被说成是,对国际争端解决程序的不安反映了政府希望有某种灵活性,能在将来的某些特殊情形下,特别是会给国家基本目标带来严重危险的情形下,抵制对规则的严格遵行。

二、国家政策稳定性

一个稳定友好的政府是国际企业所期冀的理想的政治环境。遗憾的是,政府并非总是友好和稳定的,即便是友好的和稳定的政府,也不会是永远一成不变的。一般而言,反对党上台所引发的政府管理理念的剧变、民族主义分子及相关利益集团的压力、经济环境的恶化等因素,都会影响政府政策的稳定性。

1. 政党

对国际市场营销者来说,了解一国各主要政党的政治观点显得尤为重要,因为其中任何一种政治观点都有可能取得支配地位,并改变国家的政策。在英国,工党上台后可能会限制进口,而保守党执政后则极有可能会倾向于实行自由贸易。在美国,一般认为民主党略倾向于自由,而共和党则略嫌保守。

政党的数量也会影响政治的稳定性。大多数国家中存在大大小小的许多政党,代表着各自所属集团的不同观点和价值观体系。

在一党政治国家(single party dominant country)中,政府政策往往比较稳定并可以预见。如在中国,60 多年来一直施行的是共产党领导的多党合作制,自 1978 年改革开放以来,外国企业在中国的经营环境越来越宽松。

在两党制（dual party system）的政体之下，如在美国和英国，政党之间的分歧通常并不在于意识形态的分歧，而是各自代表的不同选民。例如，在美国，民主党倾向于与工人阶级为伍，而共和党倾向于支持工商界的利益，但是两党都绝对支持民主政治。

另一种极端的状态是多党制，它没有任何一个明显的多数党，意大利和近期的日本均属于此列。政府政策的一致性或许是折中的结果。因为没有占主导地位的党派，有着不同政策目标的不同政党就可能会组建一个联合政府，这种联合政府的主要问题在于缺乏政治稳定性和连贯性，这就预示着其商业气候的高度不确定性。

政党原因所致的政治波动对一个国家的政策稳定性的影响是非常巨大的。如苏联解体，其一党专制的崩溃给整个国家的经济发展带来了较大的创伤，也成了许多国际企业在这个市场上的噩梦。在20世纪70年代早期，百事可乐打通了与苏联领导人的关系，达成一项协议，由百事可乐向苏联和东欧社会主义国家提供百事浓缩汁和先进的灌装技术，交换条件是苏联对其开放通向这一巨大而未开发的饮料市场的内部渠道。可几乎是一夜之间，百事在苏联中央集权的指令性经济中苦心经营的技巧和关系网彻底丧失了用武之地。更糟糕的是，它还被认为与名誉扫地的前政体有瓜葛。其劲敌可口可乐不失时机地发动进攻，前来抢占市场份额。令人瞠目的结果出现了，以匈牙利为例，百事可乐的市场份额于顷刻之间就从70%狂跌至30%。

任何精明的国际营销者都必须了解政治舞台的方方面面，才能对政治环境了如指掌。政府政策倘若朝三暮四，无论出于何种原因，都会阻碍投资。总之，评价一个国家的政治观点及态度对从市场角度来考察政府的稳定性与吸引力显得十分重要。

2. 民族主义

如本章引例所述，麦当劳在南斯拉夫所遭遇的正是民族主义的困扰。民族主义是评价一个国家或地区的经营环境的又一重要因素。民族主义（nationalism）是一种强烈的民族团结心，是人们对祖国的一种自豪感，但这种自豪感可能带来对外国企业的偏见。民族主义一般包括经济民族主义和武装民族主义两种表现形式。

经济民族主义的中心目标是维护本国经济的独立性，因为广大人民认为维护国家主权与他们的自身利益是一致的。经济民族主义情结的表现形式多种多样，包括号召人民"只买国货"、限制进口，实施限制性关税以及其他贸易壁垒等。

武装民族主义在二战后随着许多新的国家宣布独立而开始大行其道。在世界上的一些地区，征用外国公司、实行限制性的投资政策以及工业国有化等做法曾经一度非常普遍。例如石油储量在世界排名第五的委内瑞拉在1976年就曾将当时的所有外国石油公司收归国有。2005年年初，委内瑞拉政府又决定，凡是在委内瑞拉开采石油的外国公司必须在2005年12月底前与委内瑞拉石油公司签署向建立混合公司过渡的临时协议，否则就得离开委内瑞拉。在混合公司里，委内瑞拉石油公司将占有60%至70%的股份。委内瑞拉政府进行这项改革的目的是使国家对石油产权进行全面控制。自2006年以来，委内瑞拉政府一直在与外国石油公司进行谈判，以取得这些公司在委境内所有石油项目的控股权。美国石油巨头埃克森美孚和康菲石油公司表示，拒绝作为小股东继续参与委内瑞拉石油开发，这意味着这两家石油公司将不得不退出委内瑞拉石油市场。

《世界不是商品》《谁在杀害法兰西》《美国的策略》，以及《不用了，山姆大叔》，这些都是法国的畅销书，反映了法国人民的民族主义情结。一个看着美国电影、吃着美国风味快餐、用美国肥皂剧消磨时间、到沃尔玛超市购物的国家,产生这种民族主义情结似乎有些不可思议,但是无论其根源何在,民族主义的确是国际市场营销政治环境中的一个重要因素。

第二节 国际市场的政治风险及规避

国际市场营销活动可能遇到的政治风险包括很多种,有大有小,涉及的范围也很广,最严重的可能是财产没收,也可能只是一些构成重大风险的法律、法规和条例。

一、没收

没收(confiscation)是国际企业在国际经营活动中可能遇到的最严重的政治风险,即政府无偿占有跨国公司在本国经营的财产。最近两次美国跨国公司海外资产遭没收,一次是在古巴革命期间,卡斯特罗上台后,没收了美国在古巴投资的10亿美元资产。一次是在伊朗国王被推翻后,美国在伊朗的资产被没收。在20世纪50年代和60年代,许多欠发达国家或地区将没收这种没有法律效力的手段当作经济增长的工具,没收成了当时的一种普遍做法。如委内瑞拉政府于1976年对所有在委内瑞拉经营的跨国公司的财产实施没收行动,2009年借口美国嘉吉公司不遵守国家法律和规定而宣布没收其在委内瑞拉的大米加工厂,如小贴士7-1所示:

小贴士 7-1

查韦斯宣布没收嘉吉公司在委大米加工厂[①]

美国嘉吉公司成立于1965年,总部设在美国明尼苏达州,是一家全球性食品、农业和风险管理产品及服务的供应商。该公司在委内瑞拉共有13家食品加工厂,制造和经销食用油、大米、面粉、面条、糖、咖啡、牛奶和宠物食品等。

2003年3月起,委内瑞拉政府对主要食品实施限价。目前普通大米的政府限价是每公斤2.33玻利瓦尔(约合1.09美元),大米加工企业中国有和私有的比例分别为48%和52%。一些委内瑞拉农产品加工企业将多数原料用来加工添加香味的大米,只用少数原料生产政府限价的普通大米,以达到避开政府限价制约、卖到更高价钱的目的。查韦斯2009年2月28日宣布政府将临时介入全国所有大米加工企业,以保障大米的市场供应。3月4日他在总统府出席部长会议时得知,嘉吉公司位于委内瑞拉波图格萨州的大米加工厂没有按照法律规定在出厂的大米包装上标注政府限价价格,当即决定没收该加工厂,并要求对公司进行必要的司法调查,同时警告委国内的私营大米加工企业和其他粮食加工企业,如果不遵守国家的法律和规定,政府将在必要的情况下没收其资产。

---

① 资料来源:《查韦斯下令没收美国公司在委内瑞拉大米加工厂》,www.news.163.com,2013年4月20日访问。

二、征用

征用(expropriation)要求政府对所占有的资产进行一定的补偿,其风险虽比不上没收,但对于跨国公司在全球经营的威胁也相当严重。

被征用的资产通常被收归国有,即成为国家经营的实体。2008年4月,委内瑞拉全国范围内再次掀起国有化浪潮,在不到一周时间内,委内瑞拉政府相继宣布对在该国经营的3家外国水泥公司和一家由外国公司控股的钢铁公司实行国有化,以收回国家对水泥和钢铁行业的控制权。以上3家外国公司的水泥年总产量占委内瑞拉全国的90%以上。按照国有化方案,委内瑞拉政府计划与上述公司成立合资企业,并控制60%以上的股份。面对委内瑞拉政府的国有化方案,3家外国水泥公司均出言谨慎。尽管没有作出明确答复,但都摆出一副"积极配合"的姿态,表示将尽快成立各自的谈判小组,希望通过谈判达成"令双方都能满意"的协议。

经验证明,没收也好,征用也好,收归国有不仅不能迅速促进经济的发展,反而变得效率低下,技术薄弱,在国际市场上缺乏竞争力。

三、本土化和当地含量法律

本土化(domestication)是指东道国通过制定一系列政府法令,规定跨国公司在本国经营中的当地所有权比例或更多的东道国参与要求,逐步将外国投资置于东道国控制之下。如委内瑞拉政府近期正在实施的强制性的政府在跨国公司股份构成中的控股优势行动。本土化的最终目的就是与本土化之前相比,要迫使外国投资者将更多的产权与管理权交给本国国民。在征收和征用不能奏效的时候,政府常常要求潜在投资者进行合资合作、使用当地原料、签订劳工协议和进行出口销售,以此作为进入本国市场的条件。

除了限制必需供应品的进口来迫使公司购买本地供应品外,各国还常常要求内销产品满足一定的当地含量要求,即产品必须使用了本地生产的部件。例如,泰国要求所有奶制品使用当地奶的比例不低于50%。与人们通常所想不同的是,当地含量要求并不仅仅限于被第三世界国家所采用,欧洲共同体也要求产品的当地含量至少要达到45%。北美自由贸易协议要求来自其成员国的汽车产品的当地含量至少要达到62%。

四、外汇管制

外汇管制源于一国所持外汇发生短缺。一旦发生外汇短缺,或发生大量资本流出本国,政府就可能会对所有的资本流动有选择地实行管理,以便将外汇用在必需的用途上。对外国投资者而言,一个经常碰到的问题是盈利并将利润汇出东道国而不发生损失。事实上,当货币贬值时,这种损失就很难避免。例如,缅甸的货币缅元(Kt)有3种汇率:官方汇率(6缅元兑换1美元)、市场汇率(100—125缅元兑换1美元)和进口税汇率(100缅元兑换1美元)。因为缅元为不可兑换汇率,即不能在国外消费的、非正式的可兑换货币,所以,按照官方汇率6缅元兑换1美元,一笔135000缅元的利润相当于22500美元,但按照市场汇率,投资者的利润仅有1000美元。

从各国外汇管制的内容和运作过程来看,外汇管制的方法分为基于外汇管制的作用和基于外汇管制的约束形式两大类。

基于外汇管制的作用,外汇管制可以分为直接管制与间接管制。直接管制是指在政治、经济动荡不安或汇率波动十分激烈时,政府对全部或部分外汇收支活动,特别是属于敏感的项目实施最为严厉的管制措施,以此来影响汇率和平衡国际收支。间接管制是指通过某种途径(如采用外汇缓冲政策)来间接控制外汇的收支与稳定汇率,进而影响外汇供求或交易数量。间接管制对国际收支短期性逆差效果较好,但对长期性逆差效果并不明显。

基于外汇管制的约束形式,外汇管制可以分为数量管制、价格管制和综合管制。数量管制是指政府对外汇买卖和进出国境的数量实行控制,其特点在于超限额限制和限买不限卖,一般集中在五个方面,即进出口贸易外汇管制、非贸易外汇管制、资本输出入管制、非居民存款账户的管制以及黄金输出或输入的管制。价格管制也称成本管制,是对对外贸易的汇价或进出口商品价格进行管制,主要有规定法定的差别汇率、外汇转移的制度和混合复汇率制等方法。综合管制是指同时采用上述几种措施以控制外汇交易。在具体做法上,常因时间、条件、项目的不同而选择其中的两种或两种以上的方法予以结合使用。由于综合管制方法涉及面广,灵活性大,因此许多国家乐于采纳。

五、进口限制、税收和价格管制

为了迫使外资企业购买更多的东道国产品,从而为当地产业创造市场,各国所常用的策略一般是有选择地对原材料、机器及零配件等产品的进口进行限制。

如果税收被用作控制外国投资的手段,政府常常会突然提高税收。对欠发达国家来说,其经济常常处在资金严重短缺的威胁之下,于是在一些政府官员看来,获得流动资金最方便、最为快捷的手段就是对成功的外资企业课以重税。例如,印度政府对百事可乐和可口可乐在印度灌装的汽水全都课以40%的税收。

对于有关国计民生的产品如药品、食物、汽油及汽车等深受公众关注的商品,政府常常使用的手段是进行价格管制。在通货膨胀时期,采用这一方法可控制生活费用,如联合利华(中国)有限公司于2011年3月向各大超市发出调价函,通知联合利华品牌部分日化产品将于4月1日起涨价,公司有关负责人也在同一时间多次接受新闻媒体采访,发表"日化行业进入涨价周期""不排除第二次涨价的可能性"等言论,增强了消费者涨价预期,使得部分城市发生日化产品抢购,严重扰乱了中国日化市场的秩序,被中国政府罚款200万元。

当然,价格管制对本地经济也可能会产生副作用,如导致外国资本投资放缓甚至完全停止。

六、劳动力问题

在许多国家,得到政府大力支持的工会常常会迫使外资企业在劳动力福利方面作出一些让步。例如,不得随意解雇工人,员工的收入必须高于某下限,必须为工人提供方方面面的服务等。

事实上,在许多国家,外国企业常常被认为是消化国内劳动力供给的最佳对象。在法国,人们把充分就业看得和宗教一样神圣。

七、政治制裁

在国际贸易中,某个或几个国家也许会抵制另一个国家,从而断绝与该国的一切贸易往来,或者对特定商品的贸易实施制裁。

长期以来,美国一直禁止与古巴、伊朗、伊拉克及利比亚进行贸易。历史表明,制裁往往达不到预期目标。古巴和伊朗的情况正是如此,指望通过制裁而有所改变的行为依然故我,唯一受到伤害的似乎只有人民和受牵连的跨国公司。

八、抵制活动与恐怖主义

政治与社会活动人士(political and social activists,PSAs)组织的抵制活动的影响力也可能会对正常的国际市场经营产生干扰。为了寻求某种利益或社会变化,他们有的采取和平手段,有的则可能会诉诸暴力与恐怖活动。

最有成效、最著名的由政治与社会活动人士组织的抵制活动就是自1977年开始的全球范围的对雀巢奶粉的抵制活动。面对"谋害第三世界婴儿"的指控,甚至连既不生产也不销售婴儿奶制品的雀巢(美国)公司也因抵制运动蒙受巨大损失,直到1984年1月,国际联合抵制购买雀巢产品委员会才宣布结束抵制运动,标志着这场风波的平息。荷兰的喜力啤酒公司与丹麦的嘉士伯啤酒公司也曾因类似原因而撤离缅甸。

除了有组织的抵制活动,跨国公司在评价国际市场营销活动环境的时候,暴力恐怖主义和网络恐怖主义也是必须予以考虑的风险。"9·11"恐怖袭击事件之后,许多企业从事国际经营的成本上升,麦当劳、肯德基和必胜客在土耳其、沙特阿拉伯、俄罗斯和黎巴嫩等十余个国家或地区遭到过爆炸和恐怖袭击。另外,网络恐怖主义也是近年来在互联网诞生之后国内外恐怖分子常常使用的一种工具,追踪网络恐怖分子的一个难题是很难确定发动网络袭击的到底是国家、恐怖分子,还是仅仅想进行恶作剧的黑客。

第三节 国际法律体系与国际市场营销争端司法管辖权

一般而言,世界各国绝大多数的法律体系均源自于两大基础,其一是起源于罗马法的大陆法系,其二是起源于英国的英美法系。

一、大陆法系

大陆法系,又称民法法系(civil law system)、罗马—日耳曼法系或成文法系,指包括欧洲大陆大部分国家从19世纪初以罗马法为基础建立起来的,以1804年《法国民法典》和1896年《德国民法典》为代表的法律制度以及其他国家或地区仿效这种制度而建立的法律制度。在西方法学著作中多称之为民法法系,而中国法学著作中习惯称之为大陆法系,是西方国家中与英美法系并列的渊源久远和影响较大的法系。

大陆法系的特点:

(1)明确立法与司法的分工,强调成文法典的权威性。虽然大陆法系也允许法官有自由裁量的余地,并承认判例和习惯在解释法律方面的作用,但一般不承认法官的造法职能,强调立法是议会的权限,法官只能适用法律,决案必须援引制定法,不能以判例作为依据。

（2）强调国家的干预和法制的统一。例如，许多法律行为需要国家的鉴证、登记，检察机关垄断公诉权，庭审时采取审问制，以及法院的体系统一等。

（3）重视法律的理论概括，强调法典总则部分的作用。相比较而言，英美法系至今没有如大陆法系那样严密的理论概括，法令也只着重分则。

（4）注重法典的体系排列，讲求规定的逻辑性、概念的明确性和语言的精练。

随着欧洲一些殖民国家的向外扩张，大陆法系也扩及到了拉丁美洲、非洲和亚洲等地。由于源流不同，大陆法系大体又可分为法、德两个支系，法国、比利时、荷兰、意大利、西班牙和拉丁美洲各国属于前者；而德国、奥地利、瑞士和日本等国则属于后者。在同一法系各国中，随着政治经济形势的变化和发展，有的国家应用的法系出现了较大的变革和调整。如日本在第二次世界大战后便受到美国法系的较大影响。

二、英美法系

英美法系，又称普通法法系，是指以英国普通法为基础发展起来的法律的总称。它首先产生于英国，后扩大到曾经是英国殖民地、附属国的许多国家和地区，包括美国、加拿大、印度、巴基斯坦、孟加拉、马来西亚、新加坡、澳大利亚、新西兰以及非洲的个别国家和地区。到18世纪至19世纪时，随着英国殖民地的扩张，英美法系终于发展成为一种世界主要法系。

英美法系中也存在两大支流，即英国法和美国法。它们在法律分类、宪法形式、法院权力等方面也存在着一定的差别。英美法系主要以判例法为核心和基础，随着时代的发展，制定法也发挥着越来越重要的作用。

英美法系的特点包括：

（1）以判例法为主要法律渊源，奉行遵循先例。

（2）赋予法官较大的自由裁量权，在法律发展中，法官具有突出作用。

（3）判例法体系比较复杂，缺乏成文法具有的系统性。

（4）制定法一般不采取系统的法典模式，立法技术也比较特殊。

三、大陆法系和英美法系的宏观比较

大陆法系和英美法系在法律历史传统方面的宏观差别主要在于法律渊源、法典编纂、法律结构、法律适用、职业教育和诉讼程序方面。

（1）从法律渊源传统来看，大陆法系具有制定法的传统，制定法为其主要法律渊源，判例一般不被作为正式法律渊源（除行政案件外），对法院审判无约束力；而英美法系具有判例传统，判例法为其正式法律渊源，即上级法院的判例对下级法院在审理类似案件时有约束力。

（2）从法典编纂传统来看，大陆法系的一些基本法律一般采用系统的法典形式，而英美法系一般不倾向法典形式，其制定法一般是单行的法律和法规。当代英美法系虽然学习借鉴了大陆法系的制定法传统，但也大都是对其判例的汇集和修订。

（3）从法律结构传统来看，大陆法系的基本结构是在公法和私法的分类基础上建立的，传统意义上的公法指宪法、行政法、刑法以及诉讼法；私法主要是指民法和商法。英美法系的基本结构是在普通法和衡平法的分类基础上建立的。从历史上看,普通法代表立法机关(协会)的法律,衡平法主要代表审判机关(法官)的法律(判例法),衡平法是对普通法的补充规则。

(4) 从法律适用传统来看,大陆法系的法官在确定事实以后首先考虑制定法的规定,而且十分重视法律解释,以求制定法的完整性和适用性;英美法系法官在确定事实之后,首先考虑的是以往类似案件的判例,将本案与该类判例加以比较,从中找到本案的法律规则或原则。

(5) 从诉讼程序传统来看,两大法系也存在一些传统的差别,如大陆法系倾向于职权主义,即法官在诉讼中起积极的作用;英美法系倾向于当事人主义,即控辩双方进行对抗式辩论,法官的作用是消极中立的。

(6) 从职业教育传统来看,大陆法系在律师和法官的职业教育方面突出法学理论,所以大陆法系自古罗马以来就有"法学家法"的称号;而英美法系的职业教育注重处理案件的实际能力,比如律师的职业教育主要通过协会进行,被称为"师徒关系"式的教育。

四、国际市场营销争端司法管辖权

当发生国际市场营销争端时,决定哪种法律体系具有司法管辖权,是企业在进行国际市场营销活动过程中所面临的一个重要问题。人们常常错误地认为不同国家国民之间的争端可由某种超国家的法律体系来裁决,遗憾的是,并不存在一个司法机构来处理不同国家国民之间的争端。之所以有这种误解,可能是因为存在着一些国际法庭,如海牙国际法庭及联合国的主要司法机构。然而,这些法庭只处理主权国家之间的国际争端而不处理公民私人之间的争端。

一般情况下,国际市场营销可能面对的法律争端包括三种情况,即政府之间、公司与政府之间和公司之间。在这三种情况中,发生在政府之间的争端可由国际法庭来进行裁决,而其他两种情形的争端则必须由争端双方中的一方国家的法庭负责处理和解决。除非商业争端牵涉国家间的争议,否则国际法庭或任何类似的司法机构都不会受理。因为并不存在"国际商法",所以国际市场营销者必须注意有关各国的法律体系,包括母国的法律以及经营所在国的法律体系。

如果企业在国际市场营销活动中出现争端,就必须根据所涉双方国家中某一国的法律来解决,那么最重要的问题是应采用哪国的法律。一般情况下,国际司法管辖权通常按以下方法中的一种来决定:

(1) 根据合同中所包含的司法管辖权条款;
(2) 根据合同的签订地;
(3) 根据合同条款的执行地。

如果签订的合同或法律文书中已包含司法管辖权条款,那么可以很明确地决定司法管辖权。

五、国际市场营销争端的仲裁

国际上针对国际市场营销争端而常设的仲裁机构,有世界性的,也有区域性的,有行业性的,也有跨行业的。经常被提到的仲裁机构包括伦敦仲裁院、劳埃德委员会、巴黎国际商会仲裁院、美国仲裁协会、日本商事仲裁协会、斯德哥尔摩商会仲裁院、苏黎世商会仲裁院等。这些常设仲裁机构都有着各自的仲裁规则。在迄今以来的国际市场营销争端仲裁实践中,绝大多数焦点都是集中在合同的履行问题和科技专利权领域。

大多数国家的法院不会受理当事人间有协议将争端提交仲裁的案件,但也有少数国家,特别是英国、美国以及某些采用英美法律体系制度的国家,认为当事人间的仲裁协议剥夺了国家的司法管辖权,是无效的,当事人对仲裁裁决中的法律问题可以向法院上诉,法院可以根据某些规定的理由撤销仲裁裁决。根据丹麦法律,仲裁裁决作出后并不能立即生效,而必须经过法院审查,作为法院对此案件作出最终判决的根据。

在中国,仲裁是解决对外经济、贸易和海事争端的主要方法之一。中国国际贸易促进委员会在1956年和1959年先后成立对外贸易仲裁委员会和海事仲裁委员会,1980年改组为对外经济贸易仲裁委员会。仲裁委员会根据双方当事人签订的提请仲裁委员会解决争端的书面协议,受理争端案件。中国人民法院对订有仲裁协议的这类争端不予受理。仲裁案件从订有仲裁协议的当事人一方或双方提出书面申请开始,并可依一方当事人的申请,就对方当事人有关的物资、产权等,采取临时保全措施。仲裁庭根据当事人间的合同内容并依照中国有关法律规定,参照国际上通行的惯例和行业上适用的条款,作出裁决。

第四节 国际市场营销法律概览

如果在多个国家从事经营,那么国际营销者必须对各国法律体系保持警觉。倘若国际市场营销者制订了一个在几个国家共同实施的营销计划,那么法律问题就可能变得尤为重要。即使不存在语言与习惯方面的差异,但国与国之间的法律差异仍能给营销计划的实施带来麻烦。

一、各国营销法律

所有国家都制定了法律,以便对促销、产品开发、标签、定价及分销渠道等营销活动进行管理。即使各国是针对相同的营销活动制定法律,但是各国对这些法律的实施与解释常常会出现很大的差异。如在欧共体各国就设定了一系列有关销售促销的法律:在奥地利,优惠、礼物或赠券被看作现金折扣而被禁止;在芬兰,只要不使用"免费"二字,不强迫购买,那么法律就允许相当大幅度的优惠;在法国,除非是在每年1月与8月进行的两次优惠售卖活动期间,否则以低于成本价销售,给顾客赠物或以购买另一产品为条件给予优惠,均是非法的。有民意测验显示,40%以上的法国人在平时会存钱以便在售卖活动期间进行消费,56%的法国人会等到售卖活动期间去大量购买必需品。

相比较而言,德国有关促销的法律规定几乎是最为严格的。1930年所制定的关于禁止折扣、退款和终身承诺的法律规定直到2000年才取消。有80年反"不公平竞争"良好声誉的德国法庭禁止企业通过提供任何形式的物质刺激来吸引顾客。例如,一家德国杂货店试图通过赠送顾客一种价值75美分的、画有抱着生日蛋糕的企鹅的购物袋来举行店庆活动,结果遭到了法院的禁止。在德国,大多数以特定顾客群为目标的激励手段与大多数赠物一样属于非法,企业不能提供超过产品价值3%的价格折扣。

另一种关于营销的法律是有关产品比较的立法。在德国,如果在广告中进行产品比较,那么其竞争对手就有权提起法律诉讼,要求其拿出证据,证明其明示或暗含的优点。在加拿大,裁定将更为严格,要求所有广告中宣称的内容都必须经过验证以确保任何对公众的表述不会虚假或产生误导。按照加拿大法律,在判定一种表述是否虚假或产生误导时,法庭必须考虑该表述给人的"总体印象"以及字面含义。

在波多黎各与维尔京群岛,法律规定任何促销规则都必须以西班牙语与英语刊登。在整个促销期内,这两种语言的版本必须至少在一种发行量较大的报纸上每周刊登一次。如果促销宣传中有奖品图案,那么波多黎各法律要求使用图案时必须配上文字说明。在中国,许多法律也在影响着外资企业的经营,如外资企业经营执照上的名称必须直译且不准使用英文名称。各国之间的这类法律涉及广告、定价、销售协议及其他商业活动的各个方面。

除了各个国家的关于营销的法律之外,区域经济联盟也开始寻求制定一种适用于联盟内各个成员国的营销法律,如欧盟有望在不久的将来拥有一部共同的商业法典,欧盟试图在德国、奥地利和比利时较为保守的营销法的基础上来协调发展泛欧营销条例。尽管欧盟为人们描述了一幅经济合作的美丽图画,但现实是必须处理好27个不同的国家、27种不同的文化与语言习惯,以及27种不同的法律制度间的关系。虽然欧盟尚未做到完全融为一体,也还没有制定出统一的商法,但是欧洲法庭决定继续废除阻碍跨国竞争的各国法律。

二、绿色营销立法

跨国公司在国际市场营销的过程中,还要面对各国种类日益繁多的旨在处理环境问题的立法。对环境的全球性关注已从工业污染、有害废物处理和滥伐森林扩展至消费品本身。绿色营销法律强调环境友好产品、注重产品的包装及其对固体废物管理的影响。

绿色营销(green marketing),是指企业在充分满足消费需求,争取适度利润和发展水平的同时,注重自然生态平衡,减少环境污染,保护和节约自然资源,为实现企业自身、消费者和社会以及生态环境利润的统一而对营销组合的策划和实施过程。

由于经济发展程度不同而导致的绿色需求和绿色技术水平的差异,正越来越多地被发达国家利用以作为遏制他国对外贸易的壁垒,从而形成一种新型的非关税壁垒——绿色贸易壁垒(green trade barrier)。WTO乌拉圭回合的《技术贸易壁垒协议》中规定:"不得阻止任何国家采取措施来保护人类、动物或植物的生命健康、保护环境"。这样,环境保护就成为不承诺相关的国际贸易规范的一种借口,而实际上确有一些发达国家借保护环境为名,行限制国外产品进口之实。西方国家设置绿色壁垒的主要目标,很大程度上是针对发展中国家出口创汇所主要依赖的劳动密集型、资源密集型产品而设置的,其结果将会使发展中国家的一部分产品逐渐退出国际市场。

由于各国社会、经济和政治环境存在差异,因而在国际营销所涉及的绿色营销立法方面也存在差异。例如,对于竞争方式而言,各国的法律规定各不相同,如有的国家的法律要求实行公平竞争,在经营中贿赂被认为是一种违法行为,而有的国家对此却不加限制;有些国家对进口产品定有严格的技术标准,而有些国家则标准较低;有些国家的法律禁止利用市场垄断地位控制价格和市场供应,对企业广告有种种限制,而有些国家对此并无规定或不加限制;等等。诸如此类的立法差异,对于国际市场营销活动而言,是极具挑战性的。

三、知识产权保护立法

许多企业往往会耗资数百万美元来创立象征产品质量的品牌特色,投资更多的资金用于研究开发优于其他竞争者的产品、工艺、设计及配方,以吸引更多的客户购买其产品。这样的工业产权或知识产权是公司所掌控的资产中最具价值的一个部分。据某金融集团估计,万宝路品牌的价值为330亿美元,微软为98亿美元,利维斯为50亿美元,这些品牌的知识产权在全球范围内均遭受过或正在遭受着侵犯。据商业软件联盟估计,每年美国软件公司因为伪造和盗版造成的在亚太地区的损失就超过29亿美元,在欧洲的损失为34亿美元,在北美地区的损失为32亿美元。通常,这些资产的产权可由法律通过知识产权立法予以保护。

小贴士 7-2

企业办理涉外商标注册前应注意的几个问题[①]

商标专用权具有地域性特征,因此,在中国受保护的商标严格来说在国外是不受保护的,企业必须到各国商标主管机关分别办理商标注册申请手续。但在办理涉外商标注册过程中,由于各国和地区的商标法律制度不同,导致办理商标注册的手续和要求不同,情况相当复杂。

在商标的选择上,商标必须具有显著性。商标是用来区分来源于某一企业商户的产品或服务的专用标记,其最基本的作用就是能够避免消费者的混淆误认。因此,企业在设计、选择、注册商标时必须把该要素放在首要地位,同时结合特殊的设计、企业文化、消费者的感受等办理商标注册。第一,商标应当加上必要的图形要素或其他要素以增强其显著性;第二,中文商标最好加上相应的英文、拼音、图形等其他显著性要素作为组合商标一起注册;第三,最好根据英语的发音规则和习惯来设计并注册英文商标;第四,在办理涉外商标注册时必须了解目标市场的语言习惯和禁忌状况;第五,了解同行业中比较知名的跨国企业所拥有的商标状况,尽量避免同这些商标相似,造成不必要的损失。

在商品或服务项目的选择上,必须根据公司经营的方向、产品种类和性质、出口的货物清单等确定需要到国外申请保护的商品或服务项目。对于一些相对比较知名的中国企业来说,应当在相类似的商品或服务项目上同时注册,构筑一道坚固的商标防御体系,防止他人抢先注册,维护企业的商标权益。对于可以接受全类注册的国家和地区,应尽量全类注册。有商品或服务项目个数限制的国家和地区,企业应根据实际情况进行选择,在特殊国家和地区商品或服务项目的选择上,努力避免商品或服务的不规范。

在申请方式的选择上,应巧用优先权,区分对待采用"注册在先"和"使用在先"的国家。在注册在先的国家,必须及早注册,采用各种手段尽快获得商标专用权;在使用在先的国家,必须尽早将商标在这些国家投入使用并同时办理商标注册手续。

---

① 资料来源:《企业办理涉外商标注册前应注意的几个问题》,http://www.lawtime.cn,2013年5月20日访问。

如小贴士 7-1 所示,跨国公司在海外进行商标注册时,应对各个国家相关法律的差异有足够的关注。如在美国这一属于英美法系的国家,其对于知识产权的保护立法按"使用在先"原则来确立,即谁能证明自己最先使用,那么谁通常就被认为是合法的所有者。然而,在许多大陆法系国家,所有权是按"注册在先"而不是"使用在先"原则来确立的,即谁先注册,谁就会被认为是该产权的合法所有者。因此,你能发现"麦当劳"餐馆、"微软"软件等在约旦境内都合法地被约旦人所拥有。尽管耐克公司向西班牙最高法院提起诉讼,但仍然失去了在西班牙使用"耐克"牌运动服的权利,因为自 1932 年以来,西班牙思迪运动品公司就一直使用"耐克"这一品牌在西班牙销售运动服,故法院支持了思迪运动品公司的诉求而禁止美国耐克公司在西班牙销售"耐克"运动服。由于思迪公司并未使用"耐克"标签来销售运动鞋,所以美国耐克公司仍能在西班牙销售"耐克"运动鞋。

最好的办法是以注册方式保护知识产权。一些国际公约规定必须在成员国进行同步注册。

第五节 中国企业跨国经营策略与政策分析

不管是外国政府还是中国政府,既可以鼓励外国投资,也可以打击外国投资。事实上,即使是在同一国家,也会有一些外国企业因受到政治干预而受损,而另一些则被置于政府的保护伞之下,享受优惠的待遇。之所以会受到如此的差别对待,是因为政府对这些外国企业为东道国的利益所作贡献的评价不同。

政府对外国企业投资进行鼓励最重要的原因是它能够加快和有利于本国经济的发展。作为国际市场准入的一个条件,国际企业必须为当地创造就业机会,刺激和带动本土产业的增长与发展。近年来,中国、印度及俄罗斯等国均为加大对外国投资的吸引力度而规定了一系列的优惠政策规定。

就中国企业的跨国经营策略考虑而言,根据投资发展周期(IDP)理论,中国企业目前大多数处于跨国投资发展周期的第二阶段,应从策略研究的角度,对中国企业积极实施跨国经营策略的必要性进行分析,大力发展对外直接投资。

一、中国企业实施跨国经营策略的必要性和可行性

1. 跨国经营策略是转变外贸增长方式的重要途径

中国作为国际贸易大国,在世界经济格局中业已占据重要地位。然而,中国对外贸易的持续发展也面临着一系列难题,如出口进一步扩张的难度不断增大、国内产业保护余地逐渐缩小、贸易摩擦日益加剧和贸易条件不断恶化等。

2. 跨国经营策略能够有效避免目标市场的原产地限制。到目前为止,中国已连续多年成为全球发生贸易摩擦最多的国家,企业的跨国经营策略无疑是摆脱这种困难的重要选择之一。在经济全球化大背景下,企业实施跨国经营策略,能够改变产品的原产地以有效规避相关的贸易壁垒。

3. 跨国经营策略能够实现在全球范围内配置资源以获取最大利益。只有采取跨国经营策略,才能促使中国企业在更大范围、更广领域和更高层次上参与国际经济合作与竞争,才能促使改革开放 30 多年来中国经济发展所积聚的巨大能量得以释放,增强中国的

综合国力和参与全球竞争的能力。

4. 跨国经营策略能够解决贸易顺差不断增加带来的国际收支平衡问题

目前,中国不断上升的贸易顺差导致外汇储备猛增、国内资源流失浪费、人民币汇率形成新的升值压力、加大中国与相关贸易伙伴尤其是与美欧的贸易摩擦等隐患。中国企业的跨国经营活动,无疑可以缓解贸易顺差不断增加所带来的国际收支平衡问题。

二、中国企业实施跨国经营战略的政策思路

中国已经基本具备对外直接投资的条件,在引进外资的同时发展对外投资,可以在保证中国经济持续发展的水平上解决对外贸易发展的瓶颈。

1. 实现从 GDP 到 GNP 的核算体系的跨越

从 1985 年起,中国经国务院批准建立了国民经济核算体系,正式采用 GDP 对国民经济运行结果进行核算。改革开放 30 多年来,中国企业的跨国经营虽然有了一定程度的发展,但与外国企业在华投资和经营的规模水平相比差距还很大。1993 年以来中国各年的 GDP 都大于 GNP,并且差额越来越大。GDP 与 GNP 的差距扩大折射出了中国企业在跨国经营发展方面的不足。

2. 贯彻多元化跨国经营策略

所谓多元化,就是中国企业在跨国经营的过程中,既要重视发达国家市场,也要重视发展中国家市场,遵循经济全球化的客观规律,减少对某些国家市场的过度依赖,分散投资风险。

3. 基于长远发展的要求来确定跨国经营的方向

进行经济结构的战略性调整,推动产业升级,是增强中国企业国际竞争力的必由之路。

4. 鼓励有条件的各种所有制企业积极进行跨国经营

中国应鼓励各种类型的优势企业走出国门,在国际竞争中求得生存和发展。通过跨国经营策略的实施,增强本土企业的国际竞争力,拓展中国经济的发展空间。

5. 为跨国经营创造良好的政策环境

在跨国经营的过程中,企业往往会遇到一些靠企业自身力量无法解决的问题,需要政府提供必要的支持。政府应完善管理体制和政策激励机制,加大各个方面的支持和服务力度,为中国企业更好地进入国际市场创造条件。

本章案例

全球各国针对微软公司的反垄断调查[①]

微软公司是世界个人计算机软件开发的先导,在 2008 年度《财富》全球最大 500 家公司排名中位列第 38 名。微软公司目前在全球 60 多个国家设有分支机构,雇员人数接近 91000 人。

从 20 世纪 90 年代开始,微软就在全球多个国家和地区不断遭到反垄断诉讼。

[①] 资料来源:《微软垄断案大事回顾(1990—2007)》,www.news.cn,2013 年 6 月访问。

一、微软在美国被提起反垄断调查

1990年,美国联邦贸易委员会就微软与IBM在个人电脑软件市场可能产生的冲突开始进行调查,后由美国司法部接手。1997年10月,美国司法部指控微软垄断操作系统,涉嫌将浏览器软件与视窗操作系统软件进行非法捆绑销售。1998年10月,微软垄断案开始审理。2000年6月,美国地方法院作出对微软公司进行拆分的判决。2001年9月,鉴于经济低迷,美国政府有意重振美国信息产业,拒绝拆分微软。至此,诉微软反垄断法案告一段落。微软躲过被拆分的命运,但其违反垄断法罪名成立。

2002年4月22日,比尔·盖茨亲自出庭为微软辩护,试图使公司免于严厉的反垄断制裁。这是盖茨在长达4年的微软反垄断案审理过程中首次出庭作证。美国有9个州要求微软公司把网络浏览器和媒体播放器等应用功能从视窗操作系统中剥离,为个人用户提供一套基础版的视窗系统。2002年4月24日,比尔·盖茨承诺微软有可能会为个人计算机用户提供一套视窗简装版本。在最终与美国司法部达成妥协之后,美国联邦法院批准了和解协议。

二、微软在欧盟被提起反垄断调查并遭受巨额罚款

1998年12月,欧盟对微软公司反垄断调查开始。2004年3月,欧盟委员会认定微软公司滥用其在个人电脑操作系统市场上的优势地位,要求微软作出相应的调整和改变,并开出了4.97亿欧元的巨额罚单。2006年7月,欧盟委员会决定对微软公司再次处以总额2.8亿欧元的罚款。2007年3月,欧盟委员会威胁对微软公司再次处以每天300万欧元的罚款。2007年10月,微软答应履行处罚决定。2008年2月,欧盟又对微软开出了高达8.99亿欧元的罚单。

微软公司表示,欧盟的最新罚款决定是"不公平"的,微软已经尽一切努力满足欧盟反垄断机构的相关裁决了,但欧盟却不断地提出新的要求,使微软公司难以应付。微软公司称将对欧盟新的决定进行申诉,包括举行一次口头听证会。

三、微软在韩国

2001年4月,韩国Daum通信公司控告微软及其韩国子公司涉嫌在即时通信软件业务上有不公平的商业行为。2004年11月,微软被指控在其视窗操作系统中捆绑MSN即时通信软件的行为违反了公平竞争的原则。2005年,KFTC(韩国公平交易委员会)判定对微软处以3543万美元的罚款,并要求微软在操作系统软件中取消对MSN即时通信软件的捆绑。

2005年11月,微软为了和解反垄断起诉,向Daum支付1000万美元现金。2007年10月,微软最终接受了KFTC的巨额罚款,并在视窗系列操作系统中解除了对MSN即时通信软件的捆绑。

【案例思考题】

1. 为什么微软在除美国外的其他国家会受到坚决的反垄断起诉,而在美国却可以和联邦法院达成妥协?

2. 微软在国内与联邦法院达成妥协,是否可能与其在国内的政治影响力有关?

本章小结

国际市场营销商在进行国际商务时经常面临政治和法律壁垒,造成此种情况的原因是政府政策和法律在不同国家通常存在很大的差异。大多数情况下,外国企业不得不接受东道国政府的政策和法律,因为这是在它们控制范围之外的。一些大型的跨国公司若得到母国政府的支持,有时也会影响到东道国的政策和法律,但是为了短期利益采取的域外干涉也可能会造成长期的不良后果。

尽管世贸组织等全球性或区域性的国际组织为了共同推动更加自由和平等的世界贸易而制定了一些协议,但因为每个国家都是有主权的国家,主权国家会出于自身国家安全或产业安全的特殊利益而与国际协议产生冲突。毫无疑问,全球性自由贸易和投资环境的发展道路一定不会是一帆风顺的。跨国公司在进入或开拓海外市场时必须充分重视和评估其中的风险。跨国公司必须意识到,东道国的政治和法律风险可能来源于许多方面并且会更加复杂化,当发生国际市场营销活动争议时,最有可能的方式是在某国国内解决。因此,在签署合约之前,企业必须仔细斟酌合约的管辖权条款。

国际市场营销者必须意识到,自己公司的利益与他们开展国际市场营销活动所在国家的利益可能有很大的不同。所有的跨国公司和国际市场营销者都必须遵守各国参与制定的国际协定和条约,以及各个国家的法律。

主要概念

国家主权	政党	一党制	两党制
民族主义	没收	征用	本土化和当地含量法律
外汇管制	进口限制	税收	价格管制
政治制裁	抵制活动	恐怖主义	大陆法系
英美法系	绿色营销	知识产权保护	使用在先
注册在先			

复习思考题

1. 简述国家主权对国际市场营销活动的影响。
2. 世界贸易组织是对国家主权的挑战吗?
3. 国家政策稳定性与哪些因素相关?
4. 政党原因导致的政治波动对国际市场营销的影响是什么?
5. 经济民族主义和武装民族主义分别对国际市场营销活动有什么影响?
6. 国际市场的政治风险包括哪些?
7. 如何规避国际市场的政治风险?
8. 没收和征用的区别是什么?
9. 简述外汇管制对国际市场营销活动的影响。

10. 从政治和法律环境视角举例说明劳动力问题对国际市场营销的影响。
11. "9·11"事件后,为什么会导致国际市场营销的成本上升?
12. 大陆法系有什么特点?
13. 英美法系有什么特点?
14. 试述大陆法系和英美法系的宏观比较。
15. 如何确定国际市场营销活动争端中的司法管辖权?
16. 简述绿色营销立法的背景和意义。
17. 简述中国企业实施跨国经营开展国际市场营销的必要性和可行性。
18. 如何在保证中国经济持续发展的水平上解决对外贸易发展的瓶颈?
19. 在评价一个国家政治和法律环境的时候,应考虑哪些重要因素?

参考文献及进一步阅读材料

1. 〔美〕菲利普等:《国际市场营销学》,周祖城等译,机械工业出版社2005年版。
2. 〔美〕科特勒等:《市场营销原理》(亚洲版),何志毅等译,机械工业出版社2006年版。
3. 〔美〕科特勒:《现代营销学之父菲利普科特勒经典译丛:市场营销》,俞利军译,华夏出版社2003年版。
4. 〔美〕拉斯库:《国际市场营销学》,马连福等译,机械工业出版社2010年版。
5. 〔美〕托马斯·弗里德曼:《世界是平的——21世纪简史》,湖南科学技术出版社2006年版。
6. 〔日〕今村英明:《BCG视野:市场营销的新逻辑》,李成慧译,电子工业出版社2008年版。
7. 甘碧群主编:《市场营销学》(第三版),武汉大学出版社2011年版。
8. 李穗豫等编著:《中国本土市场营销精选案例与分析》,广东经济出版社2006年版。
9. 卢泰宏主编:《营销在中国》,企业管理出版社2003年版。
10. 闫国庆主编:《国际市场营销学》,清华大学出版社2007年版。
11. 叶生洪等主编:《市场营销经典案例与解读》,暨南大学出版社2006年版。

第三编　国际市场营销管理

　　基于国际市场营销机会与环境的分析，国际市场营销者需要对浩瀚的国际市场进行细分和战略定位，以找到最适合于公司战略发展目标、最能够突显公司核心竞争力的国际细分市场，确定在这些市场上公司的营销战略定位，对这些市场进行调研，设计最能够发挥公司潜力、最有利于公司发展的国际市场营销组织架构。

第八章　国际市场细分与战略定位

> **本章学习内容**
> - 国际市场细分的动因、方法和标准
> - 全球化和当地化市场定位
> - 全球、外国和本地消费文化定位
> - 识别、寻找和创造国际市场机会，选择进入模式，把握进入机会
> - 国际市场退出战略

引例

中国男士洗发水市场上的"清扬"风①

2007年4月27日，国际快速消费品业巨头联合利华在中国北京召开新闻发布会，高调宣布联合利华进入中国市场十年以来推出的第一款新产品、中国第一款基于性别市场细分的去屑洗发水"清扬"正式上市。

长期以来，宝洁与联合利华在中国洗发水市场上的竞争中，无论是在品牌影响力、市场规模还是在市场占有率方面，宝洁都处于绝对优势。特别是在去屑洗发水市场领域，联合利华一直都没有一个优势品牌足以同宝洁的"海飞丝"相抗衡。作为联合利华10年来首次推出的新品牌，"清扬"旨在弥补和提升其在中国去屑洗发水市场竞争中的不足和短板。

在联合利华、宝洁等跨国公司品牌进入中国市场之前，中国消费者对洗发水的要求无非是干净、清爽，并无去屑、柔顺、营养等多重功能诉求。近年来，中国消费者对洗发水产品已经有了一定的品牌意识，对头发护理产品细分市场的关注也日益增加，各大洗发水品牌纷纷进行富有新意的定位，极大地刺激了中国洗发水品牌市场的繁荣。

就洗发水的功能定位而言，去屑洗发水是目前洗发水产品最大的细分市场，约占洗发水市场一半的比例，巨大的市场吸引了几乎所有的洗发护发品牌都倾注全力以建立自己的去屑洗发水品牌。

经过10余年的市场培育和发展演变，海飞丝的"头屑去无踪，秀发更出众"早已深入人心。人们只要一想到去屑，第一个想到的就是海飞丝。去屑洗发水市场80%的市场份额都被宝洁系列的海飞丝品牌所占据，但消费者对现有产品的去屑效果并不满意，市场潜力仍然巨大。

"清扬"作为一个新品牌，想在品牌林立的中国去屑洗发水市场分一杯羹，必然需要在品牌推出之前找出去屑市场的定位空白点。传统洗发水市场细分常常以功能为标准进

---

① 资料来源：宋春宁：《轻扬 vs.海飞丝，一场洗发水广告战》，载《市场观察》2008年第4期。

行，如去屑、营养、柔顺、防脱发、黑发等，或以头发颜色来细分，如黑头发专用、染发专用等。"清扬"首次以性别为细分变量，将去屑洗发水市场再次细分为男士专用、女士专用和通用市场，并选择男士专用和通用细分市场作为其目标市场。"清扬"对于性别细分市场的创新使中国消费者耳目一新，市场上迅即刮起了一股强劲的"清扬"风。

作为首家推出男士去屑洗发水的品牌，"清扬"通过"倍添维他矿物群"这一概念的宣扬，表明其对男士洗发的关注，可谓开创了男士去屑洗发水的"蓝海"领域。令消费者产生了去屑洗发水分"女士洗发水"和"男士洗发水"的心理认知，有效地将"清扬"与其他众多去屑品牌区分开来。

热身思考

"清扬"洗发水是在什么样的市场背景下推出的？其在中国市场上基于性别的市场细分能够成功吗？

第一节　国际市场细分

市场细分的目标就是为一种产品或服务把市场分解成不同的消费群体。国际市场细分是在市场细分的基础上发展起来的，是市场细分概念在国际营销中的运用。与国内市场细分所不同的是，国际市场细分(international market segmentation)所面对的市场环境要复杂得多，国际市场购买者比国内市场要更多，分布范围也更广。作为一个企业，受自身实力的限制，往往很难满足全球范围内所有顾客的所有需要，为此，需要对国际市场按照某种标准进行细分，对每个单独的细分市场进行专门的营销组合设计，从而使得企业可以更有效地满足目标市场的需要。

一、国际市场细分的条件

对于竞争激烈的国际市场而言，恰当的国际市场细分是基于国际市场调研而识别和发现营销机会的有效手段，但并不是所有的国际市场细分都是恰当而有效的。有效的国际市场细分必须具备下述条件：

1. 可度量性

细分的市场应该便于界定和度量。所谓可度量性，是指细分后形成的国家或区域市场必须能够界定和度量，针对目标国家市场的相关评价指标一般包括人均国民生产总值、人均可支配收入、人口年龄分布等，如就婴儿奶粉的度量市场而言，6至12个月的婴儿为主要市场，满周岁到7岁的幼儿则是次要市场。相对而言，基于文化或生活方式指标的细分市场规模比较难以测量，如用生活方式作为细分标准就很难确定一个国家或地区中究竟有多少人属于某一种生活方式。

2. 规模性

细分后所形成的市场规模必须具有足够的规模，值得开发，并有一定的发展潜力。因为每进行一次市场细分就需要有针对性地设计和实施一套独立的营销组合方案，企业要为之付出相当的成本和代价。只有足够大的具有足够发展潜力的国家市场，才值得企业如此去做，反之，若市场规模较小，或者潜在消费者数量很少，就不值得去占领。例如，随着中国社会的人口老龄化问题渐显,年龄结构老化问题日趋严重,银发市场则会变得有规模并极具潜力,各类老人保健、老人医院、老人娱乐、老人休闲等行业都将发展成具有足量性的市场。如果细分被局限在某一个国家之内,许多细分市场也许会被认为太小,但是一旦将市场细分放到国际和全球范围内来看待,国际市场营销细分市场就会变得非常具有吸引力,如奢侈品市场。

3. 可接触性

可接触性即指公司的人力、物力及营销组合因素必须足以达到和占领所选择的细分市场,如果对于细分后的市场,消费者不能有效地了解商品的特点,不能在一定的销售渠道买到这些商品,则说明企业没能达到该细分市场,企业就应放弃该细分。也就是说,细分的市场应该有利于促销和运输,对于不能进入或难以进入的国际市场进行细分是没有意义的。各个国家的交通运输、通信等基础设施在质量上存在着很大差异,例如互联网的普及情况在全球各国之间极不均衡,这就意味着有些国家的某个特定的细分市场可能会非常难以进入,而其他细分市场则可能会比较容易。

4. 稳定性

倘若目标市场的市场环境和消费行为不断变化,营销工作就难以取得成功。一方面,政治和经济是两个同气连枝的伙伴,稳定的政治是经济发展的一个重要基础。如某些国家的执政党频繁更迭就会使得国际投资者对这一地区的稳定性信心不足,造成大量外资从这一地区流出,也就进一步减缓了经济发展的进程。另一方面,经济环境的变化也会使市场的稳定性随之而变化,如在2008年的全球金融危机之后,许多美国消费者也不得不改变了他们的消费行为,开始储蓄并专注价格相对便宜的商品。

5. 回应性

要使市场细分富有意义,需要注意是不同的细分市场对差异化的营销组合会产生不同的反应。如本章引例中联合利华在中国市场上对去屑洗发水产品引入新的基于性别的细分概念,如果中国市场上的男性消费者对此并不认同,或对这样的细分并不敏感,细分所产生的市场回应性不足,其成功的概率则会很低。

6. 可执行性

可执行性即企业能够有效地吸引并服务于细分市场的可行程度。例如,一家计算机公司根据某国的顾客对计算机的不同使用与服务要求,将顾客分为数个子市场,但公司资源有限,缺乏必须的技术与营销力量,不能为每个子市场制定和实施切实可行的营销策略,那么该公司这样的市场细分就没有意义。如果针对客户需求的营销组合符合公司的目标并体现公司本身的核心能力,细分市场就应该是可执行的。

二、国际市场细分的方法与标准

跨国公司在为产品或服务寻找最具有吸引力的市场机会之前,通常会对不同国家进行初步的筛选。在初步筛选过程中,国际市场分析人员会把国家分成2—3类。符合所有细分标准的市场将被划入"准入"类,以便在下一阶段进行定位和战略策略的考虑,基本上不符合标准的市场将被归入"非准入"类,那些符合部分而不是全部标准的国别市场则会被归入第三类,即这类市场也许在将来可以盈利,但短期内难以做到而不宜考虑进入。

进行国际市场细分的第一步是决定使用什么样的标准。与进行国内市场营销细分一样,国际市场营销分析人员所面临的细分标准也不胜枚举。毫不夸张地说,成百上千的国家特征都可以用作国际市场细分的变量。所以,营销分析人员必须精心挑出理想的变量。为了使国际市场细分具有可执行性,营销分析人员还需要进行反复的测试以找出"正确的"变量组合,在市场细分和公司占据优势的市场反应变量之间构建起密切的联系。但是,澄清哪些变量会对市场细分更有价值,却不是一件简单的小事,因为许多国家有关市场细分标准的信息通常是模糊的、不准确的、过时的,甚至根本不存在。

在国际市场营销细分过程中,分析者可以从不同的角度来完成市场细分,既可以采用单一的标准,如人均国民生产总值,也可以采用一组复合的标准,如社会经济、政治和文化等标准。一般而言,在国际市场细分中常用的国家变量包括人口统计变量和社会经济变量两类。

1. 人口统计变量

人口统计变量属于最普遍使用的国际市场细分标准,因为这一类的变量数据相对而言比较容易获得且是最精确的。在本章引例中,联合利华在中国市场上正是基于人口统计变量中的性别变量而进行市场细分,专门推出针对男性消费者的"清扬"洗发水。

国际市场营销者在中国市场细分中经常忽视的一个细分市场就是老年人市场。在许多国家,60岁以上的人口年龄组有望从目前占总人口的10%和20%增加到30%以上,许多老年人的生活比年轻人的生活要富足和健康,人口的老龄化显然为老年人的消费产品和服务提供了新的市场机遇。未来要在这一市场站稳脚跟获得成功,就需要深切了解老年消费者的需求和消费心理,如在崇尚年轻的中国社会文化中,给产品过度标识老年人专用可能会很难被消费者所接受,因为中国很多上了年纪的消费者可能并不愿意在购物的时候暴露自己的年龄。相反,那种既能够满足老年人市场需求,又比较有活力的显得年轻的产品和服务可能会大行其市,如小贴士 8-1 所示,"做不好中国就不可能做好全球"的联合利华的低脂肪"活力牌"人造奶油在中国市场就一举获得了成功,得到了广大消费者的接受和认同。

同理,在出生率高的国家和地区也有着类似的需求特点,在这类国家市场中潜力巨大的产品和服务可能包括婴儿食品和服装、玩具、胎教服务和避孕工具等。

小贴士 8-1

联合利华:做不好中国就不可能做好全球[①]

联合利华集团由荷兰人造奶油公司和英国香皂公司于1929年合并而成,在全球75个国家拥有500家子公司,员工总数近30万人,是全球第二大消费用品制造商,年营业额超过400亿美元。

2009年,联合利华在中国销售额仅80亿元,而其老对手宝洁在中国的销售额约为200亿元。这种状况让联合利华的股东们极为不满。尤其是2008年金融风暴之后,欧美市场受创,发展中国家成为联合利华最主要的增长引擎,销售额增长占全球增长的70%,销售总额占全球的近一半。所以,拥有庞大消费市场的中国,对于联合利华的发展意义

---

① 资料来源:金名:《联合利华:做不好中国就不可能做好全球》,载《上海经济》2010年第9期。

重大。

2009年5月,刚上任五个月的联合利华全球首席执行官波尔曼来中国时发下狠话,"如果联合利华做不好中国,就不可能做好全球!"联合利华将中国列入全球12个重点战略市场之一,将在中国逐步建立起完整的含研发、采购、生产等功能的运营体系,为中国成为联合利华全球研发基地和地区管理中心打下坚实基础。

中国的中医和中草药应用历史悠久,但由于基础理论、技术和质量标准等原因,中草药尚未得到国际市场认可,标准化生产的产品数量较小。联合利华通过国际认可的方法对中草药进行研究和提炼,将其有效成分用于产品的配方,并采用标准化的生产模式,从而让全球更多消费者能够信赖和使用该产品。

2009年底,联合利华还首次参与了央视广告的"竞标",斥重金拿下多个时段,直逼"标王"宝洁。同时,近年来在清扬、舒耐等新品上加大投入,逐渐形成联合利华在中国市场上的竞争优势。

2. 社会经济变量

许多商品和服务的消费方式在很大程度上是由消费者的财富或国家总体经济发展水平所决定的。在经济发展水平相同的国家中,消费者人均开支和期望的商品类型基本类似。因此,许多国际市场营销人员把人均收入或类似的指标如消费者行为、生活方式等视为对国际市场进行分组的关键标准。

把人均收入当作一个经济发展的指标,通常会遇到一定的局限性,在对国际市场进行细分的时候,这类问题必须引起我们足够的警觉。

(1) 灰色经济和黑色经济领域的问题。作为人均收入计算基础的国民收入,仅仅记录了国家经济中发生的合法交易,然而,在许多国家的经济中都有着相当规模的灰色区域,包括大量的为了避税或其他目的而采取的实物交换。在一些发展中国家,有些教授得靠兼职开出租才能养家糊口;一个电视修理工要到牙科进行检查,他可能会通过帮助牙医修理电视机来交换对方的服务。许多社会甚至依靠大量的黑市交易来维持繁荣,而这样的交易显然是完全不合法的,比如贩卖毒品、走私、敲诈、赌博和卖淫等。

(2) 收入两极分化的问题。诸如人均国民生产总值之类的量化指标仅仅表明了事实的一部分,这样的指标在收入差距悬殊的国家里具有误导作用,在巴西,10%最富有的人群拿走了整个国家48%的收入,而10%最贫穷的人群仅能得到国民收入的0.7%。[1]

在进行国际市场细分的过程中,为了克服以人均收入为细分标准的缺陷,国际市场分析者可以考虑用其他的方法来测定购买力,据此对消费者进行分组,如购买力平价(purchasing power parity, PPP)指标[2]。例如,如果墨西哥比索相对于美元贬值一半,那么以美元为单位的国内生产总值也将减半。可是,这并不表明墨西哥人变穷了。因为如果以比索为单位的收入和价格水平保持不变,而且进口货物对墨西哥人的生活水平并不重要(因为这样进口货物的价格将会翻倍),那么货币贬值并不会带来墨西哥人生活质量的恶

---

[1] See A Continent Falling Apart, International Herald Tribune, Dec. 18, 2002, p. 4.
[2] 购买力平价是一种根据各国不同的价格水平计算出来的货币之间的等值系数,以对各国的国内生产总值进行合理比较,反映了每个国家的一个家庭在购买一揽子标准的商品时所必需的花费。

化。因此只要采用购买力平价,指标就可以避免这个问题。《经济学人》杂志曾将麦当劳在各国分店中所卖的巨无霸汉堡包的价格进行比较,如果一个巨无霸在美国的价格是4美元,而在英国是3英镑,那么美元与英镑的购买力平价汇率就是3英镑等于4美元。目前,世界银行每年在《世界银行图表集》(World Bank Atlas)中公布各国的购买力平价统计数据。

正如国内市场营销一样,国际市场也可以根据消费者行为变量进行细分。消费者行为细分包括对品牌或供应商的忠诚度、使用率、产品渗透和利益等,如可以基于人均销售量和广告水平等变量将某个区域市场细分为成熟的市场、发展中的市场和欠发展的市场。对于新产品,可以根据在感兴趣的国家市场上观察到的新产品扩散情况进行市场细分,如市场对新产品的接纳速度、销售高峰时间和创新倾向等。

根据态度、观念和核心价值观等生活方式将消费者进行分组的国际市场细分方法,尤其受到广告界的欢迎。有些基于生活方式的市场细分方案会比较宽泛,没有与特定的产品相联系,市场分析者只是按照生活方式的特点而将国家和地区市场分成不同的类型。如罗博—斯达驰全球公司(Roper Starch Worldwide)在1997年针对35个国家的1000名消费者进行了宽泛的基于生活方式的市场细分,得出了奋斗者①市场、忠诚者②市场、利他主义者③市场、亲近友好者④市场、寻乐者⑤市场和创新者⑥市场六种主要的细分市场。有些基于生活方式的市场细分则会从特定的产品出发,如针对欧洲人对汽车的消费调查显示,如图8-1所示,在欧洲主要存在不折不扣的车迷、炫耀地位的运动型汽车购买者、享乐主义者、功利主义者、传统主义者、炫耀地位的成功者、谦逊的购买者等七种消费者。

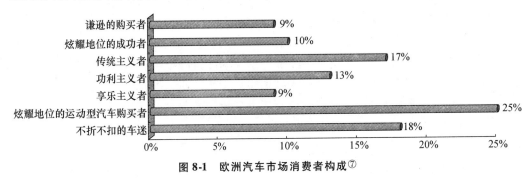

图8-1 欧洲汽车市场消费者构成⑦

按生活方式进行国际市场细分的方法已经广泛应用于新品牌的定位、现有品牌的重新定位、新产品机会的识别以及品牌个性的开发等多个领域。但是这种细分的方法也面

---

① 奋斗者中男性要多于女性,注重生活和职业目标,珍视财富、地位、权利和抱负,喜欢电脑和手机类的产品,他们接触的媒体主要是报纸。
② 忠诚者中女性要多于男性,更笃信传统的价值观如信念、原则、敬老和服从等,很少受到媒体的影响。
③ 利他主义者非常关心社会大事和社会福利,往往受过良好的教育,女性比例较高。
④ 亲近友好者极其重视家庭、亲友和同事,特别关注媒体,电视、电影和收音机是其联系亲友的纽带。
⑤ 寻乐者比较注重奇遇、欢娱、刺激和美观等价值观,是酒吧、饭店和俱乐部的常客,对电子化的媒介情有独钟,在世界各国都大有人在。
⑥ 创新者对教育、知识和技术方面内容有着很强烈的兴趣,拥有私人电脑,在网上冲浪,引领全球的新潮流,是媒体的重要消费者,更倾向于报纸、书籍和杂志。
⑦ See Horst Kern, Hans-Christian Wagner, and Roswitha Hassis, European Aspects of a Global Brand: The BMW Case, Marketing and Research Today, Feb. 1990, p.54.

临着多种质疑,如价值观过于宽泛而难以和特定的产品种类的消费方式或品牌选择行为建立联系,基于价值观的市场细分方案并不一定可以执行,按照价值观确定的细分市场不够稳定,各国生活方式的千差万别导致基于价值观的市场细分方式很难在国际范围内推广等。对于国际市场细分的标准而言,什么样的标准才是最合适的标准,这在很大程度上依赖于产品的性质和市场细分的目标。

在完成市场细分之后,国际市场营销者需要针对不同国家和地区市场的消费者的需求特征来设计产品和服务,公司的核心产品在不同国家市场可能保持一致,但某些特性可能需要有所增加或改变,需要基于国际市场调研的结果来制订和执行有针对性的国际市场营销组合计划。一种产品或服务在一个国家取得成功之后,公司通常希望能在其他国家如法炮制。根据正常的逻辑推断,就是比照业已取得成功的国家,选择那些在很多方面与之接近的国家市场以同样的营销定位策略推出同样的产品。但是,需要引起足够注意的是,决定新产品成功投放的因素还有很多,如有限的购买力、市场进入限制、混乱的分销渠道以及不健全的媒介设施等,这些因素都会减弱这些市场的吸引力。

第二节 国际市场定位

市场细分是进行产品定位的基础,一旦对国外市场作出了细分,公司就需要选择适合进入的细分市场,制定适合于选定市场的定位战略。

国际市场的定位需要根据国际市场环境的改变和消费者偏好的差异进行考虑,开发一个定位主题,探寻一个独特的卖点。国际市场营销中的定位并不仅限于某个特定的国家,大多数情况下国际市场营销的定位都是全球性的。如百威(Budweiser)啤酒关于其全球性定位就包括让人耳目一新的清爽口味、用全自然的工艺和配方酿造而成的高质量、在全球概念基础上体现美国传统、以体育和娱乐活动的世界级赞助商而闻名,以及成为世界上最畅销的啤酒等方面。

制定定位战略,无论是国内市场定位的还是国际市场定位,都需要遵循以下的步骤进行:

(1)识别一系列相关的竞争产品或品牌,即竞争的框架是什么。
(2)确定当前消费者对于产品或品牌以及竞争的看法。
(3)开发可能的战略定位主题。
(4)甄别不同的定位战略,从中选出最具吸引力的一个。
(5)制定营销组合战略,以实施选定的市场定位战略。
(6)自始至终监控定位战略的有效性。如果无效,看看是执行得不够得力,还是战略构想本身存在错误。

一、国际市场营销中的全球化定位和当地化定位比较

因应国际市场细分的定位要求,国际市场营销人员需要决定如何将企业稀缺的资源在不同的国际市场间进行分配,并制定相应的营销组合策略。然而,如何在市场标准化和个性化之间,即全球化定位和当地化定位之间保持平衡,始终是国际市场营销者所面临的一个两难困境。

很明显,对于全球营销者来说,一个关键的问题是将全球定位战略应用到何种程度,这要取决于目标市场的决策。一般而言,国际市场营销者可以有两种选择,即以一个跨国的共同属性的细分市场为目标,或者在不同的国家寻找不同的细分市场。当聚焦于一个基于共同属性的跨国细分市场时,国际市场营销者需要决定是使用全球统一的定位还是分别使用适应单个市场的定位。如果决定在每个国家寻找不同的细分市场,那就需要针对各个细分市场制定不同的定位主题。因此,全球化定位和当地化定位的比较和选择是国际市场营销者无法回避的一个工作。

如果全球范围的目标客户非常相似,彼此具有共同的价值观和购买方式,全球统一的市场定位战略将是最为适宜的,如电脑产品的品牌有很多,且同质化极为严重,但苹果产品的独到之处,从当年 Macintosh 开图形界面操作系统先河,到后来令 PC 一个个"灰头土脸"的 iMac,苹果产品的定位实现的不仅仅是差异化,更重要的是创新。采用全球统一的市场定位主题,可以帮助公司在全球范围内构建一个统一的品牌形象和企业形象。统一的形象对于那些力图享誉全球的品牌尤为重要,如韩国三星,为了在全球市场上实现主要产品世界第一的目标,将企业产品的品牌定位为数码科技的先锋,开发了一整套数码系列产品,并在全球范围内展开猛烈的广告宣传攻势。显然,统一的定位主题将有助于企业利用全球性的媒体,如三星公司就对 2002 年冬季奥运会以及世界杯足球赛等国际性赛事进行了赞助。

统一定位主题可以从具体的产品特征或属性、使用者类别、用途、生活方式等几个不同的层面上来考虑,其好处在于可以吸引各个国家市场上各种文化背景的消费者。一般情况下,能在普遍意义上提供利益或具有某种特性的产品相对比较符合统一的定位诉求的标准。与消费者的购买行为相比,企业的购买行为与社会文化的联系通常不是那么紧密,因此,对于工业品而言,可以从产品质量、性能和效率等方面偏重于统一的市场定位主题。对于核心利益在世界范围内都相同的消费品而言,也可以基于利益或特征进行统一定位,如电视机总是会倾向于清晰的画面质量,洗衣机总是会倾向于清洁的效果等。对于消费动机与社会文化紧密相关联的产品,如食物、影视产品等,使用统一的利益或特征诉求就会比较困难。但是,当把一种产品定位于一种有共同特点的特定用户群时,统一的定位方法往往也会有效,如雅芳公司的定位为"为女性服务的公司"[1],女性卫生巾品牌高洁丝(Kotex)的品牌定位是"为您设计,让您的身体感觉更舒适"[2]。另外,统一的市场定位还常见于公司的形象建设策略,如银行、信用卡、保险和电信等,可以强调企业的全球存在特点来进行统一定位。

虽然统一的定位主题对于国际企业来说往往是一个理想的选择,但是要找到一个对各种市场都具有普遍适应性的定位主题却并不是那么容易,因为很难找到一个可以放之四海而皆准的市场定位主题,在一种文化中奏效的定位主题到了另一种文化当中可能就会变得毫无意义,甚至会引起反感。鉴于各个国家和地区市场之间社会文化特征、购买力、竞争氛围和产品生命周期阶段等诸多方面的差异,企业往往不得不采用因地制宜的方法,即通过当地化定位战略来打造不同的定位平台。许多公司常常会把一个在国内市场

---

[1] See Avon Talks' Globally to Women, Ad Age Global, Oct. 2001, p.43。
[2] See Kotex Wins a Game of Catch-up, Ad Age Global, Oct. 2001, p.43。

的主流品牌作为高端品牌投放到海外市场,因此定位于一个较为狭窄的细分市场,以那些愿意为进口商品支付高价的客户为目标。例如,福特公司的 Escort 车型在欧美市场是一款主流的普通乘用车,而到了印度市场却摇身一变成为一款由专职司机驾驶的高端品牌乘用车;荷兰的喜力(Heineken)啤酒、美国的百威(Budweiser)啤酒在本国市场只是主流的普通啤酒饮料,但是在中国,却俨然成了国际高级品牌的啤酒,不但价格卖得高,而且在高端市场还很畅销。这种当地化定位策略虽然市场规模较小,但是有效地避开了与当地本土品牌产品的直接竞争,充分地发挥了国际品牌的优势,极具丰厚的利润潜力。

二、全球消费文化、外国消费文化和本地消费文化定位

英特尔前总裁格罗夫曾说过:"整个世界将会展开争夺'眼球'的战役,谁能吸引更多的注意力,谁就能成为 21 世纪的主宰"。吸引不了注意力的产品将不但不能够让消费者有眼前一亮的冲击力,而且会经不起市场的惊涛骇浪,注定要在竞争中败下阵来。只有独具特色、个性化的品牌文化定位,才会有别于同类产品,引起消费者的好奇心。

在国际市场营销的文化定位方面,营销者不仅可以把他们的品牌定位为全球消费文化的标志,还可以定位为外国消费文化或本地消费文化的标志。全球消费文化定位,即试图把品牌构建成一种全球消费文化的标志,购买此品牌的产品可以使得消费者有一种全球化的感觉,代表着全球视角、现代和知识,培养了购买者的自我形象。外国消费文化定位,即建立一个能代表一种独特的海外文化魅力的品牌,如瑞士的手表、德国的家用电器、中国的"景泰蓝"和法国的"人头马"等。本地消费文化定位,即使用当地的原材料,由当地的员工生产,供应本地用户消费,来自消费者的认同和共鸣是本地消费文化定位的关键。

一个成功的市场定位,需要掌握消费者的购买心理和购买动机,激发消费者的情感。成功的定位必须简明扼要,抓住要点,不求说出产品全部优点,但求说出异点。成功的定位必须能够引起消费者的共鸣,而只有在消费者的欣赏水平区间内,针对目标消费者关心的问题而设定的市场定位,才能引起消费者的共鸣,显然,定位是要有针对性的。成功的定位必须是能让消费者切身感受到的,如不能让消费者作为评定品牌的标准,定位便失去了意义。

在国际市场营销定位中,究竟哪种定位战略最适合,取决于企业的目标市场、产品种类、当地竞争对手的定位方法以及经济发展水平等几个方面的因素。

企业基于广泛的市场调研和市场细分而选择确定的待进入的目标市场是定位的决定性因素。当目标市场上的消费者有着共同的核心价值观、态度和渴望的时候,使用全球消费文化定位战略就更有可能奏效,使企业的产品成为全球某一层次消费者文化品位的象征,从而得到消费者的认可,使他们获得情感和理性等多方面的满足。如劳斯莱斯汽车的品牌定位是"皇家贵族的坐骑",金利来服装的品牌代表着"男人的魅力",索尼"永不步人后尘,披荆斩棘创无人问津的新领域",成为世界闻名的"创新先锋",等等。就产品种类而言,满足普遍需求并且在全世界使用方式类似的产品更适用于全球消费文化定位,如同样是沐浴露,舒肤佳能"有效去除细菌",而六神代表的价值是"草本精华,凉爽,夏天使用最好"。同样是名车,宝马是"驾驶的乐趣",而沃尔沃定位于"安全"。基于竞争对手的定位方法来确定企业自身的品牌定位时,如果当地市场的每个参与者都采用全球消费文化定位,你或许可以反其道而行之,采用本地消费文化定位战略轻松地打入市场;反之亦然。如梅赛德斯(Mercedes)在日本推出中等价位的E级车型时,它的广告就使用了日本的风景和形象,广告用语尤其绝妙地充满了本地感:"梅赛德斯和一个美丽的国家……"。对于经济发展水平因素,新兴国家市场仍处于经济发展的早期阶段,全球消费文化定位和外国消费文化定位可能比本地消费文化定位战略更适宜,但是在成熟的发达国家市场,本地消费文化定位可能会更加有效。

第三节 进入国际市场

当企业对国际市场进行了市场调研和分析,并基于分析结果完成了市场细分和战略定位之后,就要考虑本企业产品进入目标市场的策略。

要使产品成功地进入国际市场,首先必须在国际市场调研和分析的基础上在各个国家和地区市场上识别和寻找有吸引力的营销机会;其次是基于国际市场细分和战略定位选择确定适宜进入的目标市场,开发符合目标市场需求的产品;然后是确定产品的国际市场进入战略和制定相应的营销方案。当完成了上述进入国际市场的"三部曲"之后,企业便要采取国际市场发展策略,进一步提高产品在目标国家和地区市场上的占有率,待产品占有一定的市场份额之后,便要开始考虑如何保卫和进一步拓展自己的市场领地。

一、识别、寻找和创造国际市场营销机会

国际市场营销机会是指目标国家或地区的市场营销环境有利于企业生存和发展的状态。当消费者对某类产品的需求处于"饥渴"状况时,对于生产企业而言,就存在着良好的市场营销机会;而当消费者需求处于"饱和"状态时,就意味着企业失去了"机会",因此,国际市场机会就是目标国家或地区市场上未被满足的消费者需求。

大量的国际市场营销机会存在于全球市场的客观现实之中,有的国家的市场机会是显在的,有的国家的市场机会则是潜在的。在目标国家或地区市场上,企业一方面要从被人们忽略和丢弃的未被满足的市场需求中寻找营销机会,即寻找已存在但尚未得到满足的显性的市场需求和机会,另一方面要凭借营销者的技术、智慧和灵感,对目标国家和地区的市场营销环境的细微特征进行分析并作出反应,利用企业自身的优势开发新的产品,刺激目标市场上消费者的新需求,创造出新的国际市场营销机会。

1. 识别和寻找国际市场营销机会

识别和寻找现有的显性国际市场营销机会是产品进入国际市场的第一步。如何识别和寻找国际市场机会?一般而言,可以基于三个方面着手:即从供需缺口中寻找国际市场机会;从市场供应的产品结果和市场需求结构的差异中寻找国际市场机会;以及从需求层次方面来寻找国际市场机会。

当某类产品在某国市场上供不应求时,就表明了可供产品在数量、品种方面的短缺,反映了消费者的显性需求没有得到满足,这种国际市场上的供需缺口,对于企业来说,就是一种机会。如因为人造石技术的发展,使得人造石产品从原来的高档消费品转变成了在全球普通家庭装修上普遍应用的地摊货,品质适中和超强的价格优势使得中国人造石产品在国际市场上,特别是亚洲市场和中东市场上有着很强的竞争力。[①] 全球范围内人造石市场原本由杜邦公司一家独大的局面很快被来自韩国和中国的产品所打破,这对于中国的人造石企业而言,无疑是一个很好的国际市场机会。

国际市场营销者常常被这样一种市场假象所迷惑,即某类产品的国际市场竞争激烈,来自全球的强手如林,国际市场营销者可能就错误地以为全球市场已被几家霸主"瓜分"完毕,自己已无立锥之地而决定放弃这个市场。事实上,这种表象往往是一种假象,倘若企业对国际市场再进行进一步的调查和分析,对市场进行再次细分,如把某项细分标准的细分程度加深拉长[②],往往就能发现被竞争者忽略和轻视的机会或新的营销机会。如小贴士8-2所示,海尔就是利用美国市场上竞争对手所忽视的小冰箱产品而成功进入北美。20世纪70年代中期,日本的索尼和松下公司发现美国手提式和台式电视机市场需求增长,美国的电视机生产商却依然集中于生产大彩电而忽略了这一新的需求动向,索尼和松下就立刻不失时机地开发了手提式彩电供应美国市场,迎合了这一市场需要,在这一未被满足的细分市场中牢牢站稳了脚跟。诸如此类的基于产品结构和市场结构的差异而发现新的市场机会的还有本田开发了美国的小型摩托车市场、丰田开发了美国的小型汽车市场、夏普开发了全球的小型商用计算器市场、理光开发了全球的小型复印机市场、联合利华开发了中国的男士专用去屑洗发水市场等。

小贴士 8-2

海尔小冰箱打下美国半壁江山[③]

作为中国企业的一面旗帜的青岛海尔集团,其一举一动历来都异常引人注目。1999年,海尔的国际化触角伸到了美国;2000年3月第一台美国造的海尔冰箱下线,海尔冰箱开始出现在美国消费者的家中;2002年海尔买下美国纽约曼哈顿地区标志性建筑,原格林尼治银行大厦,作为海尔美国贸易公司的总部。

海尔开拓国际市场的成功做法是细分市场。在海尔进入美国市场之前,惠尔普(Whirlpool)等五大品牌占据了98%的冰箱市场份额,但它们生产的都是适用于美国家庭的大冰箱。为此,海尔经过市场细分,把单身公寓、大学生宿舍作为其进入美国的先期目标市场,开发了一系列个性化的小型冰箱,很快便受到单身白领和大学生消费者的欢迎。在美国的小冰箱市场上,海尔占据了近50%的市场份额,而随着小冰箱撕开的市场缺口,海尔的大冰箱产品也出现在了美国市场,目前,海尔冰箱已经进到美国沃尔玛、希尔斯等连锁超市,销量逐年攀升。

海尔冰箱进入美国市场以后,首先在设计上实现了本土化,在洛杉矶设立了设计中心,认真研究美国消费者的需求,受到了美国消费者的好评。海尔开发的带折叠台面的小冰箱,深受大学生的喜爱,市场份额迅速提升。后来,在这个基础上,海尔又开发了带电脑

---

① 参见龚学锋:《新形势下中国人造石企业面临的机遇与挑战》,载中国石材网。
② 如按服装型号原分为小、中、大三号,可以采用延伸法把细分度拉长,如分为:特小号、小号、中号、大号、特大号、特型号(不成比例者用);也可将细分度加深,特型号中分宽长型、宽短型、窄长型、窄短型等,深度细分。通过这种细分,照顾了消费者复杂的需求差异,可发现未被满足的市场。
③ 资料来源:《海尔小冰箱打下美国半壁江山》,载《深圳商报》2003年8月12日。

桌的小冰箱,巩固了在这一消费领域的市场地位。

为了更好地满足美国消费者快速发展的个性化需求,海尔在美国逐渐形成了集设计、生产和销售三位一体的本土化经营格局。

市场上现有产品的缺陷往往影响消费者的购买兴趣及再次购买的可能,不断改进产品的缺陷则能给国际市场上新进入的企业带来新的市场机会。例如柯达公司在20世纪60年代和70年代通过改进相机产品的缺陷,不断推出功能更为完善的新产品,在全球相机市场上保持了相当长一段时间的领先地位。

研究竞争对手并找出竞争对手产品的弱点及营销的薄弱环节,也是寻找国际市场营销机会的有效方法之一。例如日本企业常常通过"取竞争者之长,补竞争者之短"的方式,打入国际市场。日本丰田公司曾委托一家美国的国际市场调研公司调查了德国大众汽车公司出品的甲壳虫轿车的消费者,并在公司的实验室对甲壳虫汽车的性能、零件数量和种类及成本构成等逐一进行评估,对每个零件加以研究,以发现弱点并加以改进。当了解到对方产品的不足之处后,丰田就设计开发了一款比大众甲壳虫性能更好,价格更低,更完美,也更适合于美国市场需求的"光冠牌"丰田轿车,从而挤占了大部分原本已经属于大众甲壳虫的市场份额。

为了给某种既定的产品找到市场机会,国际市场营销人员通常首先需要大量收集候选国家或地区的资料,对候选国家进行初选和进一步审核,以确定最终的目标国家或地区。

第一步,选择指标,收集数据。即基于公司的战略目标和产品的特性,挑选出重要的社会经济和政治指标,如可口可乐关注的是人均收入和人们购买一听可乐所需付出的社会劳动时间。一般情况下,此类相关信息可以很容易地从公开数据来源中获得。

第二步,确定国家指标的重要性。即决定第一步已确定的每个国家指标的权重。常用的方法是根据指标对完成公司目标的重要性程度的不同,把100点分配到各个指标上。指标越重要,所分配的点数就会越高。

第三步,评价每个国家在每个指标上的得分数。即给每个国家的每个指标打分,可以采用7点记分制,某个国家市场在某个指标上表现得越好,得分就越高。

第四步,为每个国家计算总分。即计算出每个候选国家或地区的总分。然后,把国家在每个指标上获得的加权数求和即可。获得最高总分的国家就是最具吸引力的国家。

2. 创造新的国际市场营销机会

除了从现有的国际市场需求中寻找未被满足的营销机会,国际企业还可以创造新的营销机会。一般而言,可以基于对市场发展趋势的分析、对社会和时代潮流的分析、对新技术应用的分析等方面着手创造新的国际市场营销机会。

所谓市场发展趋势,既包括某类产品在目标国家和地区市场(销售、消费、需求)上的增长比率,也包括该国市场宏观环境的变化趋向。因此,基于对市场发展趋势的分析来创造新的国际市场营销机会,一方面可以借助于对未来市场需求变化的预测来进行,如中国2009年超越美国成为全球第一大汽车市场,面对持续实施的针对汽车行业的刺激政策,中国很可能会长久地成为汽车产销的全球第一大市场,这对于举步维艰的西方汽车产业来说无疑是个福音。另一方面可以从国际宏观环境变化的分析来创造新的市场机会,环境的变化往往意味着机会与威胁并存,国际市场营销者既要以敏锐的眼光从变化动向中预测未来,把握营销机会,还要以非凡的创造力,善于把威胁转化为机会。如中国人口老龄化的趋势,意味着中国银发产业市场将逐步扩大,企业可以深入细分中国的老年人相关产品市场,开发出能最大限度地满足他们需求的产品;在海湾战争期间,美国加利福尼亚州的一个好莱坞玩具店开发出了一种以伊拉克总统萨达姆为原型的别出心裁的胶皮面具;可口可乐则是借着源源不断赞助美军的机会打开了对其封闭多年的中东地区的各国市场。

社会发展的每个时代都会形成独特的流行时尚,例如当今中国流行的"回归大自然""环境保护"等。在这种时代大潮冲击下,企业应该顺应潮流,把握机遇,创造性地推出系列"自然产品",如绿色汽车、绿色彩电、绿色包装等绿色概念的产品就很好地迎合了当代中国很多消费者的心理,形成了最富有时代特色的商品,激发了人们新的需求,从而也成就了对于国际企业的中国市场机会。

新的科学发明、新的技术应用都将使新的产品问世,从而刺激人们新的需求,创造出新的营销机会。现代科学技术的发展趋势,包括新材料的应用、新能源的利用和新技术的利用三个方面。总之,关注世界科学技术发展动态,及时地将这些技术引进生产领域,将给企业带来面向国际市场的无限生机。据美国一商业杂志预测,有十大商品将成为未来世界市场最畅销的产品:能迅速提高人类智商、极大地增进人类寿命的药物;能收看全世界各地电视节目的"万能"电视机;能永葆青春的"护肤神";能以淡水或海水做燃料的汽车;"不学即会"的普及型个人用飞行器;能使精神兴奋的无毒香烟;能不断变换乐曲的"音乐衣服";耗能极少、价格便宜的小型海水淡化装置;能随身携带的备有英、法、中、日等世界十大主要语言的万能翻译系统;能随时告知自己有什么疾病的袖珍式健身保健器。① 这些近乎神话般的科学幻想,有待于新材料、新能源、新技术的综合应用,哪一个企业拥有这样的技术优势,就有可能捷足先登而拥有未来最有前景的市场机会。

二、进入模式的选择

国际市场进入模式的选择决策一般会基于企业本身的特性和企业外部环境特性来考虑。企业本身的特性包括公司目标、对控制的需求、内部资源和应对环境变化的灵活性等,企业外部环境特性包括市场规模和成长率、市场的不确定性风险、政府规章制度、竞争环境、当地基础设施等。

从某种程度上讲,正确的进入模式选择决策可以归结到多大程度的控制才是合适的这一问题上来。进入者当然希望控制程度越高越好,然而,高控制的进入模式必然意味着高成本,需要大量的资源投入,风险也就随之升高。因此,国际市场进入模式的决策者必须在高控制带来的收益与资源投入和风险所需的成本之间寻找一个平衡点。一项针对180家大型跨国公司的国际市场进入模式决策的实证调查显示②,当涉及研发密集型业务、高品牌资产业务或公司已经在国际市场进入决策方面积累了大量的经验时,跨国公司

---

① 资料来源:林道:《未来世界最畅销的十大商品》,载《自然杂志》1993年第1期。
② See Hubert Gatignon and Erin Anderson, The Multinational Corporation's Degree of Control over Foreign Subsidiaries: An Empirical Test of a Transaction Cost Explanation, Journal of Law, Economics, and Organization 4, No. 2, Fall 1998, pp. 305—336.

倾向于选择完全控股的子公司形式来进入国际市场;当进入的是一个高风险、存在很大的社会文化差异或存在对外国财产所有权的法律限制的国际市场时,跨国公司倾向于选择伙伴制的进入方式。

1. 出口进入模式

出口进入模式区别于其他进入模式之处是,企业的最终产品或中间产品在目标国家之外的地区生产(或在本国或在他国),然后销往目标国家或地区。在向国际市场扩张的初级阶段,大多数公司都采用出口的方式。而对于一些中小企业而言,出口通常是他们把产品卖到国外市场的唯一选择。采用出口模式进入国际市场的企业有三种选择,即间接出口、合作出口和直接出口。

间接出口即通过本国独立的中间商出口,中间商可以是国内出口贸易商、出口代理商、贸易商社,也可以是合作组织。间接出口的优势在于能利用本国的劳动力资源,增加就业机会,企业可以立即获得有关国外市场的专门知识,所涉及风险也很小,公司不需要投入大量的资源。其缺点是企业很难或根本不能控制产品在国外市场上的营销方式,错误的定价策略或不良的分销渠道,将会不可避免地导致很低的销售水平。另外,中间商因为经验缺乏或别的原因所作出的注定要失败的营销组合决策也会损害企业的品牌形象。如中国产的"好孩子"童车在美国市场上因为进入模式选择失误,一度沦为与旧货和二手货为伍的地摊货。[①] 大多数初涉国际市场的企业都乐于采用间接出口的方法。由于所需承担的责任很低,间接出口经常被视为是一种很好的"投石问路"策略,一旦市场对产品的需求开始升温,制造商可以转换为其他更有效的进入模式。

如果企业不愿投入资源来建立自己的国际分销机构,但又想对在国外的业务有所控制,这时应考虑采用合作出口模式。合作出口中最受欢迎的一种方式就是公司通过使用另一家企业(当地或国外企业)的国外分销网络把自己的产品销售到国际市场上去。如美国的箭牌口香糖就成功地借助于印度当地的一家糖果生产企业进入印度市场,吉列公司也与位于班加罗尔的制造高压锅和厨具的 TTK 公司建立了合作关系,在印度市场上销售其博朗(Braun)系列产品。

在直接出口方式下,公司设立自己的出口部门,并通过国际市场上的中间商或企业在海外目标市场设立的分支机构来销售产品。一旦国际市场潜力明显增加时,直接出口要比间接出口更有吸引力。通过国际市场上的中间商进行出口的方式能利用国外中间商在本国的销售网和业务经验以及地利人和,可节省营销成本,减少国际营销中的阻力,但缺乏对市场的控制,难以掌握市场信息,减少了盈利;通过在国际市场上设立分支机构的方式进行国际市场营销,其优势在于企业对海外业务有很大的控制力,销售力度也要大得多,并能从中得到更多高质量的市场反馈信息,及时掌握市场需求,为市场提供更完善的服务,与顾客保持直接联系,有利于树立企业形象。直接出口的缺点在于投资成本高,营销费用增加,承担风险较大。

2. 合同进入模式

合同进入模式是借助于与目标国家或地区的企业在转让技术、工艺等方面订立的合作合同而进入国际市场。合同进入模式与出口进入模式的区别在于其主要输出的是产品

---

① 参见《世界冠军好孩子》,载《商界》2007年6月。

技术和生产工艺,和投资进入模式的区别是不对目标国家市场进行投资。合同进入模式的主要方式有许可经营和合同生产等方式。

许可经营方式是合同进入模式中的一种最普通的方式,是指企业(授权者)与国外厂商(被授权者)达成协议,授予对方使用某种生产工艺、商标和专利等项目的权利,从中获取一定比例的报酬。例如,东京迪士尼乐园就是东方乐园公司(Oriental Land Company)在得到迪士尼公司许可的基础上建设并经营的,为了能够使用迪士尼这个名称,东方乐园公司须支付给迪士尼公司许可使用费。许可经营方式是一种无形资产的买卖,是一种风险最小的进入国际市场的有效方式,可口可乐公司通过在全世界授予装瓶商特许专营权,并向他们提供生产可口可乐的原浆,将可口可乐销往世界各地。

对许多企业来说,许可经营已被证明是向国际市场渗透的一种有利可图的手段,在多数情况下,许可经营对公司的资源要求不高,即不需要公司投入太多的资源,能够有效突破进口国的贸易障碍,节约运输成本,授权人面对的唯一变化就是许可使用费收入的起伏,其他风险均由被授权人承担。就许可经营相对于其他国际市场进入模式的缺点而言,其最大的危险来自于机会主义的风险,在所创造的收入相对于其他进入模式可能要少得多的同时,还可能会培育出一个未来的竞争对手,对企业的全球经营构成威胁。另外,许可经营可能获得的利益较少,对被授权人的控制力也较差。因此,如有可能,企业在应用许可经营方式进行国际市场拓展的过程中,应该在国外努力寻求专利和商标保护,仔细而慎重地挑选被授权经营者,在合同协议中要明确界定诸如技术组件、使用条件、支付方式、争端的解决办法等。

合同生产指企业经由签约,委托海外市场当地的厂商代为生产产品的零部件或整个产品,包括合作生产、合作制造、合作技术投资和合作销售等多种形式。企业通常对当地的合约者提供技术和咨询服务。合同生产进入模式是介于许可经营与直接投资进入模式之间的一种方式。合同生产方式,可使企业节省巨额投资,并使产品迅速进入海外市场,减少经济和政治风险,其缺点是对合约者的生产过程难以控制。

节约成本是合同生产的主要优点,如对于劳动密集型产品的生产过程可以放到低工资国家进行,从而达到大量节约生产成本的目的。一般说来,所选择的国家应具有显著的劳动力成本比较优势。企业不仅能够节约劳动力成本,还可在税收、原材料或一般管理费用上节约成本。合同生产对于国际化的企业而言,不会占用很多的公司资源,政治和经济风险不高。另外,合同生产还能够帮助企业绕开进口贸易壁垒的限制,直接进入某一国家的市场。当然,合同生产也有缺点,如许可经营中关于"培育竞争对手"的担忧也同样适用于合同生产这一国际市场进入方式。如美国自行车企业 Schwinn 公司过去一直委托中国台湾的捷安特公司生产其绝大部分的自行车,在其转换供应商之后,捷安特公司就基于多年的生产积累,决定以自己的品牌名称制造高端的自行车而直接参与全球的竞争。如今捷安特公司已经成为全球最大的高端自行车制造商,产品行销全球 50 多个国家和地区,而 Schwinn 公司已经破产了。有鉴于此,许多企业在采取合作生产进入国际市场的时候,都会保留部分涉及独家核心工艺的项目或零部件自行生产。合同生产的另外一个可能的弊端就是对市场需求的突变反应会比较迟钝,低廉的劳动力成本也会产生诸如劳动生产率低下等不良后果。

3. 投资进入模式

投资进入国际市场的模式是指通过在目标国家或地区投资办厂的方式，进入目标市场。其特点是国外生产和国外销售。一般包括合资进入和独资进入两种方式。

对许多寻求国际业务扩张的企业而言，合资是进入国际市场，尤其是新兴市场的最可行的方式。合资是企业在目标市场中与当地厂商合作在当地兴办企业，共同享有对企业的所有权和控制权，并根据股权比例进行利益分配。按照持股情况，合资企业一般有多数股（50%以上）、等分股（50%）和少数股（50%以下）三种形式。在需要大量专业知识和资本的行业，合作制合资企业也是极为常见的。合作制合资企业是指企业之间以协议的方式相互协作，不涉及任何股份的投资。在新兴市场的开发过程中，跨国公司之间及其与当地企业之间建立合作制企业的现象非常普遍，如思科（Cisco）在亚洲的渠道策略就是典型的合作方式，合作公司在各自的市场上负责销售和安装思科的路由器和交换机。股份制合资方式比合作制合资企业更紧密了一步，参与方彼此按比例出资。

对于东道主而言，可以吸收外国资金和引进技术、设备，有助于训练培养技术人才，还可利用进入方的销售渠道和经验开发国外市场。跨国公司基于投资进入模式拓展国际市场，可以借助当地企业的加入而减少海外投资所需的庞大资金和人力物力，利用当地企业的销售渠道，减少政治和经济风险。在很多情况下，当地政府，如中国政府，不提倡甚至禁止在某些行业设立全资的外资企业，合资就成了这种情况下的次优选择或暂时的出路。另外，协调效应也是推动建立合资企业的一个因素，如索尼和爱立信的合作伙伴关系，把爱立信的技术优势及其与无线通信运营商的密切关系与索尼在家用电器领域的营销专长有机地结合在一起，在彼此各自弱势的市场上互相帮助，实现共赢。

对于跨国公司而言，不能完全控制合资企业是一个最大的缺点。跨国公司可以通过股权扩大的形式来控制合资企业，但在许多国家的许多行业，政府对于外企的股份比例有着严格的限制。除了股权控制的选择方式之外，跨国公司还可以采用其他方法达到控制或部分控制的目的，如派遣本公司的人员就任合资企业的财务、营销、研发等关键岗位等。与许可经营类似，合资企业也会面临伙伴变成竞争对手的风险和尴尬。由于缺乏信任，许多合资企业的合作各方之间常常会冲突不断，这些冲突，可能产生于战略、资源分配、转移价格、关键性资产所有权如技术和产品品牌等诸多方面。当合资企业遇到挫折时，合作方可以尝试通过协议规定的方法来解决冲突。如果不能找到一个彼此都能接受的解决问题的办法，合资企业就得解散。如法国标致汽车公司和中国广州汽车制造厂在1985年合资成立广州标致公司，由广州汽车制造厂和法国标致汽车公司共同管理，成立合约规定，1991年以前的总经理由法方担任，公司任何一个部门的两名经理，至少有一名是法方人员。至1997年8月，广州标致公司累积亏损达到人民币10.5亿元，实际年生产量最高时仅为2.1万辆，远远没有达到中国国家产业政策所规定的生产能力。1997年10月，法方宣布撤资，广州标致公司解体。标致在中国市场上惨败的悲剧映衬了另外一家同样来自欧洲的汽车品牌在中国市场上成功的辉煌，如小贴士8-3所示，德国大众汽车与标致大致在同一时间进入中国市场，经过30多年的不懈耕耘，中国市场已成为支撑大众全球存续和发展的根基。2009年，大众汽车在中国市场的销量首次超越德国，成为大众汽车集团最大的单一市场。2013年，大众汽车在全球共销售了973万辆汽车，其中中国市场共销售327万辆汽车，中国市场的销售额约占大众全球市场销售额的三成，但中国市场所获得的利润却与过去数十年来的状况一样,超过50%以上。①

小贴士8-3

德国大众在中国的扩张②

作为最早进入中国的跨国汽车企业,德国大众20年来一直以霸主自居,其在中国轿车市场的份额曾经一度高达50%以上。大众在华的两家合资公司——上海大众、一汽大众也因此被视为成功企业的典范。

1. 捷足先登的勇气

1978年9月,中国先后向跨国汽车公司发出邀请,通用、福特、丰田、日产、奔驰、大众、雷诺、雪铁龙等公司旋即派代表团来华商谈。当时,中国对合作者的选择有几个条件:能提供适合我国市场需要的先进车型;能提供先进的生产技术和科学管理模式;同意对横向零部件企业提供技术帮助,加快零部件国产化。在众多的竞争对手中,德国大众是唯一愿意既提供最新技术又投入资金的公司。1984年10月10日,上海大众汽车有限公司合营合同在北京签署。上海大众汽车有限公司的成立,拉开了中国汽车工业"以市场换技术"的合资序幕。20年稳居中国市场老大,独霸南北两大轿车企业,不能不说当年德国大众目光长远。

2. 引吭高歌的岁月

进入中国以后的很长一段时间,大众都是以霸主的地位统领国内轿车市场。当然,如果说大众仅仅凭借先行者的优势就奠定了成功的基础是有失偏颇的,几乎与大众一起进入中国市场的法国标致就因持续亏损而退出。所以说,除了战略眼光,大众在中国持续20年的成就,还来自于德国先进管理经验的成功移植。

与上汽、一汽合作,使大众不费吹灰之力就把遍布全国的国营汽车销售渠道掌握在手中,以较低成本构筑了全国最大的轿车销售网络。在生产出第一辆轿车开始后的十几年时间里,大众在中国市场上都没有像样的竞争对手,长期居于轿车市场老大地位。论规模优势,上海大众加上一汽大众,中国第一大和第二大轿车企业同属门下;论产品线,拥有从奥迪A6、奥迪A4到帕萨特、宝来、高尔夫、POLO、桑塔纳、捷达等产品线;论营销网络,20年来的苦心经营,大众是第一家销售服务网点超过1000家的跨国汽车公司;论对中国市场的熟悉度与适应性,大众20年在中国市场的历练,是其他跨国汽车公司无法比拟的。

3. 凤凰涅槃

从1984年以合资公司的身份出现在中国汽车产业历史舞台开始,大众已走过了风风雨雨20年的历程。这20年间,中国有了自己的汽车工业产业政策,并多年来从多个角度不断完善细化,为中国汽车业的发展提供了逐步成熟的发展大环境;而在"十五"期间明确提出的"鼓励轿车进入家庭",使轿车成为老百姓的消费热点,不但扩大了汽车消费,也调动了中国创造自主品牌的产业热情。在2003年6月出台的中国新汽车产业政策中,中

---

① 参见吴琼:《没有中国市场,就没有大众的全球第一》,载《腾讯专稿》2011年11月30日;《大众在华利润近百亿欧元,超宝马全球1.3倍》,载《网通社》2014年3月25日;宋文豪:《传中国市场贡献80%利润,大众在华赚钱补贴欧洲》,载《汽车商报》2012年8月1日。

② 资料来源:《大众在中国风风雨雨的二十年》,载中国经济网,www.ce.cn。

国政府明确表示要扶持中国自己的汽车制造集团,创建自己的汽车自有品牌。由此可见,大众不仅仅要面对各跨国公司的竞争,还要和迅速崛起的本土企业决一雌雄。

同时,大众在中国多年累积下的"合资病",诸如中外方沟通不畅、制造成本和合资公司内管理成本居高不下等问题一直不能得到妥善解决。与此同时,中国汽车工业所走过的"以市场换技术"之路,在20年后,被证明并不成功。事实上,大众在缺乏外部竞争对手的10多年时间里,在对华投资力度、车型引进、设立技术开发中心等方面,一直不甚积极。在20年的合资中,大众更一直坚持拒绝出让先进技术,并拒绝中方插手设计,国内合资企业的研发一直在吸收旧技术的轮回中循环。

如今的中国汽车市场已不是当年成就"霸主"的时代,群雄逐鹿的肉搏战已愈演愈烈。因此,大众不得不面对的现实是,市场竞争的烈焰已全面打响。正所谓"逆水行舟,不进则退",面对发展转折点,面对瞬息万变的市场,"德国战车"如何能重新傲视群雄,的确是大众不得不思考的问题。

在维持合资企业稳定性这一问题上,并不存在任何灵丹妙药。然而,我们却可以从过去的成功和失败例子中吸取一些经验和教训。第一,选择在技术和资源上能够互补、能够产生协调效应的正确的合作伙伴对于合资企业的成功极为重要;第二,合作的一开始就要确立清晰的目标,合作方应该在签订合作合约之前就要明确各自之于合资企业的贡献与责任所在;第三,跨越社会文化差异的鸿沟对于化解合作方之间的矛盾和冲突是非常必要的;第四,合资企业的管理者应能够得到双方母公司的支持和尊重,双方都应该选派最优秀的管理者到合资企业中去;第五,要采取循序渐进的方式进行沟通和市场拓展。

如果跨国投资环境比较稳定,跨国公司偏向于采用拥有100%股权的独资方式进入新市场。相对于其他进入国际市场的形式而言,独资意味着能够获得所有的利润,能够管理和控制独资企业全部的营销、生产、设计等活动的决策过程和任务指标。其弊端则是母公司必须耗费大量的资源,承担全部可能的风险和损失。独资企业进入方式有时会被视作对东道国文化或经济的一种威胁,将公司本土化可以应对这种威胁,能够有效消除东道国对国外收购的敌意,比如,雇用当地经理和员工,开发当地品牌,赞助当地的一些社会或文化活动等。独资的所有权战略有两种形式,一种是从头开始新建企业,一种是通过兼并或收购买断已经存在的公司,或者买下原来合资企业的股份而成为独资者。对新建企业而言,采用并购的方式能够更快地进入海外市场,同时也是获得著名品牌、分销系统或技术的一种可行方式。近几年来,一些著名的收购案例包括,韩国三星公司收购了美国电脑制造商应用科技公司(AST),中国联想公司收购了美国IBM公司个人PC业务等。当然,伴随着优势而来的常常会是缺点或风险,如并购是一种成本极高的全球扩张战略,并购和被并购公司的管理者之间常常存在着难以跨越的社会文化差异鸿沟,收购的资产常常不符合收购的期望,破旧的厂房、无名的品牌、死气沉沉的员工、政府的苛刻条件等,或许会是并购企业的噩梦,因此,细致地筛选和评估并购的目标是并购过程中的一个重要环节。

三、进入时机的选择

国际市场进入时机问题是国际市场进入决策的一项重要内容,即公司应在何时进入某一国外市场?若是进入过早,则会因为市场培育不够,消费能力低下而导致惨重的损失;若是进入过晚,则会如同置身于一个强手如林的"红海"市场,激烈的白热化的市场竞争将使得每一步发展都充满艰辛。如表8-1所示为星巴克在全球扩张的时间表,从在西雅图开设第一家美国本土咖啡店到1996年走出北美地区在日本和新加坡开设亚洲星巴克咖啡店,前后间隔有25年时间,此后,星巴克便开始了全球拓展的征程,从亚太地区到中东地区,再到欧洲和拉丁美洲。截至2010年底,星巴克已在全球50个国家或地区开设了16858家分店。

表8-1 星巴克国际扩张时间表①

年份	星巴克扩张
1971	美国西雅图第一家店
1987	加拿大(英属哥伦比亚、温哥华)
1996	日本,新加坡,美国夏威夷
1997	菲律宾
1998	马来西亚,新西兰,中国台湾,泰国,英国
1999	中国大陆,科威特,黎巴嫩,韩国
2000	澳大利亚,巴林,迪拜,中国香港,卡塔尔,沙特阿拉伯,阿联酋
2001	奥地利,瑞士
2002	德国,希腊,印尼,墨西哥,阿曼,波多黎各,西班牙
2003	智利,塞浦路斯,秘鲁,土耳其
2004	法国
2005	巴哈马,爱尔兰,约旦
2006	巴西,埃及
2007	罗马尼亚,俄罗斯
2008	阿根廷,保加利亚,捷克,葡萄牙
2009	波兰,阿鲁巴
2010	匈牙利,萨尔瓦多

迄今以来,关于国际市场进入时机决策方面的研究并不多,一项关于《财富》500强公司进入中国市场的时机决策研究发现,②这些公司基于下列因素的考虑而趋向于早日进入中国市场:

(1) 丰富的国际经验;
(2) 庞大的公司规模;
(3) 宽泛的产品和服务范围;
(4) 竞争对手已经进入该市场;
(5) 政治和业务上的风险较低;
(6) 确定了以许可经营、出口等非股份制进入模式。

另外一项研究以19家跨国公司为样本,对其进入国际市场的时机决策进行了考察,

---

① 资料来源:星巴克咖啡网站发布的公司年报。
② See Vibah Gaba, Yigang Pan, and Gerardo R. Ungson, Timing of Entry in International Markets: An Empirical Study of U.S. Fortune 500 Firms in China, Journal of International Business Studies 33, First Quarter, 2002: pp.39—55.

提出了"相近市场知识"(near-market knowledge)①的概念,其结论包括:

(1) 相近市场知识对进入国外市场的时机具有重大的影响;

(2) 基于成功的国际市场拓展而积累的相近市场知识有助于早日进入其他相近的市场;

(3) 目标国与本国文化的相似性与进入该国市场的时机无关;

(4) 消费者富足、经济规模庞大、基础设施完善和进入壁垒较低的国家更容易成为早期进入的首选目标市场。

四、退出战略

退出或撤资行为在国际市场营销活动中并不罕见,如日本东芝公司2005年在南京宣布退出在南京普天王芝公司的全部股份,黯然退出中国手机市场。2010年3月,谷歌公司将搜索服务由中国内地转至香港,宣布退出中国内地市场。

从某一海外市场撤资退出的决策一般是不可轻率作出的。公司撤离海外市场的原因不外乎以下几个方面:

(1) 连年亏损。进入国际市场往往是基于长远的战略考虑,大多数企业都明白,迅速收回投资是不可能的,也是不现实的,因此对承担几年的亏损也都做好了思想准备。但是,公司在一个市场上能承受多久的、多大幅度的亏损,也是有限度的。

(2) 过高的风险。国际企业常常会低估了东道国政治及经济环境的风险,许多跨国公司受新兴市场国家巨大的人口规模和不断提高的收入水平所诱,兴冲冲地进入这样的市场淘金,而忽视或轻视了那些高增长潜力的国家存在的高风险,如汇率涨跌不定、法制薄弱、政局不稳、经济动荡、通货膨胀严重等。

(3) 市场进入的时机不对。国际市场进入的时机是决定成败的关键因素之一。过早地进入某一国际市场往往是一个代价高昂的错误。

(4) 国际市场伦理压力。某些国家(如缅甸)的人权记录不甚光彩,在这些国家开展业务的企业可能会在其他市场上受到牵连。与其冒着公司声誉受损的风险,不如干脆撤离这样的国家。如喜力公司便在反缅甸的声讨浪潮中撤离了这一市场。

(5) 激烈的竞争。激烈的竞争往往构成撤离一个国家的另一理由。表面上看起来很诱人的市场会吸引大批的竞争对手,结果便是供过于求,引发价格大战。与其蚀本竞争,特别是当对手的竞争优势已达到难以匹敌的地步时,退出不失为上策。

(6) 资源的配置失衡。制定营销战略的一个关键因素就是资源配置。从战略角度对国际市场经营进行全面审核有助于公司理顺国别市场方针,并据此调整资源在各个市场间的配置。

显然,作出退出某国市场的决策必须是极其慎重的。进入一个市场会遇到壁垒,而退出一个市场同样会遇到壁垒,如退出决策和行动会因为多个方面的有意或无意的拖延而变得更为复杂化。除了市场退出壁垒之外,国际市场退出还包括其他方面的风险和弊端:

(1) 退出的固定开支。退出一个国家往往会产生巨额的固定开支。欧洲的一些国家有着十分严苛的劳动法规,企业要退出市场必须付出高昂的代价,长期的合同中止意味着

---

① 即跨国公司在已经进入的彼此特征类似的市场上获取的可资借鉴的知识。

要支付大笔的违约金。在中国,违规退出还得补交正常经营过程中减免的税收。另外,固定资产转移或变现的价值将是微乎其微。

(2) 对其他市场的可能影响。退出一个国家或地区市场会向企业经营业务的其他国家或地区发出一个不良信号,会在其他市场上产生一连串消极的连锁反应。

(3) 长远机会的丢失。虽然退出往往是一种明智的做法,但企业也应该避免短视行为。在许多新兴市场国家或地区,剧烈的环境变化是家常便饭。在很多情况下,与其关门大吉,不如在一定时期内维持企业的存在,以等待长期发展的机遇。退出之后再进入,企业要付出相当大的代价:一方面,坚守市场的竞争对手可能会变得十分强大且处于优势地位;另一方面,消费者对退出后又再次进入的企业也会心存疑虑。

小贴士 8-4

谷歌退出中国的原因

中国市场是世界上最重要的市场之一,几乎被所有大企业所重视。截至 2009 年 6 月,中国拥有 3.38 亿互联网用户,超过任何其他国家,并且还处于快速发展期,具有非常大的市场潜力。为了开拓中国市场,谷歌在 2005 年不惜重金将时任微软全球高级副总裁的李开复挖过来,后来又高薪聘来周韶宁加盟,这些都反映出谷歌对于中国这样一个急速发展的市场的迫切性和强烈的市场期待。

2010 年 1 月 13 日,北京时间凌晨,谷歌高级副总裁博客撰文,考虑关闭谷歌中国公司。2010 年 3 月 23 日凌晨 3 时零 3 分,谷歌公司高级副总裁、首席法律顾问大卫·德拉蒙德(David Drummond)发表声明,再次借黑客攻击问题指责中国,宣布停止对谷歌中国搜索服务的"过滤审查",并将搜索服务由中国内地转至香港。

就谷歌退出中国的原因,有这样几个版本:

一、被攻击说

由大卫·德拉蒙德执笔的谷歌官方博文"新的中国策略"(A New Approach to China)指出,谷歌业务系统遭受到来自中国有针对性的攻击,导致知识产权被盗,谷歌在 2006 年进入中国,是为了让中国人能够在更加开放的互联网中获取信息。基于这种理念,谷歌可以容忍部分审查,但谷歌会密切注视中国新的法律对谷歌服务的限制情况,现在谷歌已经确认,谷歌已经到了重新考虑评估中国业务运营可行性的时候了。如果可能,谷歌将在未来几周时间和中国政府谈判,要求能够在中国法律框架内运营未经过滤审查的搜索引擎。谷歌承认这很可能意味着必须关闭 Google.cn,撤出谷歌在中国的办公室。

二、市场竞争说[①]

在 2006 年,百度以 56.6% 的市场占有率稳坐第一,而谷歌只能以 32.8% 屈居第二。但更让谷歌大受打击的是,谷歌的这 32.8% 的市场份额中的 99% 是由 Google.com 贡献的。对此不尽如人意的状况,谷歌创始人谢尔盖·布林就指出,虽然 Google.com 和 Google.cn 在中国同时并存,但只有 1% 的中国用户使用后者,这主要因为 Google.cn 的搜索结果在质量和数量上都无法同主搜索引擎相比。令人啼笑皆非的是,谷歌在中国本土

---

① 资料来源:《Google 退出中国市场并非出于政治道德》,载中国日报网,2013 年 1 月 16 日访问。

市场上主推的却是 Google.cn 而非 Google.com。根据中国互联网络信息中心（CNNIC）在2009年9月公布的统计数据，仅有12.7%的中国网民将 Google 作为搜索网站的第一选择，比2008年大幅下降3.9%。而中国本土的百度被高达77.2%的网民作为第一选择。虽然经历多年的市场运作，但无情的市场竞争的结果证明，谷歌在中国是失败的。虽然在中国投入大量的人力和物力，谷歌在中国的市场处境并没有任何改善。

三、谷歌自己的问题[①]

谷歌此次在中国的举动并未赢得微软和惠普等美国大公司的支持。微软公司首席执行官史蒂夫·鲍尔默和惠普公司首席执行官马克·赫德都否认谷歌提及的所谓"攻击"给互联网安全带来大范围威胁。史蒂夫·鲍尔默表示，这次的事件是"谷歌自己的问题"，"每个大公司都在遭黑客攻击，我不认为这是互联网安全环境的一个基本变化"。与此同时，马克·赫德也认为，中国是一个拥有巨大潜力的市场。据悉，来自中国消费者的强烈需求是去年美国技术产业的主要支柱之一。

四、为美国政府政治服务

2010年1月21日，美国东部时间21日上午9时30分，美国国务卿希拉里就网络自由问题发表讲话，鼓励美国的网络公司拒绝审查，并呼吁中国对谷歌及其他美国公司受到的网络攻击展开彻底调查。如果谷歌成为美国政府的政治打手，那中国政府对其政治约束是完全必要和合理的。

因此，退出一个国家的市场时，应该三思而后行，分析造成现状的原因，考虑是否存在可以拯救业务的可行的手段。在退出的过程中，倘若全面退出不可行，可以采取渐次退出的策略。如小贴士8-4所示，尽管谷歌退出中国市场的原因众说纷纭，但是，谷歌2010年3月在退出中国内地市场的时候，只是把服务器转移到了中国香港，关闭了 Google.cn 而已，其他的业务仍在继续进行。对于员工和客户的合理安置是退出过程中必须予以考虑的因素，如谷歌在退出中国内地市场时就给予员工在谷歌全球范围内重新选择工作的机会。

本章案例

欧莱雅进军中国市场

一、公司背景

法国欧莱雅集团为全球500强企业之一，由发明世界上第一种合成染发剂的法国化学家欧仁·舒莱尔创立于1907年。历经近一个世纪的努力，欧莱雅从一个小型家庭作坊企业成长为世界化妆品行业的巨无霸，荣登《财富》2002年度全球最受赞赏公司排行榜第23名。欧莱雅集团遍及全球150多个国家和地区，拥有283家分公司，5万多名员工、42家工厂和500多个优质品牌，产品包括护肤防晒、护发染发、彩妆、香水、卫浴、药房专销化妆品和皮肤科疾病辅疗护肤品等。

1997年，欧莱雅正式进军中国市场，在上海设立中国总部。目前，欧莱雅集团在中国

[①] 资料来源：《微软和惠普CEO不支持谷歌欲退出中国的举动》，载中国日报网，2013年1月16日访问。

拥有约3000名员工,业务范围遍布北京、上海、广州、成都等400多个城市。

二、欧莱雅的中国市场环境分析

1. 顾客与公众环境

中国化妆品行业发展速度历年来一直保持稳定增长,年均增幅不低于15%,2003年销售总额达到人民币500亿元。中国本土化妆品生产企业约2500家,品种达3万余种,市场总额居亚洲第二位,中国已经成为一个美容大国。全球各大名牌化妆品一致看好中国大陆的消费潜力,纷纷抢滩和进驻中国市场,并且受到中国广大消费者的认可和青睐。

2. 竞争者环境

欧莱雅集团在中国的竞争对手主要也是一些国际名牌化妆品,如雅芳(Avon)、雅诗兰黛(Estee Lauder)、倩碧(Clinique)、旁氏(Ponds)、妮维雅(Nivea)和资生堂(Shiseido)等。这些品牌在中国市场上都已经有着极高的知名度、美誉度和超群的市场表现。除了与世界品牌的混战外,欧莱雅集团在中国还面临着本土品牌的袭击和进攻,如大宝、小护士、羽西(合资)、上海家化等依然占有不小的护肤市场份额。

3. 企业内部环境

虽然欧莱雅于1996年才进入中国市场,但早在20世纪80年代起就在巴黎成立了中国业务部,专门从事对中国市场的研究。90年代,欧莱雅在中国香港的分公司里设立了中国业务部,准备开拓中国市场,并在广州、北京、上海等地都设立了欧莱雅形象专柜,测试中国消费群体对欧莱雅产品的市场反响。为进入中国市场,欧莱雅其实花费了将近20年的时间进行准备。

三、欧莱雅中国市场细分策略

欧莱雅进入中国市场以来,以其与众不同的优雅品牌形象,加上全球顶尖演员、模特的热情演绎,向中国消费者充分展示了"巴黎欧莱雅,你值得拥有"的理念。

首先,欧莱雅从产品的使用对象进行市场细分,主要分成普通消费者用化妆品、专业使用化妆品,其中,专业使用化妆品主要是指美容院等专业经营场所所使用的产品。

其次,欧莱雅将化妆产品的品种进行细分,如彩妆、护肤、染发护发等,对每一品种按照化妆部位、颜色等再进一步细分,如按照人体部位不同将彩妆分为口红、眼膏、睫毛膏等;再就口红而言,按照颜色细分为粉红、大红、无色等,还按照口红性质差异将其分为保湿型、明亮型、滋润型等。如此步步细分,单单美宝莲一个品牌的口红产品就达到了150多种,而且基本保持每1—2个月就向市场推出新的款式,从而将化妆品的品种细分推向了极致。

再次,基于中国地域辽阔,南北、东西各地区经济发展水平、气候、习俗、文化等均不同,欧莱雅敏锐地意识到了这一点,在不同的地区市场上推出了不同的主打产品。

最后,欧莱雅在中国还按照原材料的不同而有专门的纯自然产品,以及按照不同年龄消费者的需要,推出了能够满足各个年龄层次市场需求的系列产品。

总之,基于欧莱雅对中国市场的精准分析,欧莱雅公司采取多品牌战略对所有细分市场进行全面的覆盖定位,在中国的品牌框架包括了高端、中端和低端三个部分。高端产品约由12个品牌构成,如赫莲娜、兰蔻、碧欧泉等,主要针对年龄偏高,消费能力强劲的消费者。中端产品包括卡诗和欧莱雅专业美发等美发产品以及薇姿和理肤泉等活性健康化妆品品牌。低端产品包括巴黎欧莱雅、羽西、美宝莲、卡尼尔和小护士五个品牌。

> **案例思考题**

1. 简要评价欧莱雅对中国市场环境的分析是否全面，你认为还需要关注哪些方面？
2. 欧莱雅公司采用怎样的市场细分策略？

> **本章小结**

本章主要阐述了国际市场细分的相关概念和要素，如何进行国际目标市场细分，国际市场细分战略以及如何进行国际市场定位等问题。国际市场细分是市场细分的延伸，是市场细分理论在国际营销中的应用和深化。在了解国际市场细分的动因、方法和标准之后，就可以基于市场细分进行战略定位。

国际市场战略定位需要就全球化和当地化定位进行区分，特别是基于全球、外国和本地的消费文化进行定位，识别、寻找和创造国际市场营销机会，选择最适合于企业发展的进入模式，把握合适的市场金融时机。当然，国际市场是充满风险的，没有哪一个市场是一定能够成功的，如在中国市场上能够盈利的外国跨国公司不到1/3，超过60%的跨国公司在中国市场上都是处于亏损状态，因此，在国际市场定位的过程中，需要谋而后动，事先考虑可能导致退出市场的原因，并确定退出国际市场的相应策略。

> **重点概念**

国际市场细分	可度量性	规模性	可接触性
稳定性	回应性	可执行性	人口统计变量
社会经济变量	购买力平价	奋斗者市场	忠诚者市场
利他主义者市场	亲近友好者市场	寻乐者市场	创新者市场
国际市场定位	全球化定位	当地化定位	全球消费文化定位
外国消费文化定位	本地消费文化定位	市场发展趋势	出口进入模式
合同进入模式	投资进入模式	相近市场知识	国际市场退出战略

> **本章复习思考题**

1. 有效的国际市场细分需要具备哪些条件？
2. 国际市场细分的方法有哪些？
3. 如何评价联合利华的"做不好中国就不可能做好全球"？
4. 在国际市场细分过程中，如何对待灰色经济、黑色经济和收入两极分化等问题？
5. 举例说明根据态度、观念和核心价值观等生活方式将消费者进行分组的国际市场细分方法。
6. 简述国际市场定位的步骤。
7. 试比较国际营销中的全球化定位和当地化定位。

8. 简述全球消费文化、外国消费文化和本地消费文化定位。

9. 如何理解英特尔前总裁格罗夫曾说过的这样一句话:"整个世界将会展开争夺'眼球'的战役,谁能吸引更多的注意力,谁就能成为21世纪的主宰"?

10. 在国际市场营销定位中,究竟哪种定位战略最适合?取决于哪些因素?

11. 如何识别、寻找和创造国际市场营销机会?

12. 如何进行国际市场进入模式的选择?

13. 简述出口进入模式的优点和缺点。

14. 简述合同进入模式的优点和缺点。

15. 简述投资进入模式的优点和缺点。

16. 如何选择进入新的国际市场的时机?

17. 导致退出国际市场的原因有哪些?

18. 如何理解谷歌退出中国内地市场的动机?试评价其进入和退出中国内地市场的过程。

19. 退出国际市场有哪些风险和弊端?

参考文献及进一步阅读材料

1. [美]科特勒等:《水平营销》,陈燕茹译,中信出版社2008年版。
2. [美]贝瑞等:《数据挖掘技术:市场营销、销售与客户关系管理领域应用》(第二版),别荣芳等译,机械工业出版社2006年版。
3. [美]基根等:《全球营销学》,傅慧芬等译,中国人民大学出版社2009年版。
4. [美]加里等:《科特勒市场营销教程》,俞利军译,华夏出版社2004年版。
5. [美]津科特等:《国际市场营销学》,曾伏娥等译,电子工业出版社2007年版。
6. [美]科特勒等:《营销管理》(第13版·中国版),卢泰宏等译,中国人民大学出版社2009年版。
7. [美]所罗门、[中]卢泰宏:《消费者行为学》(第6版:中国版),电子工业出版社2006年版。
8. [美]托马斯·弗里德曼:《世界是平的——21世纪简史》,何帆等译,湖南科学技术出版社2006年版。
9. 甘碧群主编:《国际市场营销学》,高等教育出版社2006年版。
10. 卢泰宏主编:《营销在中国》,企业管理出版社2003年版。
11. 荣晓华编著:《消费者行为学》,东北财经大学出版社2009年版。
12. 袁晓莉、雷银生主编:《国际市场营销学》,清华大学出版社2007年版。

第九章　国际市场营销调研

本章学习内容

- 国际市场营销调研与国内市场营销调研的比较
- 国际市场调研资料收集的方式
- 国际市场调研资料的特性
- 国际市场营销调研的程序和方法

引例

数万华商梦断俄罗斯大市场[①]

2009年6月18日,俄罗斯政府突然宣布,将集中销毁价值高达20多亿美元的中国"走私"商品,并要求莫斯科市尽快关闭切尔基佐沃市场。这些所谓"走私"商品是2008年9月11日被俄罗斯特别检察委员会和海关缉私特警以整顿市场、打击"灰色清关"的名义突袭收缴的,其中浙商货物占了15多亿美元。这批货物一旦销毁,数万在俄罗斯经营多年的华商中的很多人将陷入绝境。

切尔基佐夫市场于20世纪90年代初建立,是俄罗斯和其他独联体国家服装、鞋类等生活用品的批发集散地,是欧洲最大的零售批发市场,也曾是众多华商发财致富的"避风港"。"切尔基佐夫"的俄语名是"Измайлово",莫斯科华人嫌俄语念起来绕口,就干脆把这个名称汉化,顺着发音直接叫成"一只蚂蚁"。"一只蚂蚁"成了俄罗斯华商对莫斯科切尔基佐夫市场的昵称。不幸的是,这个昵称如今似乎也成了这些华商命运的写照。他们像蚂蚁一样勤劳努力,也像蚂蚁一样弱小无助。"我们当中每个人都有数百万元的货物已被宣判'死刑',就差执行了。"一位在俄罗斯经商的义乌商人发出这样的哀叹。"何止是20亿美元!6000个集装箱啊!每个集装箱货物的价值都在50万到100万美元之间,这次华商的损失是空前的。"俄罗斯中国浙江同乡会会长倪吉祥颇感无奈,"有人跳楼,有人自杀,这么多人倾家荡产,可至今什么问题也没有解决"。

这次受俄罗斯政府的打击使得在俄华商大吃哑巴亏的所谓"灰色清关",在俄罗斯近几十年来几乎已经成为华商进入俄罗斯市场的必经之路。在俄罗斯方面看来,中国商人的"灰色清关"行为是一种走私行为。"灰色清关"是一种"包机包税"业务,一些商人把货物交给清关公司,而后在莫斯科的大市场接收货物,缴纳运输及清关费用,清关公司不提供任何进出口单据。因此,这些商人面对俄执法部门的查抄时就拿不出任何完税单据,也无法证明货物的归属。如果把俄罗斯的"灰色清关"外贸市场比作一个"江湖",这次被关闭的切尔基佐夫市场就是"江湖老大"。

[①] 资料来源:《数万华商梦断俄罗斯大市场》,载中国网新闻中心;《3万华商成俄罗斯"灰色清关"替罪羊》,载《中国贸易报》。

"灰色清关"所指的是"包机包税"的业务,开始于1992年。当时,俄罗斯实行的"休克疗法"导致国内经济急剧恶化,日用消费品严重匮乏,进口商品特别是价格低廉的中国商品有着很好的市场。1994年之前,俄海关规定,入境旅客可以免税带进5000美元自用合理物品。一些精明的俄罗斯人从中看到了商机,利用俄大量闲置的军用飞机,采用旅游包机的形式,吸引大批俄旅客赴华,随后将购买的中国商品随机带回,俄海关与空运公司只收取少量的运费和手续费,包机业务由此产生。近年来,随着俄加入世贸组织问题提上议事日程,清理"灰色清关"问题已经势在必行。在俄国内的"灰色清关"这张看不见的大网中,华商是利润率最小、风险性最大、稳定性最差的一环,而那些海关中的蛀虫和所谓的"清关公司"则是坐在办公室里数钱的"大爷"。所以,俄罗斯政府自1998年以来的每次打击"灰色清关",损失最大的都是华商。

> **热身思考**
>
> 造成数万华商梦断俄罗斯切尔基佐夫市场的根源是什么?如何避免这样的风险?

第一节 国际市场调研与国内市场调研的比较

随着经济全球化和国际经济一体化进程的发展,市场及市场竞争的范围已扩展到了全球,因而国际市场调研已经成为国际市场营销理论与实践中十分重要的内容。

国际市场调研与国内市场调研存在着很大的差别,这种差别来自于调研的对象、环境以及调研的方法和手段等各个方面。各国在政治、经济和社会文化环境方面的差异使得国际市场调研比国内市场调研更加困难,营销过程充满了不确定性变数。了解国际市场信息是制定成功的国际市场营销策略及避免严重的营销错误的关键因素。基于国际市场的复杂性,认真细致的市场调研对于大量的营销决策都是至关重要的。无数的国际市场营销实践表明,调研在国际市场营销中的缺失必将是一个代价昂贵的错误。如本章引例所示,在俄华商对于俄罗斯市场的调研及俄罗斯政府政策的把握显然严重不足,由此才导致俄罗斯政府关闭莫斯科切尔基佐夫市场时候灾难的发生。当沃尔玛首次进军阿根廷市场时,它在鲜肉柜台上把肋骨摆在最显眼的位置,而不是阿根廷人喜欢的排骨和尾骨;珠宝柜台里全是翡翠、蓝宝石和钻石,而阿根廷妇女钟爱和佩戴的大多是金银饰品;五金商店的商品设计电压都是110伏,而阿根廷国家电网的用户标准电压是220伏。在日本,宝洁公司的广告描述了当妻子在沐浴时,丈夫走进浴室的场景,这让日本人皱起了眉头,因为日本文化很难接受这一点。诸如此类的一系列极其严重的国际市场营销失误,均源自于草率的不够充分的市场调研。

国际市场营销信息的需求范围很广,从评估市场机会所需的一般资料到作出相关营销决策所需的具体市场信息,无不关乎国际市场营销的成败。国际市场营销信息可以从值得信赖的人或机构处购买,也可以由公司内部营销部门提供。关键的营销决策在作出之前,甚至还需要最高决策者亲临,与重要的顾客交流或直接观察市场以印证相关信息的准确性,确保决策的正确性。国际市场研究人员必须在时间、成本和当前技术手段允许的范围内获取最准确、可靠的资料和市场信息,为高层决策提供参考。一般而言,营销人员的国际市场调研能力可以从两个方面得到体现:一是在限定的条件下掌握和运用现代市场研究技术和分析方法的能力;二是将研究信息正确传递给决策者,即国际市场营销调研报告的撰写能力。

国际市场营销调研(International Marketing Research)包括系统地收集、记录和分析国际市场相关资料,为国际市场营销决策者提供有价值的能够辅助其进行营销决策的相关信息。不论调研的目标市场是在美国的纽约还是在中国的青海,调研的商品是手机还是服装,其市场调研过程中所遵循的原则、过程和方法都是基本相同的。但是,相对于国内市场营销调研,国际市场营销调研面临着两大困难:其一,国际市场营销调研过程中的信息传递必须跨越社会文化边界,即美国纽约的研究者必须能够将其研究和关心的问题转换成中国青海的消费者能够理解和明白的表达方式,然后再将中国消费者的回答和反应转换成美国企业的管理者和营销决策者能够接受的形式,如市场研究报告。这对于国际市场营销的调研人员而言,是极具挑战性的困难。其二,国际市场营销调研的环境相对于国内市场调研而言,几乎完全不同,国际市场营销研究人员必须能够在完全陌生的环境中工作,面临的挑战包括重点调研的信息类型与国内市场调研可能完全不同,可资利用的工具和技术可能也非常有限,还有就是调研过程中所要面对的语言、社会文化、宗教、习惯等均不相同的差异化环境。这两大困难,使得国际市场调研过程充满了挑战性和不确定性。

一、国际市场营销调研的概念

国际市场营销调研是以国外市场为对象,综合运用科学的调研方法,系统地、客观地收集、分析和整理有关国外市场的相关信息和资料,以帮助国际企业管理人员制定有效的国际市场营销决策。在这个定义中,所谓"系统地"是指对市场营销调研活动需要有周密的计划、思考和进行有条理地组织;而"客观地"是指在国际市场调研过程中,对所有的信息资料都应该本着实事求是的原则,客观地进行记录、整理和分析处理。国际市场调研人员必须是公正和中立的,对调研中所发现的问题能保持坦诚的态度,尽可能减少错误和偏见,只有这样的调研结果,才能够对国际市场营销决策和活动有所助益。

二、国际市场营销调研与国内市场营销调研的异同

国际营销调研与国内营销调研相比较而言,其共同点主要体现在调研的过程和方法方面。无论是国际市场调研还是国内市场调研,都要首先确定营销中存在的问题,制订出调研计划,然后再搜集、整理分析并说明有关信息,最后撰写出调研报告供营销决策者使用。国际市场调研相对于国内市场调研的差异,主要体现在如下几个方面:

(1) 国际市场决策相对于国内市场决策而言,更需要充分、及时、准确的信息。这是因为,各国的社会文化、政治法律、贸易经济等方面都存在着巨大的差异,国际市场营销决策者远不像国内市场营销决策者那样熟悉营销环境,稍有不慎,就有可能导致国际市场营销决策的失误。因此,相对来说,充分、及时、准确的市场信息对国际市场营销来说更为重要。

(2) 国际、国内市场营销决策所需要的信息不同。国际市场营销的重要决策包括选择国外市场,以及进入该市场的方式等。为了制定这一系列决策,企业需要了解目标市场国家和地区的外汇和外资政策等信息,而这些信息对于国内市场调研而言,是不需要的。

（3）国际市场营销调研比国内市场营销调研更困难、更复杂。第一，市场调研的有些信息在国内很容易得到，但是在国外，尤其是在某些发展中国家，会很难得到甚或根本不可能得到；第二，针对从不同国家、不同信息来源所得到的相关市场信息，由于各国统计方在统计时间、统计频率以及对统计的要求等方面存在着差别，需要进行极为复杂的整理和换算后，彼此之间才可能具有可比性；第三，同样的调研方法，在一个国家有效，在另一个国家则可能无效或受到很大制约；第四，国际市场调研的组织工作要比国内市场调研更复杂，因此，国际市场调研的成本要远远高于国内市场调研。

第二节 国际市场调研资料收集的方式

一般而言，国际市场调研资料收集的方式可以有两种：第一种是二手资料调研，是基于对与调研项目相关的二手资料的查询和研究；第二种是实地调研，是基于问卷调查、深度访谈、市场体验和观察等第一手资料的获得而进行的。

一、二手资料调研

国际市场调研中的二手资料（secondary data）调研是指查询并研究与调研项目相关的经他人收集、整理或者已经发表过的资料的过程。通过二手资料的调研，国际市场营销调研人员可以把注意力集中到那些应该着重调查的某些特定的因素上，如在有许多国家和地区的潜在市场摆在面前要去选择的时候，通过二手资料的调研可以帮助国际市场调研人员快速便捷地排除那些显然是不理想的市场，缩小对企业而言最有前途的市场的选择范围，并使国际市场营销的实地调研目标更加明确，从而节省时间和调研成本，为进一步的实地调研奠定基础。

当今国际企业之间的竞争从某个方面而言，是一场信息的竞争。谁掌握了信息，谁就有可能占得先机，赢得市场。然而，要研究信息，企业必须掌握尽可能多的稳定可靠的信息来源。一般而言，国际市场调研所用的二手资料主要来源于企业的内部和外部。就内部而言，指的是来自本企业内部的市场信息资料。首先，是来自于企业的会计账目和销售记录。一般而言，每个企业都保存了关于企业自身的财务状况和销售信息的会计账目，另外，国际市场调研人员也可以从企业的销售记录、顾客名单、销售人员报告、代理商和经销商的信函、消费者的意见中找到有用的目标国际市场的相关信息。其次，是各类记录和报告等信息资料，包括以前的市场营销调研报告、企业自己做的专门审计报告和为以前的管理问题所购买的调研报告。随着企业经营的业务范围越来越多样化，每一次的调研都越有可能与企业其他的调研问题相关联。因此，以前的调研项目对于相近、相似的目标市场调研来说是很有用的信息来源。就外部而言，指的是来自本企业以外的市场信息资料，包括出口国和进口国两方面的市场资料。一般而言，主要指政府机构[①]、国际组织[②]、行业协

[①] 包括本国政府驻外机构和外国政府相关部门。
[②] 国际组织如联合国及其下属组织、经济合作与发展组织、国际货币基金、世界银行等。

会①、专门调研机构②、大众传媒③、商会、银行、官方、民间信息机构④和网络等多种外部信息源。

尽管二手资料在国际市场调研中相对于第一手资料而言,具有省时间、省费用的一系列优点,但是,许多二手资料也存在着严重缺陷,在二手资料的调研过程中,国际市场调研人员特别需要注意的是资料的可获得性、时效性、可比性、相关性和精确性等几个方面的问题。

（1）可获得性。即所需的资料是否能被调研人员迅速、方便、便宜地使用。在国际市场调研的二手资料获得方面,有些国家的统计非常完备,企业在进行国际市场调研的时候可以很容易地得到所需要的资料,但在另外一些国家,特别是发展中国家,统计手段落后,国际市场调研人员可能很难得到需要的资料。

（2）时效性。如果用过时的资料来推断当前的市场状况或预测未来的市场状况,将会使企业的国际市场调研缺乏时效性与准确性。

（3）可比性。由于各国资料收集的条件不同、数据搜集程序和统计方法不同,同一类资料在不同的国家可能会使用不同的基期,同一指标在含义上也可能大不相同,这就使得从不同国家得到的数据有时无法进行相互比较。如对于电视机的消费在德国被归入消遣性支出,而在美国则被归入家具类支出。数据在各国之间的不可比性,必然会影响到企业决策。

（4）相关性。国际市场调研人员必须研究所获得的二手资料是否最能切中问题的有关方面,任何牵强附会只能使调研结果得出错误的结论。

（5）精确性。由别人公布的二手资料很少会全面、精确地与国际市场调研人员所要调查的主题相吻合,需要深入研究制作这类二手资料时所用的方法,推敲他们是否符合要求,并对相关的数据进行调整,或寻求别的数据和资料来源的印证。

如小贴士9-1所示,在东京迪士尼获得空前成功之后,迪士尼公司企图在欧洲市场上复制在日本市场上的成功,但其在市场调研过程中忽视了可比性和相关性,直接导致其长期深陷巴黎迪士尼巨额亏损的噩梦。

小贴士9-1

东京迪士尼和巴黎迪士尼的阴差阳错⑤

1984年美国迪士尼集团走出了跨国经营的第一步,采用向日方技术转让以收取转让费和管理费的进入方式,由日方投资建造并经营东京迪士尼乐园,结果大获成功,利润远

---

① 许多国家的行业协会都定期搜集、整理甚至出版一些有关本行业的产销信息。行业协会经常开展自己行业中各种有关因素的专门调研,发表和保存详细的有关行业销售情况、经营特点、增长模式及其类似的信息资料。
② 指各国的咨询公司、市场调研公司。这些专门从事调研和咨询的机构经验丰富,搜集的资料很有价值,但一般收费较高。
③ 电视、广播、报纸、广告、期刊、书籍、论文和专利文献等类似的传播媒介,不仅含有技术情报,也含有丰富的经济信息,对预测市场、开发新产品、进行海外投资具有重要的参考价值。
④ 许多国家政府经常在本国商务代表的协助下提供贸易信息服务以答复某些特定的资料查询。另外,各国的一些大公司延伸自己的业务范围,把自己从事投资贸易等活动所获得的信息以各种方式提供给其他企业。
⑤ 资料来源:王宏波、王静:《浅谈国际市场调查思路》,载《物流科技》2003年第6期。

远超出预期,这使迪士尼非常后悔没有采取合资的方式经营,因为这样可以挣得更多。

1992 年,迪士尼集团在巴黎开办第二个国外迪士尼乐园,由于有东京迪士尼乐园的经验,便采取股份合作的方式,以占有股权的形式对经营管理进行控制。然而,巴黎迪士尼乐园的经营成果并不太理想,第一年经营亏损就高达 9 亿美元,这又使得迪士尼非常后悔采取了股权控制的合作方式,如果采取许可经营转让一类的方式,损失会少得多。

迪士尼在东京和巴黎的两次市场进入方式为什么会出现如此的结果?其问题还是出在市场调研上,更准确地说是出在对两个市场消费者特点研究的不到位上。1984 年开办东京乐园时,正是日本经济迅速发展之后,日本消费者刚开始有了闲暇时间和用以休闲娱乐的收入,但度假习惯尚未形成,东京乐园的开办正好与日本消费者寻找新型娱乐方式的欲望需求相切合;而巴黎迪士尼开办的 1992 年,欧洲大多数国家的居民收入已经很高,消费者闲暇时间的支配方式已经形成,迪士尼没有意识到他们已错过进入市场时间上的"战略窗口",即使花了 2.2 亿美元大做广告宣传,却也难以达到预期的经营目标。

二、实地调研:定量和定性研究

实地调研是指由国际市场调研人员亲自搜集与调研项目相关的第一手资料(Primary Data)的过程。如果调研的二手资料不足以回答所研究的问题,国际市场调研人员就必须收集第一手资料。在国际市场调研中,第一手资料的收集状况,对于调研结果的真实性、可用性等方面,均极具重要意义。实地调研的方法一般有两种基本类型,即定量研究和定性研究。

定量研究通常要求调查对象口头或书面回答事先设定的问题,这些问题的设计旨在了解调查对象的行为、意图、态度、动机及人口统计学特点。定量研究能够使研究人员准确地估计人们的反应,调查的结果可以用百分比、平均数或其他统计数字加以概括。典型的定量研究工具是问卷调查表。相对于定量研究,定性研究所问的问题一般都是开放式的或者具有一定深度的问题,对这些问题的回答,可以反映出调研对象对某一研究问题的想法或情感,定性研究有助于揭示社会文化因素对行为模式的影响,有助于提出能在随后的研究中加以检验的研究假设。在国际市场调研过程中,定量研究和定性研究往往会被同时运用,彼此验证研究结果。

在国外收集当地相关市场的原始资料,与国内市场调研的原始资料的收集相比,难度要高得多,如小贴士 9-2 所示,国际市场调研的成本和复杂性均远高于国内市场。影响国际市场实地调研活动成败的关键因素在于,被调查者主观上是否愿意及其是否有能力提供所需要的信息。相对二手资料的国际市场调研而言,实地调研的成本也要高很多。

小贴士 9-2

国际市场调研支出前十位的国家和地区[①]

国际市场调研的支出,从某种程度上反映出世界各地市场的规模和增长,反映出企业

---

① See Marketing News, July 15, 2007, pp.26—27。

国际化的活跃程度。2007年,全球市场调研支出前10位的国家和地区为:1.美国,77.22亿美元;2.英国,24.11亿美元;3.法国,22.47亿美元;4.德国,21.85亿美元;5.日本,13.58亿美元;6.意大利,6.84亿美元;7.加拿大,5.73亿美元;8.澳大利亚,5.22亿美元;9.西班牙,4.98亿美元;10.中国,4.75亿美元。

中国的国际市场调研支出在2001年加入WTO之后,增速非常明显。

国际市场实地调研的主要方法有访谈法、问卷调查法、观察法等。在采用这些方法时,往往需要用到样本抽样等调查技术。在应用这些方法和技术时,由于各国在经济、文化、社会政治诸方面存在着差异,往往会出现一些问题:首先,是调查对象的代表性问题。一项抽样调查要取得成功,其调查样本必须具有代表性,但是在国际市场调研过程中,特别是在某些发展中国家进行市场调研的时候,抽样调查的样本往往会因为系统原因而产生较大的偏差,甚至有些国际市场调研者会因为缺乏对调查样本总体特征的把握和适当的了解导致抽样失败,从而导致整个国际市场调研活动实地调查的失败。在这种情况下,许多调研人员只能依靠在市场和其他公共场所随机抽取合适样本,以取代概率抽样技术。由于公共场所接受调查者之间的差异,调查结果往往并不可靠。其次,是调查过程中的语言问题。在使用问卷方式进行国际市场调研的时候,最需要注意的就是对调查工具的翻译和完善。问卷调研方法的程序是不可逆的,因此,调研工具本身的完善对于一项调研活动的成败极为重要。对于国际市场调研所使用的文件,一般都需要经过"双向对译"①以确保翻译过程本身不会对问卷内容产生歧义。由于翻译不当引起误解,导致调查失败的例子是很多的。识字率则是另外一个语言问题。在一些不发达国家和地区,识字率很低,用文字写成的调查问卷在国际市场调研活动中可能会毫无用处。再次,是通信即调查问卷的邮寄问题。在许多国家,特别是欠发达国家或部分发展中国家,通信非常困难。有些国家的邮政系统的运营效率极低,例如,巴西的国内信函有30%会收不到。在这样的国家,邮寄问卷的调查方法根本就行不通。在许多发展中国家,电话数量很少,除非只调查富裕阶层,否则电话调查法也就没有价值。即使被调查者有电话,也并非都能应用电话调查法。据估计,在开罗,可能会有多达50%的电话线同时发生故障而失灵。最后,是社会文化差异问题。针对个人的深度访谈是国际市场调研中取得可靠数据的重要方法之一,但在许多国家,特别是社会文化比较敏感的国家和地区,社会文化的差异使得这一调研方法很难进行,被访者或者拒绝访问,或出于某种莫名的担心,顾左右而言他,故意提供不真实的信息。

针对上述一系列实地调研过程中可能遇到的问题,国际市场营销者可以从以下几个方面进行应对:首先,要重视在其他国家进行国际营销调研的过程中所取得的经验,总结以前在该国市场进行国际市场调研活动失败的教训;其次,要注重交叉文化的研究,克服因社会文化差异所带来的调研困难;再次,要尽可能借助于精通两国语言,熟悉两国文化,系统地接受过市场营销学和国际市场营销调研方面训练的当地员工或专家,帮助企业进

---

① 即把调研问卷从一种语言翻译成另外一种语言,如中文问卷翻译为英文问卷的过程中,首先要请精通中英两国语言的翻译者将其由中文翻译为英文,然后请另外的同样精通中英两国语言的翻译者将英文稿翻译回中文,将译回的中文稿与原稿进行对照,以确保在翻译的过程中不会因为歧义而导致翻译错误或曲解。

行在国外的市场调研,最大限度地减少因社会文化差异而带来的实地调研误差或困扰;最后,加强对国际市场调研人员的培训,通过培训,使调研人员熟练掌握各种调研方法和技巧,在面临某国特殊的市场调研环境而导致某种方法失效的时候,调研人员可以熟练地采取其他方法,或者在调研的过程中采取多种方法以就调研结果相互印证。

第三节　国际市场调研的程序

国际市场调研活动可以分为调研准备、调研实施和调研总结三个阶段。

1. 调研准备阶段

在调研准备阶段,需要确定调研目的、要求及范围,并据此制定调研方案。首先,国际市场调研人员需要根据调研的要求,确定调研的目的,提出需要调研的问题。然后,根据拟调研的问题,收集相关资料进行初步分析和研究,对调研问题的关键和范围进行澄清和界定,抓住调研的要点。最后,在调研的准备阶段,调研人员需要设计调研的方案,确定具体的调研对象和样本的选择方法,设定调研资料的收集方式和处理方法以及相应的步骤和时间。

2. 调研实施阶段

调研实施阶段的主要任务是根据调研方案,组织调查人员深入实际收集资料。首先,需要组织和培训国际市场调研人员,使他们对调研方案、调研技术、调研目标及与本调研相关的经济、社会文化、法律等方面的知识有一定程度的了解。其次,收集资料需要从二手资料即次级资料开始,其来源通常为国家机关、金融服务部门、行业机构、市场调研与信息咨询机构、相关网站等发布的统计数据和相关信息,当然,也包括一些发表于科研机构的研究报告、著作或论文。对这些资料的收集比较容易,而且花费也较少。最后,通过实地调研来收集第一手资料即原始资料,这时就应根据调研方案确定调研样本,利用设计好的调查方法与方式来取得所需的资料。

3. 调研总结阶段

国际市场调研的作用能否充分发挥,和它能否做好调研总结的两项具体工作密切相关:首先,对调研资料的整理和分析。通过调研所取得的资料,不管是一手资料还是二手资料,往往都相当零乱,有些只反映了问题的某个侧面,有些甚至可能带有很大的片面性或虚假性,所以需要对这些资料进行必要的审核、分类和甄别。审核即去伪存真,不仅要审核资料的正确与否,还要审核资料的全面性和可比性。分类是为了便于资料的进一步利用。甄别的目的是使各种具有相关关系或因果关系的因素更为清晰地显示出来,便于作更为深入的分析和研究。其次,编写调研报告,与营销决策者进行沟通。国际市场调研结论性意见的书面报告编写原则应该是客观、公正、全面地反映事实,以求最大程度地减少国际市场管理者在决策前的不确定性。调研报告的内容一般包括调研对象的基本情况、对所调研问题的事实所作的分析和说明、调研者的结论和建议。

因为国际市场调研者可能处于企业的视角,也可能是调研的代理人,因此,在与营销决策者就国际市场营销调研的结果进行沟通的时候,可能会因为企业、调研代理人和市场之间的关系不同而出现跨文化障碍。一般而言,企业、调研代理人和市场之间可能有四种不同类型的关系,如图9-1所示。其中,模式B和模式C更适合于对沟通过程中的跨文化障碍进行管理,在这两种模式中,社会文化障碍两端的人们有着相同的企业文化,因为可以借此构建起超越社会文化障碍的桥梁。而模式 A 和模式 D,因为同时存在文化和组织障碍,导致沟通过程中产生误解的可能性最大。

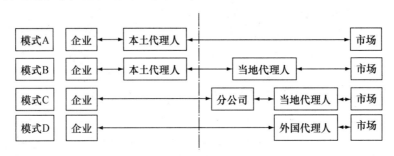

图 9-1　国际市场调研过程中的跨文化障碍

一般来说,国际市场调研都要完成这样一系列程序:

一、界定国际市场营销调研的问题

国际市场营销调研问题的界定表面上看似简单,但它可能是整个市场调研过程中最为关键的任务。俗话说,把问题界定好,等于问题解决了一半。这句话无疑也适用于国际背景下的市场调研,无论多么精妙的数据分析工具都不能弥补对国际市场营销调研问题的错误界定。

在界定国际市场营销调研问题的过程中,需要考虑的两个重要问题是市场结构和产品概念。市场结构指市场的规模、市场所处的发展阶段、市场中竞争者的数量、竞争者各自持有的市场份额,以及进入市场的渠道。如针对法国和德国的面条市场的某调研报告指出,法国和德国消费者消费的意大利式细面条要比意大利人多得多。这一研究报告后来在营销实践中被发现是不准确的,因为在这个研究过程中,把调查研究的对象局限在了有品牌、有包装的意大利细面条,而不是各种意大利细面条的总消费量。而在意大利销售的细面条,许多都是没有包装、没有品牌的,所以,该研究的结果完全无效,甚至是错误的。另外,由于不同文化背景的人对同一产品会有不同的看法,因此,在确定调研问题前,还需要就产品概念即产品在一个特定环境中的意义进行理解和精确定位。在国际化市场背景下,营销调研问题的形成常受到研究人员自身的文化自我参照标准的阻碍,即人们总是习惯于用自己的文化规范与价值观来作出判断,这种倾向会将问题界定引向歧途或者将市场调研问题界定得过于狭窄。为了避免这种缺陷,市场调研者应当学会转变观念,征求当地分支机构的意见,尝试从外国的文化角度来看待调研的问题以排除文化自我参照标准的影响。

在界定调研问题时,首要的挑战是对外国环境不够熟悉,这样就会导致在调研过程中作出错误的假设,误解调研的问题,并且最终导致关于外国市场的错误结论。为了减少这方面的不确定性,在调研的初级阶段,许多跨国公司倾向于参考由专业调查机构(如美国 AC 尼尔森调查公司,AC Nielsen)所进行的常规综合调查结果,然后在此基础上发展出符合自身产品特征和目标市场需要的调研纲要和策略计划。

二、制订国际市场调研计划

在这一阶段,首先要确定营销决策需要哪些信息,如顾客需求是否发生变化?市场所在国的政治、经济、文化等因素是否已发生变化?主要竞争对手的营销决策如何?等等。

三、识别可供选择的国际市场调研信息来源

确定了调研的问题和制订了调研计划之后,下一步就是估测信息需求,再确定信息的来源,即取得信息的途径,弄清楚到哪里可以找到相关的必要信息,以及如何获得这些信息。有些信息是现成的,如别的商业调查机构或政府相关部门已经收集并公开了的二手资料信息。在信息化、网络化充分发达的今天,获取二手资料通常相对比较便宜,并且花费时间很少。但是,二手资料信息本身非常复杂,研究人员一方面需要对二手资料信息本身进行梳理,另一方面需要对二手资料的来源进行甄别。当然,除了二手资料,面对日新月异的国际市场环境,国际市场调研者也需要大量的为当前某种调查研究需要而特意收集的一手资料信息。

四、国际市场调研资料收集

搜寻可靠、有用的资料,可能需要花费大量的时间和资源,尤其是需要同时通过各种渠道收集信息的时候。一般而言,国际市场调研的资料收集可以分为两个步骤:首先,充分收集基础信息资料,这些资料大多数是二手资料,量大而庞杂;其次,针对特定的市场调研问题,通过专业渠道收集第一手资料,并对第一手资料和第二手资料进行交叉检查和相关性检验,从而确定资料的可信度。

考虑到资料的复杂性,对所收集到的信息进行质量审核是非常重要的。为了审核资料的质量,研究人员应当针对下列问题对资料的收集过程进行确认:

(1)这些资料是什么时候收集的?即相关资料的时效性如何。一般情况下,第一手资料的时效性都比较强,能够真实反应市场的相关信息和变化趋势。而第二手资料,如在某些国家的某些信息来源中得到的数据资料可能已过时数年,很难反映当前或未来的市场状况了,这样的资料是不能作为企业进行国际市场营销决策的主要依据的。用过时的资料来推断当前或未来的市场状况,将使整个市场调研因缺乏时效性与准确性而失去意义和应用的价值。

(2)这些资料是如何收集的?即相关资料的收集程序是否符合要求。对于第一手资料的收集,如访谈、问卷调查等,都有着严格的程序,需要基于调研目标设计调研方案,完善调研工具,选择具有代表性的样本等。对于第二手资料的收集程序而言,需要做到每一手资料都有源可询,有据可查,相互印证。

(3)相关的调研变量是否经过了重新界定?每一个调研都有其独特性和针对性,如果借鉴和采用以前的或别的调研方案的架构,对于调研变量需要根据本次调研的具体情境和调研目的而进行调整,绝对不能照搬照抄,生搬硬套,否则可能会导致调研的结果并非最需要的,难以实现高效的国际市场调研。

(4)谁收集了这些资料?对于参与调研的人员,需要进行充分的调研技能培训和跨文化沟通培训,在掌握相关调研程序的基础上,端正调研态度,尊重科学,如实分析和报告

调研结果,为国际市场营销决策提供依据。

当然,即使找到了对这些问题的满意答案,也并不能保证可以完全高枕无忧。如小贴士 9-3 所示,调研过程中任何一个细小环节的失误,均有可能导致调研结果的失真。因此,国际市场研究人员应当在资料收集的质量方面始终保持高度警惕。

小贴士 9-3

P 公司中国定价的失误[①]

P 公司是一家具有百年历史的生产照明灯具的跨国公司,在中国市场上一直处于照明行业的领军地位。

2004 年,市场部新来的一个大学生小 K,运用问卷调查和市场观察法对公司的 Y 产品进行了市场调研,发现顾客对 Y 产品 7 元/只的定价比较敏感,而中国本土企业生产的同类产品的定价一般为 4—5 元/只。他根据调查进行预测,认为如果公司降价 1 元的话,月销售量约 7000 万只、占据该中高端灯具市场约 30% 市场份额的 Y 产品的销量将大幅上升,市场份额将达到 50% 以上,从而为公司带来较强的竞争力和极为可观的绝对利润。

小 K 的市场调研报告经过市场部经理确认后,形成对 Y 产品的定价调整策略建议,呈报总经理审批后,P 公司开始加大产能并下调 Y 产品价格为 6 元/只,静待市场的波动和反应,然而,一直等了三个月,销售部门发现市场份额并未有任何明显变化,公司的净利润却因为 Y 产品的降价而出现了大幅度降低。

市场部经理在对小 K 的整个调研活动进行反复审核后才发现,原来,小 K 的市场调研报告看似规范而无懈可击,但在样本选择方面略显狭隘而很难代表 Y 产品的整个消费群体……

五、分析、解释和报告国际市场调研结果

在国际市场调研的过程中,如果仅仅根据所收集资料的表面意思理解相关的市场信息是不够谨慎的。为了能对付国际市场环境差异的复杂性,国际市场营销研究人员必须具备这样三种能力才可能提炼出有效的营销信息:第一,研究人员应对所研究市场的文化有相当的理解。为了分析研究结果,必须清楚地理解一个社会或社会中某一部分的社会习俗、语言、行为态度及商业习惯。事实上,在某些市场调研阶段绝对有必要让目标国家或地区市场的人士参与到对市场调研结果的解释中来。第二,研究人员必须具有修正研究结果的创造性能力。在国际市场调研中,常常要求研究人员在最困难且时间很短的情况下得出研究结果,这对国际市场调研人员的素质提出了极高的要求。第三,在处理第一手和二手资料时抱怀疑态度是有益的。实际上,只要资料不可信,就同一研究对象采用多种研究方式进行的研究便是必需的。

---

① 资料来源:戴万稳:《跨国公司海外子公司组织学习能力研究》,南京大学出版社 2007 年版。

第四节　国际市场调研的方法

国际市场调研的方法一般包括观察法、调查法、实验法和比较分析法。

一、观察法

观察法是市场调研人员亲自到市场或借助一定的设备对市场活动进行观察并如实记录的信息收集方法。这种方法既可以用来收集消费者信息，也可以了解竞争对手的相关信息。观察法收集的调研信息主要是一些准确性要求比较高但是又不需要深入分析的信息，如消费者的消费环境、消费习惯和消费量、年龄和性别特征信息等。

就消费环境而言，在进入一个新的市场或开发一种新的产品之前，了解消费环境可以提高产品的适应性。在日本汽车进入美国市场前，日本的汽车商派了很多市场调查人员去了解美国人的生活，如车库大小、出行距离、携带物品量、坐椅高度等，这些数据为日本汽车制造商后来在设计适合美国人需求的汽车方面起到了关键作用。

就消费习惯和消费量而言，这方面的信息不仅反映消费者对商品的态度，而且有助于发现产品的新用途，对于针对某个国际市场改进和宣传产品都会有帮助。如海尔在美国的市场调研发现，美国白领和大学生限于住所的空间限制而需要一种微型冰箱，正是这样的一个微型市场的发现使得海尔的产品能够顺利进入美国市场。

就消费者的个人特征信息而言，对企业改进服务非常有帮助。在西方国家，顾客观察已成为调查机构提供的一种特殊服务。调查人员装扮成顾客或工作人员，跟踪和记录顾客的购买过程，在货架前的停留时间，顾客的性别、年龄、服饰、观察商品的顺序，以及选择商品过程中的行进路线等。这些信息能够帮助企业了解某种商品的购买者的特征、消费者的关注重点等。

二、调查法

通过与信息收集对象进行直接交流来获取信息的方法被称为调查法。在国际市场调研中，调查法是一种使用较为普遍的信息收集方法，主要用于了解观念性或概念性的信息。根据交流方式的不同，调查法可以分为访谈和问卷调查两大类。

访谈调查是通过市场调研人员与调查对象进行口头交流来获取信息，主要用于收集需要深入了解的信息，调查对象应该是能提供较多信息的权威人物或有代表性的人物。这种方法对国际市场调研人员本身的要求较高，不但需要能够熟练地使用外语进行听说读写，而且还要能够随机应变，灵活驾驭访谈的过程。问卷调查是通过让被调查者填写问卷的方式来收集信息。这种方法程序简单，对调查人员的要求不高。

三、实验法

实验法是将所选主题的刺激因素引入被控制的环境中，通过系统改变刺激程度来测定实验对象的行为反应，从而确定所选主题与刺激因素的因果关系的研究方法。

实验法主要用于因果关系的判断，在消费行为研究中得到了广泛应用。由于影响消费者消费行为的因素可能有很多，尤其是在国际市场营销环境中影响消费行为的因素差异相对于国内环境而言会更大、更复杂,这就为国际市场营销策略的制定带来了一定的困难,所以需要用实验法来确定主要影响因素和影响程度。试销就是一种使用较多的实验法。在产品大规模进入某国市场前,对消费者的购买意愿、感兴趣的内容、购买方式等信息通过试销来进行测试,可以为企业准确判断某个国家或地区的市场规模和制定适当的营销方案提供依据。

四、比较分析法

国际市场营销与国内市场营销最根本的区别在于所处的环境不同,对国际市场营销活动的成败影响最大的因素也是来自于环境方面。一般而言,国际市场营销调研过程中最重要的环境变量包括人口与自然环境、社会与文化环境、贸易与经济环境、政治与法律环境四个方面。针对国际市场营销环境的复杂性,国际市场调研人员需要掌握不同于传统的国内营销调研的方法,如比较分析法。

比较分析法强调营销过程和营销环境之间的关系,营销过程被视为营销环境的直接函数。一旦营销环境因素变化,营销决策和营销过程也就随之变化。国际市场营销调研运用较多的是"对偶国家"比较分析方法,即先研究基于一个国家或地区的营销环境的成功的营销过程,然后根据不同国家或地区之间营销环境的比较和变化,就营销过程可能受到的影响进行分析并进行相应的调整。

比较分析法强调营销组合的成功取决于其与所处环境的匹配程度,而并非单由营销组合本身决定,国际企业在国际市场拓展的过程中应该优先考虑如何利用营销环境,而不是只从企业自身的相关因素和特点出发制定营销组合。因此,在国际市场营销调研过程中,对营销环境因素的分析是必不可少的。

在国际市场营销调研的比较分析过程中,需要注意和处理好均衡性问题,如比较分析模型结构的一致性、测量和抽样等。

就比较分析模型结构的一致性而言,因为各个国家或地区在自然、经济、文化和法律等环境方面均有着不同程度的差异,因此,比较分析模型结构的各相关因素之间必须具有一致性和可比性。一般而言,与模型结构相关的要素包括行为感知、定义变量、时间和市场结构四个部分。

(1) 行为感知。指各国消费者对某种消费行为的感知是否可比。如在美国,给客人递上一杯咖啡可能完全是出于礼貌,具有一定程度的随意性,客人可以拒绝,但是在沙特阿拉伯,这种敬咖啡的行为则会被赋予某种社会暗示,客人如果拒绝的话,可能会被视为一种冒犯。

(2) 定义变量。比较分析模型中相关变量的定义如果在不同的国家和地区之间彼此各异,可能会造成搜集的市场数据缺乏可比性,而使模型分析的结果出现偏差。如在英国和法国,套餐的主食后一般还附有甜点,但在中国,套餐中却并不一定包括甜点。

(3) 时间。国际市场调研可以在各国同时进行,也可以连续进行或彼此独立进行。在不同国家和地区进行绝对的同步调研是不可能的,这就会导致调研数据彼此之间的时间差异,如季节、经济周期、通货膨胀等与时间因素关联密切的变量彼此之间的可比性就会变得较差。

（4）市场结构。对市场结构的分析特别需要关注市场结构化程度和市场发展阶段等因素，因为不同的分销渠道、广告覆盖率、替代品和竞争激烈程度都会影响比较分析模型的函数关系。

就国际市场调研的测量而言，研究者需要关注定性标准问题，如产品质量、安全性、等级在各国会有不同的标准。调研者要识别国别间的差异，并尽量使用国际标准。虽然测量的结果与模型的构造有着十分密切的关系，但不能认为模型的构造均衡就可以自动保证数据测量的均衡。另外，在测量的过程中，研究还需要关注翻译问题，即当使用同种语言进行测量和分析时，就会产生翻译问题，从而有损模型的精确性。

就国际市场调研的抽样而言，研究者需要关注的问题包括样本分类定义的标准问题、样本范围和样本的代表性问题等。关于样本分类的标准，在各个国家或地区很多都是不一样的，如"社会地位"，在美国主要根据对象所拥有的财产而定，而在英国，则主要根据对象所处的家族、党派在社会中的地位而定。

五、国际市场营销调研过程中需要注意的问题

国际市场营销调研相对于国内市场营销调研而言，不仅内容广泛而且方法极其复杂，遇到的问题也会更多、更特别。总体上讲，国际市场调研过程中，需要注意三个方面的问题：

1. 必须收集多个市场的信息

国际市场营销情报来源于多个国家和地区，而针对每一个国家和地区的营销情报需求又彼此千差万别，这样无疑会导致国际市场调研的成本和调研难度相对于国内市场调研要高出很多。虽然对于部分市场属性相类似的同质国家和地区市场可以在一定程度上采取统一的模式或进行替代性研究，但这种替代性调研有可能会出现各种偏差。

2. 必须充分合理地利用二手资料

有些国家的二手资料较多，且资料收集和发布的渠道相对比较规范，但大多数国家的二手资料普遍凌乱、缺乏而没有体系，相关的统计概念在各个国家和地区的解释口径不一致，收集数据的精确性程度不同，以及二手资料提供者的态度是否客观公正，都有可能影响二手资料的有限性与不可比性。

3. 必须收集和利用原始资料

二手资料的先天局限性，使得国际市场调研人员在许多国家和地区收集市场调研资料的时候只能以之为参考，最终的市场决策往往还是要依靠对原始第一手资料的收集和分析判断。

从表面上看，国际市场调研与传统的国内市场调研十分相似，但由于二者对于环境变量的认识存在本质上的区别，因而，同样的资料所得到的结果可能完全不同。鉴于国际市场营销调研中环境因素的重要性，本书在接下来将用四章的篇幅详细论述和分析国际市场的营销环境。

案例分析

三星电子的中国市场调研[①]

韩国三星集团是韩国最大的企业集团,在全球 70 个国家和地区建立了近 300 个法人企业及办事处,员工约 19.6 万人,业务涉及电子、金融、机械、化学等众多领域。三星品牌价值 108.5 亿美元,世界排名 25 位,被《商务周刊》评选为世界上发展最快的高科技品牌。

在美国《财富》杂志世界 500 强排名第 59 位的三星电子成立于 1969 年,正式进入中国市场则是 1992 年中韩建交后。1992 年 8 月,三星电子有限公司在中国惠州投资建厂。此后的 10 年,三星电子不断加大在中国的投资与合作,已经成为对中国投资最大的韩资企业之一。2003 年三星电子在中国的销售额突破 100 亿美元。

20 世纪 90 年代的中国电子产品市场,国内外品牌的竞争已经到了白热化的程度,三星技术落后于日本、欧美,成本优势又比不过中国本土品牌,甚至还会受到来自"山寨"产品的威胁。三星电子在对中国市场进行调研之后,从企业使命上打出"做中国人民喜爱的企业,贡献于中国社会"的口号,将公司愿景与中国消费者的利益需要结合在一起,在从事生产经营的同时,也非常重视公益活动,强调社会责任,参与、开展了一系列公益活动,取得了中国社会对三星电子的认可。

基于以客户为导向的业务模式,三星电子在中国更加注重对顾客需求的了解。三星及其代理商在一些具有代表性的市场中开展调研活动,通过持续研究消费者对三星品牌的感觉,创造出一个巩固和增加品牌的领先地位的商机。

在国际市场调研过程中,三星通过一系列的投射测试技术(如绘画心理测试、照片测试、拼贴图测试等)发掘中国消费者对三星品牌内心深处的感觉,三星电子发现许多中国消费者对韩国的明星尤为追崇,基于这一研究发现,三星投入大量广告费用请韩国顶尖明星做产品的广告代言,并且在大量热播的韩剧中植入产品广告,成功地使得三星的产品在中国消费者群体中取得了较高的认可度。

除了产品广告,三星的产品开发、定价、渠道等方面也是遵循着中国市场调研的结果,除了产品价格的相对优势之外,三星电子在中国市场投放的产品种类齐全,产品可供选择的范围很广。以三星电子的手机产品为例,其各种式样的研发都是源自于三星从消费者和销售人员处调查到的第一手信息资料。

正是基于在中国市场调研过程中所作的一系列努力,三星电子才能够在中国市场取得优异的骄人成绩。

讨论题

1. 一位外国业界人士说:"韩国公司进入一块市场时,没有保留地带来一流的技术并努力适应当地市场,并且以非常低的姿态去接近这个国家的消费者,真正地做到去了解他们的需求,因此得以站稳脚跟,发展壮大。而日本企业在国外开拓市场较为谨慎,起初基

[①] 资料来源:www.samsung.com/cn/,2013 年 6 月 20 日访问。

本照搬本国经营模式，而不是顺应当地需求，结果错过时机，落后于对手。"试就这段话进行评价，并讨论中国电子产品面对日韩产品的竞争而可能采取的市场战略选择。

2. 假如你是三星电子高层，将在手机的销售旺季与诺基亚同时在中国市场推出最新款的手机，那么你将如何进行针对中国市场的调研、计划和组织？

本章小结

本章主要基于国际市场营销调研的架构，讨论在国际市场营销调研过程中可能遇到的问题及相关的解决策略。国际市场营销调查的技术和工具，并不因为调查是在哪一个国家进行而有很大的变化。国际市场营销调查基本上遵循与国内相同的程序：定义问题、调查设计、资料收集、分析和报告准备，但社会文化差异等因素使国际市场营销调查更加富有挑战性和更加困难。

国际市场调研的过程中，可以经由实地调研而获取第一手资料，也可以通过对各种中间渠道的查询而获得第二手资料。无论是第一手资料，还是第二手资料，其获取的难度方面，国际市场调研要远高于国内市场调研，也复杂得多。国际市场调研的方法一般包括观察法、调查法、实验法和比较分析法，在调研的过程中，需要注意多个市场的原始资料和第二手资料，充分合理地利用二手资料。从表面上看，国际市场调研与传统的国内市场调研十分相似，但二者对于环境变量的认识是有本质上的区别的。

重点概念

国际市场营销调研	二手资料调研	问卷调查	深度访谈
市场体验	市场观察	可获得性	时效性
可比性	相关性	精确性	定量研究
定性研究	双向对译	市场结构	观察法
调查法	实验法	比较分析法	对偶国家

复习思考题

1. 相对于国内市场营销调研，国际市场营销调研面临的困难和挑战是什么？
2. 在二手资料的调研过程中，国际市场调研人员需要注意哪些问题？
3. 国际市场实地调研过程中可能会遇到哪些问题？应如何应对？
4. 试述国际市场调研的三个阶段。
5. 如何界定国际市场营销调研的问题？
6. 简述可供选择的国际市场调研信息来源识别。
7. 如何对国际市场调研资料的收集过程进行审核和确认？
8. 国际市场营销研究人员必须具备什么样的能力才可能提炼出有效的营销信息？
9. 简述应用对比分析法进行国际市场调研的分析模型。

10. 国际市场调研过程中需要注意哪些问题?

11. 论述国际市场调研过程中的社会文化障碍及其应对的策略。

参考文献及进一步阅读材料

1. 〔美〕贝瑞等:《数据挖掘技术:市场营销、销售与客户关系管理领域应用》(第二版),别荣芳等译,机械工业出版社 2006 年版。

2. 〔美〕菲利普等:《国际市场营销学》,周祖城等译,机械工业出版社 2005 年版。

3. 〔美〕基根等:《全球营销学》,中国人民大学出版社 2009 年版。

4. 〔美〕科特勒等:《市场营销原理》(亚洲版),何志毅等译,机械工业出版社 2006 年版。

5. 〔美〕科特勒:《现代营销学之父菲利普科特勒经典译丛:市场营销》,俞利军译,华夏出版社 2003 年版。

6. 〔美〕库马尔:《国际营销调研》,陈宝明译,中国人民大学出版社 2005 年版。

7. 〔美〕拉斯库:《国际市场营销学》,马连福等译,机械工业出版社 2010 年版。

8. 〔美〕迈克丹尼尔等:《当代市场调研》(第四版),范秀成等译,机械工业出版社 2002 年版。

9. 〔日〕今村英明:《BCG 视野:市场营销的新逻辑》,李成慧译,电子工业出版社 2008 年版。

10. 艾德华主编:《营销道德与营销文化》,北京大学出版社 2011 年版。

11. 甘碧群主编:《市场营销学》(第三版),武汉大学出版社 2011 年版。

12. 卢泰宏主编:《营销在中国》,企业管理出版社 2003 年版。

13. 任文举:《企业社会责任》,西南交通大学出版社 2011 年版。

14. 闫国庆主编:《国际市场营销学》,清华大学出版社 2007 年版。

第十章 国际市场营销计划、组织与控制

本章学习内容

- 国际市场营销战略计划
- 国际市场营销组织架构分析
- 国际市场营销组织设计方案
- 国际市场营销组织结构设计与组织结构变革
- 国际化组织结构阶段模型
- 国际市场预测与营销活动的正式和非正式控制
- 国际市场营销审计

引例

耐克的营销组织变革[①]

近年来,耐克大力扩张产品线,并增加了新的品牌。耐克的主力商品也从以篮球鞋为主而开始推出高尔夫运动用品系列,同时加强足球鞋的推广以迎合足球运动人口的增加。

耐克在体育营销方面的成绩是不容置疑的,但是对耐克营销整体的质疑却也从未停息过。首先,随着品牌的扩张,耐克已经不再"酷"了;其次,耐克在营销上动辄一掷千金的作风,暴露了其营销管理存在巨大的漏洞;第三,耐克在新兴市场上的营销本土化不够,营销效果不理想。

虽然耐克公司的财务年报几乎连年都是好消息,但是作为一个股票公开上市的公众公司,增长是永远的压力,华尔街最感兴趣的是耐克今后的增长将来自哪里。耐克前任董事长和首席执行官马克·帕克(Mark Parker)对此充满自信:"耐克现在正面临着前所未有的发展机遇,耐克具有将关于消费者的洞察力转化为优势产品的独特能力,这正是耐克成为全球行业领袖的重要原因。"

帕克的自信正是源自于耐克的营销组织变革。2006年8月,耐克品牌总裁Charlie Denson宣布耐克将进行营销组织和管理变革,以强化耐克品牌与新兴市场、核心产品以及消费者细分市场的联系。实施这一变革,使耐克从以品牌创新为支撑的产品驱动型商业模式,逐步转变为以消费者为中心的组织形式,通过对关键细分市场的全球品类管理,实现有效益的快速增长。Charlie Denson认为,这是一个消费者掌握权力的时代,任何一个公司都必须转向以消费者为中心。这种以消费者为中心的模式已经开始发挥作用,比如在耐克的专卖店,现在已经因应市场的需求而出现了耐克+iPod的销售组合,以满足追求时尚的青年消费者。

[①] 资料来源:《耐克的营销组织变革》,载上海市场营销网,2007年9月19日访问。

基于组织变革,耐克强化了美国、欧洲、亚太、中东及非洲四个地区的运营中心,新设立了跑步运动、足球、篮球、男士训练和女士健康五个核心产品运营中心。耐克集团的整体营销组织呈现一个矩阵式的管理架构,其目标是把企业的资源向关键区域和核心产品集中,抓住企业发展的最有利的市场机会,实现跨地区、跨部门的协同。Charlie Denson说,通过矩阵组织结构方式,耐克可以更好地服务于运动员,更好地加深与消费者的联系,更好地扩大耐克的市场份额,实现有效益的增长,增强耐克的全球竞争力。比如,耐克在中国的篮球运动用品市场,就由亚太区运营中心和全球篮球运营中心协同拓展和管理。

> **热身思考**
>
> 耐克是如何通过营销组织变革来实现跨地区、跨部门的协调的?

第一节 国际市场营销计划

国际市场营销的核心是战略性营销计划。未来有效实施国际市场营销计划,企业必须设计一种与企业状况最适合的国际市场营销组织结构,以使企业能够自如地迎接国际市场营销领域的挑战和机遇。国际市场营销者必须正视组织控制问题,如恰当的沟通和报告结构是什么?组织中应由谁负责各个有待执行的职能?作为一个组织,应如何利用各个国际分公司的能力和特长?在不同的领域,谁应该拥有决策权?等等。

国际市场营销计划是企业开拓国际市场,实行跨国经营的重要手段。国际市场营销计划是指有系统地评估公司本身的资源状况,基本任务和目标,对应不同的、变化的国外环境,采取必要的政策和行动以达到公司目标的一项工作。如本章引例所示,耐克公司因应全球市场的变化而对其在全球范围内的营销组织进行变革,以实现跨地区和跨部门的更好的协调。国际市场营销计划可以分为战略计划与作业计划。前者由公司的高层及主要部门制定,着重解决的问题是公司的基本方向,包括全球性目标以及达到目标的重大行动和方案;后者由各部门主管编制,侧重于具体的工作目标,财务预算和各自的资源利用情况。

国际市场营销计划也是一种寻找机会、对付风险的系统方法,规定了预期的国际市场经营要求,减少了在市场活动中的盲目性,预先测定了国际市场营销活动的成本和费用开支而有利于充分利用企业的资源,明确了各部门的目标和工作方法以协调和沟通企业内部各部门的联系,使国际市场营销活动得以有序进行。

国际市场营销计划是营销活动取得成功所不可缺少的。初次进入国外市场的企业必须通过计划的制订以决定开发什么产品,在什么市场销售,准备投入多少资源。对已经进入国际市场的企业来说,关键性的决策包括如何在不同国家和不同产品间分配资源,确定需要开拓的新市场或者需要撤出的老市场,确定需要开发或淘汰什么产品等。为了评估国际机会和风险,跨国公司需要制订适当的计划以在全球开展市场营销工作。

为了在战略和策略层面上指导和贯彻企业的营销决策,绝大多跨国公司都会制订国际市场营销战略计划并每年修订。虽然国际市场营销战略计划涉及的内容比较广泛,但一般都会包含这些方面:

(1)国际市场形势分析。即对全球的客户、竞争者、企业自身及合作者的状况进行客观、冷静、准确的研究和分析,包括界定贸易的发展趋势是增长还是衰退,贸易保护主义是否严重,国际关系是处于冷战、和平还是缓和期,以及与企业有关的技术和产品开发的状况和趋势,主要的和潜在的竞争者情况等。

(2) 战略目标分析。即根据各个国家的市场状况,制定有针对性的现实而又具有挑战性的战略目标。

(3) 战略步骤。战略目标一旦确定,企业就要根据各个国家的市场特点来进一步规划营销战略,为实现既定的战略目标而进行合理的资源配置。

(4) 行动计划。即将每一个战略步骤细化为可以付诸实施的具体行动。

国际市场营销战略计划的制订可以有"自上而下"和"自下而上"两种方式。"自上而下"的战略计划是由公司总部指导各个国际分公司进行制订的,这种集权化的方式有利于绩效监督,有助于企业从全球化的角度进行营销活动的计划。"自下而上"的战略计划则相反,是由各个分公司开始酝酿和制订,然后再集中到总部,这种分权化方式的特点在于能够对各国市场情况进行快速反应。目前,大多数跨国公司的国际市场营销计划是采用"自上而下"的方式制订的。一般情况下,国际市场营销战略计划和实施过程包括初步筛选海外市场,针对目标市场制订营销策略组合,制订营销活动计划,对营销计划实施和控制这四个步骤。

一、初步分析和筛选海外市场

制订国际市场营销计划过程中遇到的首要问题是决定对哪一个海外市场进行投资和拓展,即初步分析和筛选海外市场,使公司的战略性市场目标与东道国需要相一致。公司的优势、劣势、产品经营理念和目标必须与母国和东道国的限制因素以及市场潜力结合起来考虑,通过分析和筛选,淘汰那些缺乏足够潜力的市场。

国际市场的初步筛选过程可以帮助跨国公司识别那些有问题的国际市场,如果美国著名的家用电器经销商 Radio Shack 在尝试进入欧洲市场的时候能够对欧洲的市场进行分析和筛选,就不会犯那一系列错误了。该公司的民用波段无线电对讲机在美国国内是获利最丰的产品之一,他们指望该产品在欧洲能获得同样的成功,却忽视了大多数欧洲国家的法律明文禁止这种产品的销售。而在德国市场上,Radio Shack 曾以免费赠送的方式进行闪光灯的促销活动,但马上遭到当地法院的制止,因为免费赠送方式违反了德国销售法规;在比利时,他们忽略了当地关于所有橱窗标志上都要贴政府印花的法律规定,加上店址选择不当,结果不少商店开业不久就被迫关门。

二、使营销组合适应目标市场

目标市场选定后的工作就是对国际市场营销组合进行选择、评估和设计,使其适应由环境中不可控因素造成的文化制约,从而有效地实现企业国际化经营的目标。如雀巢公司的每一位产品经理手中都有一本"国家信息手册",该信息手册详细分析了与文化有关的各种信息。借助于这些信息,产品经理就可以对国际市场营销组合进行评估了。雀巢分布在全球各地的研究所每年花费约 5000 万美元专门研究咖啡的颜色、香型、口味上略有不同的新品种,单是速溶咖啡,雀巢的品种在全球就约有 200 多种,从拉美国家喜欢的深色咖啡到在美国流行的淡色的混合咖啡,应有尽有。

在这个阶段,国际市场营销者需要回答这样三个主要问题:
(1) 是否存在允许在不同国家中采用同样的营销组合策略的可识别的细分市场?
(2) 需要对营销组合要素做什么样的调整才能适应目标市场的文化和环境条件?
(3) 考虑到营销组合调整所需的费用,进入某一市场是否仍然有利可图?

三、制订营销计划

在这一阶段,国际市场营销者主要关注的是做什么、由谁做、如何做以及什么时候做等问题,确定营销预算及预期的销售额和利润,如果确信营销目标无法实现,那么就不进入该市场。

国际市场营销计划制订的过程中,可能会遇到来自内部或者外部的一些障碍,其中,内部障碍包括缺乏正确信息、缺乏备用计划方案、战略目标不现实、混淆了长期规划和短期计划、术语和行话太多、总部与分公司以及分公司之间缺乏合作,等等。外部障碍则包括一些会产生干扰的源自于政治、经济和文化环境的变化,如中国因为传销而宣布取缔直销,使得雅芳、安利等直销企业在中国的营销计划面临巨大的动荡和不稳定。

四、实施与控制

完成计划的制订之后,便要开始实施营销计划并期望能获得成功。在实施过程中,人们应对所有营销计划予以协调和控制。控制国际营销活动是困难而又极其重要的管理任务。

第二节 国际市场营销组织结构分析

要在特定的国际市场营销环境下建立与组织计划最适合的组织结构,需要从对外部环境因素和企业内部相关因素的分析入手。

一、环境因素

影响国际企业市场营销计划的外部环境因素一般包括市场竞争因素、环境变化速度、全球区域贸易集团和全球客户属性等。

1. 竞争因素

迫于全球竞争的压力,跨国公司所采用的国际市场营销组织结构应该能够有助于快速决策和对相关问题的预警。一般而言,分权结构比较适合于各个国家市场竞争高度本土化的情况,而集权结构比较适合于全球一体化竞争的环境。

2. 环境变化速度

当下的国际市场竞争中,竞争者和替代产品不断涌现,现有竞争者的战略联盟时聚时散,各个国家市场上的消费需求也在迅速改变。那些易于受到快速的环境变化所影响的企业,需要一种能够对环境进行持续监测以及能够对环境带来的机遇和挑战进行快速反应的组织机构。

3. 区域贸易集团

随着欧盟、北美自由贸易区、亚太经合组织、东盟等区域性贸易集团的稳步发展,在这些区域内运营的国际企业常常在一定程度上会整合区域内各个国家分公司的营销力量,如鉴于欧盟的一体化,很多跨国公司对其组织结构进行了合理调整,虽然有些会保留在各个国家市场的分支机构,但是大部分的决策权都集中在泛欧洲总部。

4. 客户特性

国际企业面对的客户属性也会在很大程度上影响公司的营销组织结构,如拥有"全球"客户的一些航空公司、快递公司都需要发展一种既遍及全球,又与客户紧密相连的组织结构。

二、企业内部因素

影响国际企业市场营销计划的内部环境因素一般包括企业的战略、产品的多样性、企业的传统文化、各国分公司的管理技能和水平等等。

1. 企业战略

如果公司的国际市场销售只占公司整体销售额的很少一部分,那么设立出口部等简单的组织结构就完全可以满足需要了。随着国际市场销售的增长,国际经营活动在企业整体中越来越重要,这种重要性会在组织结构中逐渐反映出来。比如,刚刚涉足国际领域的时候,企业会从设立国际部开始,一旦国际市场经营活动有所扩大,重要性在企业战略中得到突显,企业就会出现尝试采用国家分公司的组织结构形式的需求。

2. 产品的多样性

国际市场产品的多样性是公司考虑组织结构的一个关键因素,如果公司的产品具有很高的多样性,企业就会倾向于采取产品部门结构。如飞利浦公司在2004年进行组织变革之前,其全球的组织结构就是按照产品类别来构建的,包括飞利浦照明、飞利浦医疗器械和飞利浦电子等,从全球视角来看,不同产品类别的各个国家市场上的分公司之间很少联系,仿佛三个独立的跨国公司一般。

3. 企业的传统文化

同一产业的组织结构差异也可能受到来自企业的传统文化的影响。比如,雀巢和联合利华都曾经是高度分权的跨国公司,大量决策权都下放到各国分公司。如小贴士10-1所示,当联合利华意识到它的营销力量需要用一种更泛欧洲化的方式与宝洁等同行进行竞争时,它便转变了组织结构,并修改了绩效评价方法,以鼓励在欧洲建立集中决策机制。事实上,通过组织变革使其结构能更有效地应对新的现实环境是一项巨大的调整,只要某种既定的组织方案还能够运转,人们一般很少会主动去进行改变。联合利华2004年的组织变革,便是在与宝洁公司的竞争压力下,为了提升组织运营效率而不得不进行的。

小贴士 10-1

联合利华的组织结构变革[①]

联合利华是全球最大的冰淇淋、茶饮料、人造奶油和调味品生产商之一,也是全球最大的洗涤、洁肤和护发产品生产商之一,旗下14个品种的400个品牌畅销全球150多个

---

① 资料来源:金名,《联合利华:做不好中国就不可能做好全球》,载《上海经济》2010年第9期。

国家和地区。但长期以来,联合利华在与宝洁的竞争中处于明显的劣势,特别是 1996 年后,联合利华的销售额每年平均下降 3.6%,宝洁的销售额则年均增长 3.6%。2004 年,联合利华和宝洁的收入都接近 520 亿美元,但宝洁的全年利润是 64 亿美元,增长 13%,而联合利华的利润只有 24.2 亿美元,下降 32%。

联合利华的股东们认为,打破以"联合董事长制"为代表的旧企业文化是获得新的发展的基础。2005 年,联合利华宣布,作为公司两位联席董事长之一的法国人塞斯考成为负责公司日常管理的首席执行官。新任 CEO 塞斯考任职后即承认,2004 年公司低增长的原因是忽视竞争对手、灵活性不够及市场执行力偏差。

拥有 70 多年历史的联合利华而今已尽显老态。对联合利华而言,它需要的不仅是增长,而是超过竞争对手的快速增长。2005 年起,联合利华内外部的一系列变化,都成了提速的支撑。

2005 年,联合利华长久以来一个公司两个总部、两位董事长的状况终于成为历史,实现了"一个联合利华"。而联合利华的中国区也进行了组织变革,将原先三大部门:个人护理用品、食品和冰淇淋合并为两个,即联合利华中国零售和联合利华中国和路雪。这次调整,奠定了联合利华在中国市场提速发展的组织架构基础,尤其是个人护理用品和食品在成本、管理、渠道上都具有更好的协同性。例如,把工厂放在一起,成本更低,也增强了与大卖场的谈判筹码,而不像之前,明明在同一个大卖场里销售,却各自为战。

组织结构变革之后,全球 11 个业务集团重新划分为亚非、欧洲和美洲三大板块,全球管理层的构成也变为三位产品负责人,即一位食品业务负责人、一位家庭及个人护理产品负责人以及人力资源和财务负责人,他们直接向塞斯考负责。

无论如何,这家拥有 70 多年历史的日化巨头到了变革的关键时刻。联合利华最终的目标是将联合利华的两个总部合并在一起,并在税收、法律上形成合并,成为一家全球性的公司。以前在中国区每推一个新品,要经过很多部门、层级把关,常常同样的测试需要反复做多次,产品没问题了,还要在局部市场试销一两年,导致新品推出的周期长达五六年,错失了许多市场机会。在新的组织结构里,现在在中国区推一个新品,只需要几个重点部门审批,其他部门只要配合或知会一下就行。

4. 各国分公司的管理技能和水平

倘若在分公司所在的各国当地缺乏管理人才,分权化就会遇到问题。虽然可以通过引进海外人才,甚至从本部派出管理人才,但相对于本土化人才而言,都是一项非常昂贵的补救措施,而且很可能会没有效果。一个经理人在本国市场可能做得很好,但是到了海外市场,或许就不一定能够做得好了。

第三节 国际市场营销组织结构设计

组织是达成企业战略目标的一种手段,企业的组织机构规定了企业每个部门的业务范围、权利责任和义务。在国际市场营销活动中,影响一个企业组织形态的因素很多,主要包括企业目标、销售规模、海外市场数目、经营的困难程度、产品的性质和企业的国际市场营销经验等。综观各国企业的营销组织结构,国际市场营销活动的组织结构一般包括国际分部结构、地理分部结构、产品分部结构、矩阵结构和网络化组织等多种模式，因应不同的时代、不同的市场类型和竞争程度而有所区别，只有比较合适的而根本不存在唯一正确的组织方式。

一、国际分部结构

国际事业部是美国及欧洲一些大公司所普遍采用的组织结构模式。当公司准备进入国际市场时，通常要做一些特殊的工作，因为国际市场营销与国内市场营销在执行上有很大的不同。大多数从事国际市场营销活动的企业最初都是从建立出口部开始的，一旦国际市场销售在企业内形成气候，达到了一定的规模，公司就会建立起国际分部。国际分部会有一套自己的销售、生产、财务、公关等机构，独立核算，独立经营，是一个完整的利润中心。在这种组织结构中，国际分部的职能是发展并协调企业的全球运营，它同时还要在全球市场上收集产品和市场信息，捕捉可能的商机。

国际分部结构适合于产品线较为单一，产品本身对适应当地国家市场需求要求不高的企业。这类企业内部包括两个业务实体，即负责国内市场营销活动的国内分部和负责国际市场营销活动的国际分部。一般采取国际分部组织结构的企业，其业务中心仍在国内市场，国际市场只是一种补充。但是，随着全球化和国际经济一体化的发展，企业中面向国际市场的业务模块将会越来越重要，国际分部在组织结构中的地位也会得到强化。

相对于其他组织结构模式，国际分部结构的优点在于：（1）为公司的海外市场营销活动提供了组织保证，将企业内所有国际市场营销资源，如人力资源，集中在一起工作，经验互补，团队作业；（2）使企业的营销管理变得高效，便于管理者作出兼顾国内和国际市场的决策；（3）在国际市场形势发生变化和竞争对手改变营销策略时能够快速应对。国际分部组织结构模式的弱点在于产品销售的分开容易造成企业的内部矛盾，国际部和国内部的员工可能会相互抵制、阻碍和削弱对方。

二、产品分部结构

如果企业的产品线分散，用户市场差别很大，采取产品分部组织结构较为适宜，这种组织形式意味着生产单位也要对市场营销承担整体性的责任。产品分部结构的设计理念是以公司不同的产品线或战略业务单位为中心。每个产品分部都作为一个独立的利润中心，负责该产品线在各个国家和地区市场的营销活动。这种方法尤其受到产品高度复杂的高科技公司和产品组合非常细分的跨国公司的欢迎。图10-1所示为飞利浦集团在进行组织变革前的组织架构。

图10-1　飞利浦集团组织结构示意图

产品分部结构有多方面的优点。基于产品的组织结构设计，一方面为企业在国际范围内进行资源配置和战略规划提供了很大的自由度，如可以用发达国家市场中产生的利润来增强向新兴市场渗透的力度；另一方面有利于企业发展全球战略中心，集中力量应对全球竞争者的挑战。

当然，产品分部结构的缺点也是很明显的。不同产品部门之间缺乏交流与合作，这样可能导致不必要的业务重叠和分散全球资源，过度的产品导向甚至有可能会使企业背离当地市场的需求。因此，过于狭隘地聚焦于产品领域，会使企业无法实现产品部门之间应有的协同效率。

三、地理分部结构

有些企业在国内市场的业务会基于产品类别的不同而采取产品分部的组织结构，而在海外市场的业务则以地理划分作为公司的营销组织结构，地理划分的基础可以是单个国家或地区，也可以是跨越国家和地区的区域。地理分部的组织结构通常适用于高度市场导向和生产技术较为平稳的产业，如制药业、汽车业、农业工具和非耐用性消费品等。

一般情况下，跨国公司会倾向于使用以国家为基础的分部和地区总部的结合，如表10-1 所示，可口可乐公司将其全球市场划分为五个区域，而后在每一个区域再次划分出分地区。地理结构尤其适用于市场和产品线紧密联系的企业，其在全世界的终端用户和产品用途具有高度的相似性。

表 10-1　可口可乐公司的地区运营组织结构[①]

欧亚大陆和非洲区	拉丁美洲
中非、东非和西非	巴西
印度、西南亚	拉丁美洲中部
中东、北非	墨西哥
俄罗斯、乌克兰、白俄罗斯	拉丁美洲南部
南非	**北美**
土耳其	加拿大
欧洲	汽水事业部
中欧、南欧	饮料事业部
德国	投资、品牌事业部
伊比利亚	**太平洋**
西北欧、北欧	大中华区、韩国
	日本
	南太平洋
	东盟

许多跨国公司都按国别来建立分公司，这种组织结构模式在一定程度上反映了地理结构的组织设计理念。通过建立国别分公司，跨国公司可以随时掌握当地市场信息的变化而作出反应。不过，以国家为中心的组织结构也存在严重的缺陷，这种结构下总部与分公司之间的协调极为不便，且各个国家和地区市场的管理者心理上会习惯于从地方权力

---

① 资料来源：《可口可乐公司 2010 年年报》，www.coca-cola.com，2013 年 6 月 25 日访问。

的角度,而不是从发现市场机会的角度去考虑问题,诸侯割据,从而阻隔各地之间的交互创新。

四、矩阵结构

将按产品、地理或职能划分的一维的管理结构强加于复杂的国际市场营销问题的解决,往往会产生灾难性的后果。一些跨国公司意识到了这种地理和产品一维结构的严重缺陷,而选择了向矩阵结构转变的变革。二维矩阵结构很好地体现了国际市场战略决策的多维性,如由地理区域和业务部门两个方面形成矩阵,地域单位负责区域内所有的产品线,而产品部门对产品线在世界范围内负有责任,这便形成了双重的交叉管理模式,结点上的管理者需要向分属于产品和地域单位的两位上级主管汇报。也有的跨国公司会建立包括地理、产品和职能领域的三维的组织结构,不过,在公司内部会因应不同的战略阶段而对每一维有不同的侧重,如西门子近来逐渐将控制的重点从地理区域转向了产品业务领域。

矩阵结构的优点主要体现在两个方面:一方面,矩阵结构很好地反映了国际市场竞争正日益走向复杂化。在大多数情况下,跨国公司会同时面临来自全球的和地方的竞争者、客户和分销商,而矩阵结构很好地迎合了跨国公司全球化管理的需要,即"思维全球化和行动本土化"。另一方面,矩阵结构以全球为基础,有利于在产品业务经理、当地经理及职能经理之间培养一种团队合作竞争精神。

同时,如小贴士10-2所示,矩阵结构的一些缺陷也使得很多跨国公司面临如德州仪器公司所遇到的一系列组织结构难题,甚至有些公司最终不得不放弃了这种结构形式。首先,矩阵结构的双重(三重)指挥及利润责任通常会引发矛盾或混乱,如一个产品部门可能会将其资源和精力集中于少数几个市场上,这样就很容易导致别的市场上的管理者的不满。其次,矩阵结构易于引发官僚作风,决策制定程序常常会陷入困境,其结果就是无法在各国市场上快速地作出市场反应以应对竞争。当然,也有一些公司基于组织结构的优化而很好地解决了类似的难题,如IBM公司对矩阵组织结构的流程化变革。

小贴士 10-2

德州仪器公司的矩阵组织结构难题

得克萨斯仪器公司是美国一家大型电子工业公司,多年来一直实行矩阵结构模式。在得克萨斯仪器公司的矩阵组织结构内,由原来传统的工程技术部门、设计部门、生产部门和财务部门形成了一个生产半导体薄片的统一系统,同时又设立多个跨职能部门的产品顾客中心,每个产品顾客中心自行负责对每一新产品的设计、生产和营销。在20世纪70年代初期,该公司采用了三角形发展战略:一是继续发展半导体集成电路,供给本身需要和市场的需要;二是发展商用电子计算机和电子玩具;三是研制小型电子计算机系统产品。矩阵组织结构模式在得克萨斯仪器公司曾发挥了重要的作用,取得了极为良好的效果,使这个总部设在德州达拉斯的仪器公司发展成为世界上最大的半导体制造商,每年的销售量超过30亿美元。

然而,到了1981年,公司的利润开始出现大幅度下降。公司领导开始意识到必须对生产系统进行一次彻底的检查和调整,首先涉及的就是对组织结构设置进行改革。

为了促进生产力的发展,公司授权各产品顾客中心的经理,要他们各自对其盈亏负责,但是,各中心的经理却无权指挥各职能部门。这样的组织安排带来了许许多多的问题。例如,产品顾客中心研制的一种计数手表需要一种新型的半导体薄片,希望职能部门能提供。但是,有关的职能部门却只从自身需要考虑,认为不需要这种半导体薄片,因而拒绝了来自产品顾客中心的要求,不愿与中心协作。使得产品顾客中心研制的计数手表的生产无法进行。

在进行组织体制的改革中,公司仍旧保持其矩阵组织结构。但是,为了使产品顾客中心能与职能部门平起平坐,拥有同等的权力,他们砍掉了一些较小的产品顾客中心,只保留了一些大的产品顾客中心。

五、网络结构

一维组织结构的简单化和矩阵结构的缺陷,使得许多现代企业不得不寻求通过多维的更复杂的组织结构方案来解决组织结构难题。其中,网络化组织结构是新近流行的一种为许多跨国公司所采用的,针对传统层级组织结构的缺陷而提出的一种解决方案。网络化结构模式是缓和各方力量冲突的一个尝试,既能照顾到本土反应能力的需要,又能满足步调一致的要求。严格来说,网络方案并不是一个正式的组织结构,而只是一种组织结构设计的思维方式,即一个公司可以在形式上仍采用矩阵结构,但同时又发展全球网络化结构。网络化的全球组织有时也指超越国界的组织。

网络化组织结构模式的倡导者认为,跨国公司应该开发一种允许各个业务单位都能进入全球知识库的程序和接口。原子是对全球网络的一个形象的比喻,如图10-2所示,

图10-2　网络化组织的原子结构示意图

组织的中心是组织所共有的知识基础,分布在各个国家的业务单位可被看作思想、技术、能力和知识的源泉,既为组织作出贡献,同时也能从组织获取和利用这些思想、技术、能力和知识。理想状态下,整个跨国公司组织就像一个球体一样地运行。当组织的任何一个单位遇到问题或面临新的市场机遇时,这个球体就旋转起来,从而给予此单位进入公司全球资源和知识库最快捷的通路,如麦肯锡咨询公司采取的组织结构就是一种典型的网络化结构,其咨询团队非常善于运用组织资源,这个遍布全球、内容庞杂而且不断更新中的资源知识库正是麦肯锡能够在全球运转自如的核心。

六、组织结构变革

组织结构不是一成不变的。组织之所以需要不断进行组织结构的变革,其原因在于,首先,现行的组织结构是基于过去的环境和形势所作出的判断的结果,时过境迁,有些判断难免会从合理而变得不合理,甚至会被证明是错误的;其次,环境是在不断变化的,为了应对新的市场环境,企业可能需要重新进行战略调整,与战略相匹配的组织结构难免就要作出相应的变革;再次,组织中管理人员的技能水平也在不断发生变化,或者是基于组织或员工自身的培训和学习,或者是组织从外部引进新的管理人才,新的管理视角通常会导致对组织结构的调整;最后,组织对新的战略机遇或方向的追求,也往往会要求企业的组织结构作出相应的变化。

组织管理理论学者一直试图在跨国公司的环境(内部和外部)和组织结构间进行协调,其中比较流行的方案就是图10-3所示的由斯托普福德(Stopford)和韦尔斯(Wells)共同提出的国际化组织结构阶段模型。该模型展示了组织结构、国际市场产品多样化及海外销售对公司的重要性三者之间的关系。根据他们的模型,当公司开始国际化的时候,首先采用的结构模式是建立国际业务部的方式,当海外销售额增长,而没有增加供应国际市场的产品多样性的时候,公司最可能转向地理区域结构方式;如果也相应地增加了国际市场产品生产线的多样性,则公司可能会沿着全球产品线的方向建立新的组织结构。最后,当产品多样化和国际销售额都有大幅增长时,跨国公司就会倾向于采用兼顾产品和地理双重因素的二维矩阵组织结构。

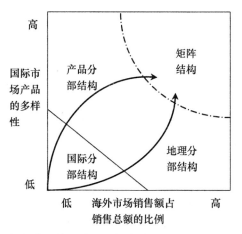

图 10-3 斯托普福德和韦尔斯提出的国际化组织结构阶段模型

对于斯托普福德和韦尔斯提出的国际化组织结构阶段模型,也有许多学者持不同意见。首先,这个模型只是分析美国公司在一段时间内如何发展为基础的一种纯描述性的说明,因此,若以约定俗成的方式在全球各国运用这个模型,显然会将许多企业引入歧途。其次,组织结构只是全球组织的一方面,管理者的思维和管理程序相对于组织结构而言,应该是同等重要,甚至是更重要的。跨国公司的运营环境是动态的,不是静止不变的,这就使得仅仅确定环境和组织结构之间的配套是不够的,国际企业的组织结构需要具有因环境的变化而变化的灵活性。换句话说,国际企业面临的主要挑战是建立高效、灵活的管理程序,而不仅仅是寻求一个恰当的组织结构。

跨国公司总部与子公司之间的权力分配是一件微妙而又极其重要的事情。这种分配关系存在着两种极端,即集权和分权。在分权组织结构模式下,海外子公司的运营是高度自治的,每个子公司都是一个独立的利润中心,总部可以就运营进行指导和建议,但是应对情势的具体决策,则完全由子公司决定。然而,在集权组织结构模式下,大部分的组织决策权力都会被集中于公司总部。在实践中,一般的跨国公司都会采用基于这两个极端之间的组织权力分配模式:某些任务,如财务、研发等,采取集权化管理,而有些任务,如定价、广告、市场调研等,就属于子公司的自主决策范畴了。

第四节 国际市场预测与营销活动控制

在国际市场营销过程中,应正确预测国际市场形势的变化并在事先作好准备,在可能的情况下引导企业的外部环境朝着有利于企业发展的方向变化,全力以赴调整企业的内部条件以应对和利用国际市场形势的变化。

国际市场预测也是对国际市场营销活动进行控制的一部分。市场预测和控制需要基于科学的方法,并掌握大量市场信息。近年来,由于通信和网络技术的迅速发展以及企业信息系统的逐步完善,为国际市场预测和控制工作创造了很好的条件,使企业在一定程度上有了适应和左右外部环境的能力,有了控制关键事态发展的能力。

国际市场营销预先控制的基础是市场预测。国际市场预测需要在市场调研的基础上运用科学的方法和先进的技术,对影响市场需求变化的各种因素进行分析,预测其发展变化之趋势,然后因势利导,制定出新的发展战略和应变策略。20世纪70年代,美国是当之无愧傲视全球的"汽车王国",其汽车工业实力雄厚,拥有销售量居世界第一的通用汽车公司、世界第四的福特汽车公司等,他们占领着美国和全世界一些主要的汽车市场,给其他国家汽车产业的国际化发展带来了几乎是无法逾越的障碍。但日本丰田汽车公司在其全球市场调研的基础上,准确预测到能源,特别是石油将会短缺,由此必将带来汽油供应的紧张,于是,丰田就开始研发小型的省油的汽车。随着70年代第一次石油危机的爆发,小型、高效、省油和廉价的日本汽车一下子成了美国和全球市场上的抢手货,大批的丰田汽车像无数只色彩斑斓的甲壳虫一样遍布美国城乡的街道和蜘蛛网一样的高速公路,丰田的这一成功堪称国际市场预测和控制的经典案例。

国际市场营销的控制与国际市场营销的组织和计划是密不可分的。在对国际市场营销活动的控制方面,跨国沟通上的隔阂使国际市场营销比国内市场营销困难得多,企业在国际市场环境下,其营销活动难免会遇到诸如经济与贸易、社会文化、政治和法律等营销环境差异上的障碍。为了确保国际市场营销活动与企业的发展战略目标相吻合,需要在国际市场营销组织中建立相应的控制系统。一般而言,组织中的控制系统可以分为正式的控制系统与非正式的控制系统。

一、正式的控制系统

任何正式的组织控制系统都包含三个基本的模块,即建立业绩标准、根据标准衡量与评价业绩、分析及纠偏。

1. 建立业绩标准

控制程序的第一步就是建立业绩标准。这些标准应该紧紧围绕企业的战略目标,基本上有两种类型,即行为导向的标准和结果导向的标准。行为导向的控制就是明确指定为取得佳绩而必需的行为。公司通过手册或政策规范明确告诉管理者应该如何去应对不同的情况,然后以被考察的管理者的行为是否符合规定的行为标准为基础来决定奖惩。结果导向的控制基础是客观、可信、易衡量的确切标准,主要关注的是非常确切的结果导向型的指标,如资产损益表、投资回报、市场份额、销售额及顾客满意度等。

如果过于严格地执行行为导向的标准,管理者有效地应对当地市场的能力就可能会受到抑制,如强生公司在菲律宾的经历就是这样的例证。20世纪90年代初,强生公司在菲律宾的管理者发现有年轻的菲律宾女性顾客把强生公司的婴儿爽身粉作为化妆品使用。为了迎合市场上的这种需要,当地管理者就开发了一种携带方便的爽身粉。然而在计划推出新产品的前几天,公司总部认为化妆品并非强生的核心业务,要求终止生产,后经菲律宾市场的负责人以个人名义提出请求,总部才勉强同意。结果,这款产品在菲律宾市场上却获得了巨大的成功。

同样,结果导向的标准也会给企业带来麻烦,尤其是当成果作为业绩衡量标准的效力被外部因素削弱的时候。例如,转移定价就有可能会导致海外子公司的利润业绩被扭曲。

对大多数企业来说,这两种导向的业绩标准的选择关系重大。假设总部想要A国市场在一年里把它的市场份额提高3%,A国可以采用不同的方式来实现这一目标,一种方式是开展多种促销活动,如通过赠券、价格促销、折扣交易等方式,实现市场份额的增长;另外一种方式是在广告上加大投入,增加品牌的美誉度,吸引更多的顾客以达成市场份额的增长。这两种方式表面上来看都能实现市场增长的目标,然而,第一种选择会使得企业担负产品形象被打折扣、甚至品牌权益遭到稀释的风险,第二种选择则意味着子公司要在品牌权益上进行投资。因此,尽管两种截然不同的行为都能够实现目标,但某些行为却可能会毁灭公司品牌资产的长期生命力。

理想的标准应该是由总部与海外子公司相互听取意见,接受反馈,开展对话和讨论,通过这种"自下而上"和"自上而下"的互动程序制订出来的。

2. 业绩评价

正式的控制系统中,需要基于选定的业绩标准,建立和完善业绩评价机制,以把实际的业绩与既定的标准相对比。在很多情况下,业绩评价过程可能相当简单,特别是基于结果导向的业绩标准进行评价的时候。

3. 分析与纠偏

正式的组织控制过程的第三个步骤是对照标准分析和纠正偏差。如果某个国家或地区的市场业绩实际表现不符合既定的标准，就需要分析产生偏差的原因，以设计和调整相应的激励机制，使得整个团队都能够朝着组织的战略目标和方面持续地努力。适当的激励系统对激励管理者的行为至关重要，但是最近的一项研究显示，正当的程序（due process）在控制中有着更为重要的作用，正当的程序包含五个方面的特征，即总部应熟悉海外子公司当地的情况，在制定国际市场战略决策的时候应当有双向的交流，总部在整个海外子公司的决策制定过程中保持相对的一致性，子公司可以要求总部对最终的战略决策作出解释等。

二、非正式的控制系统

除了正式的控制系统之外，大多数跨国公司还会通过运用一系列非正式的控制方法来实现对国际市场营销活动的控制，其中，最常用的非正式控制方法就是企业文化。

对很多业务遍布全球的跨国公司来说，共同的文化价值观是一种"黏合剂"，组织文化常常比正式的官僚控制工具更能有效地调动海外子公司的积极性。组织文化对国际市场营销活动的控制主要体现在两个方面：一是团队导向的文化，一是市场导向的文化。团队导向的文化体现了基于长期社会化发展的组织权威和规范，而市场导向的文化是松散的、纯粹建立于考核基础之上的。

第五节　国际市场营销审计

20世纪70年代，美国许多跨国公司开始通过市场营销审计的方法来控制国际市场营销活动。经过近40年的发展，市场营销审计从单纯关注利润发展为全面检查和系统控制国际市场营销的战略、计划和组织工作。

国际市场营销审计是指通过对国际市场环境、目标、战略和各项经济活动的全面的、系统的和定期的分析，找出营销薄弱环节，提出行动方案以提高企业的国际市场营销绩效。市场营销审计与管理审计异曲同工，是现代企业管理控制中的一个分支，其主要内容大致分为7个部分。

1. 国际市场营销环境审计

国际市场营销环境审计包括宏观环境的审计和微观环境的审计。

宏观环境审计的内容包括：目标国家或地区的经济发展趋势对于企业在该市场上是造就了机会还是构成了威胁；政府的政策、法律对企业市场营销战略的影响；企业的产品在目标国际市场上的相对竞争优势和劣势；国际市场中间商和顾客对产品的态度等。

微观环境审计的内容包括：检视产品在目标市场上的占有率、成长率和盈利能力方面的变化；了解主要细分市场的特征和发展趋势；确定国际市场顾客对企业的信誉、质量、服务、销售和价格的反应；检查企业与目标国际市场竞争者的区别，分析主要竞争者的相对优劣势和发展动向，剖析市场趋势对公司和竞争者的影响；研究企业的对外销售渠道，分析分销商和经销商的动态和变化趋势，检查公司的海运、储存等服务措施可否改进等。

2. 国际市场营销组织审计

国际市场营销组织审计的主要内容是检查营销组织选择和控制决策的能力,包括检查各个国家或地区市场营销主管的权责范围的对应程度;分析各个市场营销组织结构与营销目标是否匹配;检查各个子公司市场营销部门与市场研究、产品制造、物资采购和财务会计等部门是否保持良好的沟通和合作;检查对国际市场营销人员的培训和激励效果等。

3. 国际市场营销制度审计

国际市场营销制度审计的主要内容是评估国际市场营销信息系统、计划系统、控制系统以及产品开发系统之间的协调一致性。检查信息系统是否能够及时、有效地提供有关海外客户、分销商、经销商、竞争者和社会各界人士对公司产品的动态信息;检查计划系统对预期的国际市场目标的达成率以及计划本身是否合理和可靠;评价国际市场营销控制系统能否保证企业各项国际市场计划的实现,检视企业的国际市场产品开发系统对新产品设计的调查研究和商业分析是否合理有效,以及新产品的试销效果和新产品在国际市场上的竞争力等。

4. 国际市场营销年度计划审计

国际市场营销年度计划审计主要是审核年度的营销计划实施情况,包括检查销售计划的完成率、市场占有率、营销费用率以及对顾客行为变化的追踪措施等。通过对销售计划与实施状况之间的差异分析,从产品、市场和渠道等方面分析差异存在的原因;通过与竞争者的比较找出市场占有率上升或下降的原因;基于营销费用率的情况列出销售队伍、广告、营业推广、市场调研和营销管理等项目费用各占销售总额的比例,纵向比较分析增减原因和各自的效果,评价公司对顾客购买行为的变化追踪措施的得与失。

5. 国际市场营销盈利水平审计

国际市场营销盈利水平审计主要是进行国际市场营销成本和利润分析,包括分析各个国家和地区市场上不同产品、不同分销渠道利润情况,检查成本效益并找出成本过高的消费行为及其原因,比较各自的利弊和可行性,评价成本控制的效果。

6. 国际市场营销职能审计

国际市场营销职能审计主要对各市场营销组合因素进行效果分析,包括检视各国营销团队的工作效率、媒体沟通效率、渠道效率、促销效率等。

7. 国际市场营销战略审计

国际市场营销战略审计主要是分析企业的战略决策是否适应海外市场环境的变化,包括检核公司的经营是否是以市场和顾客为战略导向,国际市场营销的目标是否明确,营销目标在指导公司营销计划执行和业绩评估方面起到了什么作用;检查公司的国际市场营销战略能否实现,与国际市场上的竞争者的市场战略相比有何优势和劣势;检查公司对于目标国家市场的确定是根据哪种准则,这些目标国家市场是在何种情况下选择出来的,公司为该目标国家市场所制定的营销组合策略效果如何;等等。

本章案例

从"让我们做得更好"到"迈向一个飞利浦"[①]

欧美许多知名的跨国公司,最早都是从一家很小的民营企业起步,并在后来的很长一段时间中在浓厚的家族色彩中成长壮大的。而在经过几十年、上百年的企业变革之后,一些企业的家族色彩逐渐淡化,家族在公司中所占的股份逐渐减少,家族成员逐渐退出公司管理层,公司的经营方向和策略、管理风格甚至企业文化也都不断地变革。飞利浦、IBM、沃尔玛等无不如此。

一、百年老店飞利浦

1891年,当飞利浦兄弟在荷兰创建飞利浦公司的时候,他们的主要目的只是"制造白炽灯和其他电器产品"。那时,公司主要制造碳丝极灯,并于19世纪末20世纪初成为欧洲最大的碳丝极灯生产者之一。这段时间,飞利浦主要在欧洲扩张,产品逐渐多样化,同时也奠定了它日后成为一家技术驱动型公司的基石。

到了弗里茨·飞利浦(Frites Philips)时代,飞利浦进入一个新的发展阶段,伴随着一系列发明创造,许多烙着飞利浦印记的精彩的新产品和新概念不断问世,飞利浦跨越了关键性的两步:一是确立了其在业界的技术强势地位,二是其国际化大公司姿态逐渐形成。

而今的飞利浦,是世界上最大的电子公司之一,主要生产照明、家庭电器和医疗系统设备,2008年在全球30强电子公司中名列第三,在150个国家和地区建立有分公司。

飞利浦集团在中国的投资项目主要为生产光纤光缆、电视、激光盘、照明设备(富卡博)、电子元件,以及通信、教学、医疗设备(IDEAL)和计算机等产品。

二、让我们做得更好:独立公司各自为战的飞利浦舰队

长期以来,在业界一直具有技术强势地位的飞利浦,以其产品的技术和质量领先于对手而傲视群雄,飞利浦数十年来秉持的经营理念就是"让我们做得更好"。

不少人认为,飞利浦只是一家生产消费电子产品的公司。其实,它的产品种类曾经极其繁杂——从一般人所熟悉的剃须刀、灯泡到手机、半导体,甚至还有塑料厕所便座等。多元化这柄双刃剑,在为飞利浦分散市场风险的同时,也分散了公司有限的战略资源。一方面,一批增长缓慢的业务未能及时退出;另一方面,增长潜力大的业务又未能分配到足够的资源。

在技术导向的经营理念之下,飞利浦花了很多精力做了许多有创意但没太大市场的产品,这极度分散了飞利浦的资源,使公司变得越来越复杂。由于飞利浦的组织结构完全基于产品部门而进行设置,各个产品部门之间缺乏有效沟通,导致在全球范围内各个国家市场上并存多个彼此并没有多少联系的飞利浦子公司,如同一支各自为战的舰队。

与许多美国企业一样,技术驱动型的飞利浦离真实的市场需求越来越远。世纪之交,庞大的飞利浦慢慢陷入困境,其漫长的产品线和主业模糊的品牌形象成了飞利浦最大的敌人。

[①] 资料来源:李健,《一个飞利浦》,载《中国经营报》2006年5月27日;文照谋,《迈向一个飞利浦》,载中华品牌管理网,2005年9月22日访问;文照谋,《没有飞利浦的飞利浦:一个时代的结束》,载《中国经营报》2005年12月10日。

三、迈向一个飞利浦：联合舰队开始起航

一生强调技术创新的弗里茨是最后一个参与飞利浦公司高层管理的飞利浦家族成员。飞利浦几十年培养起来的技术实力确立了自己在业界的技术强势地位，但是，技术驱动型的成长方式后来却成为飞利浦继续发展的一大桎梏。2000年前后危机开始出现，飞利浦连续多年亏损，柯慈雷临危受命，担任总裁。他对飞利浦进行了大刀阔斧的改革和战略转型，目标是要使飞利浦由一个技术驱动型公司转变成为一个市场驱动型公司，从一个产品制造的公司转变成为一个向用户提供全套方案的公司。

2001年，飞利浦开始实施名为"迈向一个飞利浦"的计划，旨在简化公司的组织结构和流程并提高效率，使飞利浦真正成为一个体系完整、形象统一的企业，而不是众多分立的经营实体的结合体。同时，飞利浦将多个不具备良好的前景或不适合飞利浦发展的非核心业务出售或者剥离，将众多生产部门精编为五个，分别为医疗系统、家庭小电器、消费电子、照明及半导体。2003年，飞利浦又把为医疗保健、时尚生活和核心技术三大领域提供解决方案作为公司发展的重点方向。飞利浦为因应不同的地区市场环境和消费者需求特征的不同而制定了不同的经营模式，但其技术基础则保持了一贯的全球化，在"一个飞利浦"的协同效应下更有效地服务于全球市场。

从2008年1月1日起，公司精简了组织架构，成立了三大事业部：医疗保健、照明和优质生活。通过这些举措，进一步将飞利浦定位为一家以市场为导向、以人为本的公司，其业务结构和发展策略充分反映客户的需要。基于这样的业务组合，飞利浦正在积极打造"健康舒适、优质生活"领域的领导品牌。

"迈向一个飞利浦"战略，正在缔造一个更为强大的飞利浦联合舰队。

案例思考题

1. 飞利浦公司为什么要进行组织变革？
2. 基于飞利浦公司的组织变革过程，试分析技术导向型企业与市场导向型企业的不同。

本章小结

随着具有不同需求和欲望的世界贸易参与者的不断增加，旧的贸易模式和联盟将面临一种考验，当今及未来的国际市场营销者必须具有对市场的变化迅速作出反应的能力，而且能够在瞬息万变的细分市场中预测新趋势。

世界范围的市场开拓导致国际市场营销在各个层次上的竞争不断加剧。为了在激烈的竞争中求得生存和发展，必须具备全球视野，对全球市场进行调研、计划和组织。全球竞争还要求生产出高质量的产品，以满足变化着的顾客需求和适应日新月异的技术发展。本章主要讨论了国际市场营销组织架构的设计和组织结构因应市场环境的变化而进行的变革，分析了国际化组织结构的阶段模型，对国际市场营销的组织予以正式和非正式的控制，以及国际市场营销活动的审计。

重点概念

国际市场营销计划	国际分部组织结构	地区组织分部结构
产品组织分部结构	矩阵组织结构	网络组织结构
斯托普福德和韦尔斯的国际化组织结构阶段模型		国际市场预测
非正式的控制系统	正式的控制系统	国际市场营销审计
环境审计	组织审计	制度审计
盈利水平审计	职能审计	国际市场营销战略审计

本章复习思考题

1. 简述国际市场营销战略计划的内容。
2. 简述国际市场营销战略计划和实施的步骤。
3. 如何使国际市场营销组合适应目标市场？
4. 如何从外部环境因素和企业内部相关因素的分析入手建立国际市场营销的组织架构？
5. 简述影响国际企业市场营销计划的外部环境因素。
6. 简述影响国际企业市场营销计划的内部环境因素。
7. 国际分部组织结构的优点是什么？
8. 简述产品组织分部结构的特点。
9. 简述地区组织分部结构的特点。
10. 试述矩阵组织结构的优点和缺点。
11. 试述网络组织结构的特点。
12. 为什么组织结构需要不断地进行变革？
13. 简述斯托普福德和韦尔斯提出的国际化组织结构阶段模型。
14. 试述国际市场营销的控制与国际市场营销的组织之间的关系。
15. 简述正式的组织控制系统构成。
16. 试述国际市场营销审计的内容。
17. 访问荷兰飞利浦公司网站，分析飞利浦公司的组织架构变革。

参考文献及进一步阅读材料

1. 〔美〕菲利普等：《国际市场营销学》，周祖城等译，机械工业出版社 2005 年版。
2. 〔美〕基根等：《全球营销学》，傅慧芬等译，中国人民大学出版社 2009 年版。
3. 〔美〕加里等：《科特勒市场营销教程》，俞利军译，华夏出版社 2004 年版。
4. 〔美〕津科特等：《国际市场营销学》，曾伏娥等译，电子工业出版社 2007 年版。

5. 〔美〕科恩:《营销计划》,刘宝成译,中国人民大学出版社2006年版。
6. 〔美〕科特勒等:《市场营销原理》(亚洲版),何志毅等译,机械工业出版社2006年版。
7. 〔美〕拉斯库:《国际市场营销学》,马连福等译,机械工业出版社2010年版。
8. 甘碧群主编:《市场营销学》(第三版),武汉大学出版社2011年版。

第四编　国际市场营销战略

　　基于对国际市场机会与环境的准确分析，以及恰当的国际市场细分和战略定位，通过充分的国际市场调研，以及对国际市场营销的组织架构分析与设计，企业可以根据自身的实际情况量身定制针对特定的国际市场的营销战略体系，以合适的定价推出具有国际竞争力的产品，打造国际化品牌，构建国际市场渠道，吸引和培养大批国际化营销人才，建立与时俱进的、能够与目标市场和母公司战略相适应的营销组织架构，保持与目标市场和顾客之间紧密的沟通和联系。本部分将重点介绍国际市场营销的产品与品牌战略、人力资源战略、渠道战略、沟通战略和定价战略。

第十一章 国际市场营销产品与品牌战略

本章学习内容

- 国际市场营销产品与服务
- 国际市场的产品生命周期理论
- 产品和服务的国际化和跨文化适应
- 国际市场新产品开发策略
- 产品标准化策略和差异化策略选择
- 国际品牌、民族品牌和自有品牌
- 品牌国际化延伸策略

引例

连锁经营的经典——麦当劳[①]

1955年,52岁的克劳克以270万美元买下了麦当劳兄弟经营的7家麦当劳快餐连锁店及其店名,开始了他的麦当劳汉堡包的经营生涯。经过多年的努力,麦当劳快餐店取得了惊人的成就。目前,它已成为世界上最大的食品公司,2001年的总收入为148.7亿美元,净利润为16.4亿美元,2010年销售额更是高达227亿美元。麦当劳快餐店已遍布全世界大多数国家和地区,麦当劳金色的拱形"M"标志和品牌形象已经在全球消费者心目中深深扎根。

麦当劳取得如此瞩目的成就主要归功于其市场和顾客导向的营销战略。在克劳克当初买下麦当劳的时候,麦当劳对加盟店的管理极为松散,面对汉堡包质量较差、供应顾客的速度很慢、服务态度不好、卫生条件差、餐厅的气氛嘈杂、消费者很是不满等状况,麦当劳提出了著名的"QSCV"经管理念,Q代表产品质量"quality",S代表服务"service"、C代表清洁"cleanness",V代表价值"value"。

为了保证其产品质量,麦当劳对生产汉堡包的每一具体细节都进行了详细具体的规定和说明,从管理经营到具体产品的选料、加工,甚至包括多长时间必须清洗一次厕所、煎土豆片的油应有多热等细节。所有麦当劳快餐店出售的汉堡包都严格执行规定的质量和配料标准。就拿与汉堡包一起销售的炸薯条为例,用作原料的马铃薯是专门培植并经精心挑选的,再通过适当的贮存时间调整淀粉和糖的含量,在油锅中炸后在7分钟内必须售出,以保证炸薯条的质量和口感。同时由于到麦当劳快餐店就餐的顾客来自不同的阶层,具有不同的文化背景、年龄、性别和爱好,因此,汉堡包的口味及快餐的菜谱、作料也分别迎合了各个国家和地区市场上顾客的不同口味和要求。这些措施使得麦当劳的产品博得

[①] 资料来源:李菲:《麦当劳:加盟连锁经营的经典》,载中国品牌管理网,2013年12月22日访问;《连锁经营经典案例之麦当劳》,http://www.hnchain.com/collegenew/,2013年8月6日访问。

了人们的赞叹并经久不衰,树立了良好的企业产品形象,而良好的企业产品形象又为树立麦当劳良好的企业国际形象打下了坚实的基础。

麦当劳的服务也是一流的。座位舒适、宽敞,始终保持窗明几净的清洁环境,服务效率非常高。麦当劳总是在人们需要就餐的地方出现,特别是在高速公路两旁。由顾客带走在车上吃的食品,不但事先包装妥当,不至于在车上溢出,而且还备有塑料刀、叉、匙、吸管和餐巾纸等,饮料杯盖则预先代为划十字口,以便顾客插入吸管。如此周详的服务,更为公司光彩的形象加了多彩的一笔。

麦当劳的 QSCV 营销管理模式,为企业赢得了良好的品牌形象。良好的品牌形象反过来又为麦当劳的国际市场营销带来了巨大的效益。

热身思考

麦当劳是如何树立良好的国际化品牌形象的?企业在国际化扩张过程中应该注意哪些问题?

第一节 国际市场营销产品与服务

产品是市场营销战略组合的要素之一。只有产品和服务能为顾客所承认和接受,企业才能够在国际市场上站得住脚。因此,企业在国际市场上全部经营活动的出发点和归宿,就是千方百计使顾客对其产品和服务感到满意。从本章引例中麦当劳的成长历程来看,为什么一种速食品牌能够在全球各国流行?其中原因很多,如良好的品牌形象、清洁幽雅的就餐环境、卓越的产品质量等应是很重要的因素。

一、国际市场营销中的产品国际化

人们通常认为产品是指具有一定物质形态和属性的物体,如摩托车、电视机等。其实这是一种从生产观念出发的传统的产品概念。从国际市场营销的观点看,产品是能满足不同国家或地区市场上消费者的某种需要与欲望的物质形态和非物质形态的综合体。如图 11-1 所示,国际化产品的整体概念将产品划分成三个层次:

1. 核心层

产品的核心层由物质产品(即含有关键技术的平台)和产品的所有设计和功能特性构成,基于产品的基本功能,实现消费者所期望从产品中获得的基本利益。在产品的国际化过程中,满足各个国家市场上消费者不同需求的各种变化正是在产品平台上通过某些增减实现的。

一般情况下,因应特定国家或地区市场的需求,对核心成分的平台方面进行大规模改造可能得不偿失,因为平台的改动会影响整个生产过程。但是,可以对设计、功能特性、风味、原料、色彩以及其他方面进行改动,使产品适应不同市场的文化差异化需要。例如,雀巢在日本原先销售的是与在美国市场上一样的麦片,但是日本儿童却习惯于把它当零食吃,而不是作为雀巢所希望的早餐。为了使产品进入日本人的早餐市场,雀巢改进了它的产品,开发了类似于日本人习惯了的口味的食品,如海带、胡萝卜、西葫芦、椰子和番木瓜等等,使之更适合日本人的口味。根据市场需要,产品国际化的过程中还可以增删功能特

第十一章 国际市场营销产品与品牌战略

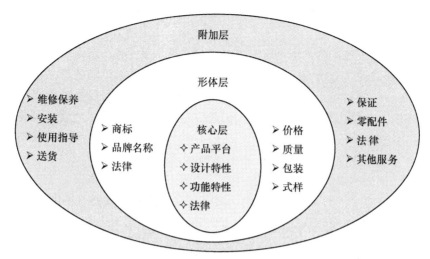

图 11-1 国际市场营销中的产品整体概念构成

性。例如,在有些市场,洗衣机中自动添加洗衣粉和漂白剂的装置可以考虑省掉,以节约成本和减少可能的维修。另外,不同国家市场上由于历史、政治、经济等原因导致日常使用的电压不相同。目前,世界各国室内用电所使用的电压大体有两种,分别为 100 V—130 V 与 220 V—240 V。100 V—130 V 被归类于低电压市场,如美国、日本,相关产品都是按照这样的低电压设计的,注重的是安全;220 V—240 V 称为高压,其中包括了中国的 220 伏、英国的 230 伏和很多欧洲国家,其产品设计注重的是效率。因此,电器产品在国际化的过程中要达到安全和电压标准或其他法令性要求,当然,可能还需要其他的改动。

2. 形体层

形体层是基于产品的自然属性,包括产品内在质量和品质、外观、包装、商标等具体物质形态,呈现在市场上可以为顾客所识别的,因此它是顾客选购商品的直观依据,也是产品价格的直接体现。产品形体层元素的重要性在许多挑剔的国际市场消费者眼中也是非常突出的,苹果电脑公司对此有深切的体会——当它首次进入日本市场时,一些电脑被原封不动地退回了,其原因只是日本的消费者发现电脑用户手册的包装被损坏了。

在国际市场营销中,有些产品的形体元素往往既需要自主的改动,也需要强制性的改动。例如,有些国家要求标签必须以包括本国官方文字的两种以上的文字印刷,而另一些国家则禁止使用外国文字。另外,还需要确保产品的商标或包装元素中没有消费者抵制或难以接受的象征意义,如在穆斯林国家擅用绿色作为产品的包装色调可能会引起消费者的反感,因为绿色在穆斯林信徒眼中是一种极为神圣的绝对不可以滥用的颜色;但是绿色的包装到了亚洲一些国家,则象征着健康、生命、希望和洁净等而广受消费者的欢迎。

在国际市场环境下,公司必须因应各个国家或地区市场环境因素的特定要求而改变产品包装的例子不可胜数。在有些国家,法律对瓶子、罐头、包装尺寸和度量单位等均有特别的规定。如果一个国家使用公制,它就很可能要求重量和尺寸采用公制进行标识;在广告或包装上,采用像"巨大的"或"特大的"这样的描述性模糊词汇可能会涉嫌非法。另外,在很多国家消费文化中,包装被赋予特殊的意义和用途,如在日本,包装差的产品会给日本人以质量差的印象,于是联合利华公司就把力士香皂装在时髦的盒子里出售,可用于送礼,中国近年来对于月饼这样的传统食品也赋予礼品的概念,一盒月饼的包装成本甚至远远超过了月饼本身的价值。

如果一个国家或地区的市场经济与本国市场差距较大,那么就需要对产品进行调整以使得顾客能够接受。有研究发现,只有很少的来自发达国家市场的产品不经调整就可以直接在发展中国家市场上进行销售。如为了使低收入国家大多数消费者都能够买得起,可以考虑减少单位包装中的产品数量,刀片、口香糖、电池等盒装产品不要像高收入国家市场那样10—20个一起包装,3—4个,甚至1—2个都可以成为标准包装数量。

另外,各个国家或地区的商标法彼此不尽相同,而且对商标都有着一些特殊的要求。如目前在日本、澳大利亚、新西兰等国家就产品内容的标识方面,强调对于转基因食品需要明确标注,并在多个消费领域进行限制。转基因食品目前在欧洲市场仍有争议,有些甚至是禁止销售的。这对在转基因食品技术方面处于世界领先地位的美国触动很大。美国目前出口的农产品中,转基因食品占了很大一部分,而且还在迅速增加。尽管受到来自农业界人士的干扰和阻碍,美国政府还是开始考虑对转基因食品和产品制定新的商标法。

3. 附加层

附加层是为了保证消费者基本利益的实施而向消费者提供的附加利益。一般产品的附加层,包括维修和保养、培训、安装、保证书、送货和提供零配件等支持性服务。在国际市场营销中,为用户提供完备、周到的销售服务是企业争取顾客的重要手段。在国际市场上,很多营销项目就因为附加层不太注意而最终导致整个营销活动的失败,如在非洲农村,消费者不能理解凡士林护理液会被皮肤吸收,导致凡士林的市场宣传陷入极为尴尬的境地。在一些基础设施欠发达、消费信用较低的发展中国家,维修和保养是尤其困难的问题。

二、国际市场的产品生命周期理论

美国经济学家雷蒙德·弗农(Raymond Vernon)在1966年发表的《产品周期中的国际投资与国际贸易》(International Investment and International Trade in the Product Cycle)一文中提出了著名的产品生命周期理论(the theory of product life cycle),解释了国际贸易产生的原因。弗农认为产品与生命相似,有一个从出生到成熟,再从成熟到衰老的过程,他把产品生命周期划分为创新、成熟和标准化阶段,以说明在产品生命周期的不同阶段,各国在国际市场营销活动中的相对优势不同。该理论将世界各国大体上分为三种类型,即创新国(一般是发达国家)、次发达国家和欠发达国家。

1. 创新阶段

创新阶段,是指新产品开发与投产的最初阶段。创新国企业凭借其雄厚的研究开发实力进行技术创新,开发出新产品并投入本国市场。由于需要投入大量的研发力量和人力资本,厂商掌握技术秘密,产品的技术密集度高,且生产技术不稳定、产量低,所以产品的成本较高。生产主要集中在创新国,因为新产品的需求价格弹性较小,创新企业通过取得对新产品技术工艺的垄断地位即可在国内获得高额垄断利润。此时对于厂商来说,最安全有利的选择是在国内进行生产,产品主要供应国内市场;对于经济发展水平相近的次发达国家偶尔的少量需求,创新企业通过出口即可满足,因此这一阶段无须到海外进行直接投资。

2. 成熟阶段

成熟阶段，是指新产品及其生产技术逐渐成熟的阶段。在这一阶段，新技术日趋成熟，产品基本定型，随着新产品生产和市场竞争的发展，市场出现了一系列变化：新产品开始进入大批量生产；产品的价值已为经济发展水平相近的次发达国家的消费者所认识，国外需求强劲；需求价格弹性增大，企业开始关注降低生产成本；生产工艺和方法已成熟并扩散到国外，研发的重要性下降，产品由技术密集型逐渐转向资本密集型。与此同时，随着创新国向次发达国家的出口不断增加，进口国当地企业开始仿制生产，而进口国为了保护新成长的幼稚产业开始实施进口壁垒限制创新国产品输入，从而极大地限制了创新国的对外出口能力，厂商面临丧失垄断优势的危险。因此，创新国企业开始转向到技术水平接近、劳动力素质较好、人均收入水平较高并与本国市场需求类型相似的次发达国家投资建立海外子公司，转让成熟技术，直接在当地从事生产与销售，以降低生产成本、冲破市场壁垒，占领当地市场，向其他国家出口。

3. 标准化阶段

标准化阶段，是指产品及其生产技术的定型化阶段。生产技术的进一步发展使产品和生产达到了完全标准化，研发费用在生产成本中的比重降低，资本与非技术型熟练劳动成为产品成本的主要部分。在这一阶段，厂商所拥有的技术垄断优势已消失，企业的竞争主要表现为价格竞争，创新国已完全失去垄断优势。于是，创新国企业以对外直接投资方式将标准化的生产工艺转移到具有低成本比较优势的欠发达国家和地区，离岸生产并返销母国市场和次发达国家市场。最后当该技术不再有利可图时，创新国企业将其通过许可方式转让。

可见，随着产品及其生产技术的生命周期演进，比较优势呈现出动态转移的特点，国际市场营销的格局相应发生变动，创新国由出口国变为进口国，而劳动成本低的欠发达国家最终则由进口国变为出口国。根据该理论，跨国公司应当依据国家和地区比较优势的动态转移决定生产区位选择与国际市场营销的产品战略方向。

三、国际市场营销中的消费者服务国际化

有些消费者服务与产品的联系非常密切。与改变产品以适应国际消费品市场需要一样，在国际市场营销活动中，同样需要对服务因应市场的需要进行调整。

与产品所不同的是，消费者服务具有无形性、不可分、有差异和易消失四个方面的特征。汽车、电脑、家具是产品，它们呈现出实物形态。它们是可以储藏、拥有的物品，其内在价值体现在实物形态中。然而，宾馆提供的餐饮和娱乐服务，汽车运输公司、船运公司和航空公司等提供的包括客运和货运的飞行运输服务，保险公司提供的各种保险服务等，都属于无形的服务，其生产和消费是不可分割的，彼此之间互有不同，不可储存，必须在生产的同时进行消费。因此，对于产品而言，可以在一个地方生产，在另外一个地方消费，可以实行生产和消费流程的标准化，可以根据对需求波动的预测进行生产和存储，其质量也可以获得较长时间的保证和维护。

和很多有形产品一样，国际市场营销中的服务除了消费者服务之外，还包括工业服务，即企业对企业的服务，消费者服务与工业服务之间的区别主要取决于购买者的动机和使用目的。例如，旅行社和航空公司向企业出售的服务就属于工业服务，而向游客提供的

服务则属于消费者服务。相应地,金融服务、旅馆业、保险业、法律服务以及其他服务产业,都可以既是工业服务,又是消费服务。正是服务的特殊性导致了服务营销和产品营销的差别。

2004年,全球游客花费大约3.5万亿美元。据联合国一个机构预测,到2020年这个数字会翻两番。这个产业在全球雇用了约2亿人。在21世纪,中国大陆地区将成为最受欢迎的旅游目的地,其他依次是美国、法国、西班牙、中国香港特别行政区、意大利、英国、墨西哥、俄罗斯和捷克共和国。2010年,中国大陆游客的购物花费比2009年大幅上涨91%。在全球范围内,中国大陆旅游者的购物和花费首次成为全球第一,占全球消费的17%。位居其后的是俄罗斯、日本、美国和印尼,这些国家的消费全球占比分别为16%、5%、5%和4%。①

多数消费者服务,如汽车出租、航空服务、娱乐、宾馆、旅游等,都具有不可分割性,即服务的生产和消费需要同时进行,因此,出口并不是一种可行的进入国际市场的方式。在国际市场上,大部分服务是通过许可证、特许专营或直接投资等方式进入海外市场的。消费者服务营销的过程中,一般会面临保护主义、跨国界信息流动的限制、知识产权保护和社会文化差异等四个方面的障碍。

1. 保护主义

近年来,欧盟在建立统一的国际性服务市场方面取得了一些进展,可是,随着一体化的发展,外国服务提供者将得到何种待遇,目前还不是很清楚。如在统一欧洲法案的框架下,欧盟之外的服务进入欧盟市场就会面临一些障碍,如法案要求欧盟成员国确保50%以上的娱乐节目时间应用于播放欧洲作品,由此而导致海外收入占比高达40%的美国的电影业受到显著影响。

2. 跨国界信息流动的限制

如何处理相对而言比较新的信息的跨国转移问题一直是国际市场营销活动中的矛盾焦点,许多国家和地区对此越来越关注,如欧盟对消费者个人信息(如收入、消费偏好、债务偿还史、身体条件、雇用状况)的收集和处理,以及在公司之间的转移过程中很少考虑到消费者个人的隐私问题而表示担忧。欧盟规定在信息被收集和处理之前应该征得消费者个人的同意,这就使得许多跨国公司不可以把涉及欧洲消费者个人的信息通过电子方式传输到国内进行分析。隐藏在这些法律、规定背后的,无疑是没有言明的动机,即限制跨国公司在本土市场上的活动,从而达到保护当地企业的目的。

3. 知识产权保护

知识产权是指人类智力劳动产生的智力劳动成果所有权。它是依照各国法律赋予符合条件的著作者、发明者或成果拥有者在一定期限内享有的独占权利,一般认为它包括版权和工业产权。版权是指著作权人对其文学作品享有的署名、发表、使用以及许可他人使用和获得报酬等的权利;工业产权则是包括发明专利、实用新型专利、外观设计专利、商标、服务标记、厂商名称、货源名称或原产地名称等的独占权利。

知识产权保护已成为国际经济秩序的战略制高点,并成为各国激烈竞争的焦点之一。要战胜盗用商标、工艺、著作权和专利所带来的竞争往往是很难的。随着知识产权在国际

---

① 资料来源:《胡润报告:去年中国大陆出国游客购物花费世界第一》,载《新京报》2011年6月15日。

经济竞争中的作用日益上升,越来越多的国家都已经制定和实施了知识产权战略。中国的知识产权保护特别是专利制度在改革开放中不断发展,取得了一定的成就。面对国际上知识产权保护的发展趋势和中国在开放条件下面临的知识产权形势,中国必须加紧制定和实施知识产权战略保护国家的技术安全,促进国内的自主创新能力和限制跨国公司的知识产权滥用。

4. 社会文化障碍

服务营销相对于产品的营销更需要依赖于人与人之间的直接接触,因此在服务的国际市场营销活动中社会文化就不可避免地会扮演着极为重要的角色。文化因素常常是国际市场服务营销活动中引起冲突的主要因素,如麦当劳要求来自东方社会的员工在与顾客打交道时,不管其自身情绪如何,都要面带笑容。而这一规定被许多东方社会文化背景的员工和顾客视为虚情假意。再如,中国的网络用户在消费的时候,因为不太相信网络交易而选择的付费方式更多的是货到验收后付款。与来自全球的服务业员工进行沟通和对其管理是极具挑战性的,如同样为联合包裹服务公司的司机,法国公司的司机会因为吃午饭的时候不能喝葡萄酒而感到很愤怒,英国公司的司机会因为他们的狗不允许被带上送包裹的卡车而提出抗议,西班牙公司的司机会因为褐色的送包裹卡车与他们当地的柩车很相似而感到沮丧,德国公司的司机会对必须穿褐色衬衫的规定感到不舒服。在欧美等西方国家,占消费额10%左右的小费是服务业员工报酬的一个重要组成部分,但是在中国,员工会不太习惯,甚至可能会把小费视为一种侮辱行为。

四、国际市场产品与服务的跨文化适应

要想明白产品的标准化与因地制宜战略之间的复杂关系,必须弄清楚社会文化对国际市场营销产品战略的影响、对消费者感知的产品价值以及其与产品在海外市场上的重要性等方面是如何交互作用的。产品并不仅仅是一种物品,它还包括购物者借助于产品而获得的一系列满足和效用,包括产品的品牌、包装、标签、外观、滋味、色彩、气味和质地,以及产品使用过程中的功能、保证书、制造商和零售商的服务、品牌提供的信心或声望、制造商的声誉、原产地及拥有或使用产品时所获得的其他效用等。简言之,国际市场上的产品和服务并不仅仅涉及产品的物质形态和服务的基本流程。国际市场上的社会文化价值观常常会决定着这些方面的相对重要性。换言之,产品和服务是其提供给使用者的物质和心理满足的总和。

产品的物质特性通常需要提供基本功能。例如,汽车的基本功能就是把乘客或者货物从甲地运送到乙地。要实现这一基本功能,就需要有发动机、传动装置和其他物质特性。在所有文化中,只要有不通过步行或畜力而把人或货物从甲地运送到乙地的需求,都可能会对汽车的物质特性或基本功能产生诉求。从一种社会文化进入另一种社会文化时,产品的物质特性诉求需要做的改变往往会很小。但在使顾客满意方面,还有很多因素和物质特性同样重要,如在一些特定社会文化中,汽车的其他特性(色彩、体积、设计、品牌、价格)和汽车的基本运输功能关系并不大,但却能够影响顾客的满意度。在许多市场上,汽车的功能除了运输,更重要的则是身份的象征。于是,不同的品牌可能会赋予同样是四个轮子的汽车彼此之间几倍、几十倍甚至是几百倍的价格差距。

在各个国家和地区市场上,赋予某种产品特殊的意义和价值会随着社会文化的不同而彼此各异。为了提供最大的顾客满意度,赋予产品积极的而不是消极的意义,产品的非物质特性必须作出适应市场的改变。如在某些反美情绪高涨的阿拉伯国家和地区,麦当劳推出了麦阿拉伯三明治(McArabia Sandwich),可口可乐推出了麦加可乐(Mecca Cola)、穆斯林至上(Muslim Up)和阿拉伯可乐。为了不让对节食概念反感却又以苗条为美的日本女性接受可乐产品,可口可乐在日本市场上把"节食可乐"(Diet Coke)改成"苗条可乐"(Coke Light)。

因地制宜的跨文化适应要求企业在国际市场营销的过程中对产品的某些特性进行调整和改变。产品概念与社会文化价值观及行为模式的一致程度对顾客选用产品的影响和产品性能的影响一样大。如一些金融产品服务一直被穆斯林国家所拒绝,是因为虔诚的穆斯林教徒声称这些服务涉及被《古兰经》明令禁止的高利贷和赌博。因此,在分析准备进入第二市场的产品时,需要进行改变的程度取决于原市场和新市场在产品使用和产品概念方面的社会文化差异,社会文化差异越大,需要改变的程度就越大。

使产品和服务适应跨文化差异的海外市场的第一步是确定产品和服务在目标市场消费者眼中的新颖程度。国际市场营销者必须清楚,许多在本国市场上业绩表现很成功的产品尽管已经到达其生命周期的成熟期甚至衰退期,但是在另一个国家或社会文化中却可能会被看作是新颖的,因此必须以创新产品对待。

对于一个国际市场而言,是否接受新产品,或者要过多久才能接受新产品,取决于新产品本身的特点。新产品扩散(new product diffusion)的经验知识有助于在海外市场上制定成功的产品营销策略,以引导和控制新产品在国际市场上的扩散速度和范围。

国际市场营销者的目标一般是在最短的时间内让海外市场中尽量多的消费者接受产品。然而,新产品在新市场中的扩散时常会遇到阻力,尽管大多数市场最终会接受新产品,但是每一个投资计划都有着实现盈利的时间要求,因此,了解在新的社会文化情境中接受新产品所花费的时间对国际市场营销者而言是非常重要的。如果经过预测发现市场还不太成熟,一方面可能就意味着需要放弃该市场,另一方面可能需要寻求让市场加速发展的契机。

五、国际市场产品与服务的创新

国际市场营销者进行市场拓展的一个目标就是缩短从引进概念产品或服务到广为应用之间的时间间隔。产品和服务的创新在新的市场上被接受的时间存在着很大的差异。有些产品和服务从引进到广为使用只花了短短几年,有些则花了几十年。如微波炉从20世纪50年代引进美国市场到70年代普及使用,花了将近20年时间。对市场扩散理论的理解有助于加速市场扩散的过程,增强国际市场营销者估计出产品在新市场上扩散的时间的能力。因此,产品在一个新的国际市场上扩散的速度会受到被感知的新颖程度、被认知的创新特征和所使用的沟通方法等三个方面因素的影响。

1. 产品被感知的新颖程度

一个产品在新的国际市场上给消费者的感觉越新颖,往往就越难让消费者接受。这就是说,创新从本质上讲通常是很难与现实生活融合的。以美国的混合动力型汽车为例,虽然深受消费者欢迎,但经销商并不喜欢其维护要求低的特征,即这种新型汽车会使得经销商的售后服务收入下降。如果营销者能够明白异国市场上消费者的感知体系,常常能够改变他们对产品新颖程度的看法,如小贴士 11-1 所示,雀巢公司通过让日本消费者感知到喝咖啡的好处,从而成功开启了日本的咖啡市场。

小贴士 11-1

如何让习惯喝茶的日本人喝咖啡[①]

在 20 世纪 70 年代,雀巢公司试图让日本消费者从喝茶转为喝咖啡。他们将不同类别的日本消费者召集过来,以弄清楚他们对咖啡的看法,进而从中发现某种开启日本咖啡市场的奥妙。

针对各组日本消费者,他们安排了一场为时三小时的讨论。在第一个小时里,他们假设自己是一名从未见过咖啡且根本不知其用途的天外来客,并请日本人帮助他们弄清楚咖啡为何物。通过日本人对咖啡的描述,他们就可以清楚日本人对咖啡的看法了。

在第二个小时里,他们请日本人像小学生那样坐在地板上将杂志剪成拼贴画,以此来表达他们对咖啡的观点。这样做的目的是进一步了解日本人对咖啡的更多想法。

在第三个小时里,他们请日本人头垫枕头躺在地板上。每组中都有一些日本人显得犹豫不定,不过他们都想方设法,通过播放一些音乐,让日本人尽量放松些。这样做的目的是要让日本人的脑电波安静下来,达到临睡眠前的那种状态。一旦进入这一状态,他们就让日本人回忆自己,从成年到青少年,再从青少年到儿童期。一旦回忆到儿童期,他们就请日本人想一下对咖啡的看法,并回忆小时候对咖啡的想法,第一次关于咖啡的经历以及对自身影响最深的记忆(如果有差别的话)。

他们这样设计的目的是要让参与的日本人回忆起对咖啡的最初想法以及对咖啡的感情。通常回忆是没有目的的,然而,对雀巢公司而言,这种回忆却很重要。因为虽然日本消费者对喝茶有着强烈的感情,但他们对咖啡的了解却十分的肤浅。事实上,很多人对咖啡可以说是一无所知。

鉴于此,雀巢公司试图让日本消费者喝咖啡的策略当然不会有好的结果了。因为如果咖啡本身得不到日本消费者的情感认可,那么咖啡在日本文化里就无法与茶相竞争。因此,如果雀巢公司想在日本市场上取得成功,就必须从头做起,让咖啡融入日本文化元素,让日本消费者对咖啡感同身受。

根据这些资料,雀巢公司针对日本市场制定了全新的市场营销策略。公司不再向日本这个崇尚茶文化的国家推销速溶咖啡,转而开始面向儿童推出不含咖啡因的咖啡味甜点。结果,这一系列产品深受日本年轻一代的喜爱。从小就树立了他们对咖啡的正面的第一印象,而且这种印象无疑将保持终身。通过这种方法,雀巢公司的咖啡产品终于成功地打开了日本市场。日本市场的咖啡消费日益增加,就连后来星巴克的成功,无疑也得益于雀巢公司的这一系列努力。

---

① See Clotaire Rapaille, The Culiure Code, New York: Broadway Books, 2006.

2. 产品被认知的创新特征

分析创新的五个特征有助于确定新的市场对产品的接受时间。这些特征是：相对优势，即新产品相对于旧产品的可感知的边际价值；兼容性，即产品与可接受的行为、规范、价值观等的兼容性；复杂性，即与产品使用有关的复杂程度；可试验性，即与产品使用相关的经济或社会风险；可观察性，即产品比较优势可以传播的容易程度。一般而言，新产品在国际市场上扩散的时间与相对优势、兼容性、可试验性和可观察性成正相关关系，与复杂性成负相关关系。

3. 产品所使用的沟通方法

一般情况下，市场分析和研究者受自我参照标准的影响，在解释产品的创新特性的时候，可能会导致感知偏见。在国际市场上就产品与市场进行的沟通过程中，如果不是基于国际市场消费者的视角来评估产品特性，就难免会对产品的文化特性产生误解。

六、国际市场新产品开发策略

市场营销学领域的新产品，其含义与科技发展过程中发明创造的新产品有所不同。前者的内容更为广泛，凡是第一次在市场上出现的产品，或企业第一次生产和销售的产品均属于市场营销学的新产品范畴。

国际市场的新产品一般可包括全新产品、革新新产品、改良新产品和仿制新产品等四种：

（1）全新产品，即应用现代科学技术成果研制出来的具有新原理、新技术、新材料的新产品。

（2）革新新产品，即在原产品的基础上，利用科学技术和新工艺，作较大革新，使产品性能显著提高，能满足消费者新的需求的新产品。

（3）改良新产品，即在用途、性能上没有多大的改变，只是对现有产品的品质、造型、款式或包装作一定的改变。

（4）仿制新产品，即在市场上已有的，企业进行仿制的产品，也即本企业的新产品。

从当前国际市场竞争的情况来看，新产品开发水平将决定一个企业在国际市场上的竞争力。对企业来说，全新产品的开发从理论到技术、从实验室到生产线，要花费大量的时间，消耗大量的人力、财力、物力。革新新产品的研制过程一般较短，消费者基于对现有产品的认识比较容易接受。如今，许多跨国公司都在全球范围内建立专门的研发机构，从事全新产品的研发，以及对现有产品的革新和改良。

一般而言，从最初的新产品开发设想产生开始，到进入研发阶段，并形成可投放市场的产品为止，仅有20%左右研制成功的可能性，而且其中也只有少部分最后能够取得商业化的成功。新产品的开发一般会经过"寻求创意→甄别创意→营业分析→产品研制→产品试验→市场试销→商业性投产"等几个程序。

1. 在国际市场上寻求新产品的创意

一个新产品的形成，开始于一个好的创意。新产品创意的来源主要是顾客、销售人员、竞争者和科技人员等，来自于外部顾客、竞争者和科技情报资料的新产品创意占了绝大部分。

2. 甄别创意

即对国际市场上获得的新产品创意进行分析、判断和选择，以衡量它们是否与企业目标、企业品牌形象和生产在国际市场上的营销能力相吻合。

3. 营业分析

它是从财务上测算该新产品进入国际市场后可能的销售量、成本、利润及投资收益率，从而确定它们能够满足企业的目标。

4. 产品研制

经历上述各阶段的新产品创意，可转入研发部门研制产品的模型或样品。

5. 产品试验

当新产品的样品被研制出来后，就要对此进行试验，以鉴定其是否达到和满足国际市场的相关要求。

6. 市场试销

新产品经国际市场消费者试用满意后，可以制造一定数量的正式产品，投入小范围的国际市场进行试销，通常是以某个国家的某些城市或某个地区作为试验市场，以代表整个国家。

7. 商业性投产

若产品在目标国家市场试销成功，企业就可以正式投产，尽快投放市场。

一种新产品投放国际市场后，企业的目标通常是在最短的时间内使其产品为市场上的最大多数消费者所接受。然而事实上，新投放产品是很难被迅速接受和普及的。影响新产品在国际市场上被接受和普及的因素主要有以下几点：

1. 消费者采用新产品的阶段

消费者采用新产品通常须经过以下阶段：认知阶段→兴趣阶段→评估阶段→试用阶段→采用阶段。因此，在向新的国际市场出口和投放新产品时，必须设法使消费者尽快地通过这些阶段，以接受新产品。

2. 消费者购用新产品的方式

一般情况下，市场上的消费者包括革新者、早期购买者、早期追随者、后期追随者和保守者等多个类别，在国际市场上要仔细甄别和预测消费者对新产品的接受情况，并采取相应的营销策略和措施。

3. 口碑传播的作用

口碑传播的影响对采用新产品的作用很大。特别是对有争议的产品或高档产品，打算购买的顾客一般都会听听别人对该产品的议论。因此，企业必须注重调查舆论领袖和早期购买者对于新产品的看法，采取相应措施，使舆论朝有利于新产品扩散的方向发展。

4. 新产品的特征

新产品相对于替代或竞争产品的相对优势，与海外市场消费者的价值观、风俗习惯、社会文化偏好的相容程度，产品自身的复杂性和使用难度，接受试验的程度，新效能的可观察性等特征对新产品普及有很大影响。一般认为，普及速度与相对优势、相容性、可试性和可观察性成正比，与复杂性成反比。

第二节 国际市场营销产品的标准化与差异化

跨国公司在针对国际市场选择和开发产品时都会面临一个基本的问题,即采用标准化的产品策略还是采用差异化的产品策略?也就是说,在国际化的过程中,跨国公司究竟是在全世界不同的市场上都推出同样的标准化的产品,还是要针对每一个细分国家和地区市场的特殊性而设计差异化的产品?解决这一问题有其现实意义,一方面,如果企业的产品设计不能够满足细分市场的特点,那么就不能很好地满足消费者的需求,从而导致国际市场营销活动的失败;另一方面,如果企业的产品设计都按照不同国家和地区市场的需求来制定,则研发成本、生产成本、管理成本及其他方面的费用又将大幅度增加。因此,采用哪种方法效果会好一点,或者说两种方法之间有没有一个平衡点?这就是国际市场营销产品的标准化与差异化策略的选择。

一、国际产品的标准化与差异化

国际产品的标准化,指的是在不同国家和地区的所有细分市场上都提供同一种产品。如可口可乐、雀巢、索尼等跨国公司在各个国家和地区市场上大部分的营销计划都是"高度标准化"的。国际产品的差异化,指的是产品因地制宜,对不同国家和地区的市场提供不同的或调整过的产品,以满足当地市场的特殊需要。国际产品的差异化又称为定制化,就是要求跨国公司的营销人员不断调查和研究不同国家和地区的市场在经济、文化、地理等方面的差别,为消费者提供能迎合其独特口味和审美观的产品。

关于国际市场产品策略标准化的研究以美国哈佛大学李维特(T. Levitt)教授为代表人物,他于1983年在《哈佛商业评论》发表的《市场全球化》一文认为,企业应该把整个世界看成一个大市场,而不必理会各地区和国家之间的区别,企业的任务就是提供先进的、性能良好的、可靠而又廉价的全球标准化产品。赞成其观点的学者还提出,随着全球经济一体化的加剧,消费者心理将越来越带有全球化的共性,各种社会文化之间的相似之处也将渐渐突显,因此与产品相关的广告宣传也可以采用国际标准化形式。近年来的国际市场营销活动中,产品标准化的倾向越来越明显,很多公司在发展中国家销售的产品与其在本国销售的产品是一模一样的。之所以越来越多的跨国公司倾向于采用产品标准化策略,其主要原因在于规模效应、维护统一形象、有效管理以及满足流动性消费者需求四个方面。

1. 标准化产品策略的规模效应

在全球范围内实行标准化的产品策略可以产生生产、研发及营销的规模效应。规模化的生产可以降低成本,提高生产管理效率,集中资源开发新产品;采用相似的销售方式和促销手段,管理的难度也大大降低,能够保证较高的准确性和可靠性。如可口可乐公司在全球大部分国家和地区的生产和销售活动都是采用标准化策略,一方面大大降低了运营成本,另一方面较好地保证了产品的质量和口感。

2. 标准化产品策略有助于在国际市场上维护统一的产品形象

企业在各个国家和地区市场上采用标准化的广告和促销策略,一方面可以降低成本,另一方面可以简化营销传播过程,在全球市场维护统一的产品形象,使消费者对产品和品牌形象的印象更加深刻。如耐克运动鞋就采用标准化产品策略在全球市场建立统一的品牌形象。

3. 标准化产品策略有助于进行有效的管理

国际市场营销活动的范围比国内市场大得多,管理的难度也会相应地增加。采用标准化产品策略,可以在各个国家和地区市场上采用相同的营销管理方式,大大降低管理难度,并且提高可靠性,在开发新的国际市场时可以大大缩短时间。

4. 标准化产品策略能更好地满足流动性消费者的需求

随着全球化经济的发展,各国人口的流动性增加,只在一个国家或地区生活一辈子的人越来越少,更多的人会不停地在不同国家、不同地区之间频繁流动。采用标准化产品,就可以使这些频繁流动的消费者,无论在什么地方都可以买到相同的产品,能够有效提高顾客对产品的满意度,增加顾客的忠诚度。如星巴克在全球市场拓展之后,让习惯了星巴克风味的消费者在各个国家都能够品尝到熟悉的咖啡。

与产品标准化策略相对应的是差异化产品策略,即在不同的国家和地区细分市场上推出不同的产品,把每一个细分市场都作为一个独立的市场进行经营,企业的产品设计、生产、分销和促销都要因地制宜地进行修改,甚至重新制定。采用差异化策略的原因主要在于其有利于满足不同消费者的需求、适应不同国家的外部环境和体现产品生命周期的特征要求。

1. 差异化产品策略有利于满足不同消费者的需求

不同国家和地区细分市场的消费者有着不同的文化背景、消费习惯、经济条件,其市场需求也不可能是完全一样的。产品差异化策略能够根据不同的市场需求,适当地对产品进行调整,以更好地满足不同消费市场的需求。比如,飞利浦公司因应日本消费者狭小的厨房而缩小了咖啡壶的尺寸。

2. 差异化产品策略更能适应不同国家的外部环境

在很多情况下,一些不可控的市场环境因素迫使国际市场者必须采取产品差异化策略。首先是来自贸易保护主义的影响,许多国家为了保护国内工业的成长,会通过限制进口或设置一些市场进入壁垒,来控制和消除来自国外的竞争;其次是来自环境和标准的影响,有些国家为了保护环境和消费者的利益,会对在本国市场上出售的商品制定一些特殊的法律、规则或要求;最后是各国市场环境本身就是有所区别的,比如美国、法国和德国的电视系统制式不一样,就要求在各个市场上销售的电视机产品采用不同的制式。对于这些方面,都需要企业在国际市场营销时对产品作出及时的调整。

3. 差异化产品策略更能适应产品生命周期的需求

每一种产品都有自己的生命周期。在不同的生命周期阶段,企业采用的营销策略是不一样的。但是,在不同国家市场,相同产品的生命周期很可能是不一致的,某一种产品在一个国家可能处于生命周期的成熟期,但是在另外一个国家,这种产品可能还处于生命周期的导入期。如在欧美发达国家,汽车普及率已经很高,汽车产品在这些市场上已经进入成熟期,但是在许多发展中国家和欠发达国家,汽车的普及率还比较低,汽车作为一种商品,在这些市场还处于生命周期的发展期。

二、影响产品标准化策略和差异化策略选择的因素

在国际市场营销活动中,影响产品标准化策略和差异化策略选择的因素主要有成本、产品性质、细分市场的性质、产品技术标准、法律以及市场竞争状况等几个方面。

1. 成本

如上所述,从规模经济角度来看,采用产品标准化策略,可使成本降低,但由于各个市场所面临的营销环境不同,各个市场消费者对产品的要求不同,在各个国家或地区采用产品标准化策略必然会影响产品在这些市场上的销售量。而采用差异化策略,则要追加成本,但随之而来的很可能是销售量的增加。因此,只有对两种策略的成本和收入进行对比分析,才能知道究竟何种方案最佳。

2. 产品的性质

一般说来,工业品比消费品更适宜于采用产品标准化策略,而消费品中,非耐用品比耐用品更需要采用差异化策略;传统的产品相对于新产品也更适合于采用标准化策略。另外,在国际市场上声誉颇佳,某些具有象征意义的产品也更适宜于采用标准化产品策略,如中国的景泰蓝、瑞士的钟表等。

3. 细分市场的性质

各国市场在经济、政治、文化和社会等方面存在着不同程度的差异,这些差异要求企业在国际市场营销过程中实施产品差异化策略,即所谓的入乡随俗。

4. 产品技术标准

在不同国家,对产品的技术标准也往往有着不同的规定。如度量标准,绝大多数国家与中国一样,采用"公制"(即公斤、吨等),但英、美等国家很多采用"英制";再如电压标准,在美、日等国通常使用的是110—120伏,但在中国则是220伏。由于诸如此类的技术标准的不同,产品在国际化过程中必须采用差异化策略。

5. 法律

各国政府对进口产品有着不同的法律规定。如美国政府对汽车排放废气标准、行驶里程、保险杠强度等都有着明确的要求,而欧洲还对汽车发动机的噪音标准进行了严格的规定,要求汽车在离跑道25英尺处测得的噪音不得超过82分贝。未来要应对这些法律规范,企业在国际市场营销的过程中,必须对出口产品实施差异化策略以达到法律规范的要求。

6. 竞争因素

在国际市场上遇上较强势的竞争者或潜在的竞争者威胁的时候,应该优先选择产品差异化策略,反之,则可以采用产品标准化策略。如小贴士11-2所示,麦当劳在东方市场上面对同样源自西方的竞争者肯德基所发起的本土化竞争,此时,纯粹的本土化或标准化都已经很难适应和满足市场的需要,企业必须基于竞争而寻求一个合适的介于差异化和标准化之间的市场策略。

小贴士 11-2

麦当劳 VS 肯德基：品牌全球化还是品牌本土化？

面对肯德基打破常规的举措，麦当劳轻描淡写地表示："本土化不是做油条那么简单，麦当劳有自己的品牌策略和发展方向。"

西餐，是麦当劳的坚持，麦当劳可以在菜单中加入鸡肉、猪肉等中国人喜欢的肉类品种，但是麦当劳绝不会卖油条这类和西餐完全不沾边的品类。显然，诞生于美国的麦当劳从内到外透着浓浓的美式品牌风格。

对于麦当劳的执著，肯德基则意味深长地表示，中国人对于菜式变化的追求不是西方人可以想象的。于是，从进入中国开始，肯德基就在努力迎合本土的餐饮文化，像皮蛋瘦肉粥、桂花拌藕这类中国家常菜，都曾出现在肯德基的菜单中。

无疑，20年后的肯德基已非当年。尽管新鲜、阳光、家庭和美的全球品牌定位依旧不变，然而肯德基在诠释这些核心价值的表现形式时已经非常本土化。正如肯德基自己对外讲过的一句话："中国肯德基——中国人的肯德基"。本土团队带领下的肯德基已带有明显的中国印记。

今天的肯德基和麦当劳都希望自己在消费者心中不再仅仅是炸鸡腿和汉堡，而是年轻人社交生活方式的一部分，为此双方都使出了浑身解数。

若说20世纪90年代早期，肯德基凭借先入为主胜出一筹，而进入新千年，市场环境今非昔比，两大高手过招依旧在进行。只是在经历了最初的较量后，两大高手开始有了不同的选择，一个向左，一个向右。

上述这些因素是企业在产品标准化策略与差异化策略之间进行选择时应该考虑的主要因素。一般情况下，在某个国际市场上单独采用某一种产品策略获利的可能性很小，纯粹的标准化和差异化对国际营销来说都是不现实的。通常的做法是先将产品可以标准化的部分标准化处理，以减少产品成本和实行规模生产，然后根据国外市场的特点和法律的要求，对产品作必要的修改，进行差异化战略。比如，可口可乐在阿拉伯市场上的口味就偏甜一点。

就国际市场产品标准化和差异化策略的选择与融合而言，可以从以下几个方面着手：

1. 产品标准化，广告差异化

相比较而言，国际广告很难实施标准化运作，这是因为各国社会文化背景之间存在巨大的差异，而广告又是营销策略组合各个元素中对社会文化差异最为敏感的部分。可口可乐公司在全球市场都保持一致的口味，但对于广告，在南美洲选用球王马拉多纳做代言人，在中国则用谢霆锋做广告宣传片的主角，由此充分体现了不同市场社会文化背景的不同。

2. 品牌标准化，产品差异化

随着国际市场竞争的进一步加剧，越来越突显出品牌在国际市场竞争中的重要性。无疑，企业在国际市场竞争中必须树立一个统一的、良好的形象。麦当劳对其标识、广告、店面装潢和布局等方面都进行了标准化设计，无论在哪里，麦当劳都使用统一的标识、相同的包装容器和相同的餐厅风格，服务人员的服装、服务姿态和服务质量也都保持一致。但是，麦当劳所提供的产品在各国市场上却有所不同，德国的麦当劳供应啤酒，新德里有蔬菜汉堡,在中国提供水果味的奶昔,在澳大利亚则供应羊肉馅饼等。无论产品怎么改变,麦当劳的品牌永远不变。

3. 产品核心标准化,产品形式差异化

虽然由于社会文化背景、社会阶层和所处经济环境的不同,不同国家和地区市场上需求的形式彼此不同,但很多时候消费者的核心需求却都是一致的。

4. 产品标准化,促销差异化

世界各国市场不同的市场环境,不同的政策规定,迫使企业采取不同的促销策略。如柯达公司在全球很多国家都采取直接出口的市场进入方式,但在中国却采取合资的方式,通过与厦门、汕头和无锡三家感光材料企业组建合资公司的方式进入中国市场。

5. 产品差异化,促销标准化

有些产品对不同国家市场上的消费者来说,其用途、功效基本相同,但由于消费习惯和使用条件方面的差异,企业在国际化的过程中必须对产品稍作调整和修改,以适应各国市场的差异化需求。这些产品的改变往往涉及式样、功能、包装和服务等方面,如埃克森公司通过改变汽油的配方以适应不同市场上汽油使用的气候环境要求,但其促销策略和广告诉求不变:"让老虎进入你的油罐"。

第三节 国际市场营销品牌

在国际市场营销活动中,与产品和服务联系最为紧密的就是品牌了。国际品牌可以定义为在多个国家或地区范围内使用某个名称、术语、符号或相关元素的组合,旨在标识来自企业的产品或服务,使之与竞争对手能够有效区隔。

国际品牌在国际市场营销活动中的重要性是毋庸置疑的,其重要性很大程度上体现在其品牌价值方面。品牌的资产主要体现在品牌的核心价值上,而品牌核心价值也就是品牌精髓所在。在2011年5月,BrandZ发布了其最具价值全球品牌100强,其中,有12家中国公司位列其中;前10强如表11-1所示,除了中国移动之外,其余九家公司均来自于美国。

表11-1 2010年全球品牌10强[①]

排名	品牌名称	国家	行业	品牌价值	说明
1	苹果(Apple)	美国	科技	153285	多个产品热销,使得苹果公司的品牌价值在2010年飙升84%,超过了此前已连续4年蝉联全球最具价值品牌榜榜首的谷歌公司
2	谷歌(Google)	美国	科技	111498	目前被公认为全球规模最大的搜索引擎。2006年进入中国,2010年退出中国搜索引擎市场

---

① 资料来源:FT中文网,转引自英国《金融时报》,www.ftchinese.com。品牌的排名主要依据三个关键指标:(1)品牌价值,指以美元计算的品牌经济价值;(2)品牌贡献,即品牌对企业盈利能力的贡献,根据品牌对顾客购买决策的影响来计算;(3)品牌动力,即反映品牌价值近期增长前景的指标。本表中,品牌价值估值单位为百万美元。

(续表)

排名	品牌名称	国家	行业	品牌价值	说明
3	IBM	美国	科技	100849	拥有全世界最多专利的公司,借助于公司先进的软件、周到的服务和极为活跃的创新,公司做得有声有色
4	麦当劳(McDonald's)	美国	快餐	81016	通过提供更多的健康食品,更新店面设计,麦当劳正在超越其传统的快餐汉堡店形象
5	微软(Microsoft)	美国	科技	78243	依托于不断更新换代的操作系统,其技术一直保持全球领先
6	可口可乐(Coca-Cola)	美国	软饮料	73752	作为近年来缓慢衰退的大品牌,消费者的口味变化使其面临发展的窘境
7	AT&T	美国	电信	69916	曾长期垄断美国长途和本地电话市场,以重视科研和不断开发新产品见长
8	万宝路(Marlboro)	美国	烟草	67522	公司在全球的品牌推广很成功,但是仍然难免遭受全球禁烟运动和高额税收所带来的威胁
9	中国移动(China Mobile)	中国	移动运营商	57326	虽然依托于中国广阔的市场和政府的垄断经营便利而获得了快速成长,但也面临着中国向全球开放移动通信服务之后的一系列挑战与威胁
10	通用电气(GE)	美国	综合	50318	凭借在中国的投资和对环境保护的推崇,GE业已成为环境友好型的全球品牌

对于一个跨国公司而言,成功的品牌是公司相当重要的资产。国际性品牌包含了各个国家和地区的消费者心目中与产品相关联的广告、商誉、质量、产品体验以及其他有价值的特性。品牌形象是企业识别和战略的核心。有研究表明,品牌的重要性和影响力也会因各地文化价值的不同而不同,产品的某种形象和比喻能够在差异化社会文化背景下帮助其确定个性和民族身份,无论置身何处,身处何时,都会因此而有所反应。如随着麦当劳这一富含美国社会消费文化的快餐品牌在全球各国的扩张和拓展,麦当劳在许多国家已经成为美国和美国文化的象征,喜欢美国社会价值观和文化的消费者会爱屋及乌地常去光顾麦当劳,而讨厌美国的消费者则可能会对麦当劳产生一种反感,虽然他可能也很喜欢麦当劳的汉堡。如1999年美国轰炸中国驻南斯拉夫大使馆之后,许多中国的消费者在抗议美国政府暴行的同时,也自觉抵制象征着美国文化的商品,包括麦当劳。

据估计,目前世界上最有价值的品牌——苹果,价值已超过1500亿美元,并且还在快速增长之中。有学者预测,不少品牌将会变得非常有价值,跨国公司不久将需要在资产负债表中附上"无形资产价值表",从而能够把品牌之类的无形价值包括进去。

一、国际品牌

国际品牌使企业在全世界不同国家的市场上拥有一个统一的形象,在引进与此品牌有关的产品时可以提高效率,节约成本。单一品牌国际延伸策略虽然有利于企业形象的统一,资金技术的集中,减少运营成本,易于被国际市场上的顾客所接受,但是因为单一品牌不利于产品在国际市场上的延伸和扩大,且一荣俱荣,一损俱损,并非所有公司都相信单一全球品牌策略是最好的选择。如本章案例中所描述的,许多企业在国际化扩张过程中,采用双品牌策略取得了巨大的成功,如百思买在加拿大的扩张活动。当然,也有的企业甚至偏向于采用营运成本高、风险大但是既灵活又有利于市场细分的多品牌策略,如宝洁公司,其公司名称并未成为任何一种产品或商标,而是根据市场细分,将产品和市场分为洗发、护肤和口腔等几大类,各以独立的多个品牌为中心在全球进行运作。要问世界上哪个公司的品牌最多,恐怕非宝洁莫属。正是其多品牌的频频出击,使公司在顾客心中树立起实力雄厚的形象。

事实上,同一个品牌在不同的国家也不必相同。除了像柯达和可口可乐之类的在全世界各个国家和地区均使用同一品牌的公司外,其他的跨国公司如雀巢和宝洁等,有一些品牌在全世界销售,也有其他的品牌是针对各个不同国家和地区市场的。

在面临是否将所有品牌国际化问题的公司中,并非所有公司都走同一条路。已经拥有针对不同国家的成功品牌的公司必须权衡国际品牌的好处和失去已成名品牌所带来的益处及危险。国际品牌要想建立与地方名牌所拥有的相同的品牌钟爱程度和市场份额,就必须进行品牌拓展的投入,而这些投入必须小于长期的成本节约和在全世界拥有单一品牌所带来的好处。在国际品牌不为人知的国家和地区市场中,很多公司倾向于收购被当地消费者所熟悉的当地产品品牌,在改换包装后以新的形象重新推出。如2003年欧莱雅收购中国护肤品牌小护士,2004年亚马逊收购卓越,2009年百思买收购中国家电零售品牌五星电器等。

近来,许多研究人员开始关注在全球市场上有时很难处理的品牌延伸问题。具有东方文化背景的消费者也许更能理解品牌延伸问题,原因在于他们具有整体思维的特征,而西方文化背景下的消费者往往呈现分析思维特征。显然,这方面的研究还需要深入。不过,就对品牌延伸的接受度而言,不同文化间的重要差异还是可以辨认的。

众所周知,品牌作用的发挥受到以往的广告和促销手段、产品信誉、产品评价及用户使用情况等众多因素的影响,品牌在国际化过程中,需要特别引起注意的是来自原产地因素的影响。所谓原产地效应(country of origin effect),即产品的设计、制造、装配国等因素对消费者对于产品的积极或消极看法的影响。在全球市场竞争的情况下,许多跨国公司都是在全球范围内布局其产品的研发和生产,因此,当消费者了解到原产地时,消费者出于价值观、个人经历、社会文化背景等因素会对不同产品和国家持有成见,由此也很有可能会影响到产品或品牌在消费者心目中的形象。如消费者可能会对某些国家和某类产品存在笼统而又有些模糊的习惯性观点,认为它们"最优秀",如瑞士钟表、英国红茶、法国香水、中国丝绸、意大利皮革、日本电器、牙买加朗姆酒等。这种习惯性观点一般只限于某类产品而不包括这些国家的其他产品。

在国际市场上,许多消费者对产品的原产地存在成见,其依据是该国是工业化国家还是发展中国家。这些成见与其说与某个国家的具体产品有关,不如说是对某个国家生产产品总体质量的看法。工业化国家通常具有产品质量佳的形象,反之,对发展中国家的产品则一般抱有偏见。具有讽刺意味的是,全世界95%的丝绸出自中国,且中国也以出产最好的丝绸而闻名,但中国同时却又被强加以生产廉价披巾的名声。消费者一旦发现选购的商品上标注着"中国制造",那种使人心甘情愿花费数百美元购买意大利 Bally 牌围巾的诱惑力会顿时减低不少。在俄罗斯,几乎所有的商品都被划分成两类,即"我们的"和"进口的"。俄罗斯人喜欢新鲜的、本地产的食品,但是却又喜欢进口的服装和制造品。凡是希望在俄罗斯国内生产从而赢得消费者信赖的公司都很失望、心情沮丧。消费者对当地产的拍立得相机和飞利浦电熨斗毫无兴趣,但却认为邻国芬兰生产的计算机是优质产品;韩国的电子产品很难让俄罗斯人相信它们和日本货一样好;马来西亚、中国香港特别行政区或泰国生产的产品则更受怀疑;东欧国家生产服装尚可,生产的食品和耐用品则很差。

在许多欠发达国家,其消费倾向往往会认为进口产品比国产货受欢迎,甚至哪怕是在本国生产的进口产品也比国产货好销。在中国市场上,常常会出现一些"出口转内销"的现象,即为了海外市场生产后因为各种原因内销于国内市场的产品大受欢迎,许多消费者直觉上认为这些产品的质量会优于针对国内市场生产的产品。

国际品牌的原产地效应往往还与时尚相关。在改革开放初期的中国,在许多消费者的眼中,一切西洋产品都成为时尚。只要是西洋货,哪怕价格比中国本地产品高出数倍也是供不应求。当然,这样的时尚生命力极短,市场机会比较难以把握,持续一段时间之后便会随着新时尚的出现而烟消云散。

虽然原产地效应并非放之四海而皆准,但是跨国公司在国际化的过程中必须充分认识到原产地效应对产品和品牌形象的影响。当然,并非所有消费者都同等程度地在乎产品的原产地,消费者知识越丰富,对产品的原产地效应就越敏感。不同的消费者群体对原产地效应的认识也不一样,日本消费者比美国消费者对原产地效应显得更为敏感。因此,跨国公司在开发产品和制定国际市场营销战略时,必须充分考虑这些因素,因为除非它能够采取有效的营销策略,克服消费者对某些国家的成见,否则将妨碍产品的成功推广。

国际市场上的消费者对一个国家的产品所抱有的成见可以通过良好的国际市场营销策略来消除。当美国的消费者熟悉了韩国品牌并且有了好的印象后,韩国电子产品的形象在美国市场上就得到了极大的改观。因此,对品牌进行有效宣传、对产品进行适当定位以建立全球品牌形象可以改善消费者对一个国家产品的不良成见。

二、民族品牌和自有品牌

当前,许多国家日益高涨的民族情结对国际品牌的拓展形成了一系列的影响,使得跨国公司在品牌扩张的过程中,不得不进行相应的品牌策略调整。例如在印度,联合利华认为把自己的一些品牌,如 Surf 牌洗衣粉、力士和 Lifebuoy 牌香皂等看成印度本土品牌,对于其在印度市场上的发展极为重要。就像产品的国际化一样,何时让某个品牌国际化比较合适呢?只能视情况而定:凡有可能,则使用全球品牌;凡有必要,则使用民族品牌。越来越多的迹象表明,民族品牌的接受程度随国家或地区的变化而不同,这说明市场细分策略越精密越好。

雀巢公司在国际化过程中兼顾全球品牌和民族品牌的做法,堪称典范。雀巢的全球品牌扩张分为两个部分:在某些市场上,雀巢会收购老牌的民族品牌,并在市场拓展中充分发挥和依赖这些品牌的优势;而在某些没有地方名牌可利用的市场上,雀巢就使用全球品牌。在雀巢的品牌家族里,有7000多个对应于本土市场的当地民族品牌,有学者因此把雀巢描绘成一家品牌当地化、人员地区化和技术全球化的公司。

在国际市场上,零售商拥有的自有品牌(private brand)正在日益壮大,对制造商品牌形成一定程度的挑战。制造商品牌无论是全球性的,还是仅限于一个国家内的,都无法避开这样的挑战。在全球化程度比较高的欧美国家,国内零售商的自有品牌与制造商品牌的对立正愈演愈烈。从食品到电子产品,拥有自有商标的产品充斥着各国的杂货店和许多大型自选商场。在各国市场上,自有品牌正在占领越来越多的市场份额。对于大型连锁零售企业来说,一方面,他们对开发新的产品乐此不疲,另一方面,他们总是把最好的货架和商品陈列位置留给自己的品牌。如拥有420家分店的英国最大的杂货零售商之一的森斯伯瑞大约销售16000种产品,其中8000种是贴有森斯伯瑞商标的商品,森斯伯瑞每年推出1400至1500种拥有自有商标的产品,同时撤掉几百种不受欢迎的产品。其自有品牌Novon牌洗衣粉,在森斯伯瑞连锁店里的销售额甚至超过了宝洁和联合利华等国际顶尖品牌,成为店里的头号畅销洗衣粉。正是这样的自有品牌产品,使得像森斯伯瑞这样的连锁店能够取得并保持较高的利润率。

在发展中国家市场上,包括当今处于改革开放阶段的中国,自有品牌参与国际和本土市场的竞争势必将是一个大的趋势。尤其当目标市场面临经济困难时,来自自有品牌的竞争将是国际品牌的噩梦和可怕的竞争对手。消费者将偏重购买那些便宜的、当地产的商品。自有品牌将占据有利货架,得到强有力的店内促销,给零售商带来高额利润的同时还让消费者感觉价廉物美。与此形成鲜明对照的是,国际制造商品牌通常定价较高,给零售商提供的利润率远远低于零售商从自有品牌中获得的利润率。为了维持国际市场份额,全球品牌必须为海外市场上的消费者提供实实在在的使用价值,其定价也必须具有竞争力,国际市场营销者必须根据海外市场的竞争状况,检视其产品和品牌战略是否得当。

三、品牌国际化延伸策略

品牌国际化是指企业在进行跨国生产经营的活动中推出国际化的品牌,并占领海外市场的过程。即企业在国际市场营销活动中,树立自己的品牌定位形象,达到国际化和全球化的目标。在这个过程中,不仅要充分利用本国的资源条件和市场,还必须利用国外的资源和市场,在别的国家和地区进行投资、生产、组织和策划国际市场营销活动。

许多跨国公司的国际化或全球化总体发展战略基点均是"思考全球化,行动本土化"。即针对全世界市场的普遍性进行相同的标准定位的同时,针对各个国家和地区市场的特殊性进行差异化定位,并在国际市场上进行相应的品牌战略重组和品牌延伸。

品牌延伸策略是指企业将品牌的利益、个性、属性、价值等延伸到新的领域,以期利用主品牌的知名度、美誉度使企业在国际市场竞争中获取优势。与品牌延伸策略相对应的是多品牌战略,即针对多个市场和多个产品建立多个品牌。相比较而言,品牌延伸战略能够比较充分地利用主品牌优势,有利于消费者信任并接受新产品。不过,品牌延伸战略也存在损害主品牌的高品质形象,淡化主品牌,甚至侵蚀主品牌产品市场份额等风险,因此,在选择品牌延伸策略前应全面衡量和考察主品牌在目标国际市场上的可延伸性、延伸产品与主品牌的相似程度、主品牌的品牌资产是否足够雄厚、品牌延伸的营销环境等问题。

品牌延伸策略是许多跨国公司在国际化过程中曾经非常青睐的选择，如通用电气、雀巢、万宝路、索尼及中国的娃哈哈、TCL、海尔和海信等，没有品牌延伸的成功，或许就没有今天这些闻名遐迩的"名牌"了。一般而言，品牌延伸策略的动机在于为主品牌注入许多新的元素，最大限度地利用品牌优势和增加品牌价值，把握国际市场机会，快速切入海外市场，吸引更多新的顾客，占领更多的海外细分市场，增强企业的国际市场竞争力，等等。

本章案例

百思买的在华双品牌战略①

2006年6月，美国最大的消费电子产品零售商百思买有限公司成功收购了中国第三大家用电器和消费电子产品零售商江苏五星电器的多数股份。

2002年，在加拿大成功启动和运营双品牌战略的百思买国际部门高级副总裁John Noble于2006年受任来到中国。在加拿大运行良好的双品牌战略能否在中国奏效？如何在中国成功实施双品牌策略？一系列问题摆在了他的面前。

一、背景

2000年12月，在百思买决定走出本国市场的时候，他们选择了邻国加拿大作为迈向国际的第一步。加拿大的消费电子产品市场较为分散，只有Future Shop一枝独秀。百思买一开始准备在加拿大多个城市开设自有门店，直接与Future Shop竞争。百思买的目标是开设120家门店，以便与Future Shop的95家门店展开竞争。

2001年8月，两家公司的创始人进行了三周的会晤，并最终决定："与其互相竞争，不如携手合作"②。2002年1月，百思买收购Future Shop全部股份。在整合方面，百思买选择了双品牌战略③，并取得了成功。

二、百思买

以"在技术与生活的交点迎接每一位顾客"为愿景的百思买，将"在零售环境中融汇技术与消费者，致力于向消费者介绍技术与娱乐的功能及优点，并实现整体利润最大化"作为自己的核心战略。百思买产品销售价格在中到中高之间。

2006年，美国消费电子产品市场总额约为1520亿美元，百思买的份额约占1/5。从全球来看，消费电子产品市场年均增长率为10%，2009年市场总额达到7000亿美元。百思买在美国市场每年的增速则达到15%—20%，为保持两位数的年增长速度，百思买将国际扩张视为新的契机。

1. 历史

1966年，Richard Schulze创办了百思买公司，主要从供应商处采购音响元件进行零售。1983年，百思买转入超市模式，开始进军大型零售市场，并启用了黄色的百思买标

---

① 本案例摘编改写自加拿大毅伟商学院案例"Best But INC.- Dual Branding in China"，该案例由R. Chandrasekhar在Niraj Dawar教授的指导下编写，并收录于毅伟商学院案例库，特此说明并致谢。
② 资料来源：《百思买5.8亿美元收购Future Shop》，www.cbc.ca，2012年8月14日访问。
③ 即同一法人实体下的两个品牌在同一市场参与竞争。

志。考虑到消费者有能力自行选购商品,且乐于在方便消费者的环境中购物,顺应这一趋势,百思买在三个方面进一步完善了自己的零售方式:引入自助服务、销售员工(被称为"蓝衬衫")固定工资代替提成以及将门店格局改为折扣店风格。1996年,百思买超过Circuit City,成为全美最大的CE零售商,并一直保持至今。

2. 创新

长期以来,许多制造商一直认为高压力、激励性和结果驱动方式是在渠道中促销的必要手段。百思买发现顾客很喜欢、也很在意购物过程中与销售员工轻松随意交流的感觉,就创造性地取消了销售员工佣金而代之以固定工资,有效解除了销售员工对于交易达成的迫切性。另外,百思买及时发现了数字设备和家庭网络日益复杂的趋势,开启了向家庭及小企业提供必要技术服务的商机。据估计,该市场仅在美国每年的价值就超过200亿美元。2005年,百思买旗下所有门店均已配备技术人员,为百思买提供了一个相对于沃尔玛等竞争对手来说是优势的手段,因为后者并不能为消费电子产品的销售提供服务支持。

3. 集中

百思买将年轻、受教育程度高、中等以上收入、注重效率和乐趣的技术爱好者视为核心客户。20世纪90年代末,百思买建立了一个标准运营平台(SOP),以确保各连锁店的一致性和规章制度的执行。在拥有完善制度和程序的基础上,百思买于2001年开始尝试实施"集中"理念,即对确认创造大部分收益的顾客进行细分,重新调整专卖店以迎合这一部分客户的需求,授权门店销售员工引导顾客购买更多产品和服务。"集中"理念的本质是对顾客的洞察,旨在鼓励员工创新,营造更佳的客户体验,目的在于促使客户参与,促进客户光顾。

4. 门店运营

百思买的门店运营主要划归三大部门。每个部门由高级副总裁负责监管,旗下分成若干个大区,大区经理负责管理该大区下的若干小区。小区经理负责监控门店运营。广告、定价和库存等政策的制定和实施皆由百思买总部负责。

5. 竞争对手

百思买的主要竞争对手是大型零售企业,如沃尔玛和Costco。这些竞争对手会定期扩大其消费电子产品的消费规模,特别是针对比较容易销售、安装和操作的产品。另外,某些制造商利用自己建设的电子商务平台进行的网络销售之类的现代销售渠道也成为有力的竞争对手,工厂直销的市场份额也在不断上升,家庭装潢零售商也开始涉足家用电子产品市场等。

三、加拿大双品牌战略

百思买在加拿大实施双品牌战略并取得成功堪称全球消费电子产品市场中的奇迹。百思买在加拿大实施双品牌战略的原因有四个方面:第一,加拿大消费电子产品市场较为分散,Future Shop一枝独秀,但份额也只占到全国总额的15%。百思买认为,加拿大市场还有容纳第二个品牌的空间。第二,百思买在考虑收购Future Shop前,曾精心选择租下了多处物业以准备在加拿大市场上与Future Shop展开直接的竞争。第三,将Future Shop的门店改造成百思买的门店需要时间,门店重新设计和员工过渡尤其如此,必然会有一段时间需要对两个品牌进行独立管理。第四,Future Shop在加拿大是一个久负盛名的、未提示知名度高达95%的成功品牌,而百思买当时在加拿大几乎是默默无闻。

但是,双品牌战略也有其不利之处:首先是可能出现的品牌替换问题,即不是百思买蚕食Future Shop的市场份额就是Future Shop吞掉百思买,特别是当双方门店距离又很近的时候。其次是公司要在加拿大管理和运营两个不同品牌,在管理和营销投入方面也会被一分为二,人员配置重复,广告支出的效果也会受到影响。

两个品牌的管理由新成立的百思买加拿大有限公司负责。虽然百思买和Future Shop在争夺市场份额上成绩斐然,但两个品牌的定位却并不相同。标识为黄色价格标签的百思买,继续通过开架式贩卖提供"即取即买"选择,使顾客能够自行或在无压力(非佣金型)"蓝衬衫"产品专员的帮助下选择商品;Future Shop则继续推行在加拿大闻名遐迩的个性化客户服务。

运营数据显示,双品牌战略在加拿大取得了良好的效果。例如,2001年度,Future Shop米西索加店销售额为4000万美元;2002年度,即收购后一年,该店销售额为3800万美元。品牌替换影响被降至最低,因为一街之隔的百思买门店,同期销售额为3000万美元。整体而言,百思买公司在加拿大的市场占有率已经达到34%。在某些地方,百思买与邻近的Future Shop甚至一起成为购物目的地。在加拿大顾客看来,这两个品牌各有其特点,无法互相替代,在持有Future Shop信用卡的顾客中,只有很少一部分人申请了百思买的信用卡。

既然百思买能够借助于双品牌策略进入加拿大的新市场并完成销售目标,百思买的董事会就愿意支持加拿大的双品牌战略,并在与中国五星电器的谈判中,基于同样的预期,董事会也表示愿意支持中国区采取类似战略。

四、进入中国

自改革开放以来,拥有13亿消费者的中国市场就成为国外投资者关注的焦点。尤其是进入21世纪以来,中国经济开始由过去的投资主导型向消费主导型增长模式转变。据麦肯锡全球研究院预测,中国将在2025年前成为全球第三大消费市场。

百思买对中国市场的兴趣始于中国的制造业基地。2003年9月,百思买在中国上海成立采购办公室。百思买计划对美国现有的450家门店和加拿大的127家门店进行扩张,最终实现北美门店数量超过1200家的长远目标。上海采购办公室的成立,为这一计划的实现提供了支持。百思买将其视作降低销货成本、提高产品毛利率的手段。同时还希望通过它采购亚洲地区自有品牌来填补自己的产品空白。Noble说:"选择中国作为百思买国际扩张的第二个市场,是考虑到整体市场机遇、消费基础和宏观经济等因素的"。

中国消费电子产品零售市场比较分散,前五强的市场份额总和只有不到20%。截至目前,百思买是第一家、也是唯一一家进入中国消费电子产品市场零售终端的跨国企业。对于百思买而言,中国消费电子产品零售市场的格局无疑太过复杂。价格战横行,产能严重过剩,利润被压缩至不足3%,列全球倒数第一。消费电子产品零售商的合作与兼并不断发生,国美电器收购了永乐电器和大中电器,百思买也于2006年4月成功收购了五星电器。

中国消费电子产品市场具有某些独特的地方。如零售店中近2/3的销售员工由供应商支付工资,零售商的毛利常被低估,退税和入场费等"其他收入"的增长速度往往高于销售额的增长速度。

1. 购买者行为

2004年,中国约有3600万城镇人口,人均年可支配收入超过2.5万元(约3000美元),中国每年约有2000万人(相当于澳大利亚总人口)达到法定成年年龄,这就意味着随之而来的市场数以千万计。① 中国消费者喜欢捂紧自己的钱包,2006年,中国的储蓄率为家庭月收入的28%,而加拿大仅为2%。2008年,中国消费者还未习惯信用消费的概念,城市家庭持有信用卡的比例不足4%,只有6%的信用卡持卡人能够保持信用平衡。②

中国消费者对产品功能特点的关注明显高于品牌形象。一方面,中国消费者同样会被品牌吸引,但另一方面,销售人员对消费者的购买决定影响也很大。此外,消费者常常会被促销所吸引,在最后一分钟改弦更张。由于中国消费者具有较强的民族自豪感,看起来比较洋化的跨国企业也可能会因此而损失部分潜在消费者。③

2. 增长中心

在中国,不同层次的城市,基础设施、渠道和消费者的可支配收入可能有天壤之别。跨国公司在进军各线城市市场时,必须考虑到地区之间的差异,需要对各线城市进行评估,综合考虑各城市的大小、发展程度、消费习惯、态度、可支配收入以及企业自身所能提供的产品。相对于一线城市的竞争日益激烈,二、三线城市的增长机遇可能较好,竞争较少,利润甚至可能更高,但随之而来的风险是更长的盈亏平衡点,因为二、三线城市的收入水平更低,销售额也会相应较低。另外,中国的城市土地征用困难、审批程序繁复冗长、当地供应商和零售商"关系"密切以及顾客的偏好等因素也使得跨国企业要站稳脚跟并不容易。

五、主要竞争对手

被百思买收购前,五星电器的主要竞争对手是国美和苏宁。虽然2005年市场前五强(国美、苏宁、五星和另外两家)的市场占有率总和不到20%,但国美和苏宁在空调等家电产品中的份额之和却高达70%。

1. 国美集团

国美集团拥有两家公司,即国美电器和北京国美(未上市)。1993年,国美首家门店在北京开张。到2005年,国美集团在全国132个城市的门店数量已达到437家(其中263家属于上市公司),拥有中国所有家用电器零售商中最完善的经销网络。除华东市场外,国美集团在其他所有地区市场(东北、华北、西北、西南和华南)均保持领先优势。国美是中国最大的消费电子产品零售商,在收购永乐之前市场占有率为6%。

国美发家依靠的是提供最低价格的超市型门店,打破了传统商业模式的差异化战略,帮助国美脱颖而出,国美直接与大品牌制造商进行交易,在各个消费电子产品类别中引入最强品牌。同时,与注重售后服务的行业惯例所不同的是,国美也开始专注于售前服务,向客户提供品牌选择的建议。

国美集团目前正计划大举进军二线城市。这不仅是因为二线城市经济规模扩大,更易争取客户,还因为作为一名先行者,国美能够因为创造大量就业机会而得到比较优惠的

---

① 参见 Andrew Grant:《中国新消费者》,载《麦肯锡季刊》(特别版)2006年6月,第1页。
② 参见 Claudia Suessmeth-Dykerhoff 等:《向中国新传统主义者推销》,载《远东经济观察》2008年4月,第29页。
③ 参见 Kevin P. Lane 等:《在华品牌塑造》,载《麦肯锡季刊》(特别版)2006年6月,第39页。

税收政策,而后来者就很难享受到与捷足先登者相同的待遇。

2. 苏宁电器

在不到 10 年时间里,苏宁就从一家地区型空调零售商发展成为遍布全国的消费电子产品零售连锁店。基于顾客导向的成功转型,苏宁正在急剧扩张,2006 年底,其在全国 61 个城市拥有 224 家门店,其中半数以上是 2005 年新增的,开业时间 2 年以上的门店仅占苏宁门店总数的 25%。与国美一样,较高的新门店比例、快速扩张政策和进军富裕程度较低的二线城市,导致苏宁门店的生产率低下。

苏宁门店共分三种类型:旗舰店、中心店和社区店,格局完全相同,区别只在于大小和产品种类。旗舰店只开设在大城市或地区总部,规模最大,产品齐全。中心店数量最多。苏宁主要通过两种方式来实现差异化。首先针对 3C(计算机、通信和消费电子产品)客户群体需求调整产品类别。同时,将服务作为其重要竞争优势,共建立了 15 个地区配送中心,30 个客户服务中心和 500 家自有服务站,以强调服务也是苏宁的重要产品。

3. 五星电器

1998 年,五星在江苏省南京市诞生。被百思买收购前,五星是中国第三大消费电子产品连锁店,共有 135 家门店,大多分布在增速迅猛的二线城市。在中国的 34 个省市中,五星的业务范围覆盖了其中 8 个。2005 年其营业收入达到 7 亿美元,与 2004 年相比增长了 50%。五星电器曾希望进行国际扩张,但因为官方迟迟不批准海外上市计划而未能如愿。在百思买透露出希望对该公司进行投资的意愿后,五星电器将该公司 75% 的股份卖给了百思买。

六、Noble 面临的问题

现在,Noble 考虑的是,在加拿大市场获得成功的双品牌战略是否能够放之四海而皆准。是否有一定的固定模式,只需稍作调整即可用于任何新市场?如果有,那么这种固定模式又是什么模式?对于在华双品牌战略,Noble 需要考虑是否能取得与加拿大同样出色的成绩。他必须确定在中国实施双品牌战略的方法。从更大范围来看,他还必须考虑是否可能有朝一日将双品牌战略纳入百思买在国际市场的核心竞争战略体系,并将其用于推动美国本土业务市场的转型。

$\boxed{\text{案例思考题}}$

1. 何谓双品牌战略?
2. 百思买基于加拿大双品牌战略扩张的经验是什么?
3. 百思买中国与百思买加拿大有何异同?
4. 双品牌战略可以作为百思买全球扩张的核心竞争优势吗?

$\boxed{\text{本章小结}}$

产品和品牌是国际市场营销战略方案中最重要的组成部分。国际市场营销者所面对的挑战是为他们的公司制定一个前后一致的产品和品牌战略。产品可以视为共同为购买者或使用者提供好处的有形和无形属性的集合体。品牌在消费者的心目中是形象与经历的复合物。在多数国家,当地品牌会与国际品牌和全球品牌相竞争。全球产品适合全球市场的要求与需要。全球品牌则在世界各地都使用同样的名称,具有相同的形象和定位。许多全球性公司运用(复合)梯次品牌、联合品牌和品牌延伸战略,以充分利用有利的品牌形象和高贵的品牌资产。

市场的日益全球化导致产品的标准化,但是与此同时,必须不断评估各个市场,找出彼此之间的差距,以便对产品和品牌根据目标市场的需要作出适当改进,从而能够更快地被市场所成功接受。必须从产品即将接触的各个文化的角度来看待每一种产品。一种文化中已经成熟的产品也许会被另一文化看成新产品,理解这一点对制定国外营销战略计划和消费品开发至关重要。

重点概念

保护主义	跨国界信息流动的限制	知识产权保护
社会文化差异	全新产品	革新新产品
改良新产品	仿制新产品	产品标准化策略
产品差异化策略	国际品牌	民族品牌
自有品牌	原产地效应	品牌国际化延伸策略
国际品牌定位		

复习思考题

1. 简述国际化产品的整体概念层次。
2. 简述国际市场产品与服务的跨文化适应。
3. 产品在一个新的国际市场上扩散的速度会受哪些因素的影响?
4. 哪些创新特征有助于确定新的市场对产品的接受时间?
5. 简述国际市场新产品开发策略。
6. 论述新产品开发水平将决定一个企业在国际市场上的竞争力。
7. 影响新产品在国际市场上被接受和普及的因素有哪些?
8. 简述标准化产品策略的规模效应。
9. 跨国公司倾向于采用产品标准化策略的原因是什么?
10. 跨国公司倾向于采用产品差异化策略的原因是什么?
11. 影响产品标准化策略和差异化策略选择的因素有哪些?
12. 如何实现国际市场产品标准化和差异化策略的选择与融合?
13. 简述国际品牌在国际市场营销活动中的重要性。
14. 简述品牌的国际化延伸策略。
15. 如何理解"思考全球化,行动本土化"?
16. 试列举几个全球品牌,分析其全球化过程中的得与失。

参考文献及进一步阅读材料

1. 〔美〕菲利普等:《国际市场营销学》,周祖城等译,机械工业出版社2005年版。
2. 〔美〕津科特等:《国际市场营销学》,曾伏娥等译,电子工业出版社2007年版。
3. 〔美〕凯勒:《战略品牌管理》(第3版)(英文版),中国人民大学出版社2010年版。
4. 〔美〕科特勒等:《市场营销原理(亚洲版)》,何志毅等译,机械工业出版社2006年版。
5. 〔美〕科特勒:《现代营销学之父菲利普科特勒经典译丛:市场营销》,俞利军译,华夏出版社2003年版。
6. 〔美〕拉斯库:《国际市场营销学》,马连福等译,机械工业出版社2010年版。
7. 〔美〕托马斯·弗里德曼:《世界是平的——21世纪简史》,何帆等译,湖南科学技术出版社2006年版。
8. 李穗豫等编著:《中国本土市场营销精选案例与分析》,广东经济出版社2006年版。
9. 叶生洪等主编:《市场营销经典案例与解读》,暨南大学出版社2006年版。
10. 袁晓莉、雷银生主编:《国际市场营销学》,清华大学出版社2007年版。

第十二章 国际市场营销进出口与渠道策略

本章学习内容

- 进出口管制与国际市场营销支付
- 国际市场实体分销体系和物流管理
- 国际市场分销渠道结构和模式的选择
- 国际市场分销渠道的选择、激励和控制
- 国际市场营销渠道战略目标及渠道选择的影响因素
- 基于互联网的国际市场营销渠道

引例

世界防范"中国制造"渐成趋势[①]

近来,世界各国为防范"中国制造",欲将中国产品拒之门外的趋势已经渐渐形成。美欧等国借助于更为严格的标准,而新兴市场国家则倾向于上调关税。

美国和欧洲加强了对家具和玩具安全标准的管理,阿根廷则大幅强化对进口轮胎和聚酯制品的进口限制。由于中国上述类别产品的国际市场占有率较高,各国加强管理必然会影响中国产品的出口。各国一直对中国制造的产品席卷国际市场抱有强烈的防范意识,这种保护主义的做法必然引发更多的摩擦。

美国在2011年8月中旬将玩具含铅量上限值下调至以往的1/3。欧盟进口的玩具90%来自中国,其出台的新《玩具安全指令》对玩具的重金属含量制订了更严格的标准。美国2011年7月对家具等木制产品的黏合剂和涂料的化学物质含量进行了更为严格的限制。中国广东省是制造和出口家具的主要基地,美国出台新标准后,广东省当月对美国出口额同比减少了15.4%,这是自2009年9月以来出现的最大幅度下跌。2010年,中国有31.7%的出口企业受到国外技术性贸易措施不同程度的影响,全年出口贸易直接损失582亿美元,相当于同期出口额的3.7%,因变更原材料和加强检查力度造成的企业新增成本为244亿美元。中国出口损失额的60%以上因欧美政策变更所致,如今欧美国家进行更为严厉的管制,必然会导致中国企业损失额进一步增加。

新兴市场国家则纷纷采取增加关税等抑制中国产品进口的措施。如阿根廷大幅度提高进口轮胎和聚酯制品的参考价格,强化对这两类产品的进口限制,提价幅度约30%—38%,阿根廷政府按照新标准对报关价格低于参考价格的进口产品征收关税;印度对中国玻璃制品实施反倾销税;巴西宣布上调包括瓷砖、自行车和分体空调等多种来自中国的产品的进口关税,由原来的15%—20%上调至35%;等等。

[①] 资料来源:《各国抑制中国产品进口》,载《日本经济新闻》2011年9月21日。

> **热身思考**
>
> 各国调整政策以抑制"中国制造"产品进口的根源是什么?

第一节 国际市场营销进出口相关问题

无论公司大小,也无论是在某一个国家做生意,还是在全球范围内经营,出口都是国际化经营过程中不可分割的一部分。在一国境内为他国制造的产品必须跨越国境,才能进入目标市场的分销体系。无论是离境(出口)还是入境(进口),大多数国家都对商品的跨境移动实施管制。主权国家之间阻碍商品自由流转的进出口单证、关税、配额及其他壁垒是进口商或出口商(或双方)所不得不考虑的要素。除了选择目标市场、设计适当的产品、确定价格、策划促销活动、选择分销渠道之外,国际市场营销者还必须遵守把商品从一国运送到另一国所涉及的法律方面的要求。

各个国家出于多种原因对进出口商品施以多种形式的管制和限制,国际市场营销者在从本国获得出口许可证的同时,还要确保潜在的客户能够获得必不可少的进口许可证。

一、出口管制

出口管制是指在一些国家,为了达到一定的政治、军事和经济目的,对某些商品,特别是战略物资与先进技术资料,实行限制出口或禁止出口。国际市场营销者必须确保不违反本国的出口管理条例。

出口管制(export regulations)一方面是出于政治与军事目的,即通过限制或禁止某些可能增强其他国家军事实力的物资,特别是战略物资的对外出口,来维护本国或国家集团的政治利益与安全,控制战略性物资流入现有或潜在敌对国家或地区。另一方面是出于经济目的,即可以限制某些短缺物资的外流,保护稀有资源以首先满足本国市场的消费需要。

实行出口管制的商品一般有以下几类:

(1)战略物资和先进技术资料。对这类商品实行出口管制,主要是从"国家安全"和"军事防务"的需要出发,以及从保持科技领先地位和经济优势的需要考虑。

(2)国内生产和生活紧缺的物资。其目的是保证国内生产和生活需要,稳定国内市场。如西方各国往往对石油、煤炭等能源商品实行出口管制。

(3)需要"自动"限制出口的商品。这是为了缓和与进口国的贸易摩擦,在进口国的要求下或迫于对方的压力,不得不对某些具有很强国际竞争力的商品实行出口管制。如在20世纪80年代末期,日本因应美国的要求而对出口美国的日本汽车进行数量限制。

(4)历史文物和艺术珍品。这是出于保护本国文化艺术遗产和弘扬民族精神的目的而采取的出口管制措施。

(5)在国际市场上占主导地位的重要商品。对这类商品的出口管制,目的是稳定国际市场价格,保证正常的经济收入。比如,欧佩克(OPEC)对成员国的石油产量和出口量进行控制,以稳定石油价格。

出口管制主要有单边出口管制和多边出口管制两种形式。

1. 单边出口管制

单边出口管制是指一国根据本国的出口管制法律,设立专门的执行机构,对本国某些商品的出口进行审批和发放许可证。单边出口管制完全由一国自主决定,不对他国承担义务与责任。

2. 多边出口管制。多边出口管制是指几个国家的政府通过一定的方式建立国际性的多边出口管制机构,商讨和编制多边出口管制的清单,规定出口管制的办法,以协调彼此的出口管制政策与措施,达到共同的政治与经济目的。1949年11月成立的输出管制统筹委员会即巴黎统筹委员会,也称巴统组织,就是一个典型的国际性的多边出口管制机构。

一国控制出口的方式有很多种,如采用出口商品国家专营、征收高额的出口关税、实行出口配额等,出口管制最常见和最有效的手段是出口许可制度。出口许可证分为一般许可证和特殊许可证。一般许可证也称为普通许可证,相对而言比较容易取得,出口商无须向有关机构专门申请,只要在出口报关单上填写这类商品的普通许可证编号,经过海关核实后即可办理出口许可证手续。特殊许可证是指必须向有关机构申请以出口属于特种许可范围的商品。国际市场营销者在获得批准后方能出口,如不予批准就禁止出口。

出口管制既是国家管理对外贸易的一种经济手段,也是对外实行差别待遇和歧视政策的政治工具。按照出口许可条例的规定,首先,出口商负责选择出口商品的对应分类号,根据出口管制分类号在出口商品控制目录中找到相应的描述,了解该商品是否可供出口;其次,出口商必须按照商品控制目录,确定该商品是否存在最终用途限制;最后,无论最初的买主是谁,出口商都有责任弄清楚谁是最终客户及产品的最终用途,这就要求出口商仔细筛选他们出口的产品的最终用户和最终用途,搞清楚产品最终是否落入未经批准的使用者手中,或者被用于未经批准的用途。

二、进口管制

实施进口管制(import regulations)的目的是保护健康、节约外汇、经济制裁或报复、保护国内产业或者增加关税收入。国际市场营销者不仅要核查本国的出口限制规定,而且还应明晰进口国的进口限制规定。

除了进口关税以外,其他常见的贸易壁垒包括:进口许可证、配额以及其他数量性限制;针对进口付款的货币限制和不利的差别汇率;贬值;高额进口押金、禁止托收销售以及坚持使用现汇信用证;故意缩短申请进口许可证的时间;工作过于繁重的官员因承受的压力过大或者竞争对手对政府官员施加影响所造成的延误等。

在欧盟从事贸易时,国际市场营销者仍然会遭遇至今尚未被消除的形形色色的市场壁垒,其中,最麻烦的壁垒包括行政性障碍、过境时的拖延和资本管制,如法国政府要求所有的日本录像机只能在某一个港口上岸报关,而该港口只安排一名检验人员负责这项工作,这样就导致每天只有10到12台录像机能进入法国。一般而言,这类壁垒正在遭遇挑战,最终将会减少。随着欧盟成为单一市场,成员国之间所存在的很多壁垒都已经或正在被取消,单一欧洲市场使成员国之间以及成员国与外部之间的贸易更加便利。

除了关税之外,最常遇到的进口管制有换汇许可证、配额、进口许可证等非关税壁垒(NTB)。

1. 关税

关税是对从另一国进口的商品所征收的税收。所有国家都征收关税,目的在于筹集资金并保护本国产业免受外国生产的商品的冲击。关税税率可按商品价值、商品数量或按价值和数量的某种组合进行确定,包括从价税①、从量税②和混合税③。

2. 换汇许可证

对国际市场营销者来说,比较麻烦的是一些国家对货币流通所实施的外汇管制。一般说来,外汇管制可以适用于一切商品,但一个国家也可以实施依据进口商品种类的复汇率制,对非常重要的产品实行优惠汇率,对不太重要的产品或者奢侈品实行不太有利的汇率。

3. 配额

对某一时期某些商品的进口数量的配额限制可以适用于从特定的国家进口,也可以适用于一切进口。设定配额的最重要的原因是保护本国产业和维持外汇储备。

4. 进口许可证

作为控制进口的手段,配额和进口许可证之间的根本差别在于进口许可证比配额具有更大的灵活性。配额允许在一定额度内一直进口,直到配额用完为止。而许可证则按次控制进口数量。

5. 标准

健康标准、安全标准和产品质量标准都是保护消费者所必不可少的。遗憾的是,标准也可以用来拖延或者限制进口,使得国际市场营销者必须付出额外的时间和成本从而成为事实上的进口限制。

6. 抵制

抵制是限制性最强的非关税壁垒。跨国公司和国际市场营销者必须支持政府所实行的抵制政策,同时公司如果参加未经批准的抵制活动也可能会因为违反抵制法而被处以罚款。

7. 自愿限制

形形色色的外国限制不胜枚举,如自 20 世纪 90 年代以来,美国政府一直与日本的钢铁和汽车公司有"自愿"出口限制协议,以削减和控制其在美国市场的销售。如果日本不能"自愿"地将其对美国的汽车或钢铁出口限制在双方商定的额度内,那么美国可能会施加包括附加进口税在内的更加严厉的限制。在这种隐含的威胁下,日本被迫接受了这些"自愿"协议。

三、国际进出口贸易支付

在国际市场营销中,无疑会面临相对国内市场营销而言的额外风险,从而使得国际市

---

① 即按进口商品的一定价值征收一定百分比的税。
② 即按进口商品的单位重量或其他衡量方法征收一定的税。
③ 指对特定商品按从价和从量两种方法征税,即按重量征税后,再按价格的一定比例进行征收。

场营销活动变得更加复杂,如因对海外客户信用状况不够了解而带来的风险,外汇管制、距离遥远和不同的法律制度所造成的问题,以及追索海外欠款的成本和困难等都要求对进出口支付制度予以关注。

无论是进口还是出口,最常用的支付方式是信用证,只有在信用风险最大或者不履行交易合同将导致重大损失时才会要求现金支付。除了现金支付以外,国际市场营销者还有多种支付方式可以进行选择,包括信用证、跟单托收、赊账和福费庭等。

1. 预付现金

预付现金的方式即商品在运送之前,进口商就先向出口商支付全部货款。这种付款方式通常用于那些小额订单。预付现金对于出口企业来说是一种极为安全的做法,但对于进口企业来说,风险系数就比较大。买卖双方采用预付货款的做法主要是出于对进口商的不信任,或交易的商品在市场上比较抢手,所以需要预先缴纳一笔款项作为担保。这种预付货款的方式使进口商处于弱势地位,不仅占用了自己的资金,而且还面临着出口商违约的风险。

2. 信用证

信用证是目前国际市场营销活动中使用最为广泛的一种支付方式。由于它以银行信用为保证,以银行独立性的付款责任为基础,因此同以商业信用为基础的汇款和托收方式比起来,对买卖双方更具安全性和可靠性,解决了远隔重洋的国际市场买卖双方之间互不信任的问题。目前,大多数国际市场营销活动中,其支付都是通过由买方开出以卖方为受益人的出口信用证(letter of credit)的方式进行操作。信用证将买方的信用风险有效转移给了开立信用证的银行。这种方法对卖方的保护仅次于预付现金的交易方式。如图12-1所示,以一家中国企业利用经中国银行保兑的不可撤销信用证为例,典型的国际信用证支付程序包括如下几个步骤:

(1) 中国的卖方和外国的买方之间达成销售条件和销售协议。

(2) 外国买方向外国银行申请开立信用证。

(3) 买方银行开立不可撤销信用证(含全部说明),并将不可撤销信用证寄给中国银行,要求保兑。

(4) 中国银行准备好保兑函和信用证,并寄给出口的中国卖方。

(5) 中国卖方审查信用证。如果接受信用证,则安排货运公司将货物运送到指定的装运港。

(6) 装货发运。

(7) 在装运的同时,承运商完成必要的单证,并将单证寄送给中国卖方。

(8) 中国卖方将标有完全相符的单证递交中国银行。

(9) 中国银行审核单证。如单证准确无误,银行就按销售金额向中国卖方开立支票。

(10) 中国银行将单证寄给外国银行以供审核。

(11) 如单证准确无误,外国银行再将单证寄送给外国买方。

(12) 外国买方向海关提交单证,申报货物。

(13) 外国买方得到货物。

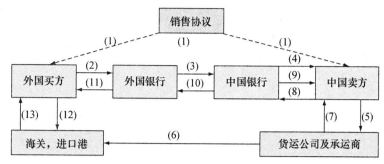

图 12-1 国际信用证交易支付程序

一般情况下,信用证分为可撤销信用证和不可撤销信用证两种。不可撤销信用证是指一旦卖方接受了信用证,那么未经卖方允许,买方不得对信用证作任何改动。在信用证交易过程中,卖方必须严格履行信用证规定的所有相关条款后,才能得到支付。因为信用证的条款和事项都必须准确无误,所以对出口商来说仔细审查信用证的条款、确保备齐并正确填写所有必要的单证就非常重要。一旦单证不符将会导致信用证议付的延误。一般情况下,单证不符包括以下五种情况:

(1) 保险单不符,如险别不够,没有背书或倒签,签发日期晚于提单;

(2) 提单不符,包括提单上缺少"已装船"背书或承运人签字,漏掉某一背书,或没有明确运费已付;

(3) 信用证不符,如信用证已过了有效期、发票的金额超出了信用证上的金额、信用证包含未经批准的费用或者离谱的费用;

(4) 发票不符,如未签字或没有按信用证要求注明装运条款;

(5) 其他如单证丢失、失效或不准确。

由于信用证独立于国际市场营销合同、开证行承担付款责任以及银行"管单不管货"等特点,加之国际信用证程序的相对复杂性和信息不对称等原因,使得信用证交易中的不确定性因素明显增多,在促进国际市场营销活动的同时,也为国际诈骗分子提供了可乘之机,成为国际诈骗分子和团伙从事国际诈骗活动的主要工具之一,给国际市场营销活动的开展带来了极大的风险和挑战。

3. 跟单托收

出口商如要在收款之前或获得付款承诺前保留对货物的控制权,可选择使用跟单托收的支付方式。托收(collection)是债权人(出口方)委托银行向债务人(进口方)收取货款的一种结算方式。其基本做法是出口方先行发货,然后备齐包括运输单据(通常是海运提单)在内的货运单据并开出汇票(bills of exchange),把全套跟单汇票交出口地银行(托收行),委托其通过进口地的分行或代理行(代收行)向进口方收取货款。

根据是否随附货运单据,托收方式可以分为跟单托收和光票托收。国际市场营销活动中常用的多为跟单托收,跟单托收有付款交单和承兑交单两种交单方式,其中,付款交单是指出口方在委托银行收款时,要求银行只有在付款人(进口方)付清货款时,才能向其交出货运单据,即交单以付款为条件;承兑交单是指出口方发运货物后开具远期汇票,连同货运单据委托银行办理托收,并明确指示银行,进口人在汇票上承兑后即可领取全套货运单据,待汇票到期日再付清货款。托收的方式对买方比较有利,相对费用低,风险小,资金负担小,甚至可以取得卖方的资金融通。

4. 赊账交易

在国际市场营销活动中,一般不进行赊账销售,除非进口方是具有良好信誉的老客户或者是出口商的海外分公司。顾名思义,赊账交易的方式就是卖方直接送货给买方,先发出发票及其他货运单据,以后再结账。显而易见,赊账使得卖方面临国际市场的种种风险。在下列情况下,建议不要采用赊账销售:按惯例通常使用其他支付方式的交易;订购的是特殊商品;运输危险较大;进口国实行严格的外汇管制;进口国政局动荡不稳等。

5. 福费庭(Forfaiting)

如果卖方不能提供长期融资,那么客户会因为货币不可兑换或者缺乏现金等原因而放弃交易。除非公司有大量的现金储备,能够为客户提供融资,否则将面临失去交易和客户的风险,因此就出现了福费庭这样一种支付方式。"福费庭"一词来源于法语 forfait,表示放弃权利和放弃追索权利。福费庭在国际市场营销中是指"为出口商提供一种贴现融资",在这种融资方式下,卖方与银行或者其他金融机构进行一次性的安排,让他们承担收取应收账款的责任。虽然出口商向买方提供的是长期融资,但是出口商计划通过贴现出售其应收账款,以获取现金。金融机构无追索地买入债权,通常是期票、信用证或者汇票等,出口商支付贴现成本后,可以无风险地立即收到货款。一旦出口商卖出债券,金融机构就承担起收取进口商付款的风险,包括进口国可能出现的政治风险。

福费庭和保理类似,但是并不完全相同。在保理交易中,公司和金融机构有一种持续性关系,但是在福费庭交易中,卖方与金融机构进行的是一次性安排,由银行买入某一具体的应收账款。

四、特惠关税区

为了促进进出口活动,许多国家在其境内设立了特惠关税区(customs-privileged facilities),即在离开该地区之前,商品进口及其存储或加工不受关税和配额限制影响的区域。对外贸易区和保税区都是很多国家用来促进对外贸易的特惠关税区。

1. 对外贸易区

随着贸易自由化在非洲、拉丁美洲和亚洲的发展,设立对外贸易区(foreign-trade zones)的国家越来越多。不管东道国如何,大多数对外贸易区的作用基本相同。如在美国,对外贸易区的服务已扩展到成千上万家从事与国际贸易有关的、从销售到组装和制造活动的公司。受美国关税和配额限制的商品可以运往对外贸易区储存或者进行重新包装、清洗和挑选分拣等加工,然后进入美国或者转口贸易到其他国家。甚至受美国配额限制的商品也可以储存在对外贸易区内,等到配额一旦放开,那么该商品就可以立即运进美国市场。

在对外贸易区内,也可以对受配额限制的商品进行实质性的改变,变成不受配额限制的商品,然后运进国内而不受配额限制。在商品进口到国内并用于国内生产制造后再被出口的情况下,进口商或出口商可以免交部分的外国产品进口税,并简化了申请"退税"(drawback)的烦琐手续。通过利用对外贸易区,公司所获得的其他好处包括:因为对外贸易有着严密的安全措施,所以可以减低保险费用;因为关税可以延迟到离开贸易区时再交纳,所以可以有更多的流动资金;当配额已用完或者等待理想的市场条件时,可以在区内储存产品;因为被拒绝接收的、破损或破碎的商品或原料不需纳税,所以可以带来可观的节约;由于在对外贸易区内发生的劳务和间接费用可以不计入商品的计税价值,因此可以免交一部分税。

2. 保税区

保税区(bonded area)是20世纪70年代初首先在墨西哥出现的一种特殊的关税优惠措施,之后,就在劳动力充足而且价格低廉的其他国家普及起来。尽管各国的保税措施因国情而异,但墨西哥和美国之间的最初安排仍然是最典型的。1971年,墨西哥政府和美国政府制定了一项保税计划,从而为美国公司利用墨西哥廉价的劳动力创造了有利可图的机会。只要最终产品返销到美国或者重新出口到其他国家,墨西哥政府就允许保税区内的美国加工、包装、组装或修理工厂在进口零件和被加工原料时免交税。反过来,美国政府允许在将经加工、包装、组装或修理后的商品重新进口到美国时,只对在墨西哥增值的部分征收较低的关税。起初,在保税区内加工过的产品必须先运回美国,然后按墨西哥普通关税税率再进口到墨西哥,之后才能在墨西哥销售。后来,墨西哥修改了法律,允许保税区在专门许可的情况下,只要产品使用了墨西哥生产的零部件,就可以在墨西哥销售不超过其产量50%的产品;而今,保税区生产的全部产品已都可以在墨西哥销售。随着亚洲工资水平的上升,对许多原来在亚洲经营的公司来说,保税区的投入产出比将会更高。

保税区在中国又称保税仓库区,是经国务院批准设立的、海关实施特殊监管的目前开放度和自由度最大的经济区域,其功能定位为保税仓储、出口加工和转口贸易三大功能。根据中国政府的相关政策,海关对保税区实行封闭管理,境外货物进入保税区,实行保税管理,境内其他地区货物进入保税区,视同出境。同时,外经贸、外汇管理等部门对保税区也实行较区外相对优惠的一系列政策,运入保税区的货物可以进行储存、改装、分类、混合、展览,以及加工制造,但必须处于海关监管范围内。外国商品存入保税区,不必交纳进口关税,尚可自由出口,只需交纳存储费和少量费用,但如果要进入关境则需交纳关税。

保税区是中国继经济特区、经济技术开发区、国家高新技术产业开发区之后,经国务院批准设立的新的经济区域。由于保税区按照国际惯例运作,实行比其他开放地区更为灵活优惠的政策,它已成为中国与国际市场接轨的"桥头堡"。因此,保税区在发展建设伊始就成为国内外客商密切关注的焦点。保税区具有进出口加工、国际贸易、保税仓储商品展示等功能,享有"免证、免税、保税"政策,实行"境内关外"运作方式,是中国对外开放程度最高、运作机制最便捷、政策最优惠的经济区域之一。1990年5月,在上海外高桥经国务院批准建立了中国第一个保税区,之后相继建设了天津港、大连、深圳的福田和沙头角、宁波、广州、张家港、海口、厦门象屿、福州、青岛、汕头、珠海、海口、海南洋浦15个保税区。经过多年的探索和实践,全国各个地区的保税区已经根据保税区的特殊功能和地方的实际情况,逐步发展成为当地经济的重要组成部分,目前集中开发的功能有保税物流和出口加工。

随着中国加入WTO,中国保税区逐步形成区域性格局,南有以广州、深圳为主的珠江三角洲区域,中有以上海、宁波为主的长江三角洲区域,北有以天津、大连、青岛为主的渤海湾区域,三个区域的保税区成为中国与世界进行交流的重要口岸,并形成独特的物流运作模式。经过10多年的开发建设与创新实践,保税区功能日趋完善,在招商引资、仓储运输和发展国际贸易等方面都起到了积极作用。

第二节　国际市场分销体系与物流管理

对于一家主要从事从单一国家向单一市场出口的公司来说,解决货物实体运输问题的典型方法是选择一种可靠的运输方式,保证以合理的运输成本在适当的时间内把商品安全送达目的地。但是对于一个在全球范围内经营的跨国公司而言,这样的货物运输方式对买卖双方来说都可能是成本高而效率低下的。正如一些国际营销者所说,销售并不是最难的,最难的是在一定的时间内,利用能保证一定利润空间的成本,将产品和服务交付客户。

随着国际市场业务的成长和扩张,除了运输费之外,跨国公司还必须考虑其他的成本因素。如果不把货物的实体分销过程看作一个完整的体系,就不能实现货物实体运输的成本最优化。当国际营销者在多个国家进行生产和销售时,就应当考虑国际物流管理(international logistics management)概念了。换句话说,就是要对跨国界的国际物流和分销过程实行系统的管理。

一、国际市场实体分销体系

实体分销体系(physical distribution system)不仅涉及货物的实体搬运,还包括生产和仓储的地点、运输方式、库存量和包装等方面。实体分销概念考虑到了各项活动的成本间的相互依赖性,有关一项活动的决策必然会对另一项或甚至其他所有活动的成本和效率产生影响。例如,运输方式的改变,可能会导致包装、装卸、库存、仓储时间和成本以及交货的变化。

实体分销的真实目的是在与公司的客户服务目标一致的前提下实现系统成本的最优化或最小化。如果单独地看待实体分销体系中的各项活动,不考虑彼此之间的相互依赖关系,那么分销的最终成本会高于可能的最优化成本,服务质量就会受到不利的影响。进行实体分销体系决策还必须考虑相互依赖的其他变量和成本,这些变量和成本使国际营销者所面临的分销问题更为复杂。随着国际企业经营范围的扩大,这些附加的变量和成本对分销体系的影响将变得更为关键。如欧共体一体化的一大好处就是取消了成员国间的运输壁垒。面向欧洲市场的营销而今可以实施集中的物流网络,跨国公司在欧洲建立泛欧分销中心也已成为一种发展趋势。

有效的实体分销体系除了节省成本外,还可以优化库存水平,实现多工厂生产的最优产出,从而实现营运资本的最小化。在进行厂址决策时,具有实体分销体系的公司可以很容易地评估面向不同市场所选择的不同厂址的运营成本。如果公司在不同地点进行生产,那么就可以迅速确定从哪处向某一客户送货最为经济。随着公司业务向多国市场的拓展,并从不同的生产地点向市场供货,公司将越来越多地面对这样的一些成本变量,这就要求公司必须通过对分销过程的系统化管理来提高经营效率。从经济上讲,实体分销体系可以降低地理因素造成的自然障碍对国际营销的影响。把产品运往市场可以通过多种运输方式,例如,在中国可综合考虑利用货船、列车、汽车和飞机,在越南可利用三轮车,在日本则可利用高速列车等。

二、国际市场物流管理

国际物流指从供货源到需求中心的跨国境的商品流动。换言之,它涉及将正确的商品在正确的时间,以良好的状态和合理的成本转移到正确的地点。仓储、运输和存货管理是国际市场物流管理的三大主要内容。物流的最终目的是为国际市场上的顾客提供正确的服务。为了达到物流服务的满意效果,应该正确统筹协调国际物流的各项内容,并对物流管理方案进行评估。

（1）仓储。国际市场仓储决策是指跨国公司因应市场需要而建立的仓库的规模和数量以及分布的地点。基本仓储的建设需要根据跨国公司所掌握的现实和潜在的全球客户的地理分布、客户现在及将来可能的需求模式等方面的信息。

（2）运输。运输决策主要涉及国际运输和在外国国内运输的方式选择。影响运输决策的主要因素包括运输的可获得性、产品性质、运输规格、运输距离、需求类型（常规或紧急需求）及各种运输方案的成本等。

（3）库存。库存管理决策包括特定时间内订货的频率和每次订货的数量。这两项决策的成本呈反方向变动。例如,如果一年内订货次数太多,订货成本就会增加。而如果每次订货的数量很大,订货的总次数就会减少,总订货成本也就会下降,但是存货成本会上涨。因此企业必须找到订货次数和每次订货量的最佳点。

三、互联网与国际物流

国际物流的目标是多样化的,包括成本的最小化、服务水平的提升、与客户沟通的改善以及在送货能力和反应时间方面适应能力的增强。由于现有的沟通及联系方式很难将国际物流过程中的参与各方整合在一起,所以跨国公司实现这些目标的能力一直受到限制,而互联网的诞生,使得国际物流中参与各方的实时联络成为可能。上海春宇供应链管理有限公司作为一家中国国内服务于外贸企业的电子商务平台公司,以"云"平台技术结合定制化的解决方案为服务中心,依托供应链资源和最新的云计算理念,帮助跨国公司实现交易、物流、资金等全方位的一站式供应链外包服务。

如小贴士12-1所示的柯达公司的一体化全球物流系统,跨国公司在国际物流活动中,一方面可以通过公司的内部平台实现供应链系统完全自动化,另一方面也可以通过第三方国际物流服务提供商来实现。随着对B2C及B2B货运业务需求的不断增长,所涉货物小到玩具,大到价值数万美元的电脑部件,第三方国际物流正变得越来越流行。第三方国际物流基于网络系统能够在一定时间限制内将货物装运到指定的地点,还能够处理诸如订单管理、支付处理、仓储、运输、送货、退货管理、维修及客户服务等方面的事务,提升市场效率并能在成千上万的供货商、受货人、承运商、货运代理、网上商店、垂直网站及运输中心间创造出规模经济效益,而这在互联网出现之前是根本不可能想象的。这种国际物流整合之后,物流过程中的参与者能与其他成员进行无纸交易,对国内外的物流活动进行监控,并且无须管理自己的数据转换和整合结点。

通过互联网系统,出口商能预先精确地确定某一批货物经过特定国海关的费用。用户也能计算额外的成本,从而作出重要的营销决策,明确目标市场,避免无利可图的交易。如在一些国家,一份27美元的光碟订单通过运输和缴纳关税,到消费者手中的价格竟达

268美元之高。国际化物流手续越简单,对跨国公司的国际化经营就越有利。

小贴士 12-1

柯达公司的一体化全球物流系统

为了准确地进行全球范围内的物流配送,将正确的货物在正确时间内,以良好的状态和合理的成本运输到正确的地点,柯达公司建立了高度一体化的全球物流配送系统。

(1) 柯达国际物流组织。柯达公司要将美国或海外工厂生产的品种繁多的大量产品配送到遍布全球的公司分部,这就要求公司物流系统必须先进、协调和合作。柯达公司管理物流体系的机构是柯达国际物流运行委员会。该委员会负责针对物流事业部与其他事业部间的相互关联的工作进行指导和协调。

(2) 存货管理。柯达的存货管理系统由两个子系统组成。自动补货子系统决定对工厂下订单的时间和订货数量。当库存低于预先确定的再订货点时,系统会自动准备好补货订单,由计划部门审查,这样省掉了库存计划人员通常对库存产品的检查时间,从而有更多的时间作出正确的计划。此外,系统还会自动建立订货周期的控制点,这是库存管理过程的第二个子系统。此系统为信息化的国际分部提供了高效而准确的处理存货平衡的手段。这两个过程产生补货订单,从一地到另一地发送至柯达公司遍布全球各地的工厂。电子信息在北欧通过电话线在柯达的六家非生产性公司间传送。设在瑞典的一台大型计算机服务于设在丹麦、挪威、芬兰、比利时、荷兰、墨西哥、新加坡、巴西、日本和西班牙的较小计算机。每天晚上,来自这十家柯达公司的补货订单从瑞典传送到纽约,然后再传到罗切斯特。减少订货前置时间也可以降低订货点的库存水平。要想保持库存的全球平衡,柯达公司主要考虑的因素是效率、准确性和时间。

(3) 运输。柯达运输集团负责产品从罗切斯特到国外市场间的运输。在途中的运输时间占柯达国外公司下单到接货的绝大部分时间。因此,运输集团必须尽可能地缩短运输时间及提高产品在途中的安全防护。另外,还必须计划好运输的时间和方式,使柯达公司从物流服务中获得最高的回报率。

(4) 仓储。柯达公司国际分销系统的假设前提是供货工厂备有完成订单的足量库存,这是整个物流链中最重要的环节。由营销和生产部门配合,柯达物流部门负责确保订货时工厂有货。为此,罗切斯特总部必须密切关注国际市场的变化,将国外市场的销售要求准确地融入营销、物流和生产环节。这项职能由公司国际预测部承担,公司利用已开发的国际信息系统协助完成国际市场预测任务。此信息系统包括三个部分:第一,每周将有关的关键选定事项的信息传到国际预测部;第二,国外各个公司以记录卡的形式将每月存货和销售数据发到供货工厂;第三,系统每季度提供中期预测。

第三节 国际市场分销渠道结构

如今,在这个世界上,几乎没有一个国家能够完全孤立而不受国际经济和政治变化的影响。这种全球化发展趋势正在改变世界经济结构的各个层次,包括国际市场分销结构。

就国际市场分销渠道结构而言,传统的渠道结构正在让位于新的形式、新的联盟和新的过程,虽然速度各不相同,但是无一不在变化。一个国家要求变革的压力既来自国内,也来自海外。跨国公司的国际市场营销人员正在寻求进入由昂贵的传统分销体系服务的那一部分细分市场并从中获益的方式。在中国,从城市到农村,传统的零售商店正在让位于那些新开的当地或来自外国的大型连锁商店。直销、特大型市场、折扣商店、超市、邮购、网店以及其他销售方式正在被创新或引进,以提供高效的分销渠道。

国际分销领域的发展,最终可能导致各国中间商彼此更加雷同而不是相异。例如,沃尔玛正在全世界扩张,从墨西哥到巴西,从欧洲到亚洲。雅芳(Avon)、玫琳凯(Mary Kay)化妆品和安利也正在进军中国,这些分销模式对传统的分销体系入侵的结果是导致变化,使得折扣、自选、超市、大宗采购和电子商务的概念盛行全球,把国际分销渠道的竞争氛围提高到了空前激烈的程度。

随着全球化经济的发展,过去囿于国内的零售商开始与来自国外的原先的竞争者和其他企业联手以图谋更大的国际市场空间。沃尔玛基于其内部自动化控制系统优势,大举收购那些境况不佳的零售商,快速在全球范围内拓展市场。西尔斯和法国的家乐福共同创建网站,使得零售商和供应商可以在线开展业务,任何有 Web 浏览器的公司都可以通过该网站获得买卖服务,该网站被称为"在过去的 10 年中消费品分销领域最大的变革之一",有效降低了供应商和购买者的成本。随着这样的网站的增加,传统的渠道结构正在发生变化。

在过去的几年当中,我们已经看到了电子商务零售商,如 Amazon、Dell、e-Bay 以及中国本土的京东商城和淘宝等的快速发展及其对传统零售业的影响。目前,也有许多零售商建立了网站或正在尝试建立,但大多是将其视为传统零售渠道的延伸和补充,苏宁就是这样的企业。

全球范围内新的分销体系的革命性变化还在进行之中,已有的国际企业必须不断寻求和尝试新的方法以维护国际市场竞争力。此外,在开展国际经营时,如果继续按个体来考虑竞争对手,那么公司将面临越来越大的风险。特别是就分销体系而言,越来越需要某种系统的概念。换言之,必须从网络或系统的角度来看待企业的国际市场营销活动。不过,在新的系统完全建立起来和新的体系稳定以前,这些变化将对整个国际市场分销链产生共振。自从第二次世界大战后发生的、最终导致仓储式零售方式产生的美国分销大动荡以来,还没有出现过像现在这样大规模的分销体系变革。然而,这一次变革将是全球性的,而不是主要局限于美国或欧洲区域。竞争促使效率提高,而效率的提高将进一步降低消费品的价格,同时,竞争将迫使国际市场分销更具创造性。

一、国际市场分销模式

尽管国际市场分销模式尚在变化之中,新的模式正在不断出现,国际市场营销者仍需要大致了解传统的分销系统基础。传统的分销体系不会在一夜之间发生变化,它的影响在未来很多年中仍会存在。几乎每一个国际企业都会为全球各国的市场结构所迫,在分销系统管理中用到某些中间人。我们并不能因为国际和国内分销渠道名称的类似,而认为国内和国际分销系统就是一样的。只有在了解了实际的国际市场分销模式的个中奥妙之后,才能理解国际市场分销任务的复杂性。

与批发相比,国际市场零售的结构更加变化多端。在意大利和摩洛哥,零售主要由经营范围较窄的专业商店构成,而在中国和日本,大多数零售商店都不是局限于只经营几种商品。苹果和迪士尼等制造商通过公司的自有商店直接向消费者销售商品,而另一些制造商则通过数十层级的中间商销售其产品。在过去几年里,全世界的零售业一直处于激烈的变革之中。变化的速度似乎与经济发展阶段和速度有直接关系,甚至最不发达的国家也在经历巨大的变化。无论是在发达国家还是在发展中国家,形形色色的超级市场红红火火、生意兴隆、蒸蒸日上。

邮寄、电话和上门推销的直销是分销系统不充分和不发达的国际市场的主要分销方法。当然,这种方法在发达国家的市场上也很有效。如安利和雅芳,利用直销手段成功进入拉美和亚洲市场。在日本,直销是打破日本独特分销体系造成的市场壁垒的一种重要方法。

二、国际市场分销渠道

跨国公司在国际市场经营过程中,可以自己从事所有分销活动,包括建立自己的海外分公司,直接向海外用户进行销售,也可以依赖于国际市场上的中间商渠道来分销产品。然而,国际市场分销渠道一旦选择确定之后,就很难改变,如果选择的渠道不恰当,无疑将会影响未来市场的发展。

国际市场分销渠道流程包括从制造商到世界各国市场上最终消费者的一切活动。这意味着卖方必须对渠道中的两个部分施加影响:其一是在母国的部分,其二是在国外市场的部分。图 12-2 显示了一些可供选择的国际市场分销渠道。箭头表示制造商和每一个国际市场中间商的销售对象。在母国,卖方必须有一个机构,一般是公司的国际市场营销分部,负责管理和服务于国际市场渠道成员。在国外市场,公司必须能够有效监督向最终用户提供产品的海外市场渠道。对公司来说,最理想的是直接控制或者参与整个国际市场分销过程,通过各种渠道,直达海外市场的最终用户。然而,对于大多数跨国公司而言,对国际市场分销全过程的参与不切实际,或者成本太高。所以,选择渠道成员和进行国际市场营销渠道的有效控制是建立国际市场分销体系的首要任务。

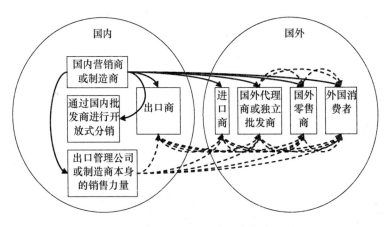

图 12-2　国际市场分销渠道的选择

跨国公司在国际市场分销渠道的中间商可以有多种选择,包括代理商(agent middleman)和独立中间商(merchant middleman)。区分代理商和独立中间商很重要,因为制造商对分销过程的控制受渠道中谁拥有商品的影响。代理商收取佣金,在国外市场组织销售,但是却不拥有商品。使用代理商,制造商承担买卖风险,但即保留制定政策、确定价格的权利,并有权要求代理商提供销售记录和客户信息。独立中间商则实际拥有制造商的商品,承担买卖风险,所以他们不像代理商那样容易控制。独立中间商主要关心的是商品的买卖和利润,除非得到授权或者拥有强有力的或有利可图的品牌,否则独立中间商购货时会不限于某一品牌货源,对单个跨国公司或品牌的忠诚度往往较低。

在国际市场营销实践中,对于中间商往往很难精确定义。一般情况下,很难找到某一家公司,是不折不扣的代理商或独立中间商。因此,熟知中间商的作用在国际市场营销活动中尤其重要,因为企业如果不能看清本质,就可能在国际市场渠道对中间商的选择中出现失误。事实上,对于不同公司的产品而言,某个进口商可能是代理商,也可能是独立中间商,很多国际中间商都有好几个头衔,只有根据其与某一家公司的具体关系才能确定到底是代理商还是独立中间商。

对于那些国际市场销售额不大的,或在国外市场没有多少经验的,或不想直接参与复杂的国际市场营销活动的,或想以最小的资金和管理投入进入国际市场的公司来说,母国中间商(home-country middleman)具有很多优势。利用母国中间商进入国际市场的不足在于公司本身对整个渠道过程的控制程度极为有限。常见的母国中间商一般包括厂商零售店、全球零售商、出口管理公司、贸易公司等。

(1)厂商零售店。对许多公司来说,一个重要的分销渠道就是属于自己的,或者是拥有专卖权的零售店。苹果、迪士尼以及许多奢侈品制造商均是采用这样的方式成功进入国际市场的。

(2)全球零售商。随着宜家、沃尔玛等全球零售商在全球范围内的采购及其在全球零售市场占有率的提升,他们正在成为各国市场的主要母国中间商。如宜家在中国采购商品之后,通过宜家的渠道实现在别的国家市场的销售。

(3)出口管理公司。对于国际市场销售额相对较小的公司,或者那些不愿意自己公司的人员参与国际市场营销的公司来说,出口管理公司(export management company,EMC)是一种可供选择的重要的中间商。出口管理公司的大小不等,经营相对灵活,它们往往在制造商的名义下,成为一个低成本、独立的国际市场营销部门,直接对母公司负责。这种工作关系非常密切,以至于顾客常常意识不到他们并不是在和公司的出口部门直接打交道。出口管理公司可能会对商品促销、信用安排、货物装卸、市场研究以及金融、专利和许可证的信息收集承担全部或部分责任。出口管理公司具有某一领域的专门知识,它能提供高水平的服务,缺点是一般不会为建立深层次的国际市场分销体系而进行必需的市场投资。

(4)贸易公司。作为国与国之间进行贸易发展的重要中介,贸易公司有着悠久的历史。数百年来,贸易公司从许多国家购买、运输和分销商品。对于想进入日本市场的公司来说,日本的贸易公司是突破其复杂分销体系的便捷之路,无处不在的贸易公司几乎控制着日本的分销体系的各个渠道,为跨国公司产品进入日本市场提供了广泛的最佳途径。

如果想更多地控制国际市场分销过程,国际市场营销者可以考虑选择和外国市场的中间商直接打交道。这样的做法有利于缩短国际市场分销渠道，使得制造商更加接近市场，也使得公司直接面对语言、国际物流、跨文化沟通、国际金融等方面的问题。外国分销商可以是代理商，也可以是独立中间商。还有一种需要关注的外国市场中间商是政府下属的中间商。在世界上任何一个国家，公司都需要和政府打交道，而很多国家的政府部门自己使用的商品、服务就是通过集中的政府采购办公室来采购的，这样的采购很多都是直接与企业进行接触，当然也包括跨国公司。

建立一个高效的国际市场分销渠道往往并非易事，许多公司因为不能建立合适的国际市场分销渠道而导致国际市场的拓展失利。构筑一个完善的中间商网络包括寻找潜在的中间商、选择符合公司要求的中间商并和他们建立工作关系，同时在工作中对其进行充分的激励，对于中间商的市场活动进行监控，适时终止与不合格中间商之间的关系。

1. 寻找潜在的国际市场中间商

寻找中间商首先要从市场研究和确定评价中间商的标准开始。根据中间商的不同以及他们与公司关系性质的不同，其评价标准也各不相同。评价标准基本上包括四个方面的内容：生产率或销售量、财力、管理的稳定性和能力、企业的性质和声誉。通常强调的要么是中间商的实际生产率，要么是中间商的潜在生产率。

2. 选择国际市场中间商

找到潜在的中间商之后，跨国公司需要判断和选择能够进行合作的对象，一般情况下，如果制造商在国外默默无闻，中间商的声誉就成了制造商的声誉，因此如果选择中间商不慎，就可能会造成灾难。

筛选和选择国际市场中间商时，可以考虑给每一个潜在的中间商发一封用当地语言写的包括产品信息和对分销商要求的信，在回信者中择优进行下一步的联系，获得其有关正在经营的产品系列、销售区域、公司规模、销售人员数目以及其他的更具体的背景信息，通过其他客户和潜在中间商的顾客，考察潜在的中间商的信用；如果有可能，可以对最有希望进行合作的中间商进行实地考察。从中间商选择的经验而言，挑选国际市场中间商必须亲自到那个国家去，和使用自己产品的最终用户进行交流，找到用户心目中的最佳分销商。如果被推荐的有两到三个分销商，但是公司却无法和其中任何一个签约，那么在那个国家市场上最好就不要设分销商，因为无用的分销商不仅浪费成本，而且会给最终找到合适的分销商带来麻烦。

一旦找到了某一个潜在的中间商并完成了对其的评估，剩下的任务就是和该中间商敲定协议细节。协议中必须明确制造商和中间商的具体责任，包括每年的最低销售额。最低销售额是评价分销商的基础，如果分销商完不成最低销售额，制造商有权终止协议。一般情况下，初期的协议最好只签一年，如果第一年的合作表现满意，就可以基于前期的合作，重新修改以制定出更可行的合约并延长协议期限。

3. 激励和控制中间商

国际市场分销的层次和每个中间商对公司的重要性决定了对中间商的激励方式。无论在哪个层次上，中间商的积极性和销售量之间都存在着明显的相关关系。可以用来激励中间商的手段一般包括金钱回报、心理奖赏、沟通、公司支持以及与公司的和睦关系等。无论是哪一个中间商，公司都必须提供足够的金钱回报，中间商才会经营和促销该公司的产品。利润或佣金必须满足中间商的底线要求，并允许随销售量和所提供的服务水准的变化而变化。如果不把适当的利润和适当的销售量联系起来,中间商就不可能对某种产品多加注意。一般情况下,中间商对他们自己所做工作的被认可和心理奖赏也不会无动于衷,应邀参访总公司对多数中间商而言或许是一个极大的荣誉,可以提高国际市场中间商对公司的认同和忠诚。

无论在何种情况下,公司都应该和所有中间商时刻保持联系。有研究显示,制造商与中间商之间的联系越密切,中间商的工作就会做得越好。接触越多,联系越密切,自然而然的冲突就越少,工作关系也就越顺畅。

国际市场分销体系中的渠道一般比较长,这使得对中间商的控制显得尤为重要。国际市场营销的目标必须尽可能明晰地在公司内部和向所有的渠道中间商解释清楚。对中间商工作表现的考量标准应当包括销售量目标、每个市场的市场份额、库存周转率、增长目标、价格稳定目标以及广告质量等。在国际市场营销活动中,对分销体系的控制和对中间商的控制是必不可少的。前者与对分销渠道体系本身的控制有关,即对整个体系实行总体控制,确保产品是由企业满意的中间商在经手——有些制造商在国际市场上会因为"二次批发"或平行进口而失去对产品分销体系的控制。后者是对中间商的控制,如有可能,跨国公司应该了解,并在一定程度上控制中间商有关销售量、市场覆盖率、所提供的服务、价格、广告、付款方式甚至利润等方面的活动。

4. 终止与中间商的合作关系

当国际市场上中间商的工作达不到公司的标准,或者市场形势的改变要求公司对国际市场分销结构进行重组时,就可能有必要终止与某些中间商或某些类别的中间商的关系。在有些国家,如美国,不管是哪一种中间商,这通常都是一个极为简单的行动,只需按照约定程序解除与中间商的合约就行。但是在许多国家和地区,中间商往往受所在国当地法律保护,很难终止与他们的关系。因此,精心挑选中间商,尽量避免不必要的解聘和终止合作才是上策。国际市场分销商一旦选择不好,不仅难以达到预期的国际市场目标和要求,而且会影响在该国市场的经营前景。

三、国际市场营销渠道战略目标及渠道选择的影响因素

在开始国际市场渠道中间商的选择之前,国际市场营销者必须确定特定的目标国际市场,以销售量、市场份额和利润要求的形式明确目标国际市场的营销目标,明确用于开发国际市场分销体系的财力和人力的投入,确定对国际市场的控制程度、渠道长度、销售条款和渠道所有权。一旦这些方面得到落实,就可以选择国际市场渠道中间商了。国际市场分销渠道(distribution channel)因为市场大小、竞争和可供选择的分销中间商的不同而各异。

国际市场营销渠道结构选择的影响因素主要包括中间商所起的作用及效果、服务的成本、可供选择的中间商数量,以及制造商对中间商的控制程度等。总体的营销战略必须体现公司的短期和长期利润目标,一般认为,渠道战略本身具有六个战略目标,可以用6个C来描述,即成本(cost)、资本(capital)、控制(control)、覆盖面(coverage)、特点(character)和连续性(continuity)。在制定国际市场总体分销渠道战略的过程中,必须充分考虑每一个"C",只有这样,才能建立符合公司长期渠道战略的经济、有效的国际市场分销结构。值得注意的是,由于各种分销渠道互有长短,许多跨国公司都采用复合型或混合型

的国际市场分销渠道设计。

1. 成本

国际市场营销渠道成本有两类,即开发渠道的投资成本和保持渠道畅通的维护成本。其中,维护成本以两种形式出现,即维持公司的销售力量的直接开支,以及买卖商品的形形色色的中间商的利润、报酬或佣金。以渠道成本为主要构成的营销成本必须被看做商品出厂价与顾客最终为该产品所付价格之间的全部差价。国际市场中间商的成本可能包括商品的国际运输和储存、提供信用、当地广告活动费、销售展示费以及洽谈费等。

2. 资本

分销策略的财务方面往往被忽视,其中的关键因素是使用某一类中间商时的资本要求和现金流动模式。公司建立自己的内部国际市场营销渠道时需要的投资通常最大。通过国际市场分销中间商可以减少投资,但是制造商常常必须提供国际市场营销启动的货物、贷款等。如可口可乐最初在中国市场拓展时,其大多数合作伙伴都具有雄厚的资本,但可口可乐很快就意识到在竞争激烈、人人为市场份额所驱使的中国碳酸饮料市场,并不能完全依赖中国本土的合作伙伴来销售其产品。为了加强对中国市场分销过程的控制,可口可乐不得不进行管理和控制,这意味着更大的投入。

3. 控制

跨国公司对国际市场分销活动的参与越多,对分销体系的控制就越大。无疑,使用公司自己的销售力量能施加最多的控制,但是这种方式经常因为初期投资成本过高而变得不切实际。不同的渠道安排,控制也就各不相同,而且渠道越长,对价格、销售量、促销和商店类别的控制力就越弱。如果公司不能直接销售给最终用户或零售商,那么选择国际市场中间商的一个重要标准就是企业能维持多大程度的控制。如小贴士12-2所示,安利在中国遭遇恶意退货风波的缘由即在于其对渠道管理的失控。

小贴士 12-2

"安利"失利中国[①]

美国安利公司是世界上最大的直销公司,经营业绩连续多年攀高。20 世纪 90 年代,安利进军中国,在中国设立了上海安利(中国)日用品公司。然而这一次,安利没有取得类似在其他国家的成功。

1997 年 7 月 24 日上午,上海安利(中国)日用品公司的大厅里乱成一团。刚刚还排成长龙等待退货的直销员迅速演变成"声讨"的人群,人们高声叫骂,甚至狠踢着退货的挡板,恨不得对经理拳脚相加。

人们的愤怒起因于安利公司的一则新规定:禁止中国直销员再用化妆品的空瓶退货,货品必须剩 1/2 以上时才可退货。这一规定在已有 38 年的安利直销历史中未曾有过。在此之前,安利公司的上海直销员们一直遵循着安利的国际惯例:凡对货品不满意,可用空瓶退货。因此,每天早上,安利的门口都排着上百人的退货队伍。这种情况一直持续到 7 月 24 日,就在这一天,安利公司突然改变了直销退货规则。后来迫于直销员们的愤怒,

---

① 资料来源:《中国直销二十载:从传销到直销的"演绎"之路风雨沉浮》,直销道道网,2014 年 6 月 3 日。

公司宣布,24日的空瓶仍可退,但须两个月后才能结算现金。

安利进军上海以来,常常遇到直销员退货的麻烦。有的直销员甚至一次扛8麻袋空瓶,一下子退回8万元。有的直销员则走街串巷回收空瓶。有个个体发廊6兄弟轮流加入直销,轮流退货,全年免费使用安利产品。安利在全球退费率为8%左右,而在上海超额甚多,每天退款多达100万元,还倒贴30万元产品。于是安利公司开始追踪调查直销员是否在进行"恶意退款"。按照安利的规定,如果直销员恶意退款,安利有权拒绝,不支付现金。

上海人精明,但安利突如其来的规定也使安利的上海直销员们措手不及,没有1/2不给退货,岂不要亏了直销员。也有不少直销员说,直销经验告诉他们,做安利只会赚不会赔,一年一笔生意不做,也可以退回空瓶,白用700元货。至于说1/2以上才退货的规则是否合理,安利(中国)公司则予以回避。美国安利公司是世界上最大的直销公司,然而一项新规定却使其后院起火。到底是谁之过?

4. 覆盖面

国际市场分销体系的一个主要目标就是全面占领市场以便在各个市场获得最佳销售额和适当的市场份额,并取得令人满意的市场渗透。覆盖面可以通过地理或细分市场或综合两者来进行估算。国际市场分销体系必须因时因地制宜,才能获得足够的市场覆盖面。在高度发达的市场和在极为贫瘠的市场,覆盖面都很难提高,前者是因为市场竞争激烈,后者则是因为市场渠道不足。

在许多发展中国家,尤其是在大城市以外的其他地方,专门的中间商网络非常缺乏,即使有,也往往非常小,而且毛利率很高。例如在中国,这个拥有13亿人口的巨大市场,实际构成有效市场的可能只是集中在富裕城市的不足总人口25%—30%的人口。即使中国人的个人收入已在增加,分销体系的不足也会限制跨国公司在中国的拓展。

为了获得高的市场覆盖率,跨国公司在很多国际市场上可能不得不利用多种渠道,即在一个国家可能是利用公司自己的销售力量,而在另外一个国家则可能是利用制造商代理或国际贸易批发商。

5. 特点

跨国公司所选择的国际市场分销渠道体系必须与公司及其从事经营的所在国市场的特点相符。一些显而易见的产品要求包括产品是否容易变质、产品的体积、销售的复杂性、所需要的销售服务以及产品的价值等。国际市场营销渠道的管理者必须意识到渠道模式并不是一成不变的,不能以为一旦形成既符合公司特点又符合市场特点的渠道就万事大吉了。那些忽略自我服务,不能因应市场的变化而及时调整渠道战略的公司可能很快会发现自己已经失去了很大一块市场,只是因为其渠道已经不再能反映市场的特点。

6. 连续性

分销渠道往往有个寿命问题。大多数国际市场代理公司一般都很小,当某一个人退休或者改行后,公司就会因此而失去在该区域市场的分销渠道。从本质上来说,趋利而为的批发商和零售商都不以长期经营某产品立足,其作为中间商大多数是没有忠诚可言的,相比较而言,分销商和经销商可能算是最忠诚的中间商了。即便如此,制造商也要注重在渠道体系中建立品牌忠诚,以保持在国际市场营销活动中的连续性。

第四节 基于互联网的国际市场营销渠道

而今,互联网已经成为许多跨国公司在国际市场营销活动中的一个重要分销手段,也是企业和消费者寻找商品的一个常用渠道。计算机软硬件公司、书籍和音乐零售商是最早使用这种销售方式的营销者,现在,其他种类的零售和B2B服务也开始越来越多地应用电子商务。从技术角度讲,电子商务是一种直销形式,但是由于它的新颖性以及这种销售形式所带来的独特的问题,把这种基于互联网的直销和其他直销形式区别对待显得尤为重要。

通过互联网,电子商务被用于全球范围内的企业与企业之间、企业与消费者之间的营销服务,涉及从制造商、零售商或其他中间商到最终消费者的相关营销活动。已经立足于国际市场的这方面的业界翘楚当属戴尔计算机公司和思科公司,前者每天的在线销售收入约占总销售额的一半,后者的在线年销售额超过数十亿美元。思科的网页使用多达14种语言,在49个国家发布专门针对该国市场的信息和内容。

美国的电子商务比世界上其他地区发达得多,其部分原因是拥有个人电脑的人数众多,上网费也比其他大多数国家和地区便宜得多。

服务产品非常适合于通过互联网进行国际市场销售,它是电子商务增长的又一驱动力。所有服务如银行业务、教育、咨询服务、零售、赌博等都可以通过互联网营销。传统上,存货管理、会计、文秘、翻译和法律服务等都是企业内部的任务,但是现在这些服务都可以从外部获得。

基于互联网的国际市场营销可以从三个方面降低最终用户的成本。首先,可以降低采购成本。互联网可以使用户更易于发现最便宜的供应商,而且能降低交易的成本。其次,可以使企业能够更好地进行供应链管理,有效缩短订货周期和市场反应时间,提高顾客的满意度。最后,可以使企业能够更严格地控制库存,减少缺货现象,降低订货费用,迅速增强调整存货的能力,提升公司在全球范围内的运营效率。

国际市场营销电子商务自身的特性决定了会有一些特殊的问题需要解决,包括社会文化、翻译、当地接触、付款、送货、促销等方面。

1. 互联网的文化问题

在国际市场营销活动中,一直挥之不去的核心问题就是跨文化问题,即便是基于互联网的国际市场营销活动,也无法回避。网站和产品在文化上必须是中性的,或者要作适当改变以适应目标国际市场的特殊要求。如对于网站的背景颜色而言,中国的消费者比较偏爱红色,在美国红色是与爱情相关联的,而在西班牙红色则常常让人联想到社会主义。

2. 翻译问题

最理想的电子商务当然是能够把网站准确译成目标市场消费者的语言。对有些公司来说,这样做或许并不经济可行,但最起码应该把网站上最重要的页面译成目标市场的语言。如果一个跨国公司致力于在另一个国家长期进行市场拓展,就应该专门为那个市场设计网页,并要全盘考虑到如颜色、用户偏好等方面的问题。解决语言差异问题是企业的责任,而不能指望顾客,如果理所当然地期待顾客来解决语言问题,那很简单,到说他的语言的网站上去就是了。如果一个网站不能提供多种语言服务,公司就会失去很多市场机会。在未来的全球竞争环境下,设计针对特定国家市场的网站将是事关成败的大问题。

3. 当地接触问题

许多致力于国际市场拓展的公司都倾向于在海外创建"虚拟办公室",他们购买服务器空间,针对关键目标国家市场创建"镜像网站",在重要城市设立语音信箱或电话和传真联系点。一般情况下,国际市场客户更喜欢访问使用当地语言的本国站点。

4. 付款

消费者应该可以通过电子邮件、电传或者电话使用信用卡来实现购买行为。虽然目前在一些新兴市场很难做到,但那里的顾客和银行系统的发展也正在适应这样的一种付款方式。如在中国,有限的信用卡市场使得基于互联网的付款方式选择余地很小,很多公司如淘宝、京东商城就选择了可以在收货后付款这样一种方式。

5. 送货

对于在美国做生意的公司来说,通过小包裹平邮送货或许是最省钱的方法,当然也最费时。联邦快递、联合包裹服务公司和其他私营送货服务公司在全球范围内提供递送服务。在中国,同样也出现了类似的许多送货服务提供商,如中国国家邮政系统的 EMS、民营送货服务公司顺丰快递等,当然,也有许多电子商务提供商为了对送货环节能够高效控制而选择了自行送货,如京东商城。在国际市场营销活动中,一旦在某个国家或地区的销量达到一定数目,就可以用集装箱运到保税区或者保税仓库,然后从那里再送到该地区的顾客手中。保税区和保税仓库还可以被用来提供售后服务如零配件、退货、供货和其他类似的服务。

6. 促销

电子商务当然也离不开促销,需要宣传,需要为自己的产品和所提供的服务做广告。虽然说"酒香不怕巷子深",但是不管是在国内市场,还是在国际市场,都需要设法告诉目标市场的顾客,让他们知道你的"酒很香"。那么,怎样才能吸引别的国家的网民光顾公司的网站呢?除了要用当地语言设计网站以外,还要和在国内市场做电子商务一样,通过搜索引擎注册、新闻发布、当地论坛、友情链接和大字标题广告等传统的网络营销推广方法。在互联网上,每一个站点都可以被看做一个零售商店,它和实体商店的唯一差别就在于顾客是在网上浏览而不是步行到商店中去。

基于互联网的国际市场营销渠道正在打破数个世纪以来的传统的商业渠道模式。互联网上的比价和竞价购买使得过去很少跨国消费的欧洲人的消费习惯正在发生改变,现在的欧洲顾客已经习惯了在网上便捷地购买到同样质地但价格却是最优惠的商品。即便是在中国市场,这样的状况也正在兴起。

不仅传统的国际市场营销渠道正在发生变化,互联网自身也会发生变化。随着新的数据传送方法的出现和上网费用的不断降低,今天的很多国际市场渠道标准做法将会变得过时,新的电子商务模式将会被不断创造出来。

本章案例

GINO 在中国的分销渠道困境[①]

Gino 公司中国区营销经理 David 放下了亚太区经理 Jean 打来的电话,Jean 敦促他尽快与一家潜在的 OEM(Orignal Equipment Manufacturer,俗称贴牌生产)客户签订合同以解决目前分销渠道中存在的问题,"David,你还在等什么?快过去和他们签合同好了。我们需要这家 OEM,不用 Jinghua 来告诉 Gino 该怎么做。虽然我们和我们的分销商之间的确存在着一些问题,但我不想让他们在四月份的全球分销商大会上,在我的老板面前说三道四。David,你必须马上就去做点什么!再见!"

三个月前,天津 Feima 锅炉公司曾向 David 提出能否直接从 Gino 公司购入炉膛,而不是从 Gino 在中国最大的分销商 Jinghua 那里购买。David 对这一提议异常兴奋,因为该业务的规模和潜力相当大。于是 David 在征得 Jinghua 方面的同意后,便开始和 Feima 进行洽谈。可是随着项目的进展,Jinghua 却站出来坚决反对 Gino 直接向 Feima 供货。Jinghua 的总经理 Henry 甚至威胁说:"如果再与 Feima 接洽,我们将重新考虑与 Gino 的合作关系。"由此,David 不得不重新考虑,是否应该继续和 Feima 洽谈。

Jean 的来电让 David 意识到他已经不能再拖延了。现在已是 2000 年 2 月 25 日,六个星期之后 Gino 的全球分销商会议将在巴黎召开。

一、炉膛产品及其市场

炉膛是一种由电子机械控制的器具,为锅炉和熔炉等提供点燃功能。炉膛被用于各种各样的锅炉以及吸收制冷器、工业熔炉和烤炉、陶瓷窑、汽车喷漆厅和其他燃烧器具。对炉膛市场的细分有多种方法,Gino 以容量作为重要细分条件,将炉膛分为家用炉膛、商用炉膛和工业炉膛。欧洲是世界上最大的炉膛市场,美国紧随其后。近年来虽然通胀和人口增长导致了家用和商用加热、清洁用水在传统市场上年销量的微升,但市场总体饱和。然而亚洲、中东和一些非洲市场增长迅速,对各种炉膛的需求均十分旺盛,尤其是家用和商用产品。

二、Gino 公司的中国之路

Gino 炉膛公司成立于 1931 年,总部位于巴黎。公司产品包括家用、商用和工业用炉膛。品种齐全,有 50 多种型号,Gino 以生产家用炉膛最为出名。

Gino 的管理层认为公司具有三方面的优势,即产能、良好的渠道网络和国际化的运作。公司在市场上一直以能够提供高性价比的产品而著称,小型炉膛具有明显的成本优势。在家用炉膛产品中,Gino 产品的价格低于主要竞争对手 10% 到 20%,有时甚至低于 30%。1999 年,公司共生产了 381000 台炉膛,成为世界上最大的炉膛生产商和出口商之一。在不同型号和不同市场中,利润率存在着明显的差距。一般而言,炉膛越大利润率越高。工业用炉膛平均利润率在 30% 左右,商用炉膛为 25% 左右,而家用炉膛则低于 20%。新兴市场的利润率要高于发达国家市场。

Gino 的北京办事处于 1995 年正式成立,主要从事营销调研和营销宣传活动,管理分

[①] 本案例摘编改写自 Alan (Wenchu) Yang 编写的加拿大毅伟商学院案例集收录的案例"Gino SA: Distribution Channel Management",特此说明并致谢,案例中隐去了一些真实姓名和其他相关的信息。

销渠道,提供技术支持和咨询,开发重要客户和 OEM 业务,识别潜在合作伙伴以实现长期的合作。竞争对手认为 Gino 营销预算充足,营销攻势强劲。中国区技术经理 Peter 的专业技术能力很强,深受同行尊敬,负责为分销商和顾客提供全面的技术支持。分销商和顾客很看重技术小组的服务,尤其是新的商用和工业产品出现时,这样的服务格外有价值。Gino 的亚太区经理 Jean 在巴黎公司总部办公,每隔两三个月便会造访北京一次,呆上一段时间。

销量达到一定数目后,炉膛部的管理人员可以得到一定的奖金。在北京办事处,如果预定年销售额目标完成的话,将会发放相当于两个月工资的奖金。实际上 Gino 支付给员工的福利、加班费和差旅费相当于员工工资的两倍。在中国 Gino 工程师的工资报酬和业务津贴加在一起往往是一家中国企业工程师的三倍。

三、中国炉膛市场

1990 年以前,中国大多数的锅炉都是用煤燃烧,不需要炉膛。随着中国政府开始重视污染问题,成千上万的燃煤锅炉开始被石油锅炉取代,此时世界上一些主要的炉膛制造商也开始进入中国市场,如 Weishaupt(德国)、Baltur & Riello(意大利)、Elco(德国)、Quenod(法国)和 Corona(日本)等。20 世纪 90 年代后期,炉膛的使用迅猛增加,新用途也得到不断开发。家用热水锅炉市场虽在增长,但速度较慢,相比较而言,商用领域的锅炉需求呈快速上升之势。

炉膛产品在中国市场的价格竞争日趋明显。中国本土厂商开始生产小型的低端产品,年产量不到 5000 件,且大多依靠和政府的关系在本地销售。由于缺少规模经济,这些产品的价格并不比进口产品便宜,专家认为,这些厂商如要对国际制造商构成实质威胁至少还需要 5 年时间。

在中国的家用炉膛市场上,Gino 已经在大规模渗透的基础上成了价格领导者,市场份额已飙升到了 14%。同时,在 Gino 的价格优势并不明显的商用市场上,销售增长也非常迅速,市场占有率达到了 8%。不过在由 Weishaupt 占据统治地位的工业市场上,尽管 Gino 产品的价格比 Weishaupt 低 10% 到 20%,但市场份额仍不到 3%。1999 年以后,家用炉膛市场的增长微乎其微而价格竞争变得异常激烈,商用炉膛将成为市场主流,工业炉膛的需求增长至少在未来 5 年每年将超过 20%。

虽然炉膛制造商的销售策略各不相同,但大部分制造商往往依靠分销商销售其产品。这些制造商在北京、上海或广州设立营销办事处,负责发起营销活动、提供技术支持并管理分销渠道。Weishaupt 是唯一一家拥有自己的直销队伍和分销渠道的炉膛制造商。

炉膛销售渠道过程为:制造商将产品送到分销商的仓库,由分销商采用卖给批发商、OEM 客户或者直接卖给最终用户三种不同的销售方法进行销售。尽管 OEM 和最终用户有时希望越过分销商而直接向炉膛制造商订货,但炉膛制造商通常不会向他们直接销售,而是让他们从分销商处购货。David 也很理解:"分销商对制造商直接销售产品给 OEM 是非常敏感的,他们知道制造商不会完全信任分销商,希望对顾客拥有更大的控制权。但是,如果制造商直接将产品销售给 OEM,那么谁来提供服务,怎样为 OEM 提供零部件?另外,无论怎样,给 OEM 的价格肯定会比给分销商的价格高,但是高多少才合适,5%?10%?还是更多?定价的合理标准是什么?"

OEM 顾客的购买过程与最终用户有所不同:OEM 顾客通常比较独立地作出采购决

策,而最终用户的购买决策过程则会涉及更多的利益相关者。对 OEM 顾客来说,"口碑"很重要。OEM 顾客决定购买某一品牌炉膛时,往往先派"侦察员"去其他 OEM 厂家,了解他们使用该品牌的状况。有的时候,他们也会走访一些为 OEM 产品提供设计和咨询服务的设计机构,向他们了解有关锅炉和炉膛产品的情况,再结合现有顾客的评价以及该品牌被广泛采用的程度,决定采购意向,然后与炉膛制造商或其分销商接触,得到最初报价。根据价格、声誉、服务、零部件供给、可靠性、技术兼容性、个人关系密切度等标准,将目标锁定在少数几个候选品牌上,再从商业和技术角度作出最终选择。

对于家用领域的炉膛产品,价格是最为重要的考虑因素。在商用领域,价格依然重要,但会更加重视技术上的兼容性和可靠性,同时,零部件供应、价格、售后服务也是商业购买决策所要考虑的因素。在工业领域,由声誉和服务指标体现的可靠性比价格更为重要,同时,是否拥有足够的库存量也是该市场上买家所要考虑的。由于竞争的加剧,OEM 顾客开始越来越重视价格。

在中国还没有公认的炉膛市场细分标准,也缺乏相关市场规模的官方统计数据,但通常的做法是将市场分为家用锅炉、热水锅炉、商用锅炉、非燃炉类器具以及工业锅炉。据估计,1999 年,中国有近 310 家锅炉和水加热器制造商,这些工厂的年产量在 50 件到 1500 件之间,几乎所有的锅炉都与进口炉膛匹配使用。1999 年,商用锅炉以及其他工业器具的销量大概为 22000 台。工业锅炉共有近 60 家制造商,由于先期资金投入和技术投入较高,这些锅炉几乎都安装了进口炉膛,Weishaupt 以绝对优势在中国工业锅炉炉膛市场占据领导地位。

四、Gino 的中国市场分销体系

自 1995 年在北京设立营销办事处之后,Gino 在中国招募了三家分销商:位于中国南方广州市的 Wayip,位于中心沿海城市上海的 FUNG's,以及位于中国首都北京的 Jinghua。分销商只出售 Gino 品牌的炉膛和零部件,炉膛和零部件的销售额大致是八二开。Jinghua 除了经销 Gino 的炉膛外,还自制和销售锅炉。尽管锅炉的利润比炉膛要低得多,但两者销售额相差不大。FUNG's 主要经营纺织机械设备,占年营业额的九成,但公司非常重视炉膛业务,因为纺织业被普遍认为是"夕阳产业"。Wayip 是唯一一家完全经营 Gino 产品的公司,不过也一直在寻找代理其他高附加值的产品。Gino 授予三个分销商独家销售权,规定他们负责销售的省份。同时分销商与 Gino 签订合同,保证不向其他省份销售。分销商们还会同 Gino 就每年的销售目标进行协商,当分销商完成预订目标时,可获得订单价值 1% 的奖励。

中国的分销商为 Gino 承担信贷、存货、销售和服务等功能。Gino 接到订单后便开出一张正式发票来进行确认,然后分销商会通过其开证行开出信用证转到 Gino 的议付行。货物一经发出,分销商的银行便会付款。信用证的开证费用往往由买方承担。Gino 要求分销商事先作出将来三个月的订货预测,同时允许分销商根据每个月的情况对预测进行调整。最终实际的订货数量与预测的差距不会超过 10%。预测是否准确,经验很重要,分销商们对家用和商用产品的预测准确率要远远高于对工业产品的预测。正常情况下,家用和商用炉膛产品的订货周期为 40 到 45 天,而工业用炉膛产品的订货周期为 60 天左右。炉膛到达中国后,分销商安排当地的运送和库存。分销商必须仔细地计划存货量和运送时间,避免存货不足和存货积压的发生,确保资金周转通畅。一般情况下,分销商宁

可多存货增加些自己的成本,也不愿让顾客因订不到货而转向竞争者,因为顾客一旦离开,就别指望他们再回来。虽然 Gino 生产 50 多种型号的产品,但是 80/20 原则在此仍然适用,10 种型号的产品带来了超过 80% 的订单。Gino 还要求分销商备有大量的炉膛零部件。由于产品种类繁多,分销商无法预测顾客零部件的需求,因此分销商对此并不乐意,尤其是工业炉膛零部件的顾客本身就不多。分销商负责与顾客进行接触,Gino 北京办事处的技术员工负责对客户和分销商进行培训,但很少到现场提供日常服务。根据 Gino 与分销商签订的协议,分销商们要负责提供售后服务,包括安装和帮助顾客启动商用或工业炉膛。不管炉膛使用了多久,服务通常是免费的,但在保修期(通常为 1 年)过后,顾客需要为维修时使用的零部件付费。Gino 在零部件上所赚得的毛利润大约比炉膛高 20%。1999 年,分销商 25% 的销售额来自零部件的销售。

价格大致可分为四个层次:转换价、基础价、公开价和实际合同或交易价格(以人民币记价)。转换价是以美元计价的装运港船上交货价(FOB),由 Gino 报给分销商。Gino 每年年初都会把所有型号炉膛产品的分销商报价列在一本保密的蓝皮簿上。无论销量多少,在某一具体的财年,所有分销商得到的报价都是相同的。考虑到通货膨胀率的因素,每年所有型号产品的价格都会作些适当的调整。基础价(人民币)实际上是分销商要取得货物所有权,并将货物运抵仓库以待出售,所需要支付的全部成本,包括支付进口关税、增值税、海运和保险费用,以及在国内的各种运输费用。分销商的价格乘以 12.32[①] 便转换成了以人民币计价的基础价格。每年年初,Gino 都会在市场上发布作为"指导价"的当地货币计价的公开价格,其实质上是在基础价上加乘 60%。合同价是分销商与顾客最终达成的实际交易价格。通常,分销商会为顾客在公开价的基础上给出 20% 的折扣。最初,Gino 和他的分销商们一致同意将折扣控制在不超过 25% 的范围内,但是,分销商有突破这一束缚的趋势,他们为了赢得订单不惜给顾客超过 25% 的折扣。随着竞争不断加剧(尤其在家用产品领域),再加上不断有分销商在其指定的地理位置外出售产品,导致合同价格不断被压低。

五、问题的不断出现

自 1998 年起,Gino 无论在产品线上,还是市场区域范围上,均开始实施多元化。从产品上来说,Gino 对工业产品领域这一炉膛产品利润最厚的市场寄予厚望,并已经在工业新产品研发上投入巨额资金。在区域市场上,Gino 认为亚洲看起来不错,而中国则是名副其实的新星。为了体现对公司战略的承诺,Gino 中国未来三年的目标是实现年总销售量(所有类型炉膛)15000 台;实现年工业炉膛销售量超过 200 台;优化分销渠道,开发更多的分销商以覆盖目前尚未服务的区域,并且为分销商提供更多的营销和技术上的支持;在两年内至少开发两个 OEM 客户和至少两个重要的最终用户客户;改善服务和零部件供应;建立品牌形象。

在最近几个月,分销商的行为及其对 Gino 的态度有了一些明显的变化。David 也越来越频繁地面对这类棘手的问题。首先,分销商开始和 Gino 气势汹汹地讨价还价,要求提高价格优惠,降低销量指标,同时还要求得到更多的营销支持,例如商用促销和价格促

---

① 该数字由汇率(8.3 元人民币 =1 美元)乘以 1.484 得到。系数 1.484 是根据海运及保险费率 5%、进口关税 15%、增值税 17%、国内运费 3% 和其他杂费 2% 综合后得到的。

销等,而这些以前只在极端的情况下才会提供。其次,现在有越来越多的分销商抱怨其他 Gino 分销商超越自己的销售区域,进行跨区销售,而且所给的价格折扣往往远高于所规定的 25% 的最高限额。更糟糕的是这种行为使新顾客得不到服务和技术上的支持。最后,由于工业炉膛成本高,需求难以预测,分销商进货不积极。尤其让 David 感到挫败的是,分销商们正在错失重要的商机。一些工业燃炉制造商,他们是 Weishaupt 的用户,为了防止 Weishaupt 炉膛产品断货,纷纷在 Gino 这里下应急订单。而 Gino 的分销商们并没有抓住这些机会来对 Weishaupt 的市场进行渗透,因为他们不愿保有相应 Gino 工业炉膛的产品库存。David 估计 1997 年至少本应该有的 50 台工业炉膛销售额就这样失去了,而额外的机会成本则更难以估计。

David 感到 Gino 的发展越来越被他的分销商所束缚,他说:"关系是很微妙的,表象上看,我们是委托方,他们为我们工作,而实际上,他们越来越掌握了控制权。有时,我气得都无法自己,但是,如果我对他们发火,他们可能会立即离开 Gino,而使我们在销售额上遭受重大的损失。但是,如果我对这些事情视而不见的话,问题会变得越来越严重。"雪上加霜的是,目前尚没有可以替代这些分销商的候选队伍。如果就规模而言,只有 Weishaupt 的分销商具备成为 Gino 分销商的实力,但是他们似乎都对 Weishaupt 较为满意,没有一家有离开的迹象。

六、当前的问题

Feima 是中国北部一家先进的燃炉制造商,是中国最大的 20 家 OEM 之一(其中 7 家位于中国南方,7 家位于中国东部沿海,6 家位于中国北方)。1999 年,Feima 从 Jinghua 购买了 350 套家用炉膛,50 套商用炉膛和 3 套工业炉膛。其余的设备均采购自 Gino 的竞争者,如 Weishaupt(主要供应商)和 Baltur。Jinghua 目前在公开价基础上给 Feima 25% 的折扣。Jinghua 很重视其同 Feima 之间的业务,并从公司由 9 个人组成的销售/服务队伍中特地指定一位销售/服务工程师为 Feima 提供服务。

Feima 希望成为 Gino 的 OEM 客户的主要目的是能够得到更低的价格,希望至少得到额外的 10% 的折扣。作为回报,他愿意从 Gino 定购自家公司 50% 的商用、工业炉膛和全部的家用炉膛。David 对这一提议很感兴趣,其原因在于:(1) 开发 OEM 业务是应对不断增强的分销商讨价还价能力的一种有效措施。(2) 这是一个很好的对竞争对手市场进行渗透的机会,如 Weishaupt 的工业炉膛市场。(3) Feima 曾告诉 Gino,除非得到 OEM 地位,否则将不会增加对 Gino 炉膛的购买量。(4) Gino 在中国还没有 OEM 业务,如果在 Feima 上能够取得成功,将使 Gino 在其他分销商的领地内发展 OEM 客户变得容易得多。

但是,Jinghua 强烈反对这一提议,一方面,Jinghua 坚决认为 Gino 不应该在分销商的现存客户中发展 OEM 客户,另一方面,这一举措会树立一个很不好的先例,会破坏他们与 Gino 合作的信心。David 知道 Jinghua 在游说 Gino 的另外两个分销商来支持 Jinghua 的立场,因为他们最近接到来自 FUNG's 和 Wayip 的电话,询问 Gino 是否也在他们的领域内开发 OEM 客户。对 David 来说,似乎他正触摸着地雷。

七、决策

David 必须决定他是否接受 Feima 成为 OEM 客户,他不相信 Jinghua 真的会离开 Gino。在作出决策之前,David 必须全方面考虑现在的处境,即 Gino 的其他两个分销商将有何反应?这样的行动会给其竞争者哪些信息?Gino 的公司管理层会有什么态度?

Feima 的反应又会如何？是否有其他方式能给双方都留足面子？等等。最后，也是相当重要的一个问题，即 Gino 是否愿意承担失去 Jinghua 这家占据 Gino 中国销售额 40% 的分销商的风险？争取对分销商的控制权是否是当前最好的目标选择？

David 拿出了 Gino 与其分销商签订的分销协议，上面白纸黑字地写着"委托方有权在未征得分销商同意的情况下，在该分销商所指定的专营区域内发展 OEM 客户"。理论上讲，这就是目前的实情，但实际上，情况却会有很大差别。David 知道他需要在这一问题上进行深入的思考，但是他也意识到他所剩的时间并不多了，必须尽快作出选择并采取行动。

> 案例思考题

1. Gino 在中国依据合约开发 Feima 为 OEM 客户的好处和风险是什么？
2. Gino 为什么需要拓展中国的工业锅炉炉膛的市场？就分销渠道而言，Gino 在中国应该如何去做？
3. David 应该如何决策，以及在决策之后应该如何行动？

> 本章小结

对于把商品从一个国家出口到另一个国家的国际市场营销者来说，了解出口贸易的例行手续是必不可少的。尽管大多数营销技巧可以有不同的解释，可以进行创造性的运用，但是出口的例行手续却很严格。关于出口许可证、配额、关税、出口单证、包装、标识和不同的商业支付方式的要求几乎没有解释或即兴发挥的余地。有关进出口的规定和限制本身就可能发生经常而迅速的变更。为了成功地履行出口贸易的例行手续，生产商必须时刻了解国内外有关该产品的要求和规定的所有变化。

在做好一切文书工作后，必须考虑货物的实体运输。因为对包装、存货水平、时间限制、有效期、单位成本、破损和偷盗损失以及客户服务的要求各不相同，所以运输方式会对产品的总成本产生影响。必须从所有因素的相互依赖关系出发，来评估各种产品的运输方式以确保以最小的成本进行最佳分销。本着最有效地利用资本投资、资源、生产力、库存、包装和运输的原则，实体分销系统决定着从出厂到交货给最终客户的一切。国际市场营销渠道战略目标及渠道的选择在很大程度上决定了国际市场营销能否成功，尤其是对国际中间商的选择、激励和控制。

> 本章重点概念

出口管制	单边出口管制	多边出口管制	进口管制
关税	换汇许可证	配额	进口许可证
抵制	自愿限制	信用证	跟单托收
赊账	福费庭	特惠关税区	对外贸易区
保税区	实体分销体系	国际物流	国际市场分销模式
国际市场分销渠道	代理商	独立中间商	渠道成本

渠道控制　　　　　　渠道覆盖面　　　　渠道连续性

本章复习思考题

1. 实行出口管制的商品一般包括哪几类？
2. 简述出口管制的形式。
3. 进口管制的目的是什么？
4. 除了进口关税以外，其他常见的贸易壁垒还有哪些？
5. 简述典型的国际信用证支付流程。
6. 一般情况下，单证不符包括哪几种情况？
7. 试述特惠关税区的设立对国际市场营销活动的影响，国际市场营销者可以如何利用特惠关税区？
8. 国际市场物流管理的主要内容是什么？
9. 如何认识互联网对于国际物流的作用和影响？
10. 简述国际市场分销渠道的选择。
11. 国际市场营销活动中如何区分代理商和独立中间商？
12. 常见的母国中间商包括哪些？
13. 如何选择、激励和约束国际中间商？
14. 国际市场营销渠道的战略目标是什么？
15. 国际市场营销渠道选择的影响因素包括哪些？
16. 电子商务自身的特性决定了国际市场营销过程中会遇到哪些特殊的问题？

参考文献及进一步阅读材料

1. 〔美〕基根等：《全球营销学》，傅慧芬等译，中国人民大学出版社 2009 年版。
2. 〔美〕加里等：《科特勒市场营销教程》，俞利军译，华夏出版社 2004 年版。
3. 〔美〕科兰等：《营销渠道（第 7 版）》，蒋青云等译，中国人民大学出版社 2008 年版。
4. 〔美〕科特勒等：《市场营销原理（亚洲版）》，何志毅等译，机械工业出版社 2006 年版。
5. 〔美〕鲁特：《国际市场进入战略》，古玲香译，中国人民大学出版社 2005 年版。
6. 〔美〕托马斯·弗里德曼：《世界是平的——21 世纪简史》，何帆等译，湖南科学技术出版社 2006 年版。
7. 卢泰宏主编：《营销在中国》，企业管理出版社 2003 年版。
8. 田运银主编：《国际贸易单证精讲》，中国海关出版社 2010 年版。
9. 王方华等编著：《营销渠道》，上海交通大学出版社 2005 年版。
10. 吴国新、李元旭编著：《国际贸易单证实务》（第二版），清华大学出版社 2008 年版。
11. 闫国庆主编：《国际市场营销学》，清华大学出版社 2007 年版。

第十三章 国际市场营销定价战略

本章学习内容

- 国际市场定价的影响因素
- 国际市场营销定价方法
- 掌握国际市场定价管理
- 通货膨胀和货币不稳定环境下的定价策略
- 反倾销规制和全球定价协调管理

引例

中国外贸企业争夺全球定价权[①]

2008年4月23日,在香港落幕的"环球资源礼品及家居用品暨婴儿及儿童产品采购交易会"上,印度商人 Shaheer Ahmad 不无得意地宣称:"今天早上有一个德国买家说准备放弃原先的中国供应商,采购我们的产品。"Shaheer Ahmad 负责的是一家生产玻璃器皿和工艺品的公司 Rajan Overseas,他认为自己的产品与中国供应商相比,有相当明显的价格优势,"中国成本上升带来的价格上涨,对我们是一个机会,我们还预定了下两年的展位"。

和印度 Rajan Overseas 公司9平方米的标准层位相比,来自中国福建省莆田市新兴礼品有限公司相当于四个标准展位的空间显得要阔气很多。它刚刚从已经结束的"广交会"转战香港交易会。"今年广交会的客人明显来少了,买家大概少了20%。"一位员工不无忧虑地说。2007年以来,中国出口的寒流已经到来,虽然2007年该公司出口形势还在保持上升,但是总体的宏观环境并不令人乐观,成本上升的趋势还将在2008年继续。以新兴礼品公司为例,"去年成本总体上升了15%,所以我们的价格也上涨了15%"。该公司的产品主要是陶瓷、礼品蜡烛等工艺品,15%的总成本(以2007年计)增加分别为:原材料占8%(包装材料价格上升40%、原材料蜡上升10%)、人工占3%、汇率占3%—5%。环球资源2007年"中国供应商调查报告"数据显示,711家分别来自广东、浙江、福建、江苏、山东等地的供应商,有80%表示去年上调了出口产品价格,仅有16%表示价格不变,而另有4%表示价格下降。在表示涨价的大多数供应商中,表示涨价幅度在5%的占53%,另有37%表示涨幅为5%—10%,9%表示涨幅为10%—15%,1%表示涨幅超过15%。

中国供应商可以轻松掌握面向国际市场的"定价权"吗?在香港驻扎了近20年的澳大利亚 Coles Group 公司的采购负责人 Mitch Geal 委婉地描述着这场价格之战:"在过去

[①] 资料来源:《中国外贸企业遭遇战:争夺定价权》,载《21世纪经济报道》2008年4月24日。

的10年,零售商(买家)与制造商(卖方)的关系已经发生了很大的变化,近期零售商的确因为中国成本和价格的上升而受到困扰。"对于价格涨幅的忍受极限,来自欧洲Gewodd Group公司的总裁Stefano Piccini直言是5%,这几乎是大部分欧美及发达国家买家可以接受的涨价幅度的极限。

中国制造新一轮的价格调整能获得国际买家的广泛认可吗?在这场敏感的定价权争夺战中,欧美及发达国家市场将起到关键的作用。根据环球资源的调查,中国产品出口市场北美占31%,欧洲占45%,其他新兴市场如北欧、中东、非洲、亚洲仅占余下的24%。从短期来看,中国产品能否成功抵御"出口寒流",还需要看欧美发达国家市场的反应。"美国客户比较难接受涨价",来自广州盈浩公司的一位员工说,买家对价格的敏感程度很大程度上决定于其本国经济的形势,"欧洲客户比较容易接受(涨价),能涨多少,每个都不同"。

能否掌握"涨价"的主动权呢?对于那些产品品质较高、设计能力提升较快、短期内较难找到替代厂家、生产中高档产品的厂商,他们相对强势,基本能将涨价因素转嫁出去。如全球75%的玩具产于中国,而服装、礼品、电子等消费品领域,中国也是绝对值超过50%的出口大国。但是对于那些可替代性较高的低端、普及型产品生产厂商,其议价能力极为有限。上海云脉实业公司一位人士说,公司最近涨价的最高幅度仅有几个点,"不敢"涨价的原因是中国同行之间的恶性竞争,"你涨了别人不涨,客户就丢了"。

> **热身思考**
>
> 国际市场上的定价权受到哪些因素的影响?中国产品要获得国际市场上的定价权,需要提升哪些方面的能力?

第一节 国际市场定价的影响因素

定价策略是国际市场营销中竞争工具的重要构成因素。国际经营者尽管有时已经生产了合适的产品,选择了恰当的销售渠道,并进行了对路的促销方式,但如果在国际营销中定价不当,所有的努力往往会前功尽弃。

在过去的几十年里,随着市场的全球化,世界上很多公司都在逐渐走向全球市场,公司原有的定价策略面临着越来越大的挑战,必须从针对单一市场转变为适应全球环境。由于全球市场上竞争对手日益增多,技术变化速度日益加快,国际市场环境越来越复杂,如本章引例所示,跨国公司在全球市场上争夺定价权的竞争正变得越来越激烈。跨国公司的管理层在制定价格策略时必须面对许多难以简单回答的问题,诸如:全球市场定价的最佳方法是什么?定价时应考虑哪些变量及各自的权重?价格变动应根据不同的市场、不同的顾客还是不同的时期?等等。

定价决策是全球营销者面对的最艰难的任务之一。国际市场上存在很多影响定价决策的因素,企业在进入国际市场时,具体在何时、何地采取什么样的产品定价方法,除了受公司本身如企业目标和成本的影响外,还包括来自消费者、竞争者、渠道以及当地政府相关政策的影响。

一、企业自身因素对国际市场定价的影响

在制定国际市场价格战略时,企业必须明确这一战略所要达到的目标,这些目标可能包括近期利润最大化、市场渗透、塑造高端形象等各个方面。跨国公司在不同国家和地区市场的目标是不同的,特别是那些允许分公司相对独立的跨国公司。例如,联想在并购IBM个人电脑业务之后,为了成就其在欧美等国家市场上的品牌影响力和市场占有率目标,其各个系列的笔记本电脑在欧美市场上的售价都远远低于在中国境内的售价。

在不同的时期,公司在海外市场的目标也会发生变化,其定价策略也需要因其而变动。在进入一个国家市场的初期,其产品的定价可能相对较低,以便迅速打开市场,而一旦在这个国家的市场上站稳脚跟之后,公司的目标可能会变成培育高端品牌,而定价策略也应该随之转变。除了公司目标,成本也属于对国际市场定价有着重要影响的公司自身因素,在国际市场定价决策中具有重要的地位。因应原材料、人力、物流、运输、关税等方面因素在不同国家和地区市场间的差异,同一产品在不同国家的市场上可能会有着巨大的价格差异。

二、客户因素对国际市场定价的影响

产品的成本决定市场价格的底线,而消费者对商品的感知价值则决定了价格的上限。消费者需求是购买力、品牌、习惯和替代品等诸多因素的总体表现。这些需求状况在不同的国家也是不同的。例如,星巴克在美国被视为时尚咖啡品牌,但是,许多酷爱咖啡的欧洲人却认为星巴克甚至都不能算是咖啡。这正是星巴克咖啡在欧洲市场的扩张道路上遇到的难题。

购买力是定价策略中的一个关键客户因素。人均收入低的国家存在令企业左右为难的状况,这些国家的消费者对价格的敏感度大大高于高收入的发达国家和地区市场上的消费者。在这种情况下,一般可以有四种定价策略可供选择。

(1) 第一种定价策略选择是调整产品以进入大众市场,企业可以考虑通过减少产品的单位数量(减小每一个包装的体积、尺寸和单位)或降低产品质量来达到低定价的效果。如联合利华在印度农村销售的洗发水采用的大多是小包装,从而有效减少了普通消费者的单次开支。

(2) 第二种定价策略选择是制定与一线全球品牌同等的价格并把目标定位于高端客户市场。星巴克和哈根达斯等跨国公司在全球市场便是采用这一定价策略选择。无论是在发达的西方国家还是在像泰国和中国等相对欠发达的国家,哈根达斯的冰淇淋在世界各地的价格几乎是整齐划一的。

(3) 第三种定价策略选择是针对不同的收入群体推出不同的产品组合。如欧莱雅在中国市场上即采取这样的策略,针对不同的消费人群推出不同的从高端到中低端的产品组合,使得公司能够在各个层次的产品类别中都尽可能地取得优势地位。

(4) 第四种定价策略是在低购买力的国家市场上以低价销售过时的产品。这种策略尽管有时难以奏效,但也不失为一种可行的战略选择。

一般说来,客户需求的性质随着时间的推移也会发生变化。对刚进入不久的国家,企业需要通过折扣或渗透定价战略来刺激消费者进行尝试。在比较成熟的市场上,绝大多

数的消费者是重复购买者。一旦建立起了对品牌的忠诚,作为购买标准的价格所起的作用将相应地减小,那么企业就有条件采用高定价战略了。这一战略是否成功,显然取决于企业能否成功凸现本公司产品的特色,与当地市场上的竞争对手的产品相区分。

三、竞争者因素对国际市场定价的影响

竞争者是国际市场营销定价策略所需要考虑的又一个关键因素。国别市场之间竞争状态的不同通常会导致跨国界的价格差异。竞争状况可能由于以下几个原因而改变:

首先,在不同的国家,竞争者的数量通常是不同的。在一些国家,企业面临很少的竞争,或者在政府的政策范围内享受一定程度的垄断地位,如中国金融服务、航空运输、移动通信等领域的企业,或是一家独大,或是在政府控制下虚假竞争。但是,在另一些国家的市场上,企业不得不与无数的品牌竞争。

其次,在不同国家的市场上,竞争的性质也是不同的。全球性企业与当地的企业发生竞争时,即便当地企业不是国有的,它也会被认为是"国粹"而受到当地政府的关照,这种关照可能会使其获得额外的国际市场竞争补贴或别的好处,如低息贷款等,从而获得市场竞争优势。在一些国家的市场,跨国企业还不得不与仿冒产品相竞争,仿冒产品在市场上的存在迫使企业不断降低价格,最后甚至导致整个正品市场的萎缩。在发展中国家,尤其是农村地区,竞争的性质又会有很大的差异。消费能力的不同,使得这些企业的产品将不得不面临来自各方面的竞争。例如,对一位印度的村民而言,他面临的选择不是一听可口可乐还是一听百事可乐的问题,而是到底要购买一听软饮料、一个一次性剃须刀,还是一管牙膏的问题。另外,在很多市场上,合法的全球品牌经销商还不得不与走私者展开竞争。如在中国,1996年有10万辆日本和韩国的汽车通过走私进入中国。走私行为对相关产品构成了降价的压力。

最后,在不同的国家,企业的竞争地位通常也是变化的。一个跨国公司在一些国家是价格的领导者,而在另一些国家则可能是追随者,这种竞争地位的差异无疑会导致不同的定价策略的选择。例如,亨氏的政策是在其品牌不具备领导地位的国家市场上采取低价策略。

各国关于价格竞争的游戏规则通常也是不同的。有的国家盛行广告、渠道等层面的非价格竞争,而有的国家,价格战则是家常便饭。

在国际市场营销活动中,为了避免价格战,控制产品的销售市场,许多生产同类产品的公司之间会进行合作,从而产生了特定的卡特尔(Cartel)组织。卡特尔组织可以采用正式协议的形式来确定价格、规定成员企业的产品产量和销售量、划分市场范围,甚至可以对利润实行再分配。在有些情形中,卡特尔组织本身接管了全部销售职能,销售各成员企业生产的产品,并负责分配利润。

长期以来,人们对卡特尔的经济作用有很大争议。卡特尔的支持者们辩解说,卡特尔限制了那种残酷的市场竞争,并使经营活动"合理化",促进了技术革新和价格降低,使消费者受益。可是,大多数专家对此持怀疑态度。石油输出国组织(OPEC),简称欧佩克,也许是最著名的国际卡特尔。它通过控制原油产量的百分比来控制原油价格,使石油输出国家从策略性的供需不平衡所引起的涨价中获得额外的收益,但石油进口国则遭受巨大的经济损失。卡特尔的一个重要问题是其不可能无限期地控制所有成员,个别卡特尔

成员的贪婪及其他一些问题通常会削弱卡特尔的控制能力。

目前,关于卡特尔的合法性问题还不十分明确。在美国,国内卡特尔是非法的;欧洲共同体则制定了专门的法令来控制卡特尔。随着各国愈来愈向自由贸易开放,那些人为地提高价格、限制顾客选择的强大的卡特尔正在受到越来越密切的关注。

四、渠道因素对国际市场定价的影响

产品分销渠道的不同在很大程度上影响着国际市场定价。

当企业有海外子公司时,可以凭借海外子公司在目标市场上进行产品的分销,使得企业在对产品最终的市场价格有着较大决定权的同时,又可以首先感受到市场状况的变化,快速调整市场价格。

当借助独立的分销商销售产品时,企业就很难控制产品的价格,产品最终的销售价格由分销商制定,很多情况下甚至会比企业给分销商的价格高出一倍以上。利用销售代理商虽然给企业带来相对较大的自主权,但是这种分销渠道在国际市场营销活动中却很难采用,因为这需要在海外市场上找到一个能够提供全面服务的中间商。在许多产业领域中,特别是涉及大型系统和技术设备的产业领域,对最终消费者的直接销售是极其重要的。这需要企业建立海外子公司,通过减少生产者与消费者之间的中间商的数目,避免中间商层层加价的弊端。

渠道因素带来的国际市场营销定价的压力可以表现为多种形式,其中,制造商和经销商的力量对比是潜在的影响定价战略的因素。大规模零售商通常会基于其订购商品的巨大批量而迫使制造商提供大幅度的折扣,如在中国市场上西安杨森与南京医药之间发生的制造商与渠道之间的暗战。在泛欧洲市场上,一些小规模的渠道商为了提升与制造商讨价还价的能力和地位甚至形成跨国界的联盟。依靠规模优势和市场地位,有些制造商也会主动直接对最终消费者提供低价,而不是促销价格折扣和营业推广,这样就很容易与渠道商之间的利益形成冲突。当宝洁公司在德国推行"每天低价"时,几家德国连锁超市就联合起来,拒绝销售该公司的碧浪、维瑟(Vizir)和利纳(Lenor)等品牌的洗涤用品以及贝丝牌(Bess)的卫生纸。在个人计算机产业低价格市场,如美国和德国,为消费者提供了广泛的渠道选择,包括直接经销商、超市经销商、大型专卖连锁店等,但在价格比德国高50%以上的英国,市场则被操控在零售连锁商迪克森(Dixons)的手中。援引英特尔首席执行官的话来说,这家连锁商通过对个人计算机市场的操控所攫取的利润"达到了近乎荒唐的地步"。

另外,不同国家或地区市场之间巨大的价格差异形成了从价格低的国家到价格高的国家跨国界串货的机会,即平行进口(parallel imports),由此形成灰色市场(grey market)。如本章后面案例分析中所涉及的台湾白酒零售业,许多经销商会选择从制造商定价更低的拉丁美洲市场上购买低价威士忌和白兰地转销中国台湾市场,从而严重扰乱制造商在全球范围内的定价布局。从事非法的平行进口的经销商通常没有获得授权,而是借此与正当的经销渠道展开竞争。为了削弱平行进口,企业可以考虑压缩跨国界的价格差距。这样,防止跨国界追踪价差就变成企业国际市场营销定价策略中的一个需重点考虑的因素。

五、政府因素对国际市场定价的影响

各国政府的政策会直接或者间接地影响国际市场营销的定价决策。具有直接影响力的因素包括销售税率(例如增值税)、关税和价格管制等。即使在欧元诞生以后,汽车在欧盟内部仍保持高达50%的价格差距,导致汽车价差的一个主要原因是国家对新汽车销售所征收的税率存在悬殊的差异,从卢森堡的15%到丹麦的213%,这一税率的差异同时也影响了汽车的税前价格。事实上,大多数欧洲的汽车制造商通过在低税率国家提高价格来降低与高税率国家的价格差距。

政府增加销售税通常会减少市场的需求总量。在某些情况下,税率可能会影响某些产品的进口。例如,20世纪80年代末美国政府决定对价格在3万美元以上的汽车加征10%的奢侈税,这显然对豪华汽车的进口构成了冲击,因为美国本土制造的豪华汽车的价格很少高于3万美元。另一个需要关注的问题是价格管制,这将影响整个国家的经济或某些行业,如在很多国家,医疗费用大部分由政府承担,因此企业往往需要就药品的价格与东道国政府展开磋商,很多制药公司因此处于进退两难的境地,它们要么接受强势的较低的政府定价,要么就被纳入市场极其有限的政府不予报销的药物清单。另外,有的政府大力提倡将普通药物变成处方药物,鼓励从低价格的国家平行进口,以便对制药公司施加价格压力。欧盟成员国的政府越来越注意将本国的药品价格与其他成员国的药品价格进行对比,并在必要的情况下进行调整。为了维持高价以在全球市场上获取最大的利润,制药公司经常首先将新药品投放到高价的市场上,力求使这些国家的价格变成别的国家政府指定相关政策的参照系。

另外,政府还会通过一系列行政手段对国际市场定价形成影响。如中国正在酝酿建立价格干预基金,商务部外贸司也在和其他部门一同完善中国的大宗商品采购机制,以集合多方力量共同推动中国的"集中采购方式"。由于中国近年来每年进口印度铁矿石近5000万吨,仅次于进口澳大利亚铁矿石的量,但是印度却以零售的方式对华销售铁矿石,价格是澳大利亚和巴西铁矿石价格的两倍。2006年,澳大利亚和巴西以印度铁矿石价格作为标杆,在与中国的铁矿石价格谈判中,声称继2005年涨价71.5%之后,2006年将继续涨价两成。中国钢铁工业协会呼吁在购买印度铁矿石的主力小钢厂全面告亏的情况下,大钢厂应对其展开收购重组,以提高中国钢铁企业参加国际铁矿石价格谈判的话语权。如小贴士13-1所示,中国企业在国际市场定价权的丧失,其中一个重要的原因即是彼此之间的无序竞争。国际市场定价权的争夺,不仅是中国改变外贸增长方式的重要内容,而且应该上升到国家经济安全的高度。因为如果中国继续被排斥在铁矿石等大宗原材料商品的国际定价权之外,中国经济将有可能产生系统性风险。除了直接的干预,政府的政策也会间接地影响国际市场营销的定价策略。例如,巨额政府赤字将刺激利率上涨(资金成本增加)、币值波动和通货膨胀。这些因素的相互作用无疑将影响产品的成本。如通货膨胀无疑会影响劳动力价格,特别是在实行工资指数化体系的国家,工资水平会随着生活费用的提高而按比例上调。20世纪80年代早期,美元的持续坚挺使许多美国的企业不得不降低出口价格,导致出口利润急剧下降。相反,在20世纪90年代早期,美元对其他货币汇率下跌,美国企业的出口额度则大大增加,出现了前所未有的出口繁荣。

小贴士 13-1

谁剥夺了中国的国际市场定价权？[①]

从 20 世纪 90 年代中后期开始，中国在多种大宗商品上对国际市场的依存度不断提高，被世界市场称为"中国因素"。仅 2004 年，中国部分大宗原材料采购就占到世界总进口量的 20% 至 35%。其中，铜进口量占国际贸易总量的 20.6%，进口依存度达 65%，原油进口 1.1 亿吨，进口依存度约 40%。2005 年，中国大宗商品的对外依存度进一步提高，并成为全球第一大铁矿石和铜消费国。统计显示，近几年，在全球贸易额每年 3000 多亿美元的净增量中，来自中国的贡献达 1500 多亿美元，几乎占了一半。

就在中国消耗大宗原材料的比例不断上升的时候，国际原材料市场价格随之大幅上涨。从 2002 年底到 2004 年三季度末，铁矿砂、铬矿砂、氧化铝 3 种商品平均进口价格涨幅高达 3 位数，主要品种价格均创出近 10 年甚至 20 年新高。因国际油价大涨，2004 年，中国多付出了 70 亿美元；2005 年因铁矿石价格大涨，中国钢铁业多花费近 100 亿美元。中国企业处境难堪。铁矿石如此，石油、铜、大豆等都是如此。"中国要买什么，什么就涨价"，这种现象一直在国际市场上反复上演。中国已是全球的加工生产中心，获得了生产的主导权，但是这并不意味着获得贸易的主导权。究其根本，只能说中国已经拥有获取资源的全球视野，但却并不具备强大的定价能力。如 2005 年，中国石油的进口量占世界石油贸易总量的 6%，但在影响石油定价的权重上却不到 0.1%。

中国不但在国际采购方面定价权微弱，在国际销售方面亦是如此，航天飞机的原材料，17 种金属元素统称的中国稀土出口便是最好的例子。"中东有石油，中国有稀土"，这句话说了很多年。石油眼下成了"黑金"，稀土却只卖了个"土"价钱。2004 年，中国稀土产品出口量是 1990 年的 9 倍，而平均价格却是降幅高达 46%。另外，中国淡水珍珠年产量占全球 95%，收入却不足 10%。经营主体过多，争相低价竞销，正是中国企业彼此之间的内耗让国际市场定价权白白丧失。

之所以出现这种现象，和全球商品定价机制有关。在国际市场上，大宗商品定价基本上是采用期货定价方式。谁能影响期货价格，谁就掌握了定价的主动权。针对目前国际大宗商品定价权的现实，中国必须在现货市场和期货市场两方面同时加速发展。唯此，才能利用"中国因素"的力量，构建对全球大宗原材料定价的影响力体系。

国际市场的定价权，如同"弱国无外交"一样，是市场激烈竞争的结果。中国是在国际贸易规则既定的情况下，参与到国际贸易中来的。因此，中国必须接受许多其实是少数贸易强国制定的游戏规则。在这样的意义上可以说，是少数贸易强国剥夺了中国的话语权。另一方面，也是中国内部企业之间在国际市场上的无序竞争自毁长城，削弱了自身的国际市场定价话语权。2005 年，龙永图先生在南京畅谈"战略机遇期与中国的对外开放"时痛心地说："过去说苛政猛于虎，现在是内斗猛于虎"。

除了上述几项因素，海外市场特殊的气候条件也将会增加产品的生产成本，迫使企业采取特殊的分销渠道。比如，软饮料生产设备的制造商在赤道地区销售时，必须对设备进

[①] 资料来源：顾列铭：《中国的国际市场定价权被谁剥夺了》，载《新经济杂志》2006 年第 1 期。

行特殊的处理,以避免气候潮湿使设备遭受腐蚀;从事农产品贸易的企业在进行交易时必须考虑到气候、土壤条件、当地国家的基础设施状况等因素。

第二节　国际市场营销定价方法

在决定国际市场定价时,产品的成本和市场接受程度是两个需要认真考虑的因素。公司既不能以低于成本的价格出售产品,又难以以市场不能接受的价格实现销售。一般情况下,从国际市场定价的成本或市场出发,可以将国际市场营销定价方法分为两类:即基于成本考虑的完全成本定价法和变动成本定价法;基于市场考虑的撇脂定价法和渗透定价法。

一、完全成本定价法与变动成本定价法

企业生存的原动力在于利润的最大化,因此在正常的定价策略中,是不可能长期低于成本的。在国际市场营销活动中有多种定价方法,在未全面熟悉市场的情况下,关于成本定价的完全成本定价法和变动成本定价法是国际市场营销实践中常用的方法。那些基于成本来定价的公司必须确定,是采用完全成本定价法还是采用变动成本定价法。

完全成本定价法(full-cost pricing),也称全部成本法,是在计算生产成本和存货时,把直接材料、直接人工、变动和固定制造成本都包括在内。采用完全成本定价法的公司认为,同一种产品的每一件产品在成本方面应该一视同仁,都应当分摊总的固定成本和变动成本。这一方法适合于变动成本高而固定成本相对较小的公司。在这种情况下,通常采用按成本加成法定价,即总成本加上一定的利润。变动成本定价法和完全成本定价法在国际营销实践中都有应用。

变动成本法(variable-cost pricing),也称边际成本法,对于采用变动成本定价法的公司来说,是指在计算产品成本时,只考虑在生产过程中消耗的直接材料、直接人工和变动制造成本。采用变动成本定价法的公司,其关注的是出口产品的边际成本。这些公司把海外销售额看作额外的收入,认为扣除变动成本的收益都是对总利润的贡献。这些公司在国外市场上推出最有竞争力的价格,可是,由于它们是以低于国内市场净价的价格在海外市场销售产品,这种做法虽说符合经济法则和市场逻辑,但破坏了国际贸易中公平竞争的环境,损害到进口国的国内产业,很可能会受到反倾销的指控而被课以反倾销税或被处以罚款,这些支出可能会抵消其原有的竞争优势,影响整个国际市场营销策略布局的进一步实施。但不管怎样,变动成本或边际成本定价法对于固定成本高且生产能力过剩的公司来说,如钢铁、化工等,仍不失为一个可行的方法,超过变动成本部分能分摊一部分固定成本,对公司来说就相当于是利润。

反倾销调查在确定倾销时,一个重要的概念是正常价值(normal value)。WTO《反倾销措施协议》关于正常价值的确定有三种方式:一是出口国国内正常贸易价格;二是出口到第三国的可比价格;三是由生产成本加上合理的管理、销售和一般费用及利润确定的结构价格。在确认国内正常贸易价格时,WTO还规定,如果在出口国国内市场以低于单位生产成本加管理、销售和一般费用的价格销售产品,将不能够被视为正常贸易过程中的销售。很显然,企业在实施国际市场营销定价策略时,如果采用变动成本法定价,将极有可

能构成倾销行为。

20世纪80年代以来,倾销和反倾销已经成为引起国际贸易摩擦的一个主要原因。超过本国需求的过剩生产能力的大量出现,促使许多企业开始根据边际成本来定价,认为高出变动成本的任何收益对公司的利润都是有利的。于是,高价国内销售、低价国外销售的倾销行为不断出现。尽管各国都在不断强化反倾销能力,严厉地实施反倾销手段,但并没能完全促使国际营销者改变变动成本定价法的使用,而是出现了一些新的逃避反倾销制裁的方法,如加大在进口国的投资、出口国政府对出口经营给予补贴、规避、吸收、新型号按照老型号价格来出口销售等。

二、撇脂定价法和渗透定价法

在国际市场上,跨国公司对于撇脂定价(skimming)和渗透定价的决策,取决于其所面对的市场竞争的激烈程度、产品的创新程度和市场特点。

撇脂定价法是在产品刚进入国际市场时,就把价格抬得很高,一方面是为了提升产品的声誉,另一方面是为了尽可能在产品的生命周期之初便赚取最大利润。当企业的目的是进入一个价格弹性小,消费者愿意为获得产品价值而支付高价的细分市场时,可以考虑选择采用撇脂定价法。如果供应出现瓶颈,公司也可以采用撇脂定价法,以便使销售收入最大化,并使供求趋向一致。如公司是某一新产品的唯一供应者,在出现竞争并被迫降价之前,采用撇脂定价法可使企业的利润最大化。渗透定价政策是指故意以较低价格出售产品以扩大市场和提高市场占有率的一种定价方法。此法与撇脂定价法相反,它把产品价格定得低于预期价格。在把占有和维护市场份额作为竞争策略时,渗透定价法用得最多。在经济持续快速发展的市场中,即使现在的市场竞争程度可能还不太激烈,但也可以采用渗透定价法来刺激市场的增长,因为竞争迟早是要来的,如果渗透定价能够使收入最大化并在市场占有率方面获得竞争优势,那么,渗透定价策略可能比撇脂定价策略的获利更丰。另外,新产品采用此法可以迅速打开市场,进行渗透。

如小贴士13-2所示,在激烈的全球市场竞争中,撇脂定价策略在快速的产品更新战略的配合下,可以为跨国公司带来巨大的收益,如苹果的iPod产品;与其相应地,如果在产品更新上一味地被动跟随,如索尼的MP3产品,就很难享受到撇脂定价策略所带来的收益了。

小贴士 13-2

从苹果 iPod 和索尼 MP3 的成败,看撇脂定价法的使用艺术

苹果公司的iPod产品是最近四年来最成功的消费类数码产品,一经推出就在全球市场上获得了巨大的成功,第一款iPod的零售价高达399元美元,这一定价,即使对于美国用户来说,也属于高价位产品,但是有很多"苹果迷"既有钱又愿意花钱,所以还是纷纷购买。苹果的撇脂定价取得了成功。但是苹果认为还可以"撇到更多的脂",于是不到半年又推出了一款容量更大的iPod,当然价格也更高,定价499元美元,仍然卖得很好。苹果的撇脂定价大获成功。

索尼公司的MP3也采用撇脂定价法,但是却没有获得成功。索尼失败的第一个原因

是产品的品质和上市速度。索尼最近几年在推出新产品时步履蹒跚,当 iPodmini 在市场上热卖两年之后,索尼才推出了针对这款产品的 A1000,可是此时苹果公司却已经停止生产 iPodmini,又推出了新产品 iPodnano。苹果保持了产品的差别化优势,而索尼总是在产品上落后一大步。此外,苹果推出的产品马上就可以在市场上买到,而索尼还只是预告,新产品正式上市还要再等两个月。速度的差距,使苹果在长时间内享受到了撇脂定价的厚利,而索尼的产品虽然定价也很高,但是由于销量太小而只"撇"到非常少的"脂"。

不管采用何种定价策略,国际市场营销者都必须清醒地认识到,市场是价格有效性的决定因素。换句话说,价格必须定在恰当的位置,使消费者能感觉到物有所值,而且价格必须是目标市场的目标顾客群体所能接受的。在使用上述两种定价方法时,一般要考虑以下几个因素:

(1) 企业生产该产品能力的大小。生产能力大,能大量推出产品投放目标国际市场的跨国公司,一般可以考虑采用渗透法,薄利多销;反之,如果生产能力一时难以扩大,难以满足目标国际市场的需求的话,跨国公司一般应采用撇脂定价法。

(2) 新技术是否已经公开,是否易于采用。如果产品中所含新技术已经在目标市场上被公开,而且该技术又易于实施,那么,跨国公司一般会采取渗透定价策略,以便有效地排斥竞争对手;反之,如果新技术尚未公开,则可以考虑采取撇脂定价方法。

(3) 需求弹性的大小。如果拟投放目标国际市场的产品在该市场上的需求弹性比较大,那么,低价投放该市场将易于使销售量增大,总利润也会相应增多;但是,如果产品在该市场上的需求弹性较小,则采用撇脂定价方法可以提高单位产品利润,从而相应扩大总利润。

第三节 国际市场定价的管理

经常到国外旅游或出差的人会发现,在本国很便宜就能买到的商品,到了其他国家却可能会贵得惊人,或者在本国很贵的奢侈品牌,在某些国家却可能便宜得不可思议。这些在国际市场上相对于本国市场价格的高或者低,背后都有着一系列的原因,如通货膨胀或通货紧缩、汇率的变动以及关税和非关税壁垒等都可能导致国际市场价格的升级。

一、价格升级与降低价格升级的途径

在一些国际市场上,超额利润是存在的,但导致出口国与进口国之间价格形成超乎寻常的差异,即价格升级(price escalation),通常是因为产品从一个国家出口到另一国家的过程中附加了许多成本。价格升级是指由于装运费、保险费、包装费、关税、较长的分销渠道、较高的中间商毛利、专门税费、行政管理费、汇率波动而导致最终价格上涨的情形。这些成本的共同作用把最终价格提升到比本国国内市场高得多的水平上。如电子心脏起搏器在美国的售价为 2100 美元,关税加上日本分销渠道的加价使得该产品在日本的最终市场价格大幅度上扬,消费者付出的价格甚至超过了 4000 美元。

1. 税收、关税和管理费用

税收和关税无疑会影响国际市场上产品的最终价格。在大多数情况下，这两者都落在消费者身上。然而，也有时候制造商为了能打入特定的海外市场而主动减少自己的纯收益，从而使得消费者因此而受益。无论是跨国公司承担还是转嫁于消费者，国际市场营销者在定价决策中都必须考虑税收和关税问题。关税是一种特殊形式的税收。和其他形式的税收一样，征收关税的目的是保护市场，或增加政府的收入。关税是当货物从一个国家进入另一个国家时所缴纳的费用。关税水平一般是用关税率来表示的，可以按从量、从价或混合方式征收。从量税是按进口商品的实物数量征收的，从价税是按进口商品价值的一定百分比计征，而混合税则既包括从量税也包括从价税，征收关税和其他形式的进口税都是为了限制外国商品进入本国市场。

2. 通货膨胀、通货紧缩和汇率波动

在通货膨胀率高或汇率波动大的国家，销售价格必须反映产品的成本及重置成本。商品的销售价格往往低于重置成本和间接费用之和。商品常常以低于重置成本与一般管理费用之和来进行销售。所以，当签订长期合同或付款有可能推迟时，必须把通货膨胀因素考虑到价格之中。由于一国的通货膨胀和价格管制对于跨国公司来说是不可控因素，他们会运用各种技巧提高销售价格以抵消通货膨胀和价格管制的压力，如对额外的服务索取报酬，提高内部转移价格，把产品分解成多个部件，每个部件独立定价，等等。通货膨胀引起产品价格的上涨，从而使消费者面对更高的价位，这样一部分消费者就会被挤出市场。通货紧缩则会对消费者有积极影响，因为价格变低了。无论是通货紧缩还是通货膨胀都会增加供应链的每个环节降低成本的压力。在通货紧缩的市场中，保持低价和增加顾客对品牌的忠诚度是非常重要的。无论是通货膨胀还是通货紧缩，出口商都必须重点控制价格升级。

随着经济全球化的发展，国际市场上几乎所有的主要货币相互间都是自由浮动的，没有人能准确预测某种货币将来的确切价值。企业在拟定贸易合同时越来越强调以卖方国家的货币计价，提前进行套期保值的愿望也变得更为普遍。

3. 中间商和运输成本

国与国之间分销渠道的长短和营销方式差异很大。由于进入海外市场可以采用多种多样的分销渠道，而且缺乏统一的中间商加成标准，所以许多制造商也无法知道其产品在市场上的最终售价。

除了销售渠道多样以外，由于许多国家的营销和分销渠道的基础设施比较薄弱，也给国际市场营销者带来了各种各样难以预料的成本问题。如果跟资金不足的中间商打交道，国际市场营销者甚至还必须承担因此而增加的财务费用成本。另外，在运输过程中，还需要有保险、包装、装卸等额外费用，这些成本对于当地产品来说，可能很小甚至就没有。不仅如此，由于许多国家的关税是按包括运输、保险和装卸费用在内的到岸价格计征的，因此会进一步抬高最终的定价。

在国际市场营销活动中，对于压缩成本，控制价格升级，可以从降低制造成本、降低关税、降低分销成本和借助自由贸易区等方面考虑。

1. 降低制造成本

制造商的价格如能降低，将对价格升级的整条因果链产生影响。许多跨国公司将

生产基地转移到原材料和人力成本相对较低的第三国的一个重要原因就是试图降低制造成本,从而降低价格升级。如在中国,一个熟练工人的1小时工资约2美元左右,而在美国则超过10美元,可见,跨国公司在第三国组织生产,对于降低制造成本的效果将非常明显。近年来,许多跨国公司纷纷将生产基地转移到中国大陆,使得中国正在以世界工厂的姿态出现,这是因为中国拥有相对廉价的劳动力等优势。中国向全球供应的商品种类越来越多。但是,随着2008年中国新劳动法的实施,中国的人力成本,特别是华东和华南地区的人力成本快速上升,使得这些区域的跨国公司不得不基于降低成本的考虑而开始将生产基地向中国内地转移,或者向越南、缅甸、马来西亚等人力成本更为低廉的国家转移。

另外,取消产品的某些成本昂贵的功能特性,甚至降低产品的总体质量也是控制价格升级的一种方法。那些发达地区市场所要求的产品质量和附加特性不一定是发展中地区的顾客所要求的。例如,针对美国市场设计和生产的洗衣机的许多功能,如自动漂白、肥皂水容器、提供4种不同温度的温度调节器、改变水量的控制器、定时鸣叫等,对于许多其他国家市场上的消费者来说可能是不必要的。取消这些功能则可以降低制造成本,进而控制价格升级。

2. 降低关税

关税在价格升级中常常起着很大的作用,因而企业纷纷寻求降低关税的途径。有些公司设法把产品重新归类,以列入关税较低的产品类别。很多时候,国际市场上有关产品如何归类常常是一个有着较大随意性的判断题。鉴于产品归类因国而异,国际市场营销者如果仔细了解目标市场上关于产品分类的规则和分类标准,改变产品的包装或用途说明,就有可能会使得关税降低。

3. 降低分销成本

缩短国际市场分销渠道有助于控制价格升级。通常情况下,拥有较少中间商的销售渠道,由于减少了中间商的成本加成,从而降低了分销成本。除了可以减少加成外,较少的中间商还意味着更少的税费。一些国家征收增值税,货物每转手一次,就征一次税。增值税可以是累积的,也可以是非累积的。显然,在征收累积增值税的国家,仅仅为了少纳税,企业也会努力缩短分销渠道。

4. 借助自由贸易区

自由贸易区是国际市场上控制价格升级的一条重要途径。有些国家为了便利于国际贸易而建立了自由贸易区或自由港,在全世界这类区域有300多个。在自由贸易区,进口货物可以进行储存和加工。货物在进入自由贸易区的时候是不需要缴纳关税的,只有在货物离开自由贸易区的时候才需要缴纳关税,因此,由税收、关税、附加费、运费等引起的国际市场上产品的价格升级可以通过自由贸易区得到一定程度的控制,可以避免、减少或者延缓这些费用的产生,使得产品的最终价格能够有效降低。

如小贴士13-3所示,中国在2013年7月成立了上海自由贸易试验区,作为推进改革和提高开放型经济水平的"试验田",上海自贸区采取特殊的监管政策和税收优惠,对一国内的转口贸易、离岸贸易将有极大的促进作用。

小贴士 13-3

中国（上海）自由贸易试验区

为了顺应全球经贸发展新趋势，更加积极主动对外开放，2013 年 7 月 3 日，中国国务院常务会议通过《中国（上海）自由贸易试验区总体方案》，在总面积为 28.78 平方公里的上海市外高桥保税区、外高桥保税物流园区、洋山保税港区和上海浦东机场综合保税区等 4 个海关特殊监管区域建设中国（上海）自由贸易试验区。

根据 1973 年国际海关理事会签订的《京都公约》，自由贸易区的定义为："指一国的部分领土，在这部分领土内运入的任何货物就进口关税及其他各税而言，被认为在关境以外，并免于实施惯常的海关监管制度"。成立自由贸易区的目的是便利组成自由贸易区的各国家和地区之间的贸易。自由贸易区内允许外国船舶自由进出，外国货物免税进口，取消对进口货物的配额管制，是自由港的进一步延伸，是一个国家对外开放的一种特殊的功能区域。

二、通货膨胀环境下的定价管理

当麦当劳于 1990 年 1 月在莫斯科刚开业时，一份麦当劳套餐（包括油炸食品和软饮料）的价格为 6 卢布，三年后，相同的套餐价格变成了 1100 卢布。剧烈的通货膨胀是在很多国家和地区进行国际市场营销活动时遇到的主要障碍。与高通货膨胀率相伴随的通常是令跨国定价策略更为困难的起伏不定的汇率。在这样的环境里，国际市场定价管理和成本控制就变得尤其关键。

对于通货膨胀，国际市场营销者的应付方法包括改变产品的构造、成分组合、零部件和包装材料，从低价供应商处购买原材料，采用稳定的货币报价，在长期合同中引入涨价条款，等等。另外，在长期经历通货膨胀的国家经营，将为在其他高通胀国家的经营提供各种经验教训。麦当劳在俄罗斯就应用了一个从巴西学到的经验，即拒绝采用政府发布的官方通货膨胀率，自行与各个供应商分别商定不同的通货膨胀率，并约定每个月进行一次调整。

为了抑制过高的通货膨胀，政府会选择价格管制的控制方法。例如，20 世纪 80 年代和 90 年代，巴西为了应对高达三位甚至四位数的通货膨胀率，在 6 年的时间里，先后进行了 5 次价格冻结。直至近几年，这个手段还一直被巴西政府所采用，以应对行业性的价格管制，如 2003 年 7 月，宣布在未来一年内冻结近千种药品价格，禁止一切形式的临时提价。[①] 这种临时的价格管制政策可能是有选择性地，将目标指向特定的产品，但是在特殊的情况下，政府也可能会对所有的消费品实施这样的管制政策。然而，在剧烈通货膨胀的环境中，价格冻结被证明往往是无效的，因为预期即将来临的价格冻结经常会引发传闻，这反而会刺激企业大幅度提高价格，结果造成恶性循环。价格管制的一个后果是，产品被分流到黑市，从而引发正常市场中的短缺现象。

面对政府的价格管制，跨国公司可以考虑以下几种应对方案：

---

① 参见《巴西政府将继续冻结千余种药品价格》，载商务部经贸新闻，http://riodejaneiro.mofcom.gov.cn。

(1) 调整产品线。为了减缓政府强制的价格冻结所带来的风险，企业可以向受价格管制影响相对较弱的产品线中推行多元化。当然，在推行这样的转变之前，企业必须从长计议，因为改变产品线可能会丧失规模经济，增加企业的开支。

(2) 转换目标细分市场。一种更激进的措施是改变企业的目标细分市场。当然，在执行这种改变细分市场的行动之前，企业应该全面分析这种措施的战略意义。另外，公司还可以考虑把高通货膨胀国家的工厂作为生产基地，向不受价格管制的国家开展出口。

(3) 推出新产品或改造现有的产品。如果价格管制是有选择性的，一个公司可以系统地推出新产品或改变现有的产品，这样就可以避开价格管制。面对津巴布韦高通胀下的价格管制，有面包商在糕点里加入葡萄干，并称之为"葡萄干面包"，由此暂时规避了对面包的价格管制。

(4) 与政府谈判。在一些情况下，企业可以与政府当局进行谈判，争取获准调整产品的价格。企业可以自行开展对政府的游说，但是如果能将全行业联合起来，谈判则更有可能取得成功。

(5) 预测实施价格管制的可能性。有些国家历来喜欢实施价格冻结，如巴西。根据价格管制发生的历史信息和其他的经济变量，就能够建立计量经济模型来预测可能发生的价格管制。鉴于价格冻结的可能性，管理者可以运用这一信息作出预测，以便决定是否需要调整价格。

对于政府的价格管制，一种极端而简单的应对行动方案就是撤离这个国家。20世纪80年代，很多消费品的制造商选择了这一种行动方案，纷纷撤离了南美洲市场。然而，那些坚持下来的公司积累了管理高通货膨胀环境的宝贵经验，并且能够把经验移植到其他的国家；此外，相对于那些在通货膨胀平息后重新进入这一市场的公司来说，由于品牌忠诚和客户关系等进入壁垒的存在，它们也已经拥有了竞争优势。

三、汇率不稳定环境下的定价管理

跨国公司不应仅从汇率的相对变化来直接评价汇率对国际市场营销活动的影响，比如在销售最终产品时，企业不仅要分析以不同货币计价带来的收益，同时还应该考虑从国外购进生产要素的冲抵。国外的顾客、经销商和进口商不仅希望以较低的价格购买产品，而且希望商品的价格能保持稳定，但交易计价货币的汇率波动会造成出口商品的价格极不稳定。所以，企业在制定国际市场定价策略时，一定要把汇率作为重要的因素来考虑。这也突显了汇率的稳定对企业国际市场营销活动的重要意义。

世界各国或地区的经济形势变化会引起世界各主要货币汇率大幅度的波动。美元、日元、欧元、英镑以及人民币之间的汇率大幅度波动，经常会使跨国公司不得不调整，甚至放弃原本周密计划的国际市场营销方案。一般来说，当本国的货币汇率下降时，出口企业就具有价格的优势；当本国的货币升值时，就会对出口企业的定价及营销产生不利的影响。自由兑换货币汇率上升或下降转换的经常发生，要求跨国公司在不同时期，针对不同市场，采取适当策略（包括定价策略）来应对汇率的变化。

跨国公司较稳定的高价策略要比由于汇率波动带来的不稳定的低价策略更容易被客户接受。20世纪八九十年代，英国的企业就经历过汇率变动给出口带来的巨大负面影响。美元对英镑的汇率频繁波动，造成英国的出口商品价格也不断改变，许多美国顾客因而放弃了英国的产品,许多英国企业因此丧失了大部分美国市场份额。

在汇率稳定的情况下,即使价格较高,只要价格波动幅度不大,顾客对产品就会有信心,就更能保证交易的达成。同样是20世纪八九十年代,日本企业的产品价格与六、七十年代相比较虽然有了较大幅度的提高,但由于那时美元与日元的汇率是相对固定的,日本跨国公司的产品价格就比较稳定,加上其技术和质量上也有了显著的改进,使得日本产品在美国市场赢得了较大的份额。可见,对出口企业来说,理想的金融环境应该是:本国货币的较低汇率使企业能够制定相对较低并且稳定的价格来开展出口贸易。一些第三世界国家的生产成本较低,并且采取本国货币与美元挂钩的政策,从而使企业的产品在国际市场具有较强的竞争力,如中国。

1992年5月,欧盟的两个最昂贵的汽车市场是西班牙和意大利。然而,一年之后,意大利和西班牙却成了欧洲汽车价格最低的市场。欧盟内货币的不稳定是导致汽车价格逆转的主要原因。目前,全球大部分国家都拥有自己的流通货币,仅仅少数国家和地区例外,例如东加勒比海地区和西非的前法属殖民地。汇率反映了用其他货币表现出来的一种货币的价值。由于各种经济和政治因素的相互作用,汇率经常会涨跌不定。鉴于汇率时常会发生剧烈的波动,在浮动汇率的条件下制定价格成了国际市场营销过程中遇到的一项巨大的挑战。

在本国货币相对坚挺的情况下,企业可以通过提高产品质量、增加送货和售后服务等来开展非价格竞争,努力提高生产效率和缩减成本,可能的情况下将采购和制造环节转移至海外,优先出口到货币相对坚挺的国家和地区,适当减少边际利润,采取边际成本定价法,考虑将海外收入滞留在东道国,在开支项目上尽量多用东道国的货币,在国外购买所需要的服务并用当地货币支付,尽量在海外借款和就地扩张,向外国客户收取当地货币。反之,在本国货币相对疲软的情况下,企业可以强调价格优惠,延伸产品线或增设附加产品以增加收费项目,将采购和制造转移到本国进行,在所有的市场中发掘商机,采用完全成本定价法渗透新的市场,以边际成本定价法渗透竞争激烈的市场,尽快回收货款,将海外收入迅速汇回母国,在开支上尽量少用东道国的货币,在本国市场上购买所需的广告、保险和运输等服务,尽量减少海外借款,向海外客户收取本国货币。

汇率的变动在国际市场营销过程中将形成两个主要的定价管理问题:其一是货币的损益部分有多少应该转嫁或回馈给消费者?其二是应该采用哪一种货币进行国际市场定价?设想一家中国企业出口玩具产品到美国。人民币相对美元的疲软将增强中国出口商在美国的竞争地位,疲软的人民币允许中国公司降低出口到美国的中国产品的人民币价格。这样,中国出口商在不牺牲利润的情况下,就从美国竞争者那里夺取了市场份额。相反,坚挺的人民币将损害中国出口商的竞争地位。当人民币相对于美元增值时,我们将会看到与上述相反的情景出现:用美元计价的中国出口产品的价格上涨。其结果将是,如果中国出口商不改变产品的出厂价格,他们将失去市场份额。如本章引例中所描述的那样,国际采购商将会因为中国产品的价格越来越高而搜寻其他可能的低价市场,如印度。为了维持在国际市场上价格的竞争力,中国出口商将不得不降低产品出厂的人民币价格。

表 13-1　出口成本转嫁与货币汇率的稳定性

美国市场某玩具的需求量 Q = 10000 − 50 × 价格（以美元计价），成本 = 0 人民币				
A. 100% 转嫁的情况				
汇率	人民币单价	美元单价	销售量	人民币收入
1 美元 = 7 人民币	168	24	8800	1478400
1 美元 = 6 人民币	168	28	8600	1444800
1 美元 = 8 人民币	168	21	8950	1503600
B. 100% 自我承担损失				
1 美元 = 7 人民币	168	24	8800	1478400
1 美元 = 6 人民币	144	24	8800	1267200
1 美元 = 8 人民币	192	24	8800	1689600

如表 13-1 所示，当人民币相对于美元的汇率发生变化时，一个假设的中国玩具出口商在向美国出口玩具时就会进退两难。在此，我们假设美国市场上的玩具需求是一个简单的线性模型：

$Q = 10000 − 50 × P$，其中，Q 为需求量，P 为玩具的美元价格。

为了直观起见，我们假设出口商不承担任何费用，即其总收入等于总利润。起初，1 美元等于 7 元人民币时，出口收入是 1478400 元人民币。假设现在人民币相对于美元增值，从过去的 1 美元兑换 7 元人民币变为 1 美元兑换 6 元人民币，如果以人民币计价的出厂价格不变，如 168 元人民币，美国的消费者将面临一定幅度的价格提升，市场的总需求量会减少，从 8800 只减少到 8600 只。与此同时，以人民币计价的收入也相应地减少了 33600 元人民币。此时的中国出口商就面临着这样的问题：是否转嫁汇率变化导致的损失？这样做，自身在其中又应当承担多大的损失？如果其不降低玩具出厂时的人民币价格，无疑将有可能把既有的美国玩具市场份额丧失给美国本土或者来自其他国家的竞争对手。为了保持竞争地位，中国的玩具商往往不得不降低其出厂价。这样，中国的玩具出口商面临着在对美国的出口市场中牺牲短期利益（即保持价格不变）和保留长期市场份额的平衡的决策。例如，当人民币升值，由 1 美元等于 7 元人民币变成 1 美元等于 6 元人民币的时候，中国公司可能考虑保持零售的美元价格不变，如 24 美元，在这种情况下，人民币收入将减少 177600 元。

一般而言，汇率变动的情况下，跨国公司在国际市场营销过程中恰当的定价策略取决于四个方面的因素：

（1）消费者对价格的敏感度。海外市场的消费者对价格的敏感度越高，就越有必要降低出厂价格。一条降低价格敏感度的途径是投资于品牌权益。高的品牌权益为全球价格竞争提供了一个缓冲器。

（2）本国货币升值对企业成本结构的影响。成本的降低也可能得益于本国货币的增值，例如当很多原材料是从国外进口并以外币结算的时候，可能会扩大价格可调整的空间。

（3）出口市场中竞争者的数量。出口市场中的竞争越激烈，削减价格的压力就越大。

(4) 企业战略的出发点。企业是从长期的市场占有率出发还是更关注短期的利益获取。一般说来,与以短期利益获取为战略出发点的企业相比,以市场占有率为出发点的企业转嫁给消费者的成本增长通常较少。

四、反倾销规制和国际市场定价协调管理

在 16 世纪,倾销和反倾销作为一种国际贸易战的手段就已经出现。1904 年加拿大最早就反倾销进行立法,出台了《反倾销法》。世界贸易组织乌拉圭回合谈判之后,在国际贸易自由化的呼声下,世贸组织成员国之间采取关税和非关税壁垒的贸易保护空间已经日益缩小,而反倾销作为 WTO 允许的法律手段,具有形式合法、方便实施、效果显著,并且不易招致出口国报复的诸多特点,故此被不少国家视作保护本国国内产业的利器而屡试不爽。近年来,倾销与反倾销问题已经成为国际贸易战的热点之一。

倾销是指在正常的贸易过程中,用低于正常价格出口商品的行为,因为其已经或有可能给进口国生产相同产品的行业或企业造成损害,因而受到进口国的反对。反倾销是指对外国商品在本国市场上的倾销所采取的抵制措施,是进口国依据本国的反倾销法,由主管当局经过立案调查,确认倾销对本国同行造成损害后,采取征收反倾销税或罚款等处罚措施的过程。一般情况下,对形成倾销的外国商品除征收一般进口税外,还会再增收附加税,使其不能廉价出售,此种附加税即称为"反倾销税"。虽然在《关税及贸易总协定》中对反倾销问题作了明确规定,但实际上各国各行其是,仍把反倾销作为贸易战的主要手段之一。

确定倾销必须经过三个步骤,即确定出口价格、确定正常价格,以及对出口价格和正常价格进行比较。出口价格低于正常价格的差额被称为倾销幅度。WTO 组织成员国要实施反倾销措施的时候,必须遵守三个条件:第一,确定存在倾销的事实;第二,确定对国内产业造成实质损害或实质损害的威胁,或对国内相关产业造成实质阻碍;第三,确定倾销和损害之间存在因果关系。正常价格通常是指在一般贸易条件下出口国国内同类产品的可比销售价格。如该产品的国内价格受到控制,往往以第三国同类产品出口价格来确认正常价格。反倾销的最终措施一般是对倾销产品征收反倾销税或罚款。征收反倾销税的数额可以等于倾销幅度,也可以低于倾销幅度。在反倾销调查过程中,若出口商自愿作出承诺修改价格或停止以倾销价格出口,则调查程序可能会被暂停或终止。在世贸组织框架下,只有政府才有权启动或采取反倾销措施。

大多数政府用于抵制倾销做法的《反倾销法》对跨国公司在国际市场上的定价策略构成了潜在的危险。对于出口商来说,意识到一些定价政策,例如渗透定价,可能会引发反倾销行为是很重要的。近些年来,全球反倾销案件的数量激增,大多数的案件发生在美国和欧盟,但随着中国改革开放的深入以及中国经济发展在全球的杰出表现和持续强劲的经济增长,自 20 世纪末以来,针对中国这一发展中国家的反倾销案件正在呈现急剧上升之势,中国现在已经成为世界反倾销头号目标国。如土耳其外贸署于 2004 年 8 月开始对进口的原产于中国的彩电进行反倾销调查,涉及中国 12 个省市的 46 家企业,长虹、熊猫、海尔、TCL 和创维等中国彩电巨头都在名单之列。2005 年 8 月,土耳其外贸署宣布,将对原产于中国的彩电按到岸价征收 50% 的反倾销税,使得中国彩电对土耳其的出口受到了极大的影响。与此同时,随着中国市场的日益繁荣和壮大,特别是加入世贸组织后,国外的产品也大量涌入中国市场,由此也产生了中国对国外产品的反倾销问题,入世后的中国也开始运用此策略,给中国的本土企业争取一个公平竞争的市场平台。从1997年制定《反倾销条例》以来,中国国内的很多企业也陆续举起了反倾销之盾以在全球竞争中进行"正当防卫"。2000年11月,浙江巨化集团等公司代表国内二氯甲烷产业向外经贸部提起反倾销调查申请,2003年7月1日,中国商务部发布公告,决定对原产于美国、日本和韩国的进口非色散位移单模光纤进行反倾销立案调查。

贸易保护主义势力越强,反倾销就会发挥越大的作用。近年来,随着国际贸易自由化程度的提高,各国企业之间的竞争日益直接化,加上全球经济不景气,反倾销被一些企业用作将外来竞争对手排挤出本国市场的杀手锏,滥用反倾销的贸易保护主义倾向也日益明显。

中国目前已成为世界上受贸易保护主义伤害最大的国家之一。针对中国的反倾销案件占世界反倾销案件中的比例已由20世纪80年代的3.6%猛增至2002年的13.3%,远远超出中国在世界贸易中所占的份额。反倾销对中国企业而言有很大的不公平性。以欧盟和美国为代表的一些国家,认为中国是非市场经济国家,企业的成本和价格不是由市场决定的。因此在计算"正常价值"时,通常采取"替代国"办法,用韩国、印度等国的相同产品的销售价或成本来"替代"中国涉案企业的成本。替代国办法具有明显的不公平性。但是根据WTO反倾销协议,美国和欧盟等成员方在中国加入WTO后的15年内仍可继续就针对中国的反倾销调查采用"替代国办法"。当然,中国在加入WTO之后,也越来越多地开始了解和适应倾销与反倾销国际规制的应用,不但一定程度上成功地保护了国内相关行业的发展,而且给予恶意倾销控诉有力的回击。如小贴士13-4所示,历时14个月之久的中国入世后首起中美反倾销案以中国应诉企业全面获胜而结案。

小贴士13-4

中国球轴承反倾销胜诉[①]

2002年2月13日,美国国际贸易委员会(USITC)和美国商务部(DOC)接到了美国轴承制造商协会(ABMA)提出的申请,对来自中国的球轴承产品及其零件进行反倾销调查。

球轴承在机械工业和交通运输业等诸多领域中应用广泛,是我国年度对美出口超过1亿美元的大宗机电商品之一。ABMA提交的反倾销调查申请涉及中国对美出口商品金额超过3亿美元。这是中国正式加入世贸组织仅仅两个月后,美国ABMA利用"反倾销"这一世贸规则允许的贸易保护手段,第一次试图阻挡中国产品。中国球轴承企业一旦败诉,将要面对17%至246%的反倾销税,而且此后每年都要接受DOC对此案的年度复审,由DOC再次裁定年度反倾销税率。因此,败诉也就意味着中国球轴承企业将被逐渐挤出美国市场。

中国机电产品进出口商会随即作为中国对美国市场球轴承全体出口厂商的代表在美国国际贸易委员会应诉。2002年4月29日,USITC作出肯定性初裁判决。委员们认为,尽管在本次调查的初裁阶段有很多证据显示,受调查产品有可能未必对美国内行业造成

---

① 资料来源:陈莺:《中国球轴承:加入WTO后首起中美反倾销案胜诉始末》,载《当代经济》2004年第1期。

损害,但是他们也不能得出下述结论,即这些证据已经满足在此初裁阶段就作出否定裁决的法定标准。USITC的五位委员的投票结果是3:2,中方以微弱的劣势惜败。

2002年4月10日,美国商务部进行了第一次的问卷发放,对中国轴承生产企业的情况进行摸底。浙江新昌皮尔轴承有限公司、万向集团公司、宁波慈兴集团(是在中方的一再敦促下,之后美国商务部追加的)三家为抽样企业,另有环驰、金鹏等45家提交SECTIONA答卷的企业被美国商务部授予获取加权平均税率的资格。

经过长达140天的调查,2002年10月15日美国商务部公告,皮尔、万向和慈兴三家抽样企业的单独税率分别为:2.39%、39.93%和32.69%。45家中国企业获得加权平均税率22.99%,其他所有未参与本次调查的中国企业税率为59.3%。

但是,中方发现美国商务部在计算中出现了重大错误,并进行了质疑。2002年11月20日,美国商务部再次公告,对初裁结果进行修正:皮尔、万向和慈兴的单独税率分别为2.39%、2.50%和2.32%;45家中国企业的加权平均税率2.41%;其他未参与本次调查的中国企业税率仍为59.3%。

2002年11月和12月,美国商务部官员对皮尔、万向和慈兴三家公司进行实地核查,并于2003年2月27日公告了倾销调查的终裁结果:皮尔、万向和慈兴的单独税率分别为8.33%、7.22%和0.59%;45家中国企业的加权平均税率7.8%;其他所有未参与本次调查的中国企业税率还为59.3%。

面对美国商务部公布的税率,中国企业将很难继续对美出口,而且美国进口商的下单频率和数量都已经开始减少。为了避免中国的轴承产业陷入年复一年行政复审的泥潭,占用大量的人力、物力、财力,中方唯一的出路就是在USITC终裁阶段争取无损害结果,这也是本案最后的机会。

在2003年3月6日举行的USITC产业损害调查听证会上,中方及时调整策略,以大量无以辩驳的事实和证据,对ABMA进行了有力反击。事实表明,中国球轴承产品既没有对美国造成产业损害,也不存在损害威胁。

2003年4月4日凌晨,美国国际贸易委员会以4比0绝对多数认定中国球轴承没有对美国轴承工业造成任何伤害,中国输美球轴承倾销案不成立。至此,这场对中国球轴承产品反倾销诉讼案,以中国机电商会机械基础件分会的完胜而落幕。

反倾销诉讼之所以愈演愈烈,这里有几个方面的原因。例如,传统贸易壁垒(关税、配额)的取缔刺激了一些国家转而采用非关税壁垒。在反倾销案件中,原告(当地的制造商)和被告(进口商)之间也存在着巨大的不平衡。首先,通常原告不会因为轻举妄动而遭到处罚。其次,原告明显地具有当地优势(当地的立法、当地的法官)。在一定意义上,反倾销诉讼经常被用来作为促进自动出口限制的战略工具。在反倾销诉讼面前,外国竞争者可能出于两害相权取其轻的考虑而决定接受自动出口限制。最后,"公正"价格的概念往往是模棱两可的。美国《贸易法》规定,下列情况视为倾销:进口品以低于本国的价格销售(价格歧视);进口价格低于"推定价格"或生产的平均成本(低于成本定价)。这其中的几乎每一个定义都是模糊不清的,如在某些情况下,进口的商品根本未在本国销售,这样就不存在可比较性(不存在本国的价格)。

因此,跨国公司在制定国际市场定价策略时,必须要考虑到反倾销法规。激进的定价可能会招致反倾销调查,继而危害公司的竞争地位。全球公司同时应该关注反倾销立法的改变,并密切注意所在行业的反倾销案件。为了在最大限度内降低遭受反倾销诉讼的风险,国际市场营销者可以参考采用以下的营销战略:

(1) 进军高端市场。通过产品差异化,用高价值的产品取代低价值的产品。大多数日本的汽车制造商已经向上延伸了它们的产品线,以便接近出口市场中的高端细分市场。

(2) 提高服务质量。出口商也可以在核心产品的基础上增加支持服务来实现产品的差异化。

这两项措施,即进军高端市场和提高服务质量,基本上都属于远离价格战的举措。这样一来,出口商就会减轻遭受倾销指控的困扰。除此之外,出口商还可以把营销资源由易受攻击的产品,即容易遭受倾销指控的产品,转向不太敏感的产品。

在制定国际市场定价策略的时候,最棘手的问题之一是在不同国家的定价应当在多大程度上得到协调。从利润最大化的角度出发,跨国公司在不同国家和地区市场的定价应该是有所差异的。所以,在(边际)成本大致相等的情况下,跨国公司应当在对价格高度敏感的国家制定相对低的价格,而在对价格不敏感的国家制定相对高的价格。遗憾的是,现实并没有那么简单。在大多数的情况下,市场是不能被完全割裂开来的。国与国之间巨大的价格差异将会刺激灰色市场的出现,导致没有被授权的经销商把货物从价格低的国家贩运到价格高的国家。因此,价格协调就成为必须的手段。当决定要在多大程度上进行定价策略协调时,企业需要综合考虑以下因素:

(1) 客户属性。企业需要说服客户以使其相信这种国与国之间的价格差异是合理的。

(2) 产品差异化的程度。差异化程度越低,需要进行价格协调的力度就越大。

(3) 渠道的属性。从某种意义上说,渠道也可以被看作中间客户。如果制造商无力控制渠道经销商,协调定价就更是必不可少的了。

(4) 国际竞争属性。国际市场竞争要求跨国公司的整个营销组合,包括定价,在战略上保持一致。

(5) 市场一体化程度。在市场一体化的条件下,商品在国与国之间流动的障碍会越来越小。如欧盟地区,由流动障碍所致的价格差异化现象现在已经非常罕见。

(6) 内部组织。许多跨国公司的内部组织架构是高度分散的,各国子公司享有相当的自主权,这给全球价格协调带来一定的难度。

(7) 政府规制。政府对相关产品价格的规制对企业开展价格协调构成一定的压力,如医药行业,跨国公司在新药推出后的定价问题上,就需要与当地政府谈判后才能确定。

本章案例

苏格兰威士忌和科涅克白兰地在台湾的定价决策

1998年1月,西格拉姆·格瑞特尔中国公司(Seagram Greater China)的财务副总经理伊恩·斯旺森一直在考虑如何采取行动以应对中国台湾地区对苏格兰威士忌和法国科涅克白兰地征收的进口关税税率的变化。近几年来,台湾地区白酒市场竞争十分激烈,为了确保西格拉姆·格瑞特尔公司在台湾地区未来市场的份额和盈利水平,公司根据新的进口关税制度确定合理的价格水平是至关重要的。在过去的几个月里,许多亚洲国家的货币因为亚洲金融风暴而出现了严重的贬值,使得公司在亚洲地区的销售有所下降。尽管与其他亚洲国家和地区相比,台湾地区的货币市场并未受到大的影响,但是,消费者的信任度却大大降低了。

一、西格拉姆·格瑞特尔白酒和葡萄酒集团公司

西格拉姆·格瑞特尔白酒和葡萄酒集团公司是总部设在加拿大蒙特利尔市的西格拉姆·格瑞特尔公司的分公司,是全世界优质白酒和葡萄酒的主要生产商和销售商之一。

西格拉姆·格瑞特尔中国公司是西格拉姆·格瑞特尔白酒和葡萄酒集团公司内部的一个独立管理机构。西格拉姆·格瑞特尔中国公司的中心办公室设在中国香港,负责监督中国大陆地区、香港特别行政区以及台湾地区的销售、市场开发以及分销情况。受早期管理方式的影响,公司采用了分权的组织结构,即通过"分散的服务中心"(shared service center)为西格拉姆·格瑞特尔中国公司在中国大陆地区、香港特别行政区以及台湾地区的经营活动提供支持。地区总经理的主要职责是执行香港办公室制订的市场开发计划。此外,香港办公室还负责购置世界各地的生产厂家生产的西格拉姆·格瑞特尔公司的产品,这些产品又依次按照预定的划拨价格进口到西格拉姆·格瑞特尔中国公司的三个营销地区。

在市场开发方面,苏格兰威士忌和科涅克白兰地在全球的销售是整个公司工作的重点,其中,特别注重优质品牌和特优品牌产品的销售。近年来,电视的普及使得西格拉姆·格瑞特尔中国公司能够在中国各个地区采用有效的广告策略来推销公司的产品。值得注意的是,公司的优质头等醇酿的销售收入已成为公司最主要的收入来源,并将成为西格拉姆·格瑞特尔公司未来在全球取得成功的基础。

二、台湾地区的白酒和葡萄酒市场

在台湾地区,苏格兰威士忌的消费者们具有很强的品牌意识,他们构成了最主要的消费群体(占公司客户的20%),其购买数量占公司在该地区总销售数量的80%。从整个市场来看,1993年至1996年间,优质苏格兰威士忌的销量急剧增长,在优质和特优品牌头等醇酿的销售方面,西格拉姆·格瑞特尔公司已占有了极高的市场份额。但是,1997年,台湾地区取消了先前关于进口白酒的禁令之后,苏格兰威士忌的销售增长速度开始下降。其全球主要竞争对手UD/轩尼诗(United Distillers/Hennessy)公司的标准品牌Johnny Walker Red Label的销售占据了最高的市场份额。

与优质苏格兰威士忌的销售相比,优质科涅克白兰地的销售数量是在1996年开始出现下降趋势的,其原因主要有两个方面:首先,消费者在购买白酒时,往往更注重价格因素;其次,近年来大量未经许可的夜间酒吧被警方关闭,使得白酒消费数量大大降低。按照市场定位的原则,轩尼诗公司的标准品牌科涅克白兰地已占有了极高的市场份额,因而可以与优质科涅克白兰地进行有力的竞争。伊恩·斯旺森认为,这"主要是由于标准品牌的价格吸引以及该公司对这种品牌较高的市场开发支出"。

自1993年以来,台湾地区的白酒进口商们不得不承受来自其他各种渠道的、不断增长的竞争压力。例如,许多贸易商和经纪人所进行的"非法的商业活动",即从其他区域市场(如拉丁美洲市场)上获得更为廉价的同等商品,使得他们在台湾市场上即使以基价销售也能获取相当高的利润,于是,他们在销售商品(包括西格拉姆公司的产品)时,通常

给予购买折扣,严重扰乱公开市场的运作,使得作为市场主导的西格拉姆·格瑞特尔公司遭受更大损失。此外,一些本土厂商也开始生产多种比原有产品质量较差的相似产品,这些产品凭借与原有产品几乎相同的包装和超低的价格获得了相当大的市场份额。另外,日本威士忌的侵入也给进口酒的销售和市场开发工作带来很大影响,目前,三多利(Suntory)牌的产品投入大量资金进行市场开发,已逐渐为注重价格的消费者所熟悉。

在台湾市场上,竞争不断加剧,许多厂商(如 UD/轩尼诗公司)投入大量资金进行产品开发以进行更有效的竞争。这些厂商认为,对于未来销售数量和利润的增长来说,直接按照消费者的需求以及市场动态发展的要求进行集中的、持续的投资是至关重要的。而西格拉姆公司却采取了不同的立场,在台湾地区,公司用于产品广告及促销的支出从 1995 年的 1.25 亿美元下降到 1997 年的 1.11 亿美元。作出这一决策的原因在于,与早期的收益相比,目前要获得提高市场份额带来的收益需要付出更为昂贵的代价,而且中国分公司要完成西格拉姆总公司早期制定的利润目标也更为困难。

三、西格拉姆在台湾市场的分销渠道

为了进入台湾市场,西格拉姆·格瑞特尔公司与遍布全岛的五家分销商建立了联系,但并未赋予任何一家总经销权,导致各个分销商为了扩大销量而采用了削价的办法,使零售价格受到不良影响。1996 年,西格拉姆·格瑞特尔公司与福尔摩沙(Formosa)贸易有限公司签订了总经销合同,制订了补偿计划以鼓励福尔摩沙公司扩大销售量,并定期为其提供各种实用的市场信息,同时防止"非法商业活动"的出现。作为西格拉姆·格瑞特尔产品在台湾的总经销商,福尔摩沙公司负责为小酒店、便利店、超市和专卖店(特许经营店)等四种主要的销售商提供服务。

自 1994 年以来,玛克罗(Makro)、家乐福(Carrefour)以及沃尔玛(WalMart)等超市对西格拉姆·格瑞特尔公司白酒的销售数量已达台湾地区总销售数量的 30%。这些零售商主要采用了"天天平价"的销售策略,从廉价及数量折扣中得到好处。这种新的、成功的零售形式所带来的影响是十分巨大的:首先,许多专营机构认识到,他们可以从超市购买到比分销商处便宜得多的白酒,从而使一些小型酒类分销商破产;其次,超市销售形式刺激了家庭消费;最后,超市的购买价格已与公开市场上非法销售价格几乎一致。

四、台湾的白酒关税制度

1993 年以前,台湾当局禁止进口白酒。1993 年之后,虽然解除了进口白酒的禁令,但台湾进口白酒的关税税率却很高,使得很多厂商的产品很难进入台湾。例如,每升进口科涅克白兰地的统一关税率为 1000 元新台币,约占西格拉姆公司马爹利·科顿·布目标零售价的 38%,占马爹利 VSOP(Martell Vsop)目标零售价的 68%。同样,每升进口苏格兰威士忌的统一关税率为 440 元新台币,而其他威士忌酒(包括日本威士忌)的统一关税税率为每升 198 元新台币。这些关税约占头等醇酿酒目标价格的 48%,占日本威士忌目标价格的 31%。除了进入障碍以外,苏格兰威士忌和科涅克白兰地还需要企业进行大量的市场开发活动,对特有的产品进行有效的市场分割。但是,1995 年日本威士忌进入台湾市场以及本土"相似"产品的出现,使得台湾白酒市场发生了巨大的变化。尤其是日本威士忌的成功进入,使得苏格兰威士忌和科涅克白兰地的进口商们在进口关税方面遭遇不平等待遇。经过一系列的疏通活动后,酒类进口协会正式向有关部门提出质询,指出有关部门若不能解决这一问题,将可能受到世界贸易组织的制裁,从而促使有关部门作出决

定,将统一各种白酒进口关税税率的建议提交立法机构。

伊恩·斯旺森认为,由于关税变化,西格拉姆·格瑞特尔中国公司在台湾市场上的潜在利润将大大增加,他写道:"每升标准科涅克白兰地的现行进口关税为新台币1000元。关税制度改革后,每升酒的进口关税将下降到新台币319元。因而,公司将面临两种选择,即在进口关税变化以后,公司可以通过关税的降低获得更高的边际收益,或者,通过降低价格提高销售数量。

五、伊恩·斯旺森的台湾市场定价决策困境

为了给台湾市场上西格拉姆·格瑞特尔公司的各种苏格兰威士忌和科涅克白兰地制定最为合理的价格,斯旺森的定价决策需要考虑很多重要的因素,犹如遭遇"囚徒困境"的两难境地,要么选择风险较低而收益也较低的方案,要么承担较高的风险以争取获得更多可能的收益。一方面,如果其他竞争者在关税变化后采用降价策略,公司也必须马上降价,否则将承担失去市场份额的风险,而要重新获得市场份额,就需要付出极高的代价。另一方面,如果降低产品的售价,公司的优质产品及特优产品等高价品牌的收益将受到损害。因此,斯旺森的定价决策共有四种可供选择的方案,即其他竞争者降价时公司产品的价格保持不变;其他竞争者的价格保持不变时公司选择降价;双方的价格同时保持不变或双方同时降价。显然,对可能发生的情况作出准确的预测是很难的,但却可以根据公司自身及竞争对手的策略与能力以及市场发展的趋势作出一定的推测。

以头等醇酿为例,如果公司降价的幅度为关税节省的100%,那么,该产品的价格将与日本威士忌的零售价相近,销售数量可能会提高25%,从而夺回目前日本威士忌占据的市场份额。即便降价的幅度只为关税节省的75%,公司的销售数量也可能会相应增加10%。当然,如果竞争对手也降价,而公司降价的幅度较小,那么,将有可能会失去部分甚至所有的市场份额。据此分析可以推测,西格拉姆·格瑞特尔公司和UD/轩尼诗公司以及其他公司有90%的可能性会选择降价。

对于标准科涅克白兰地来说,如果UD/轩尼诗公司降价的幅度不及关税节省的100%,而西格拉姆·格瑞特尔公司将节省的关税100%地转移到降价的产品中,那么,公司的销量会增加10%。对于这种产品,如果UD/轩尼诗公司处于价格领导者的地位,公司最应采取的方案是将关税节省的75%让予消费者,再将剩余部分用于品牌的开发。这样,由于关税的降低,使得标准苏格兰威士忌比优质苏格兰威士忌更具有价格竞争优势,从而使公司能够增加所有VOSP产品的销量。但是,这种销量的增长并不能马上体现出来。因而,可供选择的另一个方案是降价的幅度为关税节省的50%,而销量可能会降低50%甚至50%以上。可见,对于这类产品来说,要将关税的节省转移到价格中去,这一点是肯定的,但问题是,该转移多少。

【案例思考题】

1. 在台湾白酒市场增长之后,你认为西格拉姆·格瑞特尔公司在这个市场上的竞争地位如何?

2. 关税变化对台湾白酒市场的潜在影响如何?试基于苏格兰威士忌和科涅克白兰地在台湾市场的定价选择进行分析。

3. 如果你是伊恩·斯旺森,你会建议西格拉姆的产品在台湾采取何种定价水平?

本章小结

国际市场定价是企业从事国际市场营销活动过程中所面临的最关键的、最复杂的问题之一。在国外市场上制定产品价格时,可能会出现两种偏差:定价过高或过低。当定价过高时,客户将远离企业的产品,结果是利润将远远低于企业应得的。同样,过低的定价也会带来一些问题,如当地政府和企业会横眉冷对,甚至可能会指责和提起反倾销控诉,如2004年中国温州鞋在西班牙就因为定价过低而遭遇抵制,导致16个集装箱被恶意纵火焚毁。一方面,当地的消费者可能会把低价格理解为低质量的表现而拒绝购买你的产品;另一方面,当地的竞争者可能会把低价格看作抢占市场和发动价格战的挑衅行为。

另外,国际市场营销者还面临着如何协调不同国家之间的定价的问题。缺乏协调的国际市场定价将会导致灰色市场(平行进口)的出现。当价格远远低于别的市场时,经销商(当地的和非当地的)就会发现串货套利的机会,把产品运到价格高的市场,这样就造就了灰色市场。在灰色市场存在的情况下,计划在低价国家市场上营销的产品会通过未经批准的渠道被运到高价格的市场,这些来自于灰色市场的低价商品将与合法经销商提供的高价品相竞争,从而导致全球范围内的定价混乱。

本书在这一章中介绍了国际市场营销者需要关注的国际市场定价的主要问题,包括国际市场营销定价的影响因素,定价的方法和对定价策略的管理,以及在通货膨胀和货币波动环境下如何制定定价策略,如何应对反倾销规制和对国际市场价格进行协调管理等。

重点概念

平行进口	卡特尔组织	完全成本定价法	变动成本定价法
撇脂定价法	渗透定价法	价格有效性	价格升级
通货膨胀	通货紧缩	反倾销	国际市场定价协调管理
倾销	倾销幅度	反倾销税	

复习思考题

1. 哪些因素影响了企业国际市场营销的决策?
2. 在人均收入较低的国家有哪些定价策略?
3. 简述竞争者因素对国际市场营销定价的影响。
4. 简述产品分销渠道的不同对国际市场定价策略的影响。
5. 试述政府因素对国际市场营销定价的影响。
6. 为什么变动成本定价法较易导致反倾销问题?
7. 撇脂定价法和渗透定价法分别适用于何种竞争环境?
8. 为什么市场是价格有效性的决定因素?
9. 降低价格升级的途径有哪些?
10. 如何在通货膨胀的环境下进行国际市场定价管理?

11. 面对政府的价格管制,跨国公司可以有几种国际市场定价应对方案?
12. 在汇率不稳定的环境下,如何进行国际市场定价管理?
13. 确定倾销必须经过哪几个步骤?
14. WTO规定成员国要实施反倾销的时候,必须遵循什么样的条件?
15. 如何认识中国目前已成为世界上受贸易保护主义伤害最大的国家之一这一现象?
16. 当前反倾销诉讼愈演愈烈的原因是什么?
17. 国际市场定价协调过程中,国际市场营销者需要考虑的因素有哪些?
18. 在本国货币相对比较坚挺的情况下,企业在国际市场营销过程中如何进行定价决策?

参考文献及进一步阅读材料

1. 〔美〕多兰等:《定价圣经》,董俊英译,中信出版社2010年版。
2. 〔美〕菲利普等:《国际市场营销学》,周祖城等译,机械工业出版社2005年版。
3. 〔美〕津科特等:《国际市场营销学》,曾伏娥等译,电子工业出版社2007年版。
4. 〔美〕科特勒等:《市场营销原理(亚洲版)》,何志毅等译,机械工业出版社,2006年版。
5. 〔美〕科特勒:《现代营销学之父菲利普科特勒经典译丛:市场营销》,俞利军译,华夏出版社2003年版。
6. 甘碧群主编:《市场营销学》(第三版),武汉大学出版社2011年版。
7. 李穗豫等编著:《中国本土市场营销精选案例与分析》,广东经济出版社2006年版。
8. 叶生洪等主编:《市场营销经典案例与解读》,暨南大学出版社2006年版。

第十四章 国际市场营销沟通战略

本章学习内容

- 国际市场营销广告
- 国际市场营销沟通整合要素
- 跨文化商务谈判
- 国际贸易展会营销
- 促销及公共关系管理

引例

央视洋标王——宝洁[①]

多年来,中国央视广告招标会一直被许多业内人士称为"中国经济的晴雨表"。

最近各大媒体都在传播这样一条新闻,那就是向来为国内商家独揽的央视标王2004年易主,被日化巨头宝洁以3.8515亿元揽得。一向行事稳健的宝洁突然"发飙",登上了央视新标王的宝座。事实上,逐鹿标王,宝洁有许多的不得已……

这一新闻事件,一方面蕴含了诸多的市场信息,如往日手下败将中国国产日化同行的崛起,以及生死对头欧莱雅、联合利华等品牌在中国市场上的步步紧逼;另一方面,中国央视标王在1995年首创以来,历年来尽管少有善终,却都是国内企业独占鳌头,冷不丁地被洋品牌夺得,此举定会成为各大媒体和广大消费者的谈资,使得一向以温和的市场营销策略著称的宝洁一下子成为眼球经济中的热点。

一个洋标王,能否成为最后的赢家,将是中国公众所一直关注的。

热身思考

宝洁为什么要在中国国内企业独占央视"标王"现象十年之后入主这一桂冠?

第一节 国际市场促销及其影响因素

国际市场营销沟通整合由广告、跨文化谈判、国际贸易展览会、直销、促销和公共关系等要素构成。在许多市场中,是否存在与顾客沟通的恰当渠道决定了是否进入和如何进入的营销决策过程。因此,在研究、开发产品和服务时,必须充分考虑到是否存在沟通渠道。一旦针对某一目标市场的产品和服务被开发出来,就必须让潜在的顾客了解产品的

[①] 资料来源:《企业大战央视广告招标会,宝洁实为最大"标王"》,http://www.caikuu.com,2010年11月10日访问;《宝洁以4.2亿元四度蝉联"经济晴雨表"央视广告》,载《新京报》2006年11月19日。

价值和是否可以买到。不同的沟通渠道常常需要用不同的信息。

国际促销是国际市场营销的重要组成部分,是跨国公司在国际市场上以人员或非人员的方式,向客户传递商品和服务的信息,树立品牌和企业形象,刺激海外市场顾客的购买欲望,说服和引导其采取购买行为的一种营销活动。例如,宝洁公司把碧浪牌洗衣粉引进埃及时,就曾采用"碧浪巡回演出"。因为一半以上的埃及人仍然居住在村子里,他们就到村子里的当地集市上表演木偶戏,吸引了大量的观众,他们通过表演告诉观众不用添加剂的碧浪洗衣粉洗衣效果会更好,并通过销售大篷车以微小折扣销售洗衣粉,同时,帮助农村零售商树立了销售定价较高的碧浪产品的信心。

促销主要有两种方式,即针对最终用户的直接促销和针对分销商的营业推广。直接促销包括优惠券、抽奖、折扣,而营业推广包括批量折扣和广告补贴等手段,其目的均在于对国际市场营销组合中的广告和人员促销起补充和推动作用。

对跨国公司而言,因为全球各个国家和地区市场的差异性,包括经济发展程度、市场成熟度、文化观念、渠道结构和政府管制等方面的因素影响,大多数促销方式都是由海外分公司来决定的。

一、经济发展程度

由于经济发展水平在全球各国存在较大的差异性,在许多国家,特别是在收入及识字率普遍较低的发展中国家和欠发达国家,某些促销手段可能无法达到预期的效果,但与此同时,也有某些手段可能会更具吸引力。有研究显示,在发展中国家,样品或降价手段的使用比较有效,且超过了在全球使用的平均水平。

在那些因为经济发展水平低下而难与顾客沟通的海外市场上,跨国公司的国际市场营销预算中用于促销活动的预算比例可能不得不增加。在一些欠发达的国家,促销是在农村和不容易到达的市场所进行的推广活动的重要组成部分。在拉丁美洲的一些国家,百事可乐和可口可乐的部分广告预算被用于"游艺巡回车",这种车经常到偏远的乡村促销其产品。当巡回车在某个村落停下来时,也许会放一场电影,或者提供一些其他的娱乐活动,只要在当地零售商那里购买一瓶尚未打开的可乐就可以入场观看。这项促销活动旨在刺激销售,鼓励当地的零售商。零售商在巡回车到来之前就事先得到通知,可以多进货或者得到免费样品。

二、国际市场成熟度

基于市场成熟度的概念,绝大多数产品的促销都有着各种不同的具体表现形式。如在某个产品正处于产品生命周期的早期阶段的国家市场,使消费者接受并试用该产品是最为关键的一步,因此,样品试用、优惠券和买一送一等促销手段在这样的市场会比较适用。雀巢婴儿食品在法国试图从头号品牌嘉宝手中夺得一些市场份额时,就采用了这样的方法,该公司把品尝和一些别的促销活动结合起来以提高品牌的认知度。因为大多数法国人在夏季会选择外出度长假,全家人挤进旅行车,在野外营地度假,所以雀巢在公路边上提供停靠站点,父母亲可以在停靠站喂奶或者给孩子换尿布。雀巢在停靠站不但提供婴儿食品的样品,而且还有免费的一次性尿布、可折叠的桌子和婴儿吃饭用的高脚椅子。

相对于早期阶段的市场,在一些比较成熟的市场上,国际市场促销的主要目标就是让消费者重复购买,这样的市场采用像积分折扣、优惠券和批量优惠手段可以增加消费者对产品的忠诚度。

三、社会文化价值观

国际市场营销促销活动的成功与否取决于能否因地制宜。研究表明,对促销的反应会因促销的形式和当地社会文化的不同而不同。由前述的国际市场社会文化环境可知,各个国家和地区之间的社会文化价值观差异悬殊。诸如抽奖等形式的促销手段在一些国家和地区不但不能促进产品的销售,反而会起到负面作用。有研究显示,中国台湾地区的消费者喜欢使用优惠券,而马来西亚和泰国的消费者则更喜欢抽奖,欧洲消费者和美国消费者相比也更经常地使用优惠券。

四、分销渠道结构

与在国内市场一样,跨国公司在国际市场上要面临的一个主要问题就是如何在消费推广和营业推广之间分配促销费用,前者是指直接针对最终用户起拉动作用的促销方式,而后者则是针对分销渠道起推动作用的促销方式。因为各个国家和地区经销渠道的结构不同,生产商与渠道商之间围绕市场主导控制权的合作关系也极为复杂,当宝洁公司德国分公司试图引入"每天低价"概念来削减营业推广的开支时,德国的一些大型零售商就立即把宝洁的产品从货架上撤了下来,以此作为报复措施。而当苏宁电器意欲把三星、TCL等公司的新产品纳入降价促销的产品序列,使得生产商的产品市场布局陷入混乱时,三星和苏宁就不可避免陷入了生产商和渠道商矛盾的漩涡。

五、政府管制

当比利时服装零售商 C&A 意欲对用信用卡而不是现金付款的德国顾客提供 20% 的折扣时,已经在不经意间触犯了德国的法律,德国法庭可能会对这样的做法判处巨额罚款。因为 C&A 的做法显然违反了德国已历时 70 年的关于销售和特殊优惠的法律。跨国公司在海外市场设计促销方案时,最关键的是要弄清楚当地的相关法规,因为许多促销在各个国家均受到不同程度的限制,甚至是禁止。例如,在德国,优惠券金额不能超过产品价值的 1%;在挪威,代金券、酬宾赠物券和优惠券则是被禁止使用的。表 14-1 列出了 9 个欧洲国家对相关促销手段的规定。可见,德国是对促销手段限制最为严格的国家,而英国则相对比较宽松。

表 14-1 欧洲各国对促销手段的规定①

促销手段	英国	荷兰	比利时	西班牙	爱尔兰	意大利	法国	德国	丹麦
包装促销	Y	Y	?	Y	Y	Y	?	Y	Y
捆绑报价	Y	?	?	Y	Y	Y	?	Y	Y
多次购买优惠	Y	?	?	Y	Y	Y	?	Y	Y
额外赠送	Y	Y	Y	Y	Y	Y	?	?	Y

---

① 资料来源:The Institute of Sales Promotion。其中,Y 为"允许",X 为"禁止",? 为"可能允许"。

(续表)

促销手段	英国	荷兰	比利时	西班牙	爱尔兰	意大利	法国	德国	丹麦
免费赠送	Y	?	Y	Y	Y	Y	Y	X	?
免费邮购	Y	Y	?	Y	Y	Y	Y	?	Y
购买折扣	Y	?	Y	Y	Y	Y	?	?	?
积分工具	Y	Y	Y	Y	Y	Y	Y	Y	Y
竞价	Y	?	?	Y	Y	Y	?	Y	?
自我清盘折扣	Y	Y	Y	Y	Y	Y	Y	Y	Y
免费抽奖	Y	X	Y	Y	Y	Y	Y	Y	Y
抽奖	Y	X	?	Y	X	?	?	Y	X
代金券	Y	Y	Y	Y	Y	Y	Y	?	Y
下次购买优惠	Y	Y	Y	Y	Y	Y	Y	?	Y
现金返还	Y	Y	Y	Y	Y	Y	Y	X	Y
店内演示	Y	Y	Y	Y	Y	Y	Y	Y	Y

第二节 国际市场公共关系与危机管理

与大众媒介建立良好关系,帮助企业把产品和服务信息传递给海外市场、顾客、公众和相关政府组织,维护企业的产品和品牌形象,是国际市场营销公共关系的主要任务。公共关系不仅要鼓励和引导媒体对企业的相关活动进行正面的报道,而且还要对不利的谣言和突发危机事件及时作出反应,即进行恰当的危机管理。

一、国际市场公共关系的任务和要求

企业在运用公共关系促进国际市场营销以前,首先必须认真确定企业的公众对象。一般来说,企业在国际市场上公共关系的对象包括股东、顾客、供应商、国外进口商、国内出口商、经销商、代理商、竞争者、金融界、保险公司、信息公司、咨询公司、消费者组织、新闻界、当地政府部门等。

当然,跨国公司针对内部员工的公共关系也极重要,跨国公司要重视内部员工,特别是海外子公司员工的意见和要求,并据以调整和改进国际市场营销管理,使员工对在本企业工作产生光荣感和自豪感,引导他们恰当地代表企业的利益和形象,向社会公众宣传本公司的产品,提供服务,制造良好的舆论氛围。在日本,许多跨国公司都很重视内部公共关系的建立与不断完善,丰田、松下、三菱、索尼等公司长期以来把搞好公司内部和外部公共关系与创立优秀的企业文化相结合,在国际市场上声誉日隆。公司声誉是跨国公司最重要的无形财富,开展国际市场公共关系的目的之一,就是要提高跨国公司的国际声誉,而声誉的提高往往又会带来产品和服务声誉的提高。

国际市场公共关系的内容和任务与目标市场所在的国家或地区,公司在海外市场所处的地位,海外市场供求关系和竞争状况,海外市场的政治、经济、社会和文化环境,以及本国的对外贸易政策等方面密切相关。一般情况下,国际市场公共关系活动的主要内容和任务包括如下七个方面:

（1）搜集国际市场公众对本公司产品、营销策略、服务、人员、财务等各方面的意见和态度，了解本公司在国际市场的形象和知名度。

（2）建立与国际市场公众之间的联系，答复他们向本公司提出的各种询问，为其提供有关本公司相关材料。对任何来访、来电和来信的人，都应该进行迅速、有礼、准确、友好的接待和处理。

（3）与国内外有关组织建立固定的沟通渠道，经常向他们通报本公司对顾客、公众和社会将要作出和已经作出的贡献，包括在国际社会所做的一些赞助、捐赠、竞赛等活动。

（4）协助跨国公司总部的相关职能机构，处理有关国际市场对外联络、宣传和信息沟通等相关事务。国际市场公共关系的开展，必须与国际市场人员推销、广告和营业推广相结合。在国际市场总体促销策略的基础上，制定良好的公共关系策略，使公司在公众心目中树立良好的形象，培养国际市场消费者对公司产品的偏爱、信任和忠诚，从而达到稳定和促进国际市场的目的。

（5）为国际市场经营目标、经营方法、经营策略、产品结构和经营规划顺应国际市场变化而进行的调整提供最大的帮助，努力理顺公司与社会公众之间的关系，为公司顺利地开展国际市场营销活动开辟道路。

（6）以具体的行动向社会公众表明，公司正在从消费者利益和公众利益出发，为社会公众提供完善的服务，作出有益的贡献。

（7）当国际市场营销战略发生失误，或发生突发性营销危机事件时，可以利用公共关系给予补救，对不利于本公司的社会活动和社会舆论，运用公共关系进行纠正和反驳。

二、国际市场开展公共关系活动的程序

在国际市场上建立良好的公共关系，必须以责任和诚实为基础，以社会公众利益为原则，以树立公司形象为要旨。但在国际市场上树立公司形象并非一朝一夕就能完成的，需要持续、全面、稳妥、有计划地通过一定的程序才能完成。跨国公司开展国际市场公共关系活动的程序一般包括如下四个部分：

（1）开展国际市场公众调查。搜集、了解目标国际市场公众对本公司的意见和态度，分析公司及产品在公众中的形象和知名度，总结经验教训，发现问题。在许多发达国家，如美国、日本和西欧国家，都有专门的公共关系咨询公司和市场调研机构，跨国公司在开展国际市场公众调查的时候，可以与这些企业合作以在国际市场上进行调查。在没有专门机构的目标国际市场上进行调查时，跨国公司可以考虑与该国的相关营销学者和专家合作。

（2）根据促销目标，确定公共关系目标，制订详细的公共关系计划。根据目标国际市场公众调查分析的资料信息和企业的促销目标，确定公司开展国际市场公共关系应达到的目标，包括近期、中期和远期目标，按照目标，再制订具体的公共关系活动计划。

（3）实施公共关系活动计划。基于国际市场公共关系计划，公司可以通过多种形式、途径和渠道将计划付诸实施，并把公司的各项事务通过一定的渠道与社会公众进行沟通，促进公司与社会公众之间良性互动关系的发展。这样既可以扩大公司的国际影响和社会声誉，又便于听取社会公众的意见，接受社会公众对公司的监督。

（4）公共关系效果评价。在公共关系实施过程中和实施之后，企业必须对公众信息进行反馈，了解国际市场公众对公司的公共关系策略和产品的反应，以及评估公共关系的

目标是否实现,任务是否完成。公共关系效果的评价和反馈工作,可以由公共关系部门完成,也可以聘请目标市场上有关专业机构和国际性公共关系公司、市场调查研究咨询公司代为进行。

三、国际公共关系活动的内容和形式

跨国公司在目标国际市场上开展国际公共关系活动,其常见的内容和形式有:

(1) 建立、改善和强化与大众传播媒介的关系。报纸、杂志、广播、电视等大众传播媒介承担着传播信息和引导舆论的社会职能,因此跨国公司在目标国际市场上必须充分利用大众宣传媒介来为公司的公共关系活动需要服务。要与这些大众传媒的编辑和记者保持经常的接触和沟通,建立可靠信誉和相互合作的关系。

(2) 改善与目标国际市场上消费者的关系。跨国公司运用公共关系手段与社会进行沟通,增进彼此的了解,使消费者对公司形象和公司所提供的产品和服务产生良好的感情,积极收集和听取目标国际市场的公众对本公司政策、产品等方面的意见和态度,及时处理意见,消除公众的抱怨情绪,同时,提出改进本公司政策和产品的方案,从源头上消除意见和抱怨。开展市场教育,以各种方式向顾客介绍产品的用途和性能,并引导和帮助顾客迅速掌握产品的使用办法,对来访、来电、来函热情接待和对待,及时答复。

(3) 建立并保持与政府相关职能部门之间的良好关系。与在国内经营所不同的是,跨国公司在海外市场将面临来自各个国家和政府的截然不同的要求或压力。所以,一方面,跨国公司必须随时调整自己的行为,以适应外国政府政策的变化;另一方面,跨国公司又要左右逢源,以协调可能发生的冲突和矛盾。跨国公司要通过公共关系加强与东道国政府官员的联系,了解他们的意图,懂得他们的法律,以求得国际市场营销活动的长期可持续发展。跨国公司在目标市场上处于不同的成长阶段,其公共关系活动的任务也不一样。在初始进入东道国市场阶段,公共关系活动的任务相对比较繁重,在进入正常运营阶段之后,就要密切关注东道国政局与政策动向,以及可能存在的潜在风险问题。最后,即便在市场失利而不得不撤出某个目标市场时,也要注意与东道国保持良好关系以维护其他方面的利益,或者为将来再次进入该市场创造条件。

企业赞助在国际市场营销活动中常常被归为公共关系的一个方面,如小贴士14-1所示的全球3万多家麦当劳共同参与举办的"麦当劳直接儿童日"活动,虽然这些活动的赞助很多时候与广告的联系会非常明显。烟草公司在赞助体育活动方面特别具有创造性,以绕开较为传统的媒体广告的限制。其他比较突出的例子还有可口可乐公司赞助欧洲足球比赛,福特公司赞助澳大利亚网球公开赛。北京2008年奥运会赞助商可口可乐、中国移动、联想、中国银行、中国人保等均满载而归,与非赞助商品牌相比较,赞助商品牌享有较高的品牌推荐及更正面的品牌态度。韩国的三星,曾经被戏称是"廉价家电制造商",不仅在国际上属于名不见经传的三流品牌,即使在韩国本国的竞争中,也略逊色于对手金星社(LG的前身)。但是,借助成为"1988年汉城奥运会"赞助商的契机,三星使得全世界从奥运五环标识的旁边认识了韩国品牌"SAMSUNG",并借助奥运赞助商的高端形象,逐步摆脱了以往产品和企业的低端形象。后来,三星一直致力于奥运营销,并进一步成为国际奥委会的头等赞助商。此后,三星实现了其品牌质的飞跃,从一个低端的小品牌成长为国际一线大品牌。

小贴士 14-1

麦当劳的国际公关——以儿童的名义

世纪之交,联合国粮农组织发表了一些触目惊心的数字:全世界有8.4亿人吃不饱饭,每天有2.5万人直接或间接死于饥饿,其中2/3是儿童。联合国儿童基金会最新的一份报告也显示,经济合作与发展组织成员国中,1/6,即4700万儿童生活在贫困中。但对于联合国而言,资金短缺、项目无法运作是现实问题,联合国急需寻求赞助。为此,联合国前任秘书长安南在2002年5月呼吁各国私营企业更多地参与联合国帮助儿童的活动。

麦当劳作为一个长期致力于支持全球儿童公益事业的企业,觉得这是一个"回报社会,提升形象"的好机会,便作出积极响应。从2002年起,麦当劳成为联合国"世界儿童日"主题活动在全球的主要执行者和推动者,带动国际社会对需要帮助的儿童作出更多、更实际的贡献。

2002年11月20日,麦当劳公司与联合国儿童基金会举办了首届"麦当劳世界儿童日"活动,主旨是改善儿童健康,唤起人们对儿童事业的关心。这一活动在澳大利亚、巴西、中国、法国、日本、美国等全球121个国家近3万家麦当劳餐厅同时举行,规模浩大,形式多样,取得了良好的公关效果。

四、国际市场营销危机管理

在全球市场上,跨国公司的许多危机管理(crisis management)行为都与沟通相关,因此,危机管理在某种程度上又称为危机沟通管理(crisis communication management),即加强信息的披露与公众的沟通,争取公众的谅解与支持。

现代企业面对危机,就如同人们必然面对死亡一样,已成为不可避免的事情。当跨国公司与海外市场的公众或环境之间发生摩擦或冲突,进而影响到公司的海外经营或品牌声誉时,为挽回不利影响或提升公司形象,必须考虑采取一定的冲突型公关策略加以应对,即国际市场营销危机管理。如果跨国公司没有预先制订完善的公关战略,并且未在危机的最初阶段对其态势加以控制的话,危机造成的连锁反应将是一个加速发展的过程,从初始的尚可承受的经济损失,直至苦心经营的品牌形象和组织信誉毁于一旦。如耐克公司被指责在亚洲使用"血汗工厂"的工人之后,用付费广告来对指责作出回应,结果美国最高法院裁定,言论自由不适用于广告,因此受理了针对该公司虚假攻击性广告的民事诉讼。从公共关系的角度来看,耐克公司显然把事态不必要地扩大且恶化了。

对于国际市场营销危机管理,一般包括预防危机、控制和解决危机、危中找机等几个方面。国际市场营销危机的预防是危机管理之中最为重要的一个部分。跨国公司在国际化运营过程中需要识别可能存在的危机,并从潜在的危机后果追根溯源,然后对这些可能导致危机的原因进行管理,并针对性地练习内功,增强免疫力,以达到延缓危机发生的时间和降低危机损害的目的。控制危机主要是建立应对危机的组织,并制定危机管理的制度、流程、策略和计划,建立强有力的危机管理团队,从而确保在面对危机时能够理智冷静、胸有成竹,有步骤地实施危机处理策略,通过公关的手段阻止危机的蔓延并消除危机,如小贴士14-2中讲到的泰诺胶囊被投毒之后的危机应对策略,在消费者中很快消除了危机事件带来的负面影响,并在极短的时间内得以回归市场。英特尔公司前CEO安迪·格鲁夫曾说过,优秀的企业安度危机,平凡的企业在危机中消亡,只有伟大的企业在危机中发展自己。危机管理的最高境界就是总结经验教训,让公司在事态平息后更加焕发活力。

小贴士14-2

真诚让强生公司在危机中重获尊敬①

"泰诺"(Tylenol)是美国强生公司在20世纪70年代末80年代初的拳头产品。"泰诺"作为一种替代阿司匹林的新型止痛药,是美国日常保健用品中销售量最大的品牌。到1982年,"泰诺"已占据止痛药零售市场35.3%的份额,在竞争激烈的止痛药市场上独领风骚。就强生公司来讲,"泰诺"的销售额和利润占强生公司总销售额和总利润的比率分别达到8%和17%。然而,在1982年9月底,美国芝加哥地区连续发生了7人因使用强生公司生产的"泰诺"止痛胶囊而中毒的事件。消息一经报道,一下子成了全国性新闻,强生公司形象一落千丈,人们对"泰诺"避之唯恐不及。

面对危机,强生公司迅速展开行动,真诚地与消费者展开沟通。强生公司首先在全国范围内立即收回全部"泰诺"止痛胶囊,价值近1亿美元,并投入50万美元利用各种渠道通知医院、诊所、药店、医生停止销售。公司随后开始以真诚和开放的态度与新闻媒介沟通,迅速地传播各种真实消息,无论是对企业有利的消息,还是不利的消息。积极配合美国医药管理局的调查,在五天时间内对全国收回的胶囊进行抽检,并向公众公布检查结果。后来查明,此药根本无毒(美国食品与药物管理局怀疑有人故意打开包装,在药中加入剧毒氰化物再以退货为由退回药店),但"泰诺"胶囊被投毒者利用这一事实还是使强生公司受到了巨大影响。

解决了"泰诺"对生命的直接威胁之后,强生公司很快又开始为"泰诺"的生存和公司的健康状况而战。强生公司否决了所有永远停止"泰诺"生产,以新品牌重新进入市场的提议。相反,强生公司决心要为"泰诺"的生存而战。

复兴"泰诺"的第一步就是要接受消费者对"泰诺"的态度。为了重新赢得老顾客的信任,强生公司通过电视广告声称它会不惜一切代价捍卫"泰诺"的荣誉,期盼老顾客继续信任"泰诺"。为了防止芝加哥的悲剧重演,强生公司给重新推出的"泰诺"胶囊设计了防污染、防破坏的新包装。新包装为三重密封:盒盖用强力胶紧紧粘住,打开时得把它撕开且痕迹非常明显。药瓶帽和瓶颈处用一个塑料封条封死,封条上印着公司名称。瓶口又被一层箔纸从里面封住。药盒和药瓶上都写着:"如果安全密封被破坏,请勿使用"。其次,强生进行了一次大规模的促销活动,向购买此款包装"泰诺"的人提供优惠券。危机过后一个月,公司董事长伯克给强生2000多人的销售大军开了一次战前动员会。"我们不会回头",他大声说。然后他命令员工走出阴影,说服医生和药师向他们的病人和消费者再次推荐"泰诺"。

强生公司真诚的、富有道德感的做法得到了公众的理解,产品重新获得公众信任。1983年5月,"泰诺"重新夺回了前一年失去的绝大部分市场,市场占有率回升至35%。

---

① 资料来源:《真诚让强生公司在危机中重获尊敬》,载《市场观察》2011年第7期。

"泰诺"摆脱了危机,走出了困境。强生虽然承受了5000万美元的损失和5680万美元的广告额外支出,但确保了"泰诺"的继续前进。许多分析家都对"泰诺"重返市场的速度感到惊讶,《华尔街日报》也把它称作市场营销的奇迹。

如果危机处理不当,将给企业带来不可估量的危害,甚至会导致整个公司的倒闭。2000年火石轮胎因安全问题召回的灾难也许能最好地说明公共关系在国际市场营销中的重要性。火石轮胎公司被指责因轮胎质量缺陷而导致在美国有100多人死亡,火石轮胎美国分公司的CEO在国会听证会上宣布,火石公司对这些死亡事故负有全责并真诚道歉。这一做法在日本是很好的公关措施,但是华盛顿的参议员对这样的道歉不感兴趣,火石随后在美国被消费者告上了法庭。然而,在这个时候,火石却开始指责它的顾客,即福特汽车公司也应该对此事负有责任,说是因为福特告诉顾客,轮胎不要充气太足,这样的话行驶会平稳些。很快,火石轮胎在美国的危机扩散到了全球各国,沙特阿拉伯甚至因此而禁止使用配置火石轮胎的交通工具,对此,火石轮胎公司采取的措施和反应却是指责沙特阿拉伯违反了WTO协议。这一产品质量和公共灾难在全球的影响是巨大的,最终导致火石公司的破产。

第三节 国际市场直销与传销

现代直销作为营销方式中的一个种类,同其他类型的营销方式一样,有其诞生、成长的发展历程。直销作为一种市场运作模式,在全球多数国家已存在了几十年,虽然在许多地方都有过一些运营风波,特别是在我国更是几经沧桑变革。但不论怎样,近些年直销在我国具有稳步增长的发展趋势。对于这样一种目前还处于非主流但逐步在我国发展成熟的市场营销运作方式,要以科学的视角看待和分析。

直销是指各种互动式的市场销售形式,这种销售形式是利用各种渠道使公司得以与终端消费者直接接触,从而建立起一对一的关系。最常见的直销形式有邮件销售、电话销售、上门销售、网上交易及目录销售。从某种意义上说,直销是一种商业模式,是促销手段和分销手段的结合体,一些公司在国际市场上就是采用这样一些销售形式。

根据世界直销协会联盟的定义,直销是将消费类产品或服务直接销售给顾客的销售方式。直销通常是在顾客本人或是他人的家中开展,也可以在诸如顾客的工作场所等其他非商业店铺的地点开展。直销通常是由销售员通过对产品或服务的讲解和示范来进行。从营销整体上来看,销售可分为店铺销售和无店铺销售两大类型,直销属于无店铺销售方式。这两种类型的营销方式共同存在,互相补充。

许多跨国公司已经成功地实施了全球直销战略,且收效极佳。如美国优利系统公司(Unisys)采用了邮件直销与电话直销相结合的方式,耗资上百万美元,使用了多个国家的语言,发起了一场"直面消费者"的营销活动。公司每个季度都向几十个国家的一些主要决策者发送邮件,邮件中用几国语言描述产品及其相关技术的信息,随函还会附上一张由总经理签名的个性化信件。接下来,讲当地语言的电话推销员将询问对方是否还有其他问题。跟踪调查显示,70%的公司经理对优利系统公司的这种营销作出了积极的回应。

一、直销的缘起与分类

据资料记载,早在1929年中国内地的王星记扇庄的第二代经营者王子清就曾用一种类似直销的方式招揽生意:无论什么人,只要给王星记介绍业务,均可得到成交额中的5%—10%的佣金。这是世界上最早的有文字记载的直销。

现代直销起源于美国,直销最早萌芽于20世纪50年代,由犹太人卡撒贝创立,随着信息化社会的迅速发展和人们图求方便快捷购物的心理而兴起。现在直销几乎遍及全球所有市场经济成熟和发达的国家。直销模式一般分为狭义直销(direct selling)和直复营销(direct marketing)两大类。

1. 狭义直销

所谓狭义直销就是产品生产商、制造商或进口商通过直销商(兼消费者)以面对面的方式将产品销售给消费者,其方式包括单层直销和多层直销。单层直销即介绍提成模式,例如保险公司、期货公司的经纪人都是无工资的,靠自己的人际关系销售产品并获得提成,但开发的顾客没有成为销售人员,从而也就没有形成多个直销层级结构,目前采用这一类直销方式的直销公司较少。大多数直销公司如今都是采用多层直销,即本身也是消费者的直销商除了将公司的产品或服务销售给消费者之外,还可以吸收、辅导、培训消费者成为下一个层次的直销商,各直销商可以根据其下级直销商的人数、代数及对其团队业绩的管理而获得在公司中的晋升,并获得不同比例的奖金。这种多层次直销模式与传销的组织架构比较接近。

2. 直复营销

所谓直复营销,即产品生产商、制造商或进口商通过媒体,包括邮寄、电视购物频道和因特网等,将产品或者咨询服务传递给消费者。通过企业与顾客之间的直接交流和沟通,顾客对企业的营销努力有一个明确的购买或不购买的回复,企业基于可统计到的明确的回复数据对直复营销的效果作出评价。

二、直销与传销的区别

近年来,直销在全球范围内呈现了如火如荼的发展势头,跨国公司将这种直销模式从一个国家市场移植到另一个国家市场,包括中国市场。但从1998年春天开始,由于传销企业的不规范运作,加上中国消费者消费心理不成熟的状况,由传销引发的各种社会问题愈演愈烈,严重危及社会的安定、国家的市场经济秩序和国家的安全,中国政府终于对传销这种经营形式进行了全面禁止。与直销的运营模式极为相似的传销在表现形式上变化多端,正是套用了国际市场营销学中的直销概念,从实践上区别直销和传销,比从理论上区分更加复杂一些。具体而言,其区别如下:

(1)在直销活动中,直销商和直销企业通常会以销售品牌产品为导向,其整个销售过程始终把产品销售和消费者放在第一位。而传销商和传销企业在开展传销活动的过程中,通常以销售市场机会为导向,并不关注其本身就是质次价高的产品的销售。

(2)在直销活动中,直销商在获取从业资格时不会被要求交纳高额入门费,或购买与高额入门费价格等量的产品。在传销活动中,传销商在获取从业资格时,一般会被要求交纳高额入门费或者购买与高额入门费等价的产品。

（3）在直销活动中，直销从业人员所销售的产品通常会有经过物价部门专门批准的、比较公正的价格体系，所销售的产品也有正规的生产厂家和优秀的品质保证。而传销活动中，由于其从业人员本身所贩卖的只是一种投资行为，他们所关注的只是投资回报的比率问题和速度问题。

（4）在直销活动中，从业人员的主要收入来源于自己销售产品所得到的销售佣金或基于直销从业人员的市场拓展情况和营销组织的建设情况所给予的管理奖金。而传销活动中，从业人员的收入主要来自于其发展下线传销从业人员时所收取的高额入门费。

（5）在直销活动中，从业人员在其从业过程中通常会有岗前、岗中、岗后的系统培训，其内容包括产品培训、营销技术培训、客户服务培训、政策法律培训等等。在传销活动中，从业人员虽然也有可能接受直销活动中所推出的各种教育培训，但是更推崇的是在从业过程中大规模的激励和分享活动，以诱导从业者买单。

（6）在直销活动中，直销从业人员和直销企业通常在其直销文化的建设中把直销活动当成是一种正常的创造财富和分享财富的活动，主张在营销技术上精益求精。而在传销活动中，从业人员和企业通常在其传销文化的建设中强调"一劳永逸""一夜暴富"等价值观念。

（7）在直销活动中，直销企业和直销从业人员最终的营销目标就是打造越来越多的忠诚客户群体，这些消费群体信任公司和公司的产品，愿意长期消费公司的产品，忠实于公司的品牌。而在传销活动中，其终极目标往往是"捞一票就走、迅速致富"，因而并不强调产品的重复消费和发展、维护忠诚客户。

（8）在直销活动中，直销从业人员的工作在前期主要是开发消费客户并销售产品给这些客户，但随着消费客户越来越多，其工作重心便逐渐由前期的开发消费客户逐渐转为管理消费客户，并且在此过程中，及时准确地向各种消费客户提供各种消费资讯和服务。而在传销活动中，传销从业人员的工作重心自始至终都是围绕着发展下线。

（9）在直销活动中，企业会要求从业人员了解并自觉遵守各种政策法规，合法缴纳各种税金，尤其是个人所得税税金。而在传销活动中，其通常的做法则是，截断各种通往从业人员的政策信息流系统，也不会反复强调其作为一个公民的责任和义务。

（10）在直销活动中，通常会制定和执行良好的消费者利益的保护制度，把品质优秀的产品和卓越的服务源源不断地提供给目标消费者，消费者在购买、消费产品和服务的过程中可以在一定期限内无因退货，企业制定了由于企业原因导致消费者权益受损的赔偿制度。而在传销活动中，由于产品只是作为拉取人头、发展下线的一个道具，所以其交易一旦完成，就不允许退货，并且还会伴随着各种各样的苛刻条件，使得消费者的正当权益得不到维护和保障。

三、直销在中国的发展

直销正式进入中国是1990年。第一个进入中国的是雅芳公司。

（1）从中国直销市场现状分析来看，中国直销市场由化妆品市场、保健食品市场、保洁用品市场、保健器材市场以及小型厨具市场五个部分组成，基本都属于日常消费品市场。其中发展迅速并形成一定规模的是非耐用品的化妆品市场、保健食品市场以及部分保健器材市场。目前中国直销市场主要由雅芳、安利、康宝莱、玫琳凯、完美等外国品牌占领,而本土化品牌影响力较小,也不成规模,在资金、产品等各方面的实力和外资企业相比悬殊。

(2) 从直销经营许可批准的区域分析来看,各企业获准经营的区域也有所差异。在中国市场进行直销有着很高的市场准入门槛。在获得直销经营许可的24家直销企业中,只有雅芳拥有全国的市场,其次是安利、玫琳凯等拥有大部分的省级和城市市场,大多数直销公司都只是偏安一隅,获准的经营区域基本只是一个省、直辖市或是一个省内的部分城市。如南京中脉科技发展有限公司获准从事直销活动的区域就限于江苏省13个市的45个区/县(县级市)。由于直销许可经营有地域限制,所以对于直销企业来说直销区域的发展是很重要的,若直销的区域被压缩到很小的范围,这对直销企业是相当不利的。

(3) 从直销业务发展趋势分析来看,中国市场未来直销的业务发展主要以市场营销观念为指导思想,紧跟社会营销、绿色营销的发展方向。许多直销企业由原来的只重视市场需求而转向了对消费者长远利益的兼顾。注重整体营销,不仅关注营销网络的构建,也开始着力实现快速交货,进行直销的物流渠道建设。

(4) 从营销信任体系的构建来看,更加注重品牌建设和形象营销。如安利、雅芳、玫琳凯等一批直销企业通过强大的公关活动,不断地提升企业的形象,为直销企业的生存和发展赢得了空间和机会。相应地,许多直销企业的产品也更多围绕高科技的概念进行开发和营销,注重提升产品和服务的质量,通过各种途径加大宣传力度,如中国是安利在全球唯一进行广告投放的市场。

(5) 从直销企业类别来看,中国的一些原来进行传统销售的企业也开始进入直销行业,如2008年哈药集团股份有限公司和2009年江苏隆力奇生物科技股份有限公司分别获得直销经营许可,在各自直销经营许可批准的区域内进行直销。

第四节 国际市场营销广告

在营销策略组合的所有因素中,广告策略最容易受不同国家和地区市场之间社会文化差异的影响。消费者的反应受其文化、风格、情感、价值观、态度、信仰和理解力的制约。因为广告的功能是用消费者的需求、欲望、渴望来诠释产品和服务满足需求的特性,广告要想成功,情感诉求、象征符号、说服方法以及其他广告特点必须和文化规范一致。无疑,把国际广告活动与各个市场文化的独特性结合起来是国际市场营销者所面临的挑战。如本章引例所示,2004年底宝洁取得中国中央电视台黄金时段广告标王之后,连续四年蝉联冠军,这一方面是中国改革开放30多年来国内经济、政策和法制环境越来越稳定;另一方面,宝洁作为一家在中国市场经营多年的跨国公司,对中国社会文化环境的适应性也有了极大的提升。中国自加入WTO之后,已超越美国而成为全球范围内最受跨国公司青睐的投资胜地。

无论是在哪一个国家或地区的市场,国际广告的基本框架和概念在本质上是相同的,其中均涉及开展市场营销研究、确定沟通目标、为所选择的细分市场提供最有效的信息、选择有效的媒体、编制预算、广告实施和对照目标评估广告活动的有效性等七个步骤。

一、基于国际市场营销研究确定广告沟通的策略和目标

跨国公司为了配合国际市场营销的需要,对国际市场上所投放的商品和服务进行国际市场营销广告,其目的是通过各种适应国际市场特点的广告形式,使商品和服务能够迅速进入国际市场,赢得声誉,扩大销售。国际广告与国内广告相比,广告覆盖范围更广,广告环境差异更大,广告受众文化背景更为复杂,广告作业更为困难,广告费用也更加昂贵,因此,国际市场营销者在开展国际市场营销广告活动的时候必须对国际市场进行研究,了解国际广告的特点,把握国际广告发展动态,以及灵活运用国际广告策略,使国际市场营销广告活动卓有成效。

虽然跨国公司在各个国家和地区市场上的广告的目的大相径庭,但大都在于引入新产品、建立和改善品牌形象、推广和占有市场份额等,要达成这些目标,就需要在国际市场上开展细致的营销调研和考虑周到的、富于创新的广告活动。

国际市场的激烈竞争和海外消费者的日趋成熟,使得对国际市场广告的要求越来越高,跨国公司在国际市场上需要兼顾成本和效率,维护在各国统一的公司或产品形象。在追求更有效、更容易引起海外市场受众反应的广告策划活动中,要审慎考虑有关集权和分权、使用一个还是多个外国或国内的代理商、拨款和分配资金程序、广告文字、媒体研究和选择政策。在许多情形中,标准化产品可以实行全球营销。有些公司基于其标准化产品特征,而选择了全球统一的广告策略,如吉列公司为其所有的男性日用产品选择了统一的口号,即"吉列,男人最好的产品",希望借此能够为公司在国际市场上建立某种一致的形象。由于国际市场上各国之间经济发展水平、语言和社会文化的差异,不同市场的广告策略也应该有所不同,如福特的广告就因国而异。在美国,福特为其"护卫者"汽车做的广告是强调其便宜而实用,因为这种车在美国市场上被看做入门级的消费水准。但是在印度,这款汽车则作为高级轿车推出。

面对复杂的国际市场状况,跨国公司不得不在广告主题的标准化与当地化之间进行权衡,并有越来越多的公司开始倾向于后者,将广告策略的覆盖范围按产品特征或国别市场进行细分,以避免因广告策略的失误而导致公共关系危机。

1. 基于产品和服务特征细分的国际市场广告策略

不管在哪个国家或地区的市场,产品和服务都是为了满足消费者的效用和需求,不同的文化经常从产品和服务的基本功能中寻求共同的价值和利益,如汽车的运输功能,照相机的拍照功能,或者手表的报时功能等。但是,尽管基本功能相同,产品和服务的其他特征和消费心理特点在各国市场上却有着显著的差异。

就照相机而言,美国消费者所希望的是简单且易于操作,能够拍出精美的照片;对于德国和日本的消费者,不但要求照相机能够拍出精美的照片,而且在外观设计上必须像艺术品一样精致;对于非洲的消费者,因为拥有或接触到照相机的消费者很少,所以首先要做的是让非洲消费者接受拍照片这样一个概念。在这些市场上,消费者都会基于基本功能而期望得到精美的照片,但是从照相机所能够获得的效果和满足感会随着社会文化和经济发展水平的不同而不同,而如能够拥有一台相机这样一个行为本身可能就会让非洲的消费者获得较大的满足。

产品最好的广告策略是因地制宜,仔细研究每一个市场,为每一个市场设计独特的广

告。因为,即便是面对同一个广告,也没有哪两个市场的反应会是一模一样的,每一个市场都有自己的特别之处,无论是文化的、宗教的、民族的、饮食的,还是其他方面的不同,因而每一个市场都需要采用不同的营销方法、不同的策略。如蓝宝石种植者协会在美国发动了一场成功的广告战役,一个杏仁种植者站在齐膝深的杏仁中间,对观众说:"一个星期一听,此外我们别无所求。"该广告的目标是改变消费者把杏仁作为一种特殊食品的观念。该广告在美国取得很大的成功,它不仅仅让人们改变观念,把杏仁看成一种小吃,还借助地区性和全国性的新闻媒体获得了对蓝宝石的免费宣传。但是,当这则成功的美国广告被移植到加拿大时,加拿大人的反应却与美国人截然不同,加拿大人更愿意购买加拿大农场主的产品,而不是美国农场主的产品。

2. 基于地区特征细分的国际市场广告策略

伴随着全球化和国际化市场行为模式的融合,各国法律对市场行为的限制正在慢慢减弱或取消,跨越不同国家市场的区域性细分市场正在出现。欧盟的成立和泛欧媒体的出现,使得许多跨国公司都开始尝试尽可能地使公司在这一区域市场上的促销活动标准化,力求在全欧洲市场上实现品牌、广告和促销的统一。尽管欧洲或许永远也不可能成为一个对任何产品来说都统一的市场,但是这并不意味着跨国公司应该放弃开发面向全欧洲的促销规划的念头。泛欧促销策略将意味着找到一个跨越欧洲各国的细分市场,应设计一个能对该细分市场的共性部分有吸引力的促销概念。

在考虑按照地区细分国际市场广告策略的时候,语言和文化会成为主要的考虑因素。如拉丁美洲各国几乎使用一种共同的语言,社会文化价值观和消费习惯彼此相近,这些地区性特征为开展区域性广告促销活动带来了一系列便利条件。

二、有效传递国际市场信息

国际市场沟通失败的原因多种多样,如没有合适的且足够的媒体而使得沟通信息未能传播出去,文化差异使得目标受众即便接收到了信息也未能理解,以及营销者没有正确地评估目标市场的需求而使得目标受众在接收到并理解了信息的情况下毫无反应等。

对国际市场广告策略产生影响的因素很多,国际市场营销者必须了解国际市场营销沟通的过程,并确保不忽略任何可控因素,才能更好地应对国际市场营销广告活动中的多样性挑战。

国际市场广告沟通的过程包括信息源、编码、信息渠道、解码、接受者、反馈和噪声等七个部分组成,如图14-1所示,这些过程被置于两种不同的社会文化之中,并不能简单地只是通过媒体向接收者发送一个信息,就指望所发送的信息和接收者所收到的一样。国际市场广告沟通过程中的任何一个环节都有可能会影响整个沟通的准确性。在这个领域,即便是最有国际市场营销经验的跨国公司也有可能会犯错误。

首先,在国际市场营销的广告沟通过程中,大多数失败或错误都是因为其中一个或几个步骤没有正确反映社会文化的影响,或者因为对目标市场缺少总体的了解。如图14-1所示,信息源是指要向某一特定目标市场推销其产品的国际市场营销者,所要传递的信息是基于目标市场需求的产业和服务信息。然而,国际市场营销者对市场需求的认识和实际市场需求有时并不一致,当国际市场营销者依赖自我参照标准而不是有效的市场研究时,想当然地认为"产品在一个国家畅销,在另一个国家也必然好销",其对产品和服务信

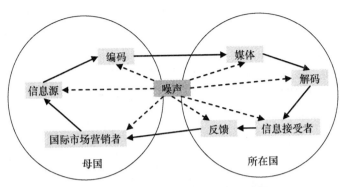

图 14-1　国际市场营销信息沟通过程

息的看法相对于目标市场的需求就会发生偏差,如为欧美发达国家市场设计和销售的、主要用于休闲和锻炼的自行车就不一定适合于中国这样一个自行车大国,因为中国的消费者还是主要把自行车视为一种交通工具。如果从一开始,就把市场的基本需求理解错了,那么即使其余的步骤都正确无误,在目标市场上的整个信息沟通过程也可能会失败,因为所传达的信息本身就是错误的或者是毫无意义的。

其次,即便信息本身是正确的,信息的编码过程也可能会产生问题。在这一过程中,诸如颜色、时间、价值观、信仰、幽默、口味、代言人等因素是否合适都可能导致国际营销者对产品和服务信息的编码发生错误。例如,国际营销者想让产品传达凉爽的意思,于是选择了绿色包装,然而在伊斯兰教国家,绿色是一种不宜随便使用的庄重的颜色;如果在美国选择足球明星戴维·贝克汉姆作为代言人可能会收效甚微,因为美国人最喜爱的球是篮球和橄榄球。另外,文盲率、可供选择的媒体以及媒体种类等问题在国际市场营销沟通过程中的编码阶段也会引起问题。要想编码的信息抵达消费者,就必须仔细选择信息渠道。当电视在目标市场的覆盖率很低时却选择电视作为媒体,或者大多数的目标用户不识字却利用报纸作为信息载体,这样的错误就是沟通过程中媒体渠道选择不当。

解码过程中出现的问题,大都是由编码不当而引发的。可口可乐曾于20世纪20年代进入中国市场,当时,可口可乐用音译法翻译为"口渴口腊",其作为一种新产品初入中国市场时,中国的消费者也不了解其用途,看到"口渴口腊"这个品牌名称时,误认为是"口渴了便喝口腊"的东西,但是,口渴了又怎么能喝腊呢? 这种怪异的新产品,在中国市场上自然是少有人问津。果然,由于销量过低,可口可乐不久后便不得不撤出了中国市场,这是一个典型的由于翻译和解码错误使得跨国公司在国际市场上遭遇尴尬的例子。再如,中国出口的标准牌缝纫机被翻译为"Typical Sewing Machine",被理解成就是一台典型的缝纫机而已,除了具有缝纫机的全部特征,别的没有什么特别的,翻译中透着一股令人失望的情感色彩,若是在崇尚科技、酷爱新产品的北美市场,无疑将会受到挫折。百事可乐的"Come alive with Pepsi!",在台湾被译为"让先祖起死回生!",在德国,被译为"从坟墓里活跃起来!",而这个闻名全球市场的百事可乐的口号的本意是"百事可乐使你振奋!"。很多时候,即便只错译了一个单词,也会毁了整个广告,如一家美国公司在墨西哥推销一种除臭剂,其国际性标准广告词为"If you use our deodorant, you won't be embarrassed in public",在翻译的过程中,embarrassed 被译成了 embarazade,而这个词在墨西哥的西班牙语中的意思是怀孕,于是,这个广告就成了"若使用我们的除臭剂,就不会当众怀孕"！

沟通过程中的信息接受者的错误一般可能会由多种因素综合而成，包括对产品和服务的错误了解产生的不恰当的信息，编码不当产生的无意义的信息，媒体选择失误而无法把信息有效传递给接收者，或者因为解码者解码不准确而曲解或误解信息，等等。

反馈作为对其他阶段效果的检核，在国际市场信息沟通过程中非常重要。不对沟通效果进行检核的话，就无法及时改正信息源、编码、信息渠道、解码和接受者等方面产生的信息错误，从而很难在造成重大损失前有机会改正错误。

最后，国际市场营销沟通的效果还会受到噪声的影响。所谓噪声(noise)，即所有其他外在的会降低国际市场营销沟通效果的影响因素，如可能影响最终沟通效果的竞争对手的广告、其他销售人员以及接收端的混乱等。噪声是一种破坏性的力量，可能会干扰沟通的每一个步骤，并常常不受信息发送者或接收者的控制。

三、选择有效媒体和编制国际广告预算

在国际市场营销广告中，国际市场营销者必须考虑可以利用何种媒体及其相关的费用和覆盖范围等问题。新近的研究表明，媒体的有效性会因文化和产品种类的不同而不同。在荷兰，有天主教、基督教、社会主义者、中立者以及其他的专门的广播网，任何专门的媒体都只能将市场信息传递到市场的一小部分；在德国，全年的电视播出计划必须在前一年就安排好，因此无法保证本来为夏天制作的广告会不会在冬天播出；在越南，报纸和杂志的广告不得超出版面的10%，广播电视广告不得超过播出时间的5%或者每小时不得超过3分钟；在中国，中央电视台一家独大，任何通过中央电视台播出的广告在具有极高的传递效率的同时，也要付出极为高昂的成本，自1995年以来，中国中央电视台的广告都是通过年度招标达成协议。因此，在规划、分析和选择国际市场营销广告的媒体时，需要考虑媒体的可获得性、费用、有效覆盖范围等等。

1. 媒体的可获得性

有些国家的广告媒体太少，而另一些国家的广告媒体又太多，这是国与国之间的明显差异之一。有些国家的政府明令禁止某些媒体接受某些广告材料，这样的限制在广播和电视播出中最普遍。在一些国家，杂志和报纸太少，无法承接所有的广告；相反，有些国家的市场则被许多不同的报纸分割。因此国际市场营销者要想获得有效的覆盖面，必须付出较高的却不一定合理的成本。在中国，中央电视台全国新闻联播和天气预报之间的仅仅7.5秒的广告时段即价值数亿元人民币。当然，中国的央视广告"标王"的桂冠也足以让任何一个名不见经传的小公司在中国市场上于一夜之间闻名天下。

2. 媒体的预算和费用

在设计宣传和国际市场营销广告策略的时候，国际市场营销人员面对的一项重大的决策就是资金问题。在大多数国家，媒体的费用可以协商。许多国际市场营销者可能会发现，把广告信息传播到潜在用户的费用取决于代理商的讨价还价能力，在不同的国家之间，每份合同的费用相差很大。有研究表明，在11个欧洲国家中，使1000名读者获得广告信息的费用各不相同，从比利时的1.58美元到意大利的5.91美元不等。有些国家市场的电视广告时段比较紧张，电视广告的价格就大幅攀升。在英国，电视广告时段的投标制使得价格连年攀升，和中国的央视情形类似，他们没有固定的价格表，有的只是一个竞

购体系。

3. 媒体有效覆盖面

在很多世界市场上,必须通过多种多样的广告媒体才能把信息传播给市场上的大部分潜在用户。特别是面对欠发达国家的绝大多数用户来说,没有电视,不通广播,甚至不通公路。在非洲的一些国家,广告人员甚至不得不泛舟于河上,一边行进,一边对着灌木丛中劳作的人们播放流行音乐和广告。在印度,大篷车会是一种比较有效的媒体。在东欧国家,任何一种媒体都不能单独获得足够的覆盖面,因而必须采用多种媒体。在斯洛文尼亚,跨国公司要想获得适当的媒体非常困难,很多公司不得不采取独特的方法把信息传递出去,如在夏天使用激光把图案映射到大城市上空的云上,甚至水泥搅拌机也成了柯达的广告载体。

4. 相关媒体选择

就承载国际市场营销广告的主流媒体而言,相关媒体主要包括报纸和杂志、广播和电视、直邮、互联网等等。

(1) 报纸和杂志。有些国家的报业缺乏竞争,有些国家则非常激烈。国际市场营销者在选择报纸和杂志的时候,还需要考虑每一份报纸的政治立场,这样才能确保产品的声誉不会因为选择了不受目标消费者欢迎的报纸而受到伤害。有些国家对报纸有着严格的版面限制,如日本最大的报纸《朝日新闻》每份只有 16 到 20 个版面,国际市场营销者甚至需要通过一定的关系才能买到广告版面,而有些国家和地区对版面数量的管理比较松,在某些国家,甚可以为广告和促销目的购买非广告版面,只要价格合适,甚至新闻栏目版面也可以用于广告目的出售。

(2) 广播和电视。广播和电视已经成为一些国家的主要媒体渠道。在日本,许多人都迷恋电视。在中国,几乎所有城市家庭都拥有电视机。在电视设施发达的国家,广播已经被置于从属的媒体竞争地位。然而,在很多国家,广播或许会是唯一能接触大量人口的媒体,包括现在中国的很多农村地区,因而广播也是一种特别重要和有效的国际市场营销广告媒体。广播和电视广告的可获得性因国而异。近年来,随着卫星电视的成长和发展,其在电视广告中的地位也越来越重要。收看卫星电视的技术也很简单,大大增加了每一条信息的覆盖面和影响整个市场的能力。电视覆盖面的扩大对国际市场营销者的创造力提出了挑战,而且更加强调全球标准化的广告信息。大多数卫星技术都会涉及一些政府管制,禁止卫星天线的销售,或者禁止国内有线电视公司转播国外卫星电视节目等,不过,随着全球化的发展和信息渠道的增加,这样的限制正在逐渐弱化。

(3) 直接邮寄。当其他媒体难以利用时,直接邮寄作为一种可行的媒体就显得尤其重要。如俄罗斯消费者对直接邮寄广告的响应率高达 10%—20%,这一点与美国消费者的 3%—4% 甚至更少的响应率形成鲜明的对比。直接邮寄广告在俄罗斯之所以如此有效,一种解释是俄罗斯人对受到国际市场营销者的如此青睐会感到很兴奋。

(4) 互联网。互联网正在成为一种有效的国际市场营销广告媒体。今天的跨国公司在选择国际市场媒体渠道时,无疑应把互联网考虑在内。随着各国经济复苏及广告商将广告支出从传统媒体转投至数字媒体,全球在线广告支出正在快速增长。2009 年,世界范围内在线广告的收入达 552 亿美元,而且预计还会继续大幅度增长。2010 年中国在线视频行业广告收入为 21.5 亿元,占在线视频行业总收入的 68.5%。因为互联网广告在速度及针对性上,具有传统广告渠道所不具备的优势,在线广告在通向全球和超级链接等方面有无限的创新可能。

各国对传统媒体的限制使得国际市场营销者不得不退而求其次,选择影响力较小的媒体,在很多国家,电影院和广告牌以及其他形式的户外广告一样,也是一种重要的媒体。在文盲率高的国家,直观形象的户外广告牌尤其有用。在海地,载着大功率喇叭的卡车是一种有效且广为使用的广告媒体,私人承包商拥有这样的设备,并且像广播电台一样出售广告时间。这种媒体克服了诸如文盲多、收音机和电视机拥有率低、印刷媒体发行量小之类的问题。在乌克兰,邮局的服务不太可靠,很多公司发现企业间做广告的最有效方式是直接发传真。在西班牙,私人汽车成了一种新媒体,汽车表面刷上产品广告,行驶时就成了流动的广告牌。

四、国际广告的实施和有效性评估

一般而言,国际市场广告的发起和实施都是由专业的广告公司负责的。近年来,随着跨国公司对国际市场广告服务需求的增长,各个国家和地区的广告公司获得了较快的发展,为国际市场营销者提供了多种选择,包括当地的广告公司、跨国公司本身下属的广告公司以及在海外目标市场拥有当地分公司的跨国广告公司。每一种广告公司的选择都有其固有的优缺点。当需要采用因地制宜的广告策略时,当地的广告公司可以为公司提供最好的文化诠释,对市场可能把握得最准。例如在匈牙利,美国的一家婴儿护理公司的浴皂广告表现的是一名妇女抱着孩子,这位妇女在西方人眼中是年轻的妈妈,但在匈牙利人看来却是未婚妈妈,因为广告中的妇女左手戴着戒指,而匈牙利人习惯于结婚戒指戴在右手,这个左手戴戒指的女人显然在告诉每一个匈牙利人她是未婚的。对于这种低级错误,匈牙利当地的广告公司是根本不可能会犯的。相对于当地广告公司,拥有当地分公司的跨国广告公司是一种较好的选择,因为这些公司更能够应对在全球范围内激烈的广告竞争。

出于对政府干预的担心,刺激了许多欧洲的利益团体制定法规,保证大多数广告遵守"诚实、真实和得体"的标准。在广告可信度受到怀疑的国家以及存在消费者主义运动的国家,跨国公司国际广告的创造性正在受到越来越多的挑战。在传统广告模式下,广告费有一半被浪费了,只是跨国公司不知道被浪费的是哪一半而已。但在新媒体如网络广告中,由欺诈性广告产生的浪费是显而易见的。点击欺诈的目的通常是为了网站广告获得更多广告收入,或者试图恶意消耗竞争对手的营销预算。有研究发现,点击欺诈占整个网络广告点击流量的30%。这意味着,广告商在过去几年内为点击欺诈支付了高达几十亿美元的费用。2006年,谷歌和雅虎从网络广告那里获得的收入高达160亿美元。

国际竞争日趋激烈,跨国营销环境也越来越复杂,这一切要求国际市场营销人员一定要极富创造力,同时,法律、语言、文化、媒体、生产和成本的限制又制约了创造性的发挥,使国际市场的广告实施任务更加艰巨。

1. 国际市场广告的法律限制因素

世界各地对特定产品的广告有各种各样的限制,如许多国家对玩具、烟草、酒广告有着严格的限制。欧盟议会要求在香烟盒上用更大的字号印上吸烟有害健康的警告,中国政府则强制要求在所有进入中国市场的香烟上必须标注"吸烟有害健康",在中国台湾地区销售的烟草包装上必须有极为醒目的吸烟后果的图片标识,最值得关注的是,世界卫生组织已经发起了一场反对烟草业的运动,在全球范围内禁止烟草广告是世界卫生组织的行动目标之一。

对国际市场广告形成限制的法律因素因国而异。在德国,广告中不可以使用比较性的词语。在比利时和卢森堡,比较性广告被法律禁止,而在英国、爱尔兰、西班牙和葡萄牙,虽然广告设计中允许有不指名的比较,但是指名的比较则是被禁止的。在亚洲,显示大猩猩选择百事可乐而放弃可口可乐的广告被大多数国家禁止播放。

在很多国家,电视广告的播放时间段会受到严格的法律管制。如在马来西亚,播出的电视广告必须在马来西亚制作。在科威特,政府控制的电视网每天只允许在晚上播放32分钟的广告。商业广告中不允许使用最高级形容词进行描述,不允许使用粗俗的词语、恐怖或者令人震惊的画面,不允许衣着不整或跳下流舞蹈,不允许出现打斗、仇恨或复仇的画面,不允许嘲笑少数民族,不允许攻击竞争对手等。对于电视商业片和电视购物公司,如果其制作的节目被看成广告,那么就会受到有关电视广告的长度和数量的法规限制。在欧共体,各国对广告的限制程度相差较大,在德国,两则广告之间间隔时间不得少于20分钟,每小时的广告时间不得超过12分钟,而在英国,商业电视台每小时的广告时间不得超过7分钟。

2. 国际市场广告的语言限制因素

语言是利用国际市场广告进行有效沟通所遇到的主要障碍之一。几乎在每一个国家都会有跨国公司因为语言的不慎而导致市场沟通问题。这个问题涉及不同国家的不同语言、同一国家内的不同语言或方言,以及语感和个人语言习惯等更加微妙的方面。如在中国,同一句话,不同的语气、语调,由不同的人在不同的情境下说出来,其含义可能天差地别。

语言会产生无数的国际市场营销沟通障碍。这在国际市场广告中尤其明显。抽象、简洁、惜墨如金,这些对广告人员来说最基本的要求却往往会给译者带来非常大的困难。一个国家内部文化遗产和教育的巨大差异使得人们对一个句子和简单的概念会产生完全不同的解释,因而妨碍沟通。有些公司试图通过雇用在国外生活过多年的本国人做翻译来解决地道的翻译问题,其结果也常常不能令人满意,因为语言和翻译人员的认知结构随时都在变化,一旦有一段时间接触不到鲜活的语言,就很难保证其翻译的准确性。

除了翻译困难以外,很多国家的高文盲率也严重妨碍了国际市场的营销沟通,这就要求广告更富创造力,多使用口语媒体。一个国家或者地区的人们还可能会使用多种语言。国际市场广告要做到完美无缺的沟通,避免问题的唯一办法是在目标国家市场上针对目标顾客群进行测试。

3. 国际市场广告的文化限制因素

在国际市场营销广告信息沟通过程中,社会文化因素决定着如何解释和理解各种市场现象,因此,如果市场的认知结构不同,对同一信息的理解也就会不同。如小贴士14-3所示,麦当劳在中国市场上用一个下跪的镜头描述和传递其天天优惠的促销措施,"下跪"这个动作在美国并不会有什么特殊的含义,但是在中国社会文化中,"下跪"和"自尊""面子"等一系列在中国社会文化中不容侵犯的内涵相关联,由此而导致中国消费者对这则广告极为反感而最终酿起轩然大波。"下跪门"带给那些一味求新求异的国际市场营销广告设计意味深长的思考,该广告入选中国2006年"3·15最令人恶心的十大商业噱头",在中国消费者中形成极坏的影响,对其品牌造成极大的损失。

小贴士14-3

麦当劳中国"下跪门"广告事件①

2005年6月18日《河南商报》首版刊登麦当劳广告,广告场景为一个音像店门口。身穿白T恤的中国男青年连连哀求店老板:"一个星期就好了,一个星期……"然而店老板摇摇头否定。该青年接着乞求:"三天时间,三天时间好不好?"挺着啤酒肚的老板坚决地说:"我说了多少遍了,我们的优惠期已经过了。"此时一店员将一个写有"折扣最后一天"的巨大海报摆在店前。而那青年却不死心地跪在地下拉着店老板的裤管呼喊着:"大哥,大哥啊……"一句旁白此时插入,"幸好麦当劳了解我错失良机的心痛,给我365天的优惠……"镜头中刚才下跪的中国青年正大口吃着麦当劳的一款汉堡。这则广告在中国所有麦当劳店铺以及一些电视台播放。

看到这则广告的许多中国消费者认为此广告是对中国消费者的侮辱,有些本打算去用餐的消费者直接愤然离去,有消费者向中国的工商管理部门和消费者协会投诉了该广告。

虽然根据麦当劳的解释,这则广告的创意初衷不是故意伤害中国消费者的感情而"让中国消费者下跪",但是,该广告没有考虑到"有伤中国消费者尊严"的原因。表面上看,如麦当劳后来解释的那样,下跪的细节是为了让广告显得轻松和幽默,究其根本则主要是与其广告创意人员的文化背景、知识面等因素有关。而更深层次的原因是公司内部关于广告宣传制作播放的审批程序存在严重的监控缺陷,为危机的爆发,埋下"危机因子"。古人云,"上跪天地下跪父母""男儿膝下有黄金",中国从古至今对下跪都是十分在意和讲究的,多少年来,无数男儿为了"尊严"二字,宁可舍命也不屈膝。在大多数国人眼中,下跪意味着求饶,意味着尊严的丧失,不到万不得已,有骨气的男儿岂能轻易给人行此大礼?进入中国几十年的"麦当劳",不会对中国传统文化一无所知吧?为抬高自己的"高贵"和"优越",让中国消费者为一点"折扣"下跪,其行为的动机已远远超出了幽默的初衷,促狭与戏弄了中国消费者的人格尊严。

国际市场营销者除了要关注不同国家和地区之间社会文化的差异,还必须注意到同在一个国家或地区内的社会亚文化之间的差异。例如,一个国家的年轻人总是会形成一种与老年人不一样的文化,城里人和农村人的生活习惯也会有很大差异。几年前,在中国和日本这些有着悠久茶文化传统的国家,销售咖啡还是无法想象的,但是如今对年轻人和城里人来说,咖啡已经成了一种时髦的深受欢迎的饮料。

第五节 国际商务谈判

对绝大多数跨国公司来说,媒体广告只是国际市场营销沟通整合中的一个组成部分。

---

① 资料来源:《麦当劳"中国消费者下跪"广告危机爆发》,载中国管理传播网,2012年6月22日访问。

尽管广告是最显而易见的形式,可是其他的沟通工具也同样发挥着关键作用,如国际商务谈判。

一旦制定了全球营销战略,完成了支持这些战略的营销调研,并制定了产品、价格、促销和分销渠道决策,那么国际市场营销者的焦点就转到了国际市场营销计划的实施上。在国际商务中,这些计划几乎总是通过与国外商业伙伴和客户的谈判来实施的。

社会的发展和文明的进步,使全人类的命运更加紧密地联系在一起。在西方发达国家中,越来越多的人直接或间接地跨进了谈判领域,英美等国仅商务谈判人员就占人口的5%以上。谈判学在西方现代管理教育中越来越受到人们的普遍重视。美、英、德、法、日等发达国家和地区以及部分发展中国家的大学、企业和科研机构,都把谈判学作为培养现代政治、经济、管理、外交、政法、教育等人才的重要课程。

在国际商务谈判中,社会文化差异所引起的问题主要反映在语言和非语言行为、价值观、思维和决策程序等几个方面。

一、东西方社会文化价值观差异对国际市场谈判的影响

在西方社会文化中,客观性、竞争性、平等、时间观念、思维方式和决策程序等价值观在国际商务谈判中常常会引起东方文化背景的人们的误解。

1. 客观性

典型的西方文化常常认为,在国际商务谈判中应该"把人和事分开",然而,在注重关系导向的东方文化里,人际关系和谈判两者是不可能分开的。

2. 竞争和平等

习惯于彼此地位平等的西方人很难理解东方社会文化中卖方顺从买方的需要和欲望的做法。在霍夫斯特德的社会文化理论研究中,对于东西方文化差异的描述中,个人主义和集体主义、权力距离、刚性主义和柔性主义等各个维度都会对国际商务谈判带来影响。

3. 时间

世界上很多国际商务谈判者都知道,用拖延时间来对付那些时间观念强而欠缺耐心的谈判者是一种非常管用的谈判技巧。

4. 思维和决策程序

当面临一项复杂的谈判任务时,西方的谈判者倾向于将价格、交货、担保和服务合同等问题分别解决,而在亚洲,常常会把一揽子问题集中在一起讨论。

二、国际商务谈判的结构和过程

国际商务谈判的过程是合理地确定谈判双方权利和义务的过程。如小贴士 11-4 所示,在国际商务谈判过程中,只有着眼于细节而形成了良好的谈判开端,掌握了谈判的结构,才能获得谈判的主动权。

小贴士 14-4

良好的谈判开端:着眼细节

1972 年 2 月,美国总统尼克松访华,中美双方将要展开一场具有重大历史意义的国

际谈判。为了创造一种融洽和谐的谈判环境和气氛,中国方面在周恩来总理的亲自领导下,对谈判过程中的各个环节都作了精心而又周密的准备和安排,甚至对宴会上要演奏的中美两国民间乐曲都进行了精心的挑选。在欢迎尼克松一行的国宴上,当乐队熟练地演奏起由周总理亲自选定的《美丽的亚美利加》时,尼克松总统简直听呆了,他绝没有想到能在中国的北京听到他如此熟悉的乐曲,因为这是他平生最喜爱的并且指定在他的就职典礼上演奏的家乡乐曲。敬酒时,他特地到乐队前表示感谢,此时,国宴达到了高潮,而一种融洽而热烈的气氛也同时感染了美国客人。一个小小的精心安排,赢得了和谐融洽的谈判气氛,这不能不说是一种高超的谈判艺术。美国总统杰弗逊曾经针对谈判环境说过这样一句意味深长的话:"在不舒适的环境下,人们可能会违背本意,言不由衷。"英国政界领袖欧内斯特·贝文则说,根据他平生参加的各种会谈的经验,他发现,在舒适明朗、色彩悦目的房间内举行的会谈,大多比较成功。

国际商务谈判涉及的议题、内容比较复杂,双方谈判人员的行动也容易出现混乱,为避免这种情况发生,使洽谈人员的精力集中在谈判内容上,并对谈判过程有一个大致的轮廓,应清楚了解国际商务谈判的结构。

就国际商务谈判的方式而言,一般可以有横向谈判法和纵向谈判法两种:横向谈判法即把谈判的几个议题同时排列出来,平行推进,交叉磋商。纵向谈判法又称逐步谈判法。即先集中解决某一个议题,而后再开始解决第二议题。相比较而言,采用横向谈判方法,每轮谈判都能使议题有所进展,不至于由于某个问题的争执而影响整个谈判的进程。而采用纵向谈判方式,一次只讨论一个议题,这样往往会因某一个议题的分歧而影响整个谈判的进程。就国际商务谈判的方式而言,西方文化倾向于纵向谈判法,而东方文化倾向于横向谈判法。

在国际商务谈判中,还需要注意谈判人员的精力和注意力的调整和控制,因为国际商务谈判往往不会是几分钟或几个小时内就可以结束的,可能会延续几天、几个星期甚至于几个月的时间。在谈判初期,大家的精力十分充沛,在这段时间里,每个人的注意力都高度集中在相同的一些问题上。但这样的状况不会持续很长,不久便会出现明显的注意力下降现象,特别是在谈判的僵持阶段。当谈判进入让步阶段的时候,双方人员意识到达成协议的时刻就要到来时,精力可能会复苏并再次高涨,但这个阶段的时间一般都非常短暂。因此,在整个国际商务谈判过程中,应该采取有效措施以充分利用双方谈判人员情绪的高涨期,同时也要善于应付僵持阶段的情绪低落期,使得谈判结果能够向有利的方向发展。

一般而言,国际商务谈判包括准备、报价、僵持、让步、签约和执行五个阶段。

1. 准备阶段

在谈判的准备阶段,需要对谈判的各个要素进行充分的研究和精心的准备,包括参加谈判的人员及角色分工,谈判的地点选择,谈判的策略准备,备选方案的研讨,对手公司及参与谈判人员的社会文化背景及角色,谈判时限等。在谈判的准备阶段,尤其是就国际商务谈判而言,再精细的准备也不过分。

在谈判人员的选择和角色分工方面,利用团队力量是非常重要的。即使是谈判团队中的一个翻译人员,也不可轻视其作用,关键的时候,翻译人员的翻译过程可以为主谈人员提供足够的思考时间,使得整个团队或关键谈判人员能够有游刃有余,控制和把握全局。在谈判的地点选择和氛围营造方面,宜尽量选择在己方谈判人员比较熟悉的、能够以一种比较轻松的心情进行谈判的地点和氛围。在谈判备选方案的研讨方面,需要尽可能多地考虑对手会使用的若干种可能性方案的对策,使得在谈判之前己方人员能够就每一种可能性作出应对,明了自己在整个过程中的角色及可以调整的范围和时机。在谈判时限方面,需要把握己方的谈判时限及其可能的机动性,尽可能地事先摸清对方的谈判时限甚至底线设定,做到知己知彼,才能从容应对。

2. 报价阶段

从报价阶段开始,谈判双方正式面对面交锋,双方都力争取得各自的最大利益,相互提出交易的条件,双方都力图使自己的想法为对方所理解和接受。在报价过程中,要根据谈判对手的文化背景、谈判人员的个性等情况确定报价的相关策略,如面对西方社会文化背景的谈判者,一般宜采取先报价策略以引导价格谈判的导向,对于东方社会文化背景的谈判者,则一般宜采取后报价策略。

3. 僵持阶段

在谈判的僵持阶段,双方需要应用许多技巧与对方进行斡旋,如取信技巧、最后通牒技巧等。这个阶段在不同的文化背景下所引起的重视程度是不同的,在日本,与工作相关的信息交流和说服之间并没有明显的分界线。相反,美国人往往喜欢在谈判桌上摊牌,并急于从信息交流阶段进入说服阶段。

4. 让步阶段

处于让步阶段的谈判双方都可能会作出包括价格、交易量、付款方式等方面的某些让步,以达成一致的合作意见。西方社会文化背景的谈判者经常很早地作出让步,并希望对手也能作出相应的让步。但东方社会文化背景的谈判者往往不到最后关头是不会作出让步的,且在谈判的过程中一般不会暴露让步的底线。

5. 签约和执行阶段

对于谈判成果的体现,西方国家的谈判者一般都会拟定一份非常详细且措辞严密的,甚至厚达几十页或上百页的合同,这对于许多东方文化背景的合作伙伴来说是比较难接受的。对于许多东方人来说,可能倾向于选择一个好的日子,在一个豪华奢侈的场合,举办一场盛大的正式签字仪式。合约签订后的执行过程中,高语境文化的社会中需要维持双方高层之间一定程度的联络,以便日后可能出现问题的时候能够得到快速的解决。

第六节 国际市场展会营销

国际贸易展会是全球各行业生产商、经销商和贸易商等进行交流、沟通和商业促进的平台。专业性国际贸易展会是其所在行业的缩影,在某种程度上甚至就是一个国际市场的微缩版,跨国公司可以在展会中建立并维持与利益相关者的关系,融洽海内外客户关系,建立在国际市场中的公司和产品形象。另外,跨国公司还可以借助于展会收集到有关全球竞争者、经销商和新老顾客的产品、价格以及市场营销战略等方面的信息,能够迅速、准确地了解国内外行业的发展现状、趋势及新产品的发明等,从而为企业制定下一步的发展战略提供依据。对于国际市场营销者而言,展会是企业对企业整合营销传播渠道中极为关键的一个重要组成部分。如小贴士 14-5 所示,中国名酒茅台正是通过展会营销技巧而闻名于世。

小贴士 14-5

茅台酒世博会一摔成名

1915 年,巴拿马举行国际品酒会,很多国家都送酒参展,品酒会上酒中珍品琳琅满目,美不胜收。当时的中国政府也派代表携国酒茅台参展,虽然茅台酒质量上乘,但由于首次参展且包装简朴,因此在参展会上遭到冷遇。西方评酒专家对中国美酒不屑一顾。

就在评酒会的最后一天,中国代表眼看茅台酒在评奖方面无望,心中很不服气,情急之中突生一计。他提着酒走到展厅最热闹的地方,装作失手,将酒瓶摔破在地,顿时浓香四溢,招来不少看客。中国代表乘机让人们品尝美酒,不一会儿便成为一大新闻而传遍了整个会场。人人都争着到茅台酒陈列处抢购,认为中国酒比起"白兰地""香槟"来更具特色。

茅台酒的香气当然也惊动了评酒专家,他们不得不对中国名酒刮目相看。中国代表捧着名酒奖牌胜利而归。茅台酒这么一摔,就摔出了名酒的美誉,让世人瞩目。

通过国际市场展会提供的信息渠道和网络,跨国公司可以在很短的时间内与目标顾客直接沟通,将产品的信息发送给特定的客户,并获得来自客户的即时反应。据英联邦展览业联合会调查,展会营销的沟通成本大大低于推销员推销、公关关系、广告等手段。日益成熟的国际展览业对现代国际市场营销的渗透效应力越来越强,许多跨国公司视国际贸易展会营销为其拓展全球市场的一把利刃。

一、明确参展目标

参展目标的制定要配合公司整体的国际市场营销策略。一般来说,跨国公司的国际市场展会营销主要目标包括新产品宣传推广;融洽客户关系,维持与老客户的接触;接触更多的潜在客户;宣传公司形象,提升产品品牌;收集市场信息,进行实地调研;寻找新的国际市场营销思路。

二、研究并选择国际贸易展会

全球各地同一主题的国际市场营销展会可能会有很多,其内容、规模、功能都有所差别。跨国公司要结合参展目标,基于公司的国际市场策略,具体分析和筛选拟参加的展会。

(1)研究行业动向,了解本行业相关的公司,包括竞争对手都参加了哪些重要的展会,拟定出本公司可能参加的国际市场营销展会。

(2)了解历届展会的参展公司的数量、行业分布、国家区域分布和交易类别,研究展会的招展说明和历届展会的分析报告,从中判断各展会的质量和特色,并结合本公司的国际市场战略需求,决定参加哪些展会。

(3)比较各展会举办的时间、地点和参展成本。展会是否与公司的国际市场拓展战略计划相关联是需要首先考虑的因素。展会举办的时间、地点不同,就会导致公司参加展会的侧重目标有所不同。例如,参加一个在公司业务尚未开拓的区域举办的展会,其重点可能就会放在产品宣传推广、市场调研等方面;而参加一个公司业务发展较成熟区域的展会,其重点则可能会放在企业形象宣传、品牌提升以及融洽客户关系等方面。参展成本包括参展需要支付的相关的差旅费、运输费、资料费和宣传费用等,对参展公司而言,参展成本与参展效果要统一考虑,不能顾此失彼。

三、参展准备

在确定好要参加的国际市场展会后,就进入参展准备这个事务性的工作阶段。一般情况下,展会主办机构都会向参展公司提供一份详细的参展商手册,对其在该阶段应该完成的准备工作和时间期限提出要求。跨国公司在参展前应保持与展会举办方的联系,做好准备工作,包括展位的选择与确认、展位的设计与搭建、展品运输、各种宣传资料和赠品或礼品等的准备、工作人员和展位人员的培训、展会期间的行程和食宿安排等。具体的准备工作包括:

(1) 至少提前一年拟定要参加的展会,准备好产品资料、价目表和销售的辅助设施,将资料翻译成适当的语言。

(2) 备齐必要的资料,最好带一名熟悉当地语言的员工或雇用一名翻译。

(3) 提前向合作公司发出共同参会的邀请。

(4) 基于会展活动人流等因素选择最佳的展位。

(5) 设计最佳的展示方式和宣传方案。

(6) 提前与其他国家的潜在客户进行交流和磋商。

(7) 设定参展效果评估的标准和底线。对于在不同国家的展销会,评估标准要有所调整,因为参会的客户会有不同的表现。

四、展前促销

全球市场竞争的日益激烈,使得国际市场营销展会的展前促销在整个展会营销计划中变得越来越重要,其效果越来越突出。一个策划良好的展前促销能够像广告一样达到很好的宣传效应,增加参展企业在展会期间受关注的力度。一般的展前促销计划包括直接邮寄、媒体宣传、展位赠品和赞助相关活动等。

(1) 直接邮寄。在展会前,通过邮寄宣传材料,或者与主办机构合作在其对外的邮寄资料中宣传,让你的合作和潜在客户知道你将参加的一些展会,在他们心目中树立良好的形象。面对国际市场客户,要注意把握好直接邮寄的时间与方式,以及邮寄材料所使用的语言、颜色等因素,避免引起文化差异方面的问题。

(2) 媒体宣传。制订周密的媒体联系计划,选择恰当的时间通过网站、报纸、行业刊物甚至会展主办机构的宣传物传递公司及公司产品的参展信息和参展动态。

(3) 展位赠品。恰当地选择展位赠品有助于品牌认知度的建立和招徕更多潜在的目标客户。高质量而又有个性的赠品会给受赠者留下深刻的印象,同时,还应该特别注意赠品的派送方式,以营造赠品稀缺的氛围,激活赠品的生命力,提高客户对赠品所蕴涵的价值感。

(4) 赞助相关活动。公司在参展期间可以与展会主办机构事先共同设计一些个性化的赞助活动,增加公司对行业内专业人士的曝光机会,提升公司和产品品牌形象。传统的展会期间赞助活动包括研讨会、嘉宾宴会、开幕式、新闻工作室、贵宾休息室、网络屋、就餐区、穿梭巴士、主题展示、评选活动等。

五、展后的市场跟踪与评估

古人云:"行百步者半九十"。展会的效果要反映到最后的国际市场营销活动中,离不开扎扎实实、快速有效的展后工作。展后工作一般包括即时跟踪、后续跟进和展后评估。

(1) 即时跟踪。在展会期间,对那些关注公司产品的国际市场潜在客户,要即时与之接触,并安排更深入的交流。

(2) 后续跟进。对在展会上所收集到的信息进行快速而有效的分类处理,并尽可能快速地与潜在目标客户进行进一步的沟通。后续跟进主要有三种方法,即直接材料邮寄、电话营销和上门拜访。

(3) 展后评估。国际展会营销是一种持续的市场沟通手段,同时也是行业内企业定期交流的一个平台,在许多知名的展会上几乎每年都能看到一些知名企业的身影。展后评估的主要工作包括对当前参展效果的分析,并与之前制定的参展目标进行对比,进行成本与成效的最终分析,关注整个产业链的动态,对未来参展提出建设性的建议,撰写总结报告以为跨国公司调整或制定产品和国际市场营销策略提供依据。

本章案例

丰田汽车在中国深陷"广告门"风波[①]

2003年12月,刊登在《汽车之友》杂志第12期上的两则丰田公司汽车广告在中国市场上引起了不小的波澜。其一为一辆丰田霸道汽车停在两只石狮子之前,一只石狮子抬起右爪做敬礼状,另一只石狮子向下俯首,背景为高楼大厦,配图广告语为"霸道,你不得不尊敬";其二为"丰田陆地巡洋舰"汽车在雪山高原上以钢索拖拉一辆酷似中国产的大卡车,拍摄地址在可可西里。

一时间,各大网站纷纷发表评论,绝对多数网友对此广告表示强烈不满,认为石狮子有象征中国的意味,"考虑到卢沟桥、石狮子、抗日三者之间的关系,更加让人愤恨"。对于拖拽卡车的"丰田陆地巡洋舰"广告,很多人则认为,广告图中的卡车系国产东风汽车,"绿色的东风卡车与我国的军车非常相像""广告侮辱了中国人的感情"……对此,该广告相关责任方对此次沟通危机事件的应对各有差异。同时,这一事件也引起日本媒体的关注,《朝日新闻》对此作了报道。

一、《汽车之友》杂志:道歉信

这两则广告在11月下旬就已经在19家杂志和11家报纸上刊登过,至于为什么在

[①] 资料来源:《"丰田霸道"广告风波始末》,http://news.sina.com.cn;《盛世长城细解广告创意,CEO一连串中文的"对不起"》,http://news.xinhuanet.com,2013年6月20日访问。

《汽车之友》刊登该广告后才引起如此大的反应,可能是该杂志发行地域广和发行量较大的原因。

作为沟通媒体,《汽车之友》杂志于12月2日便在网站上发表致歉信向读者公开道歉,说明是由于"政治水平不高,未能查出广告画面中出现的一些容易使人产生联想的有伤民族情感的图片""已认识到问题的严重性""诚恳地向广大读者表示歉意",并"决心以此为鉴,坚决杜绝此类事情的再次发生"。其言辞之恳切、态度之诚恳和反应之迅捷使得公众很快就原谅了造成这次丰田汽车在中国的广告沟通失误的媒介,但对于丰田的口诛笔伐则越演越烈。

二、广告设计公司:绝非刻意损害中国人感情

制作这两则广告的盛世长城国际广告公司是SAATCHI & SAATCHI和中国航天工业部中国长城工业总公司合资的中英合资公司,成立于1992年8月,大多数员工都是中国人。该公司在解释这两则广告的创意初衷时称,因为丰田霸道是一款高档越野车,它的广告诉求意在彰显"霸道"在都市行驶中的威风感。"所以,前景中的石狮和背景中的高楼都是作为城市的象征物出现的,而石狮在饭店门口、广场上非常常见,和卢沟桥的石狮没有必然联系"。而丰田陆地巡洋舰广告最初的创意是以可可西里拯救藏羚羊为背景的,在恶劣的环境下,"陆地巡洋舰"帮助藏羚羊的保护者完成艰巨工作,而后面的卡车是用来装盗猎品的工具。"卡车绝没有品牌的倾向性。而且这辆卡车的颜色比军车要亮"。

广告公司于12月3日下午在Xcar汽车俱乐部网站上刊登了一则声明,声称对这两则广告"在读者中引起的不安情绪高度重视,并深感歉意。我们广告的本意只在汽车的宣传和销售,没有任何其他的意图"。

三、丰田公司:主页上正式致歉,不知石狮子象征中国文化

12月4日,丰田汽车在公司的网站以及一些媒体和大型门户网站就这两则广告作了正式道歉,声称丰田汽车公司对最近中国国产陆地巡洋舰和霸道的两则广告给读者带来的不愉快情绪表示诚挚的歉意,这两则广告均属纯粹的商品广告,毫无他意。目前,丰田汽车公司已停止了这两则广告的投放。

四、网络:民族感情不容侮辱,但自尊自强不是说出来的

丰田广告事件在中国的各大网络论坛迅即引起强烈的反应,有网友针对丰田公司的两则广告图片发出了相应的修改版。

一方面,许多网友认为,民族情感不容侮辱。代表性观点有,"广告也要考虑民众的感受!广告也要注意避免不必要的敏感和可能引起的误解、歧义!这是一个有文化的企业和广告公司应该考虑的!""也许,丰田的道歉是及时和对的。但是,咱们的广告公司的小姐们和老总们却不以为然。这些人的知识、历史、情感、自尊贫乏得可怜!就如同赵薇穿着日本军旗装照相,自己傻得什么都不知道。金喜善这样一个小姑娘,当人家认为她是日本人时,她尚能大声用韩国话说:我是韩国人。广告公司的年轻人:你们除了知道钱,什么时候才能知道自己是中国人?""霸道的做法伤了中国人民的心,他们会付出代价的。我们去开吉利美人豹和奇瑞旗云吧!利用违规广告来为自己造势、提高知名度,丰田太卑劣了。""广告是一种艺术,但艺术更要升华为一种精神!谁能说作为一个中国人你会感受不到其中的那种藐视呢?!"……

另一方面,也有许多网友认为:"不要去理会这些鸡毛蒜皮的小事,只有从真正意义

上强大自己了,才能真正地在别人面前呐喊'尊严'的底气!""我们有没有反思一下,为什么一个普通的广告创意作品会引起国人的强烈反应?为什么?一种民族情绪的爆发,将这两则广告当作了'导火线'和'替罪羊'。""第一,那不是卢沟桥的狮子,第二那卡车上也没有任何厂商标志,所以任何联想只是想入非非罢了。""最不自信的人最敏感,最敏感的人最自尊,最自尊的人最自卑,最自卑的人最乏力。自我吹嘘中的国力强盛与国际地位低下的反差,让一些自以为蛮有自尊的人,时时刻刻在注意着是否被人轻薄,被人侮辱,自觉不自觉,都在虐待自己,其实心底里,还是自卑在作怪。"

五、社会各界人士:众说纷纭

广告学术界人士认为,这两则广告的问题在于设计者的无心之过,广告本身的创意并不新鲜。石狮由死变活、由静到动的反常举动把人们的目光吸引到丰田轿车上。但是,关键是石狮的动作,一个致敬、一个俯首,而称臣的对象恰恰是一款叫做"霸道"的日本轿车,才会使受众觉得不舒服。其实,从这则广告本身来说,并没有太强的侮辱性内容。而且盛世长城的员工主体是华人,相信广告设计人员是无意中的不谨慎才会在某种程度上犯了忌讳。即便是使用石狮子,换一种创意,也完全没有问题。最重要的是,要让民族性的内容和国际化形象有一种更协调的关系。

社会学者认为,这两则广告并没有太明确的象征性,尽管中国的狮子已经符号化,但是不如龙、华表等更有非常明确的民族性的象征意义。有人会对这个画面产生反感和整个社会的大背景有关,这是一种很个人化的感觉,仁者见仁,智者见智。

法律界人士认为,根据中国《广告法》第7条的规定,广告内容应该遵守社会公德和职业道德,维护国家的尊严和利益。同时,广告不得妨碍社会安定、社会公共秩序,含有民族、种族、宗教、性别歧视的内容。但是究竟这两则丰田广告是否违反了《广告法》,还需要国家工商部门进行认定。国家工商行政管理总局在1996年就颁布了《关于受理违法广告举报工作的规定》的通知,对违法广告,公民有权向工商行政管理机关举报。

虽说此事以丰田公司刊载致歉信而告终,但仍是余波未了,众意难平。

> **案例思考题**

1. 丰田汽车公司中国广告门事件对从事国际市场营销的跨国公司在海外市场上选择沟通合作媒体以及与市场的沟通的启示是什么?
2. 如何看待网络这一新型沟通媒体对于国际市场营销整合沟通的意义?
3. 如何看待社会文化和历史事件在丰田广告门风波中的作用?

> **本章小结**

国际市场营销沟通整合系统包含广告、跨文化谈判、公共关系、促销和直销之间的协调。全球营销者在每一个市场均会面临独特的法律、文化、语言、媒体等方面的限制,在设计营销沟通整合系统的时候必须充分考虑这些问题。国际广告主所面临的主要问题是为每一个服务的市场设计最佳的广告信息,在各种广告媒体中,潜在的文化误解的可能性是非常大的。世界各地广告媒体的可获得性和质量也是千差万别,由于缺乏合适的媒体,营销者甚至可能无法有效地进入既定的市场。

随着新媒体的不断出现和新市场的出现,国际广告正在快速成长。而在国际商务谈判中,常常出现的问题包括语言、非语言行为、价值观以及思维和决策程序。一般而言,商务谈判包括四个阶段:与工作不相干的交谈,与工作相关的信息交流,说服,让步和达成协议。在不同的国家,这四个阶段所花费的时间会有很大的差异。

重点概念

国际市场营销沟通整合	国际广告	国际贸易展会营销
直销	国际促销	国际市场公共关系管理
经济发展程度	国际市场成熟度	国际市场营销危机管理
狭义直销	直复营销	国际市场信息编码
国际市场信息噪声	国际市场信息解码	国际市场信息源
媒体有效覆盖面	媒体的可获得性	国际贸易展会

本章复习思考题

1. 社会文化是如何影响国际市场营销活动的?
2. 简述欧洲各国对市场促销手段的规定。
3. 简述国际市场公共关系管理的任务和要求。
4. 简述国际市场开展公共关系活动的程序。
5. 简述国际市场营销危机管理。
6. 简述直销的缘起与分类。
7. 试述直销与传销的区别。
8. 简述直销在中国的发展。
9. 试述国际广告的基本框架和步骤。
10. 如何基于产品和服务特征细分制定广告策略?
11. 简述地区特征细分对国际市场广告的影响。
12. 如何选择有效的媒体以传递国际广告信息?
13. 简述国际市场信息的沟通过程。
14. 试述直接邮寄和互联网在传递国际市场广告信息中的作用。
15. 简述对国际市场广告信息传递形成限制的因素。
16. 举例说明跨国公司在中国市场上的广告危机并就其危机处理过程进行点评。
17. 简述东西方社会文化价值观差异对国际市场营销谈判活动的影响。
18. 试述国际商务谈判的结构和过程。
19. 试述国际贸易展会营销的步骤。
20. 参加国际贸易展会之前需要进行哪些方面的准备?
21. 简述国际贸易展会之后的工作内容。
22. 为什么文化成见在国际市场营销沟通过程中是危险的?试举例说明。

23. 为什么时间会是国际商务谈判中的一个重要考虑因素？
24. 为什么说提问是最有效的说服战术？

参考文献及进一步阅读材料

1. 〔美〕菲利普等：《国际市场营销学》，周祖城等译，机械工业出版社2005年版。
2. 〔美〕基根等：《全球营销学》，傅慧芬等译，中国人民大学出版社2009年版。
3. 〔美〕津科特等：曾伏娥等译，《国际市场营销学》，电子工业出版社，2007年9月。
4. 〔美〕科特勒：《现代营销学之父菲利普科特勒经典译丛：市场营销》，俞利军译，华夏出版社2003年版。
5. 〔美〕托马斯·弗里德曼：《世界是平的——21世纪简史》，何帆等译，湖南科学技术出版社2006年版。
6. 艾德华主编：《营销道德与营销文化》，北京大学出版社2011年版。
7. 戴万稳：《跨文化组织学习能力研究》，南京大学出版社2007年版。
8. 郭国庆主编：《现代市场营销学》，清华大学出版社2008年版。
9. 姜岩：《从摩擦走向磨合》，载《中国外资》2003年第7期，第6—9页。
10. 李业、何倩茵：《广州标致不同文化的融合与冲突》，载《中外企业文化》2002年第1期，pp.6—8。
11. 卢泰宏主编：《营销在中国》，企业管理出版社2003年版。
12. 任文举：《企业社会责任》，西南交通大学出版社2011年版。
13. 文凤：《从广州标致公司的解体看跨文化冲突与整合》，载《科技进步与对策》2002年4月，第127—129页。
14. 闫国庆主编：《国际市场营销学》，清华大学出版社2007年版。
15. 赵曙明：《跨国公司在华面临的挑战：文化差异与跨文化管理》，载《管理世界》1997年第3期，第75—80页。

第十五章 国际市场营销人力资源管理策略

本章学习内容

- 国际市场营销组织结构
- 国际市场营销人员培训
- 了解如何招聘和选拔国际市场营销人员
- 国际市场营销人员的考核与激励
- 了解如何留住优秀的国际市场营销人员

引例

老板,我们有麻烦了

中央钢制门业公司(Central Steel Door Corp)是一家有着大约20年成功经营历史的主要销售一种钢制的工业用门以及这种门所需要的零部件和配套装置的跨国公司。中央钢制门业公司的业务从纽约地区开始向外扩展,首先是新英格兰,然后是大西洋沿岸,最后穿过美国的中西部和西部一直进入加拿大,所采取的国际扩张策略都是相似的,即选择一个合适的地区,设立一个营销中心,然后雇用一位当地的销售经理,让这位地区销售经理来帮助公司为这一分销机构配备人员并负责聘请一些当地的销售代表。

遗憾的是,公司所采取的这种传统的在北美地区招募和雇用销售人员的做法,却没能成功地向全球延伸。近年来,中央钢制门业公司决定将业务向欧洲市场扩展,并在德国和比利时设立了分公司。但是,公司的这次欧洲市场拓展进程却非常不顺利。公司连续三周在《国际先驱论坛报》(International Herald Tribune)上刊登欧洲销售经理的招聘广告——这份报纸的很多读者都是欧洲的商业人士或者是在欧洲生活和工作的美国公司的外派经理人员。另外,同样的招聘广告还在这份报纸所主办的网站上连续刊载。然而,一个多月过去了,中央钢制门业公司总裁麦尔·费雪尔(Mel Fisher)先生只收到了5份应聘简历。在这5份简历中,只有1位求职者似乎还可以,另外4份简历则都是来自费雪尔先生称为"游魂"的人——这些人似乎把一生中的大部分时间都花在了从一个国家移到另一个国家的无休止旅行之中,只是偶尔停下来在路边咖啡店里享受一下咖啡的味道。当费雪尔问他们最近3年在做什么事情的时候,其中一个人告诉费雪尔,他一直都在"旅行"中。

中央钢制门业公司在国际市场营销的人力资源管理活动中也遇到了其他方面的一些问题。公司把两位美国的销售经理派往欧洲,让他们临时负责欧洲分公司的运营工作,但公司却忽略了为两位外派管理人员制订一项整体性的薪酬计划,以使其能够负担在德国和比利时生活时相对于美国来说较高的生活费用。更让费雪尔先生感到吃惊的是,他刚刚收到了一份来自比利时政府税务部门的通知,告诉他比利时分公司的销售经理拖欠了几千美元的地方税没有缴纳。这两位销售经理在欧洲雇用了大约十几位当地的员工,但是,公司的销售组织比较混乱,绩效一直令人失望,因此,费雪尔先生决定解雇在这两个营销中心工作大约一半的雇员。然而,事情却没有那么简单,费雪尔先生突然接到了他临时派往德国的销售经理打来的紧急电话,这位经理在电话中说:"我刚刚接到通知,所有的雇员都必须有书面的合同,而且无论在何种情况下,如果我们没有提前至少一年通知雇员,我们就不能解雇任何人。这里的地方政府已经插手这件事情了。老板,我想我们有麻烦了。"

热身思考

中央钢制门业公司在欧洲的市场拓展为什么会失利?其在北美市场拓展的人力资源管理策略为什么不能应用于欧洲市场?

第一节 国际市场营销人力资源战略规划

随着经济发展的全球化,国际市场竞争将日益加剧,国际市场营销活动本身也呈现出更多的动态复杂性特征。信息技术的进步使得广告、市场营销研究、人员推销之间越来越高层次的合作和协调成为可能,也赋予国际市场营销顾客关系管理新的职能,使国际市场营销管理发生着潜移默化的变革。如国际虚拟营销组织的出现,使得传统意义上的实体营销组织受到了来自运营效率、成本等各个方面的挑战。国际市场营销者业已成为跨国公司与海外市场最直接的联系纽带。一方面,在许多顾客的眼中,国际市场营销者就代表着跨国公司;另一方面,国际市场营销者为公司提供了第一手的关于市场和顾客的信息,是跨国公司国际市场营销成败的关键。

由于海外市场环境的变化,企业在国际市场营销战略中的人员、组织结构、管理方式等方面都必然会相对于国内市场营销发生一些变化,相应的人力资源战略规划和管理职能也必然要进行调整。

近年来,国际企业人力资源管理面临着一系列的挑战:如何在全球范围内优化和配置营销人力资源,如何在全球化竞争环境下获得具有核心竞争力的营销人才优势,如何定位人力资源管理者的战略性角色,如何激发个人的学习能力以及构建和谐的国际市场营销学习型团队和组织,如何整合国际营销人才所具备的能力,如自我发展能力、适应能力、变革能力和领导能力等。基于这些挑战,国际市场营销人力资源战略规划便成为国际市场营销活动中人力资源管理的核心部分。

一、国际市场营销组织结构规划

国际市场营销组织结构是国际市场营销人力资源规划的依据,公司产品线的广度和深度及其与顾客需求的一致性会影响跨国公司在全球的组织结构设计和相关的岗位配置。

跨国公司的营销组织结构一般根据其发展阶段可以分为国际化阶段和全球化阶段。在国际化阶段,跨国公司营销组织结构的关键之处是将公司分为国内市场和国际市场两个部分;进入全球化阶段之后,跨国公司营销组织结构模式就放弃了这种二分法的概念,而将国内市场与国际市场的经营和管理融为一体,公司总部从全球的角度来协调整个公司在全球范围内的生产和营销活动,统一安排资金和利润,强调各部门和各国市场分支机构都要服从于整个公司的利益。全球化营销组织结构与国际化营销组织结构相比,有两个显著的特点:其一,在全球化营销组织结构中,把国内市场和国外市场的决策权都集中在公司总部,把全球市场统一为一个整体;其二,公司总部的相关职能部门也都是按全球市场范围来进行设置的,既管理国内市场分支机构,也管理国际市场分支机构。国际化和全球化营销组织结构分别为跨国公司实施国际化和全球化营销战略提供了组织条件。

为了有效地推进国际市场营销活动,跨国公司必须选择最恰当的国际市场营销组织形式或结构。这种选择往往是多重复合因素综合的结果。影响国际市场营销组织结构设计选择的因素包括公司最高管理层的营销哲学、公司产品线的特性、国外业务与国内业务的规模、重要的区域经济集团以及国外子公司的地理位置等。对于跨国公司国际市场营销组织结构影响特别重要的是最高管理层对国际营销活动的倾向性,如果最高管理层把国际市场营销活动仅仅看作国内市场营销活动的补充,就很可能只给国际市场营销活动以很小的注意力和资源投入,反之,如果最高管理层把全世界都视为公司的目标市场,就会从各个方面对国际市场营销予以足够的重视,包括公司营销组织结构的设计和人力资源规划。如小贴士15-1所示,华为公司在国际化的过程中,首先考虑的就是人力资源战略的国际化。

小贴士 15-1

华为国际化战略的核心竞争力[①]

中国企业进入国际市场,是一种必然的趋势,但是在国际化扩展过程中保持足够的理性和智慧是非常必要的。对于中国企业来讲,国际化的道路并不是其产品或服务进入国际市场那么简单,国际化意味着中国企业的经营战略和管理体系全面地与国际惯例接轨。华为国际化道路的尝试,对那些以国际化为战略的中国公司,是有着积极的启发和借鉴意义的。

华为人坚信,没有攻不下的市场堡垒,只有攻不下市场堡垒的人。从长期来看,价格优势不能成为中国企业的核心竞争力,因为这种优势本身很脆弱,而且低价策略所受到的打压和限制也越来越多,客户选择你的产品,但不认同你的品牌,同样也不能赢得竞争对手的尊重。中国企业取得国际市场竞争优势的关键还是体现自身实力的核心竞争力,其中包括企业的核心技术和市场营销能力,而国际市场营销能力的根本则在于国际市场营销人员的素质、能力以及国际人力资源管理体系。支撑华为国际化可持续发展道路,依靠的是其多年来构建的与世界级一流企业接轨的管理体系和长期探索的充满活力的企业机制。自1997年以来,华为在公司运作、质量体系、财务、人力资源四个主要方面进行了持续不断的变革,经过十多年的努力,基本建立了与国际接轨的管理运作体系。

华为走向国际化的第一步就是让企业的一部分人力资源走进国际市场,企业的人力资源管理领域直接扩展到全球,企业不仅要实现对国内人力资源的有效管理,而且还要对进入国际市场的企业人力资源和国际人力资源实现有效管理。

华为坚定地走国际化道路的信心来自于经过长期努力构建的世界级的人力资源管理

[①] 资料来源:郭海峰:《新闻调查:华为两年一场官司与一个公司的改变》,载《中国企业家》2004年10月。

体系,其中包括以高绩效为特征的企业文化价值体系,职位分析与职位评价体系,任职资格体系,以职位为基础的薪酬体系,以绩效承诺和中期述职为主体的绩效管理体系,以员工持股、股票期权和虚拟股票权为主体的长期激励体系。同时,华为储备了一支宏大的人力资源队伍,进入国际市场使这支队伍有了更宽大的舞台。华为在2001年召开的人力资源大会和2003年召开的干部大会,不仅是华为人力资源架设和干部队伍建设的里程碑,同时也是华为人力资源国际化管理的里程碑。

在国际市场营销组织结构的设计中,跨国公司一般极少采用极端的集权和分权。一方面,完全的集权对国际市场营销活动而言是极不经济的,因为所有的决策都由最高管理层作出,在管理上,特别是在国际市场营销的组织管理上也几乎是不可能做到的;另一方面,完全的分权意味着国际市场营销部门的管理是一个个彼此相互独立的松散集合,这也是不尽如人意的。在组织结构设计中,最优分权程度的确定是一门艺术,在控制和分权之间存在着此消彼长的关系。

二、国际市场营销岗位配置

设计和组织国际市场营销团队,需要分析目标国际市场上现实的和潜在的顾客、营销环境、竞争状况以及组织资源与实力,然后在此基础上进行国际市场营销活动的决策。由于国际市场相对于国内市场的相关条件和状况均有着较大的差异,国际市场营销人力资源决策的制定将更加复杂且具有挑战性。

从前面的国际市场营销社会文化环境分析可知,在一些国家能够有效实施的营销方式并不能简单地进行国际化复制。一般而言,在信息导向型、低背景的西方社会文化环境下进行产品营销可以考虑使用一定比例的本国外派人员或第三国人员,如德国、美国。在关系导向型、高背景的东方社会文化环境下进行营销活动则需要考虑雇用大量的本地员工,如日本、中国以及中东地区的穆斯林国家,因为这些国家中进行的国际市场业务大多数是需要经过中间方的关系介绍才能够达成的,在中东的一些国家,没有中间人的作用,几乎很难达成国际市场营销业务。

三、国际市场营销人员的异常流动

对于那些绩效较差、不能满足企业发展要求的员工,公司有时候会不得不动用裁员手段以优化人力资源构成。就裁员而言,各个国家都有相关的劳动法律。而这些法律一般都会从保护员工利益的角度出发,如在中国,随着2008年1月1日新《劳动法》的实施,给跨国公司在中国的人力资源管理,尤其是离职管理带来了一系列挑战,中国目前的劳动法律法规对于用人单位单方解除劳动合同采取的是严格的法定主义,没有法定条件、不经法定程序、不按法定顺序和法定赔偿标准裁员,对企业而言都有可能形成巨大的法律风险,因此,不管是本国外派营销人员、第三国人员,还是当地人员,国际市场营销人员的招聘和甄选都显得尤为重要。

近年来,中国跨国公司在海外运营过程中虽然勇敢地迈出了国际化的第一步,但并未在国际市场上站稳脚跟,尚处于屡战屡败的境地。根据专业公司对中国企业海外运营的调查显示,有些中国企业海外员工两年内的离职率高达70%,也就是说,现在招聘10名外籍员工,两年后,只剩下3个。导致这种现状的主要原因是:中国企业外派经理缺乏跨文化管理能力,公司总部又缺乏系统支持,外籍员工缺乏对中国文化、中国企业的认同感。这些因素给中国企业国际化进程中的人力资源管理带来了严重的障碍和影响。对国际市场营销人员的管理,直接决定着中国企业全球化战略的成败以及其在国外的生存状态和发展空间。怎样选拔外籍员工?如何挑选外派市场营销人员?怎样对他们进行合适的培训与开发?怎样制定他们的薪酬政策?怎样有效地监控他们的行动?怎样解决外派人员归国后的工作和生活问题?……这些问题正困扰着走向国际化的中国企业。

为减少这些问题的发生,跨国公司的国际人力资源管理部门和国际市场营销部门应该携手合作,进行国际市场营销人员的维持管理。如小贴士15-2所示,在三星公司对于国际化人才的培养策略、步骤和方法体系中,人力资源管理部门除了要结合外派人员的个人职业生涯规划对每一个外派人员加强其在派驻国以及期满回国后的工作规划和安排,计划工作必须从选派人员出国之前一直持续到驻外人员回国后的相关安排。国际市场营销人员的招聘与甄选、培训和开发、考核和薪酬以及维持管理等诸多方面都应考虑到国际市场营销人员管理中所存在的种种特殊问题。

小贴士 15-2

三星如何培养国际化人才?[①]

三星每年为管理人才付出的培训经费高达6000万美元。即使是在金融危机期间,三星电子仍然在人力资源开发上投以巨资,注重人才的国际化和跨文化能力的培养。在过去五年里,三星共招募了800多名博士、300多名毕业于欧美名校的MBA。有了雄厚的后备人才,三星集团董事长李健熙认为自己父亲过世后三星曾经出现的"管理真空",今后将不会再出现了。

为培养国际化人才,三星创建了人才培养的管理研究部门——"三星人力资源开发研究院",而人才战略的实施则由"三星全球战略部""三星全球领导力学院""三星全球营销学院"和"三星高级技术培训学院"分别执行。

1. 国际人才三星化

三星在1997年的战略转型时期,正式成立了"孵化"国际化人才的"三星全球战略部",其主要目标是海外人才的三星化。全球战略部每年从欧美最好的商学院招聘来自世界各地的MBA毕业生,这些MBA就是三星未来的"战略家"。他们到三星总部工作,从充当内部顾问开始。在总部工作一段时间后,又被派到三星下属公司,了解三星业务和提高专业技能。两到三年后,再根据这些"全球战略家"自己的选择分配他们到喜欢的岗位上工作。这些"全球战略家"具备全球领导素质,了解韩国社会文化和三星的企业文化,能在世界各地准确执行三星战略,将成为三星国际化和全球化时代的战略核心力量。

2. 领导力全球化

三星全球领导力学院主要培训全球的中级管理者,无论在任何岗位、任何区域都能执行三星的企业远景,执行企业文化和带动创新。三星相信,对核心人才的培养和未来领导

---

① 资料来源:《三星如何培养国际化人才》,http://www.interscm.com/thinktank/strategic/200806/06-10028.html。

者潜力的发展是至关重要的,因为技术、产品相对比较容易从一个市场复制到另一个市场,然而,在跨国经营上,一个商业模型在这个市场成功,复制到另一个市场未必能一样成功,因为企业赖以生存的商务环境和消费者完全不一样,要在国际市场取得成功,其关键在于国际人才的领导能力。这种能力表现在能在不同社会文化环境和市场建立相应的商业模式、组织结构并能激励不同文化背景下的员工,在三星看来这就是领导者的一种关键创新能力。

3. 培养客户中心型营销专家

品牌战略是三星全球战略的核心之一。在1998年战略调整之后,三星公司成立了全球营销学院以培养专业营销人才,三星认为所有的管理者都应该是营销专家,营销学院开发了统一的不同水平的营销专家教程,其宗旨在于培养具有客户中心思维的、能不断创造新价值的三星营销专家,这些专家能不断以新的产品和服务满足不同客户的需要。三星全球营销学院还通过撰写案例和案例研讨,传播三星全球最佳营销经验,分析和研究三星的全球营销活动。

4. 培养核心技术人才,加速三星人才的国际化

三星高级技术培训学院主要系统培训核心工程师,专注于提高工程技术人员在软件、系统和服务方面解决问题和创新的能力,保证技术人员的能力能支持企业战略的实施和价值的交付。三星将国内学习和国外实践相结合,大胆地实施"地域性专家培养制度",每年选派一批本土人才去国外观察体验一年,学习计划由学员自己安排。学员除了提高语言能力外,还要深入了解所在国家的文化和风土人情等。通过这样的方法,三星公司培养了大批谙熟其他国家市场和文化的本土国际型人才,为企业实现全球化战略进行了人才储备。

第二节 国际市场营销人力资源招聘与甄选

就多数跨国公司而言,其跨国经营过程中最大的人员需求就是国际市场营销人员。一般而言,国际市场营销人员主要来源于三个方面,即本国外派人员、当地人员和第三国人员。这三种类型营销人员的数量多少和层级高低取决于海外市场规模的大小、公司的海外招聘条件以及东道国合格营销人员的可获得性程度的高低。销售与营销经理可以通过广告(包括报纸、杂志、人才交流会和互联网)、职业介绍所、经理人猎头公司这些传统的方式和一些极为重要的个人推荐进行招聘,引例中的中央钢制门公司招聘欧洲市场销售经理即采用的广告招聘方式。

但是,随着东道国营销人员对公司产品营销过程的经验越来越丰富,以及东道国国际型人力资源品质和数量的提升,可以适当减少本土员工的外派。如随着近年来中国国内训练有素且国际市场经验丰富的营销人才的不断增加,以中国当地招聘的员工取代外派员工在跨国公司在华经营中业已非常普遍,这为跨国公司在中国的经营节约了大量的外派成本。

一、本国外派营销人员

尽管越来越多的公司开始使用当地人员或第三国充实国际市场营销岗位,但是如果公司在海外市场所推出的产品技术含量较高,或者产品推销过程需要具备广泛的信息和

应用背景知识,那么,选用本国外派人员(Expatriate)仍然是最佳选择。因为来自母公司的外派人员可能接受过更多的技术培训,也更为了解公司情况及产品的特性,而且具有较高的忠诚度。此外,来自母公司的外派营销人员有时候能够更好地代表公司形象,提升产品的品牌声誉,这种现象在发展中国家尤为常见。

当然,在国际市场营销活动中大量使用本国外派营销人员也会存在许多缺点,包括人力资源成本较高,文化与法律方面存在风险和障碍,缺少愿意长期外派工作的优秀营销人才等。一般情况下,员工不愿意去国外工作的原因可能有很多,有些人会觉得在这个两三年的任期内举家搬迁会带来一系列的问题,包括子女教育问题,配偶工作问题,生活和工作环境问题,甚至包括任期结束之后可能会物是人非、人走茶凉,在母公司找不到安身立命之地,从而影响个人的职业生涯规划。因此,只有那些有着完善的人力资源战略规划的跨国公司才能够有效克服这些问题,有些跨国公司明确规定,一定期限的海外工作经验是员工在职业生涯规划中晋升至高级管理层的一条必经之路。有调查显示,来自世界各地75%的跨国公司高级经理都把"国际经验"列为CEO应该具备的第二位重要素质,排在第一位的是营销工作。

外派营销人员在国外工作的期限有长有短,从几个星期、几个月到两三年甚至终其一生都有可能。有些营销人员仅仅是外派一次(但可能要持续几年),然后便返回母公司工作,也有一些则是属于职业外派营销人员,从一个国家调到另一个国家,长期在外任职。还有一种驻外人员的工作是在一个国家或地区终身任职,这就有可能使其在很大程度上被当地文化所同化,结果其在语言、行为、价值观等方面更像一个当地人,从而在开展国际市场营销活动的时候更能够得心应手。

外派营销人员的成本很可能要比雇用当地人员和第三国人员高得多,所以公司必须确保其工作的有效性。越来越多的跨国公司倾向于甄选那些能够用流利的东道国语言、对东道国非常熟悉的员工到海外子公司任职,如作为移民国家的美国,其跨国公司就占尽了人和之利,许多美国员工的母语并不是英语,那些迁居美国不久的移民及其了解父辈语言和本土文化的子女,对想进入那些市场的公司来说是一项宝贵的人力资源资本。2005年7月,谷歌为了进入中国市场,其首任大中华区总裁即为谷歌不惜重金从微软挖角加盟的李开复先生。甚至美国政府也是如此,2011年8月,美国政府为了能够更好地与中国进行政治、经济等各方面的沟通,选派华裔骆家辉先生作为驻中国大使。

随着互联网和其他通信技术的进步,加之母公司员工越来越不情愿到国外工作,任期更短的派遣、经常往来两地的派遣有了显著增加,并逐渐催生了一种新的外派营销人员,即虚拟外派营销人员。虚拟外派人员管理其他国家的业务,但并不搬迁到那里去。他们住宾馆,做长途旅行,家仍然留在国内。有些人大多数工作时间都用在国际旅行上,无处不在的互联网、随身携带的笔记本电脑和手机使得他们在任何地点和任何时间都可以进入工作状态。当然,对于虚拟外派人员来说,与同事和顾客进行密切接触比正式的外派人员要困难得多。同时,长途国际旅行和在宾馆里的孤单寂寞都可能会使得虚拟外派人员更容易身心俱疲。尽管虚拟外派人员存在着诸多方面的缺陷,但从跨国公司的角度来看,虚拟外派人员可能是唯一的而且常常是较好的节省外派人员费用的方式。

二、当地营销人员

过去一直为跨国公司所惯用的优先考虑选用本国外派人员任职海外子公司相关岗位的做法,现在正逐渐被优先考虑选用当地人员(local nationals)的方式所取代。在营销类岗位上,现阶段选用当地人员显然是利大于弊,因为他们在国际市场营销过程中能够很好地绕过文化与法律的双重障碍,对本国的商业结构和商业惯例更为了解,从而能更好地带领或代表公司穿过错综复杂而又非常陌生的分销体系与"关系"网络。此外,在许多国家,现在可以雇到许多合格的当地营销人员,其成本低于本国驻外人员。

随着国际教育交流项目的日益增多,越来越多的人有机会选择到国外接受高等教育。据中国教育部公布的资料显示,从1978年到2007年年底,中国各类出国留学人员总数达到121.17万人,留学回国人员总数达到31.97万人。值得注意的一个倾向是,随着中国市场经济改革的深入和经济的发展,留学人员回国潮流渐显。通过近年来出国留学回国人数数据的比较可见,留学回国人数呈现稳定的增长态势,这种趋势为中国企业的全球化发展和跨国公司在中国的发展注入强大的具有海外生活和社会文化经验的人才动力。如果雇用国外留学人员,跨国公司既可以利用他们的本土文化知识,又可以利用他们所具备的经营管理和科学技术知识。尽管外派人员的薪水也许并不比当地同行高,但在其他国家维持一支由本国外派人员所组成的团队,与维持一支规模相同的由当地人员组成的团队相比,前者的总费用仍要比后者高得多,因为前者需要一些额外的生活补贴、搬家费、税收和其他一些维持外派人员在国外工作的费用。在美国美世咨询公司2009年发布的"2009年度全球城市生活成本排名"中,位居前10位的城市分别是东京、大阪、莫斯科、日内瓦、香港、苏黎世、哥本哈根、纽约、北京和新加坡,日元升值使东京和大阪占据了"全球最贵城市"排名头两把交椅,而英镑的贬值则令伦敦在近10年来首次跌出该项排名前10位。在2011年,全球哪个城市生活成本最高?答案可能会出乎你的意料:在该排名中处于榜首的不再是东京,也不再是纽约,而是非洲国家安哥拉的罗安达。这个城市已连续两年"荣膺"这一头衔。如表15-1所示,进入全球前50名的有5个中国城市,其中2011年排名较2010年上升的有上海、台北、青岛、天津、南京、沈阳、成都。住房成本往往是最大支出,在非洲和中国均是如此,要在这些城市为外派员工找到良好而安全的住处,是跨国公司目前所面临的真正的挑战。

表 15-1 全球城市生活成本排行榜[①]

全球排名		城市	国家
2011年3月	2010年3月		
1	1	罗安达	安哥拉
2	2	东京	日本
3	3	恩贾梅纳	乍得

---

① 资料来源:《全球生活最贵城市榜》,www.news.cnfol.com。全球城市生活成本排名是美国美世集团发布的城市生活消费成本调查报告,2011年调查覆盖全球214个大城市,采集包括住房、食物、服装、日用品、交通等200多种物品的物价为参考数据,这是一项针对跨国公司海外派驻人员进行的调查,其目的是帮助跨国公司和政府机构确定海外派驻人员的薪酬津贴。

（续表）

全球排名		城市	国家
2011年3月	2010年3月		
4	4	莫斯科	俄罗斯
5	5	日内瓦	瑞士
6	6	大阪	日本
7	8	苏黎世	瑞士
8	11	新加坡	新加坡
9	8	香港	中国
10	21	圣保罗	巴西
20	16	北京	中国
21	25	上海	中国
38	38	广州	中国
43	42	深圳	中国
52	78	台北	中国
101	114	青岛	中国
104	117	天津	中国
115	124	南京	中国
122	131	沈阳	中国
124	125	成都	中国

另外，雇用当地人员相应地也会有一些缺点：首先，公司总部员工相对容易忽视来自他们的建议。即使多数外籍员工都非常审慎，注意与总公司维持着密切的关系，但常常由于语言交流的技能有限，双方习惯的交流方式各异，以及对总公司权力结构如何影响营销决策的制定缺乏了解，其影响力而会大打折扣。其次，跨国公司一般很难招聘到合格的当地人员，尤其是身负重任的营销管理人员。一家专门在中国招聘经理的咨询公司的首席执行官说，在那里每一名合格的求职者有10个空缺的岗位在等待他。而且，对于欧美等西方跨国公司而言，从竞争者、供应商等处雇用经验丰富的销售人员是很平常的事，但同样的方式在其他东方国家则很难行得通。例如在日本，雇员对公司要比美国人忠诚得多，甚至花大价钱也很难将其挖走。同时，到日本的大学招聘人才也很困难，因为最优秀的学生往往大都被日本本国的大型跨国公司网罗去了，而且日本学生普遍认为，与本国大公司相比，小型公司和外国公司的职业风险要高得多。

在有些国家，传统文化中的某些方面使得雇用当地人员做销售代表比较困难，众所周知，美国人比较反感做推销员，美国的传媒常常嘲弄和否定推销行为，阿瑟·米勒的剧作《推销员之死》无疑是最好的见证了。在中国传统中也素有"无商不奸"的固化思维，同样，在法国、墨西哥、日本等这些关系导向型社会文化的国家，销售职业通常处于社会的最底层。因此，要招聘到最优秀的人才来担任营销工作会比较困难，虽然近年来这一情况已经有所好转。

三、第三国营销人员

经营国际化造就了众多的第三国人员(third-country nationals),他们离开自己的国土到第三国为跨国公司工作,其国籍与所工作的地方或公司没有什么联系。例如,在中国的一家美国公司工作的瑞典人便属于第三国人员。过去,在国外度过大部分职业生涯的本国外派人员和第三国人员较少,现在则已开始出现真正的全球职业经理人。作为一个合格的全球职业经理人,除了需要具有必要的语言及专业技能之外,还需要具有良好的文化包容性。

许多美国公司通常会从其他以英语为母语的国家招聘第三国营销人员,以免因雇用美籍本土员工而缴纳双重税收。也就是说,在中国工作的美国人,既要向中国政府缴纳个人所得税,也要向美国缴纳个人所得税。所以,对一个美国跨国公司来说,如果所提供的工资与福利一定,则派一名英籍营销经理就任于中国分公司,与派一名美籍经理相比较,所花的费用要少很多。

社会文化包容性对于第三国营销人员的招聘和甄选是一个非常注重的考虑因素。作为一个称职合格的就任跨国公司海外子公司的营销人员,不但要充分理解跨国公司母公司所在国家的社会文化和价值观,而且还要熟悉跨国公司子公司东道国国家的社会文化和行为方式,这些方面对第三国营销人员自身的文化参照标准是一个极大的挑战。因此,第三国营销人员,包括第三国管理人员,大多数来自于一些社会文化包容性较强的国家和地区,如挪威、瑞典、瑞士等北欧国家,因为其良好的跨文化包容性特征,业已成为全球跨国公司职业经理人的优先招聘国家。有研究显示,全球五百强跨国公司中大多数职业经理人都来自于这些北欧国家。

总的来说,第三国营销人员的兴起不仅反映了跨国公司国际化经营程度的增长,而且也表明人们越来越承认和接受这样的观点,即一个人的技能并非一个国家的专有财产。越来越多的跨国公司认为,人才的流动不应该为国籍所限制。

四、招聘和甄选国际市场营销人员

对外国公司占支配地位、本国人员失业以及其他问题的担忧使得许多国家的政府对在其境内工作的外籍人员数量及所从事的工作进行限制。东道国政府对外籍劳工的态度使得跨国公司选用母公司外派人员或者第三国人员的灵活性受到了一些影响,一方面,东道国政府以颁发工作许可证的方式规定外籍人员只能从事那些本国员工所无法胜任的工作,而且在外国人取得工作许可证之后,相关法律往往会进一步规定一个有效期限,期限的长短正好足以培训本国人上岗,以取代外籍人员。

为了有效地招聘到跨国公司海外经营活动所需的各类国际市场营销人员,跨国公司必须详细规定对人员的要求,一份正式的岗位说明书会有助于清晰说明公司对任职该岗位员工的当前需要和长远需要。除了说明每一种营销岗位的职责之外,选拔标准还应包括对国际市场营销人员的特殊要求。对那些在本国工作的市场营销人员来说,只要求他们具备有效的推销人员应有的素质即可,而对于派驻国外的营销人员,则还需要具备一种足以与外交家相媲美的技能与作风。尽管因应派驻国家和地区的不同对国际市场营销人员的要求也有所差别,但有些基本素质仍然是胜任国际市场营销工作的前提,必须对其加以考虑,如不管在哪个国家,高效率的经理和销售人员都具备某些共同的个性、技能以及认识与适应环境的自我定位能力。对本国外派人员和第三国人员来说,首要的要求便是"成熟"。一般而言,在国外工作的国际市场营销人员必须具有更强的独立工作能力。公司必须对他们充满信心,相信他们有能力独立作出营销决策和必要的承诺,而不必事事要向总部汇报,否则,他们便不可能独当一面。其次,在国外工作的营销人员必须具备"稳定的情绪"。不管派驻哪个国家,外派营销人员都生活在与本土文化所不同的社会文化环境之中。即便是在跨国公司工作的当地营销人员,也会遇到来自带有浓厚的母公司所在国家社会文化烙印的公司文化和价值观的影响,他们必须敏锐地意识到不同社会文化价值观下的行为差异,但又不能过于敏感,以致使自身行为受到不利影响。最后,国际市场营销人员需要对与工作有关或无关的许多方面都有广泛了解,最好还要会讲一门或几门外语。

国际市场营销者如果希望取得成功,应当对国际市场营销工作本身持积极乐观的态度。那些不喜欢自己的工作或工作地点的人,成功的希望往往会很小,在国外尤其如此。跨国公司在委派员工到海外工作时,不宜过于夸大海外工作的好处,不应只介绍有利的一面而对不利的一面绝口不提,以使员工能够在心理上和技能上有所准备,否则,常常会导致海外市场营销工作的失败。

国际市场营销者,无论是在国外还是在国内工作,都必须具备很强的适应能力。那些在国外工作的外派营销人员必须对当地的市场和消费行为习惯特别敏感,而那些为设在本国的外国公司工作的当地员工则必须努力适应总公司的要求和工作方式。是否能在国际市场营销工作中成功地适应环境,取决于态度和努力两个方面。国际市场营销者在被派驻海外之前,就必须仔细研究该国的社会文化、消费行为特征和市场状况的方方面面,从在该国经营的本地商人和外国商人的经验中学习是一种行之有效的办法。"文化移情"显然是认识与适应工作和生活环境的一种有效办法,因为如果与当地环境格格不入,或者对其认识不清,国际市场营销工作就很难取得成功。

国际市场营销者必须精力充沛,能够胜任长时间高频率的旅行。许多国际市场营销人员,尤其是那些虚拟外派的营销人员,其大多数时间不是在世界各地的酒店度过,就是在洲际航行的飞机上度过,刚刚下飞机,往往在本应该进入梦乡的时刻,需要马上着手准备国际商务谈判的资料,甚至只能在飞机上做准备下飞机后就直接进行激烈的谈判。如果一个人需要长时间的倒时差之后才能进入正常工作状态,是很难胜任国际市场营销工作的。

以上种种对国际市场营销者的要求,大部分都可以通过面试、角色扮演等招聘手段加以评估,面试之前,招聘的流程一般会包括资料审查和笔试阶段,但如果是借助于别人的推荐,跨国公司的招聘和甄选流程往往会省略或跳过一些步骤,如资料审查等。

在招聘和甄选国际市场营销人员的过程中,跨国公司一般会针对某个国家或地区市场独立进行招聘,而不是招聘之后再进行外派的决策。因为在一个国家所必须具备的国际市场营销技能和特质在其他国家可能就不适用。如对于来自美国的国际市场营销人员而言,薪水的高低和所受的教育与工作业绩和工作满意度成正相关关系,即更看重金钱而且接受教育更多的美国人其销售业绩更好,对销售工作也更为满意;但这种状况在日本则不然,在日本,如果国际市场营销人员的价值观念与公司的价值观念一致,那么他们对销售工作就更为满意。因此,对于国际市场营销人员的招聘和甄选应该针对目标市场进行。

在国际市场营销人员的选聘中,一旦失误,其代价是极其昂贵的。如果一项派给海外市场营销人员的任务没有完成,除了直接的经济损失之外,还会浪费时间,在国际市场上给公司带来声誉的损失。另外,许多国家都制定了严格的法律来保护员工权利,这些法律通常对解雇员工的行为进行限制。如委内瑞拉有关解雇雇员的法律规定,只要在一家公司工作3个月以上,雇员在接到解雇通知时便有权利得到相当于一个月工资的解职费,如果工作时间超过8个月,则每超过一个月可再得到相当于15天工资的解职费,且每工作一年还可额外再得到相当于15天工资的解职费。本章引例中中央钢制门公司意欲解聘其欧洲员工的时候,遇到的就是这样的问题和麻烦。

在国际市场营销人员的选聘中,不同社会文化背景的招聘管理者面对同样的状况(人员选拔)也会作出不同的决定,他们对在招聘和提拔中所用的决策标准也通常各有侧重。如澳大利亚和德国的管理者比意大利的管理者更倾向于雇用同胞。

第三节　国际市场营销人力资源培训与开发

对国际市场营销人员的培训,从形式、内容到培训项目的性质都主要取决于受训人员母国的文化以及其工作所在的东道国的文化。

一、国际市场营销人员的任职前培训

就任职前的培训而言,对于从母公司外派的营销人员,其培训主要是集中介绍派驻国社会文化和风俗习惯,以及在派驻国进行市场营销活动中将会遇到的一些特殊问题。因为对于国际市场营销人员的培训而言,最好的培训方案不只是传授一系列技巧,而是要帮助他们了解各个国家和地区市场上因为文化差异而导致的一系列营销思维和活动的不同。如在中国,对中国人而言,签合同只是双方商务关系的开始,中国人希望双方能继续共同努力,以解决随后可能出现的一系列不确定性问题;在哥伦比亚和秘鲁,哥伦比亚人和秘鲁人希望从个人的角度来认识对方的营销者并与其建立起长期的友谊,因此在整个接触环节中更换营销代表通常会导致谈判的终止;在德国,谈判前需要准备好数据和经验证据以支持相关的提议,德国的商人很少会被眼花缭乱的广告和宣传册所打动,因此必须提供严肃、具体且不夸张的信息;在印度,需要保证日程安排的灵活性,因为印度人对时间的安排较为随意但却很守时,另外,由于印度公司中常有森严的等级制度,只有最高层管理者才能作决定,因此,在谈判之初需要了解印度谈判代表的决策权限,以免浪费时间;在俄罗斯,第一次会议应该只不过是一个仪式而已,俄方伙伴一般会用这段时间判断你的可信度,因此,最好要热情、亲切地对待这些活动;在苏格兰,苏格兰人说话比较温和,不太善于和别人交流,与他们建立关系需要一段时间,但一旦建立起关系对方就会十分友善;在韩国,个人在组织中的地位是很重要的,因此,务必使你的名片清楚地表明你的头衔,而不要随便派一个销售代表与韩方地位较高的营销经理会面,这会被认为是一种不尊重的表现;在泰国,其文化中强调无冲突和和谐,所以在营销活动过程中,最好不要提出过于武断

的要求。①

对于第三国营销人员和当地营销人员的任职前培训,其内容则主要着重于介绍公司及公司产品情况、技术资料和所使用的营销方法。无论是对哪一类国际市场营销人员进行培训,都会遇到由于受训者长期形成的行为习惯和价值观所引起的许多问题。例如,当地营销人员大都会固守由当地文化不断强化的行为习惯,这方面的问题在中国和俄罗斯等国最为严重,因为长期以来的计划经济模式,使得人们潜意识中"不管工作是否努力,绩效是否有差异,所得报酬都要一样"的大锅饭思想极为深刻。虽然经历了30多年的改革开放,特别是随着市场经济改革的逐步深入,中国人的大锅饭思维得到了一些弱化,但要彻底根除还需相当长一段时间的完全的市场经济的洗礼。同样,本国外派国际市场营销人员也难以摆脱长期形成的行为习惯和生活方式。所以,任何国际市场营销人员培训要想取得成功,首先必须使受训者树立起能够接纳新思想的开放观念。

二、国际市场营销人员的在职培训

国际市场营销人员就职海外市场营销岗位之后,还需要继续对他们进行任职期间的培训,对于身处海外,缺乏与总公司的日常接触的国际市场营销人员来说,他们相对于国内市场营销人员更加需要这样的在职培训。另外,对国际市场营销人员的在职培训,必须适应他们学习与交流的方式。特别是对于来自第三国和当地的营销人员,还要充分考虑其文化偏好和工作生活习惯因素对培训过程和效果的影响。如小贴士15-3所示,借助于全球战略家培训计划,三星成功实现了组织中多元文化的融合,有效促进了国际化人才的诞生。

小贴士 15-3

三星"全球战略家"的培训计划②

三星公司内部"全球战略家"的整个培训计划有以下几个特点:

1. 案例学习

三星"全球战略家"学员的学习形式都是对来自三星自身的商业案例的讨论和解决,涉及各个领域,其中三星电子的案例是主要来源。这种案例学习在很大程度上提高了"全球战略家"们对三星商业环境和实际工作的熟悉程度,培养了他们的全球视角。在案例分析的团队组建中,有来自世界各个国家的人才,同时一定会有一名三星的人员在其中负责协调,大家协作3—6个月完成项目。

2. 融入三星

三星"全球战略家"学员在内部培训期,将接受韩国项目协调员的协助,深入到具体的一个公司,最后是"永久派遣",或者是去韩国三星,或者是三星在世界上的其他公司。在这个过程中,那些"全球战略家"实际上是完成了一个从三星文化的接受者到认同者最

---

① 资料来源:www.salesandmarketing.com,2013年6月10日访问。
② 资料来源:《三星如何培养国际化人才》,http://www.interscm.com/thinktank/strategic/200806/06-10028.html,2013年6月10日访问。

后是传播者的角色转变。在永久派遣之前,会有一定数量的人留在三星,他们将有可能成为高层主管。在整个过程中实行导师制,三星提供的是和高级主管认识的机会,而关系的定义和发展则是由那些"国际战略家"自己设计。

三星"全球战略家"培训的成功就在于充分利用三星的全球资源,同时利用被培养人才来源的国际化,组建多元文化的团队,这样的人才便最终可以在一个多元文化或者其他文化的环境中,以对三星文化的认同感,不断努力,提升三星的全球表现。三星在很大程度上以文化的融合促成了国际化人才的诞生。

跨国公司的市场营销人员培训,除了针对派驻国外的市场营销人员、当地营销人员和第三国营销人员等在海外子公司工作的人员进行培训之外,还要对母公司负责国际市场营销业务的人员进行培训,以使他们能够对国际市场营销者所提出的各种要求作出迅速的反应。

如今,互联网和通信技术的使用和普及,使得国际市场营销人员的培训工作效率大为提高。遍布全球的国际市场营销者在参与培训的过程中,可以通过视频在网上接受培训,可以各自利用自己认为合适的时间下载培训课程进行学习,可以借助于网络课堂参加研讨和交互式评估测试。太阳微系统公司估计,由于充分借助于互联网,其针对国际市场营销人员的培训周期相对于以前缩短了75%。

有些跨国公司,例如高露洁,认为早日派遣员工到海外工作对员工个人的职业生涯发展很重要,认为外派培训是员工职业发展计划的一个必要组成部分。高露洁从全世界最好的大学或商学院招聘员工,竞争异常激烈,最终能够如愿以偿的少数应聘者都被证明确有领导才能,能够熟练运用英语,并至少还能说一门其他的外语,一般都具有在国外生活或学习的经历。高露洁公司一般以为期两年的完全浸入式的外派培训作为国际市场营销人员进入高露洁的初级发展计划,按照这份计划,受训者首先要到高露洁的财务、生产、营销等各个部门接受轮训。然后,受训者会被要求充分接触高露洁公司的营销体系,先在公司的广告、营销调研及生产管理等部门受训,然后再做7个月的实地推销。在两年的培训期里,受训者至少要与其指导者到国外分公司出差一次。高露洁公司这样做的目的在于培养受训者掌握成为精干高效的国际市场营销经理所需的各种技能,不管他们以后担任的是国内还是国外的营销工作。受训者在接受培训后就可能被派往海外市场。跟许多人所希望的不一样的是,高露洁营销人员到海外任职的第一站可能不是东京,不是伦敦,也不在巴黎,而在一些发展中国家或欠发达国家,如中国、巴西、菲律宾或者赞比亚等。由于海外市场的业绩对高露洁非常重要,作为一家典型的跨国公司,高露洁公司的收益中超过60%的部分来自于国际市场,所以,高露洁公司的国际市场营销人员在完成第一次海外派遣工作之后往往并不是返回美国本部,而是从一个国际市场营销岗位调到另一个国际市场营销岗位,以将其培养成为一名职业的国际市场营销人员。

三、国际市场营销人员的技能培训

如小贴士15-4所示,许多跨国公司都建立了专门的针对国际型人才进行培训的企业大学。作为一个合格称职的国际市场营销人员,除了要有一般营销人员所具备的能力和素质以外,还应该具备国际市场营销活动所必需的能力、职业态度和知识结构等方面的特质。

在能力方面，国际市场营销人员需要具备的是：

（1）良好的语言表达和跨文化沟通能力。对于国际市场营销人员而言，外语能力和社会文化差异敏感意识是必备的跨文化沟通的基本要素，也是胜任国际市场营销工作的基本条件。培训和学习语言的过程中，可以改善商业关系。在国际市场营销活动中，国际市场营销人员至少必须能够用所在国的语言进行交流，这一点对于在海外市场从事营销活动特别重要。学习和使用一门外语，意味着营销者愿意了解其内涵的文化。

（2）敏锐的市场观察能力。一般情况下，国际市场营销人员身在异国他乡，必须深入了解异国顾客的心理活动，才能准确判断其市场特征。市场观察并不只是简单地看看和了解，很多国际市场营销人员的第一堂课就是学会如何"看"国际市场，这个"看"并不是随意地走马观花，而是要用专业的眼光和知识去细心观察，通过观察发现重要的市场信息。国际市场营销一线的员工是企业对国际市场信息的反馈渠道，通过观察帮助企业获取大量准确的市场信息是国际市场营销者的职责之一。

（3）自我控制和执行能力。大部分国际市场营销人员都是以小团队或者个人面对整个异国市场，往往是独立作业而处于无人直接监管的状态，国际市场营销人员在执行计划时常常会遇到一些意料之外的困难，这就要求国际市场营销者必须具有较强的自我控制和执行能力，能够自我管理、自我激励、自我约束和自我监督。

（4）分析和应变能力。国际市场营销人员面对的顾客是千差万别的，甚至以其本国标准来说是不可思议的，什么样的顾客都可能出现，这就要求国际市场营销者必须具备较强的分析和应变能力，能够适时改变销售方法，并加以灵活运用。

（5）学习能力。国际市场营销人员所需要接触的知识甚为广泛，从市场知识、营销知识到财务、管理以及相关行业知识等等。面对如此庞杂的知识和信息，没有极强的学习能力是很难胜任国际市场营销工作的。

在职业态度方面，国际市场营销人员需要具备的是：

（1）自信。置身于国际市场的营销人员往往是单兵或小团队作业，国际市场营销过程其实就是一个与客户进行信心传递的过程，国际市场营销者的自信可以潜移默化地影响客户的心理。因此，在国际市场营销领域，自信心起着决定性的作用，要相信自己，相信公司，相信产品，相信自己的服务。

（2）敬业精神。这是作为一个优秀的国际市场营销人员的基础。没有敬业精神，就难以克服国际市场销售过程中可能遇到的一切意想不到的困难，也难以获得客户的认可和尊重。

（3）职业道德。在国际市场上，许多国家对营销活动中的道德行为有着特别的法律规定，国际市场营销人员不但要遵守本国的相关法律法规，更重要的是了解和遵守东道国的法纪。

（4）勤奋好学精神。销售工作的内容和形式是不断变化的，一个优秀的国际市场营销人员必须具备谦虚的态度，不断努力学习，积极思考，以提升适应国际市场环境变化的能力。

在知识结构方面，国际市场营销人员需要具备的是：

（5）公司和产品知识。与国内市场营销人员一样，国际市场营销人员也必须熟练掌握产品知识，另外还必须了解东道国关于此类产品的相关标准，并熟知公司的核心业务和核心竞争力知识，以增强认同感和归宿感，提高工作动力。

（6）国际市场知识。了解国际市场运行的基本原理和市场营销活动的方法，是国际市场营销人员获得成功的重要条件。市场知识还包括对市场上竞争对手的了解,即主要的竞争对手有哪些?竞争对手的产品和服务特色是什么?等等。

(7) 国际客户知识。了解和分析国际市场客户的特点,有针对性地采取不同的营销策略。

(8) 语言和沟通知识。良好的语言和沟通知识是建立国际市场营销人员的个人声誉和企业声誉的基础。在国际市场营销过程中,掌握和熟练运用多种语言是进行国际市场营销沟通的前提。

小贴士 15-4

学无止境的企业大学

企业大学又称公司大学,是指由企业出资,以企业高级管理人员、一流的商学院教授及专业培训师为师资,通过实战模拟、案例研讨、互动教学等实效性教育手段,培养企业内部中、高级管理人才和企业供销合作者为目的,满足人们终身学习需要的一种新型教育、培训体系。一系列最佳实践证明,企业大学体现了最完美的人力资源培训体系,是最有效的学习型组织实现手段,更是公司规模与实力的有力证明。

自 1955 年,全球第一所企业大学——通用电气公司克顿维尔学院正式成立,企业大学在全球迅速崛起。在美国,从 1988 年到 1998 年之间,企业大学数量由 400 家猛增到 1600 家。到 2003 年已超过 2000 家,其中财富 500 强的大部分企业都建立了自己的企业大学,如 GE 克劳顿学院、IBM 中国渠道大学、西门子管理学院、摩托罗拉大学、惠普商学院、麦当劳大学等等。不久的将来,企业大学的数量甚至将会超越传统的大学,成为未来成人职场教育及终身学习的主流。

第四节 国际市场营销人力资源考核与薪酬

由于跨国公司所面对的是来自不同文化背景、不同国家和地区的国际市场营销人员,他们各自有着不同的价值观和人生观,而且各自的工作环境天差地别,因此,对国际市场营销人员的工作进行恰当的评估,以及基于评估对营销人员本身进行激励就显得特别的复杂。

无论在哪个地方工作,国际市场营销人员都需要有很高的积极性。国际市场营销经理和营销人员的工作一般都很繁重,且极具挑战性。因此,需要定期对国际市场营销人员的工作进行评估和考核,以帮助他们检视和调整工作状态,基于评估和考核的结果,设计针对性的激励方案,正向引导国际市场营销人员,调动他们的积极性,使他们以最佳状态投入到工作中去。

在进行国际市场营销人员的激励体系设计时,必须充分考虑其工作所在国家之间的差别。有研究曾对日美两国一些具有可比性的销售机构的营销人员对一系列源于工作的潜在回报的态度进行调查,[①]结果发现,在工作安全感、职务晋升、表现出色增加工资、成

---

① See R. Bruce Money and John L. Graham, Salesperson Performance, Pay. and Job Satisfaction: Tests of a Model Using Data Collected in the U.S. and Japan, Journal of International Business Studies, 1999.

就感和个人的成长与发展等方面,日美两国营销人员之间有着惊人的相似观念,唯一区别较大的是社会认可方面。日本人对社会认可的在意程度要远高于美国人。尽管总体来看,各个国家和地区的国际市场营销者对于工作回报的看法可能相差不大,但是,不同的社会环境与竞争状况仍然要求跨国公司必须针对国际市场营销者的工作所在国家和地区而设计和采用不同的激励体系。

在设计国际市场营销者的薪酬和激励体系的时候,必须对不同国家和地区的国际市场营销者个人的行为模式极为敏感。在中国有效的个人激励措施在其他文化中可能根本不起作用,甚至会引起反感。如海尔公司将其在中国一直做的,效果不错、能够很好地鞭策后进员工的"大脚印"评价和激励体系照搬到其美国分公司之后,发现这种激励体系的结果与在中国大相径庭,美国文化是一种崇尚英雄的倾向于个人主义的文化,在美国文化中,个人隐私绝对不容侵犯,让绩效表现最差的员工总结其失败的教训对于美国员工来说是极为反感的,因此,海尔在将鞭策后进改为激励先进,之后该激励体系就收到了良好的效果。

社会文化的差异使得国际市场营销者之于激励要素的在意程度是不一样的。如日本文化极为重视家长制和集体精神,实行终身雇佣制,讲究论资排辈,靠个人刺激来激励雇员就很难取得良好的效果,许多日本员工的最大满足在于愉快地成为某个光荣的集体中的一员,所以,如果为了表彰日本员工的出色工作而发给他一笔奖金,就很可能会被婉言谢绝,因为他们不希望显得与众不同,更不想因此而招致同事的嫉恨。正因为如此,日本公司的奖金制度一般都是以集体的绩效评估为基础,而很少采取个人佣金制度。日本的营销人员之所以努力工作,其动力与其说是来自通过个人努力多赚钱的希望,倒不如说是来自同事的团队和组织压力。同样,东欧国家的营销人员对薪酬计划中基础工资的重视程度要远远比美国的营销人员高得多,在东欧国家,基于绩效的激励体系设计被发现并不是很有效。尽管有学者提出,随着全球化经济的发展,不同国家的文化融合会越来越多,对于激励体系要素的关注度也在不断改变,激励方式也在变化,但这种改变和变化是一种渐进的过程,需要相当长的一段时间,在这个过程中,跨国公司在进行国际市场营销人员激励体系设计时,需要付出更多的努力以对这些潜移默化的改变作出反应。

对国际市场营销者的绩效进行评估,并基于评估结果给予激励,是跨国公司与其在海外市场工作的营销者进行有效沟通的一种方式,而有效的沟通则是保持国际市场营销者士气高昂的重要一环。一方面,通过评估和激励,国际市场营销者能够感觉到母公司对他们的工作非常关注;另一方面,国际市场营销者可以借助于评估和激励,了解母公司及其他国家和地区子公司的运营情况。但是,语言、文化和沟通风格的差异会使得管理者和国际市场营销者之间的相互理解变得相当困难。

加薪和晋升是一种重要的激励手段。在那些真正全球化的跨国公司里,外籍员工也和本土员工一样,有着同样的机会可以问鼎公司的高层职位。在国外任职的国际市场营销管理者最为担心的就是自己会被母公司所遗忘,从而影响到自己在公司组织中的职业生涯规划。

一、对国际市场营销人员的考核评估和控制

在有些个人主义文化导向的国家,如美国,对国际市场营销人员的评估与控制相对比

较简单,许多营销岗位的评估标准都是基于通过销售额来衡量的个人业绩,这些业绩通常是与历史记录、销售预测和销售定额进行比较后得出的。总而言之,优秀的营销人员的销售额肯定高。然而,在许多集体主义社会文化导向的国家,如日本,对国际市场营销人员的绩效评估并不是那么简单,特别是在那些关系导向的文化中,人们更为注重集体协作而不是个人努力,业绩衡量需要比较确切的考察,也许还要考虑顾客、同事以及主管人员的意见。显然,在集体主义导向的社会文化中,营销经理在评价的过程中很可能并不太看重个人业绩衡量标准的作用。

一份有关美日两国关于市场营销人员业绩考核评估的比较研究显示了这种不同社会文化背景下的差异和区别。研究中,两个国家的营销主管人员根据相同的业绩标准对营销代表的业绩进行了评估,结果显示,日本营销代表的业绩分布比较符合统计规律,即小部分员工的业绩很好,小部分员工较差,而大部分员工的业绩处于中等。美国营销代表的状况则有较大的不同,他们小部分员工业绩很好,大部分员工业绩中等,但几乎没有员工是业绩较差的。因为在美国业绩差的员工要么会辞职(因为赚不到钱),要么会被解雇。但在日本,业绩差的员工仍然会被留在公司里,而极少被解雇,因此,负责日本市场的营销经理人员就会遇到在美国根本不会遇到的问题,即如何激励业绩差的员工?在美国的社会文化中,对员工的激励导向在于激励业绩已经很好的员工,以让他们达到更好,对怎样激励业绩较差的销售人员则几乎只字不提,因为这在美国几乎并不成为问题。

由于互联网和通信技术的推广和使用,越来越多的西方跨国公司的国际市场营销者不在办公室而是在家里处理业务,如 HP 公司会给那些愿意在家里工作的员工花钱购买设备,以确保员工在家里就可以完成工作。这种组织架构下的员工与主管人员的见面和工作交流大多数是通过网络视频进行,组织架构变得扁平,控制跨度在不断拓宽。但这种情形很难应用于东方的企业组织,如日本,主管不但会与员工进行频繁的交流,而且会花较多的时间与员工进行接触,实际上,在东方社会文化中,这种交流本身就是对员工的一种激励手段。

二、对国际市场营销人员的薪酬制度的设计和实施

在国际市场营销人员薪酬制度的设计中,主要可以分为两类人员进行薪酬设计:其一是面向本国外派营销人员的薪酬制度设计;其二是面向包括当地营销人员和第三国营销人员的全球营销人员的薪酬制度设计。一般情况下,外派营销人员喜欢将所得报酬与如果在国内工作将会得到的报酬相比较,而当地营销人员和第三国营销人员则喜欢同外派营销人员相攀比,尽管任何关于报酬上的差别都可以很容易而又富于逻辑性地加以解释,但收入较少的员工在内心总会感到委屈,而觉得待遇不公。面对社会文化差异极大的国际市场营销人员群体,设计一套公平的、具有可操作性的、考虑到平衡、能够长期调动员工积极性的薪酬制度,是一项极具挑战性的任务。

1. 本国外派营销人员的薪酬制度

当一家公司在多个国家和地区的市场上运营,员工就会在多个国家工作,其营销人员中就可能既有本国外派营销人员,也有在东道国招聘的当地营销人员,或者来自第三国的营销人员。

在许多国家,额外的福利是项很重要的收入。那些在高税率国家工作的员工可能更喜欢报销开支和领取额外的福利,因为这些收入不用纳税,而直接收入则可能要缴纳很高的税款。因此,在欧洲的跨国公司中,员工额外福利方面的费用很高,占到雇员薪水的35%—60%。

对于许多跨国公司而言,工资也可能会成为吸引员工外派的一个重要手段。因为许多派驻地区的消费水平可能较低,使得外派营销人员的收入要远远高于在国内工作的收入,而回国可能就意味着实际收入的减少和生活水平的下降。

在外派营销人员中,短期外派或先短期后长期等状况使得薪酬设计更加复杂化。总的说来,对短期外派人员的补偿包括海外补贴、所有额外开支以及税收级差补贴等。如果是较长时间的外派,则还要包括离家津贴或者配偶旅行补贴。

就薪酬体系的作用而言,除了回报国际市场营销人员对公司的贡献之外,还能有效地用于达成人员招聘、培养、调动积极性和留住人才四个方面的目标。但是在具体进行薪酬制度设计的过程中,可以以其中某一个目标为关注重点,若是在这四个目标上均衡着力,则可能使得薪酬计划难于控制,导致整个公司的薪酬体系陷入混乱而无法管理。国际市场营销人员的薪酬计划还应包括艰苦地区额外补贴,并为不愿去海外任职和不安心在海外工作的员工提供特别优待。

2. 全球国际市场营销人员的薪酬制度

跨国公司针对国际市场营销人员的薪酬计划,应该因其所服务的不同市场的经济和文化差异而有所区别。总体而言,随着经济全球化的发展,世界各地的薪酬制度日益强调基于个人绩效的佣金,薪酬制度体系的变革正普遍趋近于美国的薪酬体系。

IBM 公司针对全球各国市场的营销人员的薪酬方案,或许是最为全球化的方案了。该方案于 1996 年开始实施,适用对象包括分布在 165 个国家和地区的 14 万名国际市场营销人员,其主要特点如图 15-1 所示:

总的报酬		计划成分	支付频率	工资标准
浮动工资(奖金)	→	公司目标	按年支付	• 利润 • 顾客满意度
激励工资	→	团队(20%)	按月支付	• 团队业绩 • 行业业绩
		个人贡献(60%)	按季支付	• 增长 • 解决办法 • 销售渠道/合作伙伴 • 利润贡献
		竞赛(20%)	获奖时间	• 全球性的 • 地方性的
组织和社会认可				
基本工资				
福利				

图 15-1 IBM 全球营销人员薪酬计划[①]

---

① 资料来源:Michele Marchetti, Gamble: IBM Replace Its Outdated Compensation Plan with a World Wide Framework, Will it Pay Off?, Sales and Marketing Management, July 1996, pp. 65—69.

在制定这个薪酬实施方案之前,IBM 全球营销人员的薪酬计划一直被认为比较混乱而颇受诟病,旧的薪酬计划并没有考虑营销人员在其负责的区域之外所做的工作和贡献,而这种跨区域合作对于国际市场营销活动而言,是极为普遍且非常必要的。IBM 公司来自北美、欧洲、拉美和亚洲地区的负责营销人员激励工作的经理,在公司顾问帮助下,用了 9 个月的时间制定了新的薪酬方案。这个方案既具有很强的全球标准性,如该薪酬激励方案将应用于 IBM 公司全球各个国家和地区的子公司中跨越不同社会文化背景的营销人员,又具有很强的灵活性,如该方案为每个国家负责报酬工作的经理保留了很大的自由调整的空间,使得他们在进行员工业绩评估的时候,可以自由决定激励工资的发放频率以及基本工资和激励工资的比例。

一般而言,在制定和实施包括海外子公司的当地营销人员和第三国营销人员的全球市场营销人员薪酬计划时,需要遵循以下几个方面的原则:首先,应该包括主要国家和地区的外派营销人员,应该赋予当地营销经理自主决定基本工资和激励工资比例的权力,应该在全球范围内采用能够反映公司价值观的一致的业绩标准,且每项标准的重点要保持一致,在方案实施时应该允许按当地情况灵活运用,应该在全球使用一致的交流和培训主题。其次,不应该在总部集中制订计划而命令各地子公司遵照执行,不应该为责任不同的工作设计相同的薪酬机构,不应该要求激励计划的所有业绩标准都一致,不能假定社会文化价值观的差异可以通过激励计划来解决,不能在没有取得各国营销经理人员支持的情况下仓促执行。

第五节 国际市场营销人力资源维持

派遣一名国际市场营销人员携其家属去海外工作,每年所花的费用估计是其基本薪水的 150%—400%。如果外派营销人员在任期(一般为 2—4 年)未满前要求回国,回国后因工作不顺利而离开公司,那么,这种外派失败的结果将不仅仅是人才流失,而且会使得整个公司营销团队的士气大受打击,其代价之高昂难以估量。

为了有效减少这些问题的发生,跨国公司的人力资源管理部门必须加强有关国际市场营销人员外派、常驻国外以及期满回国后的计划工作。这些计划工作必须从外派人员的招聘和选拔开始,经过对外派人员任职海外之前及期间的培训和管理,一直持续到外派人员回国后的工作安排。在人力资源管理体系中,人员选拔、培训、报酬和职业生涯规划政策等诸方面都应考虑到外派营销人员管理所存在的种种特殊问题。

除了与具体工作相关的工作标准之外,外派人员如果已经成家,还需要在其外派期间考虑诸方面的家庭安置标准。正因为外派人员一般都具有这些特点,所以在选拔到合适的人选、说服其接受海外工作、鼓励其安心在海外工作和生活以及在召其回国后的工作安排等方面,都存在着很大的困难。

一、克服不愿到海外工作的情绪

对个人职业生涯规划与家庭生活的担忧是国际市场营销人员拒绝接受外派工作时最常提到的理由。他们最担心的是离开公司总部一段时间,会对自己今后的发展机产生不利影响。这种"人走茶凉"的担忧与驻外人员回国后的工作安排息息相关。如果公司没有一项明确的保证个人职业生涯发展前途的人员晋升计划,许多素质良好而又胸怀抱负的员工就很可能会拒绝接受外派去国外任职。而如果对驻外人员进行慎重挑选,并且掌握好召其回国工作的时机,以回国后的职务晋升方式对外派期间业绩优良者予以奖励,甚至将外派经历设定为晋升通道的必经之地,那么外派营销人员的招聘和选拔工作就会顺利得多。

就职业生涯发展的问题而言,可以通过公司的合理安排得以解决,但是对家庭的顾虑也常常会降低员工接受外派任务的意愿,甚至会影响外派过程,使许多外派工作半途而废。大多数外派人选对外派任务的第一反应都是担心举家搬迁到一个陌生的环境中会引起许多问题,如孩子的教育会受影响,家庭远离亲友,语言、宗教和社会文化的差异,在一些国家还可能会遭受暴力威胁,所有这些问题都反映了一个家庭迁居异国时面临的不可避免的种种担忧。解决这个问题的常用方法是为外派人员提供一系列的特殊补偿,例如,对外派员工发放子女教育补贴(驻外人员子女的教育有一些不同于国内的特殊要求,如常常必须上私立学校等)、住房补贴,延长外派营销人员的休假时间,休假开支全部由公司报销。这些补偿措施仅仅是解决员工执行外派工作时可能会引起的家庭问题的措施的一部分而已。许多外派营销人员在任期届满举家回国而必须放弃那些曾经促使其接受海外工作的额外补偿时,又会遇到一系列新的问题,如回国后有可能收入会比外派期间降低,生活水平有所下降等。

二、降低提前回国的比率

一旦外派营销人员及其家庭接受了外派工作,接下来的问题就是要让他们在任期内安心留在海外工作。驻外人员的非正常减员率可能会很高,有研究显示,如小贴士15-5所示的外派案例一样,高达70%的跨国公司外派员工都会因为各种原因难以续任,导致外派失败而提前回国。

小贴士15-5

一名中远经理的智利外派故事

作为一家业务遍及全球的跨国公司,中远集团在全世界各国拥有近千家成员单位,7万余名员工,满载集装箱的中远船舶在全球160多个国家和地区的1300多个港口往来穿梭。

中远在海外的揽货队伍有数万人,这些做具体业务的,都聘用的是当地雇员,海外机构的人力资源管理已基本属地化。中远集团设有海外员工办公室,负责集团外派经理的选拔、培训、薪酬政策制定、归国安置等工作。

1970年出生的冯波,作为中远专门招聘和储备的"小语种"外语人才之一,先后在中远集运做过南美线、美国线、日本线的远洋业务。1998年4月,他接到公司安排,到智利开发南美线,负责商务和销售。时年28岁的冯波刚结婚一年,妻子已有孕在身,但同是学习西班牙语的妻子完全理解和支持爱人的选择。不足"而立之年"就能被中远外派工作,对于年轻人来说,无疑是相当有吸引力的,一是表明公司对自己的信任;二是薪酬水平比当时国内同级别的岗位要高出五六倍。

"老实讲,当时很自信,一定要在那里干一番事业,做出一番成就。"年轻的冯波觉得自己语言适应能力强,本身又已经很熟悉南美线的业务。同时,中远的管理在国外和其他公司相比还是比较先进的,管理比较国际化,中远品牌在国际上也比较被认可。因此,当地的智利人也比较愿意来中远工作。"觉得到智利不会有什么大的困难和挑战。"冯波说。

到智利的半年内,冯波都相当兴奋。但是随着时间的推移,冯波渐渐平静了,觉得在智利工作也没有什么,只不过换了环境,还是要按部就班地做事。另外,各个国家的法律不一样,常常在中国很正常的事,在国外就不正常了。"冲突还是挺大的。生活上就感觉挺困难——找不到用来做中餐的材料,智利根本没有醋!甚至没有面粉,想吃烙饼都很难!在中国,单位有食堂,而在智利,就只能到外面就餐。每天都到外面吃麦当劳、炸鸡,我感到很不适应。在业务方面,我是学西语的,一直感觉语言上没问题,可是和当地人比,我的语言基本是小学生水平,在深层次的交流上还有障碍。"让冯波记忆最深的是圣诞节前,和当地人要互送一种很难吃的面包。这就像中秋节,中国人都要互送月饼一样。要和当地人打成一片,冯波就要非常细心地留意并学习这些沟通的细节。

在工作方面,智利人的思维方式比较开放、直率,所以中国人习惯的"暗示"对他们来说通常不起作用。在关键业务的安排上,如果你不明说,不用书面的指示,他们根本就不做。即使和他们面对面谈一项工作,也要书面通知。这就是当地的商务习惯。

好不容易,三年的派遣合同到期了,"很多中国人留在智利开着餐馆和贸易公司。华人在国外的这种生活和工作状态,我很不喜欢",冯波说,"特别是在中国接受完高等教育,到了国外,很希望主流社会能够承认你。但是在那边,你永远也不能融入主流社会"。经过与妻子的商量,冯波拒绝了公司续任的要求,决定回国。

越来越多的跨国公司在选拔外派人员时,除了要评估外派人员本身的状况和能力之外,还要全面评估员工的家庭情况,包括家庭成员在外派过程中可能会遇到的困难和障碍等。因为家庭成员对国外环境不适应是引起驻外营销人员不满并因此要求回国的最主要原因。大约75%的家庭到国外后都会遇到环境适应问题,或者小孩不能适应国外的生活和学习环境,或者婚姻不和。

一般而言,导致外派营销人员及其家属不满的原因主要来自适应新的且常常是陌生的文化环境过程中所遇到的压力和挫折。员工本身的跨文化适应问题可能要少于家属,因为外派人员即便身在国外,但也是在熟悉的组织环境里工作,往往在一定程度上能够独立于外派国家和社会的文化差异之外,而其家属则几乎是全方位地需要接受跨文化差异的洗礼,也正是这些社会文化差异给外派营销人员的家属带来了问题,而且通常情况下外派营销人员所接受的跨文化培训要远远多于其家属。于是,在海外派遣过程中,家属与派驻国社会文化的日常接触要多于外派营销员工,而在适应环境方面常常没有人给予帮助,从购买日用杂货到寻求保健服务都要学习新的消费模式。在外国文化的冲击下,驻外人员的家属遇到的困难要比驻外人员大,因此,在驻外人员招聘与选拔的全部程序中,应包括对其家属适应海外生活的能力进行评估。

如果对外派工作没有进行适当的准备,那么即便是那些在性格特点和个人潜力方面都有可能适应不同文化环境的家庭,也仍可能会对客居国外感到不满。越来越多的公司意识到需要对外派人员的家属进行跨文化培训，以便以其对新的海外生活有所准备，帮助员工的家庭成员预见问题并适应新文化。

三、外派营销人员回国后的安置

有调查显示，许多跨国公司都制订了详尽的营销人员外派计划，却很少有公司制订外派人员回国事宜的全面计划。圆满完成外派工作而应召回国的外派营销人员，是跨国公司中具有跨文化管理和国际市场营销经验的宝贵资源，然而，一旦安置不慎就可能导致这样的员工离职而使得其经验和知识资源被浪费。

国际人力资源管理近期的许多研究表明，造成外派人员回国后士气低落和人员流失率日益攀升的原因有许多，有些抱怨和问题与家庭有关，也有一些则与工作有关。与家庭有关的问题通常都涉及经济收入以及生活方式的再适应问题。有些外派员工在回国后可能会发现，尽管在国外工作时各种补贴较高，但其净收入却并未增加多少，而且由于驻外期间国内通货膨胀的影响，他们在回国后已无力购买一幢足以和当初出国时所卖掉的房子相媲美的房子了。员工在外派期间所享受的一系列补贴将随着回国而被取消，这可能会使得家庭的生活水平下降，从而引发员工及其家庭成员在回国后又要面临再次适应的过程。为了应对这些问题，许多跨国公司开始考虑减少外派人员的津贴，而将外派经历内化为员工在组织内的成长、发展和晋升的必备条件，使得员工对于外派的认识从被动变为主动。

由于家庭问题而引起的不满，虽然会在外派营销人员应召回国时带来压力，但总还没有因对工作的不满那么严重。在跨国公司中，许多外派营销人员回国后递交辞呈的原因通常都是其归来后感到前程无望。最常听到的抱怨是公司没有为外派人员回国后的职位安排制订详细的计划，回国后新安排的工作通常都没有能够反映和认可其外派期间经验和能力的增长。

有些公司外派营销人员回国后的流失数量很少，而有些公司的流失数量则很多，究其原因，就在于前者为驻外人员制定了妥善的员工个人职业生涯发展规划，这是两者的重要区别。针对外派员工的职业生涯发展规划在选择外派员工的时候就应该着手进行，将海外工作派遣从一开始就列入公司的长期职业发展规划，这样，外派人员不仅能了解外派工作的重要性，而且也知道何时可以回国，回国时将获得哪些与别的员工不一样的升迁机会。外派营销人员在海外工作临近结束时，也需要根据职业生涯发展规划开始为其回国后的工作作准备。总之，应召回国的外派人员应该知道他们将会从事什么岗位的工作，知道他们在下一个月以及以后的几年里所要做的工作。

就跨国公司外派营销人员回国后的工作安排，可以从这些方面入手：

（1）将外派回国人员安排到与其新的能力相称的岗位上；

（2）由公司的高级管理人员与外派员工进行正常的交流和沟通；

（3）签署外派工作合约，明晰双方的权责，承诺外派完成回国后公司对其应负的责任；

（4）外派员工定期汇报工作及总部员工出访相结合，保持外派人员与公司总部之间的联系。

四、国际市场营销离职人员的管理

离职是一个社会过程,从广义上讲就是劳动移动,包括地域间的移动、职业间的移动以及产业间的移动,同时也意味着某一特定组织员工的流出与流入。狭义的离职定义就是从组织内部往外部的劳动移动。广义的员工离职包括主动离职、调任、解雇、永久终止合同、短期和季节性的员工离职,以及其他特殊原因(比如退休、残疾以及死亡等)所引起的离职。而狭义的离职是指员工离开后企业还需要找到接替者的人员流动,此定义排除了企业裁员、工作岗位的消除、季节性或临时员工离开企业等类别的流动,而主要是指由于员工自愿或非自愿终止与企业雇佣关系的流动。员工的离职行为研究一直是管理心理学的热点之一。在各种研究员工离职的模型中,工作满意度和组织承诺一直是最重要的两个中介因素。

正常的员工离职率对组织的发展是十分必要且有益的,因为正常的离职可以加快组织成员的新陈代谢,提高工作效率,增强创新能力。但是,如果离职率超过了组织的最大期望值,特别是关键国际市场营销人员的高离职率,则往往意味着组织在国际市场上核心竞争能力的丧失,增加公司的人力资源成本,包括离职员工的替换成本、新入职员工的培训成本、新老员工业绩差异的成本、符合法定情形时须承担的提前通知期及经济补偿成本,以及离职管理成本等。根据美国劳工部的估计,替换一名普通员工的成本要相当于其全年工资收入的 1.5 倍,如默克制药公司发现员工离职的成本甚至高达员工年收入的两倍。

国际市场营销人员离职的原因可能有很多,一般可以分为推动因素和拉动因素两个方面:

1. 国际市场营销人员离职的推动因素

导致国际市场营销人员离职的推动因素一般是由公司所造成的,如工作环境、待遇、人际关系、工作节奏、公司或员工个人的发展前景和机会等。当员工感受到这些方面的负面作用的推力而自身又难以左右的时候,员工就会被迫考虑放弃现有的工作。对于这些因素,公司需要切实提高自身的亲和力,变"推力"为"动力",使员工放弃离职的念头,或者使离职员工重新燃起回归公司的欲望。

2. 国际市场营销人员离职的拉动因素

导致国际市场营销人员离职的拉动因素一般都是员工自身的原因所造成的,如在外派期间不能很好地照顾家庭、感到力不从心难以胜任国际市场营销工作而希望继续学习深造等。当员工在工作中面临诸如此类的压力而想从中解脱出来的时候,可能就会提出离职。

在了解了员工离职的确切原因之后,跨国公司才能够制定适合的有针对性的人力资源维持管理方案。例如帮助员工解决一些实际困难,包括住房、外派福利或办理停薪留职等措施。

对于重新回来应聘的离职员工,在不违背公司规章制度的情况下,许多公司的选择是接受,其实,只要不是道德败坏、违法乱纪而离职的员工,公司都应该真诚对待,让这些离职后再次返回的员工在新的时期、新的岗位上发挥自己的价值,毕竟,在工作流程、工作熟练程度和对公司文化的理解上,重新回来的员工应该能很快找到感觉,相应的培训时间也要少很多,从而为公司节约大量的培训成本。

人才的流动,是一种职场的常态。对于离职后的员工,公司应该本着"以人为本"的管理理念,将离职员工变成公司永远的朋友和资源,麦肯锡会把离职员工的个人基本情况保留,同时将新的联系方式以及职业变动信息输入"前员工关系数据库",即著名的"麦肯锡校友录",麦肯锡始终与这些不乏CEO、投资专家、学者、政府官员在内的"毕业生"保持良好的关系,跟踪离职员工的职业生涯变化情况,并组织一些包括离职员工和在职员工的交流活动。因为麦肯锡明白,这些身处各个领域的精英随时会为麦肯锡带来新的商机。

那种一旦分道扬镳便相互诋毁的局面,都是一种谁也不想见到的对员工和对公司"双亏"的结局。员工大量离职尤其是核心员工的离职,不仅会动摇军心,还会导致企业现有团队对企业的信任感降低,凝聚力下降,造成员工士气低落,工作氛围恶化,工作激情消退,甚至会带走一批人才,从而导致生产效率的降低和顾客满意度的下降。而员工带着怨恨的离职、过高的离职率、群体性的离职等事件,会对企业的雇主品牌、信誉、社会形象、企业文化建设产生重大打击。

本章案例

海尔的全球化战略①

从最初的青岛电冰箱总厂开始,海尔花了20年从破产边缘发展为世界知名家电品牌。作为中国最大的白色家电生产商,在1999年,海尔凭借小型冰箱和小型酒柜这类的小众产品进入美国市场,标志着海尔走上全球化舞台。

尽管在收购美国家电生产商美泰格公司(Maytag Corp.)时失败了,但海尔近年来一直致力于收购全球范围内的家电品牌以提升其品牌知名度,生产更高端的产品并扩展其全球销售网络。"我们不需要更多的生产能力",海尔集团首席执行官张瑞敏说,"我们需要的是更高端的设计和覆盖面更大的销售网络"②。为了突显自我,海尔一方面加强其设计能力以达成产品方面的突破,另一方面通过国际合作以提升其品牌知名度,如与NBA合作开展共同品牌宣传活动。

在海尔豪放的国际化扩张活动背后,海尔的盈利和利润水平从2001年起便开始下降,运营成本从2000年起开始攀升。海尔在追求其国际化以及产品差异化的同时,究竟能够承受多大的经营风险呢?海尔应该如何从中国本地企业发展成为一个名副其实的跨国企业?海尔能否成为一个真正的全球品牌?

一、海尔的发展之路

我们从不跟美国的惠而浦(Whirlpool)、瑞典的伊莱克斯(Electrolux)和日本的松下电器(Matsushita)比较资产、技术和人力资源。我们唯一能与其竞争的方法就是走一条不一样的道路。速度是差异化战略中的一个关键成功因素。中国企业与世界企

---

① 本案例参考了Ali Farhoomand编写收录于香港大学案例库的案例"Haier: How to Turn a Chinese Household Name into a Global Brand",以及若干公开的证券交易所数据、公开发表的论文和新闻资料,特此说明并致谢!

② Dow Jones Newswires, China's Haier Plans to Expand Overseas, May 15, 2006.

业相比太弱小了。要做"强"的国际企业,我们就首先要做"大"。所以我们希望推动我们的产能达到世界等级。这就是我所谓的"大"。当我们有能力把这个大容量销售出去,我们才能称自己为"强"。

——张瑞敏,海尔CEO[①]

1. 1984—1991年:重组并建立品牌

1984年12月,张瑞敏接手管理一直亏损的始建于1956年的青岛电冰箱总厂。作为海尔的前身,那时的青岛电冰箱总厂几乎集中了所有集体所有制企业的通病:员工缺少纪律性,产品质量差,财务状况紧张,管理层与员工之间的信任几乎荡然无存……

基于此,张瑞敏首先建立了一系列规章制度,包括正确的个人卫生习惯和禁止公器私用,以确保员工的纪律性;同时,加强在产品质量和售后服务方面的严格管理。不合格的产品就销毁,这在当时只在乎产量的中国是一个极为罕见的举动。为了提升员工的产品质量意识,张瑞敏带领员工砸毁了仓库中的76台不合格冰箱,让绩效较差、屡屡犯错的工人站在"海尔大脚印"上公开认错。这种提高产品和顾客服务质量的努力在中国市场上获得了极大的回报:1991年末,海尔以1亿2500万美元的销售额成为中国家电业顶尖品牌。

2. 1991—1998年:多元化发展

在1991—1998年间,海尔并购了49家濒临倒闭的国有企业并跨越电冰箱至其他白色家电产品,如洗衣机、空调和电视等。在1994—1996年间,中国家电市场的需求和供给同时高速提升,海尔的利润也在这个过程中实现了稳步而快速的上升。为了稳固海尔集团旗下的并购企业,海尔源源不断地分配资源到这些新并购的企业之中。在这期间,海尔的目标是在各个产品品类的市场上都成为国内顶级品牌。

3. 1998—2005年:国际化

在成功改进海尔在国内的品牌形象后,海尔开始调整战略以进军国际市场。长期以来,中国的低劳动力成本让海尔及其国内外竞争者们在中国本土市场上陷入价格战导向下的达尔文生存模式。"每个跨国公司都在中国有分公司",张瑞敏认为,"如果不走出去,我们无法生存"。海尔希望通过"走出去"的国际化战略提升其品牌收益率,提升公司创新能力,彻底改变其"廉价产品制造商"的品牌形象。

其实,早在1990年海尔就已经开始出口产品到海外市场。截至1995年,海尔的产品已经出口到了30个国家和地区,包括日本、欧洲、非洲、中东和北美。1997年,海尔的销售额达到了13.8亿美元,其中1/3来自海外市场;在1998—2005年间,海尔建立了18个海外贸易公司,截至2005年年底,海尔的出口额达到了9.6亿美元。

海尔最初的海外战略是进入"小众市场",即小型冰箱和红酒冷酒器市场。截至2004年,海尔获得了美国30%的小型冰箱市场和50%的红酒冷酒器市场,以及欧洲10%的空调市场。截至2005年,海尔已经成为世界第五大白色家电制造商,排名在惠而浦、伊莱克斯、博世—西门子和通用电气之后。

---

① World Business Review, Zhang Ruimin's Twenty Years: What Would Harier Do With you? What Happens When Haier Relies Too Much on You?, June 30, 2004.

4. 2006 年之后:建立国际品牌

> 我们不能认为自己已经成功了,除非海外消费者不再把海尔看作是中国品牌,而是国际品牌。
>
> ——张瑞敏,海尔集团 CEO[1]

相对于其他中国电器制造商,海尔在建立国际品牌的意识上表现得尤为积极。2006年,在海尔的海外销售额中,自有品牌的产品占 95%。为了促进其海外的品牌存在感,海尔开始升级其商业理念,执行全新的全球化品牌战略:为了渗透到美国家庭中,海尔在 2006 年加入了 NBA 的共同品牌宣传活动;2008 年与北京奥组委合作,使其成为奥运会的白色家电官方赞助商……

经过十几年的重组和成长后,海尔成为中国国内市场洗衣机、冰箱、真空吸尘机和空调板块的领军品牌,空调和冰箱分别位列全国第三位和第一位。海尔的全球销售额从 2001 年的 70 亿美元提升到了 2005 年的 133 亿美元,平均年增长率达 24%。2006 年,海尔制造的 96 类产品销售到超过 100 个国家,有超过 240 家子公司,110 个设计中心、车间和贸易公司,超过 5 万名员工。

二、海尔的国际化战略

> 全球化,尤其是中国加入 WTO 之后,国内市场将会更开放地引入海外的竞争。只有积极地参与到国际竞争当中,我们才有机会生存下去。
>
> ——张瑞敏,海尔 CEO[2]

海尔的全球扩张战略与其他大多数中国企业有所不同:其一,很多中国企业还是坚持作为原始设备制造商(OEMs),给全球各大品牌提供从玩具到电器的各种产品,而海尔则决定着手在国际市场建立自己的品牌;其二,大部分中国企业首先开发的是较容易进入的邻近的亚洲市场,然后再开发难度较高的欧美市场,海尔的选择却是首先渗透较难进入的美国市场和欧洲市场以积累国际化经验。海尔相信,如果海尔能在全球竞争者林立的发达国家市场中获得成功,也就能在相对简单的发展中国家市场中成功。

1. 先走困难的路

> 我们的战略首先是进入发达国家再进入发展中国家,如果我们可以在成熟市场中面对众多像 GE、飞利浦和松下电器等知名企业的竞争,那么我们也肯定能在发展中国家立足。
>
> ——王英民,海尔集团经理[3]

大部分中国品牌在首次进入海外市场时倾向于使用低价策略,然后再慢慢把价格提升上去。然而,海尔却认为其更应该向小众市场推出创新产品,然后进入更大的市场——这个战略会使得企业更好地获得品牌带来的利润。海尔在初次进入海外市场时,为办公室、学校宿舍和酒店推出了迷你的双门冰箱,以及为那些希望既高雅又有格调地储存红酒的人们推出了电动红酒酒柜。

---

[1] People's Daily, Chinese Entrepreneur Striving to Create Global Brand Name, Dec. 24, 2000.
[2] Ibid.
[3] South China Morning Post, Haier's Brand-Name Boldness Sets Pace for Recognition Overseas, Apr. 6, 1998.

此外,为了让全球消费者认可海尔,加强海尔在美国市场上的品牌存在感,海尔在纽约曼哈顿的地标性建筑——格林威治银行大楼建立了其北美总指挥部。除了美国,海尔还在印尼、菲律宾、马来西亚和伊朗建立了产品中心,这些产品中心生产的都是海尔品牌的产品。不过,尽管海外产品战略使得海尔与国际市场的消费者更亲近了,但却使海尔丧失了作为中国企业在全球市场上的最大优势——廉价的劳动力成本。

2. 质量、专业、创新

为了扭转国际消费者心目中"中国制造"等于"低质低价"的观念,能在国际市场上与跨国公司大品牌抗衡,海尔必须让产品达到国际标准。质量的提升意味着在国际市场上的竞争力更强,而产品专业化则能让产品提升至更高级的品类等级,这也意味着更高的价格和更多的收益。

> 我们不隐藏我们是中国产品的事实,我们甚至强调这个事实。外国人认为中国产品就是低质低价的,但我们就要强调我们制造的是高质高价的产品。
>
> ——王英民,海尔集团经理[①]

对于海尔来说,利用低价获得市场份额的时代已经终结了。海尔确信,海尔的未来需要技术创新,且海尔试图通过产品设计和生产的创新来提升其价值链。为了促进创新发展,海尔在很多发达国家如美国、日本和法国,建立了十几个信息和设计中心,并雇佣当地的员工,以使得设计出来的产品更符合当地市场的特征,更能发现和创造消费者需求,消费者也更容易接受。

海尔进入海外市场时,在一个细分市场只推出一种产品,而不是像其他企业那样同时推出很多产品。在欧洲市场,尤其是在法国和意大利,海尔首先推出空调产品,这对当地消费者来说是相对比较新颖的产品。海尔在空调销售上获得了优势,因为当时没有那么多竞争者,而消费者也还没有对某个跨国公司品牌形成忠诚度。当海尔在该细分市场建立了品牌知名度之后,随即就在这个市场开始推广冰箱和洗衣机。尽管这种步步为营的战术有点保守,但在进入各国市场时能够有效降低成本。

3. 异想天开的产品设计

为了将海尔打造成一个行业内真正意义上的创新性全球企业,为了更好地发现和满足国际市场消费者自身尚没有意识到的需求,为了获得可持续发展和增长,海尔在很多国家建立了设计中心,招募了许多更了解当地消费者需求的本土设计师,持续不断地学习消费者在生活中的真正需求,以追求多样化和人文导向的产品设计。针对不同的目标客户群,海尔投放了许多创新设计的产品,如专为宠物衣物设计的简洁且轻量的洗衣机,专为白领女性设计的将把手设计为启瓶器的电冰箱,专为酒店大堂和酒吧设计的便于产品展示的波状红酒酒架,不需清洁剂的洗衣机,等等。

三、海尔的全球化历程

1. 欧洲市场扩张

海尔在20世纪90年代初就开始出口产品到欧洲,首先到英国和德国,然后进入法国和意大利。在这些国家当中,德国的市场进入要求最为严苛,然而海尔还是考虑进入德国

[①] South China Morning Post, Haier's Brand-Name Boldness Sets Pace for Recognition Overseas, Apr. 6, 1998.

市场以作为一个国际化发展的里程碑,因为一旦达到了德国市场的严格要求,海尔就可以轻易地进入几乎所有其他欧洲国家。海尔花了一年半的时间来测试并试验德国市场的进入要求。

基于多年的欧洲出口经验,海尔在1997年开始在欧洲设立自有公司,把海尔产品在13个欧洲国家的营销进行整合,积极研发可以满足欧洲顾客品味的新型产品,使得海尔在欧洲成功走出了广告和公共关系战场,转而强调产品高质量、高规格和视觉美感与功能性结合的宣传普及,以提高海尔在消费者心中的品牌意识度。

2. 亚太市场扩张

海尔最先通过OEM合同,靠出口到印度尼西亚来开拓国际市场。随后,海尔开始向亚洲的其他国家或地区进行战略延伸。1997年6月,海尔通过与LKG电气公司合作,使打着海尔名字的产品进入菲律宾的冰箱、冷冻箱、空调和洗衣机市场。2000年,海尔通过与HBL建立合作关系进入孟加拉国市场,并借此进入印度和尼泊尔。2002年1月,海尔与三洋电器企业建立了商业合作联盟,利用三洋的分销和服务中心进入日本市场。随后,海尔与中国台湾地区Sampo公司建立了战略联盟,利用Sampo在台湾销售海尔的产品。

3. 中东市场扩张

海尔在1999年通过在迪拜的UAE建立了"海尔中东",通过出席贸易展示会并在建筑物和户外广告牌上登广告来提高其市场积极性和推广力度。2001年,海尔在伊朗的洗衣机市场份额达到20%,同年其在土耳其的空调市场份额同样达到20%。在此基础上,海尔继续加大对中东的投资。2001年8月,海尔在沙特阿拉伯的展销会上,开始推广其专门为中东消费者设计的彩电。接下来,海尔(巴基斯坦)在Pangop建立了海尔继克罗地亚产业园区之后的第二个海外产业园区,该产业园区是海尔和巴基斯坦最大的家电生产商——R集团的合资企业。海尔的进口产品在巴基斯坦有很好的销量,年均增长80%。2001年年底,海尔在约旦建立了海尔中东贸易有限责任公司,以使其产品能够进入约旦、黎巴嫩、叙利亚、巴勒斯坦、伊拉克、埃及和科威特市场。海尔的投资和产品创新得到了约旦政府的支持,约旦国王阿布杜拉二世对张瑞敏承诺,他会为海尔在约旦创造一个健康的发展环境。

4. 美洲市场扩张

海尔从1994起就通过美国本土的家电零售商Welbilt来分销其产品。后来,Welbilt看到了海尔的增长潜力,于1999年和海尔达成合作协议。新合资公司以"海尔美国"命名,招聘本地人才来管理公司,第一年就创造了5000万美元的销售额。

海尔美国在美国市场面临很多挑战。海尔试图扩张其美国分销网络,尤其想要进入大的零售链。沃尔玛是海尔进入零售链最大的困难,海尔用了一年时间才与沃尔玛达成协议。1999年,海尔收到了沃尔玛发出的空调展示邀请。在几轮产品测试之后,沃尔玛开出了5万单位的空调订单。来年,沃尔玛又加倍订购海尔的空调。2002年,海尔在沃尔玛的销量增至40万单位,包括小型冰箱、洗衣机和空调。

在与惠而浦、GE、Maytag和Frigidaire这些跨国家电巨头们正面竞争的同时,海尔意识到,仅仅靠独特的设计和好质量对赢得市场份额是不够的。对海尔更重要的是在产品差异化和价格上有竞争力。海尔靠建立新产品种类,如红酒架来获取新消费者的青睐,这些消费者也是海尔交叉销售冷冻柜和空调的目标人群。

四、海尔的产品国际化拓展战略

海尔进行国际化战略规划的同时,还通过从白色家电跳到其他无核(non-core)商业来实现其差异化战略。张瑞敏相信,无核商业有着无限的市场发展潜力。"这是一个全球化的环境",他说,"没有一个单独的产业可以存活下来"。海尔总经理曹忠建说,海尔在2004年的销售额提升主要来自4个集团积极支持的新部门的利润增长,包括电脑、手机、彩电和家具(中国市场)等。海尔在中国从事的产业还包括物流、药物和旅游业等。

截至2006年年底,海尔的产品线延伸至包括洗衣机、空调、DVD播放器、厨房用具、微波炉、真空吸尘器和热水器。

1. 个人电脑(PC)

海尔从1998年开始生产PC,2002年起将该产品的生产任务外包给第三方生产商,自己专心做品牌管理,以降低成本并提高效率。然而,PC市场在短短5年内便成为一片红海。因此,2003年末,海尔决定从2004年起拓展该业务,开始生产自有品牌的台式电脑。海尔出口电脑产品到法国和澳大利亚,在我国台湾地区、日本和韩国建立研发部门。2005年,海尔售出了1百万单位的PC并提升了50%的出口量。截至2006年,PC成为海尔继家电产品之后的第二大业务。①

在中国排名前五的PC品牌为联想(26.1%的市场份额)、方正(9.1%)、戴尔(7.4%)、惠普(6.9%)和清华同方(6%)。为了建立海尔在IT行业的品牌,海尔于2006年和英特尔合作建立R&D中心,以结合英特尔的芯片资源和海尔在系统设计及分销方面的经验。

在中国,价格战是PC市场中的主要竞争手段。这使得2006年该行业单位产品销售额增长了17.5%,但销售利润却仅仅增长了7.7%。而在一、二线城市的增长受到限制时,在三、四线城市和农村市场却显示出了强劲的增长势头。亚太地区2006年的PC装机总量增长了17%,这大部分缘于印度、中国和韩国市场的强劲增长势头。全球而言,2006年PC市场下降了3%,只有1230万单位,这是4年来的第一次下降。

2. 手机

海尔在1999年初开始试水手机产品。首选其家乡市场——山东。这项业务由在香港上市的海尔电器集团执行。海尔的目标是在2000年成为手机市场中的强手。为此,海尔与世界上最大的无线电话制造商——香港中建电讯集团合作,试图进入美国和法国市场。与此同时,海尔还觊觎着印度发展迅速的手机市场。2005年2月,海尔开始出口7款GSM手机到印度,海尔表示有计划在印度建立手机产品的生产基地。

尽管海尔很努力地建立其在手机产品市场上的形象,然而,2005年,海尔的手机业务下降了48%,这主要是源于激烈的竞争、不法手机的增多和国内外手机生产商的价格战。最后,海尔电器在2006年将其不盈利的手机业务卖给了其母公司——海尔青岛。

五、不同的声音

迄今以来,人们对海尔在国际竞争中的成长褒贬不一。一方面,诸如欧洲商情市场调研公司(Euromonitor)和世界品牌实验室(World Brand Laboratory)这样的科研机构和贸易协会,基于海尔的市场份额增长和全球品牌地位而对海尔评价很高;另一方面,许多行业

---

① SinoCast China Business Daily News, Harier Joins Force with Intel in PC Sector, Nov.13, 2006.

分析家和媒体则质疑海尔的国际化激进策略和海尔的国际化品牌名誉,批评海尔的扩张战略过于单薄,如其仅仅依托差异化战略而进入手机和 PC 业务市场,认为海尔在像美国和欧洲这样的发达国家市场中,并没有真正意义上的品牌声誉。

由于物料成本的提升和日趋激烈的竞争,海尔遇到了增长障碍。海尔在 2005 年的净利润下降了 35%,这与其两大竞争对手有着强烈的对比:美的和格力的增长额分别为 11% 和 21%。这让外界很怀疑海尔能否从海外扩张中获利,还有人推测海尔需要借入大量资金用于其国际化扩张战略,而这无疑将导致负现金流。

然而,海尔对其未来还是抱持着乐观态度的。张瑞敏说,海尔需要做"大"继而做"强"。海尔能否继日本公司和韩国公司之后成功建立真正的国际化品牌呢?

案例思考题

1. 海尔全球化战略的动机和目标是什么?海尔是如何获得其海外市场的初步成功的?
2. 试探讨海尔为什么要从单一优势产品战略向多元化战略转变?你认为海尔的多元化战略是受机会主义驱动,还是绝境反击?
3. 你认为海尔的人力资源本地化战略能够给公司带来更多的销售并提升其品牌价值吗?

本章小结

随着跨国公司组织发展的网络化、扁平化、国际化和全球化,相应地,未来的国际市场营销管理也会在管理目标、管理职能、管理技术和手段以及对管理人员的要求等方面发生新的变化。组建一支精干高效的国际市场营销团队是任何一个跨国公司都梦寐以求的事。要组建一个高效的全球营销组织,就需要对本公司外派人员、东道国本土营销人员及第三国人员进行审慎的招聘和选拔,进行合适的培训和激励,为他们提供合理的报酬,并使得这支团队能够在全球化竞争中逐渐成长起来。

国际市场营销活动中的人力资源管理将是一种战略性人力资源管理,即围绕企业国际市场营销战略目标而进行人力资源管理。本章围绕国际市场营销活动中的人力资源战略规划、人力资源招募和甄选、人力资源培训和开发、人力资源考核和薪酬、人力资源维持等方面进行介绍。

重点概念

国际市场营销人力资源战略规划	外派营销人员	当地营销人员
第三国营销人员	社会文化包容性	人力资源招聘
甄选	开发	培训
薪酬	评估和控制	人力资源维持
职业生涯规划	离职推动因素	离职拉动因素

本章复习思考题

1. 如何进行国际市场营销人力资源战略规划？
2. 不同的社会文化背景对国际市场营销人力资源配置有何影响？
3. 试述社会文化包容性在国际市场营销人员招聘和甄选过程中的重要性。
4. 为什么北欧国家和地区会成为全球跨国公司职业经理人的摇篮？
5. 作为一个合格的国际市场营销外派人员，需要具备哪些条件？
6. 国际市场营销人员的技能培训应该包括哪些方面？
7. 国际市场营销人员的职业态度应该包括哪些方面？
8. 国际市场营销人员的知识结构应该包括哪些方面？
9. 简述社会文化差异对国际市场营销人员的评估和控制的影响。
10. 制订国际市场营销人员薪酬计划时，需要遵循的原则包括哪些方面？
11. 基于IBM公司全球营销人员的薪酬计划，说明社会文化差异对薪酬计划的影响。
12. 如何进行国际市场营销人员的职业生涯规划？
13. 如何克服不愿外派的情绪？
14. 如何降低提前回国而导致的外派失败？
15. 外派人员回国后的安置需要注意哪些方面？
16. 试述国际市场营销人员离职的原因。
17. 如何留住优秀的国际市场营销人才？

参考文献及进一步阅读材料

1. 〔美〕基根等：《全球营销学》（第4版），傅慧芬等译，中国人民大学出版社2009年版。
2. 〔美〕托马斯·弗里德曼：《世界是平的——21世纪简史》，何帆等译，湖南科学技术出版社2006年版。
3. 戴万稳：《跨文化组织学习能力研究》，南京大学出版社2007年版。
4. 任文举：《企业社会责任》，西南交通大学出版社2011年版。
5. 陶向南：《跨国公司海外子公司人力资源本土化研究》，南京大学2002年博士学位论文。
6. 魏浩征：《劳动合同下的离职员工管理》，中国法制出版社2007年版。
7. 赵曙明：《管理学论丛——我国管理者职业化胜任素质研究》，北京大学出版社2008年版。
8. 赵曙明、戴万稳编著：《人力资源战略规划》，北京师范大学出版社2009年版。
9. 〔美〕道林等：《国际人力资源管理》，赵曙明等译，中国人民大学出版社2010年版。
10. 赵曙明：《国际企业：人力资源管理》，南京大学出版社2010年版。
11. 赵曙明主编：《人力资源管理与开发研究》，南京大学出版社2011年版。

第五编　国际市场营销可持续发展

　　可持续发展是保证人类社会得以存续的前提和基础。跨国公司在发展过程中，必须将可持续发展理念贯彻到国际市场营销活动中去，使国际市场营销活动能够沿着高效、稳定和可持续的方向前进。在当前激烈的市场竞争下，探究国际市场营销的可持续发展对增强跨国公司在全球市场上的竞争力具有十分重大的意义。本部分将主要探讨国际市场营销组织学习与学习型组织的构建，分析国际市场环境下国际市场在营销活动的可持续发展方面所需要注意的伦理问题，以使得跨国公司在国际化过程中能够成为一个广受欢迎的全球企业公民。

第十六章　国际市场营销组织学习与学习型组织构建

> **本章学习内容**
>
> - 国际市场导向理论及其与市场、顾客和竞争者等要素间的关系
> - 市场导向的组织学习过程
> - 提升国际市场营销的跨文化组织学习能力
> - 建设国际市场营销学习型组织

引例

在石油危机中成长的壳牌石油公司[①]

壳牌石油公司是第一家了解加速组织学习好处的跨国公司,其之所以能成功渡过20世纪70年代两次世界性石油危机的巨大冲击,主要归功于"学习如何浮现管理者的心智模式,并加以改善"。

1972年,壳牌集团规划部采用情景规划法,精心设计了一组新的情景,以帮助公司高管以新的方式观察这个世界。例如,十几年来,世界石油的需求量一直保持持续稳步增长的态势,每个人都认为这是理所当然的模式,并在决策中以这种假设来进行思考。同样,因为大家都认为石油的供应持续而稳定,因此石油的价格也会保持相对稳定,不会有大幅度波动。但是,这些假设都是不可靠的,依据这些假设而采取的一般策略也存在风险。相反,改变管理者的看法,想到新的可能性,就可能引发新的策略,从而开创新局面。

事实上,1973—1974年间,第一次世界石油危机爆发,壳牌公司与其他石油公司巨头作出了截然不同的反应。他没有像其他公司一样,依据惯性采取扩大产能、关注主要产油国和集中控制的策略,而是放缓了对炼油厂的投资步伐,加大对欧佩克地区之外的石油勘探,并将决策权下放,以提高他们适应当地石油市场管制的能力。这些策略产生了戏剧化的效果,使得壳牌石油公司在两次石油危机之后从位居七大石油公司的末尾一跃而成为最强者,并成功地将这种优势延续至今。

> **热身思考**
>
> 从壳牌石油公司的发展可以看到构建学习型组织对于企业的可持续发展有哪些作用?

[①] 资料来源:邱昭良,《学习型组织新实践:持续创新的策略与方法》,机械工业出版社2010年版。

第一节　国际市场导向的相关理论

作为对跨国公司之间绩效差异的主要解释之一,关于市场导向相关理论的研究和探讨近年来一直是市场学领域的热点。市场导向作为跨国公司在国际市场上获取核心竞争优势的源泉也渐渐得到了学术理论界和国际企业管理实践界的公认。

一、市场导向理论的研究现状

虽然理论界和实践界关于市场导向的相关理论探讨和实证研究汗牛充栋,就市场导向对形成跨国公司核心竞争优势的战略性作用也渐渐达成一致,但对市场导向本身的定义迄今却是纷争不止。无论是从组织行为视角,还是从决策标准、组织文化、组织资源和组织能力视角,许多学者对市场导向的定义都由于缺乏对组织导向行为层次的理解,缺乏对市场导向的内在本质及其在市场信息处理和市场反应(即组织学习)过程中作用发挥的整合分析,而只是不同程度地体现了市场导向的某些属性,对市场导向与相关的国际市场战略选择如差异化战略、成本领先战略的形成和执行之间的关系认识不清,甚至将一些市场导向的次生导向(如顾客导向和竞争者导向)与市场导向本身混为一谈,使得长期以来人们对于市场导向的理解变得越来越混沌和模糊,甚至产生了一些对市场导向及其作用的片面理解,认为市场导向对组织创新和企业绩效存在一定程度的消极影响。

迄今以来,市场导向理论之所以混沌和模糊,其原因在于对市场需求、产品、顾客、竞争者等几个概念的相关属性及其与市场导向之间的关系认识不清。

(1) 市场需求的属性及其与市场导向理论的关系。一般而言,市场需求往往以两种不同的属性存在,一种是显性需求(Expressed Needs)属性,即顾客自身意识到并已经在市场上表现出来的需求;另外一种是隐性需求(Latent Needs)属性,即顾客自身也没有意识到的,只是在潜意识中有所反应的需求。这种显性需求和隐性需求在国际市场上还表现为国别市场之间的差异,如在一些发达国家市场上的显性需求,在发展中国家或欠发达国家则可能表现为隐性需求。正是这种国际市场之间的隐性市场需求属性的存在,使得市场导向理论的关注重点变得宽泛而复杂。

(2) 产品的属性及其与市场导向理论的关系。产品既包括能够满足市场显性需求的现有产品,也包括能够满足市场隐性需求的正在开发或将要开发的新产品。毫无疑问,仅仅着眼于公司现有产品的市场导向战略是近视的,只有基于市场隐性需求的新产品的开发和创新,才能使公司基于组织学习能力和创新能力而能够不断在自我否定中保持恰当的市场导向。

(3) 顾客的属性及其与市场导向理论的关系。公司不能仅仅关注已经和正在购买现有产品的现有顾客,还需要充分注意到那些正在购买现有产品替代品的和可能购买公司正在或将要开发的新产品的潜在顾客。目前针对市场导向及其作用的片面理解均是因为大多数市场导向理论过度重视现有顾客而忽略了潜在顾客,特别是针对新产品而言的潜在顾客。

(4) 竞争者的属性及其与市场导向理论的关系。一个公司,可能会被因为现有产品而存在市场竞争关系的现有竞争者打败,但更可能会被将来伴随着新技术和隐性市场需求的呈现而出现的、基于现在或将要开发的新产品而形成市场竞争关系的潜在竞争者打败。因此,来自潜在竞争者的、现阶段看不见摸不着也感受不到的威胁才是最大的威胁,一直以来颇受诟病的对市场导向理论的模糊认识正是由于其忽视了对潜在竞争者因素的分析,而陷公司于未来国际市场竞争的危险境地。

尽管市场导向的研究对国际市场营销学领域极为重要,但由于相关的理论与实证研究缺乏系统性,缺乏一个被普遍接受的成熟完整的理论框架,导致市场导向理论之于国际市场营销实践的指导作用和贡献并未完全显现出来。近来,许多实证研究对市场导向以及顾客的显性需求和隐性需求之间的关系进行了一定程度的探讨,提醒我们需要对市场导向的内涵基于顾客和市场需求的状态进行整合理解,即市场导向可根据顾客和市场需求信息表现状态的不同而分为反应型市场导向(responsive market orientation)和先动型市场导向(proactive market orientation)两种类型。

世纪之交,随着市场导向理论的流行,许多研究假设传统的市场导向理论也可以同样应用于对市场创新和组织学习行为的解释,并基于对创新和学习等相关组织行为的分析而出现了许多专业术语,如市场驱动(market driven)[①]、顾客引导(customer leading)[②]、市场引导(market pioneering)[③]等。但是,这些专业术语本质上仍然属于反应型市场导向的范畴,尽管对于市场创新行为的解释来说也很重要,但其并不足以应对日趋激烈的复杂的柔性竞争环境下进行市场创新和变革的要求,如 IBM 等高技术行业、企业和产品的国际市场营销变革,这些市场创新分析需要基于更广泛和更具有前瞻性的战略导向,即以"驱动市场"为特征的先动型市场导向。

相关文献显示,领先和驱动市场的先动型市场导向可以使公司在经营环境从国内到国际发生变化的时候,通过在产品、企业和行业等不同层次对顾客价值创造过程进行影响以引导市场的变化,从而不断拓展和保持市场竞争优势,实现可持续发展。反应型市场导向的分析基础在于显性需求,而先动型市场导向的分析基础则超越了显性需求而着眼于隐性需求。

回顾过去 20 多年来所形成的市场导向文献,我们可以看到大多数主流文献对市场导向的定义均是基于对顾客的需求和竞争者相关行为的反应,即以市场驱动的方法达成市场导向。市场驱动型的公司只会顺应环境的变化而不断成长,很少会试图去改变环境。即使在发现隐性市场需求的时候,市场驱动型公司也很少会采取实际的市场创新行动去关注和满足潜在顾客的隐性市场需求,或关注基于潜在市场需求的潜在竞争者,这基本符合组织学习系统中的单环学习特征。

对于驱动市场型公司的先动型市场导向而言,其寻求的是高绩效的组织变革,既直接指向产品层次的变革,也间接指向市场和行业层次的变革。虽然市场驱动型企业和驱动市场型公司均旨在创造卓越的顾客价值,但市场驱动型公司受反应型市场导向所限而仅仅关注技术或产品生命周期之初,即以新的技术或产品的开发实现对市场的引导。相比较而言,驱动市场型公司并不会受到这个方面的限制,他们会在先动型市场导向指引下对

---

① 市场驱动即企业基于对相关顾客和竞争者等市场信息的获取和处理而调整相关市场行为的过程。
② 顾客引导即发现顾客的潜在需求,对顾客的市场兴趣和行为进行引导以指向一个企业组织所希望的新方向的过程。
③ 市场引导即首先投放新产品进入市场以影响市场发展的过程。

技术或产品的整个生命周期都予以足够的全程关注,其主要目标是影响市场和行业的变革并确保其与自身的优势与能力保持一致,以在这种变革中获取长期的战略性优势。因此,从某种程度上来说,置身于技术和市场均不稳定且竞争激烈的高技术行业的公司特别适合于采用先动型市场导向以领导和驱动市场的变革。只有基于隐性市场需求的驱动市场型公司,才可能实现组织学习系统中产品创新层次上的双环学习过程或市场战略变革层次上的三环学习过程。

基于隐性市场需求的先动型市场导向成败的关键,一方面在于公司对防御性心理和行为障碍的克服,另一方面则在于公司组织中进行建设性自由对话和沟通的能力。显而易见,先动型市场导向可以促进和增强公司在新的复杂环境下的适应和生存竞争能力。

二、市场导向理论中的国际市场顾客与竞争者要素

与显性需求和隐性需求相对应的,无论是国内市场,还是国际市场,顾客和竞争者都存在两种情形,即当前面对的顾客与竞争者和潜在的顾客与竞争者。因此,市场导向中需要甄别并进行应对的顾客要素和竞争者要素分别包括基于显性需求的当前顾客与潜在顾客、基于隐性需求的当前顾客与潜在顾客、基于显性需求的当前竞争者与潜在竞争者以及基于隐性需求的当前竞争者与潜在竞争者,如表16-1所示:

表 16-1 基于市场需求属性的顾客和竞争者

市场导向	市场需求属性	
	显性需求	隐性需求
顾客导向	当前顾客	当前顾客
	潜在顾客	潜在顾客
竞争者导向	当前竞争者	当前竞争者
	潜在竞争者	潜在竞争者

从不同视角关注国际市场顾客要素和竞争者要素会导致对市场导向的不同理解,但目前的市场导向理论所甄别和考虑的顾客要素和竞争者要素显然是不全面的:反应型市场导向理论考虑的是基于显性需求的当前顾客和当前竞争者,先动型市场导向理论考虑的是基于隐性需求的当前顾客和当前竞争者。对基于显性需求的潜在顾客和潜在竞争者以及基于隐性需求的潜在顾客和潜在竞争者而言,现有的市场导向理论均很少甚至没有涉及。然而,正是这些潜在的顾客和竞争者决定了公司的未来,只有对这些潜在顾客和潜在竞争者因素的关注才能构成跨国公司在国际市场上真正的可持续发展和核心竞争优势的基础。

1. 基于显性需求的当前顾客与当前竞争者

对于一个跨国公司而言,无论是在国内市场,还是在国际市场,最容易发现、识别和理解的就是当前顾客的显性需求,最容易应对的也是基于显性需求的当前的市场竞争者。公司只要借助简单的市场调查方法,包括市场观察、顾客抽样问卷调查等,就能够获得相关的市场数据并进行分析,发现、识别和理解当前顾客的显性需求,了解当前竞争者基于这种显性需求的市场策略和相关活动信息,从而基于公司的实际作出相应的对策反应,这

种反应型市场导向是依照公司既定的行为规范和政策进行整改以达成目标,其本质上是一种僵化的不灵活的单环学习过程。许多学者针对市场导向的负面评价均是基于这些方面进行的。如果管理者过度专注于当前顾客,只是通过当前顾客的眼睛去观察未来世界,难免会遭遇短视甚至市场信息失真的问题。同样,一味地紧随当前竞争者的市场策略也难以真正为顾客提供卓越的价值。

2. 基于显性需求的潜在顾客和潜在竞争者

基于显性需求的潜在顾客在当前市场上的兴趣在于公司现有产品的替代品,即公司除了要关注现有产品的顾客群体以外,还需要关注现有产品的替代品的顾客群体。一个产品对于顾客而言,可能满足多项功能诉求,如矿泉水对于消费者来说具有较好的解渴功能,而橙汁对于消费者来说,除了具有解渴的功能之外还具有营养功能,因此,对于一个生产矿泉水产品的公司而言,不但要关注购买矿泉水的当前顾客和生产矿泉水的当前竞争者,还要关注购买橙汁的以解渴为主要功能诉求的潜在顾客和生产橙汁的潜在竞争者的相关市场信息,从而因应竞争要素的变化调整公司自身的相关市场战略和策略行为。这是一种为目前大多数市场导向研究人员和营销管理实践人员所忽略的反应型市场导向,这种市场导向有效拓展了公司的市场视野和生存竞争空间,虽然也呈现单环学习特征,但相对于只关注当前顾客和当前竞争者的反应型市场导向而言,无疑是一个巨大的进步。

3. 基于隐性需求的当前顾客和当前竞争者

当前顾客的隐性需求是目前市场导向中先动型顾客导向主要关注的焦点。同样,市场导向中先动型竞争者导向主要关注的也是基于隐性需求的当前竞争者的市场细分和定位、产品、渠道、促销、比较成本等相关信息。相对于反应型市场导向而言,先动型市场导向对收集市场信息的市场调研方法要求较高:不但要对市场进行观察,还需要进行市场体验;不但要就当前顾客进行抽样调查,还需要进行深度访谈,特别是要与对产品更新比较敏感的市场"弄潮儿",即市场领导者进行访谈和沟通,从而把握基于隐性需求信息的当前顾客和当前竞争者的市场活动信息和相关竞争策略,并基于这些信息对公司的新产品开发策略、市场策略和相应的战略发展目标进行调整,基于本公司的战略规划作出相应的对策反应。这种先动型市场导向是通过对一些带有共性的问题的处理和分析,产生新的政策、目标以及相应的心智模式,并以此作为解决未来可能发生和呈现的新的顾客需求和新的市场问题的指导的双环学习过程。

4. 基于隐性需求的潜在顾客和潜在竞争者

迄今以来,相关市场导向文献对基于隐性需求的潜在顾客和潜在竞争者的研究非常少见:一方面,隐性需求本身具有较强的不确定性,顾客主体对隐性需求的认识相对比较模糊而难以进行清晰的表述;另一方面,对持有这种隐性需求的潜在顾客也很难确认和把握,需要借助一些特殊的市场调研手段,如市场体验以及与市场领导者的紧密沟通和合作,才能获取相关信息。

在特定的技术发展和市场环境下,如当前高科技产业面临日新月异的市场创新环境,公司从战略发展高度对基于隐性需求的潜在顾客和潜在竞争者进行关注是非常重要的。如在中国市场出现数字手机之前,中国绝大多数顾客,包括被难以接受的高昂价格阻隔在手机市场之外的潜在顾客,对于手机的概念仅限于模拟制式的主要由摩托罗拉公司生产的手机,当时摩托罗拉领先进入中国市场所形成的市场独占性使得大多数中国顾客甚至将手机与摩托罗拉等同。然而,曾是全球无线技术先驱的摩托罗拉随着世纪之交中国市场上手机关键技术从模拟制式向数字制式的华丽转身,却丧失了大部分中国市场的份额,究其原因,一方面是由于忽视了庞大的潜在顾客群体及其潜在的需求规模,导致其在中国手机市场于世纪之交出现井喷式需求暴涨的时候束手无策;另一方面是对基于这些潜在需求的潜在竞争者的竞争力估计不足,在失去其中国市场领先优势后只能望洋兴叹,眼睁睁地看着诺基亚、爱立信、飞利浦、三星等后进入的国际品牌和一些中国本土品牌如联想、波导、夏新等在这片广袤的市场上纵横驰骋。基于隐性需求的潜在顾客和潜在竞争者信息分析并采取相应战略应对的市场导向无疑是一种先动型市场导向,这种导向不但会调整和变革企业组织以及组织中的团队和个人等各个层次上的心智模式,而且会对组织未来的远期战略进行重新审视,把战略性调整放在优先考虑的位置。如 IBM 放弃个人电脑产销业务而选择进入系统解决方案服务业领域正是基于这样的战略调整所作出的市场决策。因此,这个过程不但体现了双环学习模式的特征,还表现为更高层次的三环学习模式的战略性变革特征。

对顾客要素和竞争者要素识别的不同意味着公司对市场导向理解的不同,从而导致公司处理相关市场信息的态度和方法也有所不同。反应型市场导向倾向于短期的反应,通过对顾客(包括当前顾客和潜在顾客)表现出的显性市场期望和对顾客满意度的测量而获得相关市场信息并作出相应的反应,其在相对稳定的环境中可能会获得成功,对于比较稳定的市场的发展研究而言的确是一种非常重要的手段。但在以动态和复杂为主要特征的全球化竞争环境中,应用反应型市场导向则很难取得竞争优势,相比较而言,先动型市场导向更适合于动态复杂市场环境中的顾客和竞争者要素分析。

第二节 国际市场导向的组织学习过程

隐性市场需求、潜在顾客和潜在竞争者的存在,对目前主流的市场理论以及对传统市场导向理论中的"市场驱动"假设形成巨大的挑战。市场驱动型公司的反应型市场导向关注的是基于显性需求的当前顾客和当前竞争者以及基于隐性需求的当前顾客和当前竞争者,因为对潜在顾客相关需求信息无暇顾及,也就忽视了基于这些市场需求信息的潜在竞争者的存在。相比而言,驱动市场型公司的先动型市场导向所关注的相关市场信息范围要宽广得多,涵盖整个行业范围内的几乎所有利益相关者,包括现有的和潜在的竞争者、渠道供应商和联盟成员等。

迄今以来的市场学文献大都将市场导向描述为企业感知、获取、甄别、处理顾客和竞争者相关信息,并以这些信息变革相关市场行为过程为基础。可见,市场导向本质上是由探索性学习和应用性学习构成的组织学习过程,如图 16-1 所示。其中,市场导向的探索性学习包括基于组织中的员工个人、团队和组织等三个层次对顾客和竞争者信息的直觉感知、解释说明、归纳整合和制度化等四个组织学习子过程。而应用性学习则包括组织制度化了的知识向组织中的团队和个人传递并影响其心智模式和行为的过程。

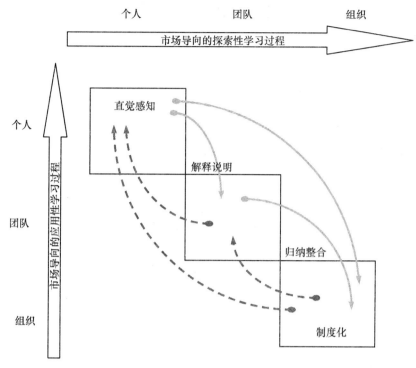

图 16-1　市场导向的学习过程

一、市场导向的探索性学习过程

1. 市场导向的直觉感知过程

不管是反应型的市场导向,还是先动型的市场导向,均需要凭借组织中个人的经验及其内在的潜力以感知和认识外界环境的变化,这是一种最基本的、在很大程度上表现为一种潜意识的不自觉的学习过程。

企业中的员工在市场导向指引下,基于自身的潜意识和能力对顾客、竞争者等外在市场环境信息进行感知和识别,既包括反应型市场导向所需的对当前顾客和竞争者等市场信息的感知,也包括先动型市场导向所需的对潜在的未来可能出现的潜在顾客和竞争者信息的直觉判断。

在这个探索性学习子过程中,员工个人感知获取的关于顾客和竞争者的相关市场信息呈现一种隐性知识状态,深深扎根于员工个人的经验和知识背景而具有很强的主观性,所以很难用一种标准的语言对员工个人感知的相关市场信息进行显现、检视和解释。这种直觉感知的结果可能影响和引导员工个人对顾客和竞争者等市场信息的认识和判断,但却很难与他人共享。

有学者已经注意到了隐喻[①]在个人就其直觉感知与他人沟通中的关键作用,组织中的员工个人唯有通过想象和隐喻才能够和组织中的其他人就其对顾客和竞争者等市场信

---

① 隐喻使得信息得以从相近的已知领域传递到一个全新的完全未知的领域,即从已知到未知,从可以用共同的语言来解释和分享的现实到那种尚不能用确切语言来描述的想象空间。

息的感知和判断进行沟通,这标志着市场导向的解释说明学习过程的开始。

2. 市场导向的解释说明过程

市场导向的直觉感知学习子过程主要在于员工个人层次就顾客和竞争者等相关市场信息的潜意识的想象空间的发展,而解释说明过程则开始了有意识的个人层次的学习。解释说明不但使员工能够向别人解释其对顾客和竞争者等相关市场信息的感知和认识,而且能够描绘其间的关系。

解释说明过程与员工个人所处的环境是紧密关联的,如引导着解释说明学习子过程的员工个人心智模式在很大程度上会受到所处环境的影响,导致不同的个人对于同样的刺激会有不同的反应和解释。因此,这种不同可能并非因为信息本身质量的不确定性引起,对于一个团队而言,即便是高质量的对称信息也会在其成员中引致不同的、甚至是完全相左的多种反应和解释。如对于同样的销售业绩的变动信息,不同的员工可能会有不同的认识和反应,有的员工会基于产品的品质、性能来寻找原因,有的员工会基于促销的手段、渠道的合作等方面来寻求解释,也有的员工会基于顾客需求的变动、竞争者的变化、内部职能部门合作协调的低效率来理解这样的变化。这种差异的产生是因为员工个人对相关市场信息的理解不同所致,有望在解释说明的学习过程中通过良好的对话和沟通得到解决。

通过对话和沟通,形成团队共同认可的术语①和行为规范,原本模棱两可的甚至是完全相对立的对顾客和竞争者等相关市场信息的理解问题也就可能得到解决。随着个人学习的直觉感知所得在解释说明的过程中得到团队的承认,归纳整合的学习过程即成为可能。

3. 市场导向的归纳整合过程

市场导向的归纳整合学习子过程是通过员工个人间就顾客和竞争者等相关市场信息的相互沟通而达成团队层次的共识并采取一致行动的过程。解释说明过程在于员工个人层次的心智模式和行为的改变,而归纳整合过程则主要在于达成团队层次心智模式和行为的一致性。

在市场导向的归纳整合学习子过程中,主要通过团队内对话和共同参与行动来发展共识。基于归纳整合过程,不仅可以帮助员工个人在团队和组织层次保留和升华已有的对顾客和竞争者等相关市场信息的认知,还可以促进相互之间的交流,并在交流中碰撞和激荡思维,产生新的知识,使得对潜在顾客和潜在竞争者的认识不断加深。如在人们开始重新审视和认识市场导向的同时,越来越多的学者意识到,顾客,尤其是潜在顾客作为企业的战略资产所具有的重要价值,提出顾客资产导向并就其对新产品开发绩效的影响进行了大量研究。

归纳整合学习子过程对于以隐性市场需求为分析基础的先动型市场导向而言尤为重要。市场导向的归纳整合过程开始时是随机的、非正式的,但一旦一致的行为重复发生并越来越有规律,越来越为组织中成员所认可和接受,将会变为一种制度,即制度化学习子过程。

---

① 语言不但在个人形成其心智模式的过程中极为重要,而且也是个人认同组织共识的关键。

4. 市场导向的制度化过程

制度化是组织消化和吸收组织中个人和团队层次上的学习成果的一种方法。市场导向的制度化是为了确保来自个人或团队层次的基于相关市场信息的学习成果在组织内得以传播和发展而将其内化于组织系统、结构或原则的过程。[①] 随着市场导向制度化过程的深入，组织日益成熟，自发的市场导向的个人和团队层次的学习将会被全组织范围内市场导向的组织学习所取代。

如图16-1中实线所示，市场导向的探索性组织学习过程由直觉感知、解释说明、归纳整合而致最后的制度化，从一个子过程到另一个子过程之间是自然过渡的，因此，很难精确定义组织学习各子过程的始点和终点。尽管基本的探索性学习子过程如直觉感知、解释说明、归纳整合是连续且递进的，但制度化子过程的明显变化却是不连续的。[②] 一般情况下，市场导向的探索性学习过程会遵循学习主体由个人到团队，再由团队到组织的过程，但是，当个人学习的主体是组织中高层决策者的时候，个人层次对相关市场信息的直觉感知也很有可能会直接影响到组织层次的制度化过程。

二、市场导向的应用性学习过程

组织学习一般始于组织中个人的探索，一旦获得成功，最终将会在团队和组织中得到推广和应用，对组织、团队和个人的行为产生影响。

如图16-1中虚线所示，市场导向的应用性学习过程显示，个人和团队层次的学习成果在得到组织层次的认可且内化于组织系统、结构和原则后会对组织本身以及组织中的团队和个人的行为提供指导，如基于顾客的需求和竞争者的变化的新产品开发策略、新的促销计划、优化了的组织结构设计等。

市场导向的应用性学习过程可能会遵循从组织到团队、从团队到个人的顺序，但也有可能直接作用于组织中个人层次的心智模式和行为。如图16-1所示，探索性学习和应用性学习组合形成了组织学习的闭合环路，组织中的个人将在新的组织系统、结构和原则的基础上重新感知和认识市场环境中的相关市场信息的变化，并将学习所得再次内化于组织的学习成果，从而推动市场导向的组织学习不断调整和螺旋式递进，成为企业得以可持续发展和获取核心竞争优势的源泉。

第三节 提升国际市场营销的跨文化组织学习能力

跨国公司在国际市场营销活动中，面对不同的市场环境，需要不断优化国际市场营销组织的学习氛围，大力提升组织学习能力，以构建学习型组织。

所谓组织学习氛围，是指有助于推动组织进行学习的组织中的管理实践活动和条件。

[①] 制度化过程使得组织学习区别于个人和团队学习。其潜在的前提假设为组织不仅仅是一群个体的集合，组织学习与个人、团队学习之和的简单累积是完全不同的。尽管组织中的个人有进有出，团队也有聚有散，但其所学并不一定会随之来去和变化。因为有些学习是与整个系统、整个组织战略密切相关的，是与组织特有的信息系统基础分不开的。

[②] 很多组织中系统、结构或原则的变化正是基于这个原因被解释成激进的变革，而不是自然的循序渐进的演变。

组织学习过程要顺利地进行、组织要学习得好,需要某些组织内部因素来推动,它为组织学习过程提供了条件和环境。关于对组织学习内部推动因素的研究主要集中在对学习型组织的探讨上,而关于学习型组织的研究则主要是标准化研究取向,认为只有在某些条件下组织才会学习。因此,对学习型组织的探讨有助于我们理解组织学习的内部推动因素。

一、学习型组织的五项修炼模型

彼得·圣吉(Peter Senge)从系统动力学的角度提出了学习型组织的模型,该模型包括五项修炼,即自我超越、改善心智模式、团队学习、共同愿景和系统思考。

1. 自我超越

自我超越的修炼是深刻了解自己内心的真正愿望,并客观地观察现实,对客观现实和内心愿望之间的差距进行正确的判断。高度自我超越的人会敏锐地警觉自己的无知、力量不足和成长极限,会永不停止学习。

自我超越不是一个人所拥有的某种能力,而是一个过程、一种终身的修炼。通过不断学习和激发自己内心深处最想实现的愿望,全身心投入工作、实现创造和超越。自我超越的修炼兼容并蓄了东方和西方的精神传统,修炼时需要集中精力,对待学习如同对待自己的生命一般,全身心地投入个人、团队和组织等各个层次的学习。自我超越是提升组织学习能力和构建学习型组织的基础。

对于国际市场营销者而言,置身于一个全新的国际市场环境之中,面对消费心理、行为和伦理习惯等均与国内市场环境有着较大差异的顾客,如果不能超越自我,全心投入学习以应对市场环境中的一系列不可控因素,那么要想取得成功肯定是非常困难的。一个合格的国际市场营销者,需要有较好的社会文化包容,有较强的适应和变革能力,才能胜任这种极具挑战性的工作。

2. 改善心智模式

心智模式根深蒂固于人们的心中,影响着人们了解和认识周围的世界,以及采取行动。心智模式对我们的所作所为具有巨大影响力。人们总是透过自己的心智模式来看待所处的世界以及所遇到的人和事,而每一个人的心智模式又总是不完全的,且总是隐藏在心中而不易被察觉与检视。心智模式的问题不在于对或错,而在于人们很多时候并不了解它是一种简化了的假设。通常情况下,人们会在刹那间决定什么可以做或不可以做,这就是心智模式在发挥着作用。对心智模式的改善,使我们得以发掘内心世界的潜在思维模式,使这些思维模式浮现出来,并严加审视。

对于建立学习型组织而言,心智模式的改善是一项重大突破。传统权威组织的信条是管理、组织与控制,而学习型组织的信条则是愿景、价值观与心智模式。

不论是从事国内市场营销,还是国际市场营销,如果心智模式不能改变以适应现实和需要,就会阻碍发展和进步。在国际市场营销活动中尤其如此。海外市场的环境与原先国际市场营销者所习惯的国内市场营销环境是有着巨大的差异的,因此,必须学习使用反思和探询的技巧去处理国际市场营销问题。如果在国际市场上因循守旧,就难免会踢到"心智模式"这块隐在暗处的顽石,使得国际市场营销活动陷入挫折和失败。

3. 建立共同愿景

所谓愿景,是人们心中的一股令人深受感召的力量,而共同愿景,则是一个组织中各个成员发自内心的共同目标,如果组织中的各个成员在心中都分别持有相同的愿景,但彼此却从不曾真诚地分享过对方的愿景,那么,这还不能算是一种共同愿景。人们之所以寻求建立共同愿景,其中的理由之一在于人们的内心渴望能够归属于一项重要的任务、事业或使命。

如果没有共同愿景,就不会有学习型组织。一个组织的共同愿景对于学习组织的构建是至关重要的,因为正是共同愿景为组织学习提供了焦点和能量。学习可能是困难而辛苦的,但若是有了共同愿景,人们将能够发现个人和群体思考的盲点,放弃固守的看法,真心地承认和面对个人、团队与组织的缺点,将大家共有的目标、价值观与使命联系在一起,主动而真诚地奉献和投入。

在缺少愿景的情形下,充其量只会产生"适应型的学习"(adaptive learning),只有当人们致力于实现某种他们深深关切的事情时,才会产生"创造型的学习"(generative learnings)。在国际市场营销领域,没有共同愿景,至多只能是基于现有顾客,或针对现有竞争者的为市场所驱动的反应型市场导向。唯有共同愿景,才能使得跨国公司整合全球市场资源,实现真正的兼顾现有顾客和潜在顾客,兼顾现有竞争者和潜在竞争者而实现驱动市场的先动型市场导向,才能在国际市场竞争中获得和保持可持续发展能力和核心竞争优势。

4. 团队学习

团体的集体智慧高于个人智慧,团体拥有整体搭配的行动能力。团队学习不仅会使整个团队产生出色的成果,而且会加快团队中个体成员的成长速度。

团体学习的修炼从"深度汇谈"(dialogue)开始,即一个团体的所有成员,彼此之间摊开内心中的假设,让大家的想法自由交流,以发现相比个人所见要深入和全面得多的见解。在现代组织中,团队是组织学习的一个很重要的基本单位。团体的智慧总是高于个人的智慧。

在国际市场营销活动中,国际市场营销者尤其需要借助于团队学习的力量,才能更好地全面认识和甄别国际市场上的机会和风险,才能兼顾各方利益而制定出最适合的营销方案。

5. 系统思考

系统思考的修炼是建立学习型组织最重要的修炼。系统思考又被称为"见树又见林的艺术",系统思考要求人们运用系统的观点看待组织的发展,引导人们从看局部到纵观整体,从看事物的表面到洞察其变化背后的结构,以及从静态的分析到认识各种因素的相互影响,进而寻找一种动态的平衡。从字面上看,系统思考是一种思维方式,实质上系统思考更重要的是一种组织管理模式。它要求将组织看成一个具有时间性、空间性,并且不断变化着的系统,考虑问题时要整体而非局部、动态而非静止、本质而非现象,就像中医疗法,把人体看成一个有机的系统,五脏六腑气血脉相通,任何一个部位出现异常,都有可能是其他因素引起而不仅仅是该部位问题所致的。

系统思考就是以整体的观点对复杂系统构件之间的连接进行认识和研究。跨国公司的国际市场营销活动和人类的其他活动一样,也是一种系统,也要受到来自包括母公司和子公司所面对的市场环境、消费者习惯等各个方面的细微且息息相关的所有因素和行动的牵连并彼此影响。因此,进行系统思考的修炼必将使得国际市场营销者能够切实地分析和认识每一个新的问题,成功面对不断出现的新挑战。

纵观学习型组织构建的五项修炼模型,可以发现,系统思考是把其他四种修炼结合起来的纽带,从而使不同的学习过程得以整合。彼得·圣吉所提出的学习型组织模型因其著名的《第五项修炼》一书中译本的出版发行,在中国也得到了广泛的传播,不但许多中国企业在努力提升组织学习能力和构建学习型组织,中国政府也在大力倡导学习型社会的建设。

二、国际市场营销的跨文化组织学习能力

就跨国公司在国际市场营销活动中的跨文化组织学习能力而言,主要体现为在个人、团队和组织三个层次上七个方面的能力。其中,个人层次的学习能力包括个人创造跨文化学习机会的能力与个人间进行跨文化沟通的能力,组织层次的学习能力包括学习成果的分享能力、建立共同愿景的能力、组织与环境的融合能力以及为组织学习提供战略性引导的能力。

1. 个人创造跨文化学习机会的能力

国际市场营销者所面临的跨文化管理问题既是一种问题和挑战,也是一种机遇。国际市场营销者可以在跨文化管理实践中化挑战为机遇,在与海外市场的跨文化融合中不断创造学习机会。

跨国公司应该鼓励组织内部工作在不同社会文化背景之下的市场营销员工进行交流和互帮互学。学习本身是一种无时无地不在的潜移默化的过程,跨国公司不但要肯定和承认营销员工之间的相互学习和提高,还要通过有效措施创造一种良好的组织学习氛围和学习机会,促进员工之间的学习交流。

给员工足够的学习时间。对那些努力学习的国际市场营销员工进行表彰和奖励,给予员工学习所需的资金等资源的支持,使员工不断丰富和发展自己适应国际市场动态复杂环境的能力;在国际市场营销团队和整个公司组织中公开讨论已经发生的问题和过失,把这种过失或问题当成组织学习的一种财富,一种经验,通过相互的讨论和学习使得员工的学习能力和意识得以提高。

2. 跨文化沟通能力

国际市场营销组织应该致力于建立和发展不同文化背景的员工、团队和组织之间的信任文化,营造跨文化组织学习的氛围和环境,鼓励不同层级、不同观点和不同文化背景的员工之间进行对话,鼓励从各个不同的视角提出问题和征求意见,鼓励倾听他人的意见和观点,鼓励个人间进行公开而坦诚的意见反馈。

在跨国公司组织内部,应该不论资历,不论身份和地位,鼓励员工在面对问题和挑战的时候,多问几个"为什么"。养成一种文化习惯,即不管任何时候陈述自己的观点,都要站在别人的立场,考虑别人是怎样想的,都要努力征询别人的意见。这个"别人",不仅包括同事、顾客等利益相关者,甚至也包括竞争对手。另外,员工个人之间鼓励相互尊敬,倡导整个国际市场组织中包括国内市场营销组织和海外市场营销组织彼此之间的信任和沟通协作。

3. 团队层次的学习能力

国际市场营销组织中团队层次的学习能力主要指团队的跨文化合作与学习能力。国际市场营销活动不可避免地会面临不同的社会文化背景、不同的思想和思维方式的团队和个人的存在,国际市场营销组织在工作中必须采纳各个团队不同的建议,对跨文化合作进行肯定和回报。任何一个组织都有一种独特的以使其区别于别的组织的组织文化,国际市场营销组织文化正是建立在不同的社会文化基础上的,对不同文化进行融合的一种组织文化。

国际市场营销组织中的各个团队会根据自己的需要对团队的目标进行适当调整。虽然组织中各个团队和个人在组织层次上的目标是一致的,但对于组织中的团队和团队中的个人来说,实现组织目标的途径却不是唯一的。在组织目标的方向指导下,各个团队和个人可以根据自己的实际情况,充分发挥自主权。

国际市场营销组织中各个团队不管级别、文化背景等方面的差异,应该平等对待团队中的每一个成员。团队在关注任务完成情况的同时,还要关注如何做得更好,即相对于目标导向的管理模式,跨文化沟通和学习的过程导向管理模式对于跨国公司更加重要。在讨论和收集国际市场信息的基础上,国际市场营销团队可以改变和调整他们的思维。

对于国际市场营销团队层次的学习效果,一方面,团队中的成员能够因为团队目标的完成而得到组织的承认,得到相应的奖励和报酬。另一方面,成员对团队将会采纳他们的合理化建议有充分的信心,这也是一种组织与组织中的个人之间的相互承诺和兑现。

4. 组织学习成果的跨文化分享能力

国际市场营销组织通过建立和完善绩效评估系统,建立起合理的学习成果分享机制,使组织中的每一个员工都能从组织自身的经验教训中受益,实现学习成果在工作中的应用、分享和整合。

跨国公司的国际市场营销活动中拥有多种沟通渠道,如组织中的员工之间按层级规范的信息沟通和非正式沟通、与客户的国际展销会等。国际市场营销组织通过这些渠道使员工能够在任何时候都尽可能方便而快捷地获得需要和感兴趣的信息。

通过个人、团队和组织等各种形式的学习,跨国公司的国际市场营销组织中员工个人的技能呈现出一种动态的发展状态,公司必须对员工的个人技能档案进行及时更新,以掌握其学习效果。为了保持组织学习目标的一致性,组织必须对目前的工作状况与理想绩效之间的差距进行及时、科学、客观而公正的评价,营造组织学习氛围,在组织的所有成员中共享组织过去的经验和教训。对于培训和学习,除了要进行培训需求的评估,组织还需要对培训花费的时间和资源进行评估。

5. 建立组织共同愿景的能力

作为学习型组织的特征之一,共同愿景是构建学习型组织的基础。在学习型组织中,人们基于共有的心智模式,设立、拥有和实现其共同愿景,组织中鼓励开拓进取和创新精神,鼓励和支持经过深思熟虑的理性思考后的适当冒险,在工作中适当授权,使员工对其完成任务所必需的资源有控制权,国际市场营销责任与决策权力相关联。

学习型国际市场营销组织会鼓励和支持组织中个人的创新行为和理念,在工作安排中尊重个人的选择机会,群策群力,使组织中的每一个员工都愿意而且有机会为共同的组织愿景作贡献,实现员工个人的追求、不同层次团队的目标与组织愿景的有机融合。

6. 组织与环境的跨文化融合能力

置身于复杂多变的国际市场环境中,跨国公司更应关注周边环境的变化,鼓励从组织整体和全局的角度考虑问题,通过组织工作的适应性调整使组织与社会文化环境得以融合,形成一个共同体。

国际市场营销组织需要帮助员工,特别是外派员工协调工作与家庭的矛盾。在海外子公司所在国社会文化与母国文化发生冲突的时候,这种柔性的、人性化的管理和沟通显得尤为重要。跨国公司必须鼓励员工从全局的角度看问题,增强自身与环境的融合能力,鼓励员工站在顾客和社会的角度进行换位思考和相关决策,主动适应和协调组织自身与外部环境的关系,以满足相互的需要。国际市场营销组织在进行决策时必须充分考虑到决策对员工士气和精神状态可能产生的影响。

7. 为组织学习提供战略性引导的能力

跨国公司的领导需要从企业战略上支持和引导国际市场营销组织的学习,在整个公司组织内营造跨文化学习的氛围,对组织学习活动提供战略性引导,以确保组织的行动与其价值观相一致。

跨国公司的领导需要鼓励和支持国际市场营销组织中各个层次的学习和培训,把组织与竞争者、组织所在行业的发展趋势以及组织近期和长期的发展方向等最新的相关信息与国际市场营销员工分享,对员工进行授权和引导,不断寻求新的可能的学习机会。确保组织的行为和价值观相一致,调动整个组织的力量来实现组织的共同愿景。

第四节 建设国际市场营销学习型组织

彼得·德鲁克(Peter Drucker)说过:"知识生产力将日益成为一个国家、一个产业、一个公司的竞争力的决定性因素。就知识而言,没有哪一个国家、哪一个产业、哪一个公司有任何'天然'优势或劣势。"1996年,世界经济合作与发展组织(OECD)在它的一份报告中首次公开宣称,未来社会将是一个以知识的生产、流通、分配、使用和创新为基础的知识经济时代。这意味着知识将逐步取代土地与资本,替代权力与财富,成为社会发展的主流力量和人类进步的直接驱动力。知识对一国经济发展的贡献率将日益成为决定一个国家和地区竞争力的关键因素。

闻名于世的美国未来学家阿尔温·托夫勒则在他历时30年连续出版的三本以人类在新转折时期所面临的种种变化为主题的巨著中,最为系统而又细致地描述了这些令人眼花缭乱、应接不暇的变化。这三本巨著分别是:《未来的冲击》(1970年),它研究的是各种社会变化的过程,以及变化对人们和组织产生什么样的影响;《第三次浪潮》(1980年),它着重研究的是变化的种种方向,指明变化正把人类带往何处;《力量转移》(1990年),它所论述的是对未来变化的控制问题,即这些变化将由什么人来决定和如何进行决定。通过这三本巨著,托夫勒试图告诉我们,无论是西方还是东方,人类在转折时期所遭遇的变化是多种多样的,而且这些变化是巨大的、深刻的、快速的,它们影响着人类的经济、政治、社会、文化的观念、思维、情感、行为模式和生活方式。它们对商业组织的影响渗透在组织的方方面面:组织的结构、运营模式、核心价值观、人际关系等。无疑,这些变化也正是国际市场营销者所时时刻刻面对的挑战。

如今的时代,是一个变革的时代,更是一个学习的时代。如小贴士16-1所示,竞争力取决于应变力,应变力取决于学习力,因此国际市场营销者不但要不断学习,而且要不断地快速学习。对于一个跨国公司而言,未来唯一持久的优势是有能力比竞争对手学习得更快。在全球化组织中,未来最好的领导不是那些最资深的、最德高望重的和最能干的领导,而是那些最愿意学习的领导。未来最好的员工将是那些最能够不断学习、勇于挑战自我、不断挖掘自身潜力的员工。一句话,置身于学习的时代,只有快速而有效学习的国际市场营销组织和个人,才可能在未来取得成功。

小贴士16-1

丰田供应链中的知识共享机制与组织间学习模式

丰田公司的成功在很大程度上归因于其在丰田供应链中建立了一种卓有成效的知识共享机制与组织间学习模式。换言之,这种知识共享机制与组织间学习模式是丰田公司的核心能力的重要组成部分。

丰田供应链中的组织间知识共享是通过其成员企业间的双重学习(过程)来实现的。第一种学习是指丰田供应商联盟中的"问题解决学习"小组和"自愿学习"小组所开展的学习活动,这两个学习小组特别适合于供应商之间的信息和知识共享。第二种学习是指通过召开公司首脑会议、向供应商的雇员提供大量培训课程和实习机会以及为不同企业之间的人员交往和流动(特别是面对面的接触)创造便利条件等方式,来实现最佳实践和小组学习在水平和垂直两个方向上的快速传播。通过这种双重学习,丰田供应链的成员企业不仅共享了"编码"和信息,而且共享了技能和知识,了解了相关的技术、管理和"游戏规则"。这里的知识既包含"过程知识",即关于过程来龙去脉的隐性知识(如设计高业绩组织的技能),也包含"结果知识",即关于特定问题解决方案的显性知识。具体而言,所有成员企业共享了以下知识:丰田生产体系、汽车配件实时供货制、丰田质量检验标准、形象管理、问题源头解决等。这种知识共享机制不仅为合理配置和有效使用丰田供应链中的知识资源提供了基础,而且为组织间的相互学习和共同进化创造了条件。

国际市场营销组织的学习要得以顺利地开展,必须依赖于众多支持的条件,就像高塔要巍然屹立,必须依靠强壮的支柱一样。支撑国际市场营销组织学习和构建学习型组织的要件主要包括组织结构的变革、组织文化的建设以及组织学习的推动者。

一、设计有利于促进组织学习的国际市场营销组织结构

美国著名心理学家、1979年诺贝尔经济学奖获得者郝伯特·西蒙(Simon)曾经说过:"有效地开发社会资源的第一个条件就是有效的组织结构"。在知识经济背景下,国际市场营销组织赖以生存和发展的环境发生了根本性的变化,以往成功的组织结构已越来越难以满足国际市场营销者在新形势下学习和生存的需要,纵观世界范围内各种组织的实践,传统的职能制、事业部制,甚至现在还有为当今一些跨国公司巨头所推崇的矩阵制,都不外乎是"命令—控制"型的组织结构,由于其固有的种种阻碍组织学习的局限性,大有被网络制所取代的趋势。

关于组织结构的含义有许多种说法,其中最典型的莫过于美国著名管理学家弗里蒙特·卡斯特在《组织与管理》中所指出的:"很简单,我们可以把结构看作是一个组织内各构成部分或各部分之间所确立的关系形式。"目前,大部分学者都赞同组织结构应包括三个核心内容,即组织的复杂性(complexity)、规范性(formalization)和集权与分权性(centralization & decentralization)。有利于组织学习的组织结构也应该包括这三个核心内容,具有一般组织结构的共性,但其为促进知识、信息自由而持续地在组织与环境、组织内部各层次之间进行"交换",在促进组织学习能力不断提升上,具有其他组织结构所无法比拟的优越性,这就使得有利于组织学习的组织结构必然有其自身的特点与个性。

著名管理学大师彼得·德鲁克在《哈佛商业评论》上撰文指出,网络结构是未来世界新型的组织结构。他认为这种组织结构由于中间管理层的减少而表现出扁平化,这种新型组织结构标志着传统的"命令—控制"型向信息化组织结构的转变。与传统的"命令—控制"型组织结构不同的是,网络结构强调对持续变化的环境的灵活而快速的反应能力,如意想不到的技术突破、竞争对手的快速行动等,当组织选择创新作为最基本的战略时,网络结构似乎是最能体现对变化的动态适应性和创新性的弹性组织结构。在网络结构中,以团队、工作小组为网络的节点,大多数节点相互间是平等的、非刚性的,这种形式促进了组织内全方位的知识信息的交流、共享与"创造性摩擦",促进了组织内各种知识的不断"碰撞"与融合,从而不断提高组织知识存量的增加,也不断提高组织对环境的应变能力与创新能力。

网络化的组织结构具有分权、弹性与扁平化的特征。这些个性特征使得网络化结构比其他组织结构形式能更好地支持组织学习,促进知识的自由流动,有利于知识的创新,对外部环境的反应能力快。但同时我们也应该注意到网络制组织结构设计的负面影响,如分权与集权的平衡问题。

结合国际市场营销跨文化组织学习能力的论述,跨国公司国际市场营销学习型组织结构的设计应遵循如下原则:

(1)扁平化原则。这种设计原则能够有效增强国际市场营销组织内部的沟通、合作和学习成果的分享能力,消除不确定性风险、规避刚性和柔性倾向上跨文化差异的影响,使国际市场营销组织能够通过授权管理来提高对复杂的国际市场营销环境的适应性。

(2)弹性化、动态化和柔性化原则。这种设计原则能够使国际市场营销组织快速应对意想不到的技术突破、员工和国际市场上顾客的个性化需求,有效避免不确定性风险规避倾向上跨文化差异对组织创造学习机会的能力、沟通能力、合作能力、学习成果的分享能力和与组织环境融合的能力的影响,有利于组织建立共同的愿景。

(3)集权与分权的平衡性与统一性原则。即在一定集权条件下进行分权,实现组织动态性和稳定性的统一。这种设计原则能够有效减少国际市场营销活动中个人主义与集体主义倾向上的跨文化差异对组织内部团队合作能力的影响。

(4)单一性与多样性结合原则。即结合网络制组织结构与其他某种组织结构,使其优势互补。这种设计原则能够增强国际市场营销组织与环境的融合能力。

二、建设学习型国际市场营销组织文化

企业文化是一种区别于物质生产能力的精神生产能力,表现为一种教育功能,能营造

一种独特的文化氛围与价值氛围,推动企业包括组织学习能力在内的各方面能力的发展,并引导员工努力实现企业的经营目标和共同愿景。具体而言,是一种由文化积累、观念创新、信息引导为途径而呈现的柔性生产能力。因此,企业文化对组织学习能力表现为一种柔性的、内在的、潜移默化的推动作用,其推动作用主要表现为贯穿于企业的组织学习能力系统的三个层次(即员工学习能力、团队学习能力和组织学习能力)而弥散于整个组织的一种浓厚的学习氛围与价值氛围。企业文化就是通过这种柔性的、潜移默化的方式推动组织学习的,可以说,营造一种能体现组织自身特色的文化氛围和价值氛围,增强组织学习能力,增强员工对企业价值观、企业规范、企业道德、企业经营风格等方面的认同感,是企业文化的主要功能。通过组织学习氛围的营造,可以使企业成为一个以创新为指向的"学校",使工作成为"被支付报酬的学习"。

学习型国际市场营销组织的文化比传统市场营销组织的文化更关注员工自身的发展,因为学习型组织的真谛是"活出生命的意义",组织的使命与存在的目的不仅仅是组织自己的利益,也包括员工的利益,这与传统的组织有很大的区别。在学习型国际市场营销组织中,许多员工身处动态变化的极具挑战性的国际市场环境,员工真正成为组织的中心,组织存在的目的不仅仅是利润、资产的增殖,更是给组织员工创造一个能施展个人抱负、进行自我超越的环境。因此,学习型国际市场营销组织的文化比传统的市场营销组织的文化能够更多地营造适合员工发展的组织环境,从而实现真正意义上的人本管理。当然,国际市场营销者个人也并非仅仅为自己的理想进入组织,而是要将个人愿景与组织愿景充分融合,以期达到高度一致。实现国际市场营销组织愿景的过程也就是实现国际市场营销者个人愿景的过程,个人完全融入组织之中,表现出对组织的高度认同感和忠诚感。

学习型国际市场营销组织的文化除了更关注员工个人的发展外,还有另外一个特征,即与组织学习的紧密联系。学习型国际市场营销组织由于处于知识经济和信息全球化的时代背景下,它所面临的竞争比其他任何时代都要残酷,也远远比国内市场营销的竞争激烈,唯有通过提倡终身学习、全员学习、全过程学习来提升国际市场营销组织自己的学习能力,从而提升和保持组织在国际市场竞争中的可持续发展能力和核心竞争力。因此,学习型国际市场营销组织的文化与组织学习的紧密联系程度远远超过其他任何时代组织的文化。

学习型国际市场营销组织的文化存在的前提在于相互信任、开放式的交流和终身学习等组织学习理念。其中,相互信任是就国际市场营销知识进行交流和共享的基础,开放式的交流是突破传统的国际市场营销组织边界和部门隔阂的手段,而终身学习则是每一位国际市场营销组织成员都视学习为一种终身的责任和生存的方式。所以,学习型国际市场营销组织的文化与组织学习有着极为密切的关系,是一种对知识和知识学习过程采取积极态度的文化。那么,如何创建支持组织学习的国际市场营销组织文化呢?一般可以从以下十个方面的因素进行考虑:(1)在招聘和社交活动中对组织宗旨、章程和纲领的正式陈述;(2)公司的布局、外表及建筑的设计;(3)树立榜样,以及由领导层主持教育和训练;(4)明确的奖励、级别和提升标准;(5)有关关键人物和事件的故事、传说和格言;(6)领导层的工作重点、手段和控制方式;(7)领导层对关键时间和组织危机的反应;(8)组织的设计和构造方式;(9)组织系统和业务流程;(10)员工的招聘、选用、提升、退休等人力资源管理政策。这十项因素从企业的外观布局、企业经营宗旨的宣扬、领导的管理风格、企业的教育培训到组织结构设计、组织业务流程和人力资源政策,几乎涉及了影响企业文化建设的方方面面。从这十个方面入手,就可以建设一个支持组织学习的国际市场营销组织,比如组织结构设计应充分考虑到有利于知识共享和信息交流,有利于促进组织学习,尽量使组织扁平化、柔性化,尽量淡化组织边界,提高组织对外界变化的反应能力;又如公司布局、外表和建筑设计应充分体现以人为本、尊重知识、尊重人才的思想,等等。

三、国际市场营销组织学习的激励和推动

美国哈佛大学心理学家威廉·詹姆斯(William Jamells)做过这样一个著名的调查,按时计酬的职工每天一般只需要发挥20%—30%的能力用于工作就足以保住饭碗。但是如果能充分调动其积极性,那么他们的潜力可以发挥到80%—90%,这之间的差额用于提高劳动生产率,其效果是非常可观的。如小贴士16-2所示,3M公司的成功,正是得益于其对实验学习的把握和有效激励。国际市场营销组织的学习从产生、发展到成熟、完善的成长过程,都需要全体国际市场营销者的积极支持和主动参与。在组织学习中,激励就是创造和满足国际市场营销者学习所需要的条件,激发国际市场营销者的学习动机,借助信息沟通来激发、引导、保持和规划国际市场营销者的学习行为,以有效地实现国际市场营销组织及其成员个人目标的学习活动。

小贴士 16-2

3M 公司的实验学习

实验学习是指公司由尝试新构思及试验新产品与新流程来达到学习目的的方式。3M公司无疑是实验学习中最具代表性的公司。自1902年至今的一百多年,该公司已成功发明并制造出6万多种产品,平均每年都有600种产品问世。

3M的成功主要归功于其在产生创意方面的独到之处:公司鼓励员工将各种奇思妙想大胆付诸实践。如果构思可行,就进一步开发;如果不行,就丢弃。3M公司开发新产品的步骤有三:创意、筛选、保留,这三个步骤让该公司成功创造出各式各样的产品,从遮蔽胶带、报事帖、投影设备到生物电子耳等不一而足。3M公司给人印象最深的是对任何新想法都有一种海纳百川的胸怀。

公司从众多想法中筛选出符合人类需要的创新构思。即使有一些构想看起来很荒唐,它们也都受到同样的重视,因为公司里每个人都明白"荒唐"也可能成大事的道理。早在1925年,3M公司就已在自己的技术操作手册中写道:"应该将机会赋予每个创意,以此来证明其价值。因为:(1)如果这是个好主意,我们就会将之付诸实践;(2)如果不是好创意,当我们证明它不具可行性后,也可以安心了。""试试看,说干就干"或"让员工尝试新创意"已成为3M公司具有指导意义的价值观。除了允许失败,3M公司还有一套奖励机制,鼓励研发人员、部门主管及普通员工实验新构思。

做出杰出贡献的研发人员能够进入极具声望的卡尔顿协会,这个协会的会员皆是3M公司最优秀的人才,他们拥有极大的自主权及丰富的资源,能够随心所欲地从事自己感兴

趣的研究。此外,研发人员如果开发出新技术并成功地与其他部门分享,便可获得技术分享奖。通过这项措施,3M公司不但鼓励了员工创造新意,同时也鼓励了他们将有影响力的创意传播出去。对于支持新创意的部门主管,公司也会给予奖励。3M有一条所谓的30%规定:30%的年收入必须来自于过去4年内上市的新产品,这项规定会影响到主管的年终奖金。

此外,如果新产品销售状况不错,发明新产品的员工还有机会主导这项计划甚至领导整个部门,这是极佳的晋升渠道。但是如果新产品研发失败,工程师和主管将在薪水不变的情况下,恢复到之前的职位。

在3M公司,"聪明的失败"不会受到惩罚。3M的新业务发展计划中,还有一项"黄金阶梯"奖,颁发给每年最成功的创业计划。这些奖励机制的最终目的是鼓励部门主管及研发人员构思出能够上市的新产品。

最后,3M公司通过利润分成计划将公司利益与员工们的利益紧紧联系在一起。由于3M强调公司的成功有赖于持续生产新产品的能力,因此所有员工都努力开发新构想。

如前所述,组织学习一般在组织中的个人、团队和组织等三个层次上发生,因此,国际市场营销组织学习的激励和推动也应该从这三个方面来考虑。

1. 个人层次的学习激励和推动

从个人的层次来考虑学习激励,需要考虑组织中员工发展的需要、员工对组织的满意度和员工的心理状态。

(1)确定适当的目标。目标作为一种诱因,具有引发、导向和激励的作用,一个人只有不断启发对高目标的追求,才能激发其奋发向上的内在动力。适当的目标激励可以有效减少国际市场营销活动中跨文化不确定性风险规避倾向对员工个人创新能力的影响。

(2)为员工量身定做培训和发展计划。随着知识经济时代的到来,知识更新的速度不断加快,员工个人的知识结构不合理和知识老化的现象也日益突出。员工个人价值的实现和自身素质的不断提高,已经日益成为人们进行职业选择时考虑的重要因素。针对国际市场营销者个人的特质而制订的培训和发展计划,能够有效激发员工个人层次的学习能力,避免国际市场营销活动中跨文化中长期和短期考虑倾向的影响。

(3)让员工看到前景,给他们提供职业生涯规划的晋升机会。晋升激励是对表现好、素质高的员工的一种肯定。建立国际市场营销组织的"人才库",严格执行优胜劣汰,激励有上进心的国际市场营销者持续地努力,使得所有国际市场营销者都能看到前景和希望,这样不仅能够保证国际市场营销组织的人才供给,同时也起到榜样的模范带动作用,有利于消除国际市场营销活动中跨文化不确定性风险规避倾向对员工个人学习能力的影响。

2. 团队层次的学习激励和推动

从团队的层次来考虑组织学习激励和推动,需要注意团队的凝聚力、荣誉感和情感氛围。国际市场营销团队层次的组织学习推动可以有如下几种方法:

(1)让员工有荣誉感。荣誉是组织对团队或个人的肯定性评价,是满足人们自尊需要和激发人们奋力进取的重要手段。从动机的角度来看,每一个国际市场营销者都具有自我肯定、争取荣誉的需要,这也是符合马斯洛的需要层次理论的。在国际市场营销活动中,不管是母公司外派员工,还是当地员工或来自第三国的员工,这方面的需要都极为强烈,国际市场营销组织要激发员工的进取心,这是一种极为有效的精神激励方法,成本低廉,但效果很好。

(2) 给员工参与管理的机会,尊重员工的想法,鼓励其发表负面的意见,善于倾听新的声音。现代人力资源管理的实践经验和研究表明,员工都有参与管理的要求和欲望,创造和提供机会让员工参与管理是调动他们积极性的有效方法。尊重是加速员工自信力爆发的催化剂,尊重激励是一种基本激励方式,有助于企业员工之间的和谐,有助于国际市场营销组织中团队精神和凝聚力的形成。在管理中,意见一致并不一定是件好事,无异议并不代表方案就是完美无缺的,也许是参与讨论的员工不是很懂,也许是他们不好意思当面批评。这在中国社会文化背景的员工中极为常见,因为中国人重视"面子",往往很难在团队讨论中听到中方员工发出负面的声音。

(3) 设计富有挑战性的工作,在团队中树立合适的榜样。日本著名企业家稻山嘉宽在回答"工作的报酬是什么?"时指出,工作的报酬就是工作本身! 这表明包括国际市场营销工作在内的工作本身也具有激励的力量。目前在西方人力资源管理领域研究比较深入的是如何提高员工的工作生活质量(quality of work life,QWL),旨在改善工作环境,从员工需要考虑,建立各种制度,使员工分享工作内容的决策权。而在工作团队中树立的榜样,不是僵死的"样板",也不是十全十美的圣贤,而是从人们的群体行为中孕育、成长起来的,被群体公认为思想进步、品格高尚、工作出色的人,只有这样的榜样,才能受到团队员工的敬佩和信服,具有权威性。一般而言,国际市场营销工作本身即属于一种极富挑战性的工作。

(4) 建立自主性工作团队,营造融洽的情感氛围。人的情感是人对所处环境是否适应自己需要的一种心理反应,情感时常引导人们接受理智尚属模糊的事物,成为理智的先导。当理智与情感一致时,情感就可能成为理智行为的推动力。当团队中员工的情感有了较多一致的时候,团队的理解力、凝聚力、向心力即成为不可抗拒的精神力量,维护团体的责任感,甚至是使命感也就成了每个成员的自觉立场。这种融洽的情感氛围和工作的自主性能够很好地削减国际市场营销活动中因个人主义和集体主义倾向及长期和短期考虑倾向等跨文化差异对团队合作学习能力的影响。

3. 组织层次的学习激励和推动

保持国际市场营销组织持续学习的动力源于组织结构、组织文化和组织的规章制度。在保证了国际市场营销组织的弹性,良好的国际市场信息沟通系统和组织学习文化之后,建立一整套激励国际市场营销组织学习的制度也是至关重要的。通过一系列有效的激励制度,建立宽松的交流环境,使得员工的知识成果得到合理的评价和奖惩,推动和保持组织学习的良好态势和循序渐进的发展,才能真正构建国际市场营销的学习型组织,以获取和保持国际市场营销的可持续发展能力和核心竞争力。

本章案例

将学习力转化为竞争力的微软[①]

2005年,微软全球技术支持中心发现自己正面临着一个日趋严重的问题:中心600名工程师,需要昼夜不停地为来自纽约、澳大利亚甚至越南的全球客户服务。来自客户的绝大多数问题彼此类似却又富有个性化,工程师们一方面不堪重负,另一方面却因为大多数客服问题的简单和重复而缺乏成就感。如何让有限的资源产生最大的效能?这已成为微软全球技术支持中心迫切希望得到妥善解决的问题。

一、构建学习的生态系统

"我们利用培训来为客户解决自己的问题,这样的话,客户就不会因为有很多类似的问题打来电话,或者写E-mail问我们这些需要支持的东西"。面对全球技术支持中心的困境,微软做了一个非常聪明的决定:把内部学习力扩大到外部。"我们为客户提供了额外的价值,客户自然也很乐意,而我们则因此减少了成本。"微软大中华区全球技术支持中心合作伙伴支持部经理邢志新说。这一举措在微软中被称为"建立学习的生态系统"。

"我们每个部门都要为这个生态系统负责,我们专门建立了一个组织来负责运转整个系统,我们需要工程师来设计课程,需要市场部门来沟通客户,需要客户来告诉我们他们为什么困惑,这是一个系统的事情。"

微软技术中心的工程师开发了课程,并亲自授课。但是他们并非全职,他们还兼职负责其他的项目。"这有利于工程师的知识增长,负责授课的工程师,同时每天还在接客户的项目、和客户交流。"微软大中华区全球技术支持中心企业支持部资深总监孙家俱说:"这就像一条学习的生态链,让客户学会提升能力,然后利用我们的产品去开发更多的工具,让他们的公司更有竞争力。而客户的信息也会回馈到微软的市场和研发部门,我们内部也在成长。我们常常说,你们的潜力我们的动力,从另一个角度看,我们是在降低被动帮助客户和合作伙伴解决问题的数量。"

微软通过建立学习的生态系统战略,把自己塑造成一个知识库。微软发现问题,解决问题,并沉淀和总结问题,同时告诉所有其他区域的客户,让不同地区的企业能够很快地绕过错误,预先了解正确的解决方案。

为什么微软能够快速地实现这一战略?更多的观察表明,他们将一直以来渗透到血液中的学习因素复制到外部学习体系中。他们复制了学习的方法、知识沉淀以及共享的方式,并且把外部学习和内部学习融合到了一起。

这个学习生态系统被设定为三个主体:第一个是企业用户,第二个是合作伙伴,第三个是微软公开技术座谈和培训讲座。

课程的开发一共有三个阶段:首先,微软累积了很多工程师的经验,分析了6000多个案例,专心去寻找客户和合作伙伴的问题可能会出现在哪里,他们需要帮助的最大的问题是什么?案例分析以后,进入第二个阶段,就是课程的开发。微软利用现在的工程师,投入800多个小时,开发了20多个课程,覆盖了微软主要的产品。最后一个阶段,基于客户

[①] 资料来源:汤维维:《微软:将学习力转化为竞争力》,载《商学院》2007年第8期。

的个性化需要实施培训。

"第一个阶段,我们做了知识传承。第二阶段,我们不断地和我们的客户与合作伙伴进行互动,基于这些互动收集来的回馈,对我们的课程进行不断的完善。我们希望达到的理想状态是第三阶段,真的是基于我们客户的需要,客户提交他们的需求,我们提供培训,把我们的培训做成一种服务。"孙家倛说。

与普通的商学院相似的是,微软技术支持中心除了提供课程,还提供一种"社交圈"的需要。"如果这种生态链建设起来的话,我们可以从这个生态链当中及时发现在产品方面具备能力的合作伙伴,我们可以介绍这个合作伙伴去给有需要的另外的合作伙伴,让他们结对子,互相帮助。"

从2006年开始,微软建立了一个统一的合作框架,在这个框架中,包括一揽子的合作伙伴培训计划,如对合作伙伴的产品培训,市场培训,技术能力的培训,等等。客户回到公司后,再培训他们公司的工程师,然后又通过工程师传递给他们的客户。

微软会利用公司内部不同的组织来了解不同客户的需求,并且还会采取虚拟的方式来测试课程设定是否正确。比如,微软经常邀请客户在公司内部模拟出设定问题的状况,然后一起当场解决,而因此形成解决方案,提前预防了问题的出现。

微软的外部学习不是一成不变的,而是一个逐步标准化的过程。一方面是对讲课的工程师的标准认证。另一方面则是对来听课的客户的认证。他们认为,同一个课程只适合一类公司,如果课程对客户来说太深或者太浅,都会失效。而他们所采取的解决方式就是,先通过网上的考试进行验证,然后把通过标准测定的不同公司放到不同的课程之中。

二、打破学习边界

组织学习能力提升的关键在于打破学习的边界。而打破边界的第一步就是找到边界在哪里。组织学习边界可能存在于层级的关系中,一线的员工很少能够把有趣的想法传达到高层;边界可能存在于部门之间,往往好的学习经验很难从一个部门传递到另一个部门;边界可能存在于组织与外部的隔阂中,很多公司故步自封,不愿意与外界交换想法和信息;边界还可能存在于不同地区,很多跨国公司很难把不同地区的经验整合到一起,就是因为地区在文化、地理上的差异。

微软似乎正在建立一个无边界的学习型组织。比尔·盖茨在2002年发起了一次变革。他决定将公司的业务重组为七个更具市场导向化的部门,赋予这些业务部门的领导人包括预算、人事和产品在内的决定性权力。这是微软历史上的一次组织架构大地震。时隔四载,2006年微软再次作出了组织结构的调整,将原有的七大业务部门整合为三大业务平台,包括产品和服务部、商业部、娱乐部和设备部,部分高层职位也随之作出调整。按照鲍尔默的说法,"合七为三"的决定就是为了使公司变得更为敏捷,部门总裁拥有更大的决策权。新的公司架构将使微软减少内部扯皮和沟通不畅,使产品得以更快地投放市场。

微软这么做的目的就在于,减少地区对于业务的影响力,同时不同部门之间也必须要无缝接轨:因为以前业务不同,各自为营,而现在需要的是整合并激发互相之间的学习。微软公司全球技术支持中心总经理柯文达曾经以屏幕阅读为例来证明部门合作的必要性,"如果你要把屏幕阅读和评注转化为一次美好的体验,那么不但需要Windows运转正常,还需要安全系统及其他的应用软件也运转正常"。

重组架构,让合纵连横成为可能,部门和部门之间、产品部和产品部之间的合作更为紧密。频繁的沟通保证了这个庞大的跨国组织能够在最短的时间获得最高程度的一致认知。"我觉得在这方面微软做得还不错,尤其在客户服务与支持(CSS)组织里面。我直接向美国总公司负责全球客服与支持的副总裁汇报。当我们在讨论整个业务的发展趋势、研究我们的策略往哪边走时,层层向下的沟通其实很重要。除了区域经理做一些探讨和总结,每一个全球业务线的负责人,也会有定期的沟通。例如每3个月或6个月有一个全球会议,直属全球层面领导的人都去参加。"柯文达认为,微软就像一个舰队,如果没有方向,团队自然不知道如何前进。而沟通就是达成一致目标的方式。当大家的目标一致后,使力的方向也就一致了,目标自然就达成了。不管是层级之间,还是部门之间,一旦边界被打破,新的学习动力自然就出现了。

三、站在价值链的最高点

在以信息技术与商业模式最佳结合为营利根本的微软,资源最大化的利用原则让学习力成功转变为竞争力。"我们在制定组织架构和策略的过程中,一个关键的考虑因素就是资源的分配和资源的运用。如果把资源分配和运用的范围局限在组织内部,那资源运用的范围就变得十分有限了。"柯文达认为,不管知识链的共享还是内部知识的互动,都应该是建立在资源最大化运用的原则之上。"如果说我们可以同时达到两个目的,第一得到一个很好的产品,第二又可以培育市场,这不是一个很好的双赢或多赢的局面吗?"在中国,微软通过知识资源共享、上下游资源共享的原则,在微软中国的周围建立了庞大的生态链群。很多中小型的中国本土公司获得了微软的资源支持,同时也为微软培育和支撑了庞大的市场基础。

微软资源共享的关键方式是知识链共享。他们把客户应用的知识、技术应用服务知识及管理经验整理为知识库,传承给合作伙伴。通过这样的方式,微软可以永远走在知识链的前面,服务全球客户。市场做大了之后,微软依旧可以保持快速发展的架构和形态,一直走在前面,做更为复杂或精简的业务。

案例思考题

1. 微软是如何把学习力和竞争力相结合的?
2. 借鉴微软的组织学习架构设计,你认为当今中国企业的组织学习能力提升和构建学习型组织应该从哪些方面着手?
3. 如何理解微软打破组织学习边界、构建知识价值链的意义?

本章小结

随着世界经济由过去的为贸易、时空及文化壁垒所阻隔的旧模式向全球经济一体化新模式的演变,顾客要素地位的不断提升、新技术与新产品市场的快速发展、组织形态的多样化等因素正不断改变着跨国公司在全球范围内的市场竞争本质和竞争规则。置身于这种动态复杂环境之中的跨国公司,只有持续地监控国际市场的变化及发展趋势,了解顾客的需求和期望,把握竞争者的动向,全力以赴创造卓越的顾客价值,才能打造基于市场导向的国际市场竞争优势,这已成为市场导向相关研究领域的共识。

在国际市场营销活动中,面对来自市场环境的动态复杂性,提升组织学习能力和构建学习型组织业已成为跨国公司在全球市场上可持续发展的唯一根基。本章从市场导向的理论研究及其与市场、顾客、竞争者之间的关系出发,重点论述了为迄今以来的市场学文献所忽视的隐性市场需求、潜在顾客和潜在竞争者对于组织未来核心竞争力和可持续发展能力的决定性意义,论述了如何提升国际市场营销组织学习能力及如何构建国际市场营销学习型组织。

重点概念

市场导向	显性需求	隐性需求	现有顾客
潜在顾客	现有竞争者	潜在竞争者	反应型市场导向
先动型市场导向	市场驱动	驱动市场	顾客引导
市场引导	组织学习	组织学习过程	学习型组织
直觉感知	解释说明	归纳整合	制度化
隐喻	五项修炼	系统思考	自我超越
心智模式	团队学习	愿景	深度汇谈

本章思考题

1. 试述市场导向与市场需求、产品、顾客、竞争者之间的关系。
2. 简述市场导向理论中的国际市场顾客与竞争者要素。
3. 试述市场导向的组织学习过程。
4. 如何提升国际市场营销的跨文化组织学习能力?
5. 简述学习型组织的五项修炼及其相互之间的关系。
6. 试述国际市场营销个人、团队和组织层次上的学习能力。
7. 如何设计有利于组织学习的国际市场营销组织结构?
8. 试述网络结构与传统的"命令—控制"型组织结构的区别。
9. 学习型国际市场营销组织文化具有哪些特征?
10. 如何激励和推动国际市场营销组织学习?

参考文献及进一步阅读材料

1. Argyris C. and D. A. Schon. Organizational learning II: Theory, method, and practice, Reading, MA: AddisonWesley, 1996.
2. Argyris C. and D. A. Schon. Organizational learning: A theory of action perspective, Reading, MA: Addison Wesley, 1978.
3. Crossan M. M., Henry W. Lane, and Roderice E. White, An Organizational Learning Framework: From Intuition to Institution, Academy of Management Review, 1999, Vol. 24, No. 3, pp. 522—537.

4. Crossan M., H. Lane, and E. White, An Organizational Learning Framework: From Intuition to Institution, Academy of Management Review, 1999, Vol.24(3): pp.522—537.

5. Fons Trompenaars, Charles Hampden-Turner, 21 Leaders for the 21PstP Century, How Innovative Leaders Manage in The Digital Age, Capstone Publishing Ltd, UK, 2001.

6. Garvin D., Building a Learning Organization?, Harvard Business Review, 1993, 71(4): pp.78—91.

7. Hofstede G., Culture's Consequences: International Differences in Work-Related Values, Beverly Hills CA: Sage Pubications, 1980a.

8. Hofstede G. and M. Bond, The Confucius Connection: From Cultural Roots to Economic Growth, Organizational Dynamics, spring 1988, Vol. 16(4): pp.5—22.

9. Kim Daniel H., The Link Between Individual and Organizational Learning, Sloan Management Review, Fall, 1993.

10. Marsick V. and K.E. Watkins, Facilitating learning in organizations: Making learning count. Aldershot, UK: Gower, 1999.

11. Nonaka and H. Takeuchi, The Knowledge Creating Company, London: Oxford University Press, 1995.

12. Porter M., Competitive Advantage: Creating and Sustaining Superior Performance, Free Press, June 1, 1998.

13. Senge P., The Fifth Discipline, the Art & Practice of the Learning Organization, Random House Business Books, 1990.

14. Senge P., A. Kleiner, C. Roberts, G. Ross, R. Ross, and B. Smith, The Dance of Change: The Challenges to Sustaining Momentum in Learning Organizations, Currency, 1st edition, March 16, 1999.

15. Senge P., A. Kleiner, C. Roberts, R. Ross, and B. Smith, The Fifth Discipline Field Book: Strategies and Tools for Building a Learning Organization, New York: Doubleday, 1994.

16. Stata R., Organizational Learning—the Key to Management Innovation, Sloan Management Review, Spring 1989: pp.63—74.

17. Ulrich D, and J. Todd, High-Impact Learning: Building and Diffusing Learning Capability, Organizational Dynamics, 1993(3): pp.52—66.

18. 〔俄〕海德堡、〔俄〕沃尔夫:《组织机制、组织学习与战略策划:从守旧到创新》,载《跨国公司的学习,组织学习与知识创新》,上海人民出版社2001版,第416—433页。

19. 〔美〕阿尔温·托夫勒:《第三次浪潮》,黄明坚译,中信出版社2006年版。

20. 〔美〕彼得·圣吉等:《第五项修炼·实践篇》,张兴等译,东方出版社2006年版。

21. 〔美〕彼得·圣吉:《第五项修炼——学习型组织的艺术与实务》,郭进隆译,三联书店1994年版。

22. 戴万稳:《跨文化组织学习能力研究》,南京大学出版社2007年版。

23. 哈佛商学院出版公司编:《营销者百宝箱:成功营销者的十大策略》,刘刚等译,商务印书馆2008年版。

第十七章　国际市场营销伦理

本章学习内容

- 了解国际市场营销伦理与道德问题的现状
- 国际市场营销伦理评价理论
- 国际市场营销伦理和道德问题的表现形式
- 各国营销道德差异的挑战
- 跨国公司在华营销中的伦理道德失范与防范
- 如何在国际市场营销中做一个受欢迎的企业公民

引例

汽车召回的"国际标准"与"中国特色"

历经四年、先后经过十次研讨的《缺陷汽车产品召回管理规定》终于落地,自 2004 年 10 月 1 日起,中国以缺陷汽车产品为试点开始实施召回制度。

汽车召回,在美国、欧洲、日本、韩国等国家早已不是一件新鲜事,各国在避免因汽车安全隐患问题而引起的事故、故障,以及由汽车尾气、噪音等造成的公害问题方面制定了严格的规定和标准。

美国的汽车召回历史最长,相关的管理程序也最严密。20 世纪 60 年代,一个叫拉尔夫的律师呼吁国会制定汽车安全法规,于是《国家交通及机动车安全法》在 1966 年应运而生。该法根据美国法典第 49 条第 301 章授权交通部下属的国家公路交通安全管理局负责制定机动车的安全标准,并监督汽车制造商对有关标准的执行情况。该法规要求汽车公司在发现汽车制造缺陷后 5 天内必须通知政府,并制订出一份包括通知买主和卖主的召回计划,为消费者提供广泛的汽车安全信息,受理汽车安全性能方面的投诉并免费修复。

日本从 1969 年开始实施汽车召回制度,1994 年将这一制度写进《公路运输车辆法》,并在 2002 年对其作了进一步修改和完善。日本政府还通过《道路运输车辆安全标准》以及《机动车型式制定规则》等法规,严格规定了汽车召回的程序、范围和处理方式,并交由专门的部门负责执行。为确保汽车召回制度的有效执行,日本国土交通省采取了多种办法,对制造商召回存在安全隐患或造成环境污染的车辆进行监督管理。法律规定制造商每年都要进行自检,而国土交通省每年还要对汽车制造商进行两次例行检查。

法国实行汽车召回制度也有了相当长的时间,对缺陷汽车召回已经形成比较成熟的管理制度。在法国,汽车召回属于各种商品召回的一部分,其法律依据是法国消费法的 L221-5 条款。这一条款授权当局针对可能对消费者造成直接和严重伤害的产品发出产品强制召回令。

中国的汽车召回制度在制定过程中参考借鉴了发达国家的成熟做法，可以说大同小异，但也不可避免地具有一些"中国特色"。在一些汽车产业成熟的国家，汽车召回制度往往是以国家法律的形式出现，具有较高的权威性和较强的约束力，如美国的《国家交通及机动车安全法》、日本的《公路运输车辆法》等。在中国，汽车召回制度只是作为国家质检总局的一个部门规章，并非严格意义上的法律。因此，《缺陷汽车产品召回管理规定》无法对其他部门产生法律效力，这也使得相关认证制度缺乏法律基础。显然，中国特色的汽车产品召回，从立法到执行，还有很长的路。

> **热身思考**
>
> 基于汽车产品召回相关法律发展的中外比较，如何理解丰田、奔驰等品牌汽车在全球范围内针对问题产品进行召回时将中国市场例外？

第一节　国际市场营销道德与伦理问题

全球经济一体化促进了跨国公司的长足发展。跨国公司在国际化经营过程中有越来越多的行为受到了来自各国消费者和社会文化的道德和伦理方面的挑战，这种挑战在发展中国家尤为突出。如引例中所述，与消费者生命安全密切相关的汽车召回制度虽然在发达国家已经很成熟，并得到了很好的执行，但是在发展中国家，如中国，还只是刚刚起步，这也就使得许多国际品牌的汽车商在进行汽车产品召回的时候总是喜欢把中国市场例外特殊对待，或者是有条件召回，或者就是不闻不问。

由于国际市场营销活动会直接面对各个国家的众多消费者，相关伦理问题影响面极广，且更容易被观察到，因而，跨国公司的营销伦理问题正在受到越来越广泛的关注和研究。

国际市场营销活动中的道德和伦理问题，主要表现在如下四个方面：

（1）国际市场营销中的产品问题，即在国际市场营销过程中，通过实施双重标准，损害当地消费者的利益；

（2）国际市场营销中的定价问题，即借助于垄断而制定高价，以获取超额利润，或者制定低价策略，以挤垮当地企业，占领国际市场；

（3）国际市场营销中的促销问题，即在广告宣传中包含不真实的内容，欺瞒消费者，或故意误导和操控消费者，以扩大销售量；

（4）国际市场营销中的渠道问题，即利用垄断地位进行敲诈、索贿，或者为了打开当地市场以进入一些受限制的行业，或者为了通过行政力量限制竞争以取得订单，向政府官员行贿。

国际市场营销活动中的各种道德和伦理问题，最终都会不同程度地影响消费者的权益。

一、国际市场营销伦理问题及企业道德的研究和发展

跨国公司在进行国际市场营销活动时，不可避免地会面临一系列由于社会文化差异或者缺乏完善的法律体系而产生的伦理和道德问题的挑战，如在国际市场营销活动过程

中出现贿赂、逃税、金融欺诈、侵犯客户利益和权利等违背营销道德和伦理的行为。近年来,随着国际企业在市场营销实践中出现越来越多的伦理冲突,学术界也开始重视对国际市场营销伦理和道德这一专题的研究。

在20世纪60年代以前,对企业伦理和道德的研究主要集中在两个方面:一方面是员工收入能否保证其基本生活、教育、娱乐及退休的需要;另一方面是企业的相关运营是否会威胁员工的生存条件。那时候主要是宗教人士对企业道德问题进行研究和探讨,他们对伦理和道德问题的研究涉及面很广,不仅仅是企业,还涉及政府、政治、家庭、个人生产以及生活等各个方面。

从20世纪60年代开始,西方许多国家开始了对企业伦理和道德的真正研究。第二次世界大战后,美国在恢复战后经济的基础上,实现了经济的飞速发展,同时也出现了一系列违背道德的企业行为,包括营销行为,例如社会腐败、贿赂、社会生态失衡、环境污染等一系列问题,引发一系列保护消费者利益的运动。当时美国宗教界人士率先呼吁人们重视对企业道德的研究,他们著书立说,分析了众多的企业道德问题案例,提出了企业应当承担的社会责任,强调了企业之间的竞争要以道德为本,还初步设计了企业伦理决策模型。

随着20世纪70年代全球市场经济的发展,有违伦理和道德标准的行为从经济领域扩展到政治领域,从不法的企业经营活动发展到非法的政治捐款。尤其是在70年代末出现了严重贿赂、欺骗性广告、价格共谋、产品安全等一系列问题。参与研究企业道德的学者也从宗教扩展到了哲学、经济和管理等众多领域的学者。他们主要研究的是企业的社会责任、道德在经济决策中的作用以及影响企业道德性决策的因素等问题。

20世纪80年代,对企业道德的研究从美国扩展到西欧、日本、澳大利亚等经济发达国家和地区,企业道德成为一门必修课并陆续在哲学社会科学系、神学院和商学院中开设,企业伦理研究机构及有关刊物在美国、加拿大及西欧等国家普遍创立或出版。对企业伦理的研究更加深入,如对企业社会责任的认识被扩大,从原来褊狭地追求利润,扩大为经济责任、法律责任、道德责任、环保责任以及社区责任等各个方面。人们开始关注经济活动与道德活动之间的关系,把道德视为维系企业各种关系和活动的必要因素,开始运用功利论和道义论来评价企业同政府、消费者、营销中介人等外部关系和内部关系中的道德问题。许多大公司如GE、GM和Johnson等都建立了道德委员会以及社会政策委员会,制定了企业应当遵循的道德标准。

20世纪90年代迄今,对企业道德的研究取得了一系列新的进展,对企业道德的研究从发达国家延伸到发展中国家,如东欧、南美及亚洲等国家。企业道德的研究内容也有所扩大,从原来对某地区、某国家企业伦理的研究,扩展到对不同地区、不同国家伦理的比较研究,如美、日伦理比较研究,东、西方企业伦理比较研究等,同时也从国内企业的伦理研究扩大到对国际企业伦理和全球企业伦理的研究,从中揭示各个国家社会文化的差异性、道德观念的区别以及各国企业伦理和道德之间的矛盾。在研究企业伦理的方法上,采用了跨学科的研究方法,即综合应用社会学、经济学、法学、管理学、心理学、信息沟通学等学科中的新方法,使企业道德与伦理学成为一门综合的边缘学科。

二、评价国际市场营销伦理和道德的一般理论

中国传统商业道德源于悠久的历史和灿烂的儒家文化,以义利观为主要思想基础的儒家伦理可以作为评价企业行为,包括市场营销行为的标准。

儒家伦理中的"义",指的是一个社会的道德规范,要求人和企业都要自觉地做合乎情理的事情,"利"则是指物质利益和社会地位。所谓"义利观",即如何来认识和妥善处理义与利间的关系或矛盾,应用到商业领域就是"见利思义"的经营理念,"取之有义"的行为准则,"先义后利"的战略和"重义轻利"的价值判断。

就市场营销领域而言,中国传统商业道德的基本思想主要包括诚实守信的顾客观(讲究货真价实、买卖公平、一诺千金)、勤俭敬业的自律观(讲究勤奋节俭、敬业、自律)、以和为贵的竞争观(讲究和气生财、买卖不成仁义在)、乐善好施的社会责任观(讲究乐善好施、扶贫济困)等。

一般而言,评价市场营销伦理和道德的理论主要包括功利论与道义论,但对国际市场营销伦理和道德的评价还包括相对主义论。

1. 功利论

功利论主要从行为的后果来判断行为本身是否有道德,当某行为能够为大多数人带来最大幸福便是道德的行为,反之,便是不道德的行为。迄今为止,功利论已经形成多种流派,尽管这些流派彼此之间存在着分歧和差异,但其共同点都是以功利和行为所产生的效果来衡量"什么是善"及"什么是最大的善"的问题。功利理论对行为后果的看法,主要有两种典型代表,一种是利己功利主义,即以人性自私为出发点,但并不意味着会因自身利益去损害他人和集体的利益。另一种是普遍功利主义,即认为行为道德与否取决于行为是否为大多数人带来最大幸福,为了整体的最大利益,应不惜牺牲个人利益。当代功利者大多倾向于采用普遍功利主义原则来确定行为的道德性。

2. 道义论

道义论认为,某些行为是否符合道德不是由行为结果决定,而是由行为本身的内在特性所决定的。也就是说,判断某一行为是否具有道德性,应该根据行为本身就可以确定,而不一定要根据行为所产生的"善"或"恶"的后果。道义论强调行为的动机和行为本身的道德价值。

3. 相对主义论

相对主义论认为,事物对与错及某行为恶与善的判断标准会因不同国家的不同社会文化而异。在某一国家考虑的道德及道德标准不一定适用于其他国家。国家和地区之间社会文化的差异使企业和个人的伦理教育与伦理原则大相径庭。例如,有些非洲国家实行一夫多妻制,而大多数国家则严格实行一夫一妻制。一夫多妻现象在那些非洲国家是法律允许,并受到法律保护的,是为社会所承认的一种符合道德和伦理价值观的行为,但对于大多数国家而言,只有一夫一妻制才是合法的和道德的,一夫多妻制则是不道德的和有违伦理的。又如在国际市场营销活动中,某些国家对贿赂行为深恶痛绝,在法律上禁止的同时,还在道德上进行批判,但是在有些国家则容许贿赂,认为这是进行商务活动所不可缺少的一个组成部分。可见,对同一行为的道德性的判断,在不同国家的不同社会文化背景下是有所区别的,从而产生了道德和伦理的相对性。当然,在不同国度,也不排斥存

在着共同的道德观,例如,关心社会福利、保护儿童、严惩犯罪分子等,这些既是法律的要求,同时也是社会伦理和道德的反映。

三、国际市场营销中伦理道德问题的表现

国际市场营销伦理和道德问题的表现形式主要包括如下几种:

1. 贿赂

不同社会文化环境下的企业或个人对贿赂有着不同的看法。在有的国家,如印度,人们对贿赂的态度相对宽容一些,而在另外一些国家,如美国,人们在公开场合鄙视这一行径,但是自身却并不一定清白。不管公众对贿赂的容忍程度如何,世上没有一个国家的人民会同意那些有权有势的人可以损公济私。要认识国际市场营销中的贿赂,就要了解"贿赂"这个词在国际市场营销活动中包括从"索贿"到"行贿",从"收买""打点"到"代理费"等各种不同的含义。

就行贿和索贿的区别而言,主要看是行贿方主动提供贿赂还是应对方要求提供贿赂。"行贿"是指主动提供贿赂,以便非法取得优势。比如,一个公司的总裁主动向政府官员提供酬金,希望他能错误地划分公司所属的进口货物的类别,以降低货物的税率,那么这就是行贿。而"索贿"则是指国际市场营销行为本身属于合法经营,但当权者却以此来进行无理要挟,以换取贿赂。比如,一个国家的财政部长向某公司索要一笔巨额酬金,否则他将废除一个价值数百万美元的合同,这种行为就是索贿。

从表面上看,向索贿者行贿似乎是被逼无奈的行为,应该谅解。但是,行贿行为本身不仅是不合法的,也是不道德的和有违营销伦理的。如宝洁公司的一位经理在一个非洲国家从事商务活动,当宝洁公司的大批货物要经过这个国家的海关时遭到无理扣压,海关官员要求宝洁公司经理交纳一笔贿赂酬金之后才能通关。这位宝洁公司经理没有屈服,货物因此被扣压了很久,致使宝洁公司在当地市场损失惨重而且无法挽回。宝洁公司总部对这位经理不但没有责备,反而在全公司通报表彰他的这种正义行为。我们从本例中可以看出,在全球营销中,贿赂也是公司所不允许的。

一般而言,在国际市场营销活动中,会涉及收买、打点和代理费等相关行为。严格意义上来说,收买和打点均属于贿赂行为,而代理费可以是贿赂,也可以不是。

"打点"是指向低层官员赠送较少量的现金、礼物或提供一些服务,通常这些馈赠是合法的,其目的是要使对方能够简化或加快正常的合法的程序和行动,这在许多国家是常见的事。比如,在印度如果不支付小费或赠送礼品,产品交易速度可能会变得很慢。在意大利如果不送红包,货物的进出口手续就可能会被百般刁难。在一些南美国家如果不给海关官员支付小额费用,产品则不可能顺利通过海关,从而会耽搁交易时间,延误商机。

花一点钱就可以让码头工人在几小时内从车上把货物卸下来,否则可能要花一整天甚至更长的时间,这就是打点。与打点相区别的是,收买一般会涉及数额巨大的款项,而且通常无法正常入账,其目的是要以此诱使一些官员做违法的事。打点往往是希望对方加快工作的速度和提高效率,收买则是要求有关官员"睁一只眼,闭一只眼",希望他们渎职或者破坏法纪。如2004年1月,韩国有史以来最大一宗涉及跨国公司的腐败案被揭露出来:美国IT业巨头IBM公司韩国分公司的高级经理被指控向韩国政府官员行贿,以获得价值5500万美元的合同。

当国际市场营销者不熟悉他国市场环境或相关法律法规时,可以支付代理费以雇用代理人作为企业代表。例如,可聘请一名律师,以代理申诉,与不熟悉这些法律程序的人相比,这个律师可能会更为高效地完成申诉任务。这种代理通常是合法的,且行之有效的。但如果代理费中有一部分用于行贿,那么,这笔代理费的使用就是非法的。

各国的法律不同,贿赂过程也复杂多样,如有很多中间人,像律师、代理人、经销商等,他们都可以在贿赂中起桥梁作用,使得在全球各国对于贿赂行为本身的甄别受到挑战,在一个国家被认为是违法的行为,在另一个国家人们可能对此视而不见,佯装不知,而在第三个国家则可能成了合法行为。而今,许多国家的法律对于贿赂行为的惩处均有明确的规定。如美国的《反对外贿赂法》严禁美国企业在他国公开行贿,或在美国官方知晓的情况下,让中间人用其中介费行贿。

随着经济全球化的不断发展,国际市场营销活动中的贿赂问题已经成为一种日益严重的伦理和道德问题,甚至是一种犯罪问题。近年来,随着中国不断融入全球经济,跨国贿赂也越来越成为中国面临的一项严峻挑战。这其中一方面包括外国企业在中国的贿赂,如德国西门子公司,美国的朗讯、德普、戴姆勒、沃尔玛、IBM 公司,澳大利亚的力拓公司(RioTin-to)等都有贿赂并收到惩处的记录。[①] 部分国际著名跨国企业在中国的行贿情况如小贴士 17-1 所示。另外一方面也包括中国企业在海外的贿赂。根据透明国际组织2009 年所发布的行贿指数[②],中国行贿指数得分在被调查的 19 个国家或地区中最低,说明中国企业在海外的行贿状况是非常严重的。

小贴士 17-1

外企在华行贿受贿大事记

艾利·丹尼森公司(美国不干胶巨头):2002 到 2005 年,艾利·丹尼森公司中国有限公司安全反光膜部向中国官员行贿 3 万美元以获取订单。

西门子(全球最大的电气和电子公司之一):2003 至 2007 年间,西门子向 5 家中国公立医院行贿 2340 万美元,最终因其在全球各国的行贿被判罚 13 亿美元。

德普公司(全球最大诊断设备生产企业):德普公司自 1991 年到 2002 年 11 年间,向中国公立医院医生行贿 162.3 万美元。

沃尔玛公司(美国零售业巨头):2003 年 12 月,昆明沃尔玛向云南对外贸易经济合作厅原党组书记、厅长之妻支付 10 余万购物费。

朗讯公司(全球最大的通讯商之一):2004 年 4 月,朗讯安排近千人次的中国官员、电信高管到夏威夷等地游玩,耗资达数千万美元。

美国法如公司(便携式坐标测量机及软件供应商):从 2004 年到 2006 年,美国法如向中国国有企业行贿 444492 美元,从中获利 141 万美元。

麦肯锡公司(全球管理咨询公司):2003 年到 2006 年间,麦肯锡员工收受三家网络、科技公司贿赂,累计受贿 208 万余元。

---

① 资料来源:《中国修改刑法打击海外贿赂,法律还需有效执行》,http://finance.ifeng.com,2013 年 12 月 1 日访问。
② 该指数调查表明主要出口国企业在国际市场上行贿的严重程度。和腐败感觉指数(CPI)一样,该指数也是按照 0—10 分打分,分数越低表明该国企业在国际市场上行贿越严重。

2. 歧视

国际市场营销中另一个比较重要的伦理和道德问题是对种族、性别、宗教及残疾人士的歧视性行为。许多国家均立法规定禁止企业在海外雇用、解雇、晋升等过程中实行种族、性别、宗教、残疾等歧视行为。然而在现实中,包括美国等发达国家在内,歧视问题仍然普遍存在。例如,美国许多企业中黑人及其他少数民族的雇员工资要远远低于白人,而在解雇雇员时,黑人与少数民族雇员总是首当其冲。再如,英国在东印度对当地人支付较低工资及提供较差的工作环境。在澳大利亚,土著居民长期被视为整个社会的劣等人群,深受歧视。在东南亚和远东国家,由于种族歧视政策的影响,许多雇员不能晋升级别,在跨国公司遭遇职业生涯规划的天花板。在日本,仍然存在着普遍的歧视妇女的现象,尽管近年来有所改观,如日本妇女可以参与企业管理和从政,但晋升到高层次职位的妇女还是寥寥无几。

歧视问题往往是由有关国家的文化规范与价值观所决定的,而且对企业在海外的经营活动所处的社会文化背景很可能会产生道德矛盾。国际市场营销者必须认真分析和区别对待这类歧视问题,例如,在中东国家,妇女多半是家庭主妇,很少有女性会参与企业的经营管理工作,中东国家的部分谈判者甚至会拒绝同国外的女性销售人员进行谈判。在这些社会文化价值观矛盾中,企业应当遵循所在地国家的文化特点及价值,不派女性员工参加贸易谈判,不在当地雇用妇女。

3. 产品双重标准

在发展中国家一般消费者的心目中,海外跨国大公司销售的品牌产品都是质量上乘和值得信赖的。然而,许多跨国公司对在发展中国家生产销售的产品与其在母国生产销售的产品是有区别的。国际市场营销中因产品的双重标准而引发的伦理和道德问题主要包括将本国国内禁止销售的产品销售到国外,向发展中国家和不发达国家出口不利于健康的产品,以及采取不同的服务标准和不同的产品设计、包装和使用说明等。

首先,一些发达国家考虑到某些产品会伤害国内消费者而禁止企业在国内销售,却将这些产品销售到国外。尽管有些国家,特别是发展中国家和不发达国家,因为立法不完善和技术能力不足而没有禁止销售这些产品,但这也是违背国际市场营销伦理标准的、不道德的行为。例如,有些农药因含有害物质而在美国国内早已禁止使用,但美国的部分农药企业为了追逐利润,依然将这些有毒农药出口,销售到发展中国家和不发达国家。类似地,日本的跨国公司也常常把已经被本国市场所淘汰的产品销售到发展中国家。更有甚者,一些跨国公司甚至故意把一些不合格的产品推向市场进行销售,欺瞒消费者。如近年在中国市场上遭到曝光的有:雀巢金牌成长奶粉碘超标、肯德基的部分产品含有苏丹红、博士伦润明护理液可能导致真菌感染等。

其次,出口不利于健康的产品也是一种有违国际市场营销伦理的行为。例如,由于在发达国家受到有关法律的限制和社会舆论的反对,发达国家的烟草公司就极力将香烟等不利于健康的产品销售到其他国家和地区,尤其是销售到经济落后的国家。即使这些国家的消费者因未认识到吸烟会危害身体的健康而接受了这种销售行为,但实质上,这些营销活动仍然属于不道德的行为。

最后,国际市场营销中的产品双重标准问题,还表现在产品的服务、设计、包装和使用说明上。当产品被发现有问题后,跨国公司在母国和一些发达国家一般都会迅速、主动地进行召回、赔偿和道歉,否则,将会遭受严厉的法律制裁,如小贴士17-2所示。但是,在发展中国家,如本章引例中所述的那样,全球许多汽车品牌将中国作为缺陷产品召回的例外,面对问题不但会拒绝赔偿,甚至会百般抵赖,推卸责任。发达国家对产品的包装、使用说明等方面都有着严格的规定,跨国公司在母国不敢有丝毫的怠慢,因为一旦由于没有详细说明使用方法和注意的问题而导致消费者误用受到伤害,那么,企业将不得不为此而支付高额赔偿。但是,在发展中国家和不发达国家,一些跨国公司利用这些国家的法律真空或技术监督不足的现状,会出于节约成本等原因而简化包装,或者由于担心在使用说明中列明一些潜在的危害而影响销售,从而不注明产品的成分或使用说明。如在中国销售的雀巢巧伴伴的食品包装上取消了关于转基因成分的相关标识,葛兰素公司出品的治疗乙肝药物贺普丁的中文说明书中缺少了关于药品的不良反应警示语等。

小贴士17-2

利润重要还是人命重要?

20世纪60年代后期,美国的汽车业受到外国货,尤其是日本与德国汽车的激烈竞争,便急谋对策,企图力挽狂澜,夺回优势。福特汽车公司是美国三大汽车公司之一,自然要作出回应。1968年,福特决定生产一种型号叫翩度的小型房跑车。为了节省成本,福特将正常的生产日程由三年半缩减为二年。

在翩度未正式投产前,福特将11部车进行安全测试,公路安全局规定在时速20英里的碰撞中,汽车的油缸要不漏油才算合格。测试的结果是,有3部翩度在碰撞中全部不合格,其余的8部在改良了油缸后,才通过了安全检查。

福特的行政人员要面对一个困难的抉择。如果依原来的生产日程生产,就会对消费者的安全构成威胁;如果要改良油缸,就会延迟生产,增加成本,公司会继续处于下风,让外国车称霸市场。要解决这个问题,福特做了一个成本效益分析,计算改良油缸的可能成本与效益,然后再作决定。

另一方面,据公路安全局的估计,交通意外中每死1个人,社会就损失约20万元,这数字显示,加强安全设施的成本超出了效益。

根据利润极大化的考虑,福特公司作了毫不含糊的抉择——保持原来的设计,不作安全的改装。这个决定,导致了严重的后果——超过50人在翩度车中烧死,另有多人烧伤。福特被控谋杀,但陪审团最后裁定福特无罪。

4. 定价

国际市场营销中违背道德的产品定价,主要表现为价格歧视、价格欺骗及价格倾销。

价格歧视是指公司在国外销售产品时,对不同国家市场的消费者制定不同的定价。首先,一些跨国大公司往往利用其对某种产品的市场垄断地位,以及不同市场的地域分割,对发展中国家的消费者实施价格歧视,制定远远偏离于合理成本的高价格,以赚取超额利润。如美国苹果公司的产品,在中国市场上的价格一般会远远高于其本土市场上的价格。其次,一些实力雄厚的跨国公司,在新进入一个发展中国家的市场时,往往会采取低价进入的战略,虽然短期内跨国公司会亏本,对当地消费者似乎也是有利的,但是,其真正的目的是期望在短期内通过低价抢占市场份额,而在把一些实力弱小的本土企业挤出市场,达到其控制市场的目的之后,这些公司会大幅度提高价格以获取垄断利润。这种价格战略和做法显然有违国际市场营销伦理,是不道德的,从长期来说无疑会损害消费者的利益。

跨国公司的价格歧视现象近年来在中国市场上屡见不鲜,如韩国三星公司、日本东芝公司等都曾在中国市场上采取这样的定价策略。辨认歧视价格是否违背道德的界限就在于歧视价格是否伤害到消费者的利益及是否出现了不公平竞争。

价格欺骗是国际市场营销中价格不道德的另一种表现形式,一般常见于国际市场营销的促销过程之中,即通过欺瞒、误导和操控价格来误导别国市场的消费者。由于竞争激烈,不论是国际企业,还是国内企业,都非常注重促销活动。对于实力雄厚的跨国公司来说,最常用的促销手段就是在各种媒体上高密度地投放广告宣传。然而,不少跨国公司的广告宣传中都存在有违国际市场营销伦理的现象。

首先,通过虚假和夸大宣传欺瞒和故意误导消费者。例如,美国宝洁公司旗下"潘婷""海飞丝""佳洁士""舒肤佳"四大产品在中国涉嫌虚假宣传而被中国工商管理部门调查,同是宝洁公司的一款化妆品也由于涉嫌虚假和夸大宣传而被中国消费者告上法庭。

其次,通过宣传操控消费者,这种广告主要针对辨别能力有限的儿童和易受广告宣传左右的偏好于非理性消费的部分女性消费者。

最后,在广告创意上蓄意伤害消费者的文化和情感。例如,麦当劳公司在中国的"下跪"广告、日本丰田公司的"霸道"广告和日本立邦漆"滑落中国龙"的广告均在中国社会各界引起了轩然大波,这种广告"创意"显然没有考虑到对中国的社会文化和中国民众的情感因素的伤害。

无疑,当企业在国外销售产品时,由于运输成本、税收、关税及其他销售费用增加而提高价格无可厚非,但当产品价格的提高远超过费用的增幅时,便出现了价格欺骗的道德问题。

当国际企业在国外市场上销售产品的价格低于其在国内市场上的价格时,便出现了倾销价格的伦理问题。倾销价格的不道德是由于其威胁到了竞争的公平性,威胁到了其他公司及其员工的利益。就实行倾销价格的目的而言,其一是为了使公司能迅速进入国际市场并提高在国际市场上的占有率;其二是当国内市场对于公司产品的生产规模而言过于狭小,难以支撑公司有效的生产水平时,通过倾销价格进入国际市场是为了满足企业的生产规模需求;其三是产品技术在国内即将遭到淘汰时,将产品通过倾销价格转移到技术相对落后的国外市场进行销售以期延长产品的生命周期。倾销价格的伦理问题是易于引发进口配额限制,从而伤害未实行价格倾销的企业。

第二节　各国营销伦理差异的挑战

不同国家对营销道德和伦理的重视程度各有不同,这是企业在制定国际市场营销决策时必须考虑的重要因素。许多企业已经开始着手建立道德研究机构,制定国际化经营过程中的行为规范和伦理道德标准。根据对法国、德国、英国各200家公司进行的调查发现,法国30%、德国51%、英国41%的公司建立了道德标准。

不同国家的企业所建立的营销道德标准的侧重点和内容各有差异。

就营销道德标准的侧重点而言,美国企业主要关注的是社会责任、经营行为、外部环境及公司责任,德国及瑞士企业重视的是经济与社会关系的道德,法国企业将道德理解为责任和义务,而拉丁美洲企业则是比较消极地理解道德,将道德问题与"腐败"等而视之。

就营销道德标准的内容而言,欧洲的企业道德标准主要涉及公司内部雇员的行为,美国公司道德标准主要是关于顾客利益,大部分美国企业的道德标准会涉及同政府的关系,德国企业的道德标准较多涉及革新及改进技术的道德责任。

虽然各国企业营销道德标准的差异是主要的,但各国道德规范的相似性也不容忽视,这些企业的营销道德规范大都涉及雇员行为、团体行为、环境、顾客、股东、供应商、合同者、政治利益者、革新与技术等关系。

随着企业进入不同国家的市场,必将面对不同的营销伦理和道德标准。各国企业营销道德的差异来自各国文化和价值观的差异。此外,交叉文化的不同价值观和宗教信仰也可能导致不同的道德信念。因此,企业在进行国际市场营销决策时,既要考虑本国价值观念和道德标准,又要考虑东道国的价值观念和道德标准,避免将本国道德观念及道德标准强加于东道国的做法,同时也要注意不能只以一种道德标准作为营销决策依据,而要善于解决国际营销中的道德矛盾,有针对性地制定出不同的国际市场营销决策。如耐克公司因应一些激进分子对其企业社会责任方面的挑战,如协作厂商雇用童工、低工资水平以及对员工医疗保健福利的吝啬态度等,通过对"企业责任"的重新定义,在互联网上公布了公司所有合同制造商的名单,从而借此机会实现了公司的企业责任战略的升级换代。

一、世界不同国家的腐败与反腐败尝试

1. 透明国际的全球反腐败调查

虽然目前针对全球范围的反腐败或贿赂立法还不可能实现,但区域性的立法却正在发挥越来越大的作用。从1993年起,一个名为"透明国际"(Transparency International)的国际组织立志"通过国际之间和各个国家内部的合作,鼓励政府制定和实施有效的法律、政策制止腐败"。"透明国际"开展了大量的活动,其中一个很重要的活动就是在全球范围内对经营者、政治分析家和公众进行调查,确定这些被调查者对不同国家腐败程度的"感觉"。而今,腐败感觉指数(corruption perceptions index,CPI)已然成为评估一个国家清廉程度的国际通行指标,如表17-1所示:

表17-1 透明国际2002—2013年公布的各国腐败感觉指数[①]

国家	CPI											
	2013	2012	2011	2010	2009	2008	2007	2006	2005	2004	2003	2002
丹麦	91	90	9.4	9.3	9.3	9.3	9.4	9.5	9.5	9.5	9.5	9.5
新加坡	86	87	9.2	9.3	9.4	9.3	9.4	9.4	9.6	9.6	9.5	9.4

---

① 注:CPI是英语"腐败感觉指数"之简称,指数越高说明该国腐败越少,而清廉程度越高,2002—2011年之间,满分为10分,最低分为0分;2012年开始以满分为100分进行标示。资料来源:Transparency International Publishes,2002—2013,TI Press Release,http://www.transparency.org,2014年3月30日访问。

(续表)

国家	CPI											
	2013	2012	2011	2010	2009	2008	2007	2006	2005	2004	2003	2002
芬兰	89	90	9.4	9.2	8.9	9.0	9.4	9.6	9.6	9.7	9.7	9.9
挪威	86	85	9.0	8.6	8.6	7.9	8.7	8.8	8.9	8.8	8.5	8.6
瑞士	85	86	8.8	8.7	9.0	9.0	9.0	9.1	9.1	8.8	8.5	8.4
美国	73	73	7.1	7.1	7.5	7.3	7.2	7.3	7.6	7.5	7.7	7.6
英国	76	74	7.8	7.6	7.7	7.7	8.4	8.6	8.6	8.6	8.7	8.3
法国	71	71	7.0	6.8	6.9	6.9	7.3	7.4	7.5	6.9	6.3	6.7
日本	74	74	8.0	7.8	7.7	7.3	7.5	7.6	7.3	6.9	7.1	7.1
中国香港	75	77	8.4	8.4	8.2	8.1	8.3	8.3	8.3	8.0	8.2	7.9
希腊	40	36	3.4	3.5	3.8	4.7	4.6	4.4	4.3	4.3	4.3	4.2
中国	40	39	3.6	3.5	3.6	3.6	3.5	3.3	3.2	3.4	3.4	3.5
俄罗斯	28	28	2.4	2.1	2.1	2.3	2.5	2.4	2.8	2.7	2.7	—

从表中可以看出,北欧国家清廉程度普遍较高,亚洲的新加坡被称为世界反腐败的典范,全球主要的腐败国家和地区集中在非洲、亚洲和拉丁美洲,其中尤以非洲国家的腐败最为严重。透明国际把针对腐败感觉的清廉程度指标采取10到0的评分标准(2012年后开始采取100到0的评分标准),把腐败得到了有效控制、制度建设比较完善、不存在大量的腐败机会、腐败只是少数政府官员的个人行为视为清廉的国家,分值约在8分以上;把仍然存在一些容易滋生腐败的领域,但国家的政治、经济、法律制度都比较完善,并能够及时、公开地揭露并有效地打击腐败的国家视为清廉状况比较好的国家,如美国、日本、法国、韩国、南非等都属于此例,分值在5至8之间;清廉指数在2.5至5之间的,是腐败状况比较严重的国家,这类国家主要是发展中国家和处于经济转型期的国家,包括阿根廷、泰国、墨西哥、巴西、印度等,主要原因是经济、社会在转型中规范滞后,社会存在大量的腐败机会;清廉指数在0至2.5之间的是十分腐败的国家,这类国家主要指非洲和拉丁美洲及正处于转型最困难阶段的俄罗斯。

2. 全球反腐败的国家和地区差异性

全球许多国家都对本土企业在海外市场上的腐败等有违伦理和道德的行为进行了立法限制。美国是世界上第一个制定和实施涉外反腐败法的国家,如美国企业在国外进行贿赂会受到国家法律的制裁。美国于1977年开始实施《反海外腐败法》,这就意味着如果美国公司在海外有行贿等腐败行为,其美国国内的母公司将会受到严惩。1989年,洛克希德公司行贿埃及官员,希望得到三架飞机的订单。东窗事发后,责任员工被判刑,公司也被判罚2480万美元。[①]

2003年3月,英国政府颁布了新的《反腐败法》,规定该法的域外效力,将禁止公共机构人员贿赂行为的适用范围扩大到涉及外国人的贿赂案件,即在境外的英国公民和公司的贿赂行为。按照该法规定,英国公民或根据英国任何一个地区的法律注册设立的机构

[①] 资料来源:李国花:《部分国家反腐败立法概览》,载《中国纪检监察报》2011年6月9日。

在英国以外的国家或领土上发生的贿赂行为都要受反腐败法的约束。

中国于2011年2月25日颁布了《刑法修正案（八）》，规定海外行贿属于刑事犯罪，将视同发生在中国国内的行贿犯罪一样受到中国司法机关的惩处。

海外腐败会伤害经济的自由化，损坏社会、国家和企业的诚信。许多国家的海外反腐败实践表明，针对企业海外腐败行为的立法限制，有效维护了市场公平的竞争秩序，不仅可以减少腐败的发生率，同时也是促进经济发展的必要条件之一。

二、如何做一个受欢迎的国际企业公民

对于一个跨国公司而言，无论是在国内经营，还是在国外经营，企业都应该承担相应的道德义务和社会责任，这是跨国公司在全球市场经营的基本行为准则。然而，跨国公司的经营管理者和国际市场营销者常常会面临这样的矛盾和尴尬，即当地不但没有法规约束或限制有违国际市场营销伦理的行为，甚至有些当地的习俗可能还会纵容和鼓励某些不道德行为，使拒绝随波逐流的企业遭到冷遇，而采取"必要措施"的企业则可能大受欢迎。因此，由于不同国家的社会文化、经济需求等多方面的因素各不相同，对于国际市场营销者来说，既要承担发展企业造福社会的责任，又要符合各个国家和地区的伦理规范并非一件容易的事，如小贴示17-3所示。

小贴士 17-3

印度可乐事件

在印度遭到批评的可口可乐和百事可乐，除被指控产品本身存在安全问题外，其生产所带来的水资源短缺及污染问题才是真正激怒当地老百姓的关键所在。这些可乐巨头们遭遇的不仅仅是一次产品质量危机，甚至可能影响其数百年经营塑造出来的负责任的企业形象。

据印度科学与环境中心称，在印度的多个邦，由于可乐工厂抽取大量地下水生产软饮料，导致当地地下水严重衰竭，附近村庄出现严重水危机。同时，可乐工厂将化学废弃物随意掩埋，造成污染使得农田减收。问题的症结还在于，两家可乐公司每天在印度消耗的上千万升用水全部免费。而可口可乐需要几乎4升水才能生产1升的可乐，这使得75%的水都变成了污染严重的废水，排放出去之后又继续污染其余的清洁水及土地。

面对这些指责，可乐巨头们矢口否认，并多以"无权威证据证实"等说法回应。但这些辩解显然无法消除印度民众的极大不满，在喀拉拉邦，有当地村民曾向可口可乐工厂示威抗议，迫使当地村委会不再为工厂续发生产执照。该案例还闹到了最高法院，工厂最终被勒令关闭。类似报道在印度还有很多。

尽管可乐公司不断声称其在印度的生产管理符合欧盟和美国标准，但事实却是，可口可乐在印度采用的水处理技术及设备与欧洲相比，显得非常简陋。比如，在欧洲，有34%的工厂采用精密、成本高昂的隔膜过滤技术，用来高度过滤杀虫剂这样的微量毒素；而在印度，几乎没有一个工厂拥有这项技术。

通常，国际市场营销活动常在人员聘用方式和政策、消费者保护、环境保护、政治捐款

以及企业参与政治活动、基本的人权和自由等方面遇到困难。在许多国家,法律有助于明确基本的社会责任和道德义务,但法律仅仅是个人行为的基本规范和道德的基本标准。法律不是万能的,有的行为也许并不违法,但并不意味着该行为符合伦理和道德标准。符合伦理和道德标准的经营行为一般会大大超出法律所规定的最低标准或司法当局的控制标准。对于试图做一个受欢迎的国际企业公民①的国际市场营销者来说,伦理与经济现实是其常常不得不面对的两难处境。

一般而言,有三个伦理和道德原则可帮助国际市场营销者分清对与错,如表17-2 所示,根据这三项伦理原则,国际市场营销者可以确定该做什么,并为自己的行为找到充足的理由。

表 17-2 国际市场营销中的三个伦理原则

伦理和道德原则	相关解释
功利原则	这样做对所有人都有利吗?
权利原则	这样做是否能尊重他人的个人权利?
公正原则	这样做是否对所有参与者都是公平或公正的?

什么样的公司是优秀的公司?什么样的公司是伟大的公司?能够遵守伦理原则的公司是优秀的公司,能够永远遵守伦理原则的公司是伟大的公司。如小贴士17-4 所示,麦德龙中国坚持"透明发票"而暂时可能遭受一些损失,但长远来看,无疑将会受到政府、公众和大众消费者的真心欢迎。

小贴士 17-4

麦德龙中国的"透明发票"②

1964 年,麦德龙以其独特的 C&C(Cash & Carry,即现付自运制)方式在德国创立。麦德龙全球连锁店都采用详细发票,持卡人、商品明细、数量、单价、结账日期等都必须笔笔吻合,一丝不差。然而,麦德龙的透明发票在中国的成都、武汉等地并没有得到广泛认同,在成都有顾客要求更改或模糊其购买商品,要求将其购买的数千元的彩电填写成"办公用品"等。诸如此类的要求均遭到了麦德龙的拒绝,结果导致一些大宗采购商和消费者退货,给公司造成了一定的损失。

按照市场学理论,消费者的需要可以通过对各种产品或服务的消费来满足,企业只有提供满足顾客需要的产品和服务并令消费者满意,才能实现获取利润的目标。有人认为麦德龙在中国市场上拒绝虚开发票或者是变更购买的项目,而坚持其"透明发票"立场的强硬和不通情理的表现,是其不了解中国国情,是德国人的刻板和在社会文化差异上的"水土不服"原因所致。

---

① 企业公民(Corporate Citizenship)是指一个公司将社会基本价值与日常商业实践、运作和政策相整合的行为方式。企业公民认为企业的成功与社会的健康和福利密切相关,因此,企业公民会全面考虑企业对所有利益相关者的影响,包括雇员、客户、社区、供应商和自然环境。

② 资料来源:《麦德龙中国的"透明发票"现象及其伦理道德反思》,载游向前:《重庆商学院学报》2002 年第 3 期,第 59—60 页。

然而,服务于顾客是否就意味着企业应该无条件地满足消费者的需求呢?是不是顾客需要的产品就都可以生产和提供呢?无疑,企业不应当无条件地满足顾客的要求,这是因为顾客的需求有些是不合法的、有害的,是违背伦理和道德标准的,比如在中国市场上对毒品、私人枪支、黄色书刊等的需求。对于一个企业而言,顾客的合理需求应绝对服从,而不符合伦理标准的需求则不应该满足。社会赋予企业生存的权利,企业就有责任满足社会的良性发展需求,既要有选择地满足顾客的良性需求,也要对自己的产品可能对消费者或社会造成的危险或副作用有清醒的认识。无论是社会文化,还是根植于社会文化的企业文化,其核心均是一个社会或组织的伦理和道德标准。麦德龙来到中国以后,如果同流合污,和那些随波逐流的不法商家一样虚开发票,或者不开发票以逃漏税款,或许可以暂时留住一些诚信有问题的顾客,甚至为企业带来短期利润,但是对企业的长期发展、整体形象和企业文化都会造成极大的损害。基于伦理和道德标准的企业文化,是企业成员对某个事件或行为好与坏、正确与错误、是否值得仿效的一种根本性的认识与判断的基础。目前中国市场机制的规则还不尽完善,对发票问题的管理也还没有完全规范,在实践中在很大程度上是依靠营销者基于自身的伦理和道德标准来规范市场行为。

就麦德龙中国的"透明发票"本身而言,从短期来看,不仅有利于企业自身的管理,也有利于企业基于 CRM 系统进行客户关系管理,及时了解客户的需求,追踪客户的需求变化,适时改进和稳定与客户的关系,更好地满足客户的市场需求;从长远来看,能够帮助企业赢得更多客户的信任和认可,特别是中国加入 WTO 后,市场机制和法律体系逐渐建立和完善,将更有利于企业自身的发展。

那么,如何做一个在东道国受欢迎的公司?其基本条件包括:
(1) 认识到公司在东道国只是个客人,要以客人身份行事;
(2) 利润并非完全属于公司,当地雇员与东道国经济也应受益;
(3) 为争取新顾客而将对方完全母国化是不明智的;
(4) 英语在海外普遍为人所接受,但若能流利使用当地语言,就会大大有助于销售,有利于巩固良好的公共关系;
(5) 公司应开发有价值的公共项目为所在国的经济和文化作出贡献;
(6) 公司应培训自己的管理人员及其家属,使他们在外国环境中举止得体;
(7) 应为在国外的公司配备称职的当地人员并从母国监督经营情况。

以上这些条件可以帮助国际市场营销者弄清楚其决策有多少益处或有多少害处,是对还是错,行为后果是否合乎道德标准,以及对社会是否负责。

第三节 跨国公司在华营销的伦理道德缺失与防范

如上节所述,国际市场营销道德的含义虽然很明确,但要判断某一国际企业的国际市场营销行为是否符合道德标准,却不是一件很容易的事情。由于各国历史发展进程的差异和不同的社会文化传统,各国的伦理道德标准也存在着许多差异。因此,在衡量一个国际企业的国际市场营销行为的道德水准的时候,往往会面临着来自跨国公司母国和东道国两种道德评判标准,而这两种标准大多数情况下并不一致,甚至是完全相左的。因此,国际市场营销者在进行营销决策时必须同时应对母国和东道国双重道德标准的压力和挑战。

自 20 世纪 90 年代后半期开始,伴随着中国引进外资力度的加大,跨国公司在华投资企业逐渐成为中国经济、科技和文化领域中的一个重要组成部分。跨国公司在进入中国市场的过程中,一方面给中国带来了先进的技术和管理经验;另一方面也将跨国公司母国的伦理观念引入中国,并由此产生了与中国传统伦理道德相冲突的营销伦理问题。跨国公司进入中国市场后出现和面临的营销伦理问题直接影响着中国消费者的消费伦理和合法权益。

一、跨国公司在华营销伦理现状分析

国际市场营销伦理作为跨国公司组织文化的一部分,贯穿于其国际市场营销活动的始终。就跨国公司在华营销活动而言,大多数跨国公司都能够在营销中以中国市场上的顾客需求为导向,注重企业形象设计,为用户提供高质量的产品,实行优质的售后服务,表现出了较高的营销道德水准。但是,我们也不能不关注到有些跨国公司的营销伦理表现差强人意,不断出现一些有违伦理和道德标准的营销行为。其主要表现为贿赂、环境污染、产品技术过时和服务的双重标准、滥用市场优势地位进行垄断、转移定价逃避税收、恶意收购并"雪藏"本土品牌等。

在法律法规尚不完善的中国市场环境中,有些跨国公司通过贿赂掌握着信息、政策、行业发展的稀缺资源的官员,绕过政策壁垒而迅速获得市场准入权,借助暗箱操作而参与政府采购,逃避税收,牟取暴利,甚至通过贿赂手段来影响行业或公共权力的标准制定并最终影响监管过程。为了逃避法律的惩处,跨国公司在中国市场上的行贿一般都会采取十分隐蔽的方式,如赞助受贿方的子女出国留学,为受贿方及其亲属安排工作,甚至给予期权等。

跨国公司在华营销中的产品道德问题主要体现在环境污染、人为的产品技术过时、产品信息不对称以及缺陷产品召回等方面。有些跨国公司将会对环境造成污染的、在母国被禁止生产的产品转移到中国境内进行生产,然后再返销母国;有些跨国公司把母国为了保护本国消费者利益而已经禁止销售或使用的产品,投放到中国市场来进行销售;有些跨国公司利用产品信息的不对称性而不披露与产品有关的缺陷和隐患;有些跨国公司在进行技术转移的时候,故意保留已开发成功且已在别国市场上销售的产品,以迫使中国的消费者被动地不断更新产品,造成社会资源的巨大浪费;有些跨国公司在针对缺陷产品全球召回的时候却表明"中国市场例外";等等。

有些跨国公司凭借其雄厚的资本实力和产品技术上的优势,逐步在中国的诸多行业建立起了实质上的垄断地位,在中国市场上或采取低价策略抢占市场,阻碍竞争对手的发展与成长,或采取明显高于其他国家市场定价的高价策略攫取超额利润。跨国公司在中国市场上越来越倾向于通过控股的方式并购中国本土企业,"雪藏"中国本土品牌,在扩大企业规模和实力的同时,这也成为其在中国市场取得市场优势地位最便捷的途径。

转移定价是跨国公司在中国市场上转移利润、逃避税收最常用的方法。通过转移定价,跨国公司将在中国市场上获得的利润转移至境外,不仅扭曲了中国境内公司的实际经营情况,还造成了中国国家税收的流失。有些跨国公司在中国市场上面临产品进口关税或激烈竞争时,还会通过代理商以走私等非法方式进口产品,然后以低价销售,扰乱市场并打击竞争对手。

二、跨国公司在华营销道德缺失的防范

国际市场营销伦理和道德决策除了在一定程度上会受到母国和东道国伦理和道德标准的双重影响外,东道国的市场机制和法律体系状况也是影响国际市场营销决策的主要因素。因此,规范跨国公司的在华营销活动,除了要加强跨国公司自身的伦理和道德标准的建设之外,还需要从建立和完善中国的市场机制和相关的法律制度体系方面着手。

1. 建立和完善中国的市场机制

成熟和完善的市场体系与市场机制,会使公平竞争与诚信原则得以充分发展。市场竞争越激烈,企业在竞争中的行为就越有可能会受到其他企业和消费者的制约和监督,市场机制的优化为符合伦理和道德标准的营销决策提供了良好的市场环境。反之,如果市场体系与市场机制不健全,等价交换与公平竞争原则就会被扭曲。

改革开放30多年来,中国的社会主义市场机制已经初步建立,但在市场竞争程度、市场体系与市场机制发育的程度方面还远远比不上发达国家。正是这种不成熟的市场体系和市场机制使得某些跨国公司得以凭借其对某种产品技术的垄断地位,采用某些非经济手段参与市场竞争,从而伤害了社会及消费者的利益。

因此,应尽快完善中国的市场机制,在处理经济问题时应更大程度地依靠市场手段,使中国的市场机制能够快速健康发展起来。

2. 建立和完善中国的法律制度

从某种程度上来说,中国尚不完善的法律制度也纵容了跨国公司在华有违伦理的不道德的营销行为。伦理和道德不像法律那样有国家强制力作为后盾,人们对违背伦理的、不道德的营销行为所做的只能是"用脚投票"——拒绝购买他们的产品。一般情况下,道德的弱约束效力并不能完全阻止跨国公司在利益面前作出违背伦理的营销决策,只有依靠健全的法律制度体系才能从根本上规范跨国公司的在华营销活动。

跨国公司在发达国家之所以不会轻易作出违背伦理和道德的决策是因为发达国家的法律机制比较成熟和完善,跨国公司从自己的不道德行为中获得的收益,远远不能抵消所承担的巨大风险和代价,甚至于这种成本往往会大到企业不能承受而濒临破产的地步,如安然持续多年精心策划,乃至制度化、系统化的财务造假,一旦丑闻败露则会使得这个拥有上千亿资产的、连续六年被《财富》杂志评为美国最具创新精神的公司在短短几周内倒闭。目前,中国已经在建立和完善法律制度方面作出了积极的努力,如针对跨国公司行业垄断正在筹划的《反垄断法》、已经出台的《缺陷汽车产品召回管理规定》,以及正在逐步完善价格转移税制以防止跨国公司利用转移定价偷逃税款等。

3. 强化消费者的维权意识

中国消费者的维权意识向来十分淡薄,在自己的利益受到侵犯时,不习惯采用法律手段去维护自己的合法权益,这是造成某些跨国公司忽视中国消费者权益的一个重要原因。因此,强化消费者的维权意识是约束跨国公司违背伦理的营销行为的重要基础。

在强化消费者的维权意识、鼓励消费者依法维护自己的正当权益的同时,还要不断健全和完善相关的法律体系,强化消费者权益保护法的执法力度,有法必依、违法必究,不管是中资企业还是外资企业,一旦侵害消费者权益,都应依法予以惩罚。

4. 加强媒体的监督力度

在现代社会生活中,新闻媒体是一支重要的监督力量。目前,中国的媒体也已经得到了迅速发展,无论是网络媒体、电子媒体还是报纸媒体的力量,均已渗透到人们生活工作的各个角落,对企业行为的规范有着巨大的影响。在规范跨国公司在华营销行为方面,媒体一直发挥着重要的监督作用。例如,三菱帕杰罗事件、东芝笔记本事件、富士胶卷事件、奔驰汽车事件等,均是通过媒体的大量报道,对涉案跨国公司的不良行为造成了极大的压力,在很大程度上约束了跨国公司有违伦理和道德的营销行为的蔓延。因此,应该鼓励各类媒体在宣传跨国公司投资带来的积极影响的同时,监督跨国公司的某些不良行为,抑制其行为对中国市场、中国消费者甚至中国政治的消极影响。

本章案例

美泰公司的玩具召回[①]

中国正在推销两种玩具:含铅玩具和不含铅玩具。很遗憾的是,烟火居然成了如今中国出产的最安全的产品。

——美国脱口秀主持人 Jay Leno

Jay Leno 准确地说出了美国消费者在2007年夏季的心里话。许多中国制造的产品,诸如宠物食品、牙膏、海鲜以及轮胎在这个夏天都经历了召回。这些召回严重打击了美国消费者对于"中国制造"的信心。2007年6月30日,美泰公司首席执行官 Bob Eckert 所领导的团队收到报告称,在中国制造的"汽车总动员"中"Sarge Cars"系列玩具的表面涂料含铅量超过了美国联邦的规定。这次铅超标导致召回9670002件中国制造的儿童玩具,如Dora,Elmo和Big Bird等。美泰不仅需要决定是否召回"Sarge Cars"以及其他可能不安全的玩具,还需要考虑应该如何处理这样的局面。

一、玩具行业概况

国际玩具市场在过去几年中以大约每年6%的比例增长,2007年的产值约710亿美元,其中约36%的国际玩具市场集中在北美(约240亿美元),但是北美地区的年销售额却增长缓慢,只有约1%。欧洲玩具市场占据了大约30%的国际玩具销售,且以每年5%的速度增长。相比之下,亚洲市场在2006年的增长率达到12%,并且预计在2007年将增长25%。

美国的玩具行业企业众多,2002年大约有880家公司经营玩偶、玩具和游戏制造,比1997年的1019家减少了约10%。大约70%的美国玩具公司雇员少于20人。这个行业被几家大公司把持着,如美泰、孩之宝(Hasbro)、RC2、JAAKS Pacific、Marvel 和乐高(Lego)等。其中,行业领导者是美泰和孩之宝,两个公司在2006年的销售总额共计约87

[①] 本案例参考了 Hari Bapuji 教授和包铭心教授撰写的毅伟案例"美泰与玩具召回";Thunderbird 大学全球管理学院 Mary B. Teagarden 撰写的案例"美泰的中国经验:玩具危机";由 David Hoyt 在斯坦福大学商学院 Hau Lee 教授和香港科技大学 Mitchell M. Tseng 教授指导下撰写的案例"Unsafe for Children:MATTEL's Toy Recalls and Supply Chain Management",Mattel 等玩具公司网站以及大量围绕该玩具召回事件的中外文报道,特此说明并致谢!

亿美元。其他的许多公司年销售都不足10亿美元。

大型零售商,如沃尔玛和Target等,已经成为北美玩具市场上的重要力量。它们不仅销售其他公司如美泰、孩之宝、乐高的产品,还直接从中国进口玩具,以自己的品牌进行销售。例如,沃尔玛销售Kid-Connection品牌下的玩具,Target销售Play Wonder品牌下的玩具。据估计,沃尔玛占有美国玩具销量约25%。由于大卖场进入玩具市场,专业玩具零售商如玩具反斗乐(Toys'R'Us)正在持续丧失市场份额。在美国,约60%的玩具销售被前五名的零售商所控制着。由于儿童早熟化的影响,儿童电子玩具成为唯一有明显增长的种类。

尽管美国和欧洲是全球玩具行业的主要市场,但玩具的生产却集中在亚洲,主要是中国。在中国,超过10500家玩具制造商生产了约全球60%的玩具。这些厂家基本上都与西方国家的大型玩具公司签订了合约。中国的玩具厂商有着复杂的供应链网络,承包商会将一部分零配件再次分包,最终产品往往需要多家公司的协同才能完成。

二、中国的玩具生产

美国的玩具公司将生产转移到了海外,其国内的业务则主要集中在产品设计、市场营销、研发以及其他高附加值的项目方面。因此,美国玩具行业的从业人数由1993年的42300人下降到了2005年的17400人,与此同时,玩具进口有所增加,只有大约10%的美国玩具市场需求是由本地生产来满足的,其余全部来自于进口,主要来自于中国。

美国从中国的玩具进口额从1992年占总额的41%显著上升到了2006年的86%,其他国家对美国玩具出口的总比例则由59%骤降至14%。例如,日本在过去一直是美国玩具市场上强劲的进口力量,但在2001年却经历了明显的下滑。中国台湾和香港地区的玩具出口也都经历了长达10余年的下降。

中国在美国玩具进口中份额的上升,以及中国在全球玩具产业中地位的提升,归功于中国的低成本商业环境。中国吸引了大量的外国直接投资和外包加工业务。近年来,中国的经济发展在物质上、技术上和人力资源结构上面临着越来越大的压力。有分析家认为,这些压力最终导致中国的制造商不得不牺牲了产品的安全性。来自食品安全、轮胎等领域的召回事件频发开始侵蚀着美国消费者对中国产品的信心。

三、玩具安全

在美国,玩具和其他儿童产品的安全由美国消费品安全委员会(简称CPSC)进行监管。这一机构由国会成立于1972年,目的为《消费产品安全法案》(The Consumer Product Safety Act)中所述的"保护公众不受与消费品相关的伤害和死亡的意外风险"。根据CPSC的统计,2006年共发生22起与玩具相关的死亡案件,约220500件和玩具相关的受伤案件。2007年,CPSC以下列内容为首要威胁:磁铁、召回产品、翻倒、窗、覆盖物、游泳池和温泉排水系统。

CPSC从诸如医院、医生、报纸报道、行业报告、消费者投诉、自己的调查以及公司报告中收集关于产品安全问题的信息。当一家公司意识到与其销售的产品相关的危险时,依照法律,必须立即向CPSC报告。根据收到的信息,CPSC协助相关公司从市场召回有危险的产品。2007年初以来美国的玩具召回案中,所有被召回的玩具无一例外全部生产自中国,其中7起是由于玩具表面涂料含铅量超标所致。根据1972年《消费产品安全法案》,儿童可接触产品中的铅含量不得超过600ppm。尽管铅的使用在发达国家被禁止或限制,但在许多发展中国家情况却不尽相同。在发达国家,儿童受铅污染的唯一来源是涂料,而在发展中国家,铅污染途径则包括含铅的汽油、瓷器、电池甚至药物和化妆品等。厂商之所以使用高含铅量的涂料,是因为其具有高耐腐蚀、延展性极强、导电性差等特征。同时,高含铅涂料密度大、色泽好,可以使产品更受顾客欢迎。

除了铅超标问题,CSPC还指出与玩具中所含的小型磁铁相关的威胁。由于可以以低价购得强力的稀土磁化物,厂商开始在例如积木等众多玩具中使用。在此类商品中的磁铁可能会脱落,如果儿童误吞超过一块以上的磁化物,它们就会吸附在一起,从而导致可致命的肠穿孔和肠梗阻。2006年4月,在一名20月大的男孩吞食磁铁导致肠道打结和梗阻并最终死亡之后,CPSC和Rose Art Industries召回了380万件Magnetix品牌的磁铁积木。Magnetix召回案之后又接连发生了5起对包含小型含磁部件玩具的召回。其中一起是由于170份磁铁脱落的报告以及3名儿童因误食磁铁而需要手术治疗,最终召回了240万件"八宝盒"(polly pocket)玩具套装(另有200万件已在国际范围内销售)。2006年11月21日召回的八宝盒玩具套装由美泰公司制造,在2003年5月至2006年9月间售出。

四、美泰,世界头号玩具制造商

作为世界顶级玩具品牌,美泰在全球玩具行业中的领导地位十分稳固:2006年美泰的国际业务部门总销售额高达27亿美元,如果将其视作独立的公司,它将成为行业内的第三大公司。

美泰不仅在玩具销售上成绩斐然,而且还通过其优秀企业公民的先锋形象领跑全行业。1996年,美泰提出了其"全球生产理念"(global manufacturing principles),以确保在美泰的工厂及其供应商中进行负责任的管理实践。美泰的工厂接受独立实体,即企业责任国际中心(International Center for Corporate Accountability)的监督,使得公众可以方便地接触美泰。2006年美泰被CRO杂志提名为"最佳企业公民100强"(100 Best Corporate Citizens)。更突出的是,美泰的公司治理被治理标准国际公司(Governance Metrics International)评为最高的国际评分10分,使得美泰在超过3400家全球被调查公司中名列前茅。同时,大规模生产所带来的价格便宜为美泰的玩具业务奠定了坚实的基础。美泰1959年引入"芭比"(Barbie),两年后引入Ken(芭比的男友),推进了公司的增长。之后引入的产品,如"风火轮"(hot wheels)进一步巩固了美泰作为行业领军者的地位。1960年,美泰完成上市。

美泰大约45%的销售归功于三家主要客户:沃尔玛、玩具反斗乐和Target。美泰在1999年斥资36亿美元收购教育软件行业的领导者乐宁公司(The Learning Company),但这次收购最终被证明是失败的,不得不在不断亏损之后将这家公司再次转让。美泰也曾尝试出价恶意收购第二大玩具公司孩之宝,但1996年的这次竞标最终没能实现。

玩具行业在两个方面与其他行业有着显著的区别:首先,玩具销售有季节性特征。其次,新产品的成功有很大的不确定性。预估某种特定的玩具是否会受到儿童的青睐非常困难,甚至可以说几乎不可能。所以不出意料,许多玩具公司可以通过一款成功的玩具创造巨额营收和利润,也可能因为一次重大失败而走向破产。在很长的一段时期内,美泰通过一系列的创新和革命性的构思,成功地驾驭了玩具行业的这些特性。在迪士尼、华纳兄弟、维亚康姆(尼克有线频道)、Origin Products和芝麻街工作室所拥有的角色基础上,美泰与他们签订了生产相关玩具的授权协议。这些协议使美泰获得了生产"维尼小熊""迪士尼公主""汽车总动员""爱探险的朵拉""迪亚哥""海绵宝宝""八音盒""蝙蝠侠""超人"和"Elmo"的机会。2005年,美泰与Scholastic Entertainment合作生产学习系统。

美泰的玩具设计和研发都在公司总部进行。2006年,美泰花费1.74亿美元用于内部产品设计研发。相比之下,公司的版税费用和广告费用分别达到2.61亿和6.51亿。美泰的产品同时在自有工厂及第三方生产厂商进行。

五、离岸玩具生产

美泰在自有工厂生产如"芭比"和"风火轮"这样的核心品牌,而其他的非核心品牌则由第三方加工厂代工。核心品牌是美泰的主要业务,非核心品牌则被预计不会有较长的市场寿命。新玩具的研发在美泰公司总部进行。外包制造非核心品牌的玩具须遵循严格的多步进程。设计团队需要准备包含新产品蓝图和工程规格的一揽子投标,通常还会包含实体模型。在选定供应商之后,美泰会为供应商建立用于生产的基础设施。在此阶段,美泰承担器械的费用。之后,供应商会生产50单位的"首批试验品"(first shot)来测试是否需要器械的调整,紧接着的是一次或多次的"工程试验"(engineering pilot),这取决于玩具的复杂程度和"最终工程试验"(final engineering pilot)。再之后,会使用整条生产线进行1000单位的"生产试验"(production pilot)。最后,只有当确保新玩具完全符合设计之后,才会进入"生产开始"(production start)阶段。

美泰及其供应商每年生产约8亿件产品,其中大约有一半的玩具生产于美泰的自有工厂,这个比例高于其他大型玩具公司。另外,美泰在中国以外的国家生产的玩具的比例也更高。美泰的生产和离岸战略是在50年的时间中建立起来的。1959年,公司生产了亚洲的第一个"芭比"娃娃,自那时起,美泰开始使用公司自有和属于供应商的生产工厂的组合来降低离岸运营的风险。现在,美泰主要的生产工厂集中在中国、印度尼西亚、泰国、马来西亚和墨西哥。仅就中国而言,美泰与约37家为之生产玩具的一级供应商建立了合约关系。这些一级供应商会再寻找更小的公司完成整件或部分的玩具生产。因此,中国的供应链长且复杂。据估计,约3000家中国公司参与生产美泰的产品。然而,美泰只与一级供应商有直接联系。

六、进行之中的召回

2007年6月,一家美泰产品的法国直接进口商——欧尚,在独立实验室天祥(Intertek)的协助下进行了运输前测试。测试结果显示,由供应商利达实业公司(下称"利达")生产的美泰玩具含铅量超标。2007年6月8日,天祥将测试结果寄给美泰在中国的工厂。在天祥6月29日的另一次为欧尚所做的测试中,利达生产的同一款玩具顺利通过。2007年6月27日,美泰在美国的售后电话中心接到一起来自于消费者的报告,称其用家用测试设备发现美泰玩具铅超标,这些玩具也是由利达生产的。之后,美泰在7月6日对五例利达生产的玩具进行测试,发现其中有3例铅超标。7月3日,当这项测试还在进行过程中时,欧尚告知美泰,利达生产的另一款玩具违反了含铅量的规定。得知试验结果之后,美泰立即告知利达,并停止接受利达生产的产品。对于利达产品的进一步测试,于7月9日在美泰自己的实验室中进行,结果发现23例利达玩具样品中有9例表面涂料铅超标。

7月12日,利达产品的相关问题被汇报给美泰公司高级管理层。随后,美泰管理层要求立即停止所有来自利达的产品进口。美泰进一步的调查显示,不符合规定的铅水平是由利达生产的部分玩具中所使用的一种黄色颜料所致。

利达实业公司位于广东省佛山市,这是一个有着上千家小型玩具工厂的城市。美泰最早在1993年通过利达生产了一小批教育玩具。截至2007年7月,利达共雇用了约2500名员工,并几乎只为美泰生产玩具,有着约2500万美元的年销量。利达从2003年开始从东兴新能源有限公司(Dongxing New Energy Co.,下称"东兴")购买涂料。2007年4月,由于黄色颜料缺货,东兴以1250美元的总价从东莞众鑫色粉厂(Dongguan Zhongxin Toner Powder Factory)购买了330磅的黄色颜料用以补货。之后,东兴将颜料供应给利达,而利达将之用于美泰玩具当中。最初的报告称,东莞众鑫色粉厂提供了假的无铅色粉证书和认证证书。

调查结束之后,美泰在7月20日向CPSC提交了首份报告,并在7月26日提交了第二份,说明其可能对利达从2007年4月19日(利达开始从其供应商处接收铅污染涂料的日期)至2007年7月6日(美泰开始停止接受利达产品的日期)间生产的所有玩具进行召回。美泰和CPSC计划在2007年8月2日正式宣布召回决定。美泰提前通知了大型零售商关于即将进行召回的信息。零售商将这些玩具下架,并在收银台处进行标注,使顾客无法从店中购买这些玩具。

七、另一起与铅超标相关的案例

当美泰正准备宣布召回时,2007年7月30日,公司发现"汽车总动员"玩具中"Sarge Cars"的涂料中铅含量超标。这些玩具是由香港旭日实业有限公司(Early Light Industrial Company, Ltd. of Hong Kong,下称"旭日")在其位于中国平湖的工厂中生产的。旭日为美泰供应玩具超过20年。只有进一步的调查才能确认供应链中出现问题的位置和原因。早期报告称在2007年5月至8月间生产的约25万只"Sarge Cars"玩具可能受到含铅涂料的影响。在2006年11月因磁铁脱落问题召回在中国生产的8款"八音盒"玩具套装之后,美泰通过将工艺由胶水黏合改为将磁铁锁于玩具之内来加固磁铁。然而最近数月中,美泰又收到几百份关于2006年11月前生产的玩具套装中磁铁脱落的报告。

召回对于一家公司而言无疑是一场噩梦。首先,召回公司需要建立处理召回事务的机构,这会带来不小的物流问题。其次,公司必须要应对监管机构,这些监管机构会敦促公司不仅发起召回行动,还要确保所有消费者手中的产品回到公司。再次,召回经常被视作承认错误,并使公司面临消费者的起诉。最后,召回会损害公司声誉,并导致成本增加、销售减少、股价下跌。美泰和费雪对于召回并不陌生,在他们悠久的历史中曾经有过数次召回案。然而,目前的情况似乎是全新的,复杂而具有挑战性。目前还不清楚是否需要召回,哪些产品需要召回。重要的是,公司如何才能将与产品召回相关的负面效应最小化?怎样确保这样的召回不会再次发生?

八、召回余波

2007年8月14日,美国消费品产品安全委员会(CPSC)协同美泰发布了5件不同美泰玩具的召回声明。召回事件的新闻迅速传遍世界各地,事件得到了前所未有的媒体覆盖率,电视节目整天滚动播出这些消息。一些评论家指出了之前中国生产的产品的一系列召回事件,并要求中美政府必须采取行动。美泰玩具的召回事件后,很快出现了好多起其他中国生产产品的召回。大约40种不同的产品由于铅超标被召回,其中绝大部分产自中国。美泰在9月4日又追加了三次召回，又有773990件在中国生产的玩具因为铅超标被要求召回。

如洪水般泛滥的召回事件严重蚕食着消费者对于中国制造产品的信心。路透社/佐格比（Reuters/Zogby）民调显示，大部分民众（接近80%）表示了对购买中国制造产品的忧虑。约2/3的被调查者（63%）表示他们可能参加抵制中国产品的活动，直至中国政府在出口美国的产品安全规定上作出改进。一些其他由新闻社及市场调研公司进行的民意调查也显示了类似结果。

为了提高产品安全，CPSC及其在中国相对应的部门于2007年9月11—12日在华盛顿召开会议。这次会议达成了在中国制造玩具中禁止使用铅的协议。在会议中，中国AQSIQ的首席长官指出西方正在因为自身玩具公司出现的问题指责中国。为支持其论点，他提到了最近的一项加拿大研究，该研究发现美国境内大部分玩具的召回是由于产品设计缺陷。根据2007年9月12日《纽约时报》上的一篇报道，两名加拿大商学院研究员在研究了美国前20年间的玩具召回事件后，发现约76%的召回是由于设计缺陷，诸如尖锐的边缘，容易松动的小部件，以及线过长等问题。相反，仅有10%的召回是由于生产缺陷，诸如采用劣质材料，错误装配以及采用不合法的材料如含铅颜料。研究者提出中国不应该为大部分的召回受到指责，因为绝大部分问题的产生根源来自于玩具公司总部的设计缺陷。

美泰在中国拥有五家工厂，更有着庞大的工厂群为美泰直接或间接制作玩具。中国的新闻媒体开始报道中国供应商成为美泰替罪羔羊的新闻，基于在8月14日召回的90%的玩具都是由于磁铁脱落问题，其设计缺陷责任应由美泰承担。召回事件对中国制造的声誉影响巨大，美泰事件似乎只是一个开始。

案例思考题

1. 美泰面临的产品质量问题的本质是什么？美泰的哪种组织行为导致了这样的问题？
2. 美泰的召回策略有哪些问题？美泰在召回中表现出了什么样的价值观？这些价值观是如何影响美泰的？美泰的利益相关者有哪些？美泰召回迎合了哪些人的需要？

本章小结

随着世界经济由过去的为贸易、时空及文化壁垒所阻隔的旧模式向全球经济一体化新模式的演变，知识经济时代知识要素地位的不断提升、信息技术与电子商务的快速发展、组织形态的多样化等因素正不断改变着跨国公司在全球范围内的竞争本质和竞争规则，勾勒着新的竞争蓝图，谱写着新的成功定律。美国科尔尼管理咨询公司（A. T. Kearney）2004年3月针对全球500家最大跨国公司跨国投资者信心指数的调查结果显示，中国首次超越美国成为全球最受跨国投资者青睐的市场。确实，中国实际利用外商直接投资从30多年前改革开放之初的几乎为零一路飙升至2007年的827亿美元和2008年的924亿美元，全球500强跨国公司中九成以上已经在中国投资。透视跨国公司在中国30

多年来的历程,一方面我们可以看到有些跨国公司在中国的经营取得了巨大的成功,但另一方面我们也不能不注意到一些西方跨国公司巨头在中国市场上收获的却是苦涩的失败。同时,中国本土跨国公司的国际化也是步履维艰,频频受挫。在尝试通过营造竞争优势以提升全球经营绩效的过程中,越来越多的跨国公司开始注意到:道德与伦理能力是在当今超强竞争时代战略制胜的基石。

本章基于对全球营销伦理的发展和相关理论的讨论,就国际市场营销中伦理道德问题的表现、各国营销道德差异的挑战进行了一定程度的分析,综述世界不同国家的腐败与反贿赂尝试,提出国际市场营销中的普遍价值准则,即如何做一个受欢迎的国际企业公民。本章重点分析了跨国公司在华经营过程中的伦理道德状况及其缺失,指明跨国公司在华经营中可能的伦理失范的防范措施。

重点概念

义利观	功利论	道义论	相对主义论
贿赂	打点	索贿	行贿
收买	代理费	歧视	产品双重标准
种族歧视	性别歧视	宗教歧视	残疾人歧视
定价歧视	价格欺骗	透明国际	腐败感觉指数
国际企业公民	伦理失范行为		

本章复习思考题

1. 国际市场营销活动中的道德和伦理问题主要表现在哪些方面?
2. 试述国际市场营销伦理问题及企业道德的研究和发展。
3. 如何理解儒家伦理中的"义"?
4. 试分析"见利思义"的经营理念,"取之有义"的行为准则,"先义后利"的战略和"重义轻利"的价值判断。
5. 国际市场营销伦理和道德问题的表现形式是什么?
6. 如何理解美国的《反对外贿赂法》对国际市场营销的意义?
7. 试述各国营销伦理差异的挑战。
8. 如何理解英国政府颁布的新《反腐败法》中表述的"英国公民或根据英国任何一个地区的法律注册设立的机构在英国以外的国家或领土上发生的贿赂行为"?
9. 如何做一个受欢迎的国际企业公民?
10. 试述能够帮助国际市场营销者分清对与错的三个伦理和道德原则。
11. 试分析跨国公司在华营销伦理现状。
12. 如何防范跨国公司在华营销伦理失范行为?

参考文献及进一步阅读材料

1. Chonko L. B. & Hunt S. D., Ethics and Marketing Management: A Retrospective and Prospective Commentary, Journal of Business Research, 2000 (50): 235—244.
2. Philip Cateora, International Marketing, 1999, by The Mcgraw-Hill Companies, Inc.
3. Ronald M. Green, The Ethical Manager, 1994, by Macmilan College Publishing Company, Inc.
4. Smith Quelch, Ethics in Marketing, Richard D. IRWIN, 1993.
5. Warren J. Keegan, Global Marketing Management, 1995, by Prentice-Hall, Inc.
6. Whysall P., Marketing Ethics—An Overview, The Marketing Review, 2000 (1): 175—195.
7. 〔美〕德雷斯凯:《国际管理》(第5版),赵曙明译,机械工业出版社2008年版。
8. 〔美〕德鲁克:《管理:使命、责任、实务》(责任篇)(珍藏版),王永贵译,机械工业出版社2009年版。
9. 〔美〕德鲁克:《卓有成效的管理者》(珍藏版),许是祥译,机械工业出版社2009年版。
10. 〔美〕基根等:《全球营销学》,中国人民大学出版社2009年版。
11. 〔美〕科特勒等:《营销管理》(第13版·中国版),卢泰宏等译,中国人民大学出版社2009年版。
12. 〔美〕所罗门、〔中〕卢泰宏:《消费者行为学》(第6版:中国版),电子工业出版社2006年版。
13. 〔美〕托马斯·弗里德曼:《世界是平的——21世纪简史》,何帆等译,湖南科学技术出版社2006年版。
14. 〔日〕今村英明:《BCG视野:市场营销的新逻辑》,李成慧译,电子工业出版社2008年版。
15. 艾德华主编:《营销道德与营销文化》,北京大学出版社2011年版。
16. 恩格斯:《家庭、私有制和国家的起源》,天津人民出版社2009年版。
17. 甘碧群:《企业营销道德》,湖北人民出版社1997年版。
18. 何伟俊:《跨国公司进入中国市场的营销伦理问题初探》,载《学术研究》2001年第10期。
19. 寇小萱:《企业营销中的伦理问题研究》,天津人民出版社2001年版。
20. 李建华:《现代企业的道德难题》,人民出版社2009年版。
21. 卢泰宏主编:《营销在中国》,企业管理出版社2003年版。
22. 卢泰宏:《行销中国03报告》,浙江人民出版社2003年版。
23. 任文举:《企业社会责任》,西南交通大学出版社2011年版。
24. 荣晓华编著:《消费者行为学》,东北财经大学出版社2009年版。
25. 宋林飞:《"中国经济奇迹"未来与政策选择——国际市场的挑战》,南京大学出版社1995年版。

26. 陶向南:《跨国公司海外子公司人力资源本土化研究》,南京大学2002年博士学位论文。

27. 万君宝等:《管理伦理》,上海财经大学出版社2005年版。

28. 王方华:《营销伦理》,上海交通大学出版社2005年版。

29. 王海忠:《企业跨国商务中的贿赂与伦理》,载《国际贸易问题》2001年第11期。

30. 王海忠:《全球营销战略:地球村时代的竞争武器》,载《中外管理》2001年第4期。

31. 王志乐主编:《2002—2003跨国公司在中国投资报告》,中国经济出版社2003年版。

32. 王志乐主编:《跨国公司在华发展新趋势》,新华出版社2003年版。

33. 王志乐主编:《2009跨国公司中国报告》,中国经济出版社2009年版。

34. 王志乐主编:《2010跨国公司中国报告》,中国经济出版社2010年版。

35. 王志乐主编:《2011跨国公司中国报告》,中国经济出版社2011年版。

36. 王志乐主编:《美国企业在中国的投资》,中国经济出版社1999年版。

37. 王志乐主编:《软竞争力——跨国公司的公司责任理念》,中国经济出版社2005年版。

38. 赵曙明:《国际企业:人力资源管理》(第四版),南京大学出版社2010年版。

后 记

在本书即将付梓之际,我衷心感谢这些年来伴随我成长、教授我知识的我的老师们:深圳大学管理学院刘军教授、南京大学商学院赵曙明教授、荷兰马斯特里赫特管理学院 Steve F. Foster 教授和 Bestrice I J. M. van der Heijden 教授、美国东北大学创新研究中心 Edward F. McDonough III 教授;感谢我的同事和朋友们:挪威商学院 Jan K. Arnulf 教授,南京大学商学院市场营销系陶鹏德教授、韩顺平教授、吴作民副教授、陶向南副教授、董伊人副教授、何健副教授,南京大学人力资源管理系程德俊副教授,对外经贸大学国际商学院王永贵教授,厦门大学管理学院市场营销系袁喜娜副教授,深圳大学管理学院蒋建武副教授等,他们在本书的写作过程中给予我很多的指导和帮助;感谢我的研究生们:王潇、岳林凯、安晓光、谢碧明、陈晓燕、冯彦景、邢宏玮、戴美娟、万配,他们在本书的写作过程中帮助我查阅了很多资料;感谢我教授的南京大学商学院市场营销学系的历届本科生和研究生们,许多同学在学习过程中与我一起探讨教学方式和教学方法,并给我提出了很多非常好的建议,他们在课堂上的积极参与和卓越表现是本书能够一再修正至今天这样一个版本的源动力和源泉。此外,我还要感谢我的家人,在无数个送走黑夜迎来黎明的日日夜夜,给了我关心和理解。

此次《国际市场营销学》再版过程中,北京大学出版社给予了大力支持,编辑们付出了大量辛勤劳动,对此我表示由衷的感谢!除书中注明出处和列入主要参考书目的主要文献外,我还参阅了大量国内外的其他文献,限于篇幅,未能一一注明,在此向所有文献的作者致谢!书中的不当之处,敬请读者批评指正。

戴万稳

2015 年 1 月于南京大学安中楼